Page 166

W9-CIL-802

OSTALB KREIS

Maitis

Otten-bach

E. Krummwälden

Reichenbach
unter Rechberg

Winzingen

Nenningen

Weissenstein

B

Geislingen (Fils)

Salach

Staufeneck

D

Böh-Treffelhausen

466

Böhmenkirch

KREIS

Fils

466

Süßen

Donzdorf

A

nach Heidenheim

Böh-Schnittlingen

Steinenkirch

HEIDEN-

Gingen
a.d.Fils

Fils

E

Ge-Stötten

nach Gerstetten

HEIM

10

Tegel-B.

Kuchen
698

Ge-

Eybach

Ge-Waldhausen

Tennen-B.
724

Spitzen-B.
666

Eyb

Tilesberg
715

Unterböhringen

C

Michels-
Oberböhringen
750
Berg

Geislingen
a.d.Steige
Helfenstein

von Amstetten

bach

S

B.Üb-Hausen
a.d.Fils

466

Fils

Ge-Weiler o.H.

Odenturm

Deggingen

zenbach

Bad
Überkingen

Aufhausen

Ge-
Türkheim

10

nach Ulm

ALB-DONAU-KREIS

nach Ulm

Zeichenerklärung:

/////	Kreisgrenze
Nr.	Autobahn
Nr.	Bundesstrasse
———	Landstrasse
– – –	Kreisstrasse
▬▬▬	Eisenbahn
～～	Gewässer

Heimat und Arbeit

Zur Erinnerung
an Deine
Schwester.
Hanel.

Der Kreis Göppingen

Konrad Theiss Verlag
Stuttgart und Aalen

Veröffentlichungen des Kreisarchivs Göppingen · Band 1
Herausgeber: Landrat Dr. Paul Goes
Textredaktion: Walter Ziegler und Hans Schleuning
Bildredaktion: Walter Ziegler

Das Wappen des Landkreises Göppingen

Der staufische Löwe soll daran erinnern, daß ein großer Teil des
Kreisgebiets ehemals in staufischer Hand war; zugleich soll er darauf
hinweisen, daß der Hohenstaufen innerhalb des Kreises liegt.
Die Hirschstange deutet auf Württemberg als den Besitznachfolger
der Staufer. Die Wappenfarben Schwarz-Gold sind die Farben des
schwäbischen Herzogswappens.

© Konrad Theiss Verlag Stuttgart und Aalen 1973
ISBN 3 8062 0115 3
Gesamtherstellung: Grafische Betriebe Süddeutscher Zeitungsdienst, Aalen
Printed in Germany

Geleitwort des Kuratoriums

Die Buchreihe „Heimat und Arbeit" sieht ihre Aufgabe darin, dem Bürger in Stadt und Land solide Information in Form eines umfassend und anschaulich gestalteten Sachbuches an die Hand zu geben, das über den engeren, gerade noch überschaubaren Lebens- und Heimatbereich zuverlässig Auskunft bereithält, einen gründlichen Überblick über alle Wissensbereiche vermittelt und den Ursachen nachgeht, die diesen Raum so und nicht anders gestaltet haben.

In einer in raschem Wandel begriffenen Welt ist es unumgänglich, die Voraussetzungen nicht aus den Augen verlieren, die von Natur aus gegeben sind und die vom Menschen umgeformt zu einer lebenswerten Heimat gestaltet wurden. Arbeits-, Gesellschafts- und Lebensformen stoßen Überaltetes ab, technologische und ökonomische Entwicklungen prägen dem Gesicht eines Gebietes völlig neue Züge auf. Die Umwelt wird vielfach zu einem Problem für den Menschen, der sie über Generationen geprägt hat, der in ihr lebt, arbeitet und sich in ihr heimisch und geborgen fühlen möchte.

Die Veränderungen unserer landschaftlichen und sozialen Umwelt sind so vielfältig und so schwer zu überschauen, daß eine ausreichende Sachkenntnis für den einzelnen immer schwerer wird und die Gefahr falscher Urteile entsteht. Die Buchreihe „Heimat und Arbeit" erfüllt hier eine wichtige Aufgabe, indem sie für einen überschaubaren Raum eine umfassende und zuverlässige Information anschaulich in Text und Bild vermittelt und damit zur Gewinnung eines sicheren Standortes für die eigene Arbeit beiträgt. Gleichzeitig schafft sie damit eine solide Ausgangsposition für die Beurteilung größerer Zusammenhänge.

Deshalb ist die Herausgabe dieser modern gestalteten Heimatbücher, die gleichzeitig als Sach- und Nachschlagewerke raschen Überblick vermitteln, heute notwendiger denn je.

Vorwort des Landrats

Die erste grundlegende Beschreibung unseres Kreisgebiets enthielten die 1842 und 1844 veröffentlichten Oberamtsbeschreibungen von Geislingen und Göppingen. Mehr als 100 Jahre danach, 1956, erschien das Heimatbuch des Landkreises Göppingen, das den 1938 aus diesen Oberämtern gebildeten Landkreis Göppingen darstellt und lebendig macht. Es wurde vom Landkreis herausgegeben und ist von meinem Amtsvorgänger, Landrat Gustav Seebich, mit einem Geleitwort versehen. Dieses Buch ist vergriffen; seitdem hat sich vieles gewandelt. Da unser Landkreis zu den wenigen Kreisen Baden-Württembergs gehört, die durch die am 1. Januar 1973 in Kraft getretene Kreisreform fast unverändert geblieben sind, ist es schon jetzt möglich, ihn in einer umfassenden Beschreibung vorzustellen.

Der vorliegende Band, mit dem zugleich eine Veröffentlichungsreihe des Kreisarchivs begründet wird, ist ein volkstümliches Sach- und Nachschlagewerk über die Menschen, Landschaft, Geschichte, Kultur und Wirtschaft unseres Kreises, dem eine weite Verbreitung zu wünschen ist.

Der größere Teil der Beiträge stammt aus der Feder einer seit der Herausgabe des Heimatbuches 1956 im Kreis nachgewachsenen Forschergeneration. Allen Autoren möchte ich an dieser Stelle für ihre Mitarbeit ganz herzlich danken. Danken möchte ich weiter der Fotografin, Traute Uhland-Clauss aus Esslingen, die es in meisterlicher Weise verstand, unsere Heimat im Bild einzufangen. Dank gebührt auch Verlag und Kreisarchiv, die die Text- und Bildredaktion zu besorgen hatten. Nicht zuletzt möchte ich allen Städten und Gemeinden sowie der Wirtschaft unseres Kreises danken, ohne deren finanzielle Beteiligung die Herausgabe dieser Kreisbeschreibung nicht möglich gewesen wäre.

Göppingen, 1. Februar 1973   Dr. Paul Goes

Inhalt

schaft – Die Reichsstadt Ulm tritt in das Konzert der Mächte am Albübergang ein –
Neue Machtkonstellation nach 1396 – Bayern versucht Fuß zu fassen – Die rechbergische
„Pufferzone" – Die Glaubensspaltung – Politisch-religiöse Auswirkungen auf die Kunst –
Die Bildung des württembergischen Oberamtes Geislingen im Jahre 1810 – Herrschaft
und Untertan im Alten Reich – Die Verwaltung des Landes – Leibeigenschaft, Grundherrschaft, Zehntherrschaft – Die soziologische Struktur im Dorf – Harte Jahrzehnte im
beginnenden 19. Jahrhundert – Politischer und wirtschaftlicher Tiefstand – Die Vor-
arbeiten für die „große Wende" – Im Anfang der Industrialisierung steht der Eisen-
bahnbau – Daniel Straub, der „zweite Gründer Geislingens" – Die Familie Staub und
die Süddeutsche Baumwolle-Industrie in Kuchen und Altenstadt – Die Bemühungen um
eine „Industrialisierung" des Geislinger Beindrechslerhandwerks – Frühe industrielle
Unternehmungen im Oberamtsgebiet – Die Großbetriebe vor dem Ersten Weltkrieg

Aus Landschaft und Kultur

Aus dem Wirtschaftsleben

Wirtschaft im Bild

Land um Hohenstaufen und Helfenstein

von Landrat Dr. Paul Goes

Kennzeichen der Landschaft des Landkreises Göppingen sind zwei geschichtsträchtige Berge. Im Bereich von Albvorland und Schurwald erhebt sich der 683 m hohe geologische Zeugenberg Hohenstaufen und am Albrand der 616 m hohe Ausläufer des Helfenstein. Bis ins 16. Jahrhundert krönten beide Berge die Stammsitze bedeutender Hochadelsgeschlechter. Die Staufer erstrahlten nur zwei Jahrhunderte; ihre Hauptaufgabe lag in der Reichspolitik mit Schwergewicht in Italien. Das Geschlecht der Helfensteiner blühte über fünf Jahrhunderte; mehrere Herrschaftsteilungen leiteten jedoch ihren wirtschaftlichen Niedergang ein. Das Hausgut beider Geschlechter lag um die Stammsitze. Die Staufer und die Helfensteiner prägten und gestalteten unsere Landschaft mit. Die Berge Hohenstaufen und Helfenstein stehen auf den Markungen der beiden Großen Kreisstädte des Landkreises – Göppingen und Geislingen an der Steige.

Wie schön, reich und vielfältig die Landschaft des Landkreises Göppingen ist, erkennt vielleicht am besten der, der sich ab und zu etwas anderes von unserer weiten Erde ansieht und der – dann zurückgekehrt – die Augen ganz und das Herz weit öffnet. Dies ist eine paradiesische Landschaft, die es zu erhalten gilt. Auf sie trifft am besten das alte lateinische Wort suum cuique – jedem das Seine – zu. Dies heißt, hier findet jeder was er sucht und braucht: Laubwälder, Nadelwälder (nahezu ein Drittel des Kreises ist Wald), Wacholderheiden, Orchideenwiesen, freie Fläche mit herrlichen Weitblicken, ebene Wanderwege durch Wiesen und Felder, in den Tälern und auf den Höhen. Die höchste Erhebung ist in Hohenstadt mit 830 m, der tiefste Punkt liegt westlich von Ebersbach an der Fils mit 266 m. Dies gibt mit den Reiz der Landschaft und mit den hohen Freizeitwert. Über zwei Dutzend, durch gute Wanderwege erschlossene Berge zwischen

600 und nahezu 800 m warten auf jeden, der in's Schnaufen kommen will. Die bekanntesten sind, der Messelstein (749 m), der Hohenstein (701 m), der Michelsberg (750 m), der Burren (692 m), der Fränkel (680 m), die Nordalb (760 m), der Wasserberg (750 m), das Fuchseck (780 m), der Sielenwang (722 m), der Kornberg (778 m) und der Boßler (794 m). Schwierigste alpine Klettermöglichkeiten sind im Roggental und an den Hausener Felsen vorhanden. Unsere Wandervereine (Schwäbischer Albverein, Deutscher Alpenverein und Die Naturfreunde) sowie unsere Gemeinden haben hier Vorbildliches geschaffen. Schatten an heißen Tagen, Sonne im Frühjahr und Herbst, Obstbaumblüte im Frühjahr, goldener Herbstwald, zahlreiche Skiwandermöglichkeiten und 17 Skilifte im Winter. Nirgends ist, obwohl es unsere Landwirte nicht leicht haben, Brachland zu sehen. Ein herzlicher Dank der Landwirtschaft für diesen wichtigen Dienst an unserer Landschaft, aber auch dem Land für die Durchführung zahlreicher Flurbereinigungsverfahren. Geschichtsträchtige, an Kunstwerken reiche, geologisch bedeutsame Landschaft und Stätten, Wege, auf denen man eine gute Stunde und mehr keinem Menschen begegnet, Waldspielplätze und Sportpfade laden zu Spiel und sportlicher Betätigung ein. Verschiedene Obst-, Wald- und Vogellehrpfade öffnen das Auge für die Schönheiten und die Vielfalt unserer Pflanzen- und Tierwelt. 35 Wanderparkplätze erschließen dem Autowanderer die Landschaft. Erfreulich, daß sich in den letzten Jahren im baulichen Bereich einiges getan hat und noch tun wird, um diese Landschaft zu erhalten und noch besser sichtbar zu machen: Ruine Reußenstein, Sicherung der Mauerreste auf dem Hohenstaufen und Helfenstein, Kloster Adelberg, Stiftskirche Faurndau, Schloß Filseck, Schloß Ramsberg, das Schloß in Weißenstein und die Ruine Scharfenschloß.

In besonders reichem Maße aber wurde der Landkreis durch 30 Mineralquellen von der Natur gesegnet (vielleicht als Ausgleich dafür, daß hier kein Wein wächst). Sieben Quellen werden therapeutisch oder kommerziell genutzt. In den drei Badeorten, Bad Boll, Bad Ditzenbach und Bad Überkingen, hat sich in jüngster Zeit auf dem Gebiet des Bäderwesens einiges getan und wird sich noch vieles tun. Allen drei Plätzen und damit dem gesamten Raum steht eine höchst bedeutsame Zukunft bevor. Mit angeregt durch zwei Ortsverschönerungswettbewerbe des Landkreises ist das Bild unserer Gemeinden noch schöner geworden.

Der Landkreis Göppingen hat eine Landschaft (ein Sechstel steht unter Naturoder Landschaftsschutz), die die fleißigen Menschen dieses Raumes mitgestaltet, mit erhalten und verdient haben und die sich für viele weitere Menschen, die Liebe zur Natur und zum Wandern haben, auftut und in die jeder freundlichst eingeladen ist. Eine kürzlich herausgekommene, den ganzen Landkreis (641 qkm) umfassende Wanderkarte (Maßstab 1 : 50 000) wird dabei eine gute Hilfe sein

Aus der Geschichte

Vor- und Frühgeschichte

von Dieter Planck

Der Kreis Göppingen besteht aus zwei landschaftlich sehr unterschiedlichen Teilen, die für die Betrachtung der Vor- und Frühgeschichte nicht ohne Bedeutung sind. Auf der einen Seite die Höhen nördlich und südlich der Fils, die das Vorland der Schwäbischen Alb bilden und den größten Teil des Kreises ausmachen. In diesem Gebiet mit den von tiefen Waldschluchten durchfurchten Keuperbergen des Schurwaldes sind die Spuren der ältesten Menschen überaus spärlich. Auch der südöstliche Teil des Kreises – die Hochflächen der Schwäbischen Alb – ist zeitweise nur dünn besiedelt. Wesentlich besser steht es mit dem Tal der Fils selbst, die sich in diese Höhen einschneidet. Dieses Tal bildet schon sehr bald einen wichtigen und relativ bequemen Aufstieg auf die Schwäbische Alb.

Die Altsteinzeit (Paläolithikum) bis 10 000 v. Chr.

Die ersten Spuren der Menschheit besitzen wir aus der Zeit der großen Vereisungen Mitteleuropas. Der älteste Abschnitt dieser Altsteinzeit umfaßt etwa 500 000 Jahre. Träger dieser ältesten Epoche ist der Vormensch, der sicher weitgehend vom Verhalten des Wildes abhängig ist und wohl den großen Wanderzügen der Rentiere gefolgt ist. Den jüngsten Vertreter dieser Zeit stellt der Neandertaler dar. Aus seiner Zeit fehlen uns im Kreisgebiet bisher Spuren, obwohl vermutlich auch das Albvorland von diesen frühen Menschen begangen worden ist.
Der jüngere Zeitabschnitt der Altsteinzeit umfaßt dagegen nur noch 70 000 Jahre. Zu Beginn der letzten Kaltzeit treten Menschengruppen auf, die eine eindeutig höhere Lebensform und eine sehr spezialisierte Geräteindustrie kennen. Dieser homo sapiens diluvialis ist der unmittelbare Vorfahre des heutigen Menschen.

Ausdruck seiner Intelligenz und Erfindungsgabe sind die kunstvoll zugeschlage-
nen Feuersteinklingen, sowie die Verwendung tierischer Knochen für Werkzeuge
aller Art. Hohes Niveau bezeugen z. B. die Elfenbeinschnitzereien vom Ende dieser
Epoche, die G. Riek am Vogelherd bei Stetten ob Lontal entdeckt hat und die
wohl die ältesten, bisher bekannten Kunstwerke darstellen. Die Wirtschaftsweise
wird nach wie vor durch das Jagen und Sammeln bestimmt; Zelt, Höhle oder eine
einfache Kuhle im Boden sind die Hauptformen der Behausung des Menschen der
jüngeren Altsteinzeit.
Hauptjagdtiere werden neben dem allmählich aussterbenden Mammut nun Wildpferd, Rentier und Urrind. Vermutlich tritt anstelle der Einzeljagd jetzt die organisierte Treibjagd.
Einen Wohn- oder Rastplatz aus der jüngsten Kultur dieses Zeitabschnittes besitzen wir auf Markung Wiesensteig. Etwa 1,5 km westlich vom Ort liegt am
Osthang, etwa 120 m über der Fils, der schmale Eingang zur etwa 23 m langen
Papierfelshöhle. Die Höhle verbreitert sich innen zu einer Halle. Hier wurden im
Jahre 1930 von G. Riek neben reichen jungsteinzeitlichen Geräten sechs magda-
lenienzeitliche Feuersteinklingen gefunden. Diese Funde erlauben uns den Schluß,
daß hier ein Unterschlupf des Menschen dieser frühen Zeit gewesen sein muß.

Die Mittelsteinzeit (Mesolithikum) 10 000–4500 v. Chr.

Mit dem Zurückgehen der Vereisung und einer Erwärmung des Klimas sucht der
Mensch vor allem die ausgedehnten Keuperhöhen des Kreisgebietes auf. Wenn wir
auch bisher über die Entstehung der verschiedenen Menschenrassen am Ende der
Altsteinzeit nur wenig wissen, so steht fest, daß die Rassen der mittleren und der
jüngeren Steinzeit auf Menschen des jüngeren Abschnittes der Altsteinzeit zurückgehen. Auch weiterhin herrscht die unproduktive Wirtschaftsform des Jagens und
Sammelns vor.
Einen wesentlichen Unterschied zur Altsteinzeit bilden jedoch die zum Teil sehr
verfeinerten Geräte aus Silex, den der Mensch aus dem Keuper und Jura bezog.
Die Geräte sind meist überaus klein (sog. Mikrolithen). Sie sind vermutlich ge-
schäftet gewesen und dienten als Pfeilspitzen zum Jagen oder zum Fischfang.
Daneben gab es sicher auch Gefäße aus organischem Material, die wir allerdings
wegen der Vergänglichkeit des Grundstoffes nicht nachweisen können.
In dieser Zeit wurde offenbar das Vorland der Alb beiderseits des Filstales stark
besiedelt. In den letzten 20 Jahren konnten, insbesondere durch die systematischen
Begehungen durch K. Bleich, viele dieser Rastplätze durch Funde belegt werden.

1. *Der Hohenstaufen, das Wahrzeichen des Landkreises Göppingen. Im Vordergrund Ottenbach*
2. *(umseitig) Große Kreisstadt Göppingen. Im Hintergrund Hohenstaufen, Rechberg und Stuifen (rechts)*
3. *(Rückseite) Albaufstieg der Autobahn bei Mühlhausen im Täle*

Vom Kreisgebiet kennen wir zum Teil recht ausgedehnte Fundstellen von den Markungen Aichelberg, Bünzwangen, Deggingen, Donzdorf, Ebersbach, Faurndau, Gingen, Göppingen, Heiningen, Hohenstaufen, Schnittlingen, Steinenkirch, Stötten, Süßen, Treffelhausen, Uhingen, Unterböhringen, Wäschenbeuren und Weiler ob Helfenstein.

Die Bevölkerung der mittleren Steinzeit bildet den Ausgangspunkt für jene neuen menschlichen Gemeinschaftsformen, die am Übergang zur jüngeren Steinzeit von Osten und Westen auf den Raum nördlich der Alpen eindringen und die eine spürbare Fortentwicklung des kulturellen Fortschrittes bewirken.

Die Jungsteinzeit (Neolithikum) etwa 4500–2000 v. Chr.

Schon im siebten Jahrtausend v. Chr. vollzog sich im Vorderen Orient eine entscheidende Veränderung in der Lebensweise mit dem Übergang des Menschen zur Seßhaftigkeit. Sie bedeutet einen entscheidenden Sieg des Menschen über die Natur, der er bis zu diesem Zeitpunkt unterworfen war. An die Stelle des Jägers und Sammlers tritt der Hirte und Pflanzer, aus dem der Bauer hervorgeht. Im Vorderen Orient waren die Bedingungen dafür besonders günstig. Vom Mittelmeer aus dringt diese Entwicklung über den Balkan und Donauraum, aber auch über Spanien und Südfrankreich nach Mitteleuropa vor. Hier werden – einige Jahrtausende später – die alten mesolithischen Bevölkerungsschichten umgeformt und aufgesogen. Ob und in welchem Umfang neue Bevölkerungsgruppen daran beteiligt waren, wird bis heute in der Forschung nicht einheitlich beurteilt. Mit dem Auftreten dieses frühesten Bauerntums setzt auch bei uns eine intensive Besiedlung ein. Unmittelbar treten diese neuen Gemeinschaften auf, die sich besonders auszeichnen durch feste Häuser, Befestigungsanlagen, Friedhöfe und mannigfaltige handwerkliche Erzeugnisse. Der Mensch lernt aus Ton Gefäße herzustellen, die durch das Brennen gehärtet werden und hauptsächlich als Behältnisse dienen. Mahlsteine zum Zerreiben der veredelten Wildgräser, geschliffene und durchbohrte Steingeräte sind Zeugnisse der ersten bäuerlichen Bevölkerung. Scherben und Steinwerkzeuge, manchmal auch schon Hausgrundrisse, bezeichnen die Wohnplätze. Die jungsteinzeitlichen Siedlungen waren durch zahlreiche Wege verbunden. In der Nähe der Siedlungen lagen die Gräber, meist Skelette in Hocker- und Strecklage mit typischen Beigaben wie Gefäßen, Steinwerkzeugen, Schmuck und Ocker, der zur Körperbemalung diente. Charakteristisch sind die durchbohrten und geschliffenen steinernen Hämmer und Äxte, die wir aus dieser Zeit finden. Aus quarzarmem Material hergestellt, durch Picken und Steinhauen geformt, wurden sie mit schnurgetriebenem Bohrer mit einem Holzstab durchlocht, bis man zur zylindrischen Bohrung mit Wasser und Sand überging.

Die früheste Bevölkerung unseres Raumes ist das Bauernvolk der Bandkeramiker. Diesen Namen verdanken sie der charakteristischen Verzierung, die sie ihren Gefäßen gaben. Neben Scherben dieser Tongefäße finden sich flach aus Stein geschliffene Hacken und schuhleistenförmige Keile, die wohl zur Bearbeitung von Holz und als Ackerbaugeräte benutzt wurden; daneben aber auch durchlochte Steinäxte und Kleingerät aus Silex geschlagen, gegenüber den älteren Silexgeräten häufig retuschiert bzw. zu Pfeilspitzen geformt. Zeugnisse einer ausgedehnten bandkeramischen Siedlung mit teilweise richtigen Befestigungen und großen, bis 50 m langen Wohnbauten, kennen wir aus dem Kreisgebiet bisher nicht. Doch lassen Einzelfunde von bandkeramischen Steinbeilen, wie sie in Adelberg, Böhmenkirch, Geislingen und Göppingen gefunden wurden, auf Siedlungen schließen. Die Erforschung dieser frühesten Dörfer ist eine vordringliche Aufgabe unserer einheimischen archäologischen Forschung. Auf diese ältesten, wohl aus nordöstlicher Richtung eindringenden Bandkeramiker, folgt die etwas jüngere Kultur der „Rössener" Leute, benannt nach dem bekannten Fundplatz Rössen bei Merseburg in Mitteldeutschland. Besonders die Veränderung der Ziermuster und der Formen der Gefäße, die nun mit sehr tiefen Einstichen versehen sind, sind ein Unterscheidungsmerkmal, obwohl zur Bandkeramik nahe Beziehungen nicht zu verkennen sind. Die Häuser sind wesentlich kleiner als die bandkeramischen Großbauten. Die älteste Höhensiedlung unseres Raumes auf dem Goldberg im Nördlinger Ries zeigt dies deutlich. Wie zahlreiche Siedlungsstellen in Württemberg beweisen, bevorzugten auch die Rössener Leute fruchtbare Lößböden. Aus dem Kreis Göppingen liegen bisher keine sicheren Fundstellen vor, obgleich auch hier mit Siedlungen dieser Zeit zu rechnen ist.

Im dritten Jahrtausend v. Chr. treten an die Stelle dieser „Rössener Bauern" verschiedene Gruppen, so die der „Michelsberger Kultur" angehörenden Leute (benannt nach der Fundstelle Michelsberg bei Untergrombach, Kreis Bruchsal) und andere zeitlich nahestehende Kulturen. Aber auch aus dieser Kulturperiode kennen wir bisher keine sicheren Fundstellen im Kreisgebiet, obgleich verschiedene Einzelfunde von Abschlägen, Feuersteinpfeilspitzen, Rechteck- und spitznackigen Beilen für Siedlungen der einen oder anderen Kulturgruppe sprechen. Die Formen der Michelsberger Keramik stehen in keiner Beziehung zur Bandkeramik, dagegen sind sie durchsetzt mit östlich-donauländischen Elementen, wie etwa beim Henkelkrug der „Schussenrieder Gruppe". Wahrscheinlich ist der „Waldenbühl", zwei Kilometer von Donzdorf, eine Höhensiedlung dieser Zeit. Hier wurden zahlreiche für diese Kulturgruppe charakteristische Scherben und Geräte gefunden.

Aus dem Spätneolithikum mit seinen starken westlichen Einflüssen und schließlich aus dem Endneolithikum mit dem völlig unvermittelten Auftauchen der Schnurkeramik und schließlich der Glockenbecherleute, liegen aus dem Kreisgebiet keine Funde oder Fundstellen vor. Die Leute der Schnurkeramik und die Glockenbecherleute kennen schon das erste Metall in Form von kupfernem Schmuck.

Wenn wir auch wenig Hinweise auf diese jungsteinzeitlichen Bauernkulturen für den hiesigen Raum haben, so ist das Wesen und Werden der jüngeren Kulturen der Metallzeit nur auf dieser Grundlage zu verstehen.

Kupfer- und Bronzezeit (etwa 2000–1200 v. Chr.)

Wie oben erwähnt, wurde gegen Ende der jüngeren Steinzeit ein neuer Werkstoff entdeckt: das Kupfer. Die Erfindung der Bronze, einer Legierung aus Kupfer und Zinn, sowie die Entwicklung verschiedener Gußverfahren erlaubten bald die Fertigung komplizierter Gegenstände. Auch diese Metalle kommen von den frühen Hochkulturen Vorderasiens, wo schon im dritten Jahrtausend Waffen aus Kupfer Verwendung fanden. Über das westliche Europa ist vermutlich das Gebiet nördlich der Alpen mit dieser Erfindung vertraut gemacht worden. Aus der frühen und mittleren Bronzezeit sind für das Kreisgebiet nur wenige Fundstellen bekannt. Im Bereich der Stadt Eislingen, in der Fischgasse, konnten unter einem merowingerzeitlichen Friedhof Spuren einer frühbronzezeitlichen Siedlung beobachtet werden. Außerdem sprechen einige Einzelfunde, wie die Randleistenbeile von Eybach und Göppingen sowie die Radnadel von Uhingen für das Vorhandensein weiterer Siedlungsstellen. Aber auch aus der etwas jüngeren mittleren Bronzezeit, auch Hügelgräberbronzezeit genannt, scheinen beim Messelstein, 1,5 km ostnordöstlich von Donzdorf sowie in Geislingen Siedlungen vorzuliegen. Einige Einzelfunde, z. B. eine Lanzenspitze aus Eislingen und vom Hohenstaufen, geben möglicherweise Hinweise auf eine Siedlung aus dieser Zeit.

Die Wirtschaftsform hat sich in der Kupfer- und Bronzezeit gegenüber der Jungsteinzeit kaum geändert. Neben dem Bauern und Hirten dürften sich jedoch erste Handwerkergruppen herausgebildet haben: die Bronzegießer, die wohl größere Gebiete mit ihren Erzeugnissen versorgt haben. Die Toten wurden anfangs noch in Flachgräbern, während der mittleren Bronzezeit dann in Grabhügeln bestattet.

Die Urnenfelderzeit (etwa 1200–800 v. Chr.)

Während des 13. Jahrhunderts v. Chr. werden Europa und der gesamte Mittelmeerraum von Völkerverschiebungen beunruhigt. Im östlichen und südöstlichen
Mittelmeergebiet brechen große Weltreiche unter dem Druck von Völkern zusammen, deren Ursprung man in der neueren Forschung im mittleren Donauraum sucht.

Nördlich der Alpen beginnt sich das geschlossene Gefüge der mittleren Bronzezeit
aufzulösen. Das Ergebnis des Druckes von Osten ist das Auftreten der Urnenfelderkultur, die ihren Namen dem Wandel der Bestattungssitte verdankt. Wurden bisher die Toten in einem Hügel bestattet, so setzt sich nun die Verbrennung
und die Beisetzung der Asche in einer Urne durch.

Die Keramik zeichnet sich durch metallisches Aussehen und meist scharfkantige
Formen aus. Praktische Geräte werden entwickelt, so etwa das einschneidige Messer, in der Waffentechnik löst das Stichschwert (Rapier) das lange Hiebschwert
ab. Eine Bevölkerungszunahme und eine gewisse soziale Schichtung scheint mit
dieser neuen Entwicklung verbunden zu sein. Besonders wichtig ist in diesem Zeitabschnitt das erste Auftauchen des Eisens, wenn zunächst auch das neue Metall
vorwiegend der Schmuckindustrie dient. Sowohl im Metallhandwerk, wie auch
im Töpfereihandwerk tritt eine beachtliche Produktionsfreudigkeit auf, die auf
das Bestehen von Manufakturen hinweist. Es ist nicht verwunderlich, daß damit
der Handel einen ungeheuren Aufschwung nimmt. Bis nach Dänemark und
Schweden werden nun Waffen, Goldgefäße und Schmuck gehandelt.

Auch in der Siedlungsweise erscheinen neue Typen. Besonders bevorzugt werden
jetzt die Ufer der nordalpinen Seen und die großen Moore. Befestigte Dörfer mit
zentralen „Herrenhäusern" sind keine Seltenheit mehr. Für die Unruhe und Unsicherheit dieser Epoche spricht, daß wieder geschützte Höhen aufgesucht und
künstlich befestigt werden. Eine derartige Befestigung ist auf dem Waldenbühl,
einem zungenförmigen Ausläufer der Albhochfläche auf Markung Donzdorf, anzunehmen. Die Bergzunge wird hier durch einen heute noch acht Meter langen
und zum Teil zwei Meter hohen Wall abgeriegelt, ähnlich auf dem Messelstein-
felsen, ebenfalls auf Markung Donzdorf. Hier wird die Hochfläche durch einen
bogenförmigen Graben abgeriegelt.

Innerhalb beider Anlagen wurden zahlreiche urnenfelderzeitliche Funde geborgen. Vielleicht war auch der Hohenstaufen ursprünglich mit einer derartigen Befestigung umgeben. Die dort vorliegenden Siedlungsreste dieser Zeit deuten jedenfalls darauf hin.

Auch in Geislingen, Lengentalstraße und in Reichenbach/Fils, Hauptstraße wurden Siedlungsreste der frühen Urnenfelderzeit entdeckt. Großflächige Ausgrabungen fanden hier noch nicht statt, so können wir nicht sagen, wie diese Siedlungen ausgesehen haben.

Daß das Filstal öfter begangen wurde und wohl als wichtiger Verbindungsweg gedient hat, geht aus den zahlreichen Einzelfunden der Urnenfelderzeit hervor: So ein bronzenes Schwert der frühen Urnenfelderkultur vom Typus Rixheim (s. Abb. 4), das in 2,7 m Tiefe in der Göppinger Karlsstraße gefunden wurde; aus Göppingen eine mittelständige Lappenaxt, aus Eislingen eine bronzene Lanzenspitze und aus einer Kiesgrube bei Uhingen zwei Lappenäxte, eine Bronzesichel und zwei Lanzenspitzen, durchweg hervorragende Beispiele des urnenfelderzeitlichen Bronzegießerhandwerkes.

Die Hallstattzeit (etwa 800–500 v. Chr.)

Die frühe Eisenzeit hat ihre Bezeichnung nach dem Fundort des berühmten Gräberfeldes von Hallstatt am Hallstättersee in Oberösterreich. Zur Herstellung von Waffen und Geräten wird jetzt überwiegend das Eisen verwendet. Bronze wird jedoch weiterhin verarbeitet, vor allem zu Schmuck.

Die Entwicklung von der Urnenfelderzeit zur Hallstattzeit hat sich offenbar ohne Bruch vollzogen. Die nunmehr wieder aufkommende Sitte, den Toten in einem Hügel zu bestatten, die Beigaben von Pferdegeschirr, großartigem Schwert und zahlreichen Metallgefäßen – jetzt immer häufiger neben der Keramik – könnte auf östlichen Einfluß zurückgehen. Die Träger der Hallstattkultur dürfen wir schon als Kelten bezeichnen. Sie siedelten in Dörfern und Einzelgehöften. Die Siedlungsweise spricht für eine deutliche soziale Schichtung und eine „Herrenschicht", die in den stark befestigten Mittelpunkten wohnt. Diese stadtartigen Burgen – z. B. die Heuneburg bei Hundersingen an der oberen Donau, oder der Hohenasperg bei Ludwigsburg – verraten einen überaus hohen Lebensstandard, wie nie zuvor in der mitteleuropäischen Vorgeschichte. Deutlich sind jetzt südländische Einflüsse zu spüren. Ein lebhafter Handel vollzieht sich von Süden nach Norden; Erzeugnisse des Südens, wie etwa Bronzekannen, Weinamphoren, schwarzfigurige griechische Keramik und Elfenbeinschnitzereien finden sich nun auch in Süddeutschland. Der Norden gab hierfür wahrscheinlich landwirtschaftliche Erzeugnisse und vielleicht Sklaven. Diese Verbindung mit den Hochkulturen des Mittelmeerraumes brachte auch eine Wandlung der geistigen Haltung der keltischen Oberschicht. Die schon erwähnten Herrensitze wurden nach mittelmeerländischem Vorbild angelegt. Wie die Ausgrabungen auf der Heuneburg gezeigt

haben, wurden Bauweisen des Südens übernommen und überdimensionale Grabhügel für die herrschende Schicht aufgehäuft. Im Kreis Göppingen sind einige ein-
fachere Siedlungen dieser Epoche, z. B. in Aufhausen, Deggingen, Ditzenbach,
Geislingen, Hohenstadt und Treffelhausen durch Scherbenfunde nachgewiesen.
Auch vom Hohenstaufen kennen wir Funde dieser Zeit. Da hier die mittelalterliche Burg starke Veränderungen des Geländes verursacht hat, können wir über
die Stellung dieser hoch gelegenen Siedlung nichts Sicheres aussagen.

Häufiger als die Siedlungen sind jedoch die teilweise weit ausgedehnten Grab-
hügelfelder. Im frühen Abschnitt der Hallstattzeit wird der Tote verbrannt und
die Asche in einem Hügel bestattet. Gegen Ende der Hallstattzeit um 600 v. Chr.
wird der Tote wiederum unverbrannt im Hügel beigesetzt.

Die meisten Grabhügel aus dem Kreisgebiet gehören wohl in diese Zeit. Auf
Markung Böhmenkirch, Eislingen, Hohenstadt, Kuchen, Rechberghausen, Schlat,
Treffelhausen, Weißenstein und Zell unter Aichelberg kennen wir kleinere Grab-
hügelgruppen, die vermutlich die Friedhöfe von Gehöften darstellen. Besonders
zu erwähnen ist der über 28 Hügel zählende Friedhof im Wald „Oberholz" auf
Markung Göppingen. Mit 16 Hügeln ist das Grabhügelfeld von Schlierbach Wald
„Berg" nur um weniges kleiner. Die durchschnittliche Höhe der Hügel in Göppingen ist 0,3 bis 1,8 m und der durchschnittliche Durchmesser 10–20 m. Der
größte Hügel hat einen Durchmesser von 38 m. Die Grabhügel wurden 1865 und
1902 teilweise ausgegraben. Leider sind weder die Funde noch genaue Aufzeich-
nungen hierüber vorhanden.

Im Jahre 1835 wurde in der Flur „Engenlauh" auf Markung Göppingen-Bartenbach ein späthallstattzeitliches Grab aufgedeckt. Die heute im Heimatmuseum
Göppingen liegenden Funde sind zwei offene Bronzedrahtarmringe, acht dünne
unverzierte Bronzearmringe, ein bandförmiger Bronzeohrring, ein kleines offenes
Bronzeringchen, ein Bruchstück einer Fibel (Gewandnadel), neun Bernsteinperlen
sowie ein tremolierstichverziertes Gürtelblech mit Haken.

Die Latènezeit (etwa 500 v. Chr. bis zum Beginn der Römerherrschaft)

Der jüngere Abschnitt der Eisenzeit wird nach einem großen keltischen Waffen-
fund am Nordrand des Neuenburger Sees bei La Tène in der Schweiz, auch Latènezeit benannt. Diese Epoche ist nördlich der Alpen ungewöhnlich geschlossen
in ihrem Fundgut und zeigt gegenüber der Hallstattzeit deutliche Unterschiede in
den Gerätschaften, vor allem in der Ornamentik der Geräte und Keramik. Haupt-
elemente bilden, wohl unter dem Einfluß mittelmeerischer Kunst, Pflanzen, Pal-

metten, Ranken und Blätter, aber auch Tierornamente. Träger dieser Epoche sind wiederum die Kelten (griechisch keltòî, lateinisch Galli). Der enge Kontakt zwischen diesem Volk und dem Mittelmeerraum erreicht seinen Höhepunkt gerade in diesem neuen Latène-Stil. Wie sehr die Kelten in jener Zeit in den Blickpunkt der antiken Welt rücken, zeigen die Berichte zahlreicher antiker Autoren über keltische Einfälle sowohl in Italien wie auch von Heerzügen und teilweisen Besetzungen in Südfrankreich, Spanien, Britannien, Böhmen, die Donauländer bis Griechenland und Kleinasien. Dieser Höhepunkt keltischer Machtausdehnung ist jedoch um 200 v. Chr. bereits überschritten. Die Ursachen hierfür liegen einerseits im Fehlen einer keltischen Nation und Fehden zwischen den einzelnen Stämmen aber auch im verstärkten Widerstand von außen.

Gaius Iulius Caesar hat in seinem Kriegsbericht „De bello gallico" die Lebensweise dieses Volkes am detailliertesten dargestellt. Nach seiner Beschreibung waren die Kelten, wie schon in früherer Zeit, hauptsächlich Bauern und Handwerker. Sie hatten aber auch große stadtartige Anlagen, befestigt durch stabile Holz-Steinmauern, die Caesar „oppida" nennt.

Derartige Anlagen – wie die oppida von Bibracte und Alesia – kennen wir auch aus unserer engsten Heimat, so die große Befestigungsanlage den „Heidengraben" bei Urach oder den „Burgstall" bei Finsterlohr im Kreis Mergentheim. Auch die Namen von einzelnen keltischen Stämmen sind uns inschriftlich überliefert; im heutigen bayerischen Schwaben die „Vindeliker", im Gebiet zwischen Rhein und Neckar die „Helvetier". Dieser Volksstamm spielt bei der Eroberung Galliens durch Caesar eine wichtige Rolle. Die „oppida" stellen wohl die Zentren der Einzelstämme dar. Neben diesen großen, stadtartigen Befestigungsanlagen bestanden aber meist kleinere offene Siedlungen und größere Gehöfte. Aus dem Kreis Göppingen liegen uns zahlreiche Hinweise auf derartige kleinere Ansiedlungen vor. So sind aus dem Filstal zwei Siedlungen bekannt – allerdings beide einem etwas jüngeren Abschnitt der Latènezeit angehörend – die eine auf der Talsohle der Fils bei Geislingen und die zweite Flur „Barrenbrunnen", nördlich von Gingen. Von beiden Fundstellen liegen charakteristische kammstrichverzierte oder aus Graphitton hergestellte Töpferwaren vor. Weitere Siedlungsreste fanden sich beim Gasthaus Lamm in Birenbach, beim Bau des Wasserreservoirs am Hang ostwärts von Unterböhringen in Flur „Heiligenbrunnen", und schließlich am Nordausgang von Wäschenbeuren. Außerdem wurden aber zeitweise offensichtlich teilweise befestigte Höhensiedlungen aufgesucht. Funde vom Hohenstaufen und vom „Waldenbühl" bei Donzdorf sprechen für eine Besiedlung dieser Höhen.

In der Latènezeit herrscht zunächst für rund 300 Jahre das Körpergrab vor, seit der späten Hallstattzeit wieder die übliche Bestattungsform. Im Gegensatz zu den Grabhügelfeldern erscheinen jetzt nördlich der Alpen kleinere und größere Flach-gräberfelder. Erst vom 2. Jahrhundert v. Chr. ab tauchen wieder Brandgräber auf, vermutlich unter etruskisch-römischen Einflüssen. In Geislingen-Altenstadt wurden im Jahre 1912 an der Uracher Straße mehrere Körpergräber angeschnit-ten. Die Beigaben, zwei bronzene Hohlbuckelarmringe und ein massiver Bronze-armring, zeigen, daß das Grab dem ältesten Abschnitt der Latènezeit angehört (La Tène A). Aus einer jüngeren Stufe (La Tène C) besitzen wir, ebenfalls aus Geislingen, ein reich ausgestattetes Brandgrab, das im Jahre 1963 beim Bau des Hauses Keplerstraße 15 gefunden worden ist. In einer fünfeckigen 1,2 m langen und 0,8 m breiten Grube lagen neben dem Leichenbrand ein sehr gut erhaltenes Eisenschwert mit Scheide, das zusammengebogen werden mußte, damit es in die Grabgrube gelegt werden konnte, eine Lanze mit eiserner Lanzenspitze und eiser-nem Lanzenschuh, ein eiserner Schildbuckel, vermutlich eine leider verschollene Bronzefibel sowie ein Tongefäß. Wie die Beigaben zeigen, ist in diesem Grab ein Krieger beerdigt worden, der seine volle Bewaffnung aus Schwert, Lanze und Schild mit ins Jenseits bekam. Ähnliche Gräber aus derselben Stufe konnten 1926 in einem Grabhügel im Wald „Brenntenhau" nordnordöstlich von Schlat gefunden werden. Vermutlich handelt es sich hier um mehrere Nachbestattungen eines spät-hallstättischen Grabhügels. Auch hier wurden dem Toten Schwert, Schild und Lanze mitgegeben.

Daneben liegen uns vom Kreisgebiet zahlreiche Einzelfunde dieser Zeit vor. Am bekanntesten sind wohl die keltischen Goldmünzen, die „Regenbogenschüssel-chen", auf griechische Vorbilder zurückgehend, aber nach keltischem Stilempfinden umgeformt. Solche Münzen sind von Eybach, Hohenstaufen, Kuchen und Süßen bekannt.

1856/58 wurde unter dem Rathaus von Eislingen bei Bauarbeiten ein 105 cm langes Eisenschwert gefunden, dessen Griff mit sechs eigenartigen „Knollen" ver-ziert ist (s. Abb. 5). Diese „Knollenknaufschwerter" gehören, wie zahlreiche ähn-liche Rapiere zeigen, in die frühe Latènezeit. Ein zweites Schwert mit bronzener Scheide und Ortband der jüngsten Stufe der Latènezeit zuzuordnen, wurde aus der Fils bei Göppingen geborgen (s. Abb. 5).

Die römische Zeit (bis 260 n. Chr.)

Zwei große Mächte bedrängen im ersten Jahrhundert v. Chr. das keltische Kern-gebiet, von Norden sind es die germanischen Völker; in Gallien bekämpft Caesar die keltischen Stämme und besiegt sie entscheidend im Jahre 52 v. Chr. bei Alesia.

Das rechtsrheinische Gebiet bleibt dagegen, wie die Funde in unserem Raum zeigen, bis zur Besitznahme durch die Römer weiterhin keltisches Siedlungsgebiet.

Weder den Kelten noch den Germanen gelingt es, den Vormarsch der Römer aufzuhalten. Nach der Unterwerfung Galliens ist es nur eine Frage der Zeit, daß auch Südwestdeutschland dem römischen Imperium angegliedert wird. Aber erst in claudischer Zeit (41–54 n. Chr.) erreichen die Römer die Donaulinie und bauen hier Straßen und Kastelle entlang dem Südufer. Dreißig Jahre später dringen sie in das obere Neckarland und den südlichen Schwarzwald vor. Unter Kaiser Domitian, spätestens um 83 n. Chr., wird die Grenze auf die Albhochfläche vorgeschoben und durch zahlreiche Kastelle, so in der Nähe von Lautlingen bei Ebingen, Hausen bei Hechingen, Ursspring und Heidenheim gesichert. Wahrscheinlich gehören hierzu noch Kastelle bei Gomadingen und Donnstetten bei Münsingen. Schon wenige Jahre später, um 85 n. Chr., wird die Grenze erneut vorverlegt. Diesmal stellt eine Kastellkette westlich des mittleren Neckars von Köngen bis zum Odenwald die Grenze dar. Nach Osten bilden die Kastelle Oberdorf am Ipf und Munningen, um nur zwei zu nennen, die vorgeschobensten Posten in jener Zeit. Wohl unter Kaiser Hadrian (117–134) und seinem Nachfolger Antoninus Pius (138–161) wird dann schließlich die Grenze ein letztes Mal vorverlegt und als Sicherung der obergermanisch-raetische Limes errichtet.

Gerade in unserem Kreisgebiet wurde im Jahr 1966 die Wissenschaft durch eine aufsehenerregende Beobachtung überrascht. Eine Luftaufnahme, die dem Fotografen Albrecht Brugger zu verdanken ist, erbrachte etwa 1,7 km östlich von Eislingen an der Markungsgrenze nach Salach die Existenz eines bisher unbekannten römischen Kastells. Die Aufnahme (s. Abb. 6) läßt klar einen fünf bis sechs Meter breiten Graben mit vier Toren erkennen, ein Holz-Erde-Kastell, das auf Grund seiner geographischen Lage zweifellos in die Frühzeit der römischen Besetzung des mittleren Neckarlandes gehört. Vermutlich diente es zur Sicherung der wichtigen Verbindungsstraße von Köngen nach Heidenheim, d. h. der großen Straße vom Neckartal zur Donau.

Nach der Anlage des obergermanisch-raetischen Limes wurde auch das Hinterland, mit Ausnahme weniger wichtiger Orte, vom Militär geräumt. Das südwestdeutsche Provinzialgebiet wurde nun in „civitates", d. h. in größere Verwaltungsbezirke aufgeteilt. So kennen wir inschriftlich u. a. etwa die civitas Sumelocennensis (mit dem Vorort Sumelocenna – Rottenburg a. N.), die sich mindestens bis Köngen erstreckt hat.

Wie in vorrömischer Zeit, so bestimmen aber auch jetzt Einzelhöfe das Landschaftsbild. Diese „villae rusticae" entwickelten sich unter der römischen Wirtschaftsweise, aber auch als Lieferanten für das Militär, häufig zu großen land-

wirtschaftlichen Betrieben. In der Regel war der Gutshof von einer Umfassungsmauer umgeben, in dessen Innerem das Wohnhaus und meist mehrere Wirtschaftsgebäude, wie Ställe, Scheuern und kleinere Werkstätten, untergebracht waren.
Häufig gehörte zu einer derartigen Anlage ein kleines Badegebäude. Die vorherr-
schende Bauform des Hauptgebäudes stellte einen Rechteckbau mit Mittelhalle oder
offenem Hof dar, an den sich mehrere kleinere Räume anschlossen. An der Front
waren ein Säulengang und zwei Ecktürme vorgesetzt, einer meist unterkellert. In
der Frühzeit waren Gutshöfe vermutlich in Holz-Bauweise errichtet. Im Jahre
1950 deckten auf Markung Unterböhringen in Flur „Wolfsgrube" Schüler des
Geislinger Gymnasiums unter Leitung von Oberstudiendirektor Kley die Grundmauern eines römischen Badgebäudes auf. Das Gebäude war 17,5 m lang und enthielt Warmwasserbad (Caldarium) mit rechteckigem Becken, Kaltwasserbad (Fri-
gidarium), Warmluftraum (Tepidarium) und Ankleideraum (Apodyterium). Die
Raumeinteilung entspricht somit der allgemein üblichen Aufteilung römischer
Bäder.
Gerade dieses Bad zeigt recht gut das vorzügliche System der Wand- und Boden-
heizung (Hypocaustum), beheizbar von zentralen Feuerungsstellen. Es gehörte
zweifellos zu einem großen, in nächster Nähe gelegenen Gutshof.
Zahlreiche andere Funde von römischer Keramik sowie Münzen, Fibeln und Geräten des häuslichen Lebens bei Aufhausen, Bad Boll, Ebersbach, Geislingen, Göppingen, Hattenhofen, Hohenstaufen, Reichenbach unter Rechberg, Treffelhausen,
Uhingen und Wäschenbeuren, beweisen, daß es weitere Gutshöfe im Kreisgebiet
gab. Obwohl Größe und Anlage dieser Siedlungsreste nur wenige sichere Aussagen
zulassen, sprechen sie für eine relativ dichte Besiedlung.
Bei Hofstett am Steig wurden im Jahre 1903 im Wald „Oberes Hochsträß" fünf
Gebäude ausgegraben. Gebäude A und B sind offenbar einfache rechteckige Bauten
ohne nennenswerte Unterteilung. Gebäude C hatte auf der Rückseite einen großen Innenhof, davor drei Räume, von denen der westliche eine Hypokaustanlage
besaß. Das Gebäude B barg unter anderen Funden ein eisernes, auf beiden Seiten
mit Messing tauschiertes „Dosenortband", d. h. einen Teil einer Schwertscheide,
wohl Ende des zweiten oder zu Beginn des dritten Jahrhunderts angefertigt und
zu „Ringknaufschwertern" gehörend. Mit dieser Schwertform waren vermutlich
die Benificiarier bewaffnet, die oft in kleineren Stationen untergebracht wurden.
Schon der Ausgräber Schultz und in neuester Zeit Ph. Filtzinger äußerten die
Vermutung, hier liege eine Straßenstation, also eine Art Rast- und Umspann-
station vor. Auch die Lage dieser Gebäude, etwa 300 m nördlich der Alblimes-
straße Urspring-Heidenheim auf dem höchsten Punkt in der Umgebung, spricht
für die Deutung.

Im Jahre 1935 wurde bei Anlage des Göppinger Flugplatzes, 650 m ostnordöstlich des Schießhauses in Flur „Fischhalde", ein römisches Brandgrab geborgen. In einer etwa 20 cm hohen Urne lag die Asche des Toten. Beigaben waren eine verzierte Schüssel aus Terra Sigillata und ein kleiner Napf. Vermutlich gehört dieses Grab zu einem kleineren Friedhof, der wiederum zu einem Gutshof gehört hat. Derartige „Familienbegräbnisplätze" sind schon verschiedentlich in Württemberg gefunden worden.

Schließlich sei hier noch auf einige interessante Einzelfunde hingewiesen. In den Jahren 1910, 1912 und 1927 wurden in der Flur „Ob der Schmalgasse", östlich von Gingen/Fils, aus dem Kies insgesamt vier römische Bildwerke und Inschriften geborgen. Es handelt sich um zwei Bruchstücke von Reliefs, die den Gott des Handels Mercurius darstellen. Das besser erhaltene Bildwerk zeigt den Gott mit umgehängtem Mantel, den Geldbeutel in der Rechten und den Flügelstab in der Linken. Ein Bock wurde als ein weiteres Attribut des Gottes dargestellt. Die beiden anderen Steindenkmäler sind Weihealtäre mit Inschriften. Der eine trägt folgende Weihung: MERCVRIO CL(audia) MESSORINA EX VOTO L(aeta) L(ibens) S(olvit) M(erito), d. h. „Claudia Messorina dem Mars und der Victoria zufolge eines Gelübdes; sie hat es früh und freudig gelöst nach Gebühr". Die Steine stammen vermutlich von einem kleinen Heiligtum, wie wir es gerade bei Gutsanlagen hie und da vorfinden. Die Stifterin Claudia Messorina, deren Beinamen Messorina vor allem in Dalmatien nachzuweisen ist, war wahrscheinlich die Herrin des Hauses.

Außerdem wurden im Jahre 1955 beim Ausheben eines Entwässerungsgrabens, etwa 1,4 km südlich von Faurndau im „Pfuhlbachtal" die Bruchstücke eines römischen Helmes gefunden. Erhalten waren noch das Stirnband mit Ansatz des Ohrenschutzes, Traggriff vom Nackenschutz des Helmes mit reich verzierter Beschlagplatte sowie die Randeinfassung des Nackenschutzes. Sowohl das Stirnband wie auch die Beschlagplatte des Traggriffes zeigen figürliche Darstellungen als Verzierung. Der Helm gehört, wie zahlreiche Vergleichsbeispiele aus anderen Provinzen des römischen Weltreiches zeigen, in die Zeit vom Ende des zweiten Jahrhunderts bis zur Mitte des dritten Jahrhunderts n. Chr. und damit schon in eine Zeit, in der das rechtsrheinische Gebiet der Provinz Obergermanien durch die ersten Einfälle der Alamannen erschüttert wurden. Der erste Durchbruch durch die römische Grenzbefestigung gelang den Alamannen im Jahre 233 n. Chr. zur Regierungszeit des Kaisers Alexander Severus (222–235 n. Chr.). Seinem Nachfolger in Rom Maximinus Thrax gelang es aber nochmals, die Germanen zurückzudrängen und die von ihnen zerstörten Anlagen am obergermanisch-raetischen Limes wieder herzurichten. Aus den Jahren 254–260 n. Chr. werden wiederum zahlreiche Alamanneneinfälle bekannt, die schließlich 259/60 zum endgültigen Verlust des rechtsrheinischen Gebietes für die Römer führten.

Durch eine neue Kette von Befestigungsanlagen entlang des Oberrheines, dem Bodensee, der Iller und der Donau riegelten die Römer schließlich das römische Reich für einige Jahrhunderte erneut gegen die Germanen ab. Diese Grenze sollte dann bis ins fünfte Jahrhundert n. Chr. Bestand haben, bis im Jahre 455 n. Chr. die Germanen ungehindert nach Oberitalien vordringen konnten. Zu diesem Zeitpunkt war der Untergang des weströmischen Reiches besiegelt.

Die alamannisch-fränkische Zeit (von 260 bis ins 7. Jahrhundert n. Chr.)

Der Fall des obergermanisch-raetischen Limes im Jahre 260 n. Chr. und die Besetzung des rechtsrheinischen Gebietes durch die Alamannen leitet eine Zeitepoche bis ins fünfte nachchristliche Jahrhundert ein, – bis vor wenigen Jahren noch in Dunkel gehüllt – die sich aber durch neue Ausgrabungen in Baden-Württemberg mehr und mehr aufzuhellen beginnt. Waren bisher zahlreiche spätrömische Münzen die einzigen Quellen für menschliche Besiedlung jener Zeit, so werden in den letzten Jahrzehnten die Entdeckungen aus dieser frühen alamannischen Zeit, wie Grab- und Siedlungsfunde in Höhlen und auf Höhen, immer häufiger. Auch aus unserem Kreisgebiet besitzen wir ein bedeutendes Einzelstück aus dieser dunkelsten Epoche der Frühgeschichte unseres Landes. In einer Kiesgrube am Ostrand von Göppingen wurde eine Bronzefibel mit schwalbenschwanzförmigem Fuß gefunden, die ins vierte nachchristliche Jahrhundert zu datieren ist und damit den ältesten Fund dieser Zeitepoche aus dem Kreisgebiet darstellt.

Dieser frühe Abschnitt wurde mehrfach durch starke Unruhen heimgesucht. So zogen im Jahre 406 die Vandalen, Alanen und Sweben (Quaden) durch Süddeutschland nach Gallien und teilweise bis nach Spanien. Ihnen folgten die Burgunder, die sich dann im heutigen Elsaß niederließen. Auch die Hunnen unter König Attila berührten Süddeutschland (um 451 n. Chr.).

Von den germanischen Staatenbildungen hatte nur das Frankenreich unter dem Geschlecht der Merowinger längeren Bestand und prägt von nun an die Geschichte Süddeutschlands. Die Merowinger unterwarfen 496 n. Chr. die Alamannen, die Unterwerfung der anderen germanischen Stämme folgte, bis schließlich das Reich der Franken von den Pyrenäen bis nördlich der Alpen reichte.

Von diesem Zeitpunkt an werden auch die archäologischen Quellen wieder zahlreicher, die Epoche der unruhigen Völkerwanderung hat ein Ende. Es beginnt wieder eine Periode der Seßhaftigkeit und intensiven Besiedlung und Kultivierung

Südwestdeutschlands. Ein großer Teil unserer Dörfer geht in ihrer Gründung auf diese frühe mittelalterliche Zeit zurück. Insbesondere die Ortsnamen, die mit -ingen endigen, wie Uhingen, Göppingen, Eislingen, Gingen, Geislingen und andere gehören in diese Zeit. Aber auch Orte mit -heim, -dorf, -hausen, -beuren und stetten sowie -hofen, lassen auf eine alamannische Gründung schließen. Da die Spuren dieser frühen Siedlungen meist innerhalb der alten Dorfkerne anzunehmen sind, gibt es selten genauere Fingerzeige über Lage und Aufbau dieser Siedlungen. Doch gerade in unserem Gebiet haben wir einige wertvolle Hinweise. So deuten Keramikfunde in Wäschenbeuren auf eine alamannische Siedlung. Einem glücklichen Umstand ist es zu verdanken, daß bei Geislingen-Altenstadt wenigstens ein kleiner Teil einer alamannischen Siedlung untersucht werden konnte (im nordöstlichen Teil südlich der Eyb an der Eybacher Straße). Insgesamt wurden drei Hüttengrundrisse festgestellt, die aus rechteckigen Gruben bestanden, in deren Ecken sich deutlich die Pfosten der Hauswände abzeichneten. Wie die Keramik und andere Kleinfunde, Perlen und eine bronzene Pinzette beweisen, gehört diese Siedlung in die zweite Hälfte des siebten Jahrhunderts n. Chr.

Ein anderer wichtiger Fund, ein Töpferofen, wurde 1959 in Donzdorf an der Messelbergsteige entdeckt. Wie die, in dem teilweise noch erhaltenen Brennraum gefundene Keramik zeigt, stammt er aus der zweiten Hälfte des siebten Jahrhunderts und ist damit einer der ersten Töpferöfen der Merowingerzeit in Süddeutschland. Der Fund läßt den Schluß zu, daß sich hier ein ganzer Töpferbezirk befand und das Gebiet um Donzdorf im frühen Mittelalter, insbesondere in der Merowingerzeit eine wichtige Station gewesen ist. Schon R. Roeren hat im Zusammenhang mit der Entdeckung des Töpferofens hier einen frühmittelalterlichen Herrschaftssitz vermutet, zumal sich 1,5 km südsüdöstlich der Töpferei auf einem Ausläufer der Schwäbischen Alb, dem „Waldenbühl", ein schon oben erwähnter Abschnittswall befindet, der bisher auf Grund fehlender archäologischer Untersuchungen nicht näher datiert werden kann. Verschiedene, vor einigen Jahren hier gemachte Kleinfunde könnten die ersten Hinweise für den von Roeren vermuteten Herrschaftssitz sein. Eine Bestätigung findet diese These wahrscheinlich in dem 1964 vom damaligen Staatl. Amt für Denkmalpflege untersuchten Teil des seit 1901 bekannten alamannischen Gräberfeldes. Der Reihengräberfriedhof liegt in Flur „Vorschwärz" am Südrand des Ortes zwischen der Vorschwärzstraße und der Rosenstraße. Insgesamt konnten 106 Bestattungen freigelegt werden, wobei die Ost- und Westgrenze wahrscheinlich erreicht worden ist. Die Gräber gehören vorwiegend ins sechste und siebte Jahrhundert n. Chr. Neben den üblichen, zum Teil recht gut ausgestatteten Frauen- und Männergräbern ragt besonders das Frauengrab 78 weit über die anderen Gräber heraus. Es war vermutlich einer höhergestellten Persönlichkeit vorbehalten. Die Beigaben sind von allerhöchster Qualität: Bügelfibeln (s. Abb. 4), goldene Almandinrosettenfibeln, Goldperlen mit Filigranverzierung und der goldene Fingerring beweisen die soziale Position der Frau. Wie die Untersuchungen von E. M. Neuffer gezeigt haben, ist sie vermutlich nicht einheimischer Herkunft. Die Bügelfibel stammt aus Südskandinavien, der Fingerring und die Almandinrosettenfibel aus dem fränkischen Gebiet. Das Grab gehört in das erste Viertel des sechsten Jahrhunderts n. Chr. Daß innerhalb des Friedhofes eine adelige Frau begraben liegt, läßt die Vermutung zu, daß die Siedlung mit einem befestigten Hof oder einer Burg in Verbindung stand, die wiederum im Umkreis von Donzdorf zu suchen ist. Auf der Suche nach einer derartigen Anlage bietet sich erneut der „Waldenbühl" an. So darf abschließend die Vermutung ausgesprochen werden, daß hier möglicherweise der Sitz eines frühmittelalterlichen Adelsgeschlechtes war.

Gerade das Filstal ist überaus reich an Reihengräbern der Merowingerzeit. Aber auch die Seitentäler sind in dieser Zeit reich besiedelt. Wir kennen Reihengräberfelder von Albershausen, Aufhausen, Bartenbach, Deggingen, Donzdorf, Eislingen, Geislingen und Geislingen-Altenstadt, Gingen, Göppingen, Hohenstadt, Holzheim, Kuchen Mühlhausen, Rechberghausen, Roßwälden, Schlat, Süßen, Uhingen und Wäschenbeuren. Die hier aufgezählten Reihengräber reichen vom fünften bis zum späten siebten Jahrhundert n. Chr. Sie enthielten häufig Waffen, wie das zweischneidige Langschwert (spatha), das einschneidige Hiebschwert (sax), Lanzen-, Speer- und Pfeilspitzen, Messer, Wurfbeil und häufig ein Schild aus Holz mit eisernen Beschlägen. Die Frauengräber enthielten Fibeln (Gewandnadeln), Perlenketten und allerlei oft reich verzierte Beschläge der Gürtel- und Wadenbinden. Diese Friedhöfe vermitteln uns neben einem eindrucksvollen Bild der Kultur- und Gebrauchsgegenstände wichtige Quellen für die frühe Besiedlung unseres Landes.

Um 700 n. Chr. verschwinden diese Reihengräberfriedhöfe nach und nach fast ganz. Um diese Zeit setzt sich in unserem Land das Christentum durch, und als Folge dieser neuen Religion treten nun die Friedhöfe um die Ortskirche in Erscheinung. Die heidnische Tradition der Beigabensitte wird immer seltener, bis sie völlig aufhört. Dies ist der Zeitraum, in dem die bis dahin fast durchweg schriftlose Zeit ihr Ende findet und damit der Übergang zur urkundlich gesicherten Geschichte hergestellt wird.

Ausgewählte Literatur für den Kreis Göppingen

Bittel K.: Die Kelten in Württemberg. Römisch-germanische Forschungen 8. Berlin und Leipzig (1934).

Fundberichte aus Schwaben. Alte Folge 1 (1892) — 21 (1917). Neue Folge 1 (1922) — 19 (1971).

Goessler P.: Aus der Vor- und Frühgeschichte des Göppinger Bezirks in J. Illig: Geschichte von Göppingen und Umgebung (1924), 7ff.

Haug F. und G. Sixt: Die römischen Inschriften und Bildwerke Württembergs ²(1912–14).

Hertlein F., P. Goessler und O. Paret: Die Römer in Württemberg (1928–32).

Kley A.: Vorgeschichte. In: Heimatbuch des Landkreises Göppingen (1956), 99 ff.

Neuffer E. M.: Der Reihengräberfriedhof von Donzdorf. Forschungen und Berichte zur Vor- und Frühgeschichte in Baden-Württemberg Bd. 2 (1972).

Veeck W.: Die Alamannen in Württemberg (1931).

Zürn H.: Die vor- und frühgeschichtlichen Geländedenkmäler und die mittelalterlichen Burgstellen der Kreise Göppingen und Ulm. Veröffentl. des Staatl. Amtes f. Denkmalpflege Stuttgart. Reihe A, Heft 6 (1961).

Von der fränkischen Zeit bis zum Ende der Staufer

von Walter Ziegler

Siedlungsgeschichte

Ins hellere Licht der Geschichte tritt das Leben einer Landschaft und eines Volkes, sobald zu den vor- und frühgeschichtlichen Bodenfunden die schriftliche, insbesondere die urkundliche Überlieferung tritt. Für das Gebiet des Landkreises Göppingen beginnt diese im Jahre 772. In diesem Jahr ist auf der Markung Albershausen ein Ort namens „Sadelerhusen" im Besitz des Klosters Lorsch an der Bergstraße urkundlich bezeugt. Über die dieser ersten urkundlichen Nennung eines Ortsnamens im Kreisgebiet vorhergehenden fünf Jahrhunderte – nach der Überrennung des Limes durch die Alamannen um die Mitte des dritten Jahrhunderts nach Christi – findet der Historiker wenig gesichertes Material für unser Gebiet. Wir können zwar aus den Namensformen der Ortschaften allgemeine Rückschlüsse über ihre mutmaßliche Entstehung ziehen, aber über diese allgemeinen und und im einzelnen unbewiesenen Vermutungen hinaus gibt es leider noch keine systematische Bearbeitung und Erfassung dieser Namensformen und ihrer Herkunft für unser Gebiet.

Die Orte auf *-ingen* bildeten den Auftakt in der alamannischen Besiedlung. Im Kreisgebiet finden sich davon 21, wovon sieben abgegangen sind. In der älteren Ausbauperiode im sechsten bis achten Jahrhundert entstanden die Orte auf *-hofen* (sieben, davon vier abgegangen), *-heim* (drei, davon null abgegangen), *-dorf* (drei, davon zwei abgegangen), *-stetten* bzw. *-statt* (zehn, davon sechs abgegangen), *-hausen* (16, davon vier abgegangen), *-wälden* (fünf, davon null abgegangen) und die älteren *-weiler* (17, davon 15 abgegangen). Ebenso werden Wiesensteig, Faurndau, Boll, Gingen, Böhmenkirch, Steinenkirch, Süßen, Kuchen und Schlat in diese Zeit gehören.

Daß gewisse Ortsnamentypen für die Ausbaugebiete bestimmter Gaue typisch sein können, läßt sich besonders schön im Filsgau zeigen. Am Rande dieses Gaues finden wir fünfmal den Ortsnamen „*Wälden*", und zwar Eckwälden und Roßwälden unmittelbar auf der Grenze zwischen Neckar- und Filsgau, Nieder- und

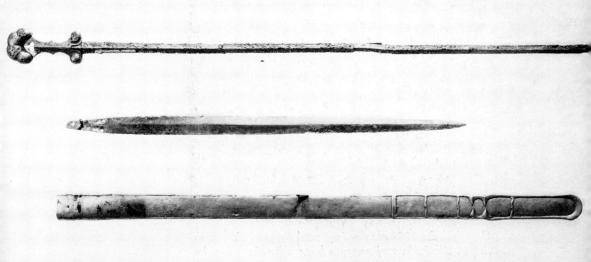

4. *Alamannisches Bügelfibelpaar aus Donzdorf*

5. *Bronzeschwerter der frühen Urnenfelderkultur um 1000 v. Chr. (Mitte) und der jüngeren Latènezeit mit Scheide (unten) aus Göppingen sowie Knollenknaufschwert der frühen Latènezeit (oben) aus Eislingen*

6. *Grundriß des 1966 aus der Luft entdeckten römischen Kastells zwischen Salach und Eislingen. Die Bodenverfärbungen lassen klar einen 5–6 m breiten Graben mit vier Toren erkennen.*

Oberwälden am Rande des Schurwaldes und Krummwälden vor den Ausläufern des Rehgebirges. Die Namen sind mit einer altertümlichen Mehrzahlform zu „Wald" (in „Wäldiu") gebildet, die anderswo in württembergischen Ortsnamen nicht nachzuweisen ist. Sie gehören der älteren Ausbauzeit an, in der diese Mehrzahlformen noch üblich waren.

Die sich anschließende jüngere Ausbauzeit im neunten bis 13. Jahrhundert brachte eine wesentliche Verdichtung und im Bereich der Alb und des Rehgebirges auch eine Ausweitung der Besiedlung. Diese Zeit ist gekennzeichnet durch sog. Stellenbezeichnungen auf *-berg* (16, davon vier abgegangen), *-bach* (19, davon zwei abgegangen), *-ach* (vier, davon eine abgegangen) und *-wang* (acht, davon fünf abgegangen). Von den weiteren über 30 Stellenbezeichnungen ist knapp die Hälfte abgegangen. Hinweise auf Rodungen enthalten 18 Ortsnamen, wovon acht abgegangen sind.

Auf eine erst in jüngster Zeit von Hans Jänichen erforschte Besonderheit soll hier kurz eingegangen werden. Im Grenzgebiet zwischen dem Neckar- und Filsgau, bei Boll, Zell, Hattenhofen und Schlierbach sowie an Zentralorten des Neckargaus wie Neuffen, Cannstatt und Oberlenningen, lassen sich verschiedene mit der Vorsilbe „*Hatten*"- und „*Plien*"- gebildete Orts-, Bach- und Flurnamen feststellen. So z. B. Pliensegert auf Markung Schlierbach, Pliensbach, Pleonungotal bei Wiesensteig, Hattenhofen sowie Hattenleher bzw. Sattenlehen und Blienswang bei Westerheim. Diese „Plien"- und „Hatten"-Orte erscheinen räumlich benachbart. Ihre Koppelung läßt vermuten, daß die Personen namens Pleon, nach denen die „Plien"-Orte benannt sind, zu dem Geschlecht, das den Namen die „Hatten" führte, gehörten. Dieses Geschlecht muß zwischen 650 und 750 den Neckargau beherrscht und sich besonders der Besiedlung dieses herrschaftseigenen Randgebietes angenommen haben. Es betrieb aber nicht nur den Landesausbau, sondern auch die frühe Christianisierung, denn die vielen Martinskirchen, die man als älteste Zeugen der Mission ansprechen darf, sind räumlich im Neckargau so verteilt wie die „Plien"- und „Hatten"-Namen. Zwei Martinskirchen, in Gruibingen und Zell u. A., finden sich in dem Grenzgürtel zwischen Fils- und Neckargau. Der Name von Zell erinnert außerdem an die Gründung einer später wieder abgegangenen Mönchszelle. Das Verschwinden dieses Herrengeschlechtes der „Hatten" hängt aller Wahrscheinlichkeit mit dem Blutgericht im Jahre 746 zusammen. Da dieses in Cannstatt, also im Neckargau stattfand, darf angenommen werden, daß die Herren des Gaues auch am Aufstand gegen die Franken führend beteiligt waren und bei der von diesen einberufenen Versammlung zu Cannstatt ermordet wurden.

Weltliche Verwaltungsgliederung

Erste Anhaltspunkte über eine weltliche Verwaltungsgliederung unseres Kreisgebietes können wir der Wiesensteiger Gründungsurkunde aus dem Jahre 861
entnehmen. In ihr werden erstmals die Gaue „Pleonungotal" und „Filiuuisgauue"
genannt. Der Gau *Pleonungotal* wird hierbei das einzige Mal erwähnt. Die Orte
Wiesensteig, gelegen auf Markung Gruibingen, der bei Mühlhausen abgegangene
Ort Tiefental sowie ein nicht näher genannter, am Filsursprung abgegangener
Ort – vermutlich Sticklingen –, werden dabei dem „Pleonungotal" zugerechnet.
Gegen Osten grenzte dieses Tal der Pleonungen an den Bezirk „Alba", gegen
Süden an den Bezirk „Flina", gegen Westen an den „Neckar –" und an den
„Filsgau". Vom „Neckargau", zu dem Neidlingen und Weilheim bereits gehörten, schied das „Pleonungotal" die Wasserscheide zwischen Fils und Lindach.
Die heutige Forschung nimmt an, daß es sich beim „pagus Pleonungotal" um
keinen Gau im eigentlichen Sinne handelt, sondern um eine Ausbauherrschaft des
Neckargaus. Dasselbe wird vom „pagus Flina", zu welchem u. a. Hohenstadt,
Westerheim und Donnstetten gehörten, angenommen, denn Donnstetten lag nachweislich im Jahre 778 im „Neckargau". Das „Pleonungotal" wurde bisher irrtümlich auf einen Gau gedeutet, der sich weit über das obere- und mittlere Fils-
und das Lautertal erstreckte. In der früher dynastisch ausgerichteten Geschichtsschreibung waren die Klostergründer von Wiesensteig, Rudolf und dessen Söhne
Erich und Rudolf, in die Familie des Hochadelsgeschlechtes der Grafen von Helfenstein als deren Stammväter eingereiht und so die Identität des Gaues „Pleonungotal" mit der spätmittelalterlichen Grafschaft Helfenstein hergestellt worden. Demnach gehören also die im oberen und mittleren Filstal bis Gingen/Süßen
und im Lautertal gelegenen Orte zusammen mit den Orten des „Pleonungotales"
zu einem größeren Gau, dessen Name uns nicht überliefert ist. Der Geislinger
Geschichtsforscher Burkhardt vermutet den Sitz dieses Gaues auf dem Lindenhof
in Geislingen-Altenstadt. Außerdem konnte vor wenigen Jahren die archäologische Forschung auf Grund von Grab- und Einzelfunden einen Herrensitz auf
dem Waldenbühl bei Donzdorf zumindest für das sechste und siebente Jahrhundert nachweisen.
Als ebenso früher Herrensitz muß der im *Filsgau* gelegene, mit dem althochdeutschen Sachwort „hunno" gebildete Ort „Huningen", d. h. Heiningen, angesprochen werden. Im Wiesensteiger Stiftungsbrief von 861 erscheint gemeinsam mit
dem Fluß „Filisa" bzw. Fils der „pagus Filiuuisgauue". In dieser Urkunde wird
Eislingen als einziger Gauort genannt. Im Jahre 998 ist der Name des Gaus in
einer Urkunde des Schweizer Klosters Einsiedeln überliefert, in welcher der Ort

„Bilolveshusa" als in der Grafschaft des Grafen Walter und im Gau „Vilues-
geuui" gelegen bezeichnet wird. Es handelt sich dabei um den an dem Heerweg
zwischen Boll und Bezgenriet abgegangenen Ort Billizhausen, dessen Namen in
dem Flurnamen „Billizhauser Feld" die Zeiten überdauert hat. 1142 wird der
„Philiskove" in einer Urkunde des Schwarzwaldklosters St. Georgen letztmals er-
wähnt. Der dabei bezeugte Gauort ist Schopflenberg mit Kirche bei Bezgenriet.
Gegen Westen grenzte der Filsgau an den Neckargau. Während Billizhausen und
Schopflenberg noch zu ihm gehörten, lagen Weilheim und Ohmden schon im
Neckargau. Die Grenze bildete hier der Pliens- bzw. Butzbach. Der Pliensbach
wechselt beim Austritt aus dem Neckargau und Eintritt in den Filsgau seinen
Namen und heißt im Unterlauf Butzbach. Sein Name verrät eine alte Grenze.
Auch die Lage des Ortes Pliensbach deutet die Grenzscheide an. Pliensbach liegt
am Mittellauf des Baches, dort wo dieser seinen Namen wechselt. Es ist erwiesen,
daß für solche abnormen Benennungen alte Grenzen politischer, geologischer oder
geographischer Art maßgebend waren. Der Pliens- bzw. Butzbach war zugleich
auch die Grenze zwischen den Dekanaten Göppingen und Kirchheim. Von der
Mündung des Butzbaches in die Fils diente dieselbe als Dekanats- und vermutlich
auch als Gaugrenze bis unterhalb von Ebersbach. Reichenbach/Fils gehörte bereits
zum Dekanat Kirchheim und damit wohl auch zum Neckargau.
Der Filsgau dürfte etwa das Gebiet, welches vom Albtrauf zwischen Süßen und
Boll, dem Pliens- und Butzbach, Ebersbach, dem Marbach bei Hohrein und Süßen
begrenzt wird, umfaßt haben. Da dies ein sehr kleiner Bezirk war, wäre seine
Entwicklung aus dem Neckargau oder dem namentlich unbekannten Geislinger
Bezirk heraus denkbar.

Missionierung

Wir sind heute, bestärkt durch die vergleichende Untersuchung der Titel-Heiligen
von Kirchen und Kapellen und durch die reichen Möglichkeiten einer wissenschaftlich betriebenen mittelalterlichen Archäologie, in der Lage, den Ursprung
der ältesten Kirchen auch ohne schriftliche Quellen weit früher anzusetzen als
das nach der ersten Nennung in zufällig erhaltenen Urkunden allein möglich
wäre.
Daß *Martin* von Tours ein Lieblingsheiliger der sog. fränkischen Mission gewesen
ist, und daß er als Kirchenpatron mit Vorliebe an Plätzen auftaucht, an denen
sich fränkischer Einfluß – sei es der merowingischen Könige, sei es der karolin-
gischen Hausmaier und des fränkischen Hochadels – nachweisen läßt, hat einige
Forscher verführt, grundsätzlich in jeder Martinskirche den Beweis für Begü-

terung des fränkischen Königs am betreffenden Ort zu sehen. Solche Martinskirchen, die auch oft einen großen Sprengel besaßen, entstanden vor allem im
sechsten und siebenten Jahrhundert. Wir finden sie im Kreisgebiet in Altenstadt,
Donzdorf, Gruibingen, Göppingen-Oberhofen und Zell u. A. Die Martinskirche
in Nenningen scheint ein Ableger der Donzdorfer Kirche zu sein.

Neben Martin gibt es eine Gruppe besonders herausgehobener früher Kirchen-
heiliger, die in Schwaben auffällig oft nebeneinander – sei es in benachbarten
Pfarreien, sei es zusammen und innerhalb eines Sprengels – als Titel-Heilige
vorkommen, daß man eine Art von Planung oder systematischer Verteilung annehmen muß. Es sind dies die drei Heiligen *Michael, Maria* und *Martin,* also der
Erzengel, die Gottesmutter und der Nationalheilige der Franken. Wenn Martin
zusammen mit Maria, der Patronin der Bischofskirchen von Konstanz und Straßburg, erscheint, wird man sie einer frühen Welle der Christianisierung zuweisen
dürfen. Vollends sicher wird der Befund, wenn gleichzeitig der heilige Michael
bezeugt ist. Sein Erscheinen als Patron besonders auffallender Höhen- und Berg-
kirchen verleitete schon manche Forscher zu der Frage, ob hier vielleicht mitunter
an vorchristliche Kulte und Kultstätten angeknüpft worden sei, so z. B. bei der
Michaelskirche im Lindenhof in Geislingen-Altenstadt. Solch alte Patrozinien
haben wir im Raum des ehemaligen Geislinger Dekanats mit Michael und Martin
in Altenstadt, mit Michael in Drackenstein und Martin in Gruibingen sowie mit
Maria und Gallus in Überkingen und mit Martin in Donzdorf. Im Göppinger
Dekanat ist die Kirche in Oberhofen Maria und Martin und die benachbarte von
Heiningen Michael, die Kirchen von Faurndau und Eislingen sind Maria geweiht.
Der heutige Eislinger Kirchenheilige St. Markus ist durch eine frühere falsche
Lesung des Wortes Maria entstanden. Die Michaelskirche in Stötten ist wohl als
Ableger der Altenstädter Kirche zu betrachten. Bemerkenswert ist auch, daß den
beiden Michaels- und Martinskirchen in Altenstadt, der Michaelskirche in Heinin-
gen und der Martinskirche in Donzdorf, Peterskirchen in Rorgensteig bzw. Unterböhringen, auf dem Lotenberg bei Eschbach und in Reichenbach u. R. benachbart
waren.

In die karolingische Zeit zurück reichen auch die älteren *Cyriakskirchen.* Dem
hl. Cyriakus sind im Kreisgebiet die Kirchen von Wiesensteig, bezeugt 861, und
Boll geweiht. Die Kirche im früheren Boller Filial Dürnau ist zusätzlich dem
hl. Kilian gewidmet. Die heute unter dem Patrozinium des hl. Sebastian stehende
Pfarrkirche von Ottenbach war ursprünglich den Heiligen Cyriakus und Gangolf
geweiht. In Donzdorf läßt sich 1397 eine Cyriakuskaplanei nachweisen. Ebenfalls
in karolingische Zeit zurückreichen dürfte die dem hl. *Hippolyt* geweihte Kirche
im 1147 erstmals bezeugten „Baumenkirchen", d. h. Böhmenkirch. Es ist auffal-

lend, daß die Orte Donzdorf, Wiesensteig und Gruibingen mit ihren den Heiligen Martin und Cyriak geweihten Pfarrkirchen die größten Gemeindemarkungen des Kreisgebiets nach Böhmenkirch besitzen.

In fränkischer Zeit ebenfalls hoch verehrt wurden die Heiligen Nabor und Nazarius, welche seit den sechziger Jahren des achten Jahrhunderts die Titel-Heiligen des Klosters Lorsch bildeten. Es ist deshalb nicht verwunderlich, wenn in Gingen, wo Lorsch bereits im Jahre 915 Güter besaß, die Kirche den Heiligen *Quirinus*, *Naborus*, *Nazarius* und *Basilides* geweiht ist. Auch die in der nördlichen Außenwand der heutigen Gingener St.-Johannes-Kirche eingemauerte Inschrift aus dem Jahre 984 gibt Kunde von den Beziehungen zwischen Lorsch und Gingen. Diese zugleich älteste nach dionysischer Zeitrechnung datierte Kircheninschrift Deutschlands berichtet von der Errichtung einer Kirche unter Abt Saleman von Lorsch und deren Weihe durch Bischof Gebhart von Konstanz.

Kirchliche Verwaltungsgliederung im Jahre 1275

Auf der zweiten allgemeinen Synode von Lyon im Jahre 1274 wurde unter Papst Gregor X. zum Schutze und zur Verteidigung des bedrängten Heiligen Landes ein Kreuzzug beschlossen, der allerdings nie durchgeführt wurde. Zur Bestreitung der dafür anfallenden Kosten genehmigte das Konzil eine Generalbesteuerung des gesamten Klerus in der Form, daß alle Inhaber einer kirchlichen Pfründe, deren Einkommen höher war als sechs Mark im Jahr, sechs Jahre lang zur Abgabe des zehnten Teiles ihrer Einkünfte verpflichtet wurden. Zu diesem Zwecke wurde im Jahre 1275 in der Diözese Konstanz ein Register angelegt mit dem Titel „liber decimationis", d. h. Zehntbuch. Der heimatgeschichtliche Wert dieses Registers ist bedeutend. So erfahren wir aus ihm, welche Pfarreien um 1275 schon bestanden und zu welchem Dekanat sie gehörten (siehe Karte). Durch die genauen Vermögensangaben erhalten wir außerdem ein Bild von der Bedeutung einer Pfarrei im Vergleich zu einer anderen. In dem Zehntbuch werden 36 Orte und sechs Weiler unseres Kreises genannt, davon allein 15 das erste Mal. Sechs Kreisorte gehörten dem Dekanat Owen (später Kirchheim/Teck), 14 dem Dekanat Heiningen (später Göppingen) und 24 Kreisorte und sechs Orte aus Nachbarkreisen dem Dekanat Süßen (später Geislingen) an. Unser gesamtes heutiges Kreisgebiet, mit Ausnahme von Wäschenbeuren, Birenbach, Maitis und Hundsholz, wie Adelberg bis 1851 hieß, die zur Augsburger Diözese gehörten, unterstand damals dem Bistum Konstanz. Dieses war in zehn Archidiakonate aufgeteilt, darunter als drittes das Archidiakonat Alb, welches die Dekanate Heiningen und Süßen umfaßte.

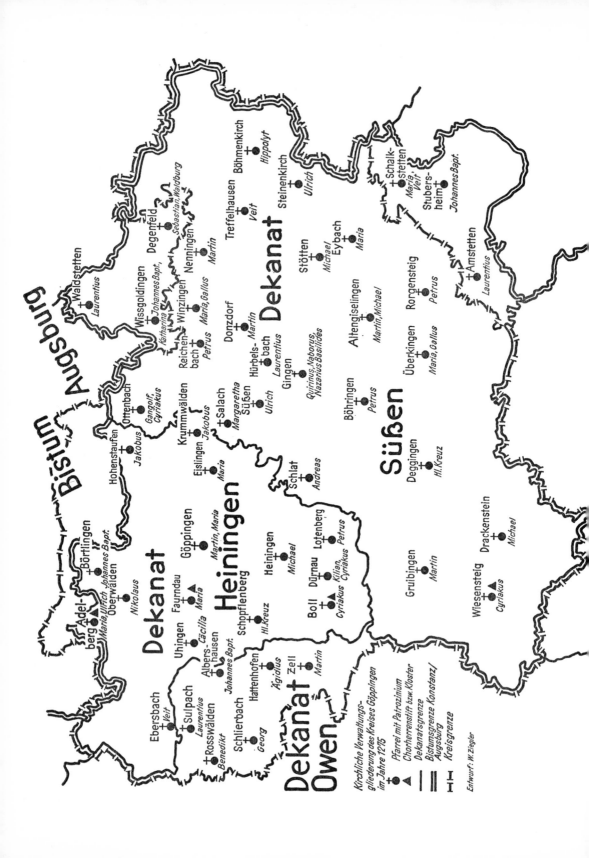

Bistum Augsburg

Waldstetten
✝ *Laurentius*

Dekanat

Böhmenkirch
✝ Hippolyt

Schalk-
stetten
✝ *Maria,*
Veit

Stubers-
heim ✝
Johannes Bapt.

Degenfeld
●
Sebastian, Waldburg

Treffelhausen
●
✝ *Veit*

Steinenkirch
●
Ulrich

Wissgoldingen
●
✝

Nenningen
●
✝ *Martin*

Winzingen
✝ *Johannes Bapt.*
●
Katharina

Reichen- ✝
bach ● *Maria, Gallus*
✝ *Petrus*

Donzdorf
●
Martin

Hürbels- ✝ *Martin*
bach ●
Laurentius
Gingen
✝ *Ulrich*

Stötten
●
✝ *Michael*
Eybach
●
Maria

Rorgensteig
●
Petrus

Amstetten
●
✝ *Laurentius*

Quirinus, Naborus,
Nazarius Basilides

Altengiselingen
●
✝ *Martin, Michael*

Überkingen
●
Maria, Gallus

Ottenbach
●
✝
Gangolf,
Cyriakus

Krummwälden
●

Eislingen
✝ *Jakobus*
●
Maria

Salach
✝ *Margaretha*
Süßen
●
Ulrich

Böhringen
●
✝ *Petrus*

Hohenstaufen
✝ *Jakobus*

Süßen

Deggingen
●
✝ *Hl.Kreuz*

Schlat
●
✝ *Andreas*

Dekanat

Heiningen

Börlingen
✝✝
Oberwälden
Maria, Ulrich Johannes Bapt.
●
Nikolaus

Göppingen
●
✝ *Martin, Maria*

Lotenberg
✝✝ *Petrus*
Dürnau ● *Kilian,*
✝ *Michael* *Cyriakus*

Heiningen
●
✝ *Michael*

Drackenstein
●
✝ *Michael*

Adel-
berg
✝ ▲
Maria, Ulrich

Faurndau
▲ *Maria*

Uhingen
●
Albers- ✝ *Cäcilia*
✝ hausen
●
Johannes Bapt.

Schopflenberg
●
✝ *Hl.Kreuz*

Boll
● ▲
Cyriakus

Gruibingen
●
✝ *Martin*

Wiesensteig
▲
✝ *Cyriakus*

Ebersbach
✝ *Veit*

Sulpach
●
✝ *Laurentius*

Rosswälden
✝ *Benedikt*

Schlierbach
●
Georg

Hattenhofen
●
✝ *Johannes Bapt.*

Ägidius
✝
●
Zell
Martin

Dekanat

Dekanat Owen

Kirchliche Verwaltungs-
gliederung des Kreises Göppingen
im Jahre 1275

✝
● Pfarrei mit Patrozinium
▲ Chorherrenstift bzw. Kloster
═ ═ Dekanatsgrenze
═══ Bistumsgrenze Konstanz/
Augsburg
I—I Kreisgrenze

Entwurf: W. Ziegler

Ein Vergleich der im Zehntbuch von 1275 angegebenen Pfarreinkommen zeigt uns an der Spitze die Klöster und Chorherrenstifte: Adelberg mit einem Einkommen von 400 Pfund Heller, gegenüber einem solchen von 77 Pfund Heller der Propstei Boll und von nur 33 der Propstei Faurndau. Bei den Pfarreien weisen Einkommen zwischen 100 und 50 Pfund Heller die alten Martinskirchen Altengiselingen (Altenstadt), Göppingen und Gruibingen sowie die Pfarreien Waldstetten, Deggingen, Heiningen, Rorgensteig (späterer Ortsteil von Geislingen) und Böhmenkirch auf. Einkünfte zwischen 50 und 20 Pfund Heller besitzen die Pfarreien Drackenstein, Uhingen, Hohenstaufen, Donzdorf, Süßen, Treffelhausen, Ebersbach, Oberwälden, Stötten, Lotenberg (bei Eschenbach), Wiesensteig, Schlat, Gingen, Hattenhofen, Schlierbach, Dürnau, Ottenbach, Steinenkirch, Schalkstetten, Roßwälden, Salach, Degenfeld, Winzingen, Wißgoldingen, (Unter-)Böhringen und Zell u. A. Einkommen unter 20 Pfund Heller verzeichnen die Pfarreien Boll, Amstetten und Sulpach. Hürbelsbach bei Donzdorf weist gar nur drei Pfund Heller auf und wurde deshalb von der Pfarrei Donzdorf aus versehen. Einkommensangaben über die Pfarreien Eislingen, Krummwälden, Schopflenberg, Überkingen, Albershausen und Nenningen sind in dem Register nicht enthalten.

Geistliche Grundherrschaften

Dem *Benediktinerkloster Lorsch* an der Bergstraße verdanken wir das vorne schon erwähnte, zwar nur in einer späteren Abschrift überlieferte, älteste schriftliche Dokument des gesamten Landkreises. Am 1. Juni des Jahres 772 schenkte ein Mann namens Giselwin um seines Seelenheils willen dem Lorscher Kloster dreißig Morgen Ackerland und Wiesen sowie seinen hälftigen Anteil an verschiedenen Höfen in „Sadelerhusen". Die Forschung nimmt an, daß es sich bei diesem Ort um einen zwischen Albershausen und Schlierbach abgegangenen Weiler handelt, welcher 1279 letztmals als „Sateler" erwähnt wird. Zwischen 788 und 791 schenkten Giselwin und ein gewisser Reginher weitere Güter in diesem Ort dem Kloster.
915 erhielt es von Kunigunde, der Gemahlin von König Konrad I., den zu ihrem persönlichen Eigentum gehörenden Ort „Ginga", d. h. Gingen. Mit diesem Gut verband Lorsch seine ihm schon seit dem neunten Jahrhundert gehörenden Besitzungen im benachbarten Grünenberg, Reichartsweiler (Bezeichnung für die zu Hohenstaufen bzw. Ottenbach gehörenden Herben-, Jacken- und Strudelhöfe), Hürbelsbach und in dem am Marbach bei Gingen abgegangenen Marchbach sowie in den vermutlich ebenfalls auf Markung Gingen abgegangenen Orten „Vin-

teresuuanc" und „Birchuuanc". Nach mehrfachem, auch gewaltsamen Besitzwechsel, wurden die Gingener Güter 1147 unter König Konrad III. wieder
Reichsbesitz. Weitere Besitzungen hatte Lorsch im elften Jahrhundert in Süßen
und Gruibingen.

Das *Benediktinerkloster Wiesensteig* wurde am 6. Dezember 861 durch einen
Adligen namens Rudolf und dessen beiden Söhne Erich und Rudolf zu Ehren des
hl. Cyriakus errichtet. Diese Adligen statteten das neue Kloster reichlich aus. Es
erhielt auf Markung Gruibingen den Ort Wiesensteig, einen ungenannten, am
Filsursprung gelegenen Ort, den Ort Tiefental bei Mühlhausen, das Dorf Hohenstadt, die Hälfte der Kirche in Westerheim, Güter in Donnstetten, Nabern, Weilheim, Neidlingen, Eislingen, die Kirche in Weinheim sowie die Zehnten zu Mühlhausen, Ditzenbach, Aufhausen und Merklingen. Dem Gründungsakt und Akt
der Übergabe wohnten eine große Zahl von Zeugen bei, die fast identisch waren
mit dem wenige Jahre später bezeugten Konvent. Die von der früheren Ge-
schichtsforschung als Stammväter der Grafen von Helfenstein angesprochenen
Klostergründer stammen vermutlich aus dem Geschlecht der Alaholfinger, die
wahrscheinlich Sprosse der mehr als hundert Jahre zuvor gestürzten alamannischen Herzogsfamilie waren. Durch die Urkunde wird bezeugt, daß Rudolf und
sein Sohn Erich bedeutende Männer im Dienste König Ludwig des Deutschen
waren und diesem Kriegsdienste geleistet haben. Auf die indirekte Beteiligung des
Königs an der Klostergründung deutet die Verpflichtung des Klosters hin, dem
Stifter ein Saumpferd mit einem Dienstmann zuzuführen, wenn dieser im Königsdienst tätig ist.

Wiesensteigs Patron, dem hl. Cyriakus, war u. a. auch die Kirche in Boll geweiht.
Es wird vermutet, daß Reliquienteile des Heiligen von dem 820 in der Wormser
Vorstadt Neuhausen bezeugten Stift St. Cyriak nach Wiesensteig transferiert
wurden. Für diese Vermutung sprechen die Beziehungen des Klosters Lorsch zum
Wiesensteiger Raum. Lorsch besaß damals Güter in Weilheim, Neidlingen und
Westerheim. Außerdem waren in dieser Zeit die Bischöfe von Worms zugleich
Äbte von Lorsch. Es wird auch angenommen, daß der Wiesensteiger Gründungs-
konvent von Lorsch stammt. Wenige Jahre nach der Gründung wurde Abt Tuta-
mann, welcher vielleicht Laienabt gewesen und den Gründern nahegestanden sein
mag, durch Abt Ratpot verdrängt. Gleichzeitig vergrößerte sich der Konvent
stark. Die Gründer hatten offenbar ihr Eigenkirchenrecht an dem neuen Kloster
aufgegeben, und dieses an ihren Herrn, den König, weitergegeben, der die Verhältnisse der Abtei neu ordnete. Diese erlitt damit dasselbe Schicksal wie das
Kloster Faurndau. Während es in Faurndau der Übergang an St. Gallen war,
war es in Wiesensteig die Verleihung an Augsburg. Dies hatte zur Folge, daß

Wiesensteig, obwohl im Sprengel des Bistums Konstanz gelegen, seit der Mitte des zehnten Jahrhunderts unter dem Einfluß des Bistums Augsburg stand. Dieses Augsburger Einflußrecht wurde noch unter den letzten Helfensteiner Grafen, 1753, erneuert.

Um 1130 wurde Wiesensteig in ein Chorherrenstift umgewandelt. Das Stift, welches ursprünglich 16 Chorherren hatte, besaß von 1582 bis zu seiner Auflösung nur noch neun. Nach dem Aussterben der Grafen von Helfenstein, 1627, kam Wiesensteig an Fürstenberg und Bayern. 1648 brannten schwedische Truppen den größten Teil der Stadt, darunter auch die Kirche, die Propstei und verschiedene Stiftsgebäude nieder. 1803 wurde das seit 1752 ganz in bayerischem Besitz befindliche Stift aufgehoben.

Nachdem bereits 772 das bedeutende karolingische Hauskloster Lorsch im Kreisgebiet Fuß gefaßt hatte, gelang es rund hundert Jahre später, 895, auch dem *Kloster St. Gallen,* einer der hervorragendsten Pflegestätten europäischer Geisteskultur und Kunst, durch den Erwerb des Faurndauer Klosters seinen Einfluß in unserem Gebiet geltend zu machen. Damit hatte sich in unserem Kreis ein Berührungspunkt zwischen diesen beiden Zentren geistig-geistlicher und politischer Macht des frühen Mittelalters gebildet.

Obwohl das *Benediktinerkloster Faurndau* urkundlich erstmals im Jahre 875 erscheint, dürfen wir seine Gründung schon etwas früher ansetzen, denn aus der Urkunde erfahren wir, daß Faurndau königliches Kammergut war. 875 verlieh König Ludwig der Deutsche seinem Diakon Liutbrand für dessen Dienste auf Lebenszeit das Kloster Faurndau. Auf dessen ferneres Bitten übergab ihm der König im gleichen Jahre eine Kapelle bei Brenz an der Brenz und verband sie mit den Faurndauer Besitzungen. Außerdem gewährte er dem Kloster Immunität und Königsschutz. Dreizehn Jahre später schenkte König Adolf Liutbrand Faurndau und die Kapelle in Brenz mit der Befugnis, sie nach Belieben den Klöstern St. Gallen oder Reichenau zu übertragen. 895 befanden sich Faurndau und Brenz bereits in der Hand von St. Gallen, denn im gleichen Jahr bestätigte König Arnulf dem Kloster den Besitz. Liutbrand war also inzwischen in das Kloster eingetreten und hatte seinen Besitz eingebracht.

Vermutlich um die Mitte des zwölften Jahrhunderts wurde Faurndau, ähnlich wie Wiesensteig und Boll, in ein weltliches Chorherrenstift umgewandelt. Um 1190/1200 wurde die Kirche erneut erbaut. Zu Beginn des 15. Jahrhunderts gelangte das Dorf Faurndau zusammen mit der Vogtei über das Stift von den Rechberg auf dem Erbwege an die Zillenhardt und Ahelfingen. Der Ahelfinger Anteil ging 1421 an Adelberg, 1428 durch Tausch an Württemberg weiter; 1506 kam auch der zillenhardtische Anteil durch Kauf in die Hand Württembergs.

1536 wurde das Stift aufgehoben. Der umfangreiche Güterbesitz in den Orten Albershausen, Bartenbach, Bezgenriet, Börtlingen-Zell, Eislingen, Jebenhausen, Sparwiesen, Wangen, Zell u. A. und anderen Orten kam an Württemberg und wurde von der neu errichteten Stiftsverwaltung Oberhofen betreut.

Das *Benediktinerkloster Boll* erscheint erstmals urkundlich 1155 als ein dem Bistum Konstanz zinspflichtiges Chorherrenstift. 1464 wurde das Stift, da es in Zerfall geraten war, dem wenige Jahre zuvor in Göppingen errichteten Chorherrenstift Oberhofen einverleibt.

Die bedeutendste klösterliche Niederlassung im Kreis war das von dem staufischen Ministerialen Volknand von Ebersberg gegründete *Prämonstratenserkloster Adelberg*. 1178 faßte Volknand, der zugleich Herr zu Ebersbach und Burgvogt auf dem Hohenstaufen war, mit Billigung Kaiser Friedrich I. Barbarossa den Entschluß, unweit seiner Burg Ebersberg auf dem Schurwald eine klösterliche Niederlassung zu stiften. Er bot das in Frage kommende Gelände, wo seit 1054 eine dem hl. Ulrich von Augsburg geweihte Kapelle stand, zunächst herbeigerufenen Eremiten an, die es jedoch ablehnten, in einer so unwirtlichen Gegend ein Kloster zu bauen. Volknand wandte sich daraufhin an das Prämonstratenserkloster Rot an der Rot, heute im Kreis Biberach, doch die Verhandlungen scheiterten an gewissen Auflagen des Stifters, die mit der Ordensregel nicht vereinbar waren. Darauf versuchte er es beim Propst des Prämonstratenserklosters Roggenburg, heute im Kreis Neu-Ulm, bei dem er aber erst Erfolg hatte, nachdem er auf die vorgesehenen Auflagen verzichtete. Der Roggenburger Propst entsandte zwölf Mönche nach Adelberg und ernannte den Konventualen Ulrich zum ersten Propst. Die wegen ihrer weißen Kutten so genannten „weißen Brüder" begannen sogleich mit der Rodung des nahezu undurchdringlichen Waldgebietes.

Am 25. Mai 1181 nahm Kaiser Friedrich Barbarossa in einer auf der Burg Hohenstaufen ausgestellten Urkunde das Kloster in seinen Schutz und bestellte den jeweiligen Vogt auf der Burg Hohenstaufen zum Vogt des Klosters. Wenige Wochen später unterstellte auch Papst Alexander III. Adelberg seinem unmittelbaren Schutz und erteilte ihm verschiedene Privilegien.

Der Bau der Klausurgebäude schritt nur langsam voran und die Klosterkirche war kaum über die Grundmauern hinausgewachsen, als am 1. Mai 1187 der Bischof von Münster in Westfalen, Hermann II., im Beisein Kaiser Friedrich I. Barbarossa und von dessen Söhnen Friedrich, Heinrich und Philipp, die Weihe des Hochaltars vornahm. Gleichzeitig wurde ein Frauenkonvent ins Leben gerufen, welcher bis zu seiner Verlegung nach Lauffen am Neckar, 1475/76, bestand. Am 26. Juli 1202 erfolgte durch den Bischof von Beirut die Weihe der Klosterkirche zu Ehren der heiligen Jungfrau Maria und des heiligen Ulrich von Konstanz. Da mittlerweile auch die alte, 1054 geweihte Kapelle verfallen war, bauten die Prämonstratenser eine neue, die am 20. März 1227 von Bischof Siegfried von Augsburg, aus dem Hause der Herren von Rechberg, geweiht wurde.

Die Staufer bewahrten dem Kloster stets ihre Gunst und statteten es reich mit Privilegien und Gütern aus. So übertrug die Gemahlin des am 23. Juni 1208 in Bamberg ermordeten König Philipp von Schwaben, Irene von Byzanz, schon auf der Burg Hohenstaufen auf dem Totenbett liegend, am 20. August 1208 dem Kloster einen Hof in Oberesslingen.

Nach dem Untergang der Staufer setzten sich die Grafen von Württemberg alsbald mit Gewalt auf dem Hohenstaufen fest und erhielten die Kaiserburg schließlich 1319 als Reichslehen übertragen. In ihrer Eigenschaft als Burgvögte erlangten sie dadurch die Schirmvogtei über Adelberg.

Im Verlauf der weiteren Entwicklung trieb das Kloster eine zielbewußte Erwerbspolitik. Seine damit verbundene wirtschaftliche Expansion konnte auch durch den verheerenden Brand des Jahres 1361 nicht aufgehalten werden. In den ersten Jahrzehnten seines Bestehens erhielt es ganz oder zu einem großen Teil die Orte Börtlingen, Nieder- und Oberwälden, Wangen, Holzhausen und Hundsholz sowie Güter in Ebersbach. Aus unserer Gegend kamen im 13. Jahrhundert noch Güter und Rechte in Göppingen, Nassach, Süßen, Kuchen, Heiningen, Sparwiesen, Ober- und Unterberken und Unterböhringen dazu. Im 14. Jahrhundert machte das Kloster Erwerbungen in Rechberghausen, Uhingen, Dürnau, Faurndau und Lotenberg bei Eschenbach. 1331 gelang es ihm, das mächtige Schwarzwaldkloster St. Georgen in unserem Gebiet auszukaufen und dessen Güter in Jebenhausen, Bezgenriet, Schopflenberg, Pliensbach, Eckwälden und Hochdorf zu erwerben. Im 15. Jahrhundert kamen Güter in Holzheim, Eschenbach, Schlat, Bartenbach und Breech bei Börtlingen hinzu. Auch das 16. Jahrhundert brachte noch Zuwachs. Bei der Reformation umfaßte der Besitz des Klosters, das sich 1441 vom Mutterkloster in Roggenburg freigemacht hatte und zur Abtei erhoben worden war, zehn Dörfer, 19 Weiler, 37 Höfe und 22 Mühlen; dazu kamen noch Einzelgüter in 114 Orten. Zur Aufbewahrung der daraus anfallenden Naturalabgaben errichtete das Kloster in den Reichsstädten Heilbronn, Esslingen und Schwäbisch Gmünd sowie in den Städten Stuttgart, Schorndorf und Göppingen sogenannte Pfleghöfe.

Schwere Zeiten brachen über das Kloster Adelberg während der Bauernunruhen der Jahre 1514 und 1525 herein. 1525 stand die Klosteranlage den Gaildorfer und Limpurger Bauern zur Plünderung offen; ein Teil der Klausur und die Wirtschaftsgebäude wurden in Brand gesteckt; gänzlich unversehrt blieben allein die

Ulrichskapelle und ein Kornspeicher. Unverzüglich ging Abt Leonhard Dürr nach seiner Rückkehr von Schorndorf an die Behebung der Schäden, doch machte die Auflösung des Konvents durch Herzog Ulrich von Württemberg am 25. November 1535 allen Plänen ein Ende.

Graf Ulrich V., der Vielgeliebte, hatte eine besondere Vorliebe für Göppingen. Nachdem er in Stuttgart die Stiftskirche erweitert hatte, beschloß er, auch in Göppingen ein Chorherrenstift zu gründen. 1436 wurde der Grundstein zu einer neuen Kirche gelegt und nach deren Fertigstellung 1448 das Stift zu Ehren der hl. Maria errichtet. Das *Chorherrenstift Oberhofen* sollte ursprünglich 21 Mitglieder umfassen. Die Einkünfte des neuen Stifts flossen hauptsächlich aus den einverleibten Kirchengütern von Göppingen, Ebersbach, Hattenhofen, Lerchenberg, Mühlhausen am Neckar und Neckartenzlingen. 1464 wurde Oberhofen der Besitz des alten Stifts in Boll, das aufgehoben wurde, einverleibt. Infolge der Reformation wurden die Güter und die Pfründen zu Beginn des Jahres 1535 eingezogen.

Zu erwähnen ist in diesem Zusammenhang auch die sich am Ende des 13. Jahrhunderts in *Geislingen* bildende Vereinigung von Frauen, die sog. Beghinen. Diese waren ursprünglich Nonnen und verdienten ihren Lebensunterhalt durch Werke der Nächstenliebe, besonders der Krankenpflege. Später schlossen sie sich nach der dritten Regel des Franziskanerordens enger zusammen und wurden *Klausnerinnen* genannt. Allmählich erwarben sie auch Grundbesitz in Geislingen, Amstetten, Schalkstetten, Stubersheim und Tomerdingen. 1590 zogen sie von dem reformierten Geislingen weg nach Wiesensteig, wo Graf Rudolf von Helfenstein für sie ein Klösterlein errichtet hatte. 1803 machte die Säkularisation ihrem segensreichen Wirken ein Ende.

Im 12. und 13. Jahrhundert waren im Kreisgebiet außerdem die Klöster Anhausen/Brenz, Blaubeuren, Elchingen, Ellwangen, Kaisersheim bei Donauwörth, Kirchheim/Teck, Klosterreichenbach bei Freudenstadt, Lorch, Gotteszell bei Schwäbisch Gmünd, St. Georgen und St. Peter im Schwarzwald, Kloster Ursberg in Bayrisch-Schwaben und Zwiefalten begütert.

Territorialgeschichte in staufischer und nachstaufischer Zeit

Hohenstaufen

Das Land zwischen Fils und Rems war zumindest seit der Mitte des elften Jahrhunderts die Heimat jenes Adelsgeschlechts, das sich seit dem Jahre 1079 urkundlich als „von Staufen" belegen läßt. In diesem Jahre wurde Friedrich von Büren

– sein Name wird auf Wäschenbeuren bezogen – von seinem Schwiegervater Kaiser Heinrich IV. mit dem Herzogtum Schwaben belehnt. Er erbaute auf dem Hohenstaufen eine Burg, nach der er sich nannte. Die Familie der Staufer stellte die schwäbischen Herzöge bis 1268. Mit dem Enkel Friedrichs von Büren, Konrad, kamen die Hohenstaufen zum deutschen Königtum 1138. Sie hatten den deutschen Thron bis 1254 inne. Unter Friedrich I. Barbarossa (1152–1190), Heinrich VI. (1190–1197), Philipp (1198–1208) und Friedrich II. (1215–1250) erfuhr das deutsche Königtum seine höchste Ausprägung. 1268 starb die Familie mit Herzog Konradin im Mannesstamm aus.

Wie bei anderen Kaiserpfalzen saß zum Schutz und zur Verwaltung des um den Hohenstaufen gelegenen staufischen Haus- und Reichsbesitzes eine zahlreiche Dienstmannschaft auf der um 1070 errichteten Burg Hohenstaufen, auf den benachbarten Burgen und in den umliegenden Dörfern. Zum staufischen Gefolge zählten die Hochadelsfamilien der Grafen von Spitzenberg, Helfenstein und Aichelberg; die Herren von Ravenstein, Scharfenberg, Ebersberg (Ebersbach) bzw. Staufen und Deggingen; die ritterliche Dienstmannschaft, die sog. „Ministerialität", der Herren von Rechberg, von Staufeneck und von Plochingen auf Ramsberg sowie die zur Burgmannschaft des Hohenstaufen gehörenden Ritter Wascher von Wäschenbeuren. In der Nähe der Stammburg gründeten die Staufer um die Mitte des zwölften Jahrhunderts die Stadt Gmünd und wenig später die Stadt Göppingen.

Seit die Staufer deutsche Könige waren, hielten sie sich nur selten auf ihrer Stammburg auf. Von Kaiser Friedrich I. Barbarossa ist lediglich im Jahre 1181 ein Aufenthalt sicher bezeugt. Es ist jedoch anzunehmen, daß er auch 1154, als er in Göppingen Pfalz hielt und anläßlich der Altarweihe in Adelberg, 1187, Abstecher auf die Burg seiner Väter machte. 1208 starb auf dem Hohenstaufen die schon erwähnte Irene von Byzanz, die „Rose ohne Dorn, Taube sonder Gallen", wie sie Walther von der Vogelweide besungen hatte. Während des Interregnums (1256–1273) befand sich die Burg in Händen der Rechberg und der Schenken von Limpurg. Dann kam sie als Reichsgut an König Rudolf von Habsburg.

Herzoge von Teck

Als Zweig der von der Limburg bei Weilheim a. d. T. ausgehenden, um 1100 in den Breisgau abgewanderten Grafen und Herzoge von Zähringen besaßen die Herzoge von Teck altes zähringisches Gut zwischen Kirchheim und Heiningen. Bevor es jedoch zur Abteilung der Linie Teck von den Zähringern gekommen war, waren bereits wesentliche Teile des Zähringergutes an die Klöster St. Peter und

St. Georgen im Schwarzwald übergegangen. In der nun geschaffenen Herrschaft Teck waren vor allem die umfangreichen Besitzungen von St. Georgen in Pliensbach, Bezgenriet, Jebenhausen, Schopflenberg, Holzhausen und Schlat Fremdkörper. 1189 bzw. 1331 veräußerte das Kloster sie an Adelberg. Bereits 1321 hatte Württemberg die teckischen Ämter Boll und Heiningen erworben.

Im 13. Jahrhundert erstreckte sich die teckische Herrschaft auf die Kreisorte Gammelshausen, Lotenberg, Roßwälden, Schlierbach, Schopflenberg und Sehningen. Damit verbunden waren ferner Anteile an Rechten und Gütern in Albershausen, Bezgenriet, Ebersbach, Pliensbach, Reichenbach/Fils und Sparwiesen. In ihrer räumlichen Ausdehnung war sie jedoch ein zerrissenes Gebilde. So waren z. B. die Amtsorte Heiningen und Boll von den teckischen Besitzungen in der Kirchheimer Gegend durch die erwähnten Güter von St. Georgen bzw. Adelberg und der Grafen von Aichelberg getrennt. Eine räumliche Verbindung bestand nur lose über Ministerialenbesitz und Lehengüter in Bezgenriet, Sparwiesen, Albershausen und Schlierbach. Für das 1284 mit Freiburger Stadtrecht ausgestattete Heiningen wirkte sich seine abseitige Lage vom teckischen Zentrum um Kirchheim nachteilig aus. Es erfuhr nicht die Förderung, die die Herzoge von Teck ihren Städten Kirchheim und Owen angedeihen ließen und konnte deshalb gegen das um 1150 von den Staufern zur Stadt erhobene, seit 1273 in württembergischer Hand erstarkende Göppingen nicht ankommen.

Grafen von Aichelberg

Auch die Herrschaft der seit der ersten Hälfte des 13. Jahrhunderts auftretenden Grafen von Aichelberg entstand auf einstmals zähringischem Boden. Unklar ist, ob sie ihren Besitz noch im zwölften Jahrhundert unmittelbar von den Zähringern übernommen haben oder ob er ihnen auf dem Umweg über eine Heirat mit einer Erbtochter aus dem Hause Teck im 13. Jahrhundert zugekommen ist. Der aichelbergische Besitz zog sich vom Neidlinger Tal bis zur Fils und ins Nassachtal hinauf und umfaßte die Kreisorte Eckwälden, Zell u. A., Pliensbach und Hattenhofen. Er war aber eng mit den teckischen Besitzungen verzahnt, da er ja aus derselben zähringischen Erbmasse stammte. Streubesitz hatten die Aichelberger in Dürnau, Bünzwangen, Albershausen, Sparwiesen, Uhingen und Nassach. Bereits im Jahr 1216 besaßen aichelbergische Ministerialen die Burg Filseck bei Uhingen. Ohne daß ihr Herrschaftsgebiet jemals zu einer Bedeutung gekommen war, verkauften die Grafen von Aichelberg in den Jahren 1332—1339 fast alle ihre Besitzungen an Württemberg, das ihre namengebende Burg schon 1318 erworben hatte.

Grafen von Spitzenberg

Die Grafen von Spitzenberg, die sich auch von Sigmaringen nannten, besaßen seit dem Ende des elften Jahrhunderts die Burg Spitzenberg über Kuchen. Zu Beginn des 13. Jahrhunderts teilte die Familie ihren Besitz in die Herrschaften Sigmaringen, Spitzenberg und Helfenstein. Die auf dem Spitzenberg residierende Zweiglinie starb 1296 aus. Die Burg kam 1304 als Reichspfand an Graf Eberhard von Württemberg. Im Reichskrieg gegen diesen Grafen wurde sie vermutlich 1311 stark beschädigt und bald danach aufgegeben. 1315 gelangte sie zusammen mit dem am Fuße liegenden Kuchen als Reichslehen an die Verwandten auf dem Helfenstein. Diese vernachlässigten nun – ähnlich Heiningen/Göppingen – zugunsten der von ihnen gegründeten, strategisch besser liegenden Stadt Geislingen die junge spitzenbergische Stadt Kuchen. Lediglich Markt- und Zollrecht blieben bestehen und gaben dem Ort eine gewisse Sonderstellung.

Grafen von Helfenstein

Macht und Reichtum hätten es den von den Staufern stark geförderten Grafen von Helfenstein ermöglicht, im Osten von Göppingen die gleiche Rolle zu spielen, in die sich die Grafen von Württemberg durch Geschick und Sparsamkeit zu versetzen wußten. Mit dem um 1220 zur Stadt erhobenen Geislingen beherrschten die Helfensteiner nicht nur den wichtigen Albübergang und zogen reichen Gewinn aus den hohen Zolleinnahmen auf dieser Fernstraße, sondern geboten über das ganze Filstal zwischen Wiesensteig und Süßen sowie Teile des Lautertales zwischen Böhmenkirch und Donzdorf und des Albvorlandes um Heiningen und Eschenbach. Die im Heimatbuch des Landkreises von 1956 angeführte Trennungslinie zwischen zähringischem, helfensteinischem und staufischem Gut, welche am Albtrauf vom Aichelberg bis zur Fuchseck, dann dem Schlater Bach und der Fils folgend angenommen wurde, hält neueren Forschungen nicht stand, denn bereits 1279 läßt sich helfensteinischer Besitz südlich der Fils, in Heiningen, urkundlich nachweisen. Aber auch Eschenbach befand sich vermutlich zu dieser Zeit in helfensteinischen Händen. Unglückliche Teilungen und eine sprichwörtliche Verschwendungssucht führten im 14. Jahrhundert zu einer immer stärkeren Verschuldung der Grafen an die Reichsstadt Ulm, was schließlich zur Folge hatte, daß 1396 Geislingen und die Burg Helfenstein zusammen mit weiteren 27 Dörfern, Weilern und Höfen an Ulm übereignet werden mußten.

Grafen von Württemberg

Zu den ältesten nachweisbaren Besitzungen der Grafen von Württemberg gehören Güter in Bezgenriet, Eislingen und Göppingen, welche im Jahre 1110 Graf Konrad von Württemberg dem Kloster Blaubeuren übergab. Der Niedergang der Hohenstaufen begünstigte den Aufstieg der Grafen von Württemberg, die den wichtigsten Teil des hohenstaufischen Besitzes zwischen Rems und Fils an sich zogen. 1273 eroberte Graf Ulrich II. von Württemberg die Stadt Göppingen. Aber erst 1319 erhielt Graf Eberhard der Erlauchte den Besitz der Stadt bestätigt. Im gleichen Jahr wurde Eberhard die von ihm eroberte Burg Hohenstaufen als Reichspfandschaft übertragen. Von den Herzogen von Teck erwarb Württemberg 1299 Anteile an Ebersbach sowie 1321 die Ämter Heiningen und Boll. Von den verarmten Grafen von Aichelberg kaufte es zwischen 1318 und 1339 Burg und Dorf Aichelberg, Bünzwangen, Dürnau, Burg Filseck, Hattenhofen, Sparwiesen, Zell u. A. und einen Teil von Uhingen.

Reichsritterschaft

Nach dem Untergang des staufischen Geschlechts, 1268, hatten es verschiedene einstige Ministerialenfamilien bei der Auflösung des hohenstaufischen Besitzes verstanden, ihre Güter als Eigen zu behalten und sich von einer Landesherrschaft frei zu halten. Das reichsritterschaftliche Gebiet des Kreises war seit dem 16. Jahrhundert im Ritterkanton Kocher, der seinen Sitz in Esslingen hatte, organisiert. Neben dem Landkreis Aalen wies der Kreis Göppingen die meisten reichsritterschaftlichen Güter im mittleren Neckarland auf. Es sei jedoch vorab festgestellt, daß dem sich hier behauptenden ritterschaftlichen Adel, weil ohne gemeinsame Zielrichtung, als dritte Kraft gegenüber den im Gebiet um den Hohenstaufen aufkommenden Territorien von Württemberg und Helfenstein bzw. Ulm, kein ausschlaggebendes Gewicht zukam. Der Versuch Württembergs, den niederen Adel im Osten des Amtes Göppingen zurückzudrängen, blieb ohne dauernden Erfolg. Als breiter Riegel zwischen den württembergischen Ämtern Göppingen und Heidenheim hielt sich bis 1806 ein umfangreicher ritterschaftlicher Besitz vor allem der Familien Degenfeld, Liebenstein und Rechberg, zum Teil eng verbunden mit württembergischen Rechten und Besitz.

9/10. *Luftbilder des Schlosses in Göppingen (oben), erbaut um die Mitte des 16. Jh., und des Schlosses Filseck bei Uhingen*

7. *(Vorderseite) Schloß der Grafen von Rechberg und Rothenlöwen in Donzdorf, erbaut 1568*

8. *(Vorderseite) Gartenseite des 1766—1768 im klassizistischen Stil errichteten Residenzschlosses der Grafen von Degenfeld-Schonburg in Geislingen-Eybach*

Grafen von Rechberg

Die bedeutendste staufische Ministerialenfamilie der ganzen Umgebung, welche 1179 mit Ulrich, dem Marschall des Herzogtums Schwaben, erstmals urkundlich in Erscheinung trat, war die später in den Hochadel aufgestiegene Familie von Rechberg. Trotz ihrer Ministerialenherkunft war es seit der Mitte des 13. Jahrhunderts zu zahlreichen Eheverbindungen mit hochadeligen Familien, so den Grafen von Helfenstein, den Pfalzgrafen von Tübingen, den Reichserbmarschällen von Pappenheim, den Herzögen von Teck u. a. gekommen. Dadurch sowie durch Kauf kamen zu dem Hausbesitz zwischen Gmünd und Aalen zahlreiche Erwerbungen hinzu. Zu den ältesten Besitzungen zählen neben dem ehemaligen Städtchen Rechberghausen und der Stadt Weißenstein, Böhmenkirch, Degenfeld, Donzdorf, Dürnau, Eislingen, Eschenbach, Faurndau, Nenningen, Oberwälden, Ottenbach, Ramsberg, Reichenbach u. R., Salach, Scharfenberg, Schnittlingen, Staufeneck, Süßen, Treffelhausen, Wäschenbeuren und Winzingen.

Die Rechberg spalteten sich im 13. Jahrhundert in die Linien auf den Bergen und unter den Bergen. Letztere verzweigte sich weiter in einen Heuchlinger, Sindelfinger und Rechberghauser Ast. Bereits 1413 starb diese Hauptlinie jedoch aus. Von der Linie auf den Bergen spalteten sich der Hohenrechberger und Illeraichener Hauptstamm ab, welche sich im Laufe der Zeit in weitere Haupt- und Nebenlinien zerteilten. Um 1800 bildeten die Herrschaften Donzdorf, Weißenstein und Hohenrechberg den Hauptbesitz der Familie. Die Herrschaft Donzdorf umfaßte Donzdorf, Hagenbuch, Hochberg, Hürbelsbach, Unter- und Oberweckerstell, den Messel- und Vogelhof, Scharfenberg und -hof, Reichenbach u. R., Bärenbach sowie etliche Höfe auf dem Rehgebirge und im Ottenbacher Tal, Teile von Grünbach und der Kuchalb. Zur Herrschaft Weißenstein gehörten Weißenstein, Böhmenkirch, Treffelhausen, Teile von Degenfeld, Nenningen und Schnittlingen, der Bernhardusberg sowie die Höfe Lützelalb und Ruppertstetten. Die Herrschaft Hohenrechberg bildeten die Orte Rechberg-Vorder- und Rechberg-Hinterweiler, Teile von Straßdorf, Metlangen, Reitprechts, Ottenbach, Krummwälden, Kitzen sowie verschiedene Höfe auf dem Rehgebirge.

Nach der Annektierung der reichsritterschaftlichen Besitzungen durch Württemberg 1805 wurden durch besondere Staatsverträge vom Juni und Oktober 1806 die rechbergischen Besitzungen zwischen Württemberg und Bayern aufgeteilt. An Bayern fiel die Herrschaft Donzdorf, außer Reichenbach u. R. und Bärenbach und die Herrschaft Weißenstein mit Ausnahme von Degenfeld und des württembergischen Anteils an Nenningen. Württemberg erhielt die Herrschaft Hohenrechberg und die Orte Reichenbach u. R., Bärenbach und Degenfeld. Durch einen

neuen Staatsvertrag im Jahre 1810 wurden alle bayerischen Orte unseres Kreisgebiets württembergisch. Im gleichen Jahr erneuerte der württembergische König
die Grafenwürde der Familie Rechberg.

Grafen von Degenfeld-Schonburg

Die bereits 1270 nachweisbaren Herren von Degenfeld waren ursprünglich helfensteinische Dienstmannen. Seit der zweiten Hälfte des 14. Jahrhunderts treten
sie als Dienstmannen der Herren von Rechberg in Erscheinung. Im Laufe der
Zeit gelang es ihnen, sich am Rande des rechbergischen Besitzes eine kleine
Herrschaft zu schaffen. In der ersten Hälfte des 14. Jahrhunderts waren sie in
Degenfeld, Nenningen, Ottenbach, Süßen und Iggingen begütert. 1456 erwarb
die Familie von den Zillenhardt Schloß und Dorf Eybach. Mit diesen Gütern
hatte sie ihren bleibenden Hauptsitz gefunden. Im Laufe des 16. Jahrhunderts
wurde der Wohnsitz von der um 1634 zerstörten Burg Hoheneybach auf dem
Himmelsfelsen in das um 1540–1546 erbaute Schloß in Eybach verlegt. In den
Jahren 1766–1768 ließ Graf August Christoph von Degenfeld an dessen Stelle
das jetzige Schloß errichten. Die bereits schon vor dem Erwerb von Eybach eingeleitete Verbindung mit den Zillenhardt zeitigte 1593 durch die Heirat des Konrad von Degenfeld mit Margareta von Zillenhardt Früchte. Da Margaretas einziger Bruder, Wolf Niklas, 1623 kinderlos starb, fiel das Rittergut Dürnau-Gammelshausen an die Degenfeld. 1684 wurde Dürnau an Kurbayern veräußert, 1711
und 1771 aber wieder zurückerworben. Der wohl bedeutendste Sproß der Familie,
Christoph Martin I. (1588–1653) wurde 1625 von Kaiser Ferdinand II. in den
Freiherrenstand erhoben. 1716 erlangte Christoph Martin II. von Degenfeld von
Kaiser Karl VI. die Reichsgrafenwürde. 1717 vermählte er sich mit Maria, der
zweiten Erbtochter des Herzogs von Schomburg bei Oberwesel und nannte sich
fortan Graf von Degenfeld-Schomburg bzw. -Schonburg.
1665 erwarb die Familie das Rittergut Staufeneck mit Salach von dem österreichischen Generalwachtmeister Wilhelm von Guyn.
1776 gingen zwei Drittel von Großeislingen von den von Welden an die Familie
über. 1789 wurde Rechberghausen zusammen mit Gütern in Wangen und Bartenbach von den Grafen von Preysing erworben.
Das erste industrielle Unternehmen im Kreisgebiet, abgesehen von den Papierfabriken, das zugleich auf degenfeldischem Boden gegründet und zum Vorläufer
der heute noch bestehenden Kammgarnspinnerei Schachenmayr wurde, war die
1768 von dem Göppinger Handelsmann Johann Michael Franck und seinem

Schwiegersohn Johann Dunker in Salach errichtete Tabakspinnerei und Tabak-
mühle.

Zu Beginn des 19. Jahrhunderts besaß die Familie im Kreisgebiet die Rittergüter
Eybach, Dürnau-Gammelshausen, Rechberghausen und Salach-Staufeneck. Im
Aalener Gebiet gehörten ihr Teile des Rittergutes Essingen. Außerdem besaß sie
verschiedene Güter in Baden, Nassau und Kurhessen.

Freiherren von Liebenstein

1467 erwarb Konrad von Liebenstein, dessen Stammschloß bei Neckarwestheim
liegt, den württembergischen Anteil von Jebenhausen. Ein Jahr später erhielt er
von seiner Schwester Kunigunde, der Witwe des Kaspar von Schlat, deren Anteil
an Jebenhausen. 1476 erbte er von ihr außerdem zwei Drittel des Dorfes Eschenbach und ein Drittel des Dorfes Schlat sowie den Iltishof und Lotenberg. Im
letzten Viertel des 17. Jahrhunderts veräußerten die Liebenstein ihre am Neckar
gelegenen Besitzungen an Württemberg. Aus dem Erlös errichtete Freiherr Philipp Albrecht 1686 u. a. das Schloß in Jebenhausen. 1729 wurde der Liebensteinsche Besitz in unserer Gegend geteilt. Eine Linie, die künftige Eschenbacher
Linie, erhielt die Güter Eschenbach, Schlat, Iltishof und Lotenberg. Sie hatte bis
zur Veräußerung dieser Güter an Württemberg im Jahre 1789 ihren Sitz in
Eschenbach. Das Rittergut Jebenhausen, welches die andere Linie durch Los erhalten hatte, kam 1806 an Württemberg.

Neben diesen heute noch blühenden Familien traten im Kreisgebiet im Laufe der
Jahrhunderte zahlreiche andere Geschlechter des ritterschaftlichen Adels in Erscheinung. Ein für die Rittergüter des mittleren Neckarlandes im allgemeinen zu
beobachtender häufiger Besitzwechsel trifft vor allem für die Rittergüter Filseck,
Wäschenbeuren und Ramsberg zu. So hatte das Rittergut Filseck innerhalb von
zweihundert Jahren nicht weniger als zehn verschiedene Eigentümer. Am Ende
des 18. Jahrhunderts (siehe Karte) waren in unserem Raum neben den Rechberg,
Degenfeld und Liebenstein noch die Freiherren von *Bubenhofen* (Kleinsüßen,
Winzingen), von *Specht-Bubenheim* (Teile von Donzdorf), von *Münch* (Filseck)
und von *Preysing* (Ramsberg) begütert. Den Besitz von Wäschenbeuren teilten
sich die Freiherren von *Freyberg* mit den Grafen von *Thurn-Valsassina* und
Taxis.

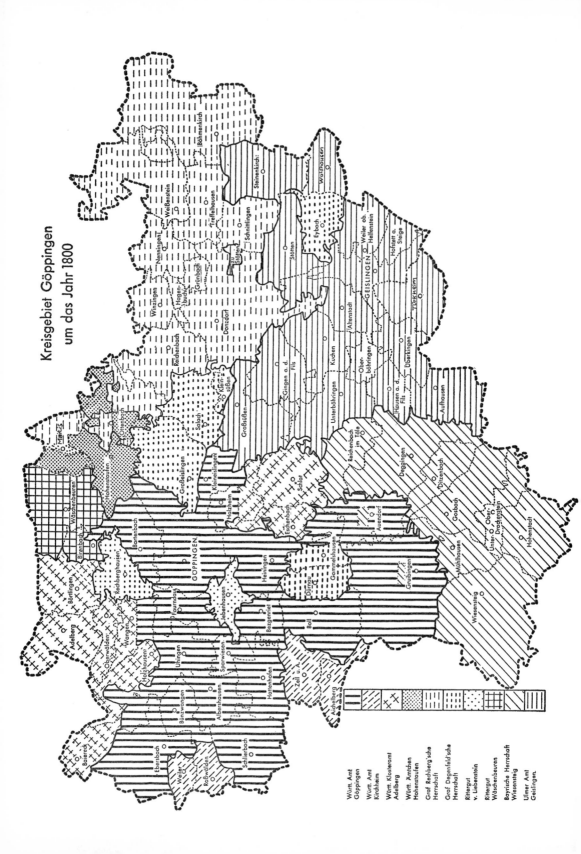

Kreisgebiet Göppingen
um das Jahr 1800

Würt. Amt
Göppingen

Würt. Amt
Kirchheim

Würt. Klosteramt
Adelberg

Würt. Amtchen
Hohenstaufen

Graf Rechberg'sche
Herrschaft

Graf Degenfeld'sche
Herrschaft

Rittergut
v. Liebenstein

Rittergut
Wäschenbeuren

Bayrische Herrschaft
Wiesensteig

Ulmer Amt
Geislingen.

Literatur

Das Land Baden-Württemberg, Band II, Nordwürttemberg, Teil 1, Stuttgart 1971

Hans Jänichen, Der Neckargau und die Pleonungen, ZWLG 1958, S. 219 ff.

Gerhard Klaiber, Kloster und Stift St. Cyriakus von Wiesensteig von 861 bis zur Mitte des 16. Jahrhunderts, maschinenschriftliche phil. Dissertation, Tübingen 1954

Siegfried Kullen, Der Einfluß der Reichsritterschaft auf die Kulturlandschaft im Mittleren Neckarland, Tübingen 1967

Liber decimationis von 1275, in Freiburger Diözesanarchiv Bd. 1, 1865, S. 1 ff.

Botho Odebrecht, Kaiser Friedrich I. und die Anfänge des Prämonstratenserstifts Adelberg, ZWLG 1942, S. 44 ff.

Hansmartin Schwarzmaier, Über die Anfänge des Klosters Wiesensteig, ZWLG 1959, S. 217 ff.

Der Göppinger Raum vom Ende der Staufer bis zum Ersten Weltkrieg

von Manfred Akermann

Das Gebiet, dem der folgende historische Überblick gewidmet ist, wird im wesentlichen von den Grenzen des bis 1938 bestehenden Oberamts (seit 1934 „Kreises") Göppingen umschrieben. In die Betrachtung einbezogen werden die von den damals aufgelösten Kreisen Kirchheim unter Teck und Schorndorf dem Göppinger Verwaltungsbezirk zugeteilten Orte Aichelberg, Roßwälden, Weiler ob der Fils und Zell unter Aichelberg, sowie Adelberg und Baiereck. Außer Betracht bleibt das 1938 dem Landkreis Esslingen zugeschlagene Reichenbach an der Fils; auf die Geschichte der ganz oder doch größtenteils unter der Herrschaft des Adels und der Reichsritterschaft stehenden Gemeinden Birenbach, Dürnau, Eschenbach, Gammelshausen, Großeislingen, Jebenhausen, Ottenbach, Rechberghausen, Salach und Wäschenbeuren ist bis zur Mediatisierung im Jahr 1806 in dem vorausgehenden Abschnitt verwiesen.

Wenn man sich mit den Herrschaftsverhältnissen in dem abgesteckten Gebiet um die Mitte des 13. Jahrhunderts eingehender beschäftigt, läßt sich beim besten Willen jene Entwicklung in keiner Weise voraussagen, die nur 100 Jahre später die politische Landkarte des Göppinger Raums prägte. Dem im wesentlichen nördlich der Fils gelegenen Hausgut der Staufer und dem damit eng verbundenen Klostergut von Adelberg stand um das Jahr 1250 südlich des Flusses das geschlossene Besitztum der zähringischen Familien von Aichelberg und von Teck gegenüber. Sie schienen weit mehr prädestiniert, nach dem Untergang der Staufer deren territoriales Erbe anzutreten, als jene zwischen Neckar und Rems ansässigen Grafen von Württemberg, die dann um 1350 bereits die nahezu unumschränkte Herrschaft in dem einleitend aufgezeigten Gebiet ausübten.

Grafen und Herzöge von Württemberg

Schon 1246 hatte sich Graf Ulrich I. von Württemberg (1241–1265) auf die Seite der Stauergegner gestellt und sich damit den Besitz vormals staufischer Güter eingehandelt. Seine beiden Söhne, Ulrich II. (1265–1279) und Eberhard I., der Erlauchte, (1279–1325), trieben eine nicht einmal den Schein der Legalität wahrende Eroberungspolitik, die es in erster Linie auf das herrenlose staufische Erbe abgesehen hatte. Die zweifellos vorhandenen Bestrebungen der Stauferstadt Göppingen nach Erlangung der Reichsunmittelbarkeit wurden wohl schon in den frühen siebziger Jahren des 13. Jahrhunderts durch die württembergische Besetzung im Keim erstickt. Aller Wahrscheinlichkeit nach bemächtigten sich die Württemberger auch schon damals der Burg Hohenstaufen. Bekanntlich führte die rücksichtslose Machtpolitik der Grafen 1310 zum Reichskrieg gegen Eberhard den Erlauchten, dessen kaum gefestigtes Territorium nur durch den plötzlichen Tod des Kaisers Heinrich VII. im Jahr 1313 der Zerschlagung entging. Schon 1319 erhielt Eberhard den Besitz der Stadt Göppingen und der Burg Hohenstaufen ausdrücklich verbrieft: das Haus Württemberg hatte im Filstal endgültig Fuß gefaßt!

Die Arrondierung des nach Osten vorgetriebenen Stoßkeils der Grafschaft folgte ohne Verzug. Dabei kam Eberhard I. und seinen Nachfolgern, Ulrich III. (1325 bis 1344) und Eberhard II., dem Greiner, (1344–1392), die hohe Verschuldung der Herzöge von Teck und der Grafen von Aichelberg sehr gelegen: aus dem Besitz der ersteren erwarben sie bis etwa 1350 die mehrheitlichen Anteile von Albershausen, Boll, Ebersbach, Heiningen, Roßwälden, Schlierbach und Weiler ob der Fils; letztere kauften sie gleichzeitig in Aichelberg, Bünzwangen, Hattenhofen, Sparwiesen, Uhingen und Zell unter Aichelberg aus. Das aus helfensteinischem Besitz erworbene Kleineislingen, die seit der Mitte des 15. Jahrhunderts der Grafschaft einverleibten, bis dahin ritterschaftlichen Dörfer Auendorf (damals noch Ganslosen) und Gruibingen sowie das in der Reformationszeit aus klösterlichem Regiment übernommene Holzheim rundeten das württembergische Besitztum innerhalb der Grenzen des heutigen Landkreises Göppingen ab. Hinzu kamen bereits 1362 die Schirmvogtei über das Kloster Adelberg mit den Orten Adelberg (damals Hundsholz), Börtlingen, Holzhausen und Oberwälden sowie bedeutende Anteile an den Kondominaten Bartenbach, Bezgenriet, Birenbach, Großeislingen, Schlat und Wangen.

Als einziger Stadt fiel Göppingen innerhalb des von den Grafen von Württemberg an der Ostflanke ihres Stammlandes aufgebauten Besitzes die prägende Rolle zu. Hier hatte die Verwaltung von Stadt und Amt ihren Sitz. An ihrer Spitze stand der Obervogt, stets ein Angehöriger des Adels, der die landesherrlichen Rechte wahrte und die Oberaufsicht über das Gerichtswesen führte. Außerdem war er Stadtkommandant und Geleitshauptmann. – Den Vorsitz bei Gericht und Rat führte der ebenfalls von der herrschaftlichen Regierung ernannte Untervogt, die

Verwaltung der Finanzen oblag dem Keller, auch einem staatlichen Beamten. –
Als Vertreter der Bürgerschaft fungierten je zwölf Richter und Räte; Schlüssel-
positionen in der Verwaltung bekleideten die gleichfalls von den Bürgern bestell-
ten zwei Bürgermeister und der Stadtschreiber.

Die Amtsstadt war jedoch nicht nur Verwaltungsmittelpunkt. Hier wurden die
Jahr- und Wochenmärkte abgehalten, hier hatten die Handwerker ihre Arbeitsstätten, hier stand bei Oberhofen eine der ältesten kirchlichen Niederlassungen,
die Stadt bot mit ihren festen Mauern, Türmen und Toren Schutz in Kriegszeiten,
sie gewährte notleidenden und kranken Bürgern Versorgung in Spital und
Siechenhaus.

Göppingen und seine Amtsorte erfreuten sich mancher landesherrlichen Bevorzu-
gung. Graf Eberhard III., der Milde, (1392–1417), errichtete in der Stadt im Jahr
1396 eine Münzstätte, die bis 1404 den „Göppinger Heller", eine primitive Klein-
münze, die auf ihrer Vorderseite zwei Hirschstangen zeigte, prägte. Eberhard war
es auch, der den „Swalbrunnen" zu Göppingen dem Ritter Sefrid von Zillenhardt
zu Lehen gab. Der von diesem am 5. März 1404 ausgestellte Revers enthält die
erste Erwähnung des in späteren Zeiten weithin bekannten Sauerbrunnenbads.
Hier wirkte seit 1405 einer der ersten württembergischen Ärzte, Nikolaus von
Schwerdt, der in Göppingen zwei Häuser und in Lerchenberg einen Hof besaß.
Er bemühte sich während der zahlreichen Badekuren um die Gesundheit des
Landesherrn; Eberhard der Milde starb jedoch 1417 im Göppinger Bad.

„Am Ostermontag anno 1425 ist Geppingen übel ussbronnen." Diese Nachricht in
den Annalen des Tübinger Professors Martin Crusius, allerdings erst um 1580
niedergeschrieben, ist faktisch der einzige Hinweis auf jene verheerende Brandkatastrophe, die die Stauferstadt in Schutt und Asche legte und die auch für die
Amtsorte nachhaltige Folgen mit sich brachte, mußten doch für den Wiederaufbau
ungezählte Fronfuhren geleistet werden.

Am Martinstag des Jahres 1436 legte Graf Ulrich V., der Vielgeliebte, von Württemberg (1433–1480) den Grundstein zum Bau der spätgotischen Oberhofenkirche in Göppingen und erhob sie 1448 in den Rang eines Chorherrenstifts, das
von etwa 20 Weltgeistlichen besetzt war, die auch in einer Reihe von Amtsorten
seelsorgerische Aufgaben wahrzunehmen hatten. Infolge des vor allem in den
Ämtern Göppingen, Kirchheim und Stuttgart wütenden Städtekriegs von 1449
– an ihn erinnert bis heute ein Gedächtnisbild für neun auf württembergischer
Seite bei Esslingen Gefallene im Chor der Oberhofenkirche – war das Stift in
seiner Entwicklung beeinträchtigt; 1464 veranlaßte Graf Ulrich V. die Einverleibung des um die Mitte des 12. Jahrhunderts gegründeten Stifts Boll nach Oberhofen. In der Folge konnte diese bedeutendste kirchliche Einrichtung innerhalb

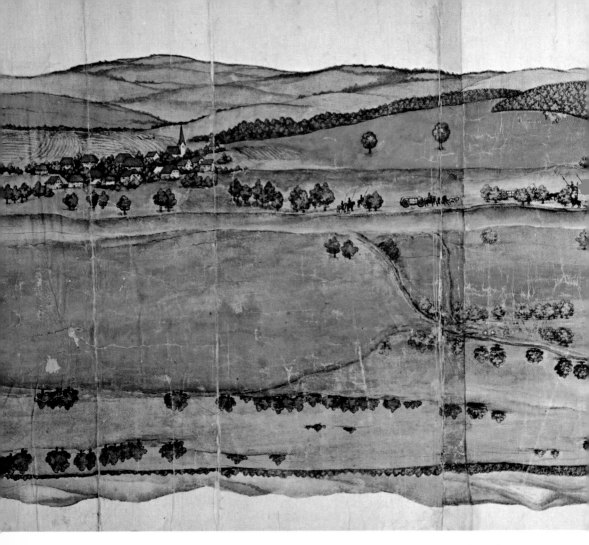

13. Groß- und Kleinsüßen sowie Salach (links) und die Burgen Staufeneck und Ramsberg (rechts) auf dem Panorama der Filstallandschaft von 1535. Die anläßlich eines Geleitstreites zwischen Württemberg und Ulm entstandene aquarellierte Tuschzeichnung umfaßt das Gebiet von Göppingen bis Gingen. Sie zählt zu den frühesten und schönsten Landschaftsdarstellungen des süddeutschen Raums. Das Original verwahrt das Stadtarchiv Ulm.

11. (Vorderseite) Uhingen, ev. Cäcilienkirche mit Wehrmauer
12. (Vorderseite) Altes Stadttor in Rechberghausen

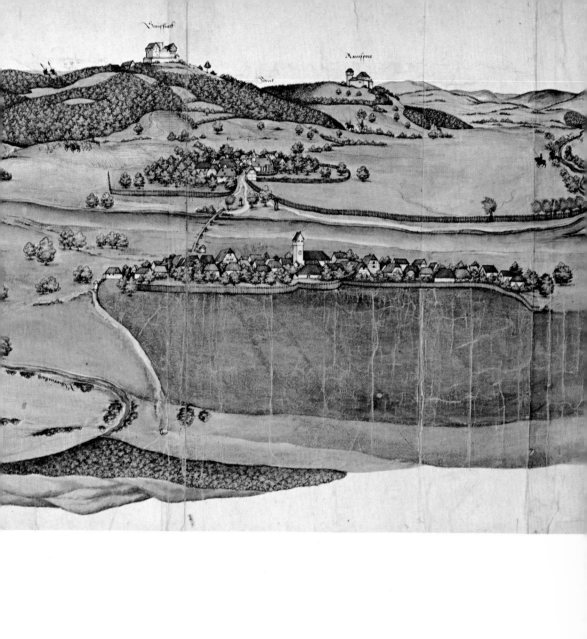

14. *Die Stadt Göppingen nach dem verheerenden Brand vom 25. August 1782*
15. *Modell der wiederaufgebauten Stadt, 1786*

des Göppinger Amts ihren Einfluß und ihren Besitz laufend steigern, nicht zuletzt dank großzügiger Stiftungen vermögender Adeliger, von denen die mit einer eigenen Grablege in der Stiftskirche besonders privilegierten Herren von Zillenhardt zu erwähnen sind.

Auf der Höhe seiner Entwicklung stand zu Beginn des 16. Jahrhunderts auch das Kloster Adelberg, was sich neben einer einzigartigen künstlerischen Blüte vor allem in dem gewaltigen Umfang seines Grund- und Lehensbesitzes ausdrückt.

Bauernkrieg und Reformation

Die erste Regierungszeit Herzog Ulrichs von Württemberg (1503–1519) endete mit seiner gewaltsamen Vertreibung, nachdem er wegen schwerwiegender Verfehlungen der Reichsacht verfallen war. Das mit der Durchführung der Strafaktion betraute Aufgebot des Schwäbischen Bundes unter Georg von Frundsberg belagerte nach der Einnahme der Burg Staufeneck Anfang April 1519 die Stadt Göppingen, die nach kurzer Beschießung ihre Tore öffnete. Damit war der Weg zur Eroberung des Herzogtums frei, das kurz danach vom Schwäbischen Bund an das Haus Habsburg abgetreten und bis 1534 als ein Teil Vorderösterreichs verwaltet wurde. In diesen Zeitabschnitt fiel der Bauernkrieg des Jahres 1525, der in dem hier behandelten Raum mit der Zerstörung der Burg Hohenstaufen und des Prämonstratenserklosters Adelberg recht deutliche Spuren hinterließ.

Die Stammburg des staufischen Geschlechts hatte längst jede strategische Bedeutung verloren, so daß die dem Burgvogt unterstehende Mannschaft nach und nach so weit zusammenschmolz, daß keine ernsthafte Verteidigung mehr möglich war. Dies zeigte sich an jenem 29. April 1525, als an die 300 Bauern unter ihrem Anführer Jörg Bader aus Böblingen vor die Burg Hohenstaufen zogen und deren Mauern im zweiten Ansturm überwanden. Über dieses verhängnisvolle Ereignis, durch welches das weitere Schicksal der Burg besiegelt wurde, berichtete der damalige Obervogt zu Göppingen, Jakob von Bernhausen, mit knappen, in wilder Hast auf ein Blatt Papier hingekritzelten Worten an seinen Schwager. In dem Schreiben heißt es u. a.: „ . . . und füg Dir zu wissen, daß uf heut Samstag morgens frie etlich von dem Huffe zu Lorch für Staufen kummen und angeloffen, gestyrmt, und wie wol Hans Michel Rys sambt andern, so von Knecht bey ihm gewest, ain Sturm behalten, haben sich doch die Buren gestärckt und wider zuzogen . . .“ Der in dem Brief erwähnte Hans Michel „Rys“ war der von dem seinerzeit abwesenden Burgherrn Jörg Staufer von Bloßenstaufen bestellte Kommandant der Veste, Hans Michael Reuß von Reußenstein zu Filseck. Er entkam noch rechtzeitig den andrängenden Bauern, obwohl er durch die zur Deckung seiner Flucht unter dem Burgtor abgefeuerten Kanonen schwere Verbrennungen erlitt.

Aus dem Schreiben Jakobs von Bernhausen geht weiter hervor, daß er sich um das Schicksal der Stadt Göppingen in jenen kritischen Tagen ernste Sorgen machte, schreibt er doch: „... und forcht, daß ich Geppingen nit behalten werd, dan als ich disen Brief geschriben, ist mir Botschafft kummen, das der Huf, so Stuckart und Schorndorf und fil ander Stet ingenommen, das Filsdal herufziech und versich mich, das baid Huffen ce mern vor mir syen ... Got gesege mir das Bad." – Die Stadt blieb damals unversehrt.

Das seit 1501 von dem bedeutenden Abt Leonhard Dürr regierte Kloster Adelberg hatte schon 1514 beim Aufstand des sogenannten „Armen Konrad" eine Plünderung erdulden müssen. Als im April 1525 Gaildorfer Bauern das Kloster Murrhardt überfielen, flüchteten der Abt und die Mehrzahl der Mönche mit dem Klosterschatz nach Geislingen. Die verbliebenen Konventualen retteten sich vor den am 1. Mai 1525 anrückenden Bauern nach Schorndorf. Ein Teil der Klausur und der Wirtschaftsgebäude ging in Flammen auf; lediglich die Ulrichskapelle mit ihrem kostbaren Hochaltar blieb unversehrt. Ihre Schonung soll, einem Bericht des Crusius zufolge, der Einsprache eines einfältigen Menschen namens Jäckle zu verdanken sein, der die Kapelle als sein Eigentum ausgab. Der von Abt Leonhard unverzüglich in die Wege geleitete Wiederaufbau des Klosters kam durch die im Zuge der Einführung der Reformation verfügte Auflösung des Konvents nicht zustande.

Die Reformation, von Herzog Ulrich unmittelbar nach seiner durch die Schlacht bei Lauffen am 13. Mai 1534 erzwungenen Rückkehr in Württemberg eingeführt, verursachte tiefgreifende Veränderungen im konfessionellen und politischen Bereich des deutschen Südwestens. Für den in diesem Abschnitt zu behandelnden Raum bedeutet dies, daß in der Stadt Göppingen und in den ihr zugeordneten Amtsorten die protestantische Lehre eingeführt wurde; dasselbe war auch im Nachbaramt Kirchheim der Fall. Das Kloster Adelberg, über das Württemberg die vogteilichen Rechte ausübte, wurde mit Wirkung vom 25. November 1535 säkularisiert, was die Einführung der neuen Lehre auch in den heute zum Landkreis Göppingen zählenden einstigen Klosterorten zur Folge hatte. Allerdings wurde das adelbergische Gebiet nicht den benachbarten weltlichen Ämtern einverleibt, sondern bis 1807 als selbständiges Klosteramt verwaltet. Danach erst erfolgte seine Aufspaltung, im wesentlichen in die Oberämter Göppingen und Schorndorf.

Der Säkularisierung verfielen 1535 und 1536 auch das Chorherrnstift Oberhofen bei Göppingen mit dem inkorporierten Stift Boll sowie das verarmte Stift Faurndau. Von den erst 1806 zum Oberamt Göppingen gekommenen Gemeinden schlossen sich Dürnau, Eschenbach, Gammelshausen und Jebenhausen der Reformation an, während die rechbergischen Orte Ottenbach, Rechberghausen, Salach und Wäschenbeuren der alten Lehre treu blieben. Eine konfessionell gemischte Einwohnerschaft mit katholischem Übergewicht gab es in den Kondominaten Birenbach und Großeislingen.

Zum ersten evangelischen Stadtpfarrer berief Herzog Ulrich einen der Vorkämpfer der Reformation in Württemberg, Martin Cleß, nach Göppingen. Der 1491 in Uhingen Geborene hatte nach dem Besuch der Göppinger Lateinschule die Priesterlaufbahn eingeschlagen und im Jahr 1516 in der Oberhofenkirche seine erste heilige Messe gelesen. Während seiner Tätigkeit als Pfarrer in Leonberg, als Diakon in Waiblingen und später als Chorherr von Oberhofen hatte er sich schon sehr früh mit der Lehre Luthers beschäftigt. 1529 war es zum Bruch mit dem Propst des Stifts gekommen, Cleß floh auf Schloß Ramsberg zu Philipp dem Langen von Rechberg, der auch mit den reformatorischen Bestrebungen sympathisierte. Nach siebenjähriger Tätigkeit in Göppingen versetzte ihn Herzog Ulrich 1543 auf die Stelle des Superintendenten von Cannstatt, wo er, wie auch ab 1551 in derselben Position in Stuttgart, harte Kämpfe gegen die Wiedertäufer zu führen hatte. 1551 gehörte Cleß zu den zehn Theologen des Herzogtums, die die „Confessio Wirtenbergia" unterzeichneten. Am 13. August 1552 starb dieser bedeutende Sohn des Landkreises Göppingen und wurde in der Leonhardskirche in Stuttgart begraben.

Nach den Rückschlägen, die die protestantische Sache im Schmalkaldischen Krieg von 1546 und während des bis 1552 bestehenden „Interims" hinnehmen mußte, zog 1553 wieder ein hervorragender protestantischer Prediger in Göppingen auf, Dr. Jakob Andreä, der neben seinem Amt als Stadtpfarrer auch die Pflichten eines Dekans über die Göppinger Amtsorte wahrnahm und der im Jahr 1559 den Ortsherrn von Jebenhausen, Hans IV. von Liebenstein, dazu bestimmte, die Reformation in seinem Herrschaftsgebiet endgültig einzuführen.

Andreäs Berufung nach Göppingen war durch Herzog Christoph von Württemberg erfolgt, der 1550 nach dem Tod seines Vaters Ulrich dessen Nachfolge angetreten hatte. Seine achtzehnjährige Regierungszeit brachte dem Land die dringend notwendige Konsolidierung der inneren Verhältnisse, der Amtsstadt Göppingen prägte sie bis heute sichtbare, markante bauliche Zeugen auf. Da der Herzog seine Genesung von einer gefährlichen Vergiftung der heilsamen Wirkung des Göppinger Sauerwassers zuschrieb, suchte er auch in späteren Jahren das Bad zu längeren Kuraufenthalten auf. Mit seinem Baumeister Aberlin Tretsch erörterte er großzügige Neubaupläne für die Badgebäude; sie kamen jedoch erst gut 60 Jahre später durch den herzoglichen Hof- und Landbaumeister Heinrich Schickhardt voll zur Ausführung.

Im Vordergrund von Christophs Bautätigkeit in Göppingen stand die Errichtung eines repräsentativen Schlosses an der Nordwestecke der Stadt, wo zuvor eine mittelalterliche Wehranlage und die sogenannten „Stauferschen Häuser" gestanden hatten. Aberlin Tretsch, der Schöpfer des Erweiterungsbaus des Alten Schlosses in Stuttgart, schuf mit dieser vierflügeligen Anlage, deren ideale Abmessungen nur an den beiden Westecken durch den gegebenen Verlauf des Stadtgrabens etwas gestört sind, seine reifste Leistung. Den Ruhm, zu den wichtigsten historischen Bauten Altwürttembergs zu gehören, verdankt das Göppinger Schloß jedoch den bildhauerischen Meisterleistungen an zweien seiner Portale und an der „Rebenstiege" im südwestlichen Treppenturm, deren plastischer Zierat von dem Göppinger Hans Neu geschaffen wurde.

Nicht nur Herzog Christoph und seinen Nachfolgern, sowie einigen verwitweten Herzoginnen diente das Schloß als gelegentlicher Wohnsitz; es war gleichzeitig der Mittelpunkt der Verwaltung von Stadt und Amt. Dieser Zweckbestimmung als Behördensitz wurde 1847 auch der Wohntrakt, der hohe und höchste Persönlichkeiten als Staatsgäste gesehen hatte, geopfert. Bis heute sind im Göppinger Schloß Dienststellen des Landes, Finanzamt und Amtsgericht, untergebracht.

Dem Bau des Schlosses opferte Herzog Christoph von Württemberg auch große Teile der seit ihrer Zerstörung im Bauernkrieg 1525 in Ruinen liegenden Burg Hohenstaufen. Dennoch standen nach dem Zeugnis des Tübinger Professors Martin Crusius aus dem Jahr 1588 auch nach Abschluß der Bauarbeiten in Göppingen noch stattliche Reste der einstigen schwäbischen Herzogsburg aufrecht; sie wurden erst in den Jahren 1736/37 vollends beseitigt.

Dasselbe Schicksal wie die Burg Hohenstaufen hatte schon vor 1550 die ebenfalls im Bauernkrieg niedergebrannte Klausur des Klosters Adelberg erlitten: Herzog Ulrich benützte sie als billigen Steinbruch für den Ausbau der Festung Schorndorf. Der nach dem Interim wieder in Adelberg aufgezogene Abt Ludwig Werner kam zu spät, um das Zerstörungswerk noch aufzuhalten. Nach Werners Tod im Jahr 1565 erhielt Adelberg in Christoph Binder einen evangelischen Abt, dessen Aufgabe es vor allem war, eine der zwölf protestantischen Klosterschulen Württembergs in Adelberg aufzubauen. Sie bestand bis 1629; ihr berühmtester Schüler war der von 1584 bis 1586 hier immatrikulierte Astronom Johannes Kepler.

Ist das Göppinger Sauerbrunnenbad untrennbar mit dem Namen des württembergischen Herzogs Christoph verbunden, gab in Boll der erste seiner Nachfolger aus der Mömpelgarder Linie, Herzog Friedrich I. (1593–1608), den Anstoß für den Aufschwung des Bades, dessen Schwefelquellen seit der Mitte des 15. Jahrhunderts urkundlich bezeugt sind. Die Voraussetzungen für einen geregelten Badebetrieb, dessen Leitung dem Kirchheimer Arzt Georg Renz vom Herzog übertragen worden war, schuf der Hof- und Landbaumeister Heinrich Schickhardt mit der Erstellung eines Bad- und Kurhauses im Jahr 1595. Als billiges Baumaterial verwendete er dafür die Steine der seit dem Bauernkrieg in Trümmern liegenden Burg Aichelberg. Dem Schwefelwasser wurde schon bald eine sagenhafte Heilkraft nachgerühmt. Dr. Johannes Bauhin, der Leibarzt des württembergischen Herzogs, spricht in der 1602 erschienenen deutschen Übersetzung seiner berühmten Badbeschreibung von einem „Wunderbrunnen", und als das „württembergische Wunderbad" ist Boll im 17. und 18. Jahrhundert landauf, landab bekannt geworden. Zu seinen Gästen zählten Angehörige des hohen und des niederen Adels, Patrizier und Handelsherren aus dem ganzen süddeutschen Raum.

Heinrich Schickhardt, der weit über die Landesgrenzen hinaus berühmte und gefragte Architekt und Ingenieur, war nicht nur am Bau der Bäder in Göppingen und Boll maßgebend beteiligt. Er gab darüber hinaus dem am 5. Januar 1625 durch Blitzschlag zerstörten Turm der evangelischen Pfarrkirche St. Veit in Ebersbach an der Fils seine heutige Gestalt und schuf im selben Jahr den Plan für die Erstellung der ersten mit schweren Fuhrwerken zu befahrenden Filsbrücke auf der Markung der Amtsstadt. Sein Hauptwerk im Ostteil des Herzogtums war jedoch die Erbauung der Göppinger Stadtkirche in den Jahren 1618/19. Am 25. Februar 1615 hatte Herzog Johann Friedrich von Württemberg endlich den Bitten des Göppinger Magistrats entsprochen, einen Kirchenbau innerhalb der Stadtmauern errichten zu dürfen, da der Weg nach Oberhofen manchmal mit Schwierigkeiten und Gefahren verbunden war. Allerdings konnte der Baumeister Heinrich Schickhardt seinen Plan, „diesen Kirchenbau um etwas desto mehr zu zieren, sonderlich aber soll die ganze Kirche mit einem schönen Gewölb von Gips versehen werden...", nicht zur Ausführung bringen, da die Göppinger verlangten, daß in den riesigen Dachraum „drei trefflich schöne Fruchtböden" eingebaut wurden — „kann dadurch alle Jahr der Kastenzins erspart und großer Abgang verhütet werden." Auch in ihrer „Zwittergestalt" als Gotteshaus und Kornschütte ist die Stadtkirche in Göppingen ein hervorragendes Zeugnis für die Baukunst der Renaissance im Land.

Kriege und Zerstörungen

Das Jahr des Baubeginns der Kirche bezeichnet auch den Anfang der tiefgreifenden konfessionellen Auseinandersetzung, die unter dem Begriff des „Dreißigjährigen Krieges" in die Weltgeschichte eingegangen ist. Es liegt auf der Hand, daß das seit eh und je im Zug kontinentaler Verkehrsadern gelegene Filstal, und damit das Kerngebiet des Göppinger Amts, von den militärischen Geschehnissen nicht unberührt bleiben konnte. Zwar kam es nur vereinzelt zu größeren Kampfhandlungen und damit zur Zerstörung ganzer Ortschaften. Eine unaufhaltsame Teuerung, drückende Kontributionen und Quartierlasten, wüste Greueltaten und Plünderungen feindlicher und verbündeter Truppen, vor allem aber die unerbittlich grassierende Pest, ließen die geschundene Bevölkerung in Stadt und Land, zumal nach der 1634 für die protestantische Partei mit einer verheerenden Katastrophe endenden Schlacht bei Nördlingen an Gott und der Welt verzweifeln. Durch die Flucht des Herzogs war das Land herrenlos geworden; die Statthalterschaft über die Ämter Göppingen und Urach übte die Erzherzogin Claudia von Tirol aus. Ihr Ziel war es, mit Hilfe der 1639 in Oberhofen aufgezogenen Jesuiten, die wenigen verbliebenen Einwohner wieder zum katholischen Glauben zu bekehren. Dies scheiterte vor allem an der Standhaftigkeit und der geschickten Verhandlungstaktik einiger führender Leute aus der Verwaltung, so des Kellers Murschel und der beiden Göppinger Bürgermeister Johann Georg Härlin und Elias Laichinger. Letzterer gibt in seinem erhalten gebliebenen Tagebuch eine lebensnahe Schilderung jener unglückseligen Zeit. Er ist es auch, der unter dem Datum des 11. August 1650 von jenem „Dank- und Lobfest" berichtet, das „allhier (in Göppingen) wie auch im ganzen Württemberger Land ... wegen des lieben, edlen Friedens ..." abgehalten wurde und aus dem sich der bis heute gefeierte „Göppinger Maientag" ableitet.

Die Bilanz des großen Krieges war fürchterlich. In Göppingen waren allein in den Jahren 1634 und 1635 mehr als 1500 Menschen der Pest und anderen epidemisch auftretenden Krankheiten erlegen, die Amtsorte Albershausen, Bezgenriet, Bünzwangen, Hattenhofen, Holzheim und Kleineislingen waren nahezu verödet, lebten doch hier zeitweise nicht mehr als zehn Personen. Insgesamt war die Zahl der Bürger in 17 Gemeinden des Amts (ohne Göppingen) zwischen 1633 und 1637 von 2093 auf 392 gesunken. An eine Bewirtschaftung der verwüsteten Felder und Fluren war auch in den ersten Friedensjahren nicht zu denken, Not und Verzweiflung dauerten noch über eine lange Zeitspanne hinweg an.

Sie waren auch noch nicht überwunden, als am Ende des Jahrhunderts französische Truppen mehrfach in Württemberg einfielen und der gefürchtete General

Melac 1688 nur durch die Zahlung einer hohen Kontribution davon abgehalten
werden konnte, die Amtsstadt Göppingen und die umliegenden Orte mit Mord
und Brand zu überziehen. Schlimmes Unheil verhüteten im gleichen Jahr die
wagemutigen Göppinger Frauen, die einen württembergischen Unterhändler in
der Amtsstadt so lange unter Hausarrest stellten, bis die Gefahr einer Übergabe
der Stadt an die Franzosen gebannt war.

Die Franzosenkriege kosteten das Leben eines der hervorragendsten Repräsentanten von Stadt und Amt: der Untervogt Sigmund Schott war 1693 wider jedes
Recht als Geisel über den Rhein verschleppt worden. Am 7. Mai 1695 erlag er in
einem Kerker der Stadt Metz einem Fieberanfall.

Noch in das 17. Jahrhundert fällt die Verlegung der bereits 1510 eingerichteten
Poststation in Ebersbach nach Plochingen und die Errichtung einer neuen Post-
stelle in Göppingen im Jahr 1698.

Das folgende Jahrhundert, an dessen Beginn das Amt Göppingen weniger als die
benachbarten ulmischen und reichsritterschaftlichen Orte von den Auswirkungen
des Spanischen Erbfolgekriegs berührt wurde, stand in Württemberg, geistes-
wissenschaftlich betrachtet, weitgehend im Zeichen des Pietismus, einer der mittelalterlichen Mystik verwandten religiösen Seelenhaltung, die praktische Frömmigkeit und enges Gemeinschaftsleben predigte. Einer der bedeutendsten Exponenten
dieser zu allen Zeiten heftig umstrittenen religiösen Haltung war der 1702 in
Göppingen geborene Theosoph F. Ch. Oetinger (s. „Persönlichkeiten").

Die Landespolitik erhielt durch die eigenwilligen Herrscherpersönlichkeiten der
Herzöge Eberhard Ludwig (1693–1733), Karl Alexander (1733–1737) und
Karl Eugen (1744–1793) ihr Gepräge. Jeder stand zu Stadt und Amt Göppingen
in mehrfacher Hinsicht in unmittelbarer Beziehung. Eberhard Ludwig verlangte
Geld- und Sachleistungen für den Bau des sogenannten „Göppinger Amtshauses"
in der 1709 von ihm neu gegründeten Residenzstadt Ludwigsburg. Außerdem
mußten zur Anlegung des dortigen Schloßparks ausgewachsene Bäume, vorwiegend Linden, aus den Wäldern bei Wangen und Schlierbach samt den Wurzel-
ballen geliefert werden. Zur Erschließung neuer Einnahmequellen ordnete der
Landesherr den Anbau von 20 Morgen Tabak im Göppinger Amt an. – Herzog
Karl Alexander von Württemberg, der unter dem Prinzen Eugen von Savoyen
zu höchsten militärischen Rängen aufgestiegen war, trug sich mit dem Plan, das
Land mit einem Kranz uneinnehmbarer Festungen zu überziehen. Eine davon
sollte auf dem Hohenstaufen errichtet werden. Um das Terrain zu ebnen, beor-
derte er 1746 eine Kompanie Soldaten auf den Berg, die die noch vorhandenen
Reste der mittelalterlichen Burganlage einebneten. Der Festungsbau kam wegen
des frühen Todes des Herzogs nicht zur Ausführung.

Die ersten Jahrzehnte der Regierungszeit Herzog Karl Eugens waren von einer starren absolutistischen Grundhaltung geprägt, die sich über Recht und Gewissen hinwegsetzte. Dies bekamen die württembergischen Ämter auf mannigfache Weise zu spüren, am ausgeprägtesten vielleicht, als es darum ging, Soldaten anzuwerben, die dann gegen hohe Summen unter fremde Fahnen, häufig sogar in Übersee, gestellt wurden und ihre Heimat meist nicht wiedersahen. Wie diese Aushebungen praktiziert wurden, beweisen Briefe, wie sie der Göppinger Obervogt an die Schultheißen seiner Amtsorte auf Befehl des Herzogs auszufertigen hatte. Darin hieß es etwa: „... so ist mein amtlicher Befehl, Ihr sollt alle dermaligen Dienstknechte Eures Orts, sie mögen Landeskinder oder Ausländer, alt oder jung, groß oder klein, keinen einzigen ausgenommen, gleich nach Empfang dieses Schreibens in der Nacht in aller Stille durch den Dorfbüttel und einen ihm zugegebenen tüchtig bewehrten Mann jeden besonders aus seinem Diensthaus in Euer Haus abholen lassen und sie durch eine vorhin dahin bestellte Wacht in Eurer Stuben beisammenhalten, sofort ein Verzeichnis über dieselben mit ihren Namen anlegen, dann Ihr selbst dieselben mit bewehrter Mannschaft hieher begleiten..."
Direkte Einwirkung nahm Herzog Karl Eugen, der sich seit 1778 unter dem Einfluß seiner späteren Frau, Franziska von Hohenheim, zu einem wahren Landesvater entwickelt hatte, auf den Wiederaufbau der am 25. August 1782 fast vollständig abgebrannten Stadt Göppingen. Zur raschen Verwirklichung des von ihm selbst konzipierten und von seinem Landesoberbauinspektor Johann Adam Groß ausgearbeiteten Neubauplans schrieb er im ganzen Herzogtum eine Bausteuer aus und forderte darüber hinaus die württembergische Bevölkerung zu großzügigen Spenden auf. Ihre besondere Verbundenheit mit der vom Schicksal so schwer gezeichneten Amtsstadt bekundeten besonders die Amtsorte, wo ausnahmslos spontane Geldsammlungen veranstaltet wurden. Die Spendenlisten werden bis heute im Göppinger Stadtarchiv verwahrt.

Verkehrserschließung und Industrialisierung

Bis ins 18. Jahrhundert reichen die Wurzeln der industriellen Entwicklung Göppingens und anderer altwürttembergischer Filstalorte, einer Entwicklung, die ein vollkommen neues Kapitel in der Geschichte des ganzen Landkreises einleitete. Gemeinhin bezeichnet man die von dem Bleicher und Müller Paul Meyer im Jahr 1727 erstellte Papiermühle als den Urahn der Göppinger Industriebetriebe. Sie entwickelte sich nach mancherlei Rückschlägen seit der Mitte des Jahrhunderts zu einer blühenden Papierfabrik, in der über fünf Generationen bis 1866 die Mit-

17. *Jura-Museum Dr. Engel in Göppingen-Jebenhausen. Badhaus um 1610*

16. *(Vorderseite) Städtisches Museum im „Storchen" in Göppingen. Das ehemalige Liebensteinische Stadtschloß wurde in der 1. Hälfte des 16. Jh. erbaut.*

glieder der angesehenen Familie Schwarz tätig waren, deren unternehmerischer Wagemut 1837 und 1860 zur Gründung zweier Niederlassungen in Großeislingen und 1845 zur Eröffnung der Papierfabrik Salach führten. Zusammen mit dem 1747 aus der Papiermühle des Sebastian Schumm in Faurndau hervorgegangenen Werk, der bis heute bestehenden Papierfabrik Carl Beckh Söhne, erreichte dieser Industriezweig bis weit in die zweite Hälfte des 19. Jahrhunderts hinein die höchsten Umsatzzahlen im altwürttembergischen Teil des Kreises.

Am 3. Mai 1741 erteilte Herzog Karl Friedrich von Württemberg dem Göppinger Bürger Andreas Bliederhäuser das Recht zur Errichtung einer Fayencefabrik, wofür er als Starthilfe Steuerfreiheit auf 20 Jahre sowie weitere Privilegien erhielt. Das Unternehmen kam in den knapp 40 Jahren seines Bestehens nie richtig zur Entfaltung; seine z. T. recht hübschen Erzeugnisse fielen größtenteils während des Stadtbrands von 1782 in den Göppinger Bürgerhäusern der Zerstörung anheim.

Die sich über den Zeitraum von 1803–1810 erstreckende, unter dem Druck Napoleons I. zustandegekommene großzügige „Bereinigung" der süddeutschen Vielstaaterei, die im Jahr 1806 zur Bildung des Königreichs Württemberg führte, schuf die Voraussetzungen für eine sinnvolle gesamtstaatliche Lösung der im Verein mit der aufkeimenden industriellen Entwicklung einer Lösung harrenden vielfältigen Aufgaben.

Durch die Mediatisierung standesherrlicher und reichsritterschaftlicher Gebiete, sowie durch die Aufhebung des Klosteramts Adelberg wurden in jenen Jahren dem Oberamt Göppingen die Dörfer Birenbach, Börtlingen, Dürnau, Eschenbach, Gammelshausen, Großeislingen, Holzhausen, Jebenhausen, Oberwälden, Ottenbach, Rechberghausen und Salach zugeordnet. Nach der Umgliederung Hochdorfs in das Oberamt Kirchheim im Jahr 1842 bestand das Oberamt Göppingen bis zur Verwaltungsreform des Jahres 1938 aus den 34 Gemeinden Göppingen, Albershausen, Bartenbach, Bezgenriet, Birenbach, Börtlingen, Boll, Bünzwangen, Dürnau Ebersbach, Eschenbach, Faurndau, Gammelshausen, Ganslosen (seit 1849 Auendorf), Großeislingen, Gruibingen, Hattenhofen, Heiningen, Hohenstaufen, Holzhausen, Holzheim, Jebenhausen, Kleineislingen, Maitis, Oberwälden, Ottenbach, Rechberghausen, Reichenbach an der Fils, Salach, Schlat, Schlierbach, Sparwiesen, Uhingen und Wangen.

Nach Überwindung der durch die napoleonischen Kriege verursachten Stagnation auf wirtschaftlichem Gebiet und nach Behebung der schlimmsten Kriegsschäden setzte auch im Göppinger Raum eine rasche Aufwärtsentwicklung ein. Auslösendes Moment war ein Gesetz vom 18. April 1843, das die Streckenführung der württembergischen Hauptbahn von Bietigheim über Cannstatt nach Ulm durch das Filstal endgültig festlegte, nachdem noch kurz zuvor die Befürworter der

Remsstrecke wegen der bei der Überwindung der Geislinger Steige erwarteten großen technischen Schwierigkeiten die Verwirklichung ihres eigenen Projekts erwartet hatten. Schon am 11. Oktober 1847 konnte der Streckenabschnitt Plochingen – Göppingen – Süßen seiner Bestimmung übergeben werden.

Die Verkehrserschließung des Filstals durch die Eisenbahn wurde, wie nicht anders zu erwarten, für den Göppinger Raum zu einem der bestimmenden Faktoren für die Industrieansiedlung. Das eindrucksvollste Beispiel liefert dafür die Judenschaft des bis 1803 reichsritterschaftlichen Dorfes Jebenhausen. Der Ortsherr, Philipp von Liebenstein, hatte sich im Jahr 1777 entschlossen, 20 jüdische Familien gegen ein jährliches Schutzgeld in Jebenhausen aufzunehmen. Aufgrund des am 7. Juli 1777 ausgestellten Schutzbriefs war es den Juden verboten, liegende Güter zu besitzen, sie durften jedoch „alle im Reich erlaubte Commercia, Salz allein ausgenommen", betreiben. Ihr Betätigungsfeld war daher der Handel, den sie zunächst mit Vieh, Wein und Schnittwaren betrieben, später jedoch auf den Vertrieb textiler Produkte ausdehnten. Sie nahmen auf diesem Sektor nach und nach eine Monopolstellung ein und wurden so in die Lage versetzt, in preislicher Hinsicht auf die Erzeuger einen nachhaltigen Einfluß auszuüben. Daß sie sich damit die scharfe Kritik des noch im Zunftdenken verhafteten Göppinger Handels- und Gewerbestandes zuzogen, liegt auf der Hand.

Als sich die Juden in den dreißiger Jahren des letzten Jahrhunderts auf das sogenannte Verlagssystem umstellten, war der Übergang zur industriemäßigen Fertigung praktisch vollzogen. 1844 heißt es in der Göppinger Oberamtsbeschreibung: „Der Ort Jebenhausen zeichnet sich durch einige großartige Fabriken aus. Die größte ist die von A. Rosenheim & Co.; sie wurde 1835 gegründet, fabriziert baumwollene und leinene Waren, hat eine eigene Färberei und beschäftigt in Jebenhausen selbst nur zwölf Arbeiter, auswärts aber, in diesseitigen Orten und in benachbarten Bezirken, 600–700 Webstühle, welche jährlich etwa zwei Millionen Ellen verfertigen."

Unmittelbar nach dem Anschluß Göppingens an die württembergische Hauptbahnlinie setzte gegen Ende der vierziger Jahre die Übersiedlung der jüdischen Textilfabriken aus Jebenhausen nach Göppingen ein. Den Anfang machten Josef Raff und Salomon Einstein. Sie trafen dort auf alteingesessene Industriepioniere wie Ludwig Baumann, der 1820 die erste Göppinger Wollspinnerei gegründet hatte, Ludwig Friedrich Roth, der, 1794 noch der im Göppinger Handwerk jahrhundertelang dominierenden Zunft der Zeugmacher angehörend, seit 1824 die fabrikmäßige Herstellung von Bändern betrieb, Friedrich Kohler, seit 1838 Inhaber einer Wolldruckerei, Johann Jakob und Carl Gottlieb Rau, die seit 1790 Barchent erzeugten, sowie Thomas Scheuffelen, der ab 1837 eine Tuchfabrik in der

Oberamtsstadt betrieb. 1862 wurde diese Firma nach Ebersbach verlegt und bildete dort die Keimzelle für den industriellen Aufschwung. In anderen Orten des Oberamts hatte die Massenfertigung textiler Erzeugnisse schon wesentlich früher begonnen. An der Spitze stand Wilhelm Dunker, der im Jahr 1816 in Salach in der schon von seinem Vater betriebenen Tabakspinnerei eine „Türkischrot-Färberei und Baumwollegarnspinnerei" einrichtete und dort 30 Arbeiter beschäftigte. Nach Dunkers Tod übernahm 1820 Johann Gottfried Kolb die Fabrik. Sein Schwiegersohn war Leonhard Schachenmayr, der mit seinem Kompagnon Gustav Mann dem heutigen Großbetrieb der Textilbranche seinen Namen gab. Noch vor der Mitte des letzten Jahrhunderts hatten in Eislingen Wilhelm Jung eine mechanische Baumwollweberei, sowie G. Hailer und F. Langbein eine mechanische Wollspinnerei gegründet.

Die bedeutende, zu einem guten Teil von jüdischen Unternehmern betriebene Textilindustrie der Amtsstadt und der benachbarten Filstalorte wurde aber letzten Endes auch zu einer wichtigen Keimzelle für andere Industriezweige entlang der Fils. Bei auftretenden Schäden der anfänglich empfindlichen ausländischen Maschinen mußten Schlosser oder Mechaniker zur Reparaturausführung herangezogen werden. Dabei erfanden die Handwerker selbst Verbesserungen und stellten eigene Maschinen her. Auf diese Weise entstand eine der großen Göppinger Maschinenfabriken. Der in einem Göppinger Spinnereibetrieb arbeitende Maschinenmeister Johann Georg Boehringer gründete im Jahr 1844 eine eigene Werkstatt und stellte für die immer größer werdende Anzahl von Spinnereien und Tuchfabriken Textilmaschinen her. Nachdem der Absatz dieser Maschinen infolge der starken englischen Konkurrenz stockte, nahm Boehringer die Produktion seiner heute in alle Welt exportierten Werkzeugmaschinen auf.

Um den gesteigerten Bedarf der Göppinger Miederfabriken an Korsettschließen zu decken, wandten sich eingesessene Flaschnermeister zunächst nur nebenher diesem Produktionszweig zu, spezialisierten sich dann aber ganz auf die Herstellung von Korsettverschlüssen. Den Niedergang eines dieser Betriebe nahmen eine ganze Reihe erfahrener Mitarbeiter zum Anlaß, eigene Fabriken zu eröffnen. Auf diese Weise gingen die heute weltbekannte Metallspielwarenfabrik Gebr. Märklin sowie ein sehr bedeutendes Zweigwerk der Geislinger WMF aus solchen Flaschnereien hervor.

Wenig bekannt ist, daß auch die Anfänge des Röhrenwerks Kuntze in Süßen in der Göppinger Miederindustrie begründet liegen. Der Firmengründer begann 1869, zunächst im Auftrag einer Stuttgarter Firma, für die zahlreichen Korsettfabriken im Filstal kupferne Büsten herzustellen, verwandte aber statt der bisher gebräuchlichen Kupferröhren solche aus Eisen und entwickelte dafür ein eigenes

Schweißverfahren. Schöpferischer Erfindergeist war hier, wie in vielen anderen Fällen, zum bestimmenden Faktor für die Entstehung eines bedeutenden Industrieunternehmens geworden.

Diese metallverarbeitenden Betriebe regten ihrerseits den seit 1839 in Göppingen mit einem Gehilfen arbeitenden Schlosser Louis Schuler an, Werkzeuge und Maschinen für die Metall- bzw. Blechbearbeitung zu konstruieren. Im Revolutionsjahr 1848 verlegte er sich auf die Herstellung von Musketen, aber auch Mostpressen und Feuerspritzen verließen die sich ständig vergrößernden Fabrikationsräume. 1875 beschickte Louis Schuler erstmals die Fachausstellung für Blechindustrie in Nürnberg mit Exzenter- und Ziehpressen. Durch die Straffung des Produktionsprogramms, die Einrichtung einer eigenen Gießerei und die Anwendung neuzeitlicher Fertigungsmethoden errang das Unternehmen schon bald eine Spitzenposition auf dem Gebiet der spanlosen Formung.

Auf der Suche nach den Faktoren für die Anfänge einer Industrieansiedlung in Göppingen und im Filstal darf der Siegeszug der Dampfmaschine nicht vergessen werden, eine Erfindung, die die Papierfabrik Beckh in Faurndau erstmals im Jahr 1844 in ihren Betriebsablauf einbaute. Bis zum Jahr 1868 behauptete das Oberamt Göppingen mit 31 Dampfmaschinen und Lokomobilen den ersten Platz unter den Industriebereichen Württembergs, dann wurde es von Heilbronn überflügelt. Gleichzeitig stand das Oberamt in der Nutzung der Wasserkräfte hinter Freudenstadt und Neuenbürg an dritter Stelle im Land.

Wenngleich in dieser knapp gehaltenen Übersicht über die geschichtliche Entwicklung des einstigen Oberamtsbezirks Göppingen keine umfassende Darstellung der Industriegeschichte gegeben werden kann, zudem darüber eine umfassende Spezialliteratur vorliegt, sei doch darauf hingewiesen, daß auch in der zweiten Hälfte des 19. Jahrhunderts und bis zum Ausbruch des Ersten Weltkriegs die stürmische Entwicklung der Industrialisierung der Filstalorte zwischen Salach und Ebersbach anhielt. Das hervorstechende Merkmal daran ist die außerordentliche Branchenvielfalt der oft aus kleinsten Anfängen zu landesweitem Ansehen gelangten Betriebe. Neben den „Grundindustrien" der Textil- und Metallverarbeitung, sind bedeutende Betriebe der Holzverarbeitung und Holzspielwarenherstellung, Bauunternehmen und Ziegeleien, Leder- und Gelatinefabriken, Hersteller landwirtschaftlicher Maschinen und Erzeuger von Papier und Kartonagen besonders zu erwähnen.

Politische und gesellschaftliche Initiativen

Es liegt auf der Hand, daß die industrielle Revolution eine ganze Reihe gesellschafts- und kommunalpolitischer Probleme auslöste. Sie traten vorwiegend in der Oberamtsstadt zutage. Dort war schon um die Wende zum 19. Jahrhundert der über den Rhein herüberwehende Geist der Französischen Revolution insgeheim mit Begeisterung begrüßt worden. So nimmt es auch nicht wunder, daß Stadt und Amt am 2. März 1815 mit 477 von 545 abgegebenen Stimmen den als besonders radikal geltenden Oberjustizprokurator Dr. Willibald August Feuerlein aus Tübingen als Abgeordneten in die Landesversammlung nach Stuttgart entsandten, in der mit Friedrich I. von Württemberg heftig um die Verfassung des neuen Königreichs gerungen wurde. Auch in den 1819 gewählten Landtag zog Feuerlein als Göppinger Volksvertreter ein, nachdem sein siegreicher Gegenkandidat Rau die Wahl abgelehnt hatte.

In die Zeit der Verfassungskämpfe fielen die von der Obrigkeit angeordnete Auflösung der Schützengesellschaften in Göppingen, Boll und Ebersbach und die Hungerjahre 1816/17. Politischer Druck und materielle Not waren daher auch der Hauptbeweggrund für die in jenem Zeitabschnitt einsetzende erste große Auswanderungsbewegung, die dem Schwabenland einen empfindlichen Aderlaß durch den Wegzug vorwiegend junger Menschen brachte. Neuen Auftrieb erhielt der Freiheitsdrang vieler Württemberger durch die gescheiterte Revolution von 1848. Nordamerika war das „gelobte Land". Dort suchten z. B. allein aus Faurndau in den Jahren nach 1840 mehr als 100 Bürger eine neue Heimat. Wie vielen es gelang, in der Neuen Welt Fuß zu fassen, ist nicht genau feststellbar. Nur wenige Briefe jener wagemutigen Männer und Frauen, die sich auf die gefahrvolle Seereise machten, sind überliefert. So schrieb etwa der Faurndauer Schneider Philipp Hetzel, der sich am 19. April 1846 in Le Havre mit seiner achtköpfigen Familie nach den USA einschiffte, nach seiner Ankunft aus New York an den Schultheißen Amos: „Ich habe es vollbracht und fühle und bin nun frei auf dieser großen, schönen, herrlichen neuen Welt, frei von allen Beschwerden und Abgaben, frei von dem Druck des Strafpolizeigesetzes, das jedem braven liberalen Württemberger den Atem zurückhält . . ."

Unter erheblichen Schwierigkeiten vollzog sich auch die Arbeit der ersten Göppinger Zeitung. Sie war am 16. Mai 1827 unter dem Titel „Intelligenzblatt für die Oberamtsstadt Göppingen" erstmals erschienen und enthielt sich zunächst jeder politischen Äußerung. Als der Herausgeber Philipp Jakob Buck am 12. Januar 1841 den Antrag stellte, auch Artikel politischen Inhalts veröffentlichen zu dürfen, erhielt er von der Regierung des Donaukreises den Bescheid: „Man vermag das Gesuch höheren Orts empfehlend nicht vorzulegen, da das öffentliche Bedürfnis eine Vermehrung der politischen Blätter überall nicht erheischt." – Nach 1848 besserte sich die Lage zwar, doch erwuchs dem nunmehrigen „Göppinger Wochenblatt" ab 1863 im „Hohenstaufen", einem „politischen und unterhaltenden Wochenblatt", das der Volkspartei nahestand, ein ernstzunehmender Konkurrent, der es im Laufe der Zeit, vor allem in der Ära des 1893 als Redakteur angestellten Johannes Illig, überflügelte. – Als zweites Bezirksblatt der sozialdemokratischen Partei in Württemberg erschien ab 1910 die „Freie Volkszeitung" in Göppingen.

Mit Friedrich Römer, dem Vertreter eines entschiedenen Liberalismus, der bereits seit 1831 für den Oberamtsbezirk Geislingen im Stuttgarter Landtag saß, hatte der Wahlkreis Göppingen–Geislingen 1848 einen ausgezeichneten Mann in die Frankfurter Paulskirche entsandt; von 1851 bis 1863 war er Präsident des württembergischen Landtags. Der 1868 als Vertreter der Deutschen Partei in Göppingen gewählte Julius Hölder übte dieses Amt von 1875 bis 1881 aus.

Die weitere politische Entwicklung in Stadt und Oberamt Göppingen wurde in der Folgezeit immer stärker durch die Entfaltung der Industrie bestimmt. In den Arbeiterbildungsvereinen schuf sich der neue Stand der Industriearbeiter seine ersten Organisationen; die Gründung des Göppinger Vereins erfolgte im Jahr 1862. Göppingen galt schon bald als Vorposten der politischen Arbeiterbewegung. Dies drückt sich einmal in dem Besuch des Sozialistenführers August Bebel aus, der 1868 in der Stadt eine programmatische Rede hielt, zum andern erhellt es aus der Tatsache, daß 1869 von den vier württembergischen Vertretern auf dem Arbeiterkongreß in Eisenach nicht weniger als drei aus Göppingen stammten. Die fortschreitende Politisierung des Arbeiterbildungsvereins drückte sich in seiner 1872 beschlossenen Umbenennung in „Arbeiterverein" aus; dasselbe Jahr brachte die Konstituierung von drei örtlichen Gewerkschaftsverbänden, nämlich der Textil- und der Metallarbeiter, sowie der Schuhmacher. Daneben bestand seit 1866 eine eigene „Weberassoziation", die in Stadt und Amt verschiedentlich kleinere Streiks organisierte. Das 1889 geschaffene „Göppinger Gewerkschaftskartell" verbuchte unmittelbar nach seiner Gründung 288 Mitglieder. Ihm trat erst 1907 der „Industrieverband" der Arbeitgeber gegenüber.

Im parteipolitischen Bereich steht in den Jahren nach 1860 die stetige Zunahme der sozialdemokratischen Anhängerschaft im Vordergrund, obwohl sich der innenpolitische Kampf in Württemberg und damit auch im Göppinger Oberamt zwischen den antipreußisch gesinnten Demokraten der Deutschen Volkspartei und den die Politik Bismarcks verfechtenden Anhängern der Deutschen Partei abspielte. Ein erstmals bei einer Landtagswahl im Wahlkreis Göppingen auftretender Sozialdemokrat erhielt 1889 immerhin 557 Stimmen, 1895 verbuchte die Partei bereits das Dreifache und im Jahr 1900 zog mit Pfarrer Christoph Blumhardt aus Bad Boll ein Vertreter der Sozialdemokratie für das Oberamt Göppingen in den Stuttgarter Landtag ein. Schon drei Jahre später war auch das Reichstagsmandat bei dem Abgeordneten Dr. Hugo Lindemann in sozialdemokratischer Hand. Bezeichnend ist, daß etwa 1907 die sozialistische Göppinger Frauengruppe 79 Mitglieder zählte, während es im ganzen Land nur 116 waren.

In den Jahren vor dem Ersten Weltkrieg setzte allerdings ein deutlicher Rechtsruck ein; 1912 gewann der Göppinger Oberbürgermeister Dr. Julius Keck als Kandidat der Deutschen Partei das Landtagsmandat.

Wie anderwärts fanden auch in Göppingen und in den größeren Amtsorten politische Strömungen Eingang in das kulturelle und sportliche Leben. Erinnert sei hier nur an den Gesangverein „Freiheit", den Turnverein „Jahn" und den Radfahrverein „Lassallia".

Im schulischen Bereich erforderte das Industriezeitalter in der Oberamtsstadt ein breiteres Bildungsangebot, als es die herkömmliche, schon 1397 nachweisbare Lateinschule und die seit 1559 bestehende Deutsche Schule zu bieten vermochten. So wurde 1831 eine Realschule ins Leben gerufen, die 1903 zur Vollanstalt ausgebaut wurde und zu der sich wenig später das Realgymnasium gesellte. Aus der 1841 eingerichteten Sonntagsgewerbeschule entstand 1854 mit nachhaltiger Unterstützung des 1843 gegründeten Gewerbevereins die gewerbliche Fortbildungsschule. Sie hatte einen außergewöhnlich guten Zulauf; innerhalb von 40 Jahren stiegen die Schülerzahlen von 100 auf 500 an. Der Schule fiel vor allem die Aufgabe zu, den Lehrlingen und Gehilfen jenes notwendige und zeitgerechte Wissen zu vermitteln, welches sowohl die kleinen Handwerksbetriebe konkurrenzfähig machte, wie auch den Übergang zu größeren Betriebsformen vollziehen half. Die Schule wurde damit in hoher Weise mitbestimmend für den gewerblichen Aufschwung der Stadt und ihrer Nachbargemeinden.

Dasselbe gilt auch für den Gewerbeverein, auf dessen Initiative am 24. Februar 1848 der erste württembergische Gewerbekongreß nach Esslingen einberufen wurde, dessen wichtigstes Ziel die Bildung einer Zentralstelle für Gewerbe und Handel war, die noch im selben Jahr ihre Arbeit aufnahm. Schon 1872 machte sich der Göppinger Verein für das Zustandekommen einer Schienenverbindung zwischen Fils- und Remstal stark, ein Projekt, das allerdings erst 1911 realisiert werden konnte.

Das mit der Expansion der Industrie vor allem in Göppingen Hand in Hand gehende sprunghafte Anwachsen der Einwohnerzahl (1850 : 5700, 1870 : 8700, 1880 : 10 800, 1890 : 14 400, 1900 : 19 400) führte im Jahr 1862 zur Gründung einer katholischen Kirchengemeinde, die sich 1869 mit der Kirche St. Maria ein eigenes Gotteshaus schuf; 1902 kam die Kirche St. Josef hinzu. Jahre zuvor, 1881, hatten sich die aus Jebenhausen zugezogenen Juden an der Freihofstraße bereits durch Oberbaurat Dr. von Leins eine Synagoge errichten lassen.

Zehn Jahre vorher regten sich nach dem Ende des deutsch-französischen Krieges erste Bestrebungen zum Bau eines Nationaldenkmals auf dem Hohenstaufen, das die ruhmreiche Epoche Kaiser Wilhelms I. verherrlichen sollte. Ein Komitee wurde gegründet, Spenden gesammelt, Pläne ausgearbeitet, und nur der aus Stuttgart kommenden Gegenbewegung ist es zuzuschreiben, daß das Projekt, das 1888 nach dem Tod der Kaiser Wilhelm I. und Friedrich III. nochmals starke Impulse erhalten hatte, wieder im Sand verlief. Der Hohenstaufen, heute wie einst Wahrzeichen des Landkreises Göppingen, und mit dem Untergang des von seinem Gipfel in die Welt aufgebrochenen Herrschergeschlechts am Beginn dieses historischen Überblicks stehend, blieb in seiner vertrauten Form erhalten.

Literatur:

Karl Weller/Arnold Weller, Württembergische Geschichte im südwestdeutschen Raum; Stuttgart und Aalen 1971.
Ernst Marquardt, Geschichte Württembergs; Stuttgart 1961.
Walter Grube, Der Stuttgarter Landtag 1457–1957; Stuttgart 1957.
Walter Grube, Vogteien, Ämter, Landkreise in der Geschichte Südwestdeutschlands; Stuttgart 1960.
Wolfgang Schmierer, Von der Arbeiterbildung zur Arbeiterpolitik; – Die Anfänge der Arbeiterbewegung in Württemberg 1862/63 – 1878; Hannover 1970.
Moser, Beschreibung des Oberamts Göppingen; Stuttgart und Tübingen 1844.
Johannes Illig, Geschichte von Göppingen und Umgebung, Göppingen 1924.
Emil Hofmann, Die Industrialisierung des Oberamtsbezirks Göppingen; Göppingen 1910.
Aron Taenzer, Die Geschichte der Juden in Jebenhausen und Göppingen; Stuttgart 1927.
Lore Sporhan-Krempel, Papier aus dem Filstal – einst und heute; Göppingen 1955.
Kreis Göppingen – Wirtschaftszentrum zwischen Alb und Neckar. Sonderbeilage der NWZ Göppingen, 1971.
Weiterhin wurde sämtliche einschlägige ortsgeschichtliche Literatur, die in dem Verzeichnis auf Seite 308 aufgeführt ist, benützt.

Der Geislinger Raum
vom hohen Mittelalter bis zum Ersten Weltkrieg

von Helmut Schmolz

Das territoriale Geflecht der hohen und niederen Herrschaften im Hoch- und Spätmittelalter

Das Jahrhundert staufischen Kaisertums (1138–1254 bzw. 1268) brachte dem Reich und darüber hinaus dem gesamten Abendland politisch, wirtschaftlich und kulturell eine einzigartige Blüte, aber auch schärfste und blutigste äußere und innere Kämpfe. Erstmals ruhte im Laufe der mittelalterlichen Geschichte die Macht des königlichen bzw. kaiserlichen Geschlechts auf dem Herzogtum Schwaben und dem angrenzenden Elsaß und Franken. Die Stammburg Hohenstaufen und ihr Gebiet um Fils, Rems, Neckar und Alb rückten ins Zentrum des Geschehens. Das kometenartig aufgestiegene Geschlecht hatte folgerichtig in seinem Stammland mit ordnender Hand eine sinnvolle Verwaltung aufgebaut, wobei es von bedeutenden Hochadelsgeschlechtern, wie z. B. den Herzögen von Teck, am Anfang auch seinen späteren Erbfeinden, den Herzögen von Zähringen (Stammsitz die Limburg bei Weilheim), den Grafen Aichelberg, Helfenstein-Spitzenberg, Urach und Württemberg sowie tüchtigen Ministerialengeschlechtern, wie den Herren von Degenfeld, Liebenstein, Ravenstein, Rechberg und wiederum deren zahlreichen Dienstmannen wesentlich unterstützt wurde. Noch heute zeugen die Reste der Stammburgen mit ihren abhängigen „Burgenkreisen" von dieser durchdachten territorialen und administrativen Durchgliederung des Kerngebietes als Machtbasis eines großen Herrscherhauses.

Die Grafen von Helfenstein

Für das hier zu behandelnde Gebiet des späteren Oberamtes Geislingen setzte diese Epoche ihre Zeichen durch den Bau bedeutender Höhenburgen im Umkreis des Hohenstaufen (Helfenstein, Hiltenburg, Ravenstein, Reußenstein, Spitzenberg u. a.) und die Gründung bzw. den Beginn der Entwicklung der in diesem Gebiet noch heute bestehenden städtischen Siedlungen Geislingen, Weißenstein und Wiesensteig.

Im Zuge der staufischen Italienpolitik erlangte die Reichsstraße von Brabant nach Oberitalien höchste Bedeutung. Die Sicherung ihres bald berühmt-berüchtigten Albaufstieges am Ende des Rohrachtales bei Geislingen, einem besonders neuralgischen Punkt, legten die Staufer in die Hände ihrer treuen Vasallen, der Grafen von Helfenstein-Spitzenberg, welche zum Schutz dieser politisch-wirtschaftlichen Lebensader über dem Rohrachtal ihre beherrschende Höhenburg, den Helfenstein, und als Querriegel am Trichtereingang des Tales die feste Stadt Geislingen anlegten.

Keim und Kern dieser Anlage bildete die, dem bedeutenden Warenverkehr entsprechend, ertragreiche Zollstätte. Die hohen Einnahmen überließen die Staufer den Grafen von Helfenstein für die Erfüllung der ihnen übertragenen Aufgaben und begünstigten die flächenmäßige Ausdehnung des helfensteinischen Einflußgebietes im Südosten der staufischen Stammburg bei Göppingen zu einer der bedeutendsten Herrschaften nicht nur in Schwaben, sondern zeitweilig auch im Reich. Wie Kerler errechnete, erstreckte sich die Herrschaft Helfenstein in ihrer Blütezeit acht Meilen von der Donau bis zum Neckar und ebensoviele Meilen in die Breite, umfaßte das Gebiet um Heidenheim bis Blaubeuren, zeitweilig sogar Sigmaringen. Die Einkünfte daraus ergaben noch Mitte des 14. Jahrhunderts jährlich 7000 Pfund Heller. Diese Tatsache soll auch einen alten helfensteinischen Bauern beim Hören des Verkaufs der Stadt Geislingen an die Reichsstadt Ulm zu dem vorwurfsvollen Satz an Graf Friedrich veranlaßt haben: „O Herr, wo gedenken Euer Gnaden hin, und weren Ihr ein ganzes Jahr auf dem Helfenstein gesessen und hetten einen Batzen nach dem anderen zum Fenster hinaus geworfen, so hettet Ihr doch allein vom Zoll Gelds genug gehabt."

Die Zerstörung der alten Ordnung und das Vordringen des württembergischen Einflusses

Der jähe Untergang der Hohenstaufen bald nach der Mitte des 13. Jahrhunderts bedeutete nicht nur eine weltgeschichtliche Wende, sondern auch zunächst die Störung und schließlich die Zerstörung eines fein abgestimmten Wirtschafts- und Verwaltungssystems im Herzogtum Schwaben, besonders in dessen südöstlichem Teil. Während sich hier innerhalb mehr als zwei Jahrhunderten durch das Fehlen der übergeordneten starken Hand in einem Kampf aller gegen alle langsam ein neues machtpolitisches Balancesystem herausbildete, verschob sich das politische Gewicht der Führung in Deutschland nach dem Südosten, wurden die Habsburger die Nachfolger der Hohenstaufen. Sie werden jedoch nicht ihre Nachfolger im Herzogtum Schwaben, so sehr sich besonders Rudolf I. und sein Sohn Albrecht darum bemühten. Das Herzogtum Schwaben löste sich in Einzelherrschaften auf.

Es ist bezeichnend, ja gleichsam symbolhaft, daß der erste Stoß sofort in das „Herz" der alten Herrschaft zielte und auch auf Anhieb glückte. Er ging von Neulingen auf dem hohen politischen Parkett aus, den Grafen von Württemberg, welche seit 1246 unter Graf Ulrich I. bedenkenlos die kaiserliche mit der päpstlichen Partei verwechselt hatten. Nur fünf Jahre nach der Enthauptung Konradins eroberten sie gewaltsam 1273 die staufische Stadtgründung Göppingen, machten sie zur württembergischen Amtsstadt und den Hohenstaufen zu ihrer Burg. Bereits 1319 erhielten sie unter Graf Eberhard dem Erlauchten diese Usurpation vom Kaiser legal bestätigt. Und noch vor 1265 erkauften die Württemberger die Herrschaft der Grafen von Urach mit Münsingen, Nürtingen und Pfullingen. Damit zeichnet sich deutlich die eigentliche Stoßrichtung ab: von Norden und Westen her wird das zweite Ziel, das Herzstück der Grafschaft Helfenstein, Geislingen mit Albübergang und Zoll anvisiert.

Diese Politik des württembergischen Grafenhauses zeitigt im 14. Jahrhundert weitere Erfolge. Nach einem kurzen Zwischenspiel, als es 1303 dem Hause Österreich gelingt, die Hälfte der Herrschaft Teck zu erhalten, erwerben die Grafen von Wirtemberg zwischen 1315–1381 den gesamten Besitz der Herzöge von Teck mit Kirchheim und den Ämtern Boll und Heiningen. Schließlich erkaufen sie zwischen 1332 und 1339 die gesamte Herrschaft der Grafen von Aichelberg, ein Gebiet, das sich von Neidlingen bis Uhingen und Wendlingen erstreckte und sichtlich aus altem zähringischen Besitz stammte.

Die Aufteilung der helfensteinischen Herrschaft

Wie verhielt sich gegenüber dieser systematischen württembergischen Erwerbspolitik jene der Grafen von Helfenstein? Auf dem Höhepunkt ihrer Macht im warmen Glanz staufischer und später noch einmal luxemburgischer (Karl IV.) Kaisersonne übertraf das helfensteinische Gebiet (interessanterweise nennen die Helfensteiner wohl als erste in der deutschen Geschichte ihre Besitzungen „territorium") das der württembergischen Grafen, hatten sie die beste Voraussetzung, die spätere Rolle der Württemberger im Herzogtum Schwaben zu spielen. Aber während diese in kluger Politik ihre Herrschaft durch keinerlei dauernde Teilungen schwächten, sondern zielstrebig durch Annexionen und Ankäufe erweiterten, begannen die Helfensteiner schon im 13. Jahrhundert mit einer fast endlosen Reihe von Teilungen und Bildung von Linien (Sigmaringer, Blaubeurer, Heidenheimer, Wiesensteiger, Meßkircher usw. Linie), faßten nicht zusammen, sondern zersplitterten und schwächten. Dazuhin kam ein verhängnisvoller Hang zu Verschwendung und Schuldenmachen, der keineswegs erst durch die hohe Heirat Graf Ulrichs X. mit der Herzogin Maria von Bosnien sich in das Grafenhaus schlich. So überschätzten die Helfensteiner den Glanz am Prager Kaiserhof gegenüber ihrer realen Machtbasis, opferten diesem Trugschluß endgültig die Einheit der Herrschaft im Jahre 1356 und erlebten – ähnlich den Staufern – nach der Ermordung Graf Ulrichs X., der auch das kaiserliche Amt eines Landvogts in Oberschwaben innehatte, 1372 einen jähen Niedergang.

Die Reichsstadt Ulm tritt in das Konzert der Mächte am Albübergang ein

Dabei tritt nun erstmals eine neue Macht in dem politischen Kräftespiel an der Fils und dem Albübergang auf, welche von Süden her vorstößt: die Reichsstadt Ulm. Innerhalb eines Zeitraumes von knapp hundert Jahren hatte sie sich zu einem wirtschaftlichen Machtfaktor entwickelt, der nun auch politisch mitgestalten wollte bzw. mußte. Den Handelsherren stand verständlicherweise die Sicherheit der Reichsstraßen und das Abgabewesen (Zoll) im Vordergrund. Geradezu vor ihrer Haustür lag mit der Geislinger Steige und dem helfensteinischen Zoll ein handelspolitischer Machthebel. Deshalb zögerte die Reichsstadt auch nicht, den Grafen von Helfenstein 1382 nicht weniger als 37 000 Gulden vorzustrecken, obwohl Ulm in dieser Zeit (1377–1383) mitten im Kauf der Herrschaft der Grafen von Werdenberg (mit Stadt und Burg Albeck, Langenau und den Dörfern diesseits und jenseits der Lone) steckte und gleichzeitig (1377) mit der Grundsteinlegung des gewaltigen und kostspieligen Münsterbaues begonnen hatte. Als Pfand mußten die Helfensteiner Grafen freilich dafür ihre Wiesensteiger Herrschaft mit der Stadt Geislingen und Burg Helfenstein versetzen. Ulmer Vögte erscheinen nun erstmals auf den Festen Helfenstein und Hiltenburg (über Ditzenbach). Und sie müssen auch nicht mehr gehen. Denn 1396 waren die helfensteinischen Schulden nicht abgetragen, sondern auf 123 439 Dukaten angewachsen. Den Grafen blieb nichts anderes übrig, als einen Teil ihrer Herrschaft den Ulmern zum Kauf anzubieten. Diese nahmen sich den strategisch wichtigen Geislinger Teil mit dem Helfenstein und 27 Dörfern und gaben lediglich den weniger interessanten Rest am oberen Filstal mit Wiesensteig und der Hiltenburg an die Helfensteiner heraus. Innerhalb eines Zeitraumes von knapp 20 Jahren hatte sich die Reichsstadt Ulm neben Nürnberg das größte Territorium geschaffen, das je eine deutsche Stadt besaß. Von der Donau bis zum Neckar hörten 3 Städte, 55 Dörfer und 22 Filialen auf ihr Kommando, ulmische Geleitsreiter erschienen von nun an vor den Toren der württembergischen Amtsstadt Göppingen.

Neue Machtkonstellation nach 1396

Das Jahr 1396 bedeutet für das Gebiet zwischen Donau und Neckar einen entscheidenden Wendepunkt. Für mehr als 400 Jahre Geschichte wurden die Weichen gestellt. Was war das Ergebnis? Die Grafen von Helfenstein schieden im Kampf um den Albübergang und den Geislinger Zoll aus und wurden in das obere Filstal abgedrängt, die anderen Teile ihrer Herrschaft (Heidenheim, Blaubeuren) blieben nur noch kurze Zeit in ihren Händen. Die Herzogin Maria von Bosnien, Gemahlin Herzog Ulrichs X. von Helfenstein, behielt mit ihrem Ausspruch recht, als sie auf ihrem Witwensitz Burg Bühringen über Überkingen die Ulmer ihre „lieben Kindlein" nannte und ihrer Umgebung erklärend begründete, „weil sie meine Erben sein werden". Dem Drang der Grafen von Württemberg nach Osten und zur Donau gebot die Reichsstadt Ulm ein entschiedenes Halt.

Hatte Württemberg im Kerngebiet der Helfensteiner gegenüber Ulm den Kürzeren gezogen, so gelang ihm im 15. Jahrhundert an den Flügeln – als die Reichsstadt unentschlossen zögerte – wenigstens ein Teilerfolg. 1447/48 erreicht Graf Ludwig von Württemberg den Ankauf des österreichischen Lehens der gesamten Herrschaft Blaubeuren von den Helfensteinern und im selben Jahr 1448 den Erwerb der helfensteinischen Herrschaft Heidenheim. Und 1450 kommt Württemberg auch in den Besitz der helfensteinischen Restherrschaft Wiesensteig, muß sich aber schon 1457 wieder daraus zurückziehen, versucht es im Spanischen Erbfolgekrieg 1704 noch einmal, muß diesmal jedoch Bayern weichen. Diesem war es schon 1450 gelungen, sich für ein halbes Jahrhundert in der Herrschaft Heidenheim festzusetzen, ehe es diese am Ende des Bayrischen Erbfolgekrieges 1504 wiederum an Württemberg herausgeben mußte.

Bayern versucht Fuß zu fassen

Es zeugt jedoch von der Bedeutung des Gebiets am Albtrauf gerade auch für Bayern, daß dieses nach dem Aussterben der Helfensteiner Grafen im Mannesstamm (1627) sich zwei Drittel der Herrschaft Wiesensteig im oberen Filstal 1642 sicherte, bis 1752 zusammen mit Fürstenberg ein Kondominat ausübte und schließlich bis zum Jahr 1806, dem Übergang an das Königreich Württemberg, dort allein regierte. In diesem Zusammenhang darf auch daran erinnert werden, daß es nur mit Hilfe der Gründung des Schwäbischen Bundes, kaiserlicher Unterstützung und Ulms Städtehauptmannschaft 1488 gelang, Bayerns Versuch, im südwestdeutschen Gebiet die Vorherrschaft zu erreichen, abzuschlagen, nachdem es 1486 die Markgrafschaft Burgau, 1487 vorübergehend alle vorderösterreichischen Besitzungen in Schwaben und – wie schon erwähnt – 1450 die Herrschaft Heidenheim in seine Hand bekommen hatte. So betrachtet erlebte Bayern in der Ära Napoleons eine letzte Genugtuung, daß es mit der Reichsstadt Ulm und ihrem Gebiet im Jahre 1803 sich doch noch am Albübergang bei Geislingen und an der Fils festsetzen konnte. Man vergißt heute allzu leicht, daß Bayerns Hoheitsgebiet sich einmal bis Süßen erstreckte und damit von 1803 bis zum Jahre 1810 der größte Teil des späteren württembergischen Oberamtes Geislingen bayerisch war.

Die rechbergische „Pufferzone"

Im Schatten dieser reichspolitischen Auseinandersetzungen am Albübergang in unserer Heimat gelang es einer staufischen Dienstmannenfamilie, den Herren und späteren Reichsgrafen von Rechberg, sich im Lautertal aus einstmals hohenstaufischem Lehen einen eigenen Herrschaftsbereich aufzubauen und über sämtliche Jahrhunderte bis 1806 (Übergang an Bayern) zu erhalten. Die Stadt Weißenstein (ab 1391) und im 18. Jahrhundert Donzdorf bildeten den Mittelpunkt ihres Dominiums, in welchem der wichtige Albübergang der Handelsstraße vom Filstal bei Süßen nach Heidenheim–Nördlingen sich befand. Die rechbergische Herrschaft, welche sich vom Lautertal bis auf die Albhochfläche nach Böhmenkirch erstreckte, bildete so im Osten – ähnlich wie die helfensteinische Herrschaft Wiesensteig im Westen – gleichermaßen eine „Pufferzone" zwischen den „Großmächten" Württemberg, Ulm und zeitweilig auch Bayern in diesem wichtigen Gebiet am Albtrauf.

Die Glaubensspaltung

In dieses wirtschafts- und machtpolitisch so reizvolle Gewebe brachten im 16. Jahrhundert die Glaubensspaltung und die anschließenden Glaubenskämpfe noch die religiöse Komponente. Die Einführung der neuen Lehre Luthers gelang in

Süddeutschland am Anfang vor allem in den Freien Reichsstädten. Schon 1524 predigte in Ulm der ehemalige Brackenheimer Pfarrherr Konrad Sam evangelisch. Ende 1526 baten 39 Geislinger Bürger den Ulmer Rat um einen evangelischen Prediger, der ihnen auch in dem von Heidelberg kommenden Kaplan Paulus Beck gewährt wurde. Ihm erwuchs jedoch in dem altgläubigen Geislinger Pfarrherr Dr. Georg Oswald ein integrer, machtvoller Antipode, der erst nach langem Glaubensringen und nachdem Ulm selbst unter kräftiger Mitwirkung Blarers, Butzers und Oekolampads 1531 dem neuen Glauben offiziell beigetreten war, nach Überlingen auswich.

Der in diesen Jahren für Ulm wichtige württembergische Nachbar war von 1519 bis 1534, der Zeit der Vertreibung Herzog Ulrichs und der österreichischen Besetzung seines Landes, machtpolitisch ausgefallen. Ulrichs Rückkehr 1534 und seine sofortige Reformation des Landes in lutherischer Form stärkte nicht nur die protestantische Stellung in Süddeutschland, sondern bedeutete zugleich das Ende eines mehr als zwei Jahrhunderte langen Ringens des Hauses Habsburg um eine führende Position im ehemaligen Herzogtum Schwaben.

Interessanterweise gelang es in diesem religiösen Ringen den beiden „Pufferzonen" in unserem Gebiet zwischen den jetzt protestantisch gewordenen Hauptmächten Württemberg und Ulm, der helfensteinischen Restgrafschaft Wiesensteig und der Herrschaft Rechberg, sich den alten Glauben zu erhalten. Nur vorübergehend hatte der Helfensteiner Ulrich XVII. seine Reichsgrafschaft von 1555–1567 unter württembergischem Einfluß der Reformation zugeführt, machte diesen Entschluß jedoch kurz vor seinem Tode dank der Tätigkeit des Gegenreformators Petrus Canisius wieder rückgängig. Politische Grenzen wurden durch religiöse Frontstellungen nun noch verstärkt. Diese Trennung wirkte noch lange nach und zeigte sich im Gebiet des späteren Oberamts Geislingen bis in die Verschiedenheiten der Trachten und des Brauchtums. Das obere Filstal und das Lautertal blieben katholisch geprägt, während die altulmischen Gemeinden am Filsknie und auf der Alb ausschließlich protestantischen Charakter trugen.

Politisch-religiöse Auswirkungen auf die Kunst

So betrachtet wundert es nicht mehr, daß z. B. sich die Kunst des Barock und Rokoko auf das obere, katholisch gebliebene Fils- und das Lautertal beschränkte (u. a. Wallfahrtskirche Ave Maria bei Deggingen, Stiftskirche St. Cyriakus in Wiesensteig), von hier große deutsche Meister dieser Epoche, wie Johann Baptist Straub und Franz Xaver Messerschmidt, hervorgingen und der Straub-Schüler Ignaz

Günther jene weltweit beachtete Pietà am Ende des Rokoko für die Friedhofkapelle in Nenningen im Lautertal schuf. Demgegenüber schenkt die Zeit des ausgehenden Mittelalters und der beginnenden Glaubenskämpfe in dem ulmischen Vorort Geislingen die spätgotische Stadtkirche mit an die Ulmer Münstermaße anklingenden Proportionen, arbeiten für diese Kirche Jörg Syrlin d. J. das prächtige Chorgestühl (um 1500) und Daniel Mauch einen großartigen Sebastiansaltar (1520) mit einer erschütternden Darstellung des Jüngsten Gerichts in der Predella. Und endlich sind im Zeitalter der Renaissance geschaffene prachtvolle Schloßbauten in Wiesensteig (1551–1555), Weißenstein und Donzdorf sowie das klassizistische gräflich-degenfeldische Schloß in Eybach (1760–1770) Stein gewordener Ausdruck des Willens ihrer Erbauer, ihre politischen und wirtschaftlichen Herrschaftsrechte zu verteidigen und ihren, wenn auch kleinen Territorien einen sichtbaren Mittelpunkt zu geben.

Die Bildung des württembergischen Oberamts Geislingen im Jahre 1810

Im Jahre 1802/03 war die Reichsstadt Ulm durch die Mediatisierung aus dem Konzert der Mächte ausgeschaltet worden. Mit ihrem Gebiet fiel sie zunächst an Bayern, das ja bereits seit 1752 die gesamte Herrschaft Wiesensteig innehatte und 1806 die ebenfalls mediatisierte gräflich-degenfeldische Enklave Eybach erhielt. Bayern erschien als der große Sieger in einem jahrhundertelangen Ringen. Allein der Staatsvertrag und die Rheinbundakte brachten 1806 zunächst die ehemalige Reichsgrafschaft Wiesensteig zu Württemberg zurück. Eine völlige politische Neuordnung des Gebietes an Fils und Lauter bewirkte nur vier Jahre später der am 18. Mai 1810 zwischen den Königreichen Bayern und Württemberg als Folge des Wiener Friedens von 1809 abgeschlossene Staatsvertrag. Sein Ergebnis stabilisierte die politischen und Verwaltungsgrenzen für mehr als ein ganzes Jahrhundert (bis 1938). Württemberg gelang es, seinen Nachbarn Bayern von der Fils bis an die Donau zurückzudrängen. Ulm mit seinem ehemaligen reichsstädtischen Gebiet, die ehemalige Herrschaft Rechberg und Eybach wurden württembergisch. Was der Grafschaft und dem Herzogtum Württemberg in jahrhundertelangem Ringen versagt geblieben war, das gelang dem neuen württembergischen Königreich: es blieb Sieger über die alten Rivalen Helfenstein, Rechberg, Ulm, Bayern. Nun gehörte ihm allein das umstrittene Gebiet.

Das 1810 neu geschaffene württembergische Oberamt Geislingen kam zur IX. Landvogtei Fils/Rems und ab 1817 zum Donaukreis. Betrachtet man die Zusammensetzung der neuen Verwaltungseinheit historisch, so besteht sie aus drei in Jahrhunderten gewachsenen, geschlossenen Komponenten:

19. Der „Alte Bau" in Geislingen, ein ehemaliger Fruchtkasten aus dem 16. Jh. In dem Gebäude befindet sich das Heimatmuseum.

18. (Vorderseite) Fachwerkbau der sog. „Klause" in Geislingen und die 1467 an die Stadtkirche angebaute Vorhalle

1. Zwanzig ehemals altulmischen Gemeinden: Geislingen an der Steige, Altenstadt, Amstetten*, Aufhausen, Bräunisheim*, Gingen/Fils, Großsüßen, Hausen a. d. Fils, Hofstett-Emerbuch*, Kuchen, Oppingen*, Schalkstetten*, Steinenkirch, Stötten, Stubersheim*, Türkheim*, Überkingen, Unterböhringen, Waldhausen*, Weiler ob Helfenstein (die Gemeinden mit * kamen bei der Auflösung des Oberamtes Geislingen 1938 zum Landkreis Ulm);
2. neun helfenstein-wiesensteigischen Orten: Wiesensteig, Deggingen, Ditzenbach, Drackenstein, Gosbach, Hohenstadt, Mühlhausen, Reichenbach i. T., Westerheim (dieser Ort kam 1938 zum Landkreis Münsingen);
3. den sechs Gemeinden der alten rechbergischen Herrschaft Weißenstein-Donzdorf: Weißenstein, Böhmenkirch, Donzdorf, Nenningen, Schnittlingen, Treffelhausen sowie
4. lediglich zwei Gemeinden aus Streubesitz: Eybach (das als ellwangisches Lehen 1456 an das Haus Degenfeld kam) und Kleinsüßen (das ursprünglich zu Rechberg gehörte, ab 1575 jedoch unter der Herrschaft der Herren von Bubenhofen stand).

Herrschaft und Untertan im Alten Reich

Der Landesherr, in dem von uns behandelten Gebiet die Grafen von Helfenstein (bzw. deren Rechtsnachfolger), von Rechberg und die Reichsstadt Ulm, übten die Landeshoheit (Gesetzgebung, Verwaltung und Rechtsprechung) aus. Lediglich übergeordnete Reichsgesetze bzw. der Kaiser, der Reichshofrat und das Reichskammergericht konnten diese absolute Landeshoheit einschränken. Es bedurfte freilich einer jahrhundertelangen Entwicklung, bis ein einheitlicher, übergeordneter Rechtsbegriff „Landeshoheit" sich ausbildete. Noch bis ins ausgehende 18. Jahrhundert hinein zählte man einzelne Rechte auf, besaß keinen subsummierenden Oberbegriff. So steht am Anfang der Salbücher der ulmischen Gemeinden unter dem Betreff „Landeshohe Malefiz-, Gleit- und niedergerichtliche Oberkeit": uns gehören „alle Zwäng und Bänn, des Gerichts und der Vogtey und alle Ehehaftin, Bott und Verbott, auch alle Oberkeit". Die Herrschaft hatte die „freie, unumschränkte Gewalt und Macht".

Diese Gewalt und Macht wandte der Landesherr gegen Widerstände im Innern in der Regel streng an. Das Beispiel des Geislinger Aufstandes vom Jahr 1513/14, eines Vorläufers des großen Bauernkrieges, macht dies besonders deutlich. Als die ehemals helfensteinischen Untertanen alte Rechte beim Ulmer Rat forderten, griff dieser streng durch. Die Burg Helfenstein wurde mit Landsknechten besetzt, die Stadt Geislingen bei Nacht umstellt, die Haupträdelsführer im Handstreich verhaftet und nach Ulm geführt. Dort erhielt im Prozeß ihr Anführer, der Bäcker Lienhart Schöttlin, die Todesstrafe, seine Genossen wurden des Landes verwiesen. Das statuierte Exempel wirkte lange nach. Im Bauernkrieg hatten Ulm und seine Nachbarn Ruhe und noch mehr als 200 Jahre später versagte sich im sogenannten Bürgerprozeß das Land den städtischen Aufrührern. Ein anonymer Schreiber aus der Geislinger Gegend drückte die Stimmung 1778 so aus: „... wenn ichs auch imstande wäre, solche Ausführung ins Werk zu setzen... finde ich Anstand, solches zu thun, dann ich sehe zuvor, daß es ohne Blut nicht abginge... Ich für meine Person will beten und mit denen Stillen im Lande wohnen, leben Sie wohl, wünsche gute fortuna."

Diese Macht gegen die Untertanen im Innern entsprach oft nicht jener gegen äußere Feinde, wenn es galt, die Untertanen zu schützen. Eine lange Reihe solcher Beispiele von den Städtekriegen im 14. Jahrhundert über die Verwüstungszüge des Markgrafen Albrecht Alkibiades von Brandenburg-Kulmbach (dem es sogar 1552 gelang, die ulmische Festung Helfenstein erstmals einzunehmen), über die schrecklichen Leiden der Bevölkerung gerade dieses Gebiets im Dreißigjährigen Krieg, besonders nach der Schlacht bei Nördlingen 1634, im Spanischen Erbfolgekrieg oder am Übergang vom 18. zum 19. Jahrhundert in der Zeit Napoleons ließe sich aufzählen. Stellvertretend für alle diese Leiden sei die bewegende Klage des Chorherrn J. Chr. Herb zu Wiesensteig an seinen Generalvikar in Konstanz vom 23. 6. 1648 angeführt. Vom entsetzlichen Geschehen noch tief bewegt, schildert er den Überfall eines schwedischen Kommandos im letzten Kriegsjahr auf Wiesensteig. Dieses setzte die Stadt in Brand. Kirche, Kloster und 124 Häuser sanken in Asche, nur das ehemals helfensteinische Schloß und neun Häuser blieben erhalten. Das ganze Elend kommt in dem Satz zum Ausdruck: „Wir sind deshalb nicht nur trostlos, sondern auch heimatlos geworden."

Die Verwaltung des Landes

In den kleineren Herrschaften der helfensteinischen Restgrafschaft Wiesensteig oder der Rechberger bedurfte es keines abgestuften Verwaltungsapparates. Hier genügte die Zentrale am Herrschaftssitz und der Amtmann oder Schultheiß im jeweiligen Ort. Anders dagegen war die Situation für das verhältnismäßig große Territorium der Reichsstadt Ulm. Es ist interessant festzustellen, daß die Ulmer beim Aufbau ihrer Landesverwaltung sich anfänglich auf die althelfensteinische Organisation der weitläufigen Grafschaft stützen konnten. So kann man erschließen, daß um 1356 das Kerngebiet der Helfensteiner in Ämter eingeteilt war, deren Sitze auf den jeweiligen Burgen sich befanden. So gab es z. B. das Amt Helfenstein mit der Burg, der Stadt Geislingen und ca. 20 Dörfern, das Amt Hiltenburg mit der Burg, der Stadt Wiesensteig und ca. zehn Dörfern, das Amt Spitzenberg mit der Burg über Kuchen und ca. acht Dörfern.

Die Reichsstadt Ulm teilte nun ihr gesamtes Territorium in zwei Herrschaften, die Obere (ehemals werdenbergische Grafschaft) und die Untere (ehemals helfensteinische Grafschaft). In diesen „Herrschaften" gab es als Mittelinstanzen vier Oberämter (in den Städten Geislingen, Albeck, Langenau und Leipheim) denen jeweils Ämter (lange Zeit 14) mit je ca. vier bis sieben Dörfern zugeordnet waren. So zeigt sich deutlich eine vierstufige Verwaltung (Magistrat – Herrschaftspflegeamt – Oberamt – Amt), welche gut durchorganisiert ist und straff von der Zentrale geleitet wird.

Leibeigenschaft, Grundherrschaft, Zehntherrschaft

„Herrschaft" drückte sich aber vom hohen Mittelalter bis ins 18. Jahrhundert neben der Landeshoheit noch in drei weiteren Bezügen aus, in denen der Untertan in der Regel stand: der Leibeigenschaft, der Grundherrschaft und der Zehntherrschaft. Manchmal konnte es sein, daß zu jeder einzelnen „Herrschaft" ein anderer Herr gehörte, der „Untertan" vier Herren z. B. dienen mußte. Dabei scheint die ulmische Leibeigenschaft aller Untertanen auf dem Lande am wenigsten drückend empfunden worden zu sein. Es gab zwei Formen: die (leichtere) Lokal- und die (schwerere) Personalleibeigenschaft. Im Gebiet der Unteren Herrschaft waren alle Einwohner der Stadt Geislingen und des Marktfleckens Kuchen wohl leibeigen, aber ihre Abgaben sistierten, solange sie am Ort blieben. Alle anderen Dörfer standen in schwerer Leibeigenschaft, hatten jährlich eine Leibhenne und einen Leibschilling, beim Abzug aus der Herrschaft für jede 100 Gulden Vermögen 4 Gulden Nachsteuer, beim Erbfall 2–4 Gulden pro 100 zu entrichten. Bis in den persönlichsten Bereich des Leibeigenen konnte freilich die Macht des Leibherrn reichen, wenn er z. B. die Heirat eines Untertanen mit einem Leibeigenen eines anderen Leibherrn verweigerte.

Drückender konnte sich die Grundherrschaft auswirken. In der Regel besaß der Untertan kein oder nur wenig eigenen Grund und Boden. Sein Land bekam er als Fall- oder Erblehen (oft samt Hof) von dem Grundherrn. Dafür hatte er dann jährlich Abgaben zu entrichten, die je nach Lehen differierten, immer jedoch symbolisch als Zeichen der Anerkennung des Abhängigkeitsverhältnisses die Abgabe der Fastnachtshenne beinhalteten. Besonders schwer war es für jene Bauern, welche den dritten Teil der Feldfrüchte jährlich abzuliefern hatten. Dazu kam beim Lehensempfang die Zahlung des „Handgeldes" oder beim Abzug die „Weglösin", welche ebenfalls zehn Prozent des Realwertes des Gutes ausmachen konnten. Rechnet man dann den ursprünglich kirchlichen Zehnten der Zehntherrschaft hinzu, konnte es vorkommen, daß einem Bauern von fünf geernteten Garben nur noch zwei verblieben.

Die soziologische Struktur im Dorf

Die Einwohner der Dörfer gliederten sich in der Regel in vollberechtigte Bürger der Gemeinde, welche aus Bauern und Söldnern bestanden, und in Beiwohner, denen lediglich gegen eine jährliche Abgabe das jederzeit kündbare Wohnrecht ohne jede Beteiligung an den Gemeinderechten eingeräumt war. Interessant ist es festzustellen, daß im Gebiet der Reichsstadt Ulm die Herrschaft auf das Anerbenrecht, also die Erhaltung des Besitzes in einer Hand pochte, während in den beiden anderen Herrschaften das Realteilungsrecht galt. So gelang es Ulm, zumindest auf der Hochfläche der Schwäbischen Alb, einen starken Bauernstand mit extensiver Landwirtschaft zu erhalten, während in den Talgemeinden (oberes Fils- und Lautertal) die Parzellierung zum Kleinbauern (Geißenbauern) bzw. Handwerker mit kleiner Landwirtschaft führte. Daraus erwuchsen dann manche speziellen Gewerbe, wie z. B. die bekannten Gipser und Stukkateure im oberen Filstal, die Schröpfkopfmacher und Spindelndreher in Deggingen, oder die Weber in den Orten des mittleren Filstales (Kuchen, Gingen) und auf der Laichinger Alb.

Bauern und Söldner trennte wohl keine rechtliche, jedoch eine vermögensmäßig oft große Kluft im Dorf. Eigene Untersuchungen in Dörfern auf der Alb ergaben dies deutlich. So besaßen die Bauern in einem Albdorf im Schnitt ein steuerbares Vermögen von 1040 Gulden bei einer Verschuldung von 6,5 Prozent, die Söldner dagegen nur 285 Gulden bei ca. 28 Prozent Verschuldung des Gesamtvermögens. Dabei bewirtschafteten die Bauern im Schnitt 74 Jauchert Land je Hof, die Söldner nur 7,7 Jauchert. Gab es gemeine Nutzungen im Dorf (Realrechte an Wald, Krautgärten usw.), wurden diese in der Regel gleichmäßig zwischen Bauern und Söldnern, jedoch nicht mit den Beiwohnern, geteilt.

Anders verhielt es sich jedoch bei den Fronen, den Pflichten also, wobei der Bauer mit der „Mähne" (Pferd oder Ochse), der Söldner nur mit der „Hand" der Herrschaft dienen mußte. Hier gab es öfter Auseinandersetzungen zwischen den beiden Gruppen.

Symbole der zentralen Verwaltung des ulmischen Gebiets sind im Dorf der Amtmann (in der Stadt Geislingen der patrizische Obervogt) und das herrschaftliche

Amtshaus, in welchem sich das Dorfgericht (die Vertreter der Bauern und Söldner) unter seinem Vorsitz versammelt. Der Amtmann ist in seiner Doppelstellung Beamter der landesherrlichen Regierung und Gemeindevorstand zugleich. Alle Fäden der Gemeindepolitik laufen in seiner Hand zusammen. Er beaufsichtigt nicht nur das Gemeindeeigentum und dessen Verwaltung, die Schule und die „Ökonomie" der Untertanen, sein Aufsehen geht bis in den privaten Bereich, wenn ihm z. B. in der Überkinger Polizeiordnung „nächtliche Visitationen der Privat-Häußer" vorgeschrieben sind, „ob die Söhne oder Töchter, Knechte oder Mägde daheim seyen und nicht etwa eines oder das andere mit den Fremden im Bett buhle".

Dem Amtmann steht zur Seite als staatlicher Hilfsbeamter der Anwalt, ein Mitglied des Gerichts. Dieses besteht in der Regel aus zwölf Richtern, wird nicht von den Bürgern gewählt, sondern ergänzt sich selbst, kann dabei jedoch nur aus drei vom Amtmann vorgeschlagenen Kandidaten wählen. Meist bilden Bauern und Söldner je zur Hälfte das Gericht, das sowohl Gerichts- als auch Verwaltungsbehörde ist. Mindestens dreimal im Jahr tritt es zusammen: auf Martini (wegen Verleihung der gemeinen Dienste, wie z. B. Bestellung von Feldschütz, Hirten, Nachtwächter und Bettelvogt), auf Pauli Bekehrung (zur Rechnungsabhör) und auf „das Ambten Galli" (zum Herrengericht, d. h. der Visitation). Weiter verteilte das Gericht die öffentlichen Umlagen und Einquartierungen, vergab die Schafweide, vermietete gemeindeeigene Häuser („Schmiede", „Metzig" und Armenhaus), verteilte die Lehen der Heiligenpflege, machte mit dem Amtmann zusammen den Dorf- und Feldumgang. So war das Gericht mehr oder weniger wohl Vertretung der Gemeinde, besaß ein klein wenig Raum für Ansätze einer Selbstverwaltung; fast unumschränkter Bevollmächtigter der Herrschaft im Dorf ist jedoch der Amtmann.

Einen ausgezeichneten Einblick in das Leben in den ulmischen Dörfern vom 16. bis ins 18. Jahrhundert erhalten wir aus den sogenannten „Visitationsprotokollen", welche über Visitationen einer Deputation aus Ratsherrn, Pfarrkirchenbaupflegern und Münsterpfarrer berichten und die in bestimmten Abständen vorgenommen wurden. Pfarrer, Lehrer und gesamte Gemeinde (Männer, Frauen, Kinder) wurden dabei geprüft, um den Stand des Landes in Glaubens- und Schulsachen zu erforschen. Jung und alt mußte öffentlich aus den Hauptstücken des Katechismus rezitieren, der Pfarrer wurde nach seiner Predigt, der Schulmeister nach den Kenntnissen seiner Schüler beurteilt, mancher gelobt, manche aber auch kurzweg aus dem Dienst entlassen. Einige kleine Abschnitte aus den Protokollen sollen dazu dienen, einen unmittelbaren Einblick in das Leben im Dorf zu vermitteln.

Über ein Dorf auf der Alb heißt es dabei u. a.:

„Die Bevölkerung schätzt ihren Pfarrer. Zum Fluchen und Schwören ist allhier kein Ort; wohl aber sind die Leute dem Geiz ziemlich ergeben, wie sie dem Pfarrer fürs Kindtaufen weder Dank sagen noch weniger etwas geben. Auf die Kunkelhäuser wird vom Amtmann fleißige Obacht gegeben, worein keine Knechte, sondern allein die Weiber und Mägde kommen, die mehrmals schöne Lieder zu singen pflegen. An den Kommuniontagen geht ein Teil der Kommunikanten in die Wirtshäuser, was auch der Anwalt für einen großen Übelstand erachtet. Beim Gottesdienst hat die Visitatoren eines geradezu betrübt: der schleppende, die Worte herumziehende, von der rechten Melodie ganz abweichende Gesang, also daß nicht einmal eine löbliche Deputation mitsingen konnte; dem Schulmeister wurde gesagt, so etwas von Langsamkeit und Ausdehnung habe man sonst nirgendwo gefunden, obwohl man auch schon allerhand gefunden hatte. Die . . .Männer haben meistenteils die sechs Hauptstücke samt den Haustafeln wohlrezitiert und bei geschehener Zergliederung den eigentlichen Verstand gar wohl getroffen, die Weiber auch die Sprüche, Fragstücke und Bußpsalmen wacker hersagen können, daß man mit ihnen wohl zufrieden gewesen."

Einen erschütternden Eindruck vermittelt uns ein anderer Bericht der Visitationskommission über einen Ort im mittleren Filstal:

„Hier fällt der Visitationskommission zuerst auf, daß die Schulkinder zum Teil in gar schlechten Kleidlein und barfuß erschienen sind, daß ihnen, aber auch verschiedenen Erwachsenen, also zu reden, der Hunger aus den Augen geschienen; sie trägt mit ihnen großer Armut halber eine nicht geringe Kompassion und wünscht von Herzen, daß sich der barmherzige Gott über die guten Leute erbarmen und sie zu einem besseren Auskommen und gesegneter Nahrung gelangen lassen wolle."

Harte Jahrzehnte im beginnenden 19. Jahrhundert

Das 19. Jahrhundert wird gemeinhin als das große Jahrhundert der Industrialisierung bezeichnet. Dabei wird leicht übersehen, daß fast eine gesamte erste Hälfte, gerade auch in Württemberg, noch von den in langen Jahrhunderten entwickelten Formen der Landwirtschaft und des Handwerks geprägt wurde. Die Bildung des neuen württembergischen Oberamts Geislingen mit drei Städten (Geislingen, Weißenstein, Wiesensteig) und 34 Gemeinden fiel noch in die Kriegszeit, vielfache Truppendurchzüge hatten die Bevölkerung gerade an der wichtigen Nord-Süd-Achse verarmen lassen, die Gewerbe vollends zu Boden gedrückt. Das vom 15. bis ins 18. Jahrhundert blühende Kunsthandwerk der (Elfen-)Beindrechsler in

Geislingen, das so bekannte Meister wie Elias Resch, Wilhelm Benoni Knoll und Michael Knoll hervorgebracht und deren Erzeugnisse die Aufmerksamkeit von Kaisern und Päpsten gefunden hatten, verlor seine künstlerische und wirtschaftliche Kraft. Die Gewerbe waren „übersetzt", wie noch die Gewerbeliste vom Jahre 1835 deutlich macht. In der Stadt Geislingen mit gerade etwas mehr als 2000 Einwohnern gab es nicht weniger als 25 Nagelschmiede, 24 Bein- und Holzdreher, 21 Schuhmacher, 19 Bäcker, 13 Metzger, 11 Gerber, je 10 Weber, Hauderer (Vorspanner an der Steige) und Schmiede, 9 Schreiner, je 8 Tuchmacher und Schlosser, je 7 Sattler und Seiler. Diese Liste ließe sich leicht fortsetzen mit 20 Wirten, Glasern, Bleichern, Küblern, Küfern usw. Die Einwohnerschaft mußte viel zu sehr „voneinander leben", wie ein Nagelschmied treffend sagte. Ganz so böse darf man deshalb dem Feuerkopf Christian Friedrich Daniel Schubart (1763–1769 in Geislingen) nicht sein, wenn er 1767 meint: „Hier in Geislingen passiert nichts, eine einzige langweilige Monotonie liegt auf uns und macht, daß ein Narr den anderen angähnt."

Politischer und wirtschaftlicher Tiefstand

So blieb die wirtschaftliche Lage ganz Württembergs auch in den ersten zwei Jahrzehnten trotz des Beginns einer längeren Friedensperiode nicht gerade erfreulich. Mißernten und daraus resultierende verheerende Hungersnöte 1816/17 und wieder 1846/47, der Einbruch der ausländischen modernen Industrie (besonders aus England und den westlichen Nachbarn, welche um mehr als eine Generation technisch-industriell voraus waren) in das an sich schon kümmerliche Absatzgebiet, der verhängnisvolle Zusammenbruch der privaten Spar- und Leihkassen in Hofstett-Emerbuch und Stubersheim (zwischen 1840 und 1850), der viele Handwerker und Dienstboten ruinierte, dies alles bewirkte Massenauswanderungen gerade der tüchtigsten, im besten Erwerbsalter stehenden Männer besonders nach Amerika. Dazuhin drückte politisch die harte Hand einer reaktionären Regierung, welche sich nur mit Mühe im aufgestauten Ausbruch der Märzrevolution 1848/49 durch Hereinnahme liberaler Politiker halten konnte. Aus dem Wahlkreis Geislingen kamen dann auch interessanterweise die beiden führenden Köpfe der „Neuerer", der Märzminister Friedrich Römer als Liberaler und der radikale Demokrat Johannes Scherr. Treffend charakterisiert ein Beindrechsler im Juni 1848 in einer Eingabe die resignierende allgemeine Stimmung: „Wohllöblicher Stadtrat ist gewiß auch nicht entgegen, daß die Gewerbe in der Art leiden, daß trotz aller Anstrengungen und Mühe mancher Gewerbetreibende seinem Verfall entgegen sehen könnte, sollte diese Zeit noch lange andauern." So betrachtet ist jene heute so idyllisch anmutende Biedermeierzeit nichts anderes als ein Zurückziehen des Menschen auf sein Inneres, um nämlich die äußere Not zu vergessen, wobei allerdings Werte entdeckt werden, welche wenig später dem rasanten technisch-wirtschaftlichen Aufbruch geopfert werden müssen.

Die Vorarbeiten für die „große Wende"

So plötzlich und ohne Vorzeichen, wie es oft heute noch dargestellt wird und es vor allem die betroffenen Zeitgenossen sahen, kam freilich die völlige Wende und der Durchbruch in eine neue Zeit der Blüte eines zuvor unvorstellbaren Wirtschaftslebens nicht. Vieles bereitete sich im Verborgenen vor, ehe es fast schlagartig genau zur Jahrhundertmitte speziell im Oberamt Geislingen sichtbar wurde. Der vor allem als König der Landwirtschaft in die Geschichte eingegangene Wilhelm I. begann schon 1817 mit der Gründung des Handels- und Gewerbevereins und einer Zentralstelle in Stuttgart erste staatliche Notmaßnahmen zur Hebung der schwer bedrängten Gewerbe. Die Gründung der „Gesellschaft für die Beförderung der Gewerbe in Württemberg" (1830), die Bildung des Deutschen Zollvereins (1834) und die Abschaffung der Binnenzölle, vor allem aber die neue „Allgemeine Gewerbeordnung" (1828) mit der Aufhebung einer Reihe von Zünften und dem Beginn der Gewerbefreiheit (endgültig 1862) und ganz besonders die Gründung der „Zentralstelle für Handel und Gewerbe" (1848, als Frucht der Märzrevolution) bildeten die unumgängliche Voraussetzung für den Beginn einer wirtschaftlichen „Revolution", welche „Württemberg ohne Hilfe von außen fast wunderbar von einem Acker- und Kleinhandwerkerland in einen Industriestaat umwandelte". Es schien fast so, als ob jemand das Zauberwort gesprochen habe und alle aus einem langen Schlaf erwachten. Mit Feuereifer versuchte man auf allen Gebieten Anschluß an das Ausland zu gewinnen, schickte bildungswillige Handwerker und Kaufleute in die führenden westlichen Länder, leitete damit ein, was als „Industrialisierung" einer Revolutionierung nicht nur des Wirtschafts-, sondern auch des sozialen und politischen Lebens gleichkommen sollte.

20. Württembergische Metallwarenfabrik (WMF) Geislingen, 1862
21. Maschinenfabrik Geislingen (MAG), 1862
22/23. (umseitig) Die Industriepioniere Daniel Straub (1815–1889) und
(rechts) Arnold Staub (1820–1882)
24. (umseitig) Weberei Kuchen 1868. Die heutige SBI wurde 1857 von Arnold Staub
gegründet.

Im Anfang der Industrialisierung steht der Eisenbahnbau

Die fortschrittlichen Kräfte in der Oberamtsstadt nahmen die gegebenen Anregungen von Stuttgart auf. So gründeten schon 1844 Gewerbetreibende (unter ihnen der Kapellmüller Daniel Straub) und Beamte in Geislingen den Gewerbeverein, der die Hebung der fachlichen und allgemeinen Bildung seiner Mitglieder anstrebte. Der 1847 erstmals erscheinende „Bote vom Filsthal" (die heutige „Geislinger Zeitung") wurde sehr bald das Sprachrohr der neuen Bewegung. Aber auch der Stadtrat wurde nun – ebenfalls durch junge vorwärtsdrängende Mitglieder wie u. a. Daniel Straub – seit 1841 aktiv und schaltete sich vor allem in den Kampf um die Streckenführung der geplanten württembergischen Zentralbahn von Heilbronn über Stuttgart nach Friedrichshafen ein (Eingabe der bürgerlichen Kollegien an den König vom 16. 12. 1841). Schon Jahre vor der Fertigstellung der ersten Teilstrecke von Cannstatt nach Untertürkheim stritt man um die Führung der Linie durch das Rems- oder Filstal. Der Sieg für das Filstal bedeutete für dieses einen Vorsprung in der gesamten Entwicklung von einigen Jahrzehnten. Er gelang aber nur, weil die Ingenieure Karl Etzel und sein Geislinger Mitarbeiter Michael Knoll eine geniale Streckenplanung zur Überwindung der gefürchteten „Geislinger Steige" ersannen und eine besondere Alb-Lokomotive gebaut wurde. Von 1847–1850 stand die Stadt und ihr Oberamt im Mittelpunkt des Landesgeschehens. Die 2200 Einwohner hatten nicht nur den Fortgang einer technischen Meisterleistung täglich vor Augen, sie bekamen auch plötzlich Zuzug von fast 3000 „Fremdarbeitern" aus allen Gegenden Deutschlands (nicht zuletzt aus den Gemeinden des eigenen Oberamts) und dem Ausland und fanden selbst Arbeit. Diese Arbeiterkonzentration förderte das heimische Handwerk und den Handel, ließ aber auch erstmals die soziale Frage anklingen. Die Eröffnungsfahrt am 29. Juni 1850 nach Ulm bildete nicht den Schlußpunkt, sondern den Auftakt für eine neue, zukunftsreiche Entwicklung. Neben der Straße wand sich nun auch die Schiene als Verkehrsmittel einer neuen Zeit über die „Geislinger Steige" zum Albplateau hinauf. Daß diese „neue Zeit" aber nicht an Geislingen und seinen Oberamtsgemeinden vorbeifuhr, dafür sorgte ein genialer Autodidakt.

Daniel Straub, der „zweite Gründer Geislingens"

Der 1815 geborene Müllerssohn aus altem Geislinger Geschlecht erkannte mit dem Scharfblick einer großen Persönlichkeit die Gunst der Stunde. Beim Steigebau erhielt er eines von drei Losen, errichtete eine Reparaturwerkstätte, erwirtschaftete 30 000 Gulden und steckte diese samt der gleichen Summe aus dem Heiratsgut

seiner Frau nach Abschluß des Bahnbaues in den Ausbau seiner Reparaturwerkstätte zu einer Maschinenfabrik (der heutigen MAG). Die Wasserkraft an
der Rohrach (dem ersten „Industrietal" Geislingens) trieb nun bei Tag die Fabrikanlage und bei Nacht die Mühle. Bald verließen ganze Mühleneinrichtungen für
Großmühlen („Kunstmühlen") und Wasserturbinen die Firma Straub, gingen
nicht nur nach ganz Deutschland, sondern auch nach Norwegen und Schweden.
1875 baute Straub die damals größte Mühle Europas mit 88 Gängen, welche
innerhalb 24 Stunden nicht weniger als 10 000 Zentner Getreide mahlen konnte.
Zur gleichen Zeit beschäftigte Daniel Straub in dieser Fabrik 350 Arbeiter.
Nur drei Jahre nach seiner ersten Fabrikgründung, 1853, legte Straub den Grundstein für die heutige Weltfirma WMF, die Württembergische Metallwarenfabrik
Geislingen. Mit den Gebrüdern Schweizer nahm er auf den „Lauffen" an einer
schlecht genutzten Wasserkraft die Produktion silberplattierter und kupferbron-
zierter Metallwaren auf. Der Erfolg seiner Erzeugnisse ließ die Arbeiterschaft
rasch von 20 bei der Gründung auf über 300 Beschäftigte im Jahre 1880 anwachsen. Was beide Betriebe für die Stadt Geislingen bedeuteten, besagt eine
Äußerung des Stadtrats schon 1874 deutlich: „Aus diesen zwei Geschäften besteht
hier allein die Großindustrie. Sie repräsentieren eine bedeutende Steuerkraft",
und weiter fügen die Stadtväter an, stets würden diese „Fabrikgeschäfte" ihren
günstigen Einfluß auf Stadt und Umgebung erhalten, „weil solche nicht mit gering bezahlten Arbeitern, sondern bloß mit gut bezahlten gelernten Arbeitern,
wie Eisengießern, Schlossern, Schmieden, Modellschreinern, Eisendrehern, Flasch-
nern, Gürtlern und Metalldrückern betrieben werden können".
Der ehemalige Kapellmüller war aber nicht nur Techniker, sondern auch kluger
Kaufmann. Seine Qualitätserzeugnisse versandte er 1874 nach Ungarn, Österreich, Italien und den Niederlanden; schon 1868 gründete er in Berlin die erste
Verkaufsfiliale und legte damit den Grundstock zum weltumspannenden Netz
der WMF-Filialen. Gaben Straubs Unternehmen der Bevölkerung Geislingens
Arbeit und Brot, so lieferten sie andererseits der Stadt und ihrem Steuerauf-
kommen wesentliche Beträge (1874 leistete Straub vom Gesamtsteueraufkommen
15 Prozent, 1900 die WMF allein über 55 Prozent) zu den nötigen Erweiterungen
des Wohngebietes (1841 waren es 2345 Einwohner, 1900 bereits 7051).
Was sich beim Steigebau vorübergehend angebahnt hatte, wurde nun zur Dauer-
einrichtung: aus den Landgemeinden auf der Alb und dem Fils- und Lautertal
pendelten (zunächst noch zu Fuß) täglich Hunderte, bald Tausende von Arbeitern
in die Oberamtsstadt, fanden Arbeit und festes Einkommen. Sie behielten jedoch
meist in den Wohngemeinden ihre kleine Landwirtschaft und entwickelten jenen
Berufsstand des „Arbeiterbauern", um den Württemberg lange beneidet wurde.

Die Familie Staub und die Süddeutsche Baumwolle-Industrie in Kuchen und Altenstadt

Daniel Straub, der Gründer von zwei heutigen Weltfirmen, wurde aber auch (was der Verfasser vor mehr als zehn Jahren erstmals nachweisen konnte) zum Initiator eines führenden Werkes der Textilindustrie im Oberamt Geislingen. Er verstand es nämlich, Johann Heinrich Staub und dessen Familie aus altem Schweizer Geschlecht am Zürichsee für die Wasserkräfte an der Fils auf der ehemaligen Markung Altenstadt zu interessieren. Mit für damalige Begriffe ungeheuren Geldmitteln ließen Heinrich Staub und seine drei Söhne, vor allem der bedeutendste von ihnen, Arnold, eine Baumwollspinnerei 1852 in Altenstadt und 1857 eine Weberei mit 400 Webstühlen in Kuchen/Fils errichten. Bald folgte in Kuchen eine weitere Spinnerei, in welcher 1862 schon 27 000 Spindeln liefen, während es um 1870 in beiden Werken zusammen schon 51 000 Spindeln waren. Technische und kaufmännische Fähigkeiten der Staubs allein bewirkten es, daß sie die entsprechenden Geldgeber für ihre hohen Investitionen finden konnten. Dazu gesellte sich aber auch in dieser Familie ein ausgesprochen soziales Empfinden, besonders für den neuen Arbeiterstand. Arnold Staub erkannte als einer der ersten in Deutschland überhaupt, daß die Arbeiterfrage nicht mit Unterdrückung, sondern nur durch großzügige soziale Einrichtungen gelöst werden konnte. So errichtete er sehr früh erste Arbeiterwohnkolonien, schuf zentrale Einkaufsmöglichkeiten, einen Werkskindergarten, sorgte für medizinische Betreuung der Arbeiter und für deren kulturelle Betätigung (Gesang und Musik). Es ist bezeichnend, daß er für alle diese seine außergewöhnlichen Leistungen und Erfolge 1867 auf der Pariser Weltausstellung „als Anerkennung der Verdienste um die sittliche und geistige Hebung des Arbeiterstandes" die Goldmedaille und den ausgesetzten Höchstpreis von 10 000 Francs erhielt.

Die Bemühungen um eine „Industrialisierung" des Geislinger Beindrechslerhandwerks

Im Rückblick ist es leichter, die entscheidenden Kräfte festzustellen, welche eine künftige positive Entwicklung maßgebend beeinflussen. Der Zeitgenosse hat es dabei wesentlich schwerer. So darf man keinesfalls verkennen, daß man gerade in Geislingen und bei der Regierung in Stuttgart nicht sofort die Zukunftschancen bei den neuen Gründungen (Straub und Staub), sondern in der Förderung des alteingesessenen Beindrechslerhandwerkes sah. König Wilhelm I. veranlaßte,

angeregt durch einen Besuch des Geislinger Handwerks im Jahre 1824, eine
nachdrückliche staatliche Förderung sowohl in der Ausbildung neuer Kräfte
(Gründung einer Zeichenschule 1825, dem Ursprung der späteren Fortbildungs-
und Gewerbeschule, welche eine gute Ausbildung der Jugend auf künstlerischem
Gebiet, die Verfeinerung des Geschmacks und letztlich die Häufigkeit der Berufe
wie Ziseleure, Graveure, Lithographen, Modellzeichner, Dreher und Schnitzer
im Geislinger Oberamt bewirkte und die ausgebildeten Kräfte bald in den Kunst-
anstalten der WMF ihre Arbeitsplätze fanden) als auch im Absatz der Fabrikate.
Seit 1848/49 bemühte sich bis weit in die sechziger Jahre die Zentralstelle für
Handel und Gewerbe stark um die Bildung eines Konsortiums aller Drechsler-
betriebe nach Nürnberger Vorbild und richtete sogar für mehrere Jahre geradezu
den Vorläufer einer Landesberufsfachschule in Geislingen ein. Es war eine bittere
Erkenntnis für die staatlichen Beamten, besonders den Präsidenten von Steinbeis,
daß man hier etwas gefördert hatte, das keine Zukunft besaß, das sich nicht
„industrialisieren" ließ und hauptsächlich an Mißtrauen und Neid der Meister
untereinander scheitern mußte. Hier bezahlte der Staat Lehrgeld, woanders (Fir-
mengründungen Straub und Staub) durfte er bald Früchte pflücken, wo er kaum
gesät hatte.

Frühe industrielle Unternehmungen im Oberamtsgebiet

Die neuen Industrien entwickelten sich standortbedingt an den Wasserkräften der
Flüsse in den Tälern. Zentrum war und blieb dabei die Oberamtsstadt selbst.
Aber schon das Beispiel der Firmen Staub in Altenstadt und Kuchen wies auf die
Amtsorte hin. Wohl die älteste „Industrie" war die der Papiererzeugung, welche
sich von 1684 bis 1849 in Rorgensteig und von 1699 bis 1871 in Wiesensteig
nachweisen läßt. Beiden Werken gelang nicht der Sprung in die wirkliche Industrialisierung. Die älteste Fabrik im alten Oberamt Geislingen dürfte die 1827 in
Donzdorf gegründete Damastweberei Ignaz Hummel sein, welche allerdings schon
1848 in Konkurs ging. 1839 entstand ebenfalls in Donzdorf die Baumwollweberei
des Schultheißen Schwarz. Bereits neun Jahre zuvor hatte Chr. Fr. Schwarz seine
Bandfabrik von Hohenstaufen nach Großsüßen verlegt. Größere Industrien außerhalb der Oberamtsstadt entstanden freilich erst kurz vor oder nach der Jahrhundertwende, vor allem wiederum in (Klein-)Süßen (z. B. mechan. Weberei der
Gebr. Ottenheimer mit 200 Arbeitern im Jahre 1905) oder ebenfalls dort die
1889 gegründete Dampfziegelei und Röhrenfabrik G. Kuntze (1905: 111 Beschäftigte), in Donzdorf die Metallwarenfabrik von F. und R. Fischer (200 Be-

schäftigte) und in Böhmenkirch sowie den Tälesorten die (vor allem Heim-) Industrie der Schürzen-, Wäsche-, Weißzeug- und Korsettfabrikation, welche um 1905 schon rund 500 meist weibliche Beschäftigte zählte.

Ebenfalls noch im letzten Drittel des 19. Jahrhunderts begann auch der konsequente Abfüll- und Versandbetrieb (nach mehreren Anläufen in früheren Jahrhunderten) der beiden wichtigsten Mineralbäder im Oberamt mit den Bad Ditzenbacher und Bad Überkinger Heilquellen. Dabei gelang es dem im ältesten Badeort des Bezirks ansässigen Betrieb in Überkingen (Versand um 1900: ca. 2 Millionen Flaschen jährlich), sich ab 1906 auch den Mineralwasservertrieb in Ditzenbach zu sichern. Damit war die Basis geschaffen für die sich bald nach dem Ersten Weltkrieg bildende größte Mineralbrunnen AG in Deutschland.

Nahezu allen genannten Betrieben blieb freilich die Entwicklung zum Großbetrieb versagt. Wesentlich trug dazu nicht zuletzt bei der Bau der Nebenbahnen Süßen–Weißenstein (1901), Amstetten–Laichingen (1901), Geislingen–Wiesensteig (1903) und Amstetten–Gerstetten (1906). Damit war das Arbeitskräftepotential von der Ulmer Alb und dem Fils- und Lautertal für die Geislinger Großindustrie verkehrsmäßig günstig erschlossen.

Die Großbetriebe vor dem Ersten Weltkrieg

Die Industrialisierung des Filstales bewirkte einen sprunghaften Rückgang der Auswanderungen nach 1860. Diese erhalten gebliebenen Kräfte konnten nun in der zweiten Phase der Industrialisierung nach dem Kriege von 1870/71 wesentlich mitwirken beim Wachsen einiger weniger Unternehmen zu Großbetrieben mit Weltgeltung. Geradezu tragisch ist jedoch das Schicksal der ersten großen Industriepioniere Daniel Straub und Arnold Staub. Noch 1874 versuchte Straub in einer großartig zu nennenden Konzeption mit Hilfe eigenen Erzabbaues bei Kuchen und Transport der Kohle aus dem Ruhrgebiet zu seinen Betrieben eine Schwerindustrie zu begründen. Allein der Tod seines einzigen Sohnes (eines engen Freundes Gottlieb Daimlers, der mehrere Jahre als Ingenieur in den Betrieben Straubs gearbeitet hat) ließ ihn im Jahre 1876 sichtlich resignieren. Schon vier Jahre später wurde seine Plaquéfabrik in eine Aktiengesellschaft umgewandelt, und zwar in die Württembergische Metallwarenfabrik (WMF), 1883 geschah dasselbe mit seiner ersten Gründung, welche sich nun Maschinenfabrik Geislingen (MAG) nannte. Fast zur gleichen Zeit ereilte dasselbe Schicksal die Unternehmungen Arnold Staubs, des Begründers der Textilindustrie in Altenstadt und Kuchen. Seine Betriebe wurden mit auswärtigen Werken im Jahre 1882/83 zu

der Süddeutschen Baumwollindustrie AG (SBI) zusammengeschlossen. Kapital-
und Leistungsanforderungen der „erwachsenen" Weltfirmen überstiegen die Geld-
und Leistungskräfte eines einzelnen. Die rasante Entwicklung läßt sich an zwei
Zahlen verdeutlichen: Zahlte Straub aus seinen beiden Unternehmungen im
Jahre 1874 noch 2415 von 16 028 Gulden Gesamtsteueraufkommen der Stadt
Geislingen, so trug im Jahre 1900 bereits die eine seiner Gründungen, die WMF,
an dem Gesamtsteueraufkommen von 197 833 Mark allein 115 603 Mark. Und
arbeiteten 1874 in seinem Betrieb 400 Arbeiter, waren es im Jahre 1905 in der
WMF, welche nun eine Metallwarenfabrik, galvanoplastische Anstalt, Glashütte,
graphische Abteilung usw. umfaßte, schon 3000 Beschäftigte.
Dank dieser günstigen wirtschaftlichen Entwicklung nahm das Oberamt Geislingen unter den 64 württembergischen Oberämtern vor dem Ersten Weltkrieg
nach der Größe des steuerbaren Gewerbeertrages die neunte Stelle ein und im
Donaukreis stand es hinter Ulm und Göppingen an dritter Position. Dieser uner-
hörte Aufschwung erbrachte auch einen völligen Wandel der Bevölkerungs-
verhältnisse (1834: 23 951; 1905: 37 821 Einwohner). Die Oberamtsstadt Geislingen steigerte dabei ihre Einwohnerzahl von 2205 im Jahre 1834 auf 5749
(1890) und zählte schließlich nach der Eingemeindung Altenstadts im Jahre 1912
schon 14 300 Bürger. In 17 Gemeinden des Oberamts Geislingen auf der Alb
lebten nur noch 7459 Menschen (39 Einwohner auf 1 qkm), demgegenüber waren
es in den 20 Talorten 27 421 Einwohner (136 Einwohner auf 1 qkm).
Dieses Bevölkerungs- und Wirtschaftswachstum wurde durch den Ausbruch des
Ersten Weltkrieges jäh unterbrochen. An seinem Ende mußte auch die Bevölkerung des Oberamts Geislingen unter veränderten äußeren und inneren Verhältnissen auf vielen Gebieten einen Neuanfang suchen.

Kreischronik 1918 bis 1966

von Landrat a. D. Gustav Seebich

Das Heimatbuch des Landkreises Göppingen von 1956 hat eine geschichtliche Betrachtung der Ereignisse ab 1918 im Gebiet der früheren Oberämter Göppingen und Geislingen, seit 1938 des Landkreises Göppingen, einer späteren Zeit vorbehalten. Diese ist jetzt mit der Herausgabe einer neuen Beschreibung für den Landkreis Göppingen gekommen.

Es wird nun erstmals versucht, diese Epoche im Chronikstil darzustellen. Um den Rahmen des Bandes nicht zu sprengen, mußte sich der Verfasser auf ausgewählte Ereignisse beschränken. Die vorliegende Kreischronik kann deshalb keinen Anspruch auf Vollständigkeit erheben. Soweit Vorgänge in Reich, Bund und Land auf die Ereignisse im örtlichen Bereich ausstrahlen, sind auch diese kurz berührt.

Die Zeit von 1918 bis 1932

1918 Mit dem Waffenstillstandsvertrag im Wald von Compiègne am 11. November ist der lange, verlustreiche Weltkrieg beendet. Die Folgen für Deutschland sind schwer, aber die Heimat ist unversehrt. In Berlin wird die Republik ausgerufen. Kaiser Wilhelm II. geht ins Exil nach Holland. Auch in Württemberg tritt die Republik an die Stelle der Monarchie. Der letzte König, Wilhelm II., nun Herzog von Württemberg, nimmt seinen Ruhesitz im einstigen Kloster Bebenhausen. Noch zwei Jahre zuvor schrieb Wilhelm Keil, damals Redakteur der sozialdemokratischen Zeitung „Schwäbische Tagwacht", zum 25jährigen Jubiläum des Monarchen: „Wenn morgen in Württemberg anstelle der Monarchie die Republik treten würde, kein Zweiter würde, wenn alle Bürger und Bürgerinnen zu entscheiden hätten, mehr Aussicht haben, an die Spitze des Staates gestellt zu werden, als der jetzige König." Erster Staatspräsident in Württemberg wird der greise, hochangesehene Sozialdemokrat Wilhelm Blos.

Die württembergischen Truppen kehren aus dem Feld zurück. Es ist eine Meisterleistung des Generals Wilhelm Gröner, eines Württembergers, die deutschen Truppen innerhalb der im Waffenstillstandsvertrag gesetzten kurzen Frist geordnet in die Heimat zurückzuführen. Für die heimkehrenden Soldaten finden in ihren Heimatgemeinden Begrüßungs- und Wiedersehensfeiern statt, die im Hinblick auf die Trauer um die Gefallenen nicht überschwenglich sind.

Arbeiter- und Soldatenräte bilden sich. Ihre Tätigkeit ist aber nicht von langer Dauer. Sie treten im Kreisgebiet nicht lange in Erscheinung. Die Verwaltung bleibt nahezu ungestört. Die Weisungen der neuen Regierung werden befolgt.

Oberregierungsrat Dr. Albert Schönmann, Oberamtsvorstand in Göppingen seit 1893, scheidet am 1. Dezember aus dem Amt; er lebt noch bis zu seinem Tode am 27. November 1951 im Ruhestand in Göppingen.

Auch in Geislingen tritt in der Leitung des Oberamts mit Kriegsende ein Wechsel ein. Anstelle von Oberamtmann Hugo Neuffer kommt als Nachfolger Anton Beutel. In der Leitung der Stadt Göppingen ändert sich nichts. Der Geislinger Stadtschultheiß Robert Leube fiel im Krieg. Amtsverweser ist Stadtpfleger Wilhelm Höfer noch bis 1919. Im Jahr 1919 wird Stadtschultheiß Edmund Harrer aus Schramberg zum Stadtvorstand in Geislingen gewählt.

1919 Die Demobilmachung erfolgt meist geordnet. Zu irgendwelchen Unruhen ist es im Bereich der Oberämter Göppingen und Geislingen nicht gekommen. Entwaffnungskommissar im Lande Württemberg wird der spätere Oberamtmann von Göppingen, August Feurer, im Krieg zuletzt Pioniermajor. Seine Mutter stammt aus Kuchen im Oberamt Geislingen.

Die Not im Land ist groß. Lebensmittel und wichtige Bedarfsgüter bleiben noch lange bewirtschaftet. Wegen Kohlenmangel oder Streiks müssen der Eisenbahnverkehr zeitweilig eingestellt, Gas und Strom vorübergehend gesperrt und die Schulen manchmal geschlossen werden. Die Wirtschaft kommt nur schwer und langsam in Gang. Daher herrscht Arbeitslosigkeit.

Die Revolution bringt allgemeines und gleiches Wahlrecht, erstmals auch für die Frauen. Schon am 12. Januar findet die Wahl zur Verfassunggebenden Landesversammlung statt, die am 23. Januar eröffnet wird. Aus Göppingen und Geislingen ziehen in die Landesversammlung ein: Hauptlehrer Brucker, Holzhausen (SPD), Mathilde Brückner, Hausfrau, Göppingen (SPD), Dr. Julius Keck, Oberbürgermeister in Göppingen (Deutsche Demokratische Partei), Karl Kübler, Postamtmann, Geislingen (Deutsche Demokratische Partei), Georg Preßmar, Schreinermeister, Geislingen (SPD).

Die staatliche Ordnung wird nach der Wahl allgemein gefestigt. Aufstände wie in Bayern gibt es in Württemberg nicht. Zur Bekämpfung der in Bayern errichteten Räteregierung unter Kurt Eisner werden auch aus Württemberg freiwillige Sicherheitsformationen (darunter viele Studenten und ehemalige Offiziere aus den Oberämtern Göppingen und Geislingen) gebildet und eingesetzt.

Am 10. März erhält das Oberamt Göppingen einen neuen, tüchtigen und standfesten Vorstand in der Person des Regierungsrats Dr. Ernst Schmidt vom Innenministerium Stuttgart, der aber schon am 20. Juli 1921 wieder abberufen und Leiter des Landesjugendamtes wird.

Am 20. März findet in Geislingen die erste Amtsversammlung nach dem Krieg statt. Die erste Tagung dieses Organs in Göppingen wird erst am 29. Juli abgehalten.

25. *Luftangriff auf Göppingen am 1. März 1945*
26. *Ankunft von Heimatvertriebenen in Göppingen 1946*
27. *(umseitig) Im Hauptquartier der 4. US-Panzerdivision in Göppingen
am 21. Februar 1961. Von links nach rechts: General Waters, Oberbürgermeister Dr. König,
Göppingen, Landrat Seebich, Göppingen, General Oakes, Landrat Burkhardt,
Schwäbisch Gmünd, Oberbürgermeister Dr. Klotz, Geislingen und Oberbürgermeister
Dr. Klaus, Schwäbisch Gmünd*
28. *Verabschiedung von Landrat Gustav Seebich (rechts) und Einsetzung von
Landrat Dr. Paul Goes (links) am 31. März 1966 in Göppingen*

Oberbürgermeister Dr. Julius Keck, seit 1908 Stadtoberhaupt von Göppingen, erhält eine Berufung als Ministerialdirektor in das Innenministerium nach Stuttgart. Sein Landtagsmandat für Göppingen behält er bei. Am 16. Juli stirbt in Stuttgart sein Vorgänger im Amt von 1891 bis 1908, Stadtschultheiß Gottlob Allinger.

Am 28. September wird Rechtsanwalt Otto Hartmann aus Esslingen, 42 Jahre alt, kurz zuvor aus der Kriegsgefangenschaft zurückgekehrt, zum neuen Stadtvorstand in Göppingen gewählt. Er ist ein humanistisch hochgebildeter Mann und Freund von Hermann Hesse. Mit ihm hatte er das Klosterseminar Maulbronn besucht.

Durch Landesgesetz vom 4. Oktober wird die Zusammensetzung des Bezirksrats von sechs auf acht Mitglieder geändert. Von diesen werden fünf von den Gemeinderäten jedes Oberamtsbezirks gewählt. Die Mitglieder des Bezirksrats sind in Göppingen Regierungsrat Dr. Schmidt als Vorsitzender, Oberbürgermeister Hartmann, Göppingen, Schultheiß Vogel, Groß-Eislingen, Schultheiß Grob, Faurndau, Landwirt von Meiß, Schweizerhof, Gemeinde Börtlingen, Landwirt Weiler, Bartenbach, Wagnermeister Steeb, Rechberghausen, Gewerkschaftssekretär Ramsperger, Göppingen, Schultheiß Wittlinger, Bezgenriet.

In Geislingen hat die Zusammensetzung des Bezirksrats nach dem Kriege folgendes Bild: Den Vorsitz führt Regierungsrat Beutel, von der Amtsversammlung werden Stadtschultheiß Harrer, Geislingen, Schultheiß Storr, Klein-Süßen, Schultheiß Scheible, Bräunisheim und von den Gemeinderäten Hagmaier, Schalkstetten, Maurer, Türkheim, Direktor Schneider, Geislingen-Altenstadt, Irtenkauf, Donzdorf und Aierle, Wiesensteig, gewählt.

Durch Beschlüsse der Amtsversammlungen in Göppingen und Geislingen wird zur fürsorgerischen Betreuung der zahlreichen Kriegsbeschädigten und Hinterbliebenen je eine Fürsorgestelle durch die Amtskörperschaften eingerichtet. Hungersnot und Unterernährung halten noch lange an. Die Zahl der Sterbefälle ist hoch. Am 26. August kann wenigstens die Bezugsscheinpflicht für Web-, Wirk- und Strickwaren aufgehoben werden.

In Geislingen wird ein Geschichts- und Altertumsverein gegründet, welcher ein Jahr später das Heimatmuseum im „Alten Rathaus" eröffnet.

Schon regen sich auch wieder die Verfechter des Bahnbaues von Göppingen nach Boll. Die Trasse wird festgelegt. Hernach geht es an die Aufnahme der Bauarbeiten.

Das Jahr wird von einem der stärksten Hochwasser der Fils beschlossen, das an Weihnachten große Verheerungen im unteren Filstal anrichtet.

Pfarrer Christoph Blumhardt, Leiter von Bad Boll, stirbt 77jährig am 3. August. Mit seiner Kandidatur zum Landtag für die SPD erregte er in der Vorkriegszeit allgemein Aufsehen. Er wurde gewählt und gehörte dem Landtag von 1901 bis 1906 an. (Arnold Weller: Er wollte eine Brücke vom schwäbischen Pietismus zur modernen Gesellschaftsauffassung herstellen.) 1920 übernimmt die Herrnhuter Brüdergemeine das Bad. In Bad Boll hat auch die Unitätsdirektion dieser Brüdergemeine ihren Sitz.

1920 Die parteipolitischen Auseinandersetzungen nehmen harte Formen an. Die geschichtliche Lüge vom „Dolchstoß" tritt auf. Der Versailler „Friedensvertrag" verschärft die parteipolitischen Kämpfe. In dieser gespannten Zeit spricht Matthias Erzberger, Reichsfinanzminister (er war früher Unterlehrer in Göppingen), in der Freihofturnhalle Göppingen in einer bis dahin noch nie erlebten Massenversammlung. Er ist wohl erschöpft, heiser, aber doch noch voll Dynamik. Naumann hat von ihm gesagt: „Erzberger sei der einzig bedeutende Kopf, der der neuen Regierung das Gesicht aufprägt." Aber er ist auch der von der Rechten gehaßteste Mann. Das zeigt der Verlauf der Göppinger Versammlung. Er wird als Urheber der Friedensresolution des Deutschen Reichstags von 1917, als Unterzeichner des Waffenstillstandsvertrags und wegen der Einführung des Steuerabzugs vom Arbeitslohn bekämpft und angefeindet. Gegen diese gesetzgeberische Maßnahme wird von den Gewerkschaften zum Streik aufgerufen. Im Göppinger Schloßhof findet vor dem Finanzamt eine große Protestkundgebung statt, in welcher der Finanzamtsvorstand zu den Arbeitern spricht. Zu Ausschreitungen kommt es nicht. Am 26. Juni 1921 wird Erzberger in Griesbach (Schwarzwald) meuchlings ermordet.

Der sogenannte Kapp-Putsch in Berlin bringt auch im Kreisgebiet Unruhe und Unsicherheit. Aber durch den Generalstreik der Gewerkschaften bricht dieser Aufstand gegen die Reichsregierung, die vorübergehend im Stuttgarter Bahnhofsturm Zuflucht gefunden hat, bald zusammen. Die Zwangswirtschaft dauert an. Deutlich empfunden wird die fortschreitende Teuerung und das Zunehmen von Wucher und Schleichhandel. Die Unzufriedenheit wächst.

Bei den Landtagswahlen am 6. Juni rücken in den Landtag (der statt 150 nur noch 101 Abgeordnete zählt) ein: Karl Kübler, Geislingen (Deutsche Demokratische Partei), Ernst Reichle, Göppingen (SPD), Christian Schepperle, Göppingen (USPD), Alois Küchle, Geislingen (Zentrum).

Auch das kulturelle Leben erwacht langsam wieder. In Göppingen entsteht ein Verein für Kunst und Wissenschaft, der von Schulrat Samuleit geleitet wird und beachtliches Niveau bekommt. Er besteht bis 1933. Der erste Gewerbeschulverband wird in Göppingen gegründet. Um ihn macht sich Gewerbeschuldirektor Grüninger besonders verdient.

Am 29. September wird der Landesverband der württembergischen Amtskörperschaften gegründet, dessen Mitglieder auch die Amtskörperschaften Göppingen und Geislingen werden.

Die Reichsverfassung wird am 11. August vom Reichstag in Weimar verabschiedet. Jährlich — bis zum Jahre 1932 — begeht man in Göppingen den Verfassungstag mit einer öffentlichen Veranstaltung, für die prominente Redner der sogenannten Weimarer Koalition (SPD, Demokraten, Zentrum) gewonnen werden.

In die ehemalige, von der Stadt Göppingen erworbene Baumannsche Ziegelei an der Eberhardstraße in Göppingen, werden 70 Wohnungen für etwa 300 Personen zur Linderung der Wohnungsnot eingebaut. Für die damalige Zeit war das ein beachtliches Unternehmen, angeregt und durchgeführt von Georg Rohrer, Leiter des neuerrichteten Wohnungsamts der Stadt Göppingen.

1921 Zu Beginn des Jahres, während eines Wintergewitters, schlägt der Blitz in den Oedenturm. Das Wahrzeichen der Stadt Geislingen brennt aus.

Die Not ist immer noch groß, die Teuerung nimmt zu. Das Porto für einen Normalbrief wird auf zwei Mark, für eine Postkarte auf 1,25 Mark festgesetzt. Wohl kann im Mai die Rationierung von Butter und Käse aufgehoben werden, die schulärztlichen Untersuchungen ergeben aber eine hohe Zahl unterernährter Kinder. Für diese wird die „Quäkerspeisung" (warmes Mittagessen um 25 Pfennig) in Göppingen eingerichtet.

Am 13. April spricht Clara Zetkin, die bekannte kommunistische Abgeordnete des Deutschen Reichstags im Dreikönigssaal in Göppingen über den Internationalen Kommunistischen Frauentag. Die parteipolitischen Auseinandersetzungen werden weiter verschärft. Sie gehen besonders um die sogenannte „Erfüllungspolitik", da die Reparationssumme von den Siegermächten auf 132 Milliarden Reichsmark festgesetzt und diese Forderung von der Reichsregierung angenommen worden war.

Der Bau der Nebenbahnlinie Göppingen—Boll gerät ins Stocken, weil die finanziellen Mittel nicht mehr bereitgestellt werden können.

Die Landwirtschaftsschule Göppingen beginnt im Herbst ihren Unterricht. Geislingen folgt mit der Einrichtung einer solchen Schule im November 1925 mit 29 Schülern. Mit ihr und ihrem Lehrer Lange beginnt auch die behördliche Pflege des Obstbaues, sachverständig gefördert durch die ersten beamteten Obstbauinspektoren Wilhelm Mayer, Ebersbach und Hans Lehle, Unterböhringen.

Im November wird August Feurer vom Innenministerium zum Oberamtmann in Göppingen berufen. Ihm geht ein guter Ruf voraus.

1922 Die Unzufriedenheit mit den Verhältnissen nimmt überhand. Geldentwertung und Teuerung schreiten fort. Nach Ausführungen im Landtag kostet das Markenbrot 19, das freie Brot 36, das Fleisch 25 und der Zucker 41 mal mehr als 1914.

Auch die parteipolitischen Kämpfe werden gehässiger. Erstmals treten die Nationalsozialisten in Göppingen am 11. Dezember in einer Abendversammlung im „Apostelsaal" an die Öffentlichkeit. Wie das Verbot der Versammlung vom Innenministerium eintrifft, ziehen die Teilnehmer, unter denen sich eine sogenannte Saalschutztruppe aus München befindet, durch die Bahnhofstraße über die Eisenbahnbrücke zum „Walfischkeller". Gegendemonstranten begleiten den Zug. Es kommt zu Schlägereien und Schießereien, und es gibt Verletzte. Ein aus Esslingen herangeholter Zug der Sicherheitspolizei muß eingreifen und die Ruhe wiederherstellen.

Die Ermordung von Außenminister Walter Rathenau erregt auch im Kreisgebiet die Gemüter der noch sachlich denkenden Mitbürger. Er ist das zweite große Opfer der „Erfüllungspolitik" und der antisemitischen Hetze. Es kommt zu Kundgebungen gegen die Angehörigen der sogenannten Rechtsparteien, denen die Attentate gegen Erzberger und Rathenau wegen der ständig betriebenen Aufpeitschung der Leidenschaft angelastet werden. Ein neuer, scharfer Marksturz ist die unmittelbare Folge und verschlechtert die wirtschaftliche Lage weiter.

Durch die Amtsversammlungen in Göppingen und Geislingen werden auf Grund des württembergischen Jugendamtsgesetzes vom 8. Oktober 1919 Jugendämter errichtet und in Göppingen mit Erich Krauß, Lehrer aus Tübingen, in Geislingen mit Gustav Röhrich, Stadtvikar daselbst, am 1. April besetzt. Die konservativen Kräfte in der Amtsversammlung können sich mit dieser neuen Wohlfahrtsgesetzgebung nur langsam anfreunden.

Die fortschreitende Geldentwertung führt zur Ausgabe von Notgeld durch die Amtskörperschaft Göppingen. Die Erlaubnis zur Ausgabe von Notgeld hat schon zuvor die Amtskörperschaft Geislingen erhalten. Wegen dem weiteren Währungsverfall entschließen sich auch die Städte Göppingen und Geislingen, die Oberamtssparkasse Göppingen sowie die Betriebe WMF Geislingen und Göppingen, L. Schuler AG, Göppingen, Chemische Fabrik Gentner, Göppingen, Albert Schurr, Landwirtschaftliche Maschinen in Geislingen und die SBI Kuchen, zur behördlich genehmigten Ausgabe von Notgeld.

1923 Wegen angeblich teilweiser Nichterfüllung der Verpflichtungen (Kohlelieferung) aus dem Versailler Vertrag wird zu Beginn des Jahres das Ruhrgebiet von französischen und belgischen Truppen besetzt. Für das wirtschaftliche und politische Leben entstehen neue Erschwernisse. Ein weiterer Niedergang tritt ein. Ist am Jahresanfang 1 Goldmark = 1750 Papiermark, so sinkt deren Wert am Jahresende auf 1 Billion (1 000 000 000 000) Papiermark ab. Tauschgeschäfte kommen immer mehr in Schwung. Sachwerte gelten mehr als Geld. Die Lage ist trostlos. Sie bildet den Nährboden für den fehlgeschlagenen Hitler-Putsch im November in München. Endlich kann durch die Einführung der Rentenmark die Inflation beendet werden. Viele Menschen verarmen. Der Verlust der Spargelder bringt besonders die Älteren in große Not und berechtigte Sorge. Die Arbeitslosigkeit bewegt zahlreiche jüngere Einwohner zur Auswanderung in die Vereinigten Staaten von Nordamerika, nach Kanada und Australien. Die früher in großer Zahl dorthin abgewanderten Landsleute bieten den Neu-Einwanderern oft hilfreich die Hand beim Aufbau einer neuen Existenz. Viele halten die Verbindung mit der alten Heimat bis heute noch aufrecht.

Ein Beispiel dafür: In Hattenhofen wird am 2. April in einer Gemeindefeier das Gemeinschaftshaus der „Katharine-Weeger-Siller-Stiftung" unter großer Beteiligung auch von auswärts eingeweiht. Stifter ist der 1866 aus Hattenhofen ausgewanderte Ernst Siller, der als Großkaufmann in Cleveland (Ohio) zu Ansehen und Vermögen kam und seiner Heimat treu verbunden blieb. Planer und Erbauer ist Architekt Immanuel Hohlbauch, Göppingen.

1924 Der Einführung der Festwährung am 15. November 1923 folgen kurze Jahre wirtschaftlichen Aufschwungs. Die Arbeitslosigkeit geht zurück. Neue Hoffnung lebt auf. Das Gesetz über Aufwertung vom 14. Februar ist allerdings unbefriedigend, da es die eingebüßten Geldvermögen nur ungenügend wieder erstehen läßt. Wer Sachwerte besitzt und Schulden hat, bleibt der Gewinner aus der Inflation.

Beim Land und den Gemeinden setzen nun harte Sparmaßnahmen ein. Die Verwaltungen werden zum Personalabbau gezwungen. Die vier Kreisregierungen im Land — Göppingen und Geislingen gehörten zum Donaukreis mit Sitz in Ulm — werden aufgehoben. Ihre Aufhebung war seit langem gefordert worden. Deren Aufgaben gehen teilweise an die Oberämter, im übrigen an die neugeschaffene Ministerialabteilung für Bezirks- und Körperschaftsverwaltung in Stuttgart über, die nun Aufsichtsbehörde für alle Oberämter und Amtskörperschaften des Landes wird. Der Bezirksrat wird wieder auf sechs Mitglieder vermindert, welche von der Amtsversammlung zu wählen sind. Die drei Laien müssen aus dem Stand der Landwirte, der Arbeitnehmer und der Gewerbetreibenden kommen.

Die Festigung der Währung und die Sparmaßnahmen der Verwaltung führen zu einer deutlich anhaltenden Wiederbelebung der Wirtschaft. Die Arbeitslosenzahl nimmt ab. Nach dem am 23. November 1923 errichteten Bezirksarbeitsamt Geislingen wird ein solches auch in Göppingen am 1. Januar eingerichtet. Die Zeit der städtischen Arbeitsnachweise ist zu Ende. Die wachsende Wirtschaft in den beiden Oberämtern macht die bessere Beobachtung des Arbeitsmarktes und die einheitliche Regelung der Arbeitsvermittlung notwendig.

Das sogenannte Kleine Schulgesetz von 1920 führt die vierjährige Grundschule in Württemberg ein. Gegen die sofortige Einführung des achten Schuljahrs erheben sich Widerstände, hauptsächlich aus der Landwirtschaft wegen des befürchteten Ausfalls von Arbeitskräften. Nur die größeren Gemeinden der beiden Oberämter mit fortschrittlichen Gemeinderäten beschließen die Verlängerung der Schulpflicht. Ein Gegner des achten Schuljahrs begründet in einer Gemeinde des unteren Filstals seine ablehnende Haltung mit den Worten: „Man braucht nicht bloß Störche, sondern auch noch Frösche."

Mit der Einführung der Festwährung richtet die Landesregierung zur finanziellen Förderung des Wohnungsbaues die Landeskreditanstalt ein. Nunmehr setzt in beiden Oberämtern mit den vorgesehenen verbilligten Förderdarlehen der Bau von Ein- und Mehrfamilienhäusern ein. Eine merkliche Linderung der Wohnungsnot wird spürbar. Das Handwerk findet vermehrte Arbeit und kann sich erholen.

1925 Die Belebung der Wirtschaft wird immer deutlicher. Städte und Gemeinden wenden sich neben dem ständig wachsenden Wohnungsneubau auch wieder dem Verkehrswesen zu. Die Straßen erhalten als Ersatz der Schotterdecken mehr und mehr widerstandsfähige und staubbindende Fahrbahnbeläge. Anläßlich des Baues der Ferngasversorgung von Göppingen über Faurndau—Uhingen—Ebersbach nach Reichenbach/Fils wird die Hauptstraße in Göppingen mit einem Fahrbahnbelag aus Beton versehen. Dies war um jene Zeit der erste Fahrbahnoberbau dieser Art und er hielt 30 Jahre lang.

Carl Hommel in Göppingen gründet die „Omnibusgesellschaft Göppingen". Um deren Zustandekommen hat sich auch der Landtagsabgeordnete Gottfried Kinkel (SPD) besonders bemüht. Das Beispiel findet Nachahmung im Lande. Auch in Geislingen erfolgt etwas später die Gründung der privaten Omnibuslinie Emil Sihler.

Eine Volks-, Berufs- und Betriebszählung soll einen Überblick über Einwohnerzahl, Be-

rufsstand, Gewerbe und Betriebe nach dem Weltkrieg bringen und Unterlagen für gesetzgeberische Maßnahmen auf dem Gebiet der Volkswirtschaft schaffen. Dieser Zählung
zufolge umfaßt der Oberamtsbezirk Göppingen 34 Gemeinden mit 65 458 Einwohnern
(51 516 Protestanten und 12 143 Katholiken) und der Oberamtsbezirk Geislingen 36 Gemeinden mit 41 555 Einwohnern (23 469 Protestanten und 17 678 Katholiken).
Der Geschichts- und Altertumsverein Göppingen wird gegründet. Wenige Jahre später
richtet er ein Heimatmuseum ein.

1926 Der wirtschaftliche Aufstieg geht weiter. Die Zahl der Arbeitslosen nimmt ständig
ab. Allerdings ist die Berufsnot in den akademischen Berufen immer noch groß. Die har-
ten politischen Auseinandersetzungen haben sich auch in unserem Gebiet durch die Bes-
serung der Wirtschaftslage entspannt.
Der idyllisch gelegene Weiler Nassachmühle, Gemeinde Baiereck, wird zum 1. April nach
Uhingen umgemeindet.
Das Volksbegehren über die Enteignung der Fürstenvermögen und der darauf folgende
Volksentscheid am 20. Juni findet in den beiden Oberämtern nur wenig Befürworter und
erhält auch im ganzen Reich nicht die erforderliche Mehrheit.
Die im Juli 1919 begonnene und 1923 vorübergehend im Bau eingestellte Nebenbahnlinie
Göppingen—Boll wird am 30. Juni unter Teilnahme von Staatspräsident Bazille feier-
lich eingeweiht. Der festlich bekränzte Zug nimmt an allen Zwischenstationen die Ge-
meindevorsteher und Gemeinderäte auf. Er wird von Schultheiß Wittlinger, Boll, in
Frack und Zylinder am Bahnhof Boll mit dem Ruf empfangen: „Hurra! Hurra! Die
Eisenbahn ist da!"
1925 begonnen und in diesem Jahr vollendet wird der von Oberamtmann Feurer nach-
drücklich betriebene Straßenbau von Ottenbach zum Aasrücken. Die Straße dient der
Erschließung der vielen Einzelhöfe in diesem Gebiet, die nach den Gemeinden Hohenstaufen und Ottenbach schlechte Zufahrten haben. Geplant ist die Straße schon seit
1886.
Der Industrielle Dr. Albert Schuler stirbt am 19. November allzufrüh in Göppingen.

1927 Das Gesetz über die Arbeitslosenversicherung und Arbeitslosenvermittlung vom
16. 7. ist von großer sozialpolitischer Bedeutung. Arbeitsvermittlung wie Arbeitslosenversicherung werden nunmehr Reichsangelegenheit und aus den kommunalen Arbeits-
nachweisen reichseinheitlich Arbeitsämter. Die benötigten Mittel werden durch Zwangs-
versicherung gleichmäßig von Arbeitgebern und Arbeitnehmern und mit den Sozialver-
sicherungsbeiträgen durch die Krankenkassen aufgebracht. Das neue Arbeitsamt dieser
Art erhält seinen Sitz in Göppingen. Geislingen bekommt eine Nebenstelle des Arbeitsamts Göppingen.
Die Kreise der Wirtschaft (Arbeitgeber und Arbeitnehmer) und die öffentliche Hand erhalten das Recht zur selbstverantwortlichen Mitarbeit in den neugebildeten Organen
(Verwaltungsräte in Kreis, Land und Reich). Später kommt die Berufsberatung als wei-

tere Aufgabe der Arbeitsämter hinzu mit dem Auftrag, mit der Schule zusammenzuarbeiten.

In diesem Jahr beginnt die Stadt Geislingen mit dem Bau der „Jahnhalle", einer Turn-
und Festhalle mit Kriegergedächtnisstätte, deren Planer Architekt Professor Bonatz von
der Technischen Hochschule Stuttgart ist.

1928 Im Land und in den Oberämtern Göppingen und Geislingen entbrennen nochmals
heftige Auseinandersetzungen um die Einführung des achten Schuljahrs. In ländlichen Gemeinden besteht nämlich die Möglichkeit, dessen Einführung bis zu fünf Jahre auszu-
setzen. Trotzdem kann sie in vielen Gemeinden zum 1. April, auch gegen den Widerstand der Vertreter des Württembergischen Bauernbundes, wahrgemacht werden.
Bei der Wahl zum Landtag gehen die Wogen wieder hoch. Die Sozialdemokraten können
ihren Stimmenanteil erhöhen. Alle anderen Parteien, ausgenommen die NSDAP erleiden
Einbußen. In den Landtag ziehen ein: Gottfried Kinkel, Göppingen (SPD), Karl Kübler,
Geislingen (Deutsche Demokratische Partei), Alois Küchle, Geislingen (Zentrum), Paul
Rehbach, Göppingen (KPD).
Groß ist die Unzufriedenheit in der Landwirtschaft, die den Stand der übrigen Wirt-
schaft noch nicht erreicht hat. An der großen Protestkundgebung des Württembergischen
Bauern- und Weingärtnerbundes im Hof der Rotebühlkaserne in Stuttgart nehmen daher
40 000 Besucher teil, darunter eine starke Vertretung aus den Oberämtern Göppingen
und Geislingen.
Die Städte und Gemeinden leisten weiterhin Beachtliches im Wohnungsbau. Trotzdem ist
die große Wohnungsnot seit Ende des Krieges noch nicht behoben. Handel, Handwerk
und Industrie können sich dennoch eines ungestörten Geschäftsganges erfreuen. In Geislingen wird mit dem Bau einer neuen Gewerbeschule (1956 erweitert) an der Bahnhofstraße begonnen.
Das Zeppelin-Luftschiff LZ 127 berührt auf seiner Amerikafahrt auch das Filstal und
löst bei allen Volksschichten Begeisterung aus.

1929 Der Neckar-Kanal, an dem im industriestarken Filstal von jeher starkes Inter-
esse besteht, rückt näher. Die Amtskörperschaft Göppingen ist seit Gründung des Süd-
westdeutschen Kanalvereins mit verschiedenen Gemeinden des Oberamts dessen Mitglied.
Die Staustufe Oberesslingen des künftigen Kanals wird vollendet.
Das Realreformgymnasium Geislingen begeht sein 100jähriges Jubiläum unter großer
Teilnahme seiner einstigen Schüler.
Der moderne Neubau der Inneren Abteilung des Kreiskrankenhauses Göppingen wird in
Gegenwart von Staatspräsident Dr. Bolz eingeweiht. Es entspricht seiner Art, daß er
Sparsamkeit predigt und andeutet, der Bau sei vielleicht etwas aufwendig gestaltet. Erster
Leiter dieser neuen Abteilung wird Professor Dr. Brösamlen, bisher Chefarzt in der
Lungenheilstätte Überruh der Landesversicherungsanstalt Württemberg.
In dieser Zeit wird in Uhingen im Zuge der heutigen B 297 Uhingen—Albershau-

sen–Kirchheim eine neue Brücke über die Fils, heute „Wehrbrücke" genannt, von der
Gemeinde und der Amtskörperschaft gemeinsam gebaut. Dadurch wird eine erste gute
Verbindung aus dem Raum Göppingen nach Kirchheim/Teck geschaffen.
In Geislingen erfolgt die Gründung der Bezirksmilchverwertung.
Dann erschüttert die Weltwirtschaftskrise Staat und Wirtschaft. Arbeitslosigkeit greift
wieder um sich. Entlassungen in den Betrieben setzen ein. Städte und Gemeinden führen
Notstandsarbeiten aus, um die Arbeitsnot zu lindern. Wieder wird Personalabbau in der
öffentlichen Verwaltung eingeleitet und Gehaltskürzungen werden vorgenommen.

1930 Die parteipolitischen Auseinandersetzungen nehmen an Heftigkeit wieder zu. Eine
Aufsplitterung der bisherigen politischen Parteien tritt ein. Der Christlich-Soziale Volks-
dienst, eine Gründung kirchlicher Kreise, konstituiert sich auch im Kreisgebiet. Die nach
militärähnlichem Vorbild geschaffenen Hilfsorganisationen der Parteien (SA, SS, Reichs-
banner, Eiserne Front, Stahlhelm, Rotfront) treten bei Kundgebungen und Aufmärschen
immer mehr hervor. Die Reichstagswahl am 14. September zeigt in Göppingen und Geislingen eine in diesem Umfang nicht erwartete Zunahme der nationalsozialistischen Stimmen. Im Reichstag erhält die NSDAP statt bisher 12 nunmehr 107 Mandate.
Bei aller Verschlechterung der Lage ist aber doch festzustellen, daß die Auswirkungen
der weltweiten Krise die beiden Oberämter Göppingen und Geislingen nicht so hart betroffen haben, wie die Wirtschaft im ganzen Reich. Ein um diese Zeit erschienenes Gutachten des Reichssparkommissars bezeichnet Württemberg als das bestverwaltete Land
des Reiches.
Die Verbandsgewerbeschule Göppingen erhält neue Unterrichtsräume mit Werkstätten
im ehemaligen Fabrikgebäude der Korsettfabrik Rosenthal, Fleischer & Co., am Nordring.
Die neue Württembergische Gemeindeordnung ändert die althergebrachten Amtsbezeich-
nungen Schultheiß und Stadtschultheiß in die künftige einheitliche Bezeichnung Bürgermeister; in Städten mit mehr als 20 000 Einwohner Oberbürgermeister. Bereits seit 1928
führt der Oberamtmann die Bezeichnung Landrat.
In Göppingen wird beim Bahnhof ein neues Postamt erbaut, da das alte räumlich ungenügend geworden war.
Erst 62 Jahre alt stirbt Fabrikant Emil Boehringer von der Werkzeugmaschinenfabrik
Gebr. Boehringer GmbH Göppingen am 21. Mai.

1931 In Geislingen wird das neue Postamtsgebäude gegenüber dem Bahnhof eröffnet.
Zugleich beginnt man mit der Erstellung eines Kolonnenhauses des Roten Kreuzes im
Stadtteil Seebach. Die Gemeinden und Städte führen Notstandsarbeiten, vor allem
Straßenbauten, Kanalisationen, Wasserleitungen, Bach- und Flußbettverbesserungen
durch. Aber die Zahl der Arbeitslosen steigt trotzdem. Am Ende des Jahres werden im
Reich fünf Millionen, in Württemberg 133 604 Erwerbslose gezählt. Das sind 50 auf
1000 Beschäftigte. In Göppingen und Geislingen beträgt die Zahl der Arbeitslosen zu-
sammen 5904, im März 1932 zusammen 7138.

Die rechts- und linksradikalen Verbände der NSDAP und KPD erfahren von der Staats-
gewalt nur geringen Widerstand. Die örtlichen Polizeistellen und die Bürgermeister bleiben auf sich selbst gestellt. Die Regierung in Württemberg gibt sich noch dem Glauben
hin, mit der Überwindung der außenpolitischen und wirtschaftlichen Krise werde der
Rechts- und Linksradikalismus nachlassen. Im Reich, und später auch im Land, kann nur
noch mit Notverordnungen auf Grund des Artikels 48 der Weimarer Verfassung regiert
werden. In den Stadt- und Gemeindeparlamenten des Kreisgebiets wird noch geordnet
und ohne besondere Störungen durch die politischen Parteien gearbeitet.

1932 Die Not des Mittelstands wird größer. Die Zahl der Arbeitslosen steigt im Reich
am Jahresende auf sechs Millionen. Dadurch nehmen auch die Fürsorgelasten der Städte
und Gemeinden immer mehr zu. Doch immer noch können die öffentlichen Haushalte
der Kreisgemeinden ausgeglichen werden. Aber größere Maßnahmen zur Behebung der
Arbeitslosigkeit sind nicht mehr möglich. Steuerstundungen und -nachlässe für Mittel-
stand und Industrie müssen gewährt werden.
Bei der am 4. April durchgeführten Landtagswahl wird die NSDAP die stärkste Partei
im Landtag. Aus Göppingen-Geislingen werden gewählt: Mathilde Brückner, Göppingen
(SPD), Karl Klein, Göppingen (KPD), Karl Kübler, Geislingen (Deutsche Demokratische
Partei), Alois Küchle, Geislingen (Zentrum) und Otto Steinmayer, Göppingen (SPD).
Der Letztere wurde nach 1945 Verkehrsminister im Lande Württemberg-Baden und ist
bis heute der einzige Minister geblieben, der aus unserem Kreis stammt.
In Ebersbach kommt es am 24./25. Juli nach einer Kundgebung der NSDAP in der
Gemeindeturnhalle zu heftigen Zusammenstößen mit Gegendemonstranten aus SPD,
KPD und Gewerkschaften. Die Ordnung kann erst durch einen aus Esslingen herbeige-
rufenen Zug der Sicherheitspolizei wiederhergestellt werden.
Nach siebenjährigen Verhandlungen zwischen den Gemeinden Ebersbach und Roßwälden
stimmt der Landtag der Loslösung des Teilorts Sulpach, Gemeinde Roßwälden (Oberamt
Kirchheim) und dessen Eingemeindung nach Ebersbach (Oberamt Göppingen) zu.
Auf Initiative von Studiendirektor a. D. Georg Burkhardt, des späteren Ehrenbürgers
der Stadt Geislingen, werden Ausgrabungsarbeiten zur teilweisen Freilegung der Mauerreste der Burg Helfenstein und zu deren Instandsetzung im Zuge von Notstandarbeiten
aufgenommen.
Nunmehr haben auch die Arbeiten für die Elektrifizierung der Eisenbahnlinie Stuttgart—
Ulm eingesetzt. Die fauchenden, rauchenden und rußenden Dampflokomotiven verschwinden allmählich. 1933 werden die Arbeiten abgeschlossen.

Nach dem Ersten Weltkrieg galt es das Erhaltene zu fördern, zu modernisieren, die
Wirtschaft — durch den Krieg zurückgeblieben — umzustellen, den neuen Produktionsmethoden anzupassen, sowie neue Arbeitsplätze zu schaffen. Neue Wohnungen wurden
in großem Umfang nötig. Trotz der großen Kriegsverluste brauchten die Nachgewachsenen Wohnraum für die neu gegründeten Familien. Das Handwerk wurde dadurch in

allen Sparten befruchtet. Aber die Menschen benötigten größere Fürsorge als früher. Das Heer der Kriegsbeschädigten, Witwen und Waisen hatte Anspruch auf die Hilfe des Staates. Die durch die Geldentwertung verarmten Sparer und Kleinrentner bedurften der Hilfe der öffentlichen Hand nicht weniger. Neues Sozialempfinden stellte sich ein und kam zum Ausdruck in entsprechend neuen Gesetzen. Das Reich, die Länder und die Gemeinden zeigten sich diesen Aufgaben gewachsen. Es ging allenthalben aufwärts, bis der durch eine allgemeine Wirtschaftskrise in der Welt ausgelöste Rückschlag in der Entwicklung eintrat und Arbeitslosigkeit, Not und Unzufriedenheit mit sich brachte. Dadurch wurde der sogenannte „Weimarer Staat" eine leichte Beute eines anderen, mit allen Mitteln für sich werbenden und rücksichtslos kämpfenden Systems. Dabei ergab sich das zunächst überwiegende Bild, daß die beiden Oberamtsstädte Göppingen und Geislingen politisch verschieden strukturiert waren. Göppingen galt als Hochburg der „Linken", während in Geislingen schon sehr früh die nationalsozialistische Bewegung Fuß fassen konnte.

Die Zeit von 1933 bis 1945

1933 Die Machtübernahme durch die NSDAP erfolgt in Württemberg am 7. März. Oberbürgermeister Hartmann, Göppingen, wird sofort abberufen und durch Diplomingenieur Dr. Erich Pack, Leiter der Göppinger Ortsgruppe der NSDAP, ersetzt. Er war bisher Gießereileiter der Firma L. Schuler AG., Göppingen. Auch Oberamtmann Feurer muß kurze Zeit später seinen Platz räumen. Er hatte sich der Hissung der Hakenkreuzfahne auf dem Schloß in Göppingen unter Berufung auf seinen Diensteid mannhaft widersetzt.

Alle politischen Parteien werden aufgelöst. Die NSDAP erhält Monopolstellung. Nacheinander werden dann sämtliche Organisationen und Verbände gleichgeschaltet. Die bisher führenden politischen Gegner nimmt man in sogenannte Schutzhaft und verbringt sie meist in das Konzentrationslager auf dem Heuberg. Der 1. Mai, jetzt „Tag der Arbeit" genannt, wird durch Umzüge groß gefeiert. Aber am Tag darauf löst man die Gewerkschaften auf. An ihre Stelle tritt die „Deutsche Arbeitsfront". Auch der Landesverband Württembergischer Amtskörperschaften wird aufgelöst. Der Göppinger Oberamtmann Feurer gehörte bis zuletzt dessen fünfzehnköpfigem Vorstand an.

Die sozialdemokratische „Freie Volkszeitung" in Göppingen, gegründet 1910, muß ihr Erscheinen einstellen. Letzter Redakteur ist Georg Rohrer aus Göppingen, der nach 1945 Bürgermeister in Eislingen/Fils wird. An dieser Zeitung war vor dem Ersten Weltkrieg der Kommunist Karl Radek, der später in der Sowjetunion eine große Rolle spielte, als Redakteur tätig. In Ebersbach stellt das seit 1904 bestehende Lokalblatt „Unterer Filstal- und Schurwaldbote" unter Druck sein Erscheinen ein. Die ebenfalls 1904 gegründete Lokalzeitung „Eislinger Zeitung" kann sich noch bis 1943 halten. Die „Göppinger Zeitung", 1827 gegründet, kommt jetzt als nationalsozialistische Zeitung heraus. Mit der

Mehrheit der Verlagsanteile geht der Verlag an den Verband der Württembergischen NS-Presse über. Die 1863 gegründete Zeitung „Der Hohenstaufen" hatte sich zu dem meistgelesenen Nachrichtenorgan im Oberamt Göppingen entwickelt. Der Herausgeber Johannes Illig, früher Volksschullehrer, war hochangesehen und schriftstellerisch begabt. Er befaßte sich auch mit der Erforschung der Heimat und mit Astronomie. Der letzte Schriftleiter des „Hohenstaufen", Dr. Fritz Harzendorf, muß Göppingen wegen seiner gegen die NSDAP gerichteten Veröffentlichungen im Jahre 1934 von heute auf morgen verlassen. So erlahmt die Zeitung zwangsläufig in ihrer gewohnten Aktivität. Vater und Sohn Illig schließt man 1935 wegen „mangelnder Zuverlässigkeit und Eignung" aus der Reichspressekammer aus. Ihre Tätigkeit als Zeitungsverleger wird ihnen untersagt. Daher geht der Verlag 1936 an die „NS-Presse Württemberg GmbH" über. 1937 werden „Der Hohenstaufen" und „Die Göppinger Zeitung" zusammengelegt. Von jetzt ab wird die neue Zeitung unter der Bezeichnung „Der Hohenstaufen – Göppinger Zeitung" herausgegeben. Mit dem Einmarsch der amerikanischen Truppen am 19. April 1945 erscheint die letzte Nummer dieser Zeitung. In Geislingen bleibt die „Geislinger Zeitung", allerdings ab 1933 auch als NS-Blatt, ohne Unterbrechung bestehen.

Nach dem Reichsgesetz über die Wiederherstellung des Berufsbeamtentums muß jeder Beamte einen Fragebogen ausfüllen, der in Stuttgart überprüft wird. Hierbei ergibt sich die Gelegenheit, unliebsame Beamte zu entlassen. Auch im Bereich der Oberämter Göppingen und Geislingen kommen Entlassungen auf Grund dieses Gesetzes vor.

Im Verlauf des Jahres ist eine berechtigte Verwaltungsreform in manchen Gemeinden erfolgt. Eckwälden, ein Teilort von Aichelberg im Oberamt Kirchheim, wird zu der nähergelegenen Gemeinde Boll (Oberamt Göppingen) umgegliedert. Eine längst fällige und zu begrüßende Maßnahme ist die Zwangsvereinigung der Gemeinden Groß- und Klein-Eislingen, sowie Groß- und Klein-Süßen im August und September 1933. Die Bürgermeister der vier selbständigen Gemeinden werden abgelöst und auf andere Stellen versetzt. Die beiden neuen Großgemeinden Eislingen/Fils und Süßen erhalten Bürgermeister, die der neuen Staatsführung als politisch zuverlässig gelten.

Am 28. Januar stirbt in Eislingen/Fils der pensionierte Pfarrer Dr. Theodor Engel, fast erblindet und 91 Jahre alt. Er war ein anerkannter Geologe. Seine reichhaltige Sammlung befindet sich jetzt im Geologischen Museum Dr. Engel der Stadt Göppingen im ehemaligen Jebenhäuser Badhaus.

Ende des Jahres wird Dr. Walter Bertsch, bisher in Welzheim, zum Landrat in Göppingen berufen.

1934 Die NS-Regierung in Württemberg erläßt eine neue Kreisordnung. Die Oberämter werden Kreise, die Amtskörperschaft bildet den Kreisverband, die Amtsversammlung heißt künftig Kreistag und der bisherige Bezirksrat wird zum Kreisrat. Maßgebend für die Vertretung der Gemeinden im Kreistag ist nun die Einwohnerzahl und nicht mehr der Anteil an der Kreisumlage. Die Mitglieder des Kreistags werden vom Staat, diejenigen des Kreisrats vom Landrat im Einvernehmen mit dem Kreisleiter der NSDAP berufen. Diese Organe haben nicht oft getagt. 1939 hat die Reichsregierung die an sich recht bescheidenen Befugnisse von Kreistag und Kreisrat aufgehoben.

Kaum aufgezogen, beginnt der rührig und tatkräftig handelnde Landrat mit der Behebung der unzulänglichen Raumverhältnisse für die Kreisverwaltung und die Kreissparkasse. Er läßt durch den Hamburger Architekten Baier ein neues Kreissparkassengebäude und durch den tüchtigen Göppinger Oberamtsbaumeister Karl Stegmaier ein neues Kreisverwaltungsgebäude erstellen. In dem Stadtviertel „Klein Venedig" wird damit die Altstadtsanierung Göppingen durch den Kreisverband begonnen.

Im Frühjahr beginnen die Arbeiten für den Bau der Autobahn Stuttgart—Ulm, eine Maßnahme, die zunächst wohl aus strategischen Gesichtspunkten unternommen, aber dann doch bahnbrechend für die Verbesserung der Verkehrsverhältnisse und die rasche Führung des motorisierten Verkehrs wird. Die Zahl der Arbeitslosen geht spürbar zurück. Der Auftrieb der Industrie, besonders im Maschinen-, Stahl- und Fahrzeugbau, zeichnet sich deutlich ab.

Auch die Landwirtschaft bleibt von Änderungen in ihrem Gefüge nicht verschont. Für sie wird der Reichsnährstand geschaffen und damit die besondere Bedeutung des Bauernstandes in der NS-Ideologie zum Ausdruck gebracht. Alle freiwilligen Verbände der Landwirtschaft werden in die Landwirtschaftskammern eingegliedert und in ihr zusammengefaßt. Der Landwirt Albert Schwegler in Eislingen wird Kreisbauernführer.

Auf dem großen Grundbesitz der Gemeinde Böhmenkirch „Rauhe Wiese" plant man eine bäuerliche Kleinsiedlung mit 15 Stellen von je 12—15 ha Größe. Sie erhält den Namen Heidhöfe und wird 1934 mit Hilfe des Reichsarbeitsdienstes ausgeführt und im Jahre 1935 bezogen. Bis dahin war dieser Markungsteil wegen seiner großen Entfernung vom Ort nur als Schafweide und Brachland genützt worden. Allerdings ist viel Mühe und Arbeit aufzuwenden, bis die Siedlung zur Blüte kommt. Die ersten Jahre sind für die Siedler außerordentlich mühsam. Sie brauchen viel Kraft, um durchzuhalten.

Die Gemeinde Ebersbach richtet einen freiwilligen Arbeitsdienst ein, der dann später in den Reichsarbeitsdienst eingegliedert und im April 1939 von Ebersbach wegverlegt wird. In Wäschenbeuren besteht von 1931 bis 1945 eine Einrichtung des Arbeitsdienstes für Mädchen. Die Arbeitsmaiden sind vorwiegend in landwirtschaftlichen Betrieben eingesetzt.

1935 Die neue, reichseinheitliche Gemeindeordnung beseitigt die Selbstverwaltung der Gemeinden und bringt das Führerprinzip auch in die Kommunalverwaltung.

Der Ortsteil Niederwälden von Holzhausen wird am 1. Juli in die näher gelegene Gemeinde Wangen umgegliedert.

Mit der Einführung der allgemeinen Wehrpflicht erhält Göppingen ein Wehrmeldeamt. Im September wird es auch Garnisonsstadt. Auf der sogenannten „Viehweide" errichtet man einen Heeresflugplatz für zunächst zwei Staffeln und eine Aufklärungsgruppe.

Der November bringt den Erlaß der sogenannten „Nürnberger Gesetze". Diese sprechen den Juden alle politischen Rechte ab und stoßen sie aus der Lebensgemeinschaft des deut-

schen Volkes aus. In Göppingen sind zahlreiche und angesehene jüdische Familien ansässig, die viel zur Industrialisierung der Stadt beigetragen haben. Über diese betroffenen
Familien hinaus werden weite Kreise in Göppingen durch diese Maßnahme von Bestürzung und Erregung erfaßt. Die Juden kennzeichnet man äußerlich dadurch, daß sie an
der Kleidung den gelben Davidsstern tragen müssen.
Landrat Dr. Walter Bertsch, der sich rasch eingelebt und in der kurzen Zeit verdient gemacht hat, geht auf eigenen Wunsch weg in das Reichswirtschaftsministerium nach Berlin. Später wird Bertsch vom Reichsprotektor für Böhmen-Mähren, Baron von Neurath,
nach Prag angefordert und kommt als einziger deutscher Minister in die tschechische Regierung Hacha. Beim Zusammenbruch gerät er in Gefangenschaft, ist zunächst im Lu-
blianka-Gefängnis in Moskau, wird später den Tschechen ausgeliefert und von diesen zu
lebenslänglicher Zwangsarbeit verurteilt. Er stirbt an Entkräftung im Jahr 1952.

1936 Im April tritt eine tiefgreifende Änderung im kulturellen Bereich ein. Die bisherigen Konfessionsschulen werden in deutsche Gemeinschaftsschulen umgewandelt. Anstelle
des bis dahin humanistisch bestimmten höheren Schulwesens treten einheitliche Ober-
schulen.
Der von Mühlhausen am Drackensteiner Hang entlang führende Albaufstieg der Auto-
bahn wird in Betrieb genommen. Es ist ein gewaltiges, fast alpines Bauwerk. Die zweite
Fahrbahn zum Albaufstieg über Wiesensteig wird begonnen, später aber wegen des
Kriegsausbruchs eingestellt. Der 635 m lange Tunnel unter dem Lämmerbuckel bleibt im
Rohbau stecken. Er dient später einer Rüstungsfirma als unterirdische Betriebsstätte. Die
zunehmenden Rüstungsaufträge beleben die Wirtschaft weiter und lassen die Zahl der
Arbeitslosen fortlaufend absinken.
Am 1. März wird Alfred Nagel, bisher in Calw, zum Landrat in Göppingen ernannt.
Zuvor war er mit der kommissarischen Führung des Oberkirchenrats beauftragt, da
Landesbischof Wurm sich gegen die politische Gleichschaltung der evangelischen Landes-
kirche Württembergs gewehrt hatte und daher beurlaubt worden war. Auf Grund der
Opposition der Kirchenglieder mußte jedoch Reichsbischof Müller seine Maßnahme ge-
genüber Wurm zurücknehmen. Landrat Nagel wurde 1943 abgelöst und im besetzten
Belgien verwendet.

1937 Eine segensreiche Einrichtung wird mit der Gründung des „Instituts für seelen-
pflegebedürftige Kinder" in Eckwälden durch Dr. Gerats geschaffen.
Im April zieht die Fliegerabwehr (Flak) in die neugebaute Kaserne in Holzheim ein.
Im Herbst erfolgt die Übergabe der Autobahnstrecke Kirchheim—Ulm. Damit sind auch
die bisher abgelegenen Gemeinden Aichelberg, Gruibingen, Mühlhausen, Drackenstein und
Hohenstadt für den Verkehr besser erschlossen. Die Autobahn führt 22,1 km durch die
beiden Oberämter Göppingen und Geislingen.
In den Jahren 1937 bis 1940 wird in Geislingen an der Straße nach Überkingen die soge-

nannte Bergwerkssiedlung erstellt, in welche aus dem Ruhrgebiet umgesiedelte Bergleute einziehen, die in der Grube Karl des Erzbergwerks der Gutehoffnungshütte arbeiten. Der Körperschaftsvermessungsdienst geht auf das Land über. Für Göppingen und Geislingen wird je ein staatliches Messungsamt eingerichtet.

1938 Das Gesetz über die Landesneueinteilung bringt die schon früher angestrebte Verringerung der Landkreise. Ab 1. Oktober gibt es anstelle von 61 nur noch 34 Land- und drei Stadtkreise. Göppingen verbleibt als Landkreis und erhält zu seinem alten Bestand den größten Teil des Kreises Geislingen, sodann die Gemeinden Aichelberg, Zell u. A., Roßwälden und Weiler (bisher Kirchheim), Adelberg und Baiereck (bisher Schorndorf), Reichenbach u. R. und Winzingen (bisher Schwäbisch Gmünd) und Wäschenbeuren (bisher Welzheim). Allerdings kommen die Gemeinden Maitis zu Schwäbisch Gmünd und Reichenbach/Fils zu Esslingen. Der so vergrößerte Landkreis Göppingen zählt 121 824 Einwohner. Sein Gebiet umfaßt das Tal der Fils von deren Ursprung bis nahe der Mündung in den Neckar, mit dem beiderseitigen Einzugsgebiet der Schwäbischen Alb und des Schurwaldes. Der neue Kreis ist gebietlich gut gestaltet. Alle Voraussetzungen für eine erfolgreiche Entwicklung dieses neuen Raumes sind gegeben. Der letzte Landrat in Geislingen war Karl Kircher. Im Krieg und in den Nachkriegsjahren ist der neugestaltete Kreis trotz ursprünglich vorhandener Abneigung im Geislinger Raum gut zusammengewachsen.

In diesem Jahr erhält ein weiteres Teilgebiet des Kreises über die Staufengruppe zentrale Wasserversorgung und ist damit der immer wiederkehrenden Wassernot enthoben. Die Gemeinden Hohenstaufen und Ottenbach sowie Einzelgehöfte der Stadt Eislingen und der Gemeinde Salach werden über die genannte Gruppe mit ausreichendem und gutem Wasser versorgt.

Der seit 1920 in Holzheim betriebene Ölschieferabbau wird wegen Unwirtschaftlichkeit aufgegeben.

Nur die politisch einseitig Denkenden können sich über den erzwungenen Anschluß Österreichs an das Reich und über den späteren Einmarsch unserer Wehrmacht in das Sudetenland freuen. Einsichtige sind zutiefst besorgt über diese Politik und deren Folgen.

Die Ermordung eines Angehörigen der Deutschen Botschaft in Paris durch einen jüdischen Attentäter löst Ausschreitungen gegen die jüdische Bevölkerung aus. Der „Volkszorn" wütet auch im Kreis. Die Synagoge in Göppingen wird angezündet und brennt vom 9./10. November aus.

Als der damalige Göppinger Amtsrichter Dr. Gebhard Müller (nach 1945 Staatspräsident in Württemberg-Hohenzollern und später Ministerpräsident in Baden-Württemberg) Löschmaßnahmen verlangt, wird er von einem SA-Führer bedroht, kurz darauf abberufen und nach Stuttgart versetzt. In dieser sogenannten Kristallnacht werden in Württemberg 18 Synagogen niedergebrannt und 12 zerstört, sowie 878 Juden verhaftet. Sodann werden alle jüdischen Geschäfte zwangsarisiert oder aufgelöst und deren Inhaber aus ihren Stellungen entfernt. Die Übernahmepreise für die Betriebe und die Waren liegen weit unter dem wirklichen Wert. Der Leidensweg der Juden, schon bisher schwer genug, sollte noch schwerer werden. Sie sind rechtlos und vogelfrei. Göppingen war der Sitz eines Rabbinats. Der geistreiche letzte Rabbiner Dr. Aron Tänzer ist am 26. Februar des vorhergehenden Jahres, 66 Jahre alt, gestorben. Als nichtjüdische Mitbürger im Leichenzug mitgingen, wurden sie in der NS-Presse angeprangert.

1939 21 Jahre lang lebte Deutschland im Frieden, auch wenn innenpolitisch immer wieder viel Unruhe war. Immer mehr wird aber bemerkbar, daß die neue Führung dem Krieg zutreibt. Ende August erfolgt die Einführung der von langer Hand vorbereiteten Zwangswirtschaft für Nahrungsmittel und die Ausgabe der bei den Gemeindebehörden seit einiger Zeit lagernden Lebensmittelkarten. Bald gelangen auch Kleiderkarten zur Ausgabe.
Die Mobilmachung wird angeordnet und auch schon im Ersten Weltkrieg gediente Soldaten werden wieder einberufen. Mit dem Überfall auf Polen am 1. September nimmt der Zweite Weltkrieg seinen Anfang. In der Bevölkerung herrscht tiefe Betroffenheit. Begeisterung über diesen Schritt ist nirgends spürbar. Die folgenden Kriegserklärungen von England und Frankreich lassen die Stimmung noch gedrückter werden. Die Gestellungsbefehle treffen ein und rufen die ausgebildeten Soldaten in kürzester Frist zu ihren Truppenteilen und an die Fronten.
Die Anordnung der Verdunkelung macht den Ernst der Lage weiter verständlich. Das Abhören von Auslandssendern wird verboten. Bespitzelungen der als politisch unzuverlässig Verdächtigten setzen ein. Vergehen gegen die kriegswirtschaftlichen Verordnungen werden schwer, sogar mit dem Tode bestraft. Urteile für Gesetzesübertreter in Ebersbach und Rechberghausen waren sehr hart und sollten abschrecken.
Aus dem Raum südlich Karlsruhe treffen viele Evakuierte ein, die aus Grenznähe für den Fall eintretender Kampfhandlungen mit Frankreich ins Hinterland verlegt werden. Allerdings können sie bald wieder zurückkehren, da die Rhein- und Vogesenfront ruhig bleibt.
Die Stadt Göppingen wird durch die zwangsweise Eingemeindung der an ihrer Südgrenze liegenden Gemeinden Holzheim und Jebenhausen ab 1. April vergrößert.
In diesem erregenden Jahr kann die Firma L. Schuler AG in Göppingen auf ihr 100jähriges Bestehen zurückblicken.

1940 Der Mangel an Arbeitskräften wird durch die Einberufungen zur Wehrmacht und durch die Anforderungen der Rüstungswirtschaft immer größer. Daher werden französische und polnische Kriegsgefangene in der Landwirtschaft und in der Industrie eingesetzt. Die Zahl der aus den besetzten Ostgebieten zwangsweise herangeholten Arbeitskräfte nimmt ständig zu. Die größeren Betriebe errichten hierfür besondere Unterkünfte, die der Überwachung der Gendarmerie unterstehen. Regelmäßige Appelle müssen die Anwesenheit sichern und die Flucht erschweren. Die Gestapo verhängt drastische Strafen. In Ebersbach wird am 20. Januar 1943 ein junger polnischer Landarbeiter wegen angeblicher unsittlicher Berührung einer Bauerntochter und trotz Intervention des Bürgermeisters durch den Strang hingerichtet. Die gleiche Strafe trifft in Uhingen am 27. Oktober 1943 einen russischen kriegsgefangenen Unterleutnant wegen angeblicher Sabotage in einem Rüstungsbetrieb. Aus 5 km Entfernung von beiden Richtstätten müssen Ostarbeiter und Kriegsgefangene durch die Gendarmerie als Zuschauer herangeführt werden. Auch die politischen Leiter der NSDAP werden als Zuschauer aufgeboten.

Die Anordnung Hitlers über die Vernichtung lebensunwerten Lebens kann nicht lange geheim bleiben. Große Unruhe entsteht, als Nachrichten über Anstaltspfleglinge eingehen, wonach diese plötzlich in Grafeneck verstorben sind. Wegen der Ansteckungsgefahr können Nachlaßgegenstände nicht ausgeliefert werden. Unter den 10 000 Vergasten in Grafeneck befinden sich auch viele geistig und körperlich Behinderte aus unserem Landkreis.

Der Winter wird streng und bringt Not nicht nur an der Front im Osten. Die harte Kälte hält lange an. Starker Kohlenmangel macht sich in den Wohnungen, Betrieben und öffentlichen Gebäuden bemerkbar. Der „Kohlenklau" wird an die Wand gemalt. Die Schulen und öffentlichen Bäder müssen teilweise geschlossen werden. Nun setzt auch die Beschlagnahme der Kirchenglocken ein. Die Rüstung bedarf dieses wertvollen Materials. Die Gemeinden Reichenbach u. R. und Winzingen werden am 1. Oktober nach Donzdorf umgegliedert. Nach dem Zusammenbruch bemühen sich die beiden Gemeinden mit Erfolg um die Wiederherstellung ihrer Selbständigkeit, welche am 1. Oktober 1950 wieder erreicht wird.

1941 Der Krieg wird verlustreicher. Die eingehenden Gefallenennachrichten bringen Trauer in viele Familien. Die Begeisterung über den ursprünglich siegreichen Kriegsverlauf in Polen, auf dem Balkan und im Westen macht Ernüchterung Platz, zumal die Hoffnung auf ein Ende des Kriegs nach dem Frankreichfeldzug nicht in Erfüllung ging.

Der Überfall auf die Sowjetunion am 22. Juni löst in der Bevölkerung Angst und Beklemmung aus. Die Bestürzung wird noch größer, als die Kriegserklärung an die USA erfolgt. Wegen der ungenügenden Winterausrüstung der Truppen im Osten beginnt eine großangelegte Sammelaktion in der Heimat für Winterkleidung, Skiausrüstungen u. a. für die Wehrmacht. Die Bevölkerung hilft eindrucksvoll zum Erfolg mit. Auch Sammlungen von Altmaterialien beginnen. Das Winterhilfswerk ruft zu Spenden auf, die reichlich fließen. Die Verfolgung der Juden wird drastisch fortgesetzt und der geheimgehaltenen „Endlösung" in Vergasungslagern zugeführt. Soweit die jüdischen Einwohner des Landkreises nicht ausgewandert sind, werden sie nun festgenommen und deportiert. Eine Sammelstelle befindet sich im Schloß in Weißenstein.

1942 Jetzt wird auch eine Reichsraucherkarte und eine Kartoffelkarte eingeführt. Die Schulen müssen immer wieder wegen Kohlenmangel geschlossen werden.

Erfreulich ist, daß an der Göppinger Verbandsgewerbeschule eine Meisterschule für Schmiede — die erste im Reichsgebiet — errichtet wird.

1943 Mit Spannung und Sorge haben alle Bevölkerungskreise den Kampf um Stalingrad, bei dem viele Württemberger eingesetzt sind, verfolgt. Vom 22. November 1942 bis 2. Februar hat sich das Schicksal um die Armee Paulus vollzogen. Sie ist in Kampf, Hunger und Kälte untergegangen. Alle Gemüter sind auf das tiefste betroffen. Viele Angehörige aus dem Kreis sind dort umgekommen oder in Gefangenschaft geraten. Der Glaube an den Sieg schwindet.

In der Heimat beginnt die Aufnahme von Evakuierten aus den bombengeschädigten Großstädten. Der Ernst der Kriegslage wird der Bevölkerung bewußter. Die Rohstoffe werden immer knapper. Alle Kräfte — ob Mann ob Frau — sind für die Kriegswirtschaft mobilisiert. Es wird mit Dienstverpflichtungen vorgegangen. Die Lastkraftwagen werden auf Holzgasbetrieb umgestellt.

Nach der Versetzung von Landrat Alfred Nagel zur Militärverwaltung in Belgien, wird Ministerialrat Hermann Reihling, bisher im Reichsministerium des Innern in Berlin (später Oberbürgermeister in Geislingen), am 1. Mai zum kommissarischen Landrat in Göppingen berufen. Er ist besonnen, gewissenhaft, fest in seiner Haltung gegen Eingriffe der NSDAP in die Verwaltung. Die Mitarbeiter in seinem Amt und die Bürgermeister haben an ihm eine feste Stütze.

1944 Die Katastrophe rückt näher. Nun wird aus den daheimgebliebenen Männern der Volkssturm aufgestellt und ausgebildet. Seine Ausrüstung ist völlig ungenügend.

Der Eisenbahnverkehr wird auf der Hauptlinie Stuttgart—Ulm und auch auf den Nebenlinien durch Fliegerangriffe immer mehr gestört und gefährdet. Durch die Ausweitung des Luftkriegs fällt auch die Leistung der Wirtschaft ab. Die 60-Stunden-Woche wird eingeführt.

Ältere Männer — besonders Bauarbeiter — werden einberufen und zusammen mit Hitlerjungen zu Schanzarbeiten an den Westwall abgestellt. Die Invasion der Feindmächte in Nordfrankreich hat erfolgreich begonnen. Nun sind auch die Grenzen im Westen der Heimat bedroht.

Die Werkzeugmaschinenfabrik Gebr. Boehringer, gegründet 1844, besteht 100 Jahre.

1945 Nun ist der Krieg auch über den Landkreis Göppingen hereingebrochen. Bei einem Luftangriff am 1. März auf Göppingen gibt es 291 Tote; 212 Gebäude werden völlig, 83 stark und 658 mittel- und leichtbeschädigt. Auch in anderen Kreisorten fallen Fliegerbomben. Von den nieder fliegenden Jagdbombern werden Arbeitskräfte und Vieh auf dem Felde gefährdet. Eine Abwehr von deutscher Seite ist nicht mehr zu bemerken.

Am 19. März ergeht ein Befehl Hitlers zur Zerstörung aller Verkehrsverbindungen, Versorgungs- und Produktionsanlagen vor dem Anrücken des Feindes. Gegen die Ausführung wehrt sich Landrat Reihling, unterstützt von Dr. Goebel und Haug im Innenministerium in Stuttgart. Zuletzt verhindert selbst Albert Speer, der Generalinspekteur für Waffen und Rüstung, die Durchführung dieses Befehls.

Parteidienststellen ordnen die Anlegung von Panzersperren an. Der Autobahnviadukt bei Drackenstein wird gesprengt.

Auf der Durchgangsstraße Stuttgart—Ulm strömen ununterbrochen lange Kolonnen
nach Osten zurück. Züge von Kriegsgefangenen, Strafbataillonen in Häftlingskleidung,
Hitlerjugend — noch zum Widerstand aufgerufen — ziehen mit ungenügender Ausrüstung, abgehetzt und übermüdet, ihre Habseligkeiten auf kleinen Handwagen ziehend,
vorbei. Nachts wird in Fabrikräumen Notquartier beschafft.

Eine Marschgruppe holländischer kriegsgefangener Offiziere marschiert hocherhobenen
Hauptes daher. Sie läßt das Bewußtsein der kommenden deutschen Niederlage deutlich
erkennen.

Am 19. April erreichen amerikanische Truppen von Norden her die Kreisgrenze. Bei
einem Luftangriff auf die Gemeinde Wäschenbeuren werden 5 Einwohner und 1 Soldat
getötet. 117 Gebäude gehen in Flammen auf. 600 Personen werden dadurch obdachlos.
260 Stück Vieh kommen um. Noch am selben Tag wird Göppingen erreicht. Am 22. April
ist das ganze Kreisgebiet besetzt. Es gibt keinerlei Verbindungen mehr von Ort zu Ort.
Jede Informationsmöglichkeit ist weggefallen. Die Besatzungsmacht verhängt eine Aus-
gehsperre. Die Ablieferung von Waffen, Radio- und Fotoapparaten und von Ferngläsern
wird angeordnet. Die Wirtschaft liegt still.

Der Zusammenbruch fegt Reichs- und Länderregierungen hinweg. Intakt bleiben nur
Gemeinde- und Landkreisverwaltung, soweit sich deren Leiter nicht „abgesetzt" haben.
Die Männer in den Verwaltungen werden jeden Tag vor neue Aufgaben gestellt.
Vordringlich ist die Aufrechterhaltung der Versorgungseinrichtungen (Gas, Wasser, Elek-
trizität), die Beseitigung von Verkehrshindernissen, die Sicherung der Ernährung der
Bevölkerung, die Ausbesserung von Fliegerschäden, die Beschaffung von Unterkünften
für ausquartierte Einwohner. Die Amerikaner lassen ganze Wohnviertel räumen und gestatten den Hauseigentümern das Mitbewohnen der besetzten Gebäude nicht.

Der Landkreis ist zunächst eine kleine Wirtschaftsrepublik. Er muß versuchen, mit dem
was er hat, der Bevölkerung zu helfen und das der Einwohnerschaft und der Wirtschaft
Fehlende in den Kreis hereinzuholen. Auch bei den Behörden werden jetzt Kompensa-
tionsgeschäfte üblich. Erster Kreisgouverneur wird Hauptmann Holbrook. Dieser ist
deutschfreundlich, verständnisvoll, hilfsbereit und mit den Verhältnissen bestens vertraut.
Er ist in Amerika bereits in seine Aufgabe im Landkreis Göppingen eingeführt worden.
Die Militärpolizei und manche Truppenführer sind weniger geschickt. Sie halten jeden
Deutschen für einen Nazi und sind Denunzierungen zugänglich.

Nach der Besetzung wird Ministerialrat Reihling am 23. April festgenommen und inter-
niert. Seine Freilassung kann nicht erreicht werden. Die Militärregierung bestellt Jugend-
amtsleiter Erich Krauß zum kommissarischen Landrat. Oberbürgermeister Dr. Erich Pack
wird am 19. April seines Amtes enthoben und schon am Tag darauf Stadtamtmann
Christian Eberhard mit der Führung der Stadtverwaltung beauftragt. Auch die Bürgermeister der übrigen Städte und Landgemeinden werden abgesetzt soweit sie politisch
belastet sind. An ihrer Stelle setzt die Militärregierung kommissarische Bürgermeister ein.
Nun beginnt auch die Internierung der Amtsträger der NSDAP. Sie kommen in Inter-
nierungslager und sind dort oft unter schwierigen Verhältnissen lange untergebracht. Ihre

Vermögen werden gesperrt. Die Lebensmittelknappheit dauert an. Ein Glück ist, daß die
Besatzungsmacht aus ihren eigenen Vorräten lebt. Aber sie darf von ihrem Überschuß an
die deutsche Bevölkerung nichts abgeben. Erst einige Zeit nach der Besetzung wird das
sogenannte Fraternisierungsverbot aufgehoben, und die Besatzung geht freundlich und
menschlich mit den Deutschen um.

Äußerst schwierig gestaltet sich die Versorgung der bisherigen Kriegsgefangenen und der
zahlreichen Ostarbeiter. Da und dort kommen Plünderungen, Überfälle und auch Mord-
fälle auf abgelegenen Höfen im Ottenbacher Tal vor. Mit den machtlosen deutschen
Stellen versucht die Besatzungsmacht Ordnung und Sicherheit wieder herzustellen. Erst
der Abtransport der Kriegsgefangenen und der Ostarbeiter in ihre Heimatgebiete bringt
eine große Erleichterung.

Württemberg ist durch die Besetzung in zwei Teile zerschnitten. Die Grenze zwischen der
amerikanischen und der französischen Besatzungszone bildet die Autobahnlinie von
Karlsruhe bis Ulm. Der Kreis Göppingen gehört zur amerikanischen Besatzungszone. Die
Übernahme der obersten Gewalt durch die Besatzungsmacht wird am 5. Juni prokla-
miert. Die Verwaltung festigt sich. Schon am 20. Juni tritt in Murrhardt eine erste
Landrätekonferenz zusammen, um die gemeinsamen Nöte und Sorgen zu besprechen und
einheitliche Maßnahmen für die Führung der Verwaltung zu finden. Diese Konferenz
wird Vorläuferin des späteren Parlaments.

Am 1. Oktober können die Schulen wieder eröffnet werden. Auch die Wirtschaft kommt
wieder in Gang und die Eingliederung in den Arbeitsprozeß macht Fortschritte. Die Gewerkschaften werden örtlich wieder zugelassen. Die Wiedergründung betreiben in Göppingen Karl Völker, Robert Bauser und Richard Kontermann, in Geislingen Josef Bucher
und Robert Banzhaf.

Am 23. Mai erscheint als erste Zeitung nach der Besetzung „Der Hohenstaufen — Amts-
blatt für den Kreis Göppingen".

Für die Verwaltung und Wirtschaft treten nun neue Schwierigkeiten auf. Flüchtlinge und
Heimatvertriebene aus dem Osten sind aufzunehmen. Sie kommen völlig mittellos, see-
lisch verstört und körperlich geschwächt. Die Beschaffung von Wohnung, Kleidung und
Lebensmitteln ist die dringlichste Sorge; ebenso die allmähliche Eingliederung in die Wirtschaft. Allein in Geislingen sind 4500 Esten unterzubringen. Für sie werden vier Stadtteile vollständig geräumt. Der Landkreis richtet eine Kreisflüchtlingsstelle ein, welche die
Flüchtlinge den einzelnen Gemeinden zuweist.

Von Geislingen blieb Bürgermeister Erwin Schwarz in Stalingrad vermißt. Als Amtsverweser führt Stadtrat Albert Schauz bis Kriegsende die Geschäfte. Sodann wird Studienrat Dr. Kienle (SPD) mit der Führung der Stadtverwaltung betraut. Ihm folgen in
raschem Wechsel Ernst Reichle, Gewerkschaftssekretär (SPD), dann vom Gemeinderat gewählt Friedrich Karl von Siebold, vorher im Auswärtigen Amt tätig, und 1948 der von
der Bevölkerung gewählte Hermann Reihling, zuletzt kommissarischer Landrat in Göppingen. Er stirbt kurz darauf. Zu seinem Nachfolger wird Diplomkaufmann Alfred Allgaier gewählt. Erst mit der Wahl des gütigen und auf Ausgleich bedachten, korrekten, aus

Beilstein gebürtigen Schwaben, Rechtsanwalt Dr. Erich Klotz, kehrt in die Verwaltung dieser Stadt endlich Stetigkeit ein.

Im September wird die Evangelische Akademie in Bad Boll gegründet, eine Stätte für die Begegnung aller Kreise zur Aussprache und besserem gegenseitigen Verstehen. Direktor wird Dr. Eberhard Müller. In Bad Boll befindet sich auch die Zentrale für die Evangelischen Akademien der Bundesrepublik.

Im Oktober wird die Wetterwarte Stötten, auf Markung Schnittlingen gelegen, errichtet.

Die Zeit von 1946 bis 1966

1946 Am 27. Januar finden die ersten demokratischen Gemeinderatswahlen seit 1933 in Gemeinden unter 20 000 Einwohnern statt. Die Besatzungsmacht verlangt wegen der Wiedererziehung der Bevölkerung zur Demokratie die Durchführung von Foren durch die Landräte. Das erste Forum wird in Wiesensteig abgehalten. Diesen Veranstaltungen wohnen jeweils auch Angehörige der Besatzungsmacht bei. In diesen durchweg bestens besuchten Veranstaltungen wird nach kurzen Vorträgen in einer stets regen Diskussion auf alle Fragen Antwort gegeben. Die Amerikaner staunen über die Aufgeschlossenheit der deutschen Bevölkerung und merken bald, daß die demokratischen Gepflogenheiten in ihr nicht abgestorben sind.

Am 5. März ergeht das Gesetz zur Befreiung von Nationalsozialismus und Militarismus. Es leitet die sogenannte Entnazifizierung ein. Die Besatzungsmacht selbst wird mit dem Problem der Ausschaltung der politisch Belasteten aus dem öffentlichen Leben nicht fertig. Sie beauftragt daher die deutsche Verwaltung damit. Hierfür eingerichtete Spruchkammern nehmen im Juni ihre Tätigkeit auf. Die vom Gesetz Betroffenen müssen Meldebogen mit vielen Fragen ausfüllen. Die Entscheidungen der Spruchkammern schaffen viel Verbitterung, hin und wieder bis heute noch spürbar.

Am 1. April kann auch der Auslandspostverkehr wieder aufgenommen werden und einige Zeit später erfolgt die Aufhebung der Reisebeschränkungen zwischen der britischen und amerikanischen Zone, während die Zulassung des Verkehrs zwischen amerikanischer und französischer Zone erst 1948 möglich wird.

Dem am 28. April gewählten Kreistag gehören 18 Vertreter der CDU, 11 der SPD, 5 der DVP, 1 der KPD und 5 sonstigen Wählergruppen an.

Am 19. September wird durch die amerikanische Militärregierung das Land Württemberg-Baden (bestehend aus Nordwürttemberg und Nordbaden) geschaffen. Bei der Wahl in die Verfassunggebende Landesversammlung am 30. Juni werden aus dem Landkreis als Abgeordnete gewählt: Dr. Eugen Barthelmeß, Leiter des Arbeitsamts Göppingen (SPD), Gotthold Brendle, Oberregierungsrat a. D., Göppingen (CDU), Carl-Hermann Gaiser, Stadtrat, Göppingen (DVP), Hermann Nuding, Redakteur, Stuttgart-Untertürkheim (KPD). Dem am 24. November gewählten Landtag gehören Gotthold Brendle, Göppingen (CDU), Dr. Karl Kienle, Studienrat, Geislingen (SPD), Carl-Hermann Gaiser, Göppingen (DVP) und Hermann Nuding, Stuttgart-Untertürkheim (KPD), an. Die neue Landkreisordnung von Württemberg-Baden macht den Landrat zum Wahlbeamten. Er ist nicht mehr Staatsbeamter und wird von nun ab vom Kreistag gewählt.

In dieses Jahr fällt auch der Höhepunkt der Aufnahme der Heimatvertriebenen. Allein in Württemberg-Baden werden 500 000 registriert. Die Zahl im Landkreis Göppingen beträgt 29 942 = 10 Prozent der Bevölkerung.

Die Lebensmittelversorgung verschlechtert sich wieder. Auch der Kohlenmangel gibt Anlaß zur Sorge. Die Zahl der Arbeitslosen ist zurückgegangen; sie beträgt im April im Landkreis 2060 = 4,1 Prozent der Beschäftigten.

In Eislingen werden als Folge ungesunden Wassers 39 Typhusfälle gemeldet; auch in Holzheim und Geislingen stellt man weitere 9 Typhusfälle fest. 5 Personen erliegen der Krankheit, deren Ausbreitung erfolgreich entgegengewirkt wird.

Ab Mitte des Jahres wird der Flugplatz in Göppingen Mittelpunkt bedeutender Truppenstäbe der amerikanischen Besatzungsmacht.

Die Kreissparkasse Göppingen kann ihr 100jähriges Bestehen feiern.

1947 Im Februar wird der Deutsche Landkreistag, ein Zusammenschluß aller Landkreise im Bundesgebiet, wiedergegründet. Im Juli ist der Landkreistag Württemberg-Baden in Aalen erstanden, dessen Mitglied auch der Landkreis Göppingen wird. Um dieselbe Zeit entsteht der Württembergische Gemeindetag in Fellbach wieder, ihm gehören alle Gemeinden des Landkreises an.

Am Ende des Jahres wird der Kreistag erstmals nach neuem Recht gewählt. Er besteht aus 46 Kreisverordneten, und zwar CDU 16, SPD 14, DVP 13, KPD 1, Sonstige 2.

Bisher war die Sorge und Unruhe wegen des sogenannten Morgenthauplans der Amerikaner groß; das Wiedererstarken der Industrie sollte verhindert und Deutschland zu einem Agrarland werden. Nun hat aber auch die bessere Einsicht in den USA gesiegt, und in Deutschland ist man einer großen Sorge enthoben.

Der Industrieabbau (Demontage) geht im Landkreis nur ganz beschränkt vor sich. Dies ist der Haltung des amerikanischen Majors Holbrook zu danken. Der Marshallplan bringt spürbare Besserung auf allen Gebieten, nachdem bis jetzt noch manche Notstände herrschten. Der Kohlenmangel ist zeitweilig katastrophal und führt zu Kohlenferien für Schulen und zum vorübergehenden Zusammenbruch der Strom- und Gasversorgung.

Nun wird auch die Briefzensur im Inland und in das Ausland und die Zensur der Päckchen durch die Besatzungsmacht aufgehoben.

Das Amt für Besatzungsleistungen wird neu organisiert. Es ist zuständig für die Anforderungen der Leistungen an die Besatzungsmacht aus Miete für belegte Wohnungen, für Personen- und Sachschäden, die Besatzungsangehörige verursachen. Auch die Lohnzahlungen für die bei den Dienststellen der amerikanischen Truppen beschäftigten zivilen deutschen Kräfte werden von diesem Amt bezahlt.

Mit Sitz in Faurndau wird von Pfarrer Arnold Dannenmann das Christliche Jugenddorfwerk Deutschlands gegründet. Nach 25 Jahren ist es das größte Ausbildungs- und Bildungswerk für die junge Generation der Bundesrepublik. Über 24 000 Jungen und Mädchen werden in den 87 pädagogischen Einrichtungen auf das Leben vorbereitet. Ein Heim dieses Werkes besteht seit 1957 in Ebersbach a. d. Fils.

1948 Das wichtigste Ereignis dieses Jahres ist die am 20. Juni durchgeführte Währungsreform. Die Reichsmark tritt außer Kraft. Jeder Einwohner erhält zusammen 60,— Deutsche Mark (DM) Kopfgeld. Sparguthaben werden mit 6,5 Prozent aufgewertet. Wer keine Sachwerte besitzt, ist wieder einmal arm wie vor 25 Jahren.
Vor der Währungsreform blühte der Tauschhandel. Nun tritt über Nacht eine Wendung ein. Die Lebensmittelversorgung verbessert sich und die Lebensmittelbewirtschaftung kann teilweise aufgehoben werden. Die Zahl der Arbeitslosen geht zurück.
Endlich wird auch der Passierscheinzwang zwischen amerikanischer und französischer Zone aufgehoben.
Zu Beginn des Jahres wird durch den Kreistag der neue Kreisrat gewählt. Er besteht aus 12 Mitgliedern, dem Landrat als Vorsitzenden, den Oberbürgermeistern der beiden Städte Göppingen und Geislingen und 9 Vertretern der Parteien (3 CDU, 3 SPD, 3 DVP). Zur gleichen Zeit ist Landrat Brendle nach Meinungsverschiedenheiten mit der Militärregierung von seinem Amt zurückgetreten. Sein Landtagsmandat behält er bei. Zu seinem Nachfolger wird Gustav Seebich, der bisher 24 Jahre lang Bürgermeister in Ebersbach a. d. Fils war, gewählt. Er erhält darauf eine Berufung zum Vorsitzenden des Landkreistages Württemberg-Baden. Als solcher gehört er dem Präsidium des Deutschen Landkreistages an, wird 1949 dessen Vizepräsident, 1952 dessen Präsident, und bekleidet dieses Amt bis 1. Oktober 1960. Nach Gründung des Bundeslandes Baden-Württemberg wird Seebich am 3. Mai 1956 auch zum Präsidenten des Landkreistages Baden-Württemberg gewählt. Dieses Amt hat er bis 31. März 1966 inne. Walter Grube schreibt in seinem Buch „Vogteien, Ämter, Landkreise in der Geschichte Südwestdeutschlands" darüber: „Es ist eine Auszeichnung gerade auch der baden-württembergischen Landkreise und des Landkreises Göppingen, daß seit 23. Oktober 1949 Landrat Seebich in Göppingen zunächst als Stellvertreter und dann seit 22. Juli 1952 als Präsident dem Deutschen Landkreistag vorsteht."
Nacheinander wird vom Landkreis die Kreisbaugesellschaft „Filstal" gegründet und das Volksbildungswerk des Landkreises eingerichtet. Der Landkreis gewährt Beiträge für die Errichtung und den Ausbau der durch den Krieg zerstörten oder zurückgebliebenen Ortsbüchereien.
In dem früheren Wehrertüchtigungslager auf dem Kuchberg bei Oberböhringen, das der Landkreis von der Bundesvermögensverwaltung erwerben konnte, wird eine Lungenheilstätte mit 120 Betten eingerichtet. Ärztlicher Leiter wird der Lungenfacharzt Dr. Gudehus, der bis zur Auflösung der Heilstätte 1967 dort segensreich wirkt.
Chefarzt Dr. Karl Pfeiffer, Leiter der Chirurgischen- und Geburtshilfe-Abteilung am Kreiskrankenhaus Göppingen, stellt sein Amt nach 40jähriger Dienstzeit zur Verfügung. Eine Büste im Garten des Kreiskrankenhauses erinnert an sein Wirken.
Der Landkreis schenkt auch der Sicherung der Wasserversorgung angesichts des schnellen

Wachsens der Bevölkerung große Aufmerksamkeit. Auf sein Drängen wird die Wasserversorgungsgruppe Kornberg gegründet, die aus Tiefbrunnen zwischen Mühlhausen und Wiesensteig Wasser über die Alb in das mittlere und untere Filstal zuführt. Die Förderanlagen werden dort laufend ausgebaut.

Seit 1940 bestanden ein Ernährungsamt (für die Verteilung der Lebensmittel) und ein Wirtschaftsamt, je unter besonderer Leitung. Diese Ämter werden am 1. Oktober vereinigt. Sie können nach Besserung der Versorgungslage mit Wirkung vom 1. April 1950 aufgehoben werden.

Am Ende des Jahres wird zur Durchführung des Lastenausgleichsgesetzes ein Amt zur Berechnung der Leistungen an die Flüchtlinge und Heimatvertriebenen eingerichtet. Der Ausbau dieser Gesetzgebung macht eine fortlaufende Vermehrung des Personalbestandes dieses Amtes notwendig.

1949 Die Normalisierung der Wirtschaftslage macht Fortschritte. Die Heimatvertriebenen werden immer mehr in das Arbeitsleben eingegliedert und bewähren sich. Sie haben z. T. neue Betriebe errichtet, die sich behaupten und die eine Bereicherung der heimischen Industrie darstellen.

Bei Aichelberg werden für die Autobahn neue Zu- und Abfahrten geschaffen. Die Stadt Wiesensteig macht durch eine Flurbereinigung mit Grundstückszusammenlegungen die Aussiedlung von 10 Höfen mit je 15 ha Fläche auf dem Bläsiberg und im Heidental möglich.

Das vom Geschichts- und Altertumsverein Göppingen im „Storchen" eingerichtete Heimatmuseum geht in das Eigentum der Stadt Göppingen über. In dieser Stadt wird der Deutsche Sängerbund bei einem Liederfest am 8./10. Juni wiedergegründet, da Göppingen 100 Jahre zuvor Gründungsstadt für den Schwäbischen Sängerbund war.

Der Parlamentarische Rat verabschiedet das Grundgesetz. Kurz darauf erfolgt die Wahl zum Bundestag, und am 22. September wird Theodor Heuss, bisher Kultusminister in Württemberg-Baden, zum ersten Bundespräsidenten gewählt. In den ersten Deutschen Bundestag werden aus dem Wahlkreis Göppingen Prof. Dr. Georg Baur (CDU) aus Donzdorf gewählt, ihm folgt 1953 bis 1962 Hermann Finckh (CDU), Fabrikant aus Süßen, der auf einer Reise in Togo ertrank. Von 1961 ab gehört Karl Riegel (SPD), seit 1965 auch Dr. Manfred Wörner (CDU) dem Bundestag als Vertreter des Wahlkreises Göppingen an.

In der Gemeinde Auendorf (früher Ganslosen) wird der Umbenennung dieser Gemeinde vor 100 Jahren in einer eindrucksvollen und originellen öffentlichen Feier mit Festzug gedacht.

In diesem Jahr wird mit der Einrichtung der Landwirtschaftsschule Geislingen samt Werkstätten im Schulgebäude des Fachverbandes Bau durch den Landkreis Göppingen begonnen. Auch das Staatliche Landwirtschaftsamt Geislingen kann in diesem Gebäude mit untergebracht werden.

Inzwischen ist die Zahl der Flüchtlinge und Heimatvertriebenen weiter angewachsen. Zu

diesem Zeitpunkt beträgt ihre Zahl im Landkreis Göppingen 41 005 = 24,5 Prozent der Bevölkerung.
Eine auf Bundesebene durchgeführte Zählung ergibt im Landkreis Göppingen 3965 Handwerksbetriebe mit 12 815 Beschäftigten und einem Jahresumsatz von 81 Millionen DM.

1950 Von besonderer Bedeutung ist in diesem Jahr die Aufhebung der Lebensmittelbewirtschaftung. Beängstigend aber wird die Koreakrise, weil man eine militärische Bedrohung Westeuropas durch die Sowjetunion befürchtet. Trotzdem setzt sich der Aufschwung im Landkreis fort. In Ebersbach wird eine vom Landkreis erbaute neue Brücke über die Fils (anstelle einer bisherigen Holzbrücke) dem Verkehr übergeben. Damit wird die Voraussetzung für den späteren Bau einer neuen Straße von Ebersbach über Schlierbach nach Kirchheim mit Umgehung von Weiler und Roßwälden geschaffen.
In Eckwälden, Gemeinde Boll, wird das Seminar für heilpädagogischen Nachwuchs (später Rudolf-Steiner-Seminar für Heilpädagogik) eröffnet, und das Heilmittellaboratorium „Wala" übersiedelt von Bayern nach Eckwälden.
Die ehemaligen deutschen Kriegsgefangenen gründen in Göppingen am 18. März für das ganze Bundesgebiet den „Heimkehrerverband", der seine Aufgabe in der Betreuung und Eingliederung der einstigen Kriegsgefangenen sieht.
Auch der Deutsche Turnerbund ersteht wieder. Er wird am 27. Mai in Göppingen gegründet und wählt den anwesenden Oberbürgermeister Walter Kolb aus Frankfurt zu seinem Vorsitzenden.
In Geislingen gibt es große Festtage. Der Bau der Eisenbahn Stuttgart—Ulm über die Geislinger Steige vor 100 Jahren wird in einer eindrucksvollen Feier mit vielen Gästen begangen. Zugleich wird ein Denkmal für Daniel Straub, den Gründer von WMF und MAG, vor der Stadtkirche in Geislingen aufgestellt. Mit der Jahrhundertfeier ist auch eine Leistungsschau für Industrie und Handwerk verbunden.
Auf der Schildwacht über Geislingen errichten die Heimatvertriebenen das „Ostlandkreuz". Es erinnert an die schicksalsschwere Zeit und das Los der neuen Mitbürger. Die Stadt Geislingen ist seit 1949 Mittelpunkt und Patin für die Vertriebenen aus Südmähren. Dort hat Bundesverkehrsminister Seebohm, ein Landsmann der Südmährer, auf den jährlichen Kundgebungen mehrmals gesprochen.
Bei der Filsbrücke in Altenstadt (am Fuße des Lindenhofs) wird eine Jugendherberge eingerichtet, und an der Gewerbeschule in Geislingen entsteht eine Maurer-Lehrwerkstätte für Gipser- und Kunststeinmacherlehrlinge. Bad Überkingen wird Sitz der Landesberufsschule für das Hotel- und Gaststättengewerbe. Die Trägerschaft der Schule liegt beim baden-württembergischen Gaststättenverband und der Stadt Stuttgart.
In den am 19. November gewählten Landtag ziehen als Abgeordnete ein: Gotthold Brendle, Oberregierungsrat a. D., Göppingen (CDU), Karl Aberle, Redakteur, Göppingen (SPD), Karl Riegel, Arbeitsvermittler, Göppingen (SPD), Dr. Heinz Burneleit, Göppingen (DVP), Josef Löhner, Fachlehrer, Geislingen (BHE). Anfangs des Jahres 1951 rückt für den zurückgetretenen Abgeordneten Dr. Burneleit Dr. Hans Vatter, Physiker, Geislingen (DVP), nach.

1951 Dank der Bemühungen des Landkreises gelingt es, in Bad Ditzenbach ein Mütter-
genesungsheim der Elly-Heuss-Knapp-Stiftung zu errichten, in dem ständig 31 er-
holungsbedürftige Frauen Aufnahme finden können.

Die Zunahme der Kraftfahrzeuge und damit die Vermehrung des Verkehrs auf den
Straßen wird fühlbar. In Verhandlungen mit dem Bundesverkehrsministerium und dem
Technischen Landesamt ist der Umbau der B 10 von Plochingen bis Göppingen und der
Neubau der Siechenbrücke über die Fils in Geislingen-Altenstadt zu erreichen. Damit hat
dieses Teilstück der B 10 einen fast autobahnähnlichen Ausbau erfahren.

Die Flakkaserne in Holzheim wird nach Kriegsende als amerikanisches Lazarett für
deutsche Soldaten benützt. Später werden die Anlagen unter dem Namen „Zentralkliniken" in ein allgemeines Krankenhaus für zivile Kranke umgewandelt. Bekannte
Ärzte sind in diesem Haus bis 1953 tätig. Nach Aufhebung der Zentralkliniken wird in
der ehemaligen Kaserne die neugegründete Bereitschaftspolizei untergebracht.

Auch die Landeswasserversorgung wird ausgebaut. Die Stadt Göppingen und die Wasserversorgungsgruppe Uhingen werden zusätzlich an eine weitere Zubringerleitung angeschlossen.

In Geislingen wird eine Nebenstelle des Landratsamts zunächst in Räumen der Kreis-
sparkasse-Nebenstelle an der Schubartstraße, später in kreiseigenen Räumen, aufgebaut
auf das Gloria-Filmtheater in der Steingrubestraße, eingerichtet. Bedienstete des Jugend-
amts, des Landratsamts, der Flüchtlingsstelle, des Kreisbauamts und des Verwaltungs-
aktuariats sind dort ständig tätig. Später kommt eine Kraftfahrzeugzulassungsstelle dazu.
Der Landrat hält wöchentlich einmal einen Sprechtag.

In Göppingen ist am 13. März 87jährig Dr. Ing. e. h. Georg Boehringer, Geschäftsführer
der Firma Boehringer GmbH in Göppingen, gestorben.

Der württembergische Staatspräsident von 1920–1924, Johannes von Hieber, der seinen
Altensitz im Hause des Schwiegersohnes Dr. Eduard Gerok in Uhingen genommen hat,
ist am 7. November 89jährig gestorben. Er stammte aus Waldhausen im Remstal und
war 1885 als Vikar in Großsüßen und in der Filiale Salach tätig.

1952 Der Bundestag hat das Lastenausgleichsgesetz verabschiedet. Es bildet die Grundlage für die Entschädigung der durch den Krieg wirtschaftlich besonders schwer betroffenen Bevölkerungsteile. Es wird vom Landkreis in dem hierfür errichteten Amt gewissenhaft und zügig durchgeführt.

Durch Vereinigung der drei bisherigen Länder Württemberg-Baden, Württemberg-Hohenzollern und Südbaden entsteht am 25. April das neue Bundesland Baden-Württemberg. Es werden vier Regierungspräsidien mit Sitz in Stuttgart, Karlsruhe, Freiburg und
Tübingen eingerichtet. Der Landkreis Göppingen zählt zum Regierungsbezirk Nordwürttemberg mit Sitz in Stuttgart.

Der am 9. März gewählten Verfassunggebenden Landesversammlung, welche zugleich
den ersten Landtag von Baden-Württemberg bildet, gehören Hermann Finckh, Fabrikant, Süßen (CDU), und Karl Riegel, Göppingen (SPD), an.

In dieses Jahr fällt auch die Wiederherstellung der Selbstverwaltung auf dem Gebiet der

Arbeitslosenversicherung und Arbeitslosenvermittlung. Das Arbeitsamt Göppingen bezieht 1953 einen Neubau an der Ecke Freihof- und Ulrichstraße.

Die Zahl der Arbeitslosen beträgt jetzt nur noch 1183. Erstmals werden 400 Gastarbeiter im Landkreis gezählt. In der Textilindustrie tritt eine unerwartete Krise ein, von der 26 Betriebe im Landkreis betroffen sind.

Der erste Abschnitt der Wasserversorgung Kornberggruppe ist fertiggestellt und wird in Betrieb genommen. Der Feier am Pumpwerk in Mühlhausen wohnt Innenminister Fritz Ulrich bei.

Nach Schaffung der Bundesrepublik Deutschland beendet die Militärregierung ihre Tätigkeit. Dafür tritt ein Besatzungsstatut in Kraft. Jede Besatzungsmacht ist nunmehr durch einen Hohen Kommissar vertreten. John McCloy ist Hochkommissar der Vereinigten Staaten mit Sitz in Bonn. Bei seiner Abberufung macht er am 23. Juni u. a. auch in der Stadt Göppingen, als dem Dienstort des derzeitigen Präsidenten des Deutschen Landkreistages einen Abschiedsbesuch, an dem Vertreter der Verwaltung, der Wirtschaft, des Handels und Handwerks, der Landwirtschaft, Gewerkschaften und der Kirchen im Gesellschaftsraum des Apostelhotels teilnehmen.

Im Landkreis wird ein deutsch-amerikanischer Beratungsausschuß eingerichtet, dessen Vorsitz Studiendirektor Alfons Feifel in Göppingen übernimmt. Die erste Sitzung findet am 25. September statt. Die Arbeit zwischen den deutschen Stellen und der amerikanischen Armee ist bisher ohne besondere Schwierigkeiten verlaufen.

Die Privatklinik Christophsbad Göppingen besteht nunmehr 100 Jahre. Sie wurde 1852 von Medizinalrat Dr. Heinrich Landerer gegründet. Die bekannte und geschätzte Klinik hat gegenwärtig 550 Betten für Nervenleidende und Gemütskranke beiderlei Geschlechts. Sie ist heute noch in Privatbesitz.

Die Einwohner der Stadt Geislingen wählen Rechtsanwalt Dr. Erich Klotz aus Zuffenhausen nach dem Ausscheiden von Oberbürgermeister Allgaier zu ihrem neuen Stadtvorstand.

Die Kreissparkasse Geislingen kann ihr 100jähriges Bestehen feiern.

1953 Dieses Jahr ist gekennzeichnet von der allgemeinen Teilnahme und inneren Erregung über den Aufstand in Mitteldeutschland und dessen Niederschlagung durch sowjetische Truppen. Die Wiederherstellung der Einheit Deutschlands ist damit ferner denn je.

Die Zahl der Heimatvertriebenen und Flüchtlinge im Landkreis ist inzwischen auf 48 696 angestiegen. Die Stadt Geislingen übernimmt die Patenschaft für vier frühere südmährische Kreise. Das am 19. Juni erlassene Bundesvertriebenengesetz schafft die rechtliche Grundlage für die wirtschaftliche und soziale Eingliederung der Vertriebenen und Flüchtlinge.

In Göppingen erfolgt der Ausbau der Höheren Handelsschule zu einer Wirtschaftsoberschule, die zur Reifeprüfung führt. In Ebersbach wird eine sechsklassige Mittelschule errichtet. Die wachsende und wirtschaftlich erstarkende Stadt Geislingen erwirbt das Bahnhotel von der WMF und richtet darin weitere Kanzleiräume für die Verwaltung ein.

Die vor dem Krieg begonnenen Ausbau- und Wiederherstellungsarbeiten an der Burgruine Helfenstein über Geislingen werden fortgesetzt. Auch der Landkreis kann sich finanziell mehr regen. Er wirkt mit bei der Instandhaltung von Baudenkmalen, so der spätromanischen Stiftskirche in Faurndau, der Bauernbarockkirche in Birenbach und der Anlagen des früheren Klosters Adelberg.

Am 15. November wird der Kreistag neu gewählt. Er besteht aus 48 Kreisverordneten, und zwar CDU 15, SPD 12, FDP/DVP 12, BHE 7, KPD 1, FWV 1.

1954 Die Motorisierung schreitet fort. Im Landkreis Göppingen werden 22 595 Motorfahrzeuge gezählt, deren Zahl sich bis 1966 auf 44 177 erhöht.

Oberbürgermeister Christian Eberhard in Göppingen geht nach verdienstvoller Tätigkeit in schweren Jahren 68jährig in den Ruhestand. Er wird Ehrenbürger der Stadt. Am 24. Mai wird sein Nachfolger, Dr. Herbert König, bisher Erster Landesbeamter am Landratsamt Nürtingen, in sein Amt eingeführt.

Die Städte und Gemeinden mit dem Landkreis greifen die Förderung des Fremdenverkehrs auf. Bad Überkingen, Bad Ditzenbach und Bad Boll verbessern und erweitern ihre Anlagen. Unter Vorsitz des Göppinger Oberbürgermeisters Dr. Herbert König wird der Fremdenverkehrsverband Ostalb-Stauferland gegründet.

Die Firma Daimler-Benz AG, Stuttgart, hat das niedergebrannte Fremdarbeiter- und Kriegsgefangenenlager auf dem Lämmerbuckel über Wiesensteig neuzeitlich aufgebaut und ein Lehrlingsausbildungsheim und eine Fortbildungsstätte für Arbeiter und Angestellte des weitverzweigten Unternehmens eingerichtet.

Aus Stiftungsmitteln der Kreissparkasse Göppingen wird auf dem Bläsiberg über Wiesensteig ein Kinderkurheim für haltungsgeschädigte Kinder mit 54 Plätzen errichtet.

Außer der Schaffung einer ausreichenden Wasserversorgung wird auch mehr und mehr elektrische Energie beansprucht. Die Neckarwerke Esslingen bauen ihr Dampfkraftwerk in Altbach aus. Von dort aus wird der größte Teil des Landkreises mit elektrischem Strom versorgt. Der östliche Teil des Kreises erhält den Strom vom Alb-Elektrizitätswerk Geislingen.

Die WMF Geislingen errichtet ein neues Gemeinschaftsgebäude für ihre Mitarbeiter, das auch zu kulturellen Veranstaltungen zur Verfügung gestellt wird, und die MAG Geislingen, ein Tochterunternehmen der Schnellpressenfabrik Heidelberg, der zweitgrößte Industriebetrieb der Stadt Geislingen, beginnt mit der Erweiterung und Modernisierung ihrer Betriebsanlagen.

1955 Endlich ist es durch Verhandlungen von Bundeskanzler Adenauer mit den Sowjetführern in Moskau gelungen, die Heimkehr der letzten 9626 deutschen Kriegsgefangenen aus russischer Gefangenschaft — darunter auch manche Angehörige unseres Landkreises — zu erreichen. Die Genugtuung ist überall groß.

Die Regierung von Baden-Württemberg erläßt eine neue Gemeinde- und später auch eine neue Kreisordnung. Diese Gesetze dienen der Herstellung der Rechtsgleichheit der kommunalen Verwaltung im Gebiet der drei ehemaligen Länder. Der Landkreis wird nun Körperschaft des öffentlichen Rechts und das Landratsamt eine kommunale Dienststelle, zugleich aber auch untere staatliche Verwaltungsbehörde. Der Landrat ist Beamter des Landkreises. Er wird vom Kreistag auf 8, bei unmittelbarer Wiederwahl auf 12 Jahre gewählt. Auch die Wahlzeit der Bürgermeister beträgt 8 bzw. 12 Jahre.

Ende des Jahres erhält die Stadt Göppingen mit der Einweihung der neuen Stadthalle ein neues kulturelles Zentrum.

Von 1955 bis 1959 wird von dem neugegründeten Zweckverband Blau-Lauter-Gruppe eine neue Wasserversorgungsleitung aus dem Raum Blaubeuren mit erheblichen Bezugsrechten für das mittlere und untere Filstal ausgebaut.

Die Stadt Göppingen und der Landkreis erstellen zusammen mit dem Deutschen Roten Kreuz an der Eberhardstraße ein Haus mit Geräte-, Unterrichts- und Aufenthaltsräumen und einer Wohnung. Dort befinden sich jetzt auch die Kraftwageneinstellräume für den Krankentransport.

1956 Große Schäden entstehen durch ein Hochwasser der Fils vom 1. bis 3. März. Dreizehn Millionen DM sind zu deren Beseitigung aufzuwenden. Aber seitdem ist die Überschwemmungsgefahr der Fils behoben. Mit der Aufhebung der Mühlkanäle findet diese Arbeit ihre gelungene Fortsetzung.

Am 4. März werden Dr. Georg Baur, Hochschulprofessor, Stuttgart (CDU), Dr. Ludwig Heieck, Studienrat, Göppingen (CDU) und Karl Riegel, Arbeitsvermittler, Göppingen (SPD) als Landtagsabgeordnete gewählt.

Die Städte Göppingen und Geislingen werden „Große Kreisstadt" im Sinne der neuen Gemeindeordnung. Sie erhalten damit im wesentlichen die Zuständigkeit als staatliche untere Verwaltungsbehörde und ihre Oberbürgermeister bekommen von Amts wegen einen Sitz im Kreisrat. Die Zahl der Mitglieder erhöht sich dadurch von 12 auf 14.

Auf Grund einer Vereinbarung des Landkreises mit den Städten Geislingen und Göppingen vom Juli stehen die beiden Stadtarchivare Dr. Helmut Schmolz und Manfred Akermann dem Landkreis als nebenamtliche Kreisarchivare zur Verfügung. Mit der Bildung dieses Kreisarchivs war der Landkreis Vorbild und gab dem Leiter der Staatlichen Archivverwaltung, Prof. D. Dr. Dr. h. c. Max Miller, Anlaß, einen „neuen Weg" für die Kreisarchivpflege zu finden, den bald andere Landkreise beschreiten.

In diesem Jahr wird ein umfassendes „Heimatbuch des Landkreises" herausgegeben. 1964 folgt die Veröffentlichung „Fußtapfen der Geschichte im Landkreis Göppingen". Ein Jahr später erscheint der von der Kreissparkasse herausgegebene Bildband „Kunstwerke im Landkreis Göppingen". In Zusammenarbeit mit der Staatlichen Archivverwaltung Baden-Württemberg entsteht 1966 das „Wappenbuch des Landkreises Göppingen".

Die Kreissparkasse Göppingen erstellt im Stadtteil Altenstadt ein längst dringend benötigtes neues und modernes Sparkassengebäude.

Der Bundesrechnungshof erstellt im Einvernehmen mit dem Landkreis ein Gutachten über die Wirtschaftlichkeit der Verwaltung im Landkreis Göppingen. Es hat den Zweck, Grundlagen für die Vereinheitlichung und die Verbilligung der Verwaltung zu erarbeiten, um die sich aus der Untersuchung ergebenden Erfahrungen in anderen Verwaltungszweigen durchzuführen.

Die Metallspielwarenfabrik Gebrüder Märklin in Göppingen kann ihr 100jähriges Bestehen feiern.

Die Gemeinde Bartenbach, unmittelbar nördlich von Göppingen, wird nach längeren Verhandlungen in die Kreisstadt eingegliedert.

1957 Ein besonderes Ereignis ist die Eröffnung der Teilstrecke der Autobahn Mühlhausen—Hohenstadt. Die Auffahrt zur Schwäbischen Alb überwindet in 7 km Länge einen Höhenunterschied von 306 m. Die Todsburgbrücke ist 635 m lang und ruht auf 16 Pfeilern. Die auf 28 m hohen Pfeilern errichtete Malakoffbrücke über Wiesensteig ist 120 m lang. Bundesverkehrsminister Seebohm nimmt die Eröffnung vor.

Am 1. Oktober wird die Gemeinde Bezgenriet in die Stadt Göppingen eingegliedert. Damit zählt Göppingen vier Stadtbezirke.

Die Landeswasserversorgung, über die ein Großteil des westlichen Landkreisgebietes versorgt wird, besteht nunmehr 40 Jahre.

1958 Der von Mannheim bis Stuttgart ausgebaute Schiffahrtskanal findet seinen vorläufigen Abschluß mit der Einweihung des Neckarhafens Stuttgart am 31. März, welcher Bundespräsident Prof. Dr. Theodor Heuss anwohnt. Die Fortsetzung des Kanals über Stuttgart hinaus wird von den Landkreisen Esslingen, Göppingen und Nürtingen mit dem Ziel betrieben, für die Industrie im mittleren Neckargebiet einen Hafen in Plochingen zu erhalten.

Die Zahl der ausländischen Arbeitnehmer in der Industrie nimmt ständig zu. Von großen Firmen werden Wohnheime mit Mitteln der Bundesanstalt errichtet.

Der „Grüne Plan", unter Ernährungsminister Heinrich Lübke eingeführt, gibt der Landwirtschaft Auftrieb. Im Landkreis wird da und dort mit Flurbereinigungen begonnen, die mit Hofaussiedlungen verbunden sind; so besonders in Wiesensteig, Aufhausen, Hohenstadt, Roßwälden und in Reichenbach u. R.

Die wachsende Einwohnerzahl und auch die Bedürfnisse von Industrie und Handwerk machen den weiteren Ausbau der Wasserversorgungseinrichtungen notwendig. Neben der Kornberg- und Blau-Lauter-Gruppe, welche das mittlere und untere Filstal mit zusätzlichem Wasser versorgen, wird das Rehgebirge zwischen Hohenrechberg und Ramsberg durch den Landkreis über die Landeswasserversorgung in eine geregelte und ständige Versorgung einbezogen. Später wird hierfür die Gruppenwasserversorgung Rehgebirge mit Sitz in Donzdorf errichtet.

Auf dem Gebiet des Schulhausbaues leisten Städte und Gemeinden Großes. Das erste Schulhaus nach dem Krieg wird 1949 in Adelberg errichtet. Dann setzt eine Lawine von Schulhausbauten ein, die alle Städte und Gemeinden erfaßt. Auch die kleine Gemeinde Birenbach, die bisher ohne Schulhaus war, hat sich ein solches erstellt. Leider kommt der vom Kultusministerium ausgearbeitete erste Schulentwicklungsplan so spät, daß manche

Fehlbauten nicht verhindert werden können. Die Städte Göppingen und Geislingen errichten Gymnasien. Die Gemeinden Ebersbach, Eislingen und Süßen erhalten Realschulen.
Die Errichtung von Nachbarschaftsschulen auf Grund des Schulentwicklungsplans macht
eine Umbelegung der Schulräume und die ständige Beförderung von Schülern in die neuen
Nachbarschaftsschulen erforderlich.

1959 Eine Neuregelung der Fürsorgelasten ist eingetreten. Im Land Baden-Württem-
berg werden zwei kommunale Landeswohlfahrtsverbände als überörtliche Träger der
Sozial- und Jugendhilfe gebildet. Der Landkreis Göppingen bekommt drei Sitze in der
Mitgliederversammlung dieses neuen Verbandes.
In diesem Jahr ergehen die gesetzlichen Voraussetzungen für das 9. Schuljahr. Das neue
Hohenstaufengymnasium in Göppingen wird eingeweiht. Der Landkreis stiftet aus die-
sem Anlaß eine Plastik des Bildhauers und Malers Fritz von Grävenitz, des Direktors
der Kunstakademie Stuttgart.
Die WMF Geislingen bezieht das neu erbaute Verwaltungsgebäude an der Eberhard-
straße, ein repräsentativer Bau, der Ansehen und Bedeutung des Werkes erkennen läßt.
Die Kreissparkasse Göppingen baut ihr Zweigstellennetz in größeren und kleineren Ge-
meinden fortlaufend aus. Sie ist mit derzeit (Ende 1972) 84 Geschäftsstellen die größte
Universalbank des Kreises. Die Städte Göppingen und Geislingen sind mit ihrer Wirt-
schaftskraft ein Anziehungspunkt für die Niederlassung weiterer Banken. Außer der
Landeszentralbank befinden sich im Landkreis die Dresdner Bank, die Commerzbank, die
Deutsche Bank, die Württembergische Bank, die Württembergische Landessparkasse, die
Bank für Gemeinwirtschaft und das Bankhaus Gebrüder Martin in Göppingen sowie die
Volksbanken.
Mit dem Bau der Autobahn ist schon vor dem Zweiten Weltkrieg die bisherige kümmerliche Verbindung zwischen Mühlhausen und den auf den Albhöhen liegenden Eselshöfen unterbrochen worden. Nun hat der Landkreis den Bau einer neuen Steige aufgenommen und dabei die Unterstützung der Autobahnverwaltung gefunden. Die Steige
nach den Eselshöfen ist geradezu eine alpine Leistung. Nun ist eine gute Verbindung von
dort aus nach dem Mutterort gegeben.
Infolge des Verhältnisausgleichs und der dadurch entstandenen 32 Überhangmandate erhöht sich die Zahl der am 8. November gewählten Kreisverordneten auf 86. Auf CDU
und SPD entfallen je 26 Sitze, auf FDP/DVP 16, BHE 12, FWV 4, UWV 2. Der
Göppinger Kreistag ist der Mitgliederzahl nach der größte des Landes.

1960 In diesem Jahr wird mit dem völligen Um- und Ausbau des Kreiskrankenhauses
Geislingen, der 1965 abgeschlossen ist, begonnen. Das Haus hat sodann 312 Kranken-
betten in fünf ärztlichen Abteilungen, eine Schwesternschule, Personalwohngebäude und
besondere Wirtschafts- und Heizungsanlagen.
Die Eisenbahnüberführung in Ebersbach a. d. Fils wird in Betrieb genommen. Damit
fallen drei schienengleiche Bahnübergänge weg. An ihrer Stelle sind zwei Fußgängerunterführungen errichtet worden. Der Landkreis drängt auf die Beseitigung der schienen-

gleichen Bahnübergänge im Zuge der Haupteisenbahnlinie, vor allem in Eislingen, Uhingen und Geislingen.

In den Landtag werden am 15. Mai wiedergewählt Karl Riegel (SPD) und Dr. Ludwig Heieck (CDU). Der Geislinger Wahlkreis entsendet Anton Ilg, Betriebsratsvorsitzender (CDU), in den Landtag. Im November 1961 rückt für den in den Bundestag gewählten Abgeordneten Karl Riegel, Hans Mayr, Gewerkschaftssekretär, Göppingen (SPD) nach.

1961 Die Flüchtlingsbewegung aus der DDR mit Zustrom auch in den Landkreis steigert sich deutlich. Aber um das „Ausbluten" der DDR zu verhüten, wird von den dortigen Machthabern am 13. August mit dem Bau einer Mauer um Berlin begonnen. Sie werden daran von den drei westlichen Besatzungsmächten in Westberlin nicht gehindert. Die Bundesrepublik selbst ist machtlos.

Die Eingliederung der Heimatvertriebenen und Flüchtlinge in das Wirtschaftsleben des Landes macht weiter Fortschritte. Die neuen Mitbürger haben entscheidenden Anteil am Aufbau in der Wirtschaft und auch an der Gestaltung des kommunalen Lebens.

Um die Entwicklung zu lenken, wird am 20. September die Planungsgemeinschaft „Neckar-Fils" errichtet. Ihr gehören die Landkreise Esslingen, Göppingen und Nürtingen, sowie 60 Städte und Gemeinden aus diesen Kreisen an.

Die Stadt Wiesensteig am Filsursprung begeht ihr 1100jähriges Bestehen festlich.

Der Umweltschutz steckt noch in den Anfängen; aber der Bau von Kläranlagen wird ganz energisch betrieben. Ein Sammelklärwerk besteht für die Stadt Göppingen in Faurndau; dorthin werden auch die Abwasser von Eislingen/Fils, Rechberghausen und Faurndau eingeleitet. Die Stadt Geislingen baut eine Sammelkläranlage an der Markungsgrenze zu der Gemeinde Kuchen. Aber auch die anderen — größere wie kleinere — Gemeinden machen beachtliche Fortschritte im Bau von mechanischen und zum Teil auch biologischen Kläranlagen. So Uhingen; dort werden die Abwasser von Albershausen, Sparwiesen und Holzhausen mitgeklärt. Ebersbach hat eine Sammelkläranlage zugleich für die Gemeinden Bünzwangen und Weiler o. d. Fils und Salach ist der Sitz eines modernen Klärwerks zugleich für Süßen, Donzdorf und Gingen.

1962 Oberbürgermeister Dr. Erich Klotz in Geislingen stirbt in Ulm/Donau völlig unvermutet an den Folgen einer Operation. An seiner Stelle wird der Staatsanwalt Helmut von Au aus Ulm zum Oberbürgermeister in Geislingen gewählt.

An der Parkstraße kann das 1959 begonnene Handelsschulgebäude eingeweiht werden. Im Notzental wird ein städtisches Hallenbad geplant.

Die MAG in Geislingen setzt die Modernisierung und die Erweiterung ihrer Werksanlagen im Osten der Stadt durch den Bau einer Werkzeughalle, einer modernen Gießerei sowie eines Lager- und Versandgebäudes fort.

Generaldirektor Prof. Dr. Arthur Burkhardt von der WMF wird zum Ehrenbürger der Stadt Geislingen ernannt.

Im Landkreis wird die Wasserversorgungsgruppe Rehgebirge in Betrieb genommen. Die Erschließung des Reichenbacher und Ottenbacher Tals durch eine gute Straße über das sogenannte Rehgebirge wird vom Landkreis eingeleitet und vom Regierungspräsidium Nordwürttemberg gefördert.

General Dr. Hans Speidel, Oberbefehlshaber der NATO-Streitkräfte Europa Mitte, mit Sitz in Fontainebleau, besucht die amerikanischen Truppen auf dem Flugplatz in Göppingen und stattet dabei sowohl dem Landrat als auch dem Oberbürgermeister einen Höflichkeitsbesuch ab.

Der Heimatdichter August Lämmle, zuletzt wohnhaft in Leonberg, und vor dem Ersten Weltkrieg Lehrer in Göppingen, ist am 8. März 86jährig verstorben. Er hat zum Heimatbuch des Landkreises Göppingen von 1956 einen wertvollen Beitrag geliefert.

1963 Nach einer neuen Handwerkszählung gibt es im Landkreis Göppingen 3278 Betriebe mit 16 506 Beschäftigten. Diese erzielen einen Jahresumsatz von rund 413 Millionen DM. Bei der im Jahr 1968 erneut vorgenommenen Zählung hat sich die Zahl der Betriebe um 254 auf 3024 = 7,7 Prozent vermindert, doch hat die Zahl der darin Beschäftigten seit 1963 um 6,8 Prozent auf 17 626 zugenommen. Der Gesamtumsatz hat sich sogar auf rund 663 Millionen DM, also um 60,5 Prozent, seit 1963 erhöht. Das Handwerk konnte sich der allgemeinen Entwicklung gut anpassen. Rückläufigen Bewegungen bei den Gruppen Holz und Bekleidung standen beträchtliche Aufstiege, besonders bei den metallverarbeitenden Betrieben gegenüber. Das Handwerk hat weiterhin Zukunft.

Das Erzbergwerk „Grube Karl" in Geislingen-Altenstadt wird wegen der Unwirtschaftlichkeit des Erzabbaues zu Beginn des Jahres eingestellt. Die Stadt erwirbt das umfangreiche Gelände der Grube. Dort ist ein neues Industriegebiet im Entstehen. Mit dem Abbruch der den heutigen Wohungsansprüchen nicht mehr genügenden Bergwerkssiedlung wird begonnen.

Die Stadt Göppingen errichtet an der Lorcher Straße ein neues Hallenbad, nach dessen Fertigstellung das alte Hallenbad an der Poststraße aufgegeben wird.

Die Geschäftsstelle der Industrie- und Handelskammer Stuttgart, Nebenstelle Göppingen, ist seit Kriegsende in den Räumen der Kreissparkasse an der Bahnhofstraße untergebracht. Nun erwirbt die Hauptstelle Stuttgart am Nordring ein eigenes Gebäude, das die Nebenstelle nach baulicher Umgestaltung bezieht.

1964 Der Schulentwicklungsplan bringt die Einrichtung von Hauptschulen mit Jahrgangsklassen, umfassend das 5. bis 9. Schuljahr. Die Bildung von Nachbarschaftsschulen wird verlangt, wobei die Beförderungskosten für die Schüler der stillgelegten kleineren Schulen zu der Nachbarschaftsschule vom Staat übernommen werden. Der Ausbau des Sonderschulwesens beginnt. Hierfür hat der Verein „Lebenshilfe für das geistig behinderte Kind e. V." in Göppingen wertvolle Vorarbeit geleistet.

Nach langen Bemühungen erhält Göppingen einen neuen Bahnhof, der nunmehr der Bedeutung der Stadt gerecht wird.

Der Bau einer Ferngasleitung ist im Gange; auch die Städte Göppingen und Geislingen werden künftig mit Ferngas versorgt und ihre bisherige Art der Gaserzeugung stillegen.

Bei der Landtagswahl am 26. April werden aus dem Wahlkreis Göppingen Dr. Hansgeorg Klenk, Rechtsanwalt, Geislingen (CDU) und Willi von Helden, Rektor, Göppingen (SPD) und aus dem Wahlkreis Geislingen Anton Ilg, Betriebsratsvorsitzender, Geislingen (CDU) in den Landtag entsandt.

Der Kreistag des Landkreises Göppingen verabschiedet einen Altenhilfeplan, der vorbildlich ist und auch in anderen Landkreisen Eingang findet. Bisher bestehen 10 Altenheime mit 500 Alten- und Pflegeplätzen, das bedeutet einen Fehlbestand von 645 Plätzen. Der Landkreis fördert daher die Errichtung neuer Altenheime mit 15 v. H. der Baukosten, was nach damaligen Baupreisen 3,5 Mio. DM, verteilt auf 10 Jahre, beträgt.

Im Rahmen des Altenhilfeplanes von Stadt und Landkreis Göppingen, die beide das Vorhaben finanziell tragen, beginnt der Verein Wilhelmshilfe, der auf eine 125jährige Tradition zurückblicken kann, mit der Erstellung eines Altenzentrums im Stadtbezirk Bartenbach. Am 1. Oktober wird mit den Bauarbeiten für ein Altenpflegeheim mit 76 Betten sowie ein Altenwohnheim mit 27 Betten und 13 Altenwohnungen begonnen. Der Gesamtaufwand ist auf 5,5 Millionen DM veranschlagt.

In Geislingen wird weiterhin rührig an der Ausgestaltung der öffentlichen Einrichtungen gearbeitet. An der Eberhardstraße entstehen ein neues Feuerwehrhaus und ein neues Dienstgebäude für die staatliche Polizei.

1965 Der Zweckverband Landeswasserversorgung hält seine Verbandsversammlung in Göppingen ab, wobei der Bau einer dritten Hauptleitung der Landeswasserversorgung mit Rohrstollen in Geislingen beschlossen wird (erster Ausbau der Landeswasserversorgung 1912–1917; zweiter Ausbau 1925–1933; dritter Ausbau 1952–1965; vierter Ausbau ab 1965).

Im Landkreis Göppingen gibt es folgende Wasserversorgungsgruppen mit überörtlicher Bedeutung:

	Jahr der Inbetriebnahme
Albgruppe II (Obere Filsgruppe)	1876
Albgruppe I (Eyb-Gruppe)	1880
Albgruppe V (Untere Filsgruppe)	1881
Uhinger Wasserversorgungsgruppe	1907
Staufengruppe	1937
Kornberggruppe mit Eislinger- und Staufengruppe	1949
Heidenheimer Alb-Gruppe (mit Alb-Gruppe I und V)	1958
Wasserversorgung Blau-Lauter-Gruppe	1959
Wasserversorgung Rehgebirge	1960

Willy Brandt, Regierender Bürgermeister in Berlin, bereist den Landkreis Göppingen anläßlich der bevorstehenden Bundestagswahl und spricht in mehreren Versammlungen. Nach langen Verhandlungen gelingt es dem Landrat, der dem Bundesvorstand des Deutschen Jugendherbergwerks angehört und zugleich Mitglied des Landesausschusses des Jugendherbergswerks in Württemberg ist, die Erstellung einer Jugendherberge unter dem Hohenstaufen zu erreichen. Der Landkreis hat hierfür das notwendige Gelände erworben und dem Kreisbauamt die unentgeltliche Bauplanung und Bauleitung übertragen.

Die Jugendherberge verfügt über 135 Übernachtungsplätze. Direktor Georg Fahrbach, Vorsitzender des Landesverbandes des Württembergischen Jugendherbergswerkes und des Schwäbischen Albvereins, nimmt die Einweihung persönlich vor.

Für die geplante Zusammenlegung der Landwirtschaftsschulen in Geislingen und Göppingen gelingt es, im „Eichert" in Göppingen, gegenüber dem Bahnhof, ein geeignetes Gelände zu erwerben. Der Bau eines landwirtschaftlichen Schulzentrums für Landwirtschaftsschule, Ländliche Hauswirtschaftsschule und Landwirtschaftsamt wird eingeleitet.

Die Arbeiten für ein Raum- und Funktionsprogramm für ein neues Kreiskrankenhaus werden durch den Krankenhausausschuß unter Mitwirkung von Sachverständigen abgeschlossen und vom Kreistag gebilligt.

Am 7. November wird der Kreistag neu gewählt. Er besteht aus 61 Kreisverordneten, und zwar CDU 20, SPD 19, FDP 11, FWV 5, HuG 6.

Die Gemeinde Weiler o. H. wird zum Jahresende nach Geislingen a. d. Steige umgegliedert.

1966 Der Neckarkanal wird vom Hafen Stuttgart aus bis Plochingen weitergeführt. Die Hafenanlage für Plochingen ist gesichert und der Ausbau eingeleitet. Der Südwestdeutsche Kanalverein besteht nunmehr 50 Jahre. Er war Vorkämpfer für den Bau des Neckarkanals. Die frühere Amtskörperschaft Göppingen und jetzt der Landkreis Göppingen war von der Gründung ab Mitglied dieses Vereins.

Eine weitere Leitung der Landeswasserversorgung durchzieht den Landkreis von Amstetten bis Baiereck. Die Röhren haben einen Durchmesser von 1,4 m. Mit dem Ausbau dieser Leitung soll die Wasserversorgung im Landkreis bis 1990 gesichert werden.

Nach vierjähriger Bauzeit kann der 148 m hohe Funkturm der Landespolizeidirektion Nordwürttemberg auf der Duchstetter Höhe bei Aufhausen eingeweiht werden.

Am 31. März tritt Landrat Gustav Seebich nach 18jähriger Dienstzeit in den Ruhestand. Der zu seinem Nachfolger gewählte Regierungsdirektor Dr. Paul Goes aus Ludwigsburg übernimmt dieses Amt am 1. April.

Schlußbemerkung

Mit dem Jahr 1945 endete das 1933 zur Macht gekommene „Tausendjährige Reich" schon nach 12 Jahren. Aber diese Zeit hatte genügt, um einen Trümmerhaufen ohne Vergleich zu hinterlassen. Die Welt war gleichsam aus den Angeln gehoben. Not und Tod, Greuel und Schrecken hatten gewütet. Die Ehrfurcht vor dem Leben galt nichts.

Und doch mußte es weitergehen. Niemand hatte in den dunkelsten Tagen nach dem 8. Mai 1945 zu hoffen gewagt, daß die Trümmer einmal beseitigt, die ausgebombten Städte wieder aufgebaut und die Wirtschaft wieder in Gang und Blüte käme. Aber das Wunder ist geschehen! Nach der Währungsfestigung besann sich unser Volk auf seinen Fleiß und sein Können. Die Millionen der Flüchtlinge und Vertriebenen aus dem Osten erhielten Unterkunft und Existenz und halfen am Aufbau tatkräftig mit.

Städte und Gemeinden brachten es nach einem völligen Zusammenbruch zu neuer Blüte. Moderne Fabriken wurden errichtet, welche neue Arbeitskräfte aufnehmen konnten. Die Bauwirtschaft, mit neuen Maschinen versehen, konnte die Fülle der Aufträge bewältigen. Außer Wohngebäuden entstanden neue Schulen, Kirchen, Kindergärten, Altenheime, Kraftwerke für die Energieversorgung, Wasserleitungen, Kanalisationen mit Kläranlagen. Der Ausbau des Straßennetzes suchte mit der ungeahnten Zunahme der Kraftfahrzeuge Schritt zu halten. Auch die Bundesbahn brachte ihre vielfach zerstörten Anlagen in Ordnung.

Die politischen Parteien formierten sich wieder, der neue Staat wurde durch ein gutes Grundgesetz gefestigt. Der soziale Frieden war dank einer vernünftigen Gewerkschaftsführung und einsichtigen Unternehmerschaft nie ernstlich gefährdet.

Der Landkreis Göppingen stellt sich nach einer zwanzigjährigen Aufbauzeit auf allen Gebieten gesund dar. Er wird sich den kommenden Aufgaben der Schulentwicklung, der Landesplanung, des Krankenhauswesens und der Gebietsreform aufgeschlossen und gewachsen zeigen und seine öffentlichen Einrichtungen auch weiter vorbildlich ausgestalten.

Literatur:

Fritz Harzendorf/Erich Hoepfner, Die politische Entwicklung, in Heimatbuch des Landkreises Göppingen 1956. S. 371–380.

Max Miller/Paul Sauer, Die Württembergische Geschichte von der Reichsgründung bis heute, Stuttgart 1971.

Ernst Müller, Kleine Geschichte Württembergs, Stuttgart 2. Aufl. 1963.

25 Jahre NWZ Göppingen, Jubiläumsausgabe 1971.

Gustav Seebich, 6 Jahre Aufbauarbeit im Kreis Göppingen, 20 S., Göppingen 1953.

Karl Weller/Arnold Weller, Württembergische Geschichte im südwestdeutschen Raum, Stuttgart 1971.

Ulrich Zeller, Die Epoche der Weltkriege, Überblick über die deutsche Geschichte von 1914–1958, Anhang zum Heimatbuch des Landkreises Göppingen, Göppingen 1959.

Aus Landschaft und Kultur

Erd- und Landschaftsgeschichte des Kreises

von Paul Groschopf

Die Landschaft

Göppingen und seine Umgebung waren – solange man schon erdgeschichtliche Forschungen betreibt – ein Treffpunkt der Geologen. Selten findet man in engerem
Umkreis so verschiedenartig gestaltete Landschaften. Selten ist auch der Zusammenhang zwischen den Landschaftsformen und dem geologischen Aufbau so klar
ersichtlich, wie gerade im Kreis Göppingen.
Am markantesten ist der Steilanstieg der Schwäbischen Alb, der quer von Südwest
nach Nordosten durch das Kreisgebiet zieht. Zu seinen Füßen breitet sich links
der Fils das dicht besiedelte Albvorland bis an den Neckar, rechts der Fils bis in
die Gegend von Göppingen aus. Es ist eine überwiegend flachwellige, liebliche
Landschaft mit Meereshöhen um 400 m. Auf den schweren Tonböden sind seit
jeher Äcker und Wiesen vorherrschend und ein üppiger Obstbau konnte sich hier
entwickeln.
Ein ganz anderes Gesicht hat der Schurwald, ein Teil des Keuperberglandes, der
im Nordwesten in das Kreisgebiet hineinreicht. Durch tief eingeschnittene enge
Täler ist er in einzelne Plateauflächen gegliedert. Die nährstoffarmen Sandböden,
besonders an den Talrändern, sind mit Fichten aufgeforstet. Auch die Hochflächen
sind, soweit sie im Besitz des ehemaligen Klosters Adelberg waren, noch stark
bewaldet (Tanne, Fichte, Buche und Lärche). Die restlichen Flächen werden landwirtschaftlich genutzt.
Eine schon weit vom Vorland aus sichtbare Bastion, die sich rund 300 m über ihr
Vorland erhebt, ist der Albtrauf mit seinem Felsenkranz. An seinen Steilhängen
schützt ein breiter Gürtel Buchenwald den Boden vor Abschwemmung. Beim
Näherkommen stellen wir aber fest, daß auch der Albtrauf stärker gegliedert ist.

Ins Vorland ragen die Ausliegerberge hinein, so vor allem der Charakterberg des
Kreises Göppingen, der Hohenstaufen (s. Abb. 2). In den Steilanstieg selbst sind
tiefe Täler eingeschnitten. Sie bilden die natürlichen Zugänge zur Albhochfläche,
die etwa ein Drittel des Kreisgebietes einnimmt.

Die Albhochfläche in Meereshöhen von 650 bis über 700 m bietet wieder ein ganz
anderes Landschaftsbild. Hier hat die Verkarstung ihre Spuren hinterlassen. Auffallend ist das Fehlen von Flüssen und Bächen. Zwar ist ein wohl ausgebildetes
Netz von Tälern vorhanden, aber sie sind in der Regel trocken. Alle Niederschläge
versickern sofort in den tieferen Untergrund. Die Löslichkeit von Kalkstein in
reinem Wasser ist gering, kommt aber Kohlensäure, aufgenommen aus der Luft
und der belebten Bodenzone dazu, nimmt die Löslichkeit um ein Vielfaches zu.
Klüfte und Schichtfugen werden erweitert, und bei genügend langer Einwirkungs-
zeit entstehen begehbare Höhlen. Im Kreis Göppingen ist nahezu ein halbes Hundert, teils mit, teils ohne Tropfsteinschmuck bekannt. An senkrecht nach abwärts
führenden Höhlen ist besonders der rund 80 m tiefe Todsburgschacht zu nennen.
Mehr oder weniger horizontal in den Berg hinein führen die Ganghöhlen, wie
z. B. am Kahlenstein oberhalb Überkingen, oder das Mordloch im Roggental bei
Eybach (s. Abb. 31), das noch von Wasser durchflossen wird. Eine Sonderstellung
nimmt die 1964 im Zuge der Flurbereinigung entdeckte, etwa 40 m lange Höhle
von Aufhausen ein. Sie barg zahlreiche Knochen von Tieren, die während der
letzten Eiszeit in unserer Gegend lebten, wie Mammut, Wollnashorn, Rentier,
weiter Wildpferd, Riesenhirsch, Auerochse sowie Wolf, Hyäne, Löwe u. a.

Zum Bild der Albhochfläche gehören außer den Trockentälern die Dolinen und
Erdfälle, die meist durch oberflächennahe Kalklösung entstehen, seltener durch
Einbruch eines Höhlendaches. Eines der größten und bekanntesten Erdfallgebiete
auf der Alb ist die Battenau oberhalb Geislingen. Zwischen Weiler und Schalkstetten senkt sich rund 30–50 m tief eine etwa 2 qkm große, oberirdisch abfluß-
lose Mulde ein.

Das auf der Albhochfläche versickernde Wasser tritt nach einer mehr oder weniger langen Wanderung am Fuß der Alb wieder in den großen Karstquellen aus.

Früher, noch bis in den Anfang unseres Jahrunderts, war die Albhochfläche gekennzeichnet durch steinige Äcker und Schafweiden, auf denen sich Wacholder-
büsche ausbreiteten.

Heute, durch eine intensiv betriebene Landwirtschaft, ist die Heide bis auf wenige, meist unter Natur- oder Landschaftsschutz gestellte Gebiete, in Äcker und
Wiesenland umgewandelt. Zudem werden die ehemaligen Heideflächen mit Fichten aufgeforstet. Auch in den Bauernwäldern, in denen neben der Buche auch

Hainbuchen eingebracht wurden, haben die Fichten das natürliche Waldbild schon vielfach verdrängt. Trotz dieser Veränderungen hat aber die Albhochfläche noch viel von ihrer Ursprünglichkeit bewahrt.

Die Flüsse

Der Hauptfluß, der die verschiedenen Landschaftsteile verbindet, ist die Fils. Ihr Ursprung ist eine starke Karstquelle südwestlich von Wiesensteig in 625 m Meereshöhe (s. Abb. 35). Bis nach Geislingen fließt sie tief in die Alb eingeschnitten in östlicher Richtung, gespeist von einer Reihe von kleinen Nebenflüssen von rechts und links. Die rechten von Süden kommend, fließen in engen Tälern, die mit steilen Schluchten beginnen. Die linken von Norden Zufließenden, zerschneiden vom Albtrauf her die Hochfläche in einzelne Berginseln (Leimberg bei Gosbach 747 m, Hochalb mit Galgenberg bei Ditzenbach 714 m, Nordalb bei Deggingen 724 m, Wasserberg 751 m, Dalisberg 715 m und Weigoldsberg 711 m zwischen Reichenbach und Unterböhringen und Michelsberg bei Altenstadt 750 m Meereshöhe). In Geislingen biegt die Fils rechtwinklig ab, ihr Lauf geht nun, die Alb verlassend, in einem sanft geschwungenen Bogen nach Nordwesten bis zur Mündung in den Neckar bei Plochingen. Bis Geislingen hat die Fils ein Gefälle von rund 200 m und von da bis zu ihrer Mündung noch etwa 170 m. Bevor die Fils aus der Alb heraustritt, nimmt sie die ersten größeren Nebenflüsse, die Rohrach und die Eyb auf. Ebenfalls noch am Albfuß, bei Degenfeld entspringend, fließt von rechts her der bedeutendste Nebenfluß, die Lauter in Süßen in die Fils. Die Quellen von Rohrach, Eyb und Lauter sind typische Karstquellen.
Aus dem Albvorland kommen dann die Krumm und der Marbach, die bei Eislingen, bzw. bei Faurndau münden. Die linken Nebenflüsse auf dem gleichen Flußabschnitt – Weilerbach, Heubach, Fulbach – lassen sich mit ihren Quellbächen wieder bis an den Albfluß zurückverfolgen. Zwischen Göppingen und der Kreisgrenze fließen der Fils aus dem Schurwald dann noch der Herrenbach, die Nassach, der Blaubach und der Ebersbach sowie der Kirnbach zu. Die meisten Karstquellen haben schon gleich eine so große Schüttung, daß ihre Wasserkraft, wie bei der Fils, dem Drackensteiner Bach, der Rohrach und der Eyb gleich unterhalb der Quelle genutzt wurde, wovon noch die verschiedenen Mühlen zeugen. Die Wasserführung der Karstquellen ist im Laufe des Jahres sehr großen Schwankungen unterworfen. Die Folgen sind Wassermangel im Sommer, Überschwemmungen, die auch schon Katastrophencharakter annahmen im Frühjahr und nach starken Sommergewittern. Im Laufe der Zeit wurden die Flußbetten jedoch so ausgebaut, daß das Hochwasser meist schadlos abfließen kann.

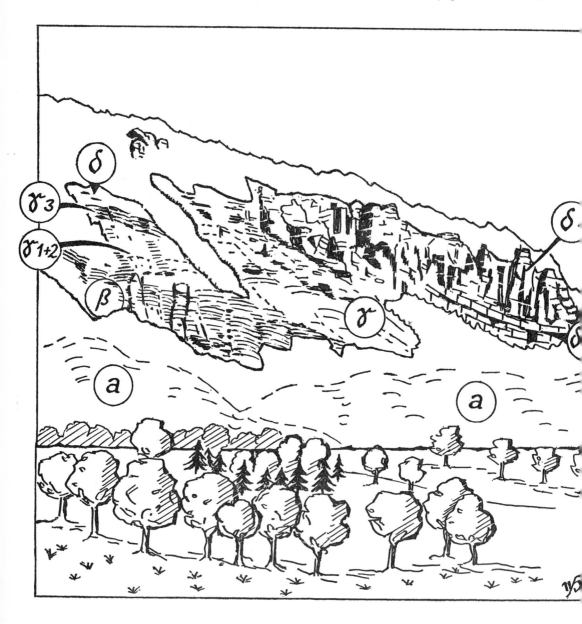

Schematische Darstellung der in nebenstehendem Bild 29 gezeigten geologischen Schichten

29. *Hausener Wand. Durch einen Bergsturz in vorgeschichtlicher Zeit wurden die Schichten des Weißen Juras (α–δ) freigelegt. Die Hügel am Fuße der Wand bestehen aus abgestürzten Gesteinsmassen.*

30. *Roggennadel und Roggenstein im Magental bei Geislingen-Eybach sind typische Felsformen, die ihre Entstehung Erosionen und Verwitterung verdanken. Es waren ehemals Riffe im Weiß-Jurameer, die durch kalkbindende Organismen (Schwämme, Korallen, Kalklagen) aufgebaut wurden.*

31. Mordloch im Roggental bei Geislingen-Eybach. Eine enge, von einem Bach durchflossene Karsthöhle, die in den wohlgebankten Kalken (Weißjura β) entlang von Klüften entstanden ist. Das Höhlenprofil entstand vor allem durch Korrosion. Das Mordloch wurde bis jetzt über 2 km in den Berg hinein vermessen.

32. Schieferwand im Jura-Museum Dr. Engel in Göppingen-Jebenhausen mit
Ichthyosaurus (Fischechse), Schmelzschuppenfisch und Seelilie, rechts Lebensbild aus der
Ölschieferzeit
33. Seeigel aus dem Weißen Jura, Durchmesser etwa 5 cm
34. Ammonit (Arietites rotiformis) aus dem Lias, Durchmesser 30—50 cm

Eine weitere Verbesserung der Abflußverhältnisse, hauptsächlich der Niedrigwasserführung verspricht man sich durch die im Oberlauf der Flüsse geplanten Rückhaltebecken und durch die Ablösung der alten Mühl- und Fabrikkanäle. Im Herrenbachtal auf Markung Adelberg, oberhalb der Herrenmühle (s. Abb. 95), soll das erste Seebecken im Kreis entstehen, das dann nicht nur wasserwirtschaftlichen Zwecken dienen wird, sondern auch ein Anziehungspunkt für die erholungssuchende Bevölkerung werden soll.

Der geologische Bau und die Entstehung der Gesteine

Man hat die Erdgeschichte oft schon mit einem aufgeschlagenen Buch verglichen, auf dessen Seiten die Erdgeschichte aufgeschrieben ist. Wer die Schriftzeichen zu lesen versteht, braucht nur Seite um Seite zurückzublättern, bis er auf der ersten die – allerdings schon stark verwitterten – Schriftzeichen findet, die ihm Kunde aus der ältesten Zeit der Erdgeschichte geben. Die Beschaffenheit der Gesteine erlaubt Rückschlüsse auf ihre Entstehungsbedingungen. Versteinerte Reste von Tieren und Pflanzen tragen als wichtige Urkunden dazu bei, das paläogeographische Bild der Land-Meer-Verteilung und dem Klima der Vorzeit zu vervollständigen, Hinweise für die Deutung des erdgeschichtlichen Ablaufes ergeben sich dann aus dem Vergleich mit heutigen geologischen Vorgängen, die sich heute z. B. am Meeresstrand, im Gebirge, in den Wüsten usw. abspielen, doch muß man sich vor einer kritiklosen Übertragung hüten, jede Erdperiode hat ihre eigenen Gesetze.

Millionen von Jahre sind vergangen, seit sich die ersten Gesteine auf der Erde gebildet haben. Aus der Frühzeit der Erde vor mehr als 600 Millionen Jahren sind bei uns keine erkennbaren Spuren erhalten. Gesteine, die sich im Erdaltertum gebildet haben, das einen Zeitraum in der Größenordnung von 200 Millionen Jahren umfaßt, sind nur in großen Tiefen in neuerer Zeit erbohrt (s. S. 154) worden.

Die ältesten Ablagerungen, die im Kreis Göppingen unserer Beobachtung zugänglich sind, gehören noch ins Erdmittelalter, es sind die Sandsteine und Mergel des Keupers, die den Schurwald aufbauen. Auch die darüber liegenden Juraschichten des Albvorlands und der Schwäbischen Alb gehören noch in diesen Abschnitt. Die auf isotopenphysikalischem Wege (radioaktiver Zerfall von Mineralien) gewonnene Datierung hat für ihre Entstehung einen Zeitraum von 54 Millionen Jahren ermittelt, beginnend vor 190 Millionen und endend vor 136 Millionen Jahren. Aus den folgenden Erdperioden sind bei uns nur spärliche Überreste erhalten, denn nach der Jurazeit, in der Kreide und im Tertiär, war Württemberg zu großen Teilen dauernd Festland. Statt Ablagerung setzte nun bis auf die heu-

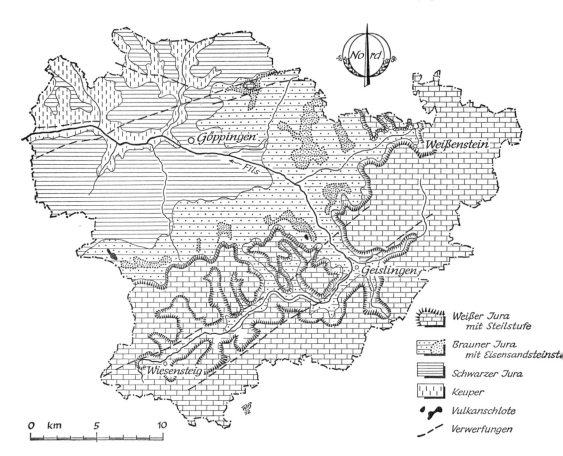

tige Zeit die Abtragung, die Gesteinszerstörung, ein. Von den abtragenden Kräften, Wasser, Wind, Frost leistete das Wasser bei der Herausmodellierung der jetzigen Landschaft die Hauptarbeit.

Nachdem der erdgeschichtliche Rahmen im großen abgesteckt ist, wollen wir uns nun die Gesteine unserer Heimat und ihre Entstehung im einzelnen ansehen.

Der Keuper

Mitteleuropa war während des Erdmittelalters zum weitaus größten Teil von einem mehr oder weniger tiefen Meer bedeckt. Während das ältere Muschelkalkmeer und das Meer zur Jurazeit größere Tiefen aufweist, war es in der Keuperzeit mehrfach lagunenartig eingeengt. Der Name „Keuper" ist von einer mundartlichen Bezeichnung für bunten, sandigen Mergel übernommen.

Im mittleren Keuper nehmen die Festlandeinflüse zu. Staub- und Sandstürme, im Wechsel mit tropischen Regenfluten, tragen die Hochgebiete im Süden und Osten ab. Die roten Mergel sprechen für ein wüstenähnliches Klima. Durch Flüsse wird Sand verfrachtet und in breitflächigen Rinnen – wie im Stubensandstein – abgelagert. In flacheren Becken entsteht auch – auf den unteren Teil des mittleren Keupers beschränkt – Gips. Im Laufe von Jahrmillionen wird das Land eingeebnet und so für den neuen Meeresvorstoß vorbereitet, der sich schon in den oberen Keupterschichten, dem Rät abzeichnet.

Lebensspuren sind in den Keupergesteinen wenige zu finden, die Erhaltungsbedingungen waren ungünstig. Ausgegraben wurden die Reste von großen Landsauriern und verschiedenartige Fische und Reptilien. Erwähnenswert sind die äußerst selten zu findenden Reste einer großen Schildkröte. Die Pflanzenwelt ändert sich im Laufe der Zeit mehrfach, anfangs noch Schachtelhalme und Farne, später Nadelbäume, deren verkieselte Hölzer ab und zu gefunden werden.

Der *Stubensandstein* – seinen Namen verdankt er der früher häufigen Verwendung als Fegesand – ist im Kreis Göppingen an der Erdoberfläche auf die Täler im Schurwald beschränkt. Er steht in verschiedenen zwei bis sechs Meter mächtigen Bänken an, getrennt durch Mergelzwischenlagen. Die zahlreichen Sandgruben von einst sind längst aufgegeben, übrig geblieben sind einige große Brüche, besonders im Nassachtal, in denen noch „Sand" abgebaut wird. Genaugenommen handelt es sich um einen weißen, bis rötlichen Sandstein. Ist das Bindemittel der „Zement", zwischen den einzelnen Quarzkörnern kalkig, dann läßt sich der Stubensandstein zu Sand verarbeiten und dient dann in unserer Gegend als Maurer- und Gipsersand. Auch als Formsand für große Gußstücke fand er gelegentlich Verwendung, früher auch zur Glasherstellung.

Ist das Bindemittel dagegen Kieselsäure, so ist der Sandstein sehr hart und widerstandsfähig, aber auch schwer zu bearbeiten. Er eignet sich dann vor allem zur Herstellung von Mühlsteinen, aber auch als Baustein, wie an manchen alten Häusern zu sehen ist.

Über dem Stubensandstein liegt eine 25 bis 30 m mächtige rote Mergelschicht, der *Knollenmergel*. Auffallend im Bereich des Knollenmergels sind die welligen Geländeformen, die von kleineren und größeren Rutschungen herrühren. Selbst bei geringen Veränderungen des Geländes, wie Abtragung oder Auffüllung, können Rutschungen ausgelöst werden, wie man schon bei mancher Baugrube erfahren mußte, die ohne die nötige Sorgfalt ausgehoben wurde. Die Knollenmergelgebiete an den Talrändern wurden daher früher von einer Bebauung weitgehend frei gehalten. Heute bei der Knappheit der Bauplätze werden sie trotzdem besiedelt; allerdings müssen dann erhebliche Mittel für verstärkte Fundamente investiert werden.

Die oberste Keuperschicht, das *Rät,* ist im Kreis nur spärlich und lückenhaft entwickelt. Im Gegensatz zu den Gebieten weiter im Westen, wo sich mächtige Sandsteinschichten abgesetzt haben (Kreis Nürtingen), trifft man hier nur etwa 0,5 bis 1,5 m mächtige gelbbraune Tone und Mergel, in denen Spuren des vorrückenden Meeres enthalten sind.

Der Jura

Nach den Ablagerungen war das Jurameer ein flaches Randmeer mit Wassertiefen bis zu 500 m, vergleichbar der Nordsee. Vorstöße und Rückzüge des Jurameeres verändern wiederholt das Verhältnis von Land und Meer, wie aus den verschiedenen Ablagerungen und der reichlich erhaltenen Tierwelt ersichtlich ist. Besonders deutlich sind die verschiedenen Schichten des Juras im Landschaftsbild des Kreises Göppingen ausgeprägt. Die Unterteilung in Schwarzer, Brauner und Weißer Jura nach den verschiedenen vorherrschenden Gesteinsfarben oder Lias, Dogger und Malm – aus dem Englischen übernommen – ist weitgehend bekannt. Jede dieser Abteilungen wird bei uns wieder entsprechend der verschiedenen Gesteinsausbildung und den charakteristischen Versteinerungen, den Leitfossilien, wieder sechsmal untergegliedert, und mit den ersten sechs Buchstaben des griechischen Alphabets von unten nach oben gekennzeichnet. Neben dieser spezifisch schwäbischen Gliederung ist gleichzeitig eine international anwendbare entstanden (Tabelle 1 bis 3), die einen Vergleich mit den weltweit verbreiteten Juraschichten ermöglicht.

Schwarzer Jura oder Lias *(Tabelle 1)*

Im Meer zur Liaszeit lagerten sich am Meeresgrund durch fein verteiltes Schwefeleisen und durch organische Substanzen dunkel gefärbte Tone ab, die „Schiefer", zu gewissen Zeiten auch Kalksteinbänke und gering mächtige Sandsteinschichten. Sauerstoffmangel am Meeresgrund und rasche Sedimentation hat uns eine überaus reiche Lebenswelt, besonders im Ölschiefer erhalten. Ein gutes Bild hiervon gibt ein Besuch im Museum Dr. Engel in Jebenhausen (s. Abb. 17) oder das Museum Hauff in Holzmaden.

Ersteres enthält die Sammlung des weit über Württembergs Grenzen hinaus be-

Tabelle 1: Gliederung des Schwarzen Juras, Lias

Schwäbische Stufengliederung		Internationale Stufengliederung	Mächtigkeit m
ζ	Obere Schwarzjuramergel Jurensisschichten	Toarcium	2 - 6
ε	Posidonienschiefer Ölschiefer		6 - 12
δ	Obere Schwarzjuratone Amaltheenton	Pliensbachium *)	15 - 20
γ	Untere Schwarzjuramergel Nomismalismergel		5 - 10
β	Untere Schwarzjuratone Turneriton	Sinemurium	15 - 25
α 1-3	Gryphaeenkalke Arietenkalk		4 - 5
	Angulatenschichten Psiloceratentone	Hettangium	14 - 16 8 - 10

*) Typuslocalität Pliensbach im Kreis Göppingen

kannten Geologen und Theologen, Pfarrer Dr. Theodor Engel (geb. 1842 in Eschenbach, gest. 1933 in Eislingen). Letzteres genießt wegen der einmaligen Präparationen Weltruf. Nicht nur Muscheln und Schnecken, Tintenfische (Belemniten) und Ammoniten in reicher Form sind Zeugen des Weltmeers der Liaszeit, sondern auch Fische und Echsen (Saurier); die Fische noch mit ihren glänzenden Schuppen, nur platt gedrückt; einzigartig die Fischechsen (die Ichthyosaurier) (s. Abb. 32), die sich – den Delphinen ähnlich – im Meer als gewandte Schwimmer tummelten. Einzelne sind noch mit Haut erhalten, so daß man ihre Flossen vollständig sehen kann. Ja man findet sogar Muttertiere mit Jungen im Leibe. Sie wurden aus den dickeren Bänken des Ölschiefers vorsichtig und mühsam mit Meißel und Stichel, zum Teil unter dem Binocularmikroskop freigelegt. Man findet sie als Glanzstücke der Museen aller Welt. Seltener sind die Meereskrokodile. Einzigartig sind die Seelilien (s. Abb. 32), deren vielgliedrige Kronen sich im weichen Faulschlamm des Meeres erhalten haben. Es sind Tierkolonien, die auf langen Stielen an Treibholz festgewachsen waren.

Vollständig sind die Schichten des Lias im Albvorland erhalten, die untersten, der Arietenkalk und die Angulatensandsteine, reichen über das Albvorland hinaus bis in den Stuttgarter Raum.

Die blauen Arietenkalke, in denen in einzelnen Bänken gehäuft, die Schalen einer kleinen austernähnlichen Muschel herauswittern, wurden früher als Baustein und Pflasterstein verwendet. Auch der Angulatensandstein fand als Baustein Verwendung. Für uns ist er heute als Speichergestein des Mineralwassers (s. S. 153) wichtig. Zu unberechtigten Hoffnungen verleitete der erhöhte Bitumengehalt (3–5 Prozent) des Ölschiefers, zurückzuführen auf eine Anreicherung von organischen Substanzen aus dem Plankton. Die Ausbeute war jedoch zu gering. Dagegen wird der feingemahlene Ölschiefer als Badeschlamm mit gutem Erfolg bei rheumatischen Krankheiten und zu medizinischen Packungen verwendet.

Brauner Jura, Dogger (Tabelle 2)

Sehr wechselreich sind die Ablagerungen des Meeres in der Folgezeit. Ton wird in großen Mächtigkeiten sedimentiert, von den umgebenden Festländern wurde feiner Sand bis weit ins flache Meer hinaus verfrachtet. Vom Land eingeschwemmte Eisenverbindungen lagerten sich als Brauneisen ab. Verschiedene Um-

Tabelle 2: Gliederung des Braunen Juras, Dogger

		Schwäbische Stufengliederung	Internationale Stufengliederung	Mächtigkeit m
	ζ	Obere Braunjuratone Ornatenton z. T. Macrocephalen Sch.	Callovium	10 – 15
	ε	Obere Braunjuratone Varians Württembergica Parkinsonischichten	Bathonium	15 – 20
	δ	Oolithische Laibsleinsch. Subfurcatum Stephanoceratensch.	Bajocium	15 – 20
	γ	sandige Braunjuratone Sonninien Sch.		15 – 20
	β	Sandflaserschichten Ludwigien Sch. Personatensandstein	Aalenium *)	55 – 65
	α	Untere Braunjuratone Opalinuston		100 – 110

*) Typuslocalität Aalen

bildungsprozesse und Vertriftung durch Meeresströmungen ließen an manchen Stellen (Wasseralfingen, Aalen, Altenstadt) abbauwürdige Eisenerzflöze entstehen. Die braunen Farben der verwitterten Schichten sind auf die Eisenverbindungen zurückzuführen.

Die meisten Ammoniten des Liasmeeres sind bereits ausgestorben, andere, ebenso artenreiche Gruppen sind an ihre Stelle getreten.

Die unterste Schicht, der Opalinuston, nimmt die Fläche südlich der Linie Boll–Eislingen bis zu den Vorbergen ein. Im ganzen Albvorland ist er gleich ausgebildet, eine sehr einförmige Folge von dunklen bis schwärzlich-braunen Schiefertonen mit einer gleichbleibenden Mächtigkeit von rund 100 bis 110 m. Die Tone verwittern zu einem hellen, schweren Boden, der sich am besten für Wiesenland eignet. Auch das Gelände des Opalinustons ist für Rutschungen prädestiniert. An verschiedenen Orten (Heiningen, Ottenbach) wird er zur Ziegelherstellung abgebaut.

Schon in den obersten Lagen des Opalinustons macht sich eine immer stärkere Zunahme des Sandgehalts bemerkbar. Eine erste Sandsteinbank mit dem bezeichnenden Namen „Wasserfallbank" ist die Grenze zur nächst höheren Schicht. In diesem Schichtstoß sind besonders zwei Sandsteinbänke, der untere und der obere Donzdorfer Sandstein von Bedeutung. Die Donzdorfer Sandsteine, die die meist bewaldete Geländestufe im Albvorland von Boll über Schlat, Süßen, dann das Rehgebirge und den Aasrücken bilden, waren früher sehr gesuchte Bausteine. Ausgewählte Bänke sind sehr wetterbeständig, wie am Turm der Ruine Staufeneck, (s. Abb. 80) oder auch am Ulmer Münster (Turm und Schiff) zu beobachten ist. Zwischen den Donzdorfer Sandsteinen kommt es mehrere Male zu Eisenanreicherungen. Das mächtigste Eisenerzflöz (1,8 m) mit einem Eisengehalt bis über 30 Prozent wurde in Geislingen-Altenstadt in der Grube Karl bis 1963 abgebaut. Monatlich wurden etwa 30 000 t Erz gefördert, die mit der Bahn ins Ruhrgebiet transportiert wurden und dort als Zuschlagstoff für kalkarme Erze Verwendung fanden. Die Konkurrenz ausländischer Erze brachte den letzten Erzbergbau in Württemberg zum Erliegen, obwohl noch Vorräte für zehn bis zwanzig Jahre nachgewiesen sind. Unmittelbar über dem oberen Donzdorfer Sandstein liegt eine sehr harte Kalkbank, der Sowerbyi-Oolith, die voll von Versteinerungen steckt. Große, flache Ammoniten, Hahnenkammaustern, Dreieckmuscheln, Schnecken usw. Hier treten auch erstmals im Jurameer Korallen auf, die später noch eine bedeutende Rolle spielen werden.

Im höheren Braunen Jura herrschen die Tone wieder vor, Kalksteinbänke sind untergeordnet. Sammler von Versteinerungen finden, falls günstige Aufschlüsse (Baugruben, Wasserleitungsgräben) vorhanden sind, in diesen Schichten reiche

Beute. Belemniten, die eine Länge bis zu einem halben Meter erreichen können, stecken im Subfurcaten-Oolith, rundliche und dickbauchige Ammoniten liegen etwas höher. Besonders groß ist die Zahl der Ammoniten-Gattungen in der obersten Schicht, die nach einem der schönsten Ammoniten, dem Kosmoceras ornatum, dem geschmückten Schmuckhorn benannt ist.

Weißer Jura, Malm (Tabelle 3)

Der Einfluß der umgebenden Festländer, der in den Ablagerungen des Braunjurameeres so auffällig in Erscheinung tritt, verschwindet in der Folgezeit gänzlich. Vorwiegend kommt nun Kalk zum Absatz. Dieser wird chemisch, sehr rein, aus dem Meerwasser ausgefällt. Mit Tontrübe vermischt entstehen die Mergel. Die Lebensbedingungen für kalkbildende Tiere waren außerordentlich günstig. In zunehmendem Maße besiedelten Schwämme und Korallen den Meeresboden. Aus Schwammrasen werden Schwammriffe, die über den Meeresboden hinauswachsen. Riffbauend sind ebenfalls bestimmte Arten von Kalkalgen. Zu Ende der Jurazeit zieht sich das Meer nach Osten und Süden zurück und Mittelwürttemberg geht einer bis heute andauernden Festlandzeit entgegen.

Tabelle 3: Gliederung des Weißen Juras, Malm

Schwäbische Stufengliederung		Internationale Stufengliederung	Mächtigkeit m
ζ 1-3	Hangende Bankkalke Obere Weißjuramergel Zementmergel Liegende Baukalke Ulmensis Sch.	Tithon	– 40 – 50 30
ε	Obere Felsenkalke Sethatus- u. Subeumela Sch.	Kimmeridge	35 – 40
δ	Untere Felsenkalke Aulacostephanus Sch.		60 – 70
γ	Mittlere Weißjuramergel Ataxioceraten Sch.		40 – 45
β	Wohlgeschichtete Kalke Betakalk	Oxford	20 – 25
α	Untere Weißjuramergel Impressa Mergel		70 – 80

35. *Filsursprung bei Wiesensteig*
Umseitig:
36. *(links oben) Auendorf*   37. *(links unten) Gruibingen*
38/39. *(rechts) Reichenbach im Täle und Unterböhringen (unten) im Oberen Filstal*

40/41. *(links) Kurort Bad Ditzenbach und Mühlhausen im Täle (unten)*
42. *(oben) Stadt Wiesensteig mit Malakoffbrücke des Autobahnaufstiegs*
43. *(umseitig) Große Kreisstadt Geislingen an der Steige*

44. Weiler ob der Fils   45. Aichelberg mit Autobahnviadukt
46/47. Eschenbach und Gammelshausen (unten) am Fuß der Schwäbischen Alb

48. Schlat, im Hintergrund Rechberg (links) und Stuifen
49. Blick vom Ramsfelsen auf Kuchen
50. Blick vom Messelstein auf Winzingen
51. Reichenbach unterm Rechberg

52. Nenningen im Lautertal

Bei den Ablagerungen des Weißen Juras fällt der regelmäßige Wechsel von Mergel (α, γ, ζ_2) und Kalksteinschichten (β, δ, ϵ, ζ_1) auf. Besonders charakteristisch ist die mittlere Kalksteinschicht, die den bezeichnenden Namen „wohlgeschichtete Kalke" erhalten hat. Die höher liegenden Kalke sind zunächst noch dickbankig, dann wird die Schichtung undeutlich und an die Stelle der geschichteten Kalke treten nun Riffkalke, nach ihrer Struktur auch Massenkalke genannt. Nach der chemischen Zusammensetzung kann man reine Kalke (bis 97 und mehr Prozent Kalzium) und dolomitische Kalke (Kalzium Magnesium Karbonat) unterscheiden. Durch die Erosion wurden später diese härteren Riffkalke wieder herauspräpariert. Es sind die hervorragenden Aussichtsfelsen und Nadeln wie die Roggennadel bei Eybach (s. Abb. 30), die den Rand der Albhochfläche einsäumen.

Von den Gesteinen des Weißen Juras eignen sich die Mergel und die tonigen Kalke zur Zementherstellung. Im Zementwerk Nürtingen werden der untere Weiße Jura (α, β, γ) abgebaut, im Blautal und Brenztal der oberste Weißjuramergel. Im Kreis Göppingen wird nur der Massenkalk gewonnen, der wegen seiner hohen Druckfestigkeit – bis 1000 kg/cm² und mehr – fast ausschließlich als Straßenbaumaterial und Mineralbeton Verwendung findet. Die sehr reinen Kalke werden auch von der chemischen Industrie gesucht. Gebrannt werden sie zur Herstellung von Kalziumkarbid, Soda, Chlorkalk und ähnlichem verwendet.

Die Beschreibung der Gesteine wäre unvollständig, wenn wir nicht den *Kalktuff* oder Kalksinter, oder – wie er bei uns genannt wird – „Dauch" erwähnen würden. Er gehört zu den jüngsten Gesteinen, deren Bildung etwa vor 10 000 Jahren, also nach der letzten Eiszeit, einsetzte. Die Kalktuffbildung steht in unmittelbarem Zusammenhang mit der Verkarstung. Der im Berginnern gelöste Kalk setzt sich unter Mitwirkung von Pflanzen, speziell Moosen und Algen unterhalb der Karstquellen als Polster, die immer mehr in die Höhe und Breite wachsen, ab. So entstehen Terrassen, über die die Bäche in einem Wasserfall herabstürzen. Das bekannteste Beispiel ist der Uracher Wasserfall, in verkleinertem Maßstab der Wasserfall in Unterdrackenstein, wo die Kirche auf der Tuffterrasse steht, oder noch kleiner der Wasserfall am Rötelbad in Geislingen.

Auch weiter unten in den Tälern setzt sich noch Kalktuff ab; große Teile von Geislingen und Altenstadt sind auf Kalktuff gebaut. Stellenweise ist es Tuffstein, der quer durch das Tal eine Barre bildet, oberhalb der sich früher der Bach seeartig aufstaute, worauf noch viele Flurnamen hinweisen. An anderen Stellen findet man vorwiegend Tuffsand, oder schluffig-tonigen Schwemmtuff, der die ehemaligen Seen auffüllte.

Wegen seiner leichten Bearbeitbarkeit war der Kalktuff lange Zeit gesuchter Baustein. In frischem Zustand kann er gesägt werden, an der Luft wird er hart und wetterbeständig. Die Geislinger Stadtkirche (s. Abb. 18) gehört zu den Baudenkmälern, bei denen fast nur Tuffstein Verwendung fand. Zur Zeit wird er im Kreis Göppingen nur noch bei Mühlhausen unter der Todsburgbrücke abgebaut. Meist wird er vermahlen zu Kunststein verarbeitet, selten werden noch Abdeckplatten und dergleichen daraus hergestellt.

Der tiefere Untergrund

Bevor wir uns mit der Landschaftsgeschichte befassen, sei noch kurz auf das eingegangen, was tief unter unseren Füßen verborgen ist. Nach dem geologischen Aufbau Süddeutschlands können wir vermuten, daß es die gleichen Schichten sind, die weiter im Norden an der Oberfläche ausstreichen. Den Beweis dafür haben uns in neuerer Zeit einige Tiefbohrungen bei Albershausen, Boll, Ditzenbach und Überkingen erbracht (s. Schnitt 1). Der gesamte Keuper mit etwa 260 m Mächtigkeit ist vorhanden, darunter folgen rund 160 m Muschelkalk und 400 m Buntsandstein und Rotliegendes. In rund 550 m Tiefe unter dem Meeresspiegel erreicht man die ältesten Gesteine, den Gneis des kristallinen Grundgebirges. Insgesamt sind es demnach 850–900 m mächtige Ablagerungen, die einst an der Erdoberfläche entstanden sind. Mindestens um diesen Betrag muß sich die Erdoberfläche vor der Jurazeit unter den Meeresspiegel gesenkt haben. Von der Jurazeit bis heute dagegen folgte eine Hebung von über 1000 m über den Meeresspiegel. Wären die in der Zwischenzeit der Abtragung anheimgefallenen jüngsten Juraschichten in Göppingen erhalten geblieben, dann hätte dort die Alb die beträchtliche Höhe von etwa 1500 m.

Die Auswirkungen der erdinneren Kräfte (Tektonik, Vulkanismus)

Die Hebungen und Senkungen sind durch die erdinneren Kräfte bedingt. Weder das eine noch das andere erfolgte gleichmäßig. Die Hebung ging im Norden und Westen schneller, die ganzen Schichten wurden schräg gestellt und dabei zum Teil zerbrochen oder auch nur verbogen. Eine der bedeutendsten tektonischen Bruchzonen Württembergs, die sich über eine Länge von über 140 km verfolgen läßt, ist das „Schwäbische Lineament". Dieses setzt sich aus einer Reihe von Verwerfungen zusammen, die das Albvorland in ostnordöstlicher Richtung durchziehen. Die Sprunghöhen sind gering, sie betragen im allgemeinen nicht mehr als 25–30 m.

Die bei Ebersbach und im Schurwald, und weiter im Hohenstaufengebiet festgestellten Verwerfungen gehören zu diesem System.

Ein zweites Verwerfungssystem ähnlicher Richtung und Bauart zieht entlang dem oberen Filstal. Es ist von Wiesensteig bis über Geislingen hinaus zu verfolgen.

Außer diesen „schwäbisch streichenden" Verwerfungen gibt es noch eine größere Zahl, die einer anderen tektonischen Hauptrichtung, der „hercynischen" folgen. Diese in SW-NO-Richtung verlaufenden Verwerfungen kreuzen die „schwäbischen" nahezu rechtwinkelig. Besonders gut waren sie im ehemaligen Erzbergwerk in Geislingen aufgeschlossen. Sie wiederholten sich in regelmäßigen Abständen und zerlegten so die Erdkruste in einzelne Schollen.

Zwischen zwei parallelen Verwerfungen kann das Zwischenstück absinken; so entsteht ein tektonischer Graben. Ein Beispiel dafür ist das ehemals zusammenhängende Rechberg-Staufengebiet. In der Gegend des Hohenstaufen sind die wohlgebankten Kalke (Weißjura Beta), die die Kuppe des Berges aufbauen, bis in das Niveau des Braunen Jura um rund 150 m abgesunken. Dadurch blieben die Kalke zuerst vor der Abtragung bewahrt. Später, als diese soweit fortgeschritten war, daß sie die Braunjuratone, die nun Grabenränder bildeten, erfaßte, leisteten diese weniger Widerstand als die harten Jurakalke des Grabenbodens. Dadurch entstand eine Reliefumkehr, das ehemals Eingesunkene erhebt sich nun als Höhenrücken mit dem Rechberg und Hohenstaufen als Zeugenberg über die Umgebung.

Ein kleinerer Graben, der im Landschaftsbild nicht in Erscheinung tritt, wurde bei Spezialkartierungen im Schurwald zwischen Adelberg und Börtlingen gefunden.

Die größte Schichtaufwölbung ist die „Alberhausener Kuppel"; in einem Umkreis von rund 10 km werden hier die Schichten um rund 50 m aufgewölbt.

Zu den Kräften, die aus dem Erdinnern bis an die Oberfläche wirken, gehört auch der *Vulkanismus.* Die vulkanischen Ausbrüche im Tertiär, vor rund 16–20 Millionen Jahren, konzentrieren sich auf das Gebiet zwischen Urach und Kirchheim. Zähflüssiges Magma und vulkanische Gase sind aus dem Tiefenherd in Gesteinsklüften aufgedrungen. An zahlreichen Stellen kam es zu kleinen Eruptionen. Es sind bis jetzt in diesem Gebiet über 300 „Vulkan-Embryonen" gefunden worden, wie diese mehr oder weniger großen Durchschläge genannt werden. Auch im Kreis Göppingen sind an zwei Stellen noch Spuren vulkanischer Tätigkeit zu erkennen. Die eine liegt an der Hunnenburg bei Gingen, es ist ein vulkanischer Gang mit wenigen Metern Durchmesser, der beim Bau eines Waldweges entdeckt wurde; die andere Stelle ist der Aichelberg. Dort sehen wir in den Steinbrüchen, daß der vulkanische Tuff zum Teil mit Gesteinen aus tiefer liegenden Schichten ja sogar aus dem Kristallin durchsetzt ist, andererseits mit höher liegenden Gesteinen aus dem Weißen Jura, die über 200 m tief abgesunken sind. Die Abwärtsbewegung muß allerdings ziemlich langsam vor sich gegangen sein, denn die Schichtung der Weißjurakalke ist trotz Schrägstellung nur wenig gestört.

Die letzten Auswirkungen des Vulkanismus, bis in die heutige Zeit, sind neben der erhöhten Erdwärme, die zu den erfolgreichen Thermalwasserbohrungen geführt hat, die Kohlensäure, der die kohlensäurehaltigen Mineralwässer, die Säuerlinge, ihre Entstehung verdanken (s. S. 152).

Die Schichtstufenlandschaft

Der Wechsel zwischen harten, wetterbeständigen Schichten und weichen, der Abtragung leichter zugänglichen sowie die Schrägstellung derselben, bilden zusammen die Voraussetzung für die Entstehung einer Schichtstufenlandschaft. Die Arbeit der abtragenden Kräfte beginnt nach dem Rückzug des Jurameeres. Auf der damals noch bis über Stuttgart hinausreichenden Juratafel bildete sich ein nach Süden gerichtetes Flußsystem aus. Lonetal, Brenztal und manche andere am Albtrauf endenden Täler sind die letzten Überreste dieser Urflüsse, deren Einzugsgebiet sich damals noch weit über den heutigen Albrand hinaus nach Norden erstreckte. Im Tertiär entsteht dann durch den kräftig erodierenden Neckar ein entgegengesetztes, also nach Norden ableitendes Flußnetz, das in die Juraschichten Stufen hineinschneidet, zuerst niedrig, dann höher werdend. Diese werden langsam zurückverlegt. Dabei geht der Oberlauf der alten Donauzuflüsse immer mehr verloren, nur Mittel- und Unterlauf bleiben erhalten, übrig bleiben die „geköpften Täler", also Täler, die unmittelbar am Nordrand der Alb beginnen, wie z. B. das Lonetal bei Amstetten, oder die Verlängerung des Eybtales bei Treffelhausen.

Mit der Zurückverlegung des Albrands wurden auch die einzelnen Schichtstufen, entsprechend ihrer Widerstandsfähigkeit herauspräpariert (s. Schnitt 1 u. 2). Der erste Anstieg geht bei uns vom Keuper auf die Liasplatte hinauf ins Albvorland und in den Schurwald. Eine zweite Stufe, in der Göppinger Gegend deutlich ausgebildet, ist die Platte des Ölschiefers. Weiter nach Süden kommt die vielfach bewaldete Eisensandsteinstufe. Sie ist von weitem erkennbar, rechts der Fils gehört das bucklige Land um den Hohenstaufen, der Asrücken und das Rehgebirge mit Staufeneck und Ramsberg dazu. Auf der anderen Filsseite sind es die Höhenrücken zwischen Schlat und Aichelberg (s. Abb. 46). Die letzte und eindrucksvollste Stufe ist der Steilanstieg zum Albtrauf, der die ganze Schichtenfolge des Weißen Jura umfaßt.

Bei der Zurückverlegung des Albtraufs wurde der größte Teil des abgetragenen

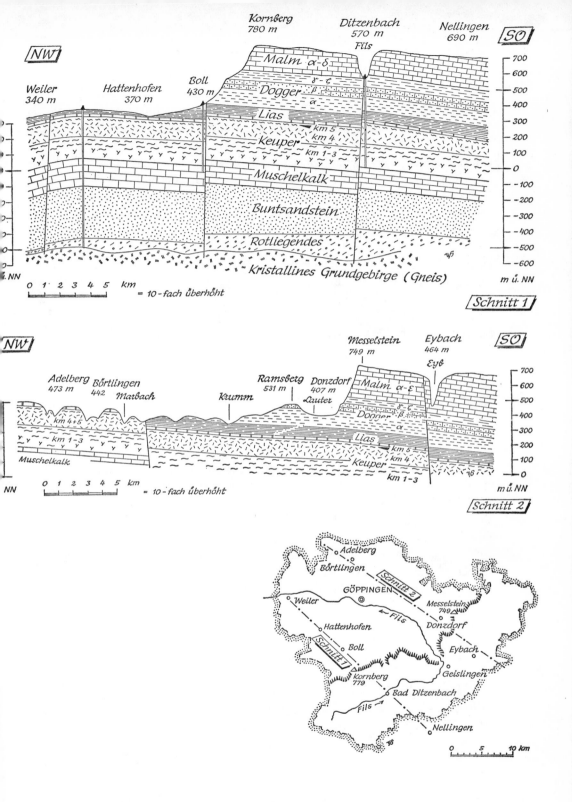

Gesteins als Kies und Tontrübe in den Flüssen abtransportiert. Ein Teil blieb auch als Verwitterungsschutt am Fuße der Steilhänge liegen. Im Quartär, besonders am Ende der Eiszeiten, wurden durch übersteile Talhänge die Voraussetzungen für *Bergstürze* geschaffen. Ganze Gesteinsschollen rutschten ohne wesentliche Störung des Schichtverbandes auf einer Gleitfläche ab, meist auf den Tonen des Braunen Jura. Eindrucksvoll ist das Bergsturzgebiet im oberen Filstal. Die breiten Terrassen zu beiden Seiten des Tales stammen fast nur von Bergstürzen. Von weither sichtbar ist die Hausener Wand. Hier sind durch den Bergsturz die ganzen Schichten des Weißen Jura entblößt worden. Nirgends ist ein so vollständiger und klarer Einblick in den Aufbau des Weißen Jura zu bekommen wie hier (s. Abb. 29). Unten, eben noch sichtbar, sind die Impressa-Mergel, dann folgt das durchgehende Band der Beta-Kalke, darüber die vom Regen durchfurchten Gamma-Mergel und endlich die dickbankigen Kalke und die Massenkalke des Deltas. Vor der Wand liegen wie schräge Rampen zwei große abgestürzte Schollen von Weißjura-Beta-Kalk.

Bergstürze ähnlichen Ausmaßes gibt es auch im Lautertal. Am Galgenberg bei Nenningen ist eine mehrere hundert Meter lange und 100 Meter breite Gesteinsscholle abgerutscht. Auch hier sind die Ausläufer bis ins Tal hinab festzustellen.

Bei den Bergstürzen muß auch die *Spielburg* am Südwestfuß des Hohenstaufens (s. Abb. 2) erwähnt werden, die schon durch ihre fremdartige, an die Albhochfläche erinnernde Heidevegetation auffällt. Rund herum stehen Braunjuraschichten an, in dem Steinbruch finden wir jedoch Kalke, die aus dem oberen Weißen Jura stammen. Diese sind aber in weitem Umkreis längst abgetragen. An der Entstehung dieses eigenartigen Fleckchen Erde wurde lange herumgerätselt. Wahrscheinlich ist, daß die ganze Spielburg Rest eines sehr alten Bergsturzes ist, der sich zu der Zeit ereignete, als die Albhochfläche noch über den Hohenstaufen hinausreichte.

Auch aus historischer Zeit sind Bergstürze bekannt, z. B. 1805 im Filstal bei Hausen. Durch die vom rechten Talhang (gegenüber der Hausener Wand) abgestürzten Gesteinsmassen wurde die Fils oberhalb des Ortes aufgestaut, so daß es, wenn nicht noch rechtzeitig ein Durchstich gelungen wäre, zu einer Katastrophe für Hausen gekommen wäre.

Grundwasser und Quellen, Wasserversorgung

Von den auf die Erdoberfläche fallenden Niederschlägen versickert – je nach der Jahreszeit – ein größerer oder geringerer Anteil im Untergrund. Dieser wandert in die Tiefe, bis er durch eine undurchlässige Schicht, meist Ton oder Mergel, die

„Sohlschicht", aufgehalten wird. In der darüber liegenden durchlässigen Schicht, dem „Wasserleiter" – klüftiger Kalk- oder Sandstein, auch porenreicher Sand und Schotter in den Tälern – wird das sog. „Grundwasser" gespeichert. Quellen entstehen an den Grenzen von durchlässigen und undurchlässigen Gesteinen. Im Schichtstufenland mit seinem regelmäßigen Aufbau sind entlang der Schichtgrenzen verschiedene Quellhorizonte ausgebildet.

Der unterste Quellhorizont im Kreis Göppingen liegt zwischen dem Stubensandstein und den darunter liegenden Mergeln. Die meisten Quellen im Schurwald sind Stubensandsteinquellen. Etwas höher treten an der Lias-Keupergrenze wieder Quellen aus dem Arietenkalk oder Angulatensandstein aus. Der nächste, bedeutendere Quellhorizont kommt dann erst wieder im Dogger, im Eisensandstein. Er ist besonders im Rehgebirge ausgebildet. Die Quellen am Albtrauf dagegen treten überwiegend an der Grenze von Weißjura alpha zu beta aus. Da das Einzugsgebiet und das Speichergestein verkarstet sind, haben diese Karstquellen auch andere Eigenheiten als die vorher erwähnten. Die ersteren haben eine verhältnismäßig geringe, dafür aber eine das ganze Jahr hindurch ziemlich gleichbleibende Schüttung. Sie liegt etwa in der Größenordnung zwischen 0,5 und 2 l/s. Bei den Karstquellen dagegen, zu denen Fils, Rohrach, Lauter usw. gehören, kann die Schüttung gleich mehrere 100 l/s betragen (s. S. 135). Da bei den Karstquellen außer den starken Schwankungen in der Schüttung sowohl die Verweilzeit im Gebirge wie auch die Filterwirkung des Kalksteins äußerst gering ist, sind diese Quellen häufig sowohl mechanisch wie bakteriologisch verunreinigt. Viele Karstquellen wurden für die Wasserversorgung von Gemeinden gefaßt. Da sie aber oft nicht den hygienischen Anforderungen genügen, werden sie, wenn andere Möglichkeiten (siehe unten) bestehen, ausgeschaltet.

In weitaus den meisten Orten im Kreis Göppingen sind Quellen für die *Wasserversorgung* gefaßt. Grundwasser, das in Brunnen erschlossen wird, steht im wesentlichen nur den Gemeinden im Filstal zur Verfügung. Auf der Alb war man dagegen bis vor 100 Jahren nur auf das Regenwasser angewiesen, das in Zisternen gesammelt wurde. Heute ist die früher sprichwörtliche Wassernot der Albgemeinden behoben. Aus den Tälern wird das Wasser auf die Höhe gepumpt und dort von einem hoch gelegenen Punkt den zu Gruppen zusammengeschlossenen Gemeinden zugeleitet. In Geislingen, Überkingen, Mühlhausen, befinden sich die Pumpwerke der Albgruppen I (Eybgruppe), V (Untere Filsgruppe), II (obere Filsgruppe) und Kornberggruppe, die ein Gebiet von Laichingen bis Gerstetten versorgen.

Durch den zunehmenden Wasserbedarf reichen vielfach die alten Quell- und Grundwasserfassungen nicht mehr aus. Die Reserven im Kreisgebiet sind weitgehend genutzt; durch Bohrungen sowohl in die wasserführenden Schichten (z. B. Stubensandstein bei Adelberg und Rechberghausen, wie in die Talschotter) konnte an manchen Orten noch weiteres Wasser gefunden werden. Aber für eine gesicherte Wasserversorgung ist man auf zusätzlichen Fremdwasserbezug angewiesen. Aus den Überschußgebieten am Albsüdrand wird das Wasser in großen Fernwasserleitungen den Mangelgebieten zugeführt. Durch den Zweckverband Landeswasserversorgung wird der Kreis Göppingen schon seit vielen Jahren durch eine Leitung vom Remstal über den Rechberg her versorgt. Seit 1971 besteht eine neue Leitung, die von Langenau kommend durch das Rohrach- und Filstal führt. Eine große Zahl von Gemeinden deckt ihren Fehlbedarf aus ihr.

Eine weitere überörtliche Quellwasserversorgung, die im wesentlichen Gemeinden im Albvorland ganz oder zusätzlich versorgt, ist die Blau-Lauter-Gruppe, die bei Blaubeuren durch Bohrungen rund 500 l/s Wasser bester Beschaffenheit aus dem tiefen Karst erschlossen hat. Es wird über die Albhochfläche nach Mühlhausen gepumpt und von dort aus weiter in das Versorgungsgebiet geleitet.

Die Wasserversorgung der Gemeinden im Kreis Göppingen ist jetzt großenteils so ausgebaut, daß heute und in der nächsten Zukunft kein Mangel zu befürchten ist. Man muß sich aber immer vor Augen halten, daß das Wasser einer unserer wertvollsten Bodenschätze ist, der nur in begrenztem Umfang vorhanden ist und daher unter ganz besonderen Schutz gestellt werden muß. Wir können es uns nicht leisten, Wasser zu vergeuden oder zu verunreinigen, denn einmal gemachte Fehler können meist nicht mehr gut gemacht werden.

Mineralwasser

Schon seit Jahrhunderten sind die Säuerlinge von Göppingen, Jebenhausen im unteren Filstal, Überkingen und Ditzenbach im oberen Filstal bekannt; nicht zu vergessen der Boller Schwefelbrunnen. Neu hinzugekommen sind jetzt die Thermalwässer, die durch Tiefbohrungen an verschiedenen Orten erschlossen wurden. Die Verwendung des Mineralwassers hat sich im Laufe der Zeit geändert. Früher standen Bade- und Trinkkuren an erster Stelle; eine Reihe alter Beschreibungen, die die Heilkraft des Mineralwassers rühmen, gibt uns Kunde von den vielseitigen Anwendungen und Heilerfolgen. Heute sind an der Stelle der ehemaligen Badehäuser Großbetriebe entstanden, die mit Sauerwasser Erfrischungsgetränke aller Art herstellen und weit über die Grenzen des Kreises Göppingen hinaus zum Versand bringen. Außer diesen gewerblich genützten Mineralwasservorkommen gibt es noch die öffentlichen Sauerbrunnen in einer Reihe von Gemeinden (Ditzenbach, Eislingen, Faurndau, Geislingen, Gingen, Göppingen, Hattenhofen, Jebenhausen, Süßen). Hier kann sich die Bevölkerung unentgeltlich für den häuslichen Gebrauch das so beliebte Sauerwasser holen.

Ursprünglich war man ausschließlich auf die natürlichen Mineralwasseraustritte an den Talrändern angewiesen. Intensive Forschungen haben die geologischen und hydrologischen Voraussetzungen für die Mineralwasserentstehung geklärt und nun werden, begünstigt durch die Fortschritte in der Technik des Bohrens, gezielte Bohrungen auf Mineralwasser aus dem tieferen Untergrund angesetzt. Unser heutiger Mineralwasserbedarf wird fast ausschließlich mit künstlich erschlossenem Mineralwasser gedeckt.

Als „Mineralwasser" wird nach Übereinkunft ein Wasser bezeichnet, das sich durch seinen erhöhten Gehalt an gelösten mineralischen Stoffen (über 1000 mg/l) vom „gewöhnlichen" Wasser unterscheidet; bei einem „Säuerling" müssen außerdem noch über 1000 mg/l freie Kohlensäure vorhanden sein. Welche Voraussetzungen müssen gegeben sein, damit Mineralwasser entsteht? Als erstes ist das geeignete Speicher- und Auslaugungsgestein zu nennen. Hier kommen im wesentlichen nur die Sandsteine, angefangen beim Stubensandstein, dann der Angulatensandstein, und der Doggersandstein in Frage. In den Klüften und Schichtfugen dieser Sandsteine sammelt sich das von der Oberfläche her eingesickerte Wasser und reichert sich dort, begünstigt durch die Anwesenheit von Kohlensäure, mit den löslichen Mineralien des Speichergesteins an, besonders mit Kalzium, Magnesium, Natrium, Chlorid, Sulfat und Hydrogen-Karbonat. Die zweite Voraussetzung ist das Vorkommen von Kohlensäure, die dem Säuerling den erfrischenden, prickelnden Geschmack verleiht. Kohlensäure, ebenso wie die hohen Temperaturen der Thermalwässer, sind Folgeerscheinungen des tertiären Vulkanismus (s. S. 148).

Auslaugungsgestein und Kohlensäure allein genügen nicht zur Mineralwasserbildung, als drittes müssen auch ganz spezielle tektonische Verhältnisse vorliegen. Die von unten, vom tiefliegenden vulkanischen Herd auf bevorzugten Klüften aufsteigende Kohlensäure kann sich nur anreichern, wenn durch Verwerfungen oder Verbiegungen die Schichten dachförmig oder kuppelartig verstellt sind und wenn das Speichergestein, also die Sandsteine durch undurchlässige Tone abgedichtet sind. Dann kann die Kohlensäure nicht entweichen, und in diesem so entstandenen Gasspeicher folgt die intensive Lösung der Mineralien und die natürliche Imprägnierung mit Kohlensäure. Je nach der Größe und Tiefe dieser Zone entsteht ein mehr oder weniger konzentriertes Mineralwasser.

Eine abweichende Entstehung hat die Schwefelquelle in Boll; ein Heilwasser, das seit langer Zeit bekannt und berühmt ist. Der Schwefelgehalt wird aus den Ölschiefern des Lias gelöst.

Wie Tabelle 4 zeigt, ist die chemische Zusammensetzung der Mineralwässer sehr unterschiedlich. Die an der Oberfläche austretenden Mineralquellen enthalten neben Kohlensäure ausschließlich die Ionen von Kalzium- und Hydrogenkarbonat. Nach dieser Zusammensetzung spricht man von Kalzium-Hydrogenkarbonat-Säuerlingen. Bei Mineralwasser, das aus Tiefen bis etwa 40 m kommt, tritt das Kalzium gegen das Natrium-Ion zurück. Bei Mineralwasser aus größeren Tiefen, wie z. B. bei den in Eislingen erschlossenen Mineralwässern oder der Adelheidquelle in Überkingen, dominiert das Natrium-Ion. Außerdem sind Chloride und Sulfate auf Kosten des Hydrogenkarbonats angestiegen.

Bis zu einem gewissen Grade geht die Konzentration der Mineralwässer mit der chemischen Änderung parallel, während die freie Kohlensäure abnimmt.

Aus dem Vorherrschen von Natrium, Chlorid und Sulfat auf Kosten des Hydrogenkarbonates bei den Thermalwässern (siehe unten) kann zusammen mit Konzentrationsänderungen auf das Einzugsgebiet und in großen Zügen auch auf die unterirdische Fließrichtung geschlossen werden.

Im Jahr 1969 wurde in Ditzenbach im Auftrag der Genossenschaft der Barmherzigen Schwestern in Untermarchtal zum erstenmal im Bereich der Schwäbischen Alb der Versuch gewagt, durch eine Tiefbohrung mineralisiertes *Thermalwasser* zu erschließen. Um es gleich vorweg zu sagen: der Erfolg war über Erwarten gut und gab den Anlaß zu einer Reihe von weiteren Bohrungen mit dem gleichen Ziel. Damit hat auch für den Kreis Göppingen ein neuer Abschnitt in der Geschichte des Mineralwassers begonnen.

Dieser Erfolg war nicht dem Zufall zu verdanken, denn für die Geologen stand es fest, daß im Umkreis des ehemaligen Vulkangebietes (S. 147) die Erdwärme nach der Tiefe zu etwa dreimal rascher ansteigt als außerhalb desselben. Ebenso konnte damit gerechnet werden, daß unter den bisher bekannten Mineralwasserhorizonten im Lias und Dogger in tieferen Schichten, wie z. B. dem Stubensandstein oder dem Muschelkalk, hochmineralisiertes Wasser angereichert war. Schon seit Jahrzehnten wurde daher von Geologen und Bohringenieuren zu Versuchsbohrungen geraten, zur Ausführung schritt man jedoch erst, als man den großen therapeutischen Wert der Thermalbewegungsbäder erkannte.

Bei der Bohrung in Ditzenbach wurde zwischen 330 und 428 m Tiefe der Stubensandstein durchfahren. Aus dieser Schicht wurde Thermalwasser mit 38 Grad ähnlicher Zusammensetzung (s. Tab. 4) wie andere Mineralwässer aus dem Keuper gefördert. Erwartungsgemäß kam in etwa 550 m Tiefe der Obere Muschelkalk. Von den oberen Wässern unabhängig, wurde in der Tiefe bis 615 m in ausreichender Menge ein weiteres Thermalwasserstockwerk mit 44 Grad, aber etwas anderen chemischen Eigenschaften angetroffen.

Ähnlich sind die Ergebnisse bei einer Folgebohrung der Mineralbrunnen AG in Überkingen. Außer den schon bekannten Mineralwasservorkommen wurden drei voneinander unabhängige tiefere Mineralwasserleiter nachgewiesen. Im Stubensandstein erschloß man in 310–400 m Tiefe die „Renata-Quelle", ein Natrium-Sulfat-Hydrogenkarbonat-Thermalwasser von 39 Grad, im Oberen Muschelkalk, der tektonisch gestört war, in 500–550 m Tiefe die „Otto-Therme", ein mehr als 10 l/s erbringendes Natrium-Kalzium-Sulfat-Thermalwasser mit 40,2 Grad und endlich im Unteren Muschelkalk sowie im Buntsandstein (etwa 625–800 m Tiefe) ein Natrium-Magnesium-Kalzium-Sulfat-Thermalwasser mit 39,5 Grad und über 7 g gelösten Stoffen im Liter Wasser.

Auch die weiteren Bohrungen in Urach, Beuren (Kreis Nürtingen) und Boll sind ziemlich gleichartig verlaufen. Auf die Bohrung in Boll muß noch besonders hingewiesen werden, denn einmal war der Muschelkalk in 382–444 m Tiefe besonders ergiebig. Der Pumpversuch ergab, daß mehr als 20 l/s gefördert werden können, dann war das Wasser mit 48–49 Grad viel wärmer als erwartet, und außerdem enthielt es – bis jetzt erstmals – noch freie Kohlensäure (s. Tab. 4).

Tabelle 4: Klassifizierung der Mineralwasser im Kreis Göppingen nach der chemischen Zusammensetzung

Kalzium-Hydrogenkarbonat-Säuerlinge
    a) geologischer Horizont: Lias
    Faurndau Sauerbrunnen, Gemeinde
    Göppingen Badquelle I–III, Dr. Landerer Söhne
    Göppingen Brückenquelle II, III, Dr. Landerer Söhne
    Hattenhofen Sauerbrunnen, Gemeinde
    Jebenhausen Schloßquelle, Freiherr von Liebenstein
    Jebenhausen 1–3 Bohrung 1952, G. Häberle Mineralbrunnen

    b) geologischer Horizont: Dogger
    Ditzenbach Vinzenz- und Ludowikaquelle
    Überkingen Helfensteinquelle, Mineralbrunnen AG

Kalzium-Natrium-Hydrogenkarbonat-Säuerlinge
    geologischer Horizont: Lias
    Göppingen Christophsquelle, Dr. Landerer Söhne
    Göppingen Quelle im Wiesentälchen, Dr. Landerer Söhne

Natrium-Kalzium-Hydrogenkarbonat-Säuerlinge
    geologischer Horizont: Lias
    Göppingen Staufenbrunnen, Stadt
    Göppingen Neuer Brunnen, Stadt
    Göppingen Gärtnerei-Quelle, Dr. Landerer Söhne
    Süßen Sauerbrunnen, Gemeinde

Natrium-Hydrogenkarbonat-Säuerling
 geologischer Horizont: Dogger
 Überkingen Adelheidquelle, Mineralbrunnen AG

Natrium-Hydrogenkarbonat-Wasser
 Geislinger Wölkbrunnen, Stadt

Natrium-Hydrogenkarbonat-Chlorid-Säuerling
 geologischer Horizont: Lias
 Eislingen Barbarossa-Quelle, Gemeinde
 Eislingen Uhland-Quelle, Gemeinde

Natrium-Hydrogenkarbonat-Sulfat-Wasser
 geologischer Horizont: Lias und Stubensandstein
 Göppingen Mörikebrunnen, Stadt
 Göppingen Erlenbachquelle, Dr. Landerer Söhne

Natrium-Hydrogenkarbonat-Sulfat-Thermalwasser
 Ditzenbach Bohrung Stubensandstein
 Boll Bohrung Stubensandstein

Natrium-Sulfat-Hydrogenkarbonat-Thermalwasser
 Überkingen Bohrung Stubensandstein

Natrium-Chlorid-Sulfat-Thermalwasser
 geologischer Horizont: Lias
 Gingen, Gemeinde

Natrium-Kalzium-Sulfat-Thermalwasser
 Überkingen Bohrung Muschelkalk

Natrium-Kalzium-Sulfat-Thermal-Säuerling
 Boll Bohrung Muschelkalk

Natrium-Kalzium-Chlorid-Sulfat-Thermalwasser
 Ditzenbach Bohrung Muschelkalk

Natrium-Magnesium-Kalzium-Sulfat-Thermalwasser
 Überkingen Bohrung Buntsandstein

Schwefelwasserstoff-Wasser
 geologischer Horizont: Lias
 Boll Schwefelquelle, Bad

In Überkingen entstand schon gleich nach der Erschließung ein Bewegungs-
bad, das sich seither großen Zuspruchs erfreut (s. Abb. 139). In Ditzenbach (s.
Abb. 40) und Boll wird es nicht mehr lange dauern, bis auch hier Thermalwasser-
bäder ihre Pforten öffnen. Auch an anderen Orten im Kreis ist bereits der
Wunsch nach Thermalwasser laut geworden. Wie weit die geologischen und
hydrologischen Voraussetzungen für weitere Erschließungen gegeben sind, kann
bis jetzt noch nicht mit Sicherheit gesagt werden. Wir haben zwar Vorstellungen
über die Ausdehnung und die Regeneration des Thermalwasservorkommens im
tieferen Untergrund, diese müssen aber erst durch die Praxis und durch weitere
Forschungen bestätigt werden.

Topographie der historischen Sehenswürdigkeiten

von Manfred Akermann

Einführung

Die starke Differenzierung der territorialgeschichtlichen Entwicklung des heute von den Grenzen des Landkreises Göppingen umschlossenen Gebiets hat auch auf das künstlerische Schaffen entscheidend eingewirkt. Am augenfälligsten wird dies, wenn man etwa östlich von Göppingen das ehemalige altwürttembergische Gebiet verläßt und über Süßen ins Lautertal gelangt. Herrschte dort im Kirchenbau der gotische Stil vor, so sind die Gotteshäuser hier zumindest im Barockstil umgestaltet oder ganz neu errichtet worden. Der gleiche Unterschied zeigt sich beim Überschreiten der einstigen Grenze zwischen dem altulmischen und dem helfensteinischen Territorium bei Bad Überkingen: im evangelischen Geislinger Gebiet mittelalterliche Kirchenbauten, in der katholischen Reichsgrafschaft Wiesensteig köstliche Raumschöpfungen des späten 17. und des 18. Jahrhunderts!
Hervorragend ist der Beitrag, den der Landkreis Göppingen zur romanischen Baukunst des Landes leistet. Dies ist in erster Linie der großartigen Leistung der beiden an der ehemaligen Stiftskirche in Faurndau beteiligten Baumeister zuzuschreiben, die den nach neuesten Forschungen noch in die Regierungszeit Barbarossas zu datierenden Bau zu einem wahren Kleinod spätromanischer Architektur machten. Längst nicht ihrer Bedeutung gemäß gewürdigt wird die etwa gleichzeitig entstandene Kirche des einstigen Stifts Boll, eine Pfeilerbasilika von ergreifender Schlichtheit. Von den noch mancherorts anzutreffenden romanischen Architekturteilen ist wohl der Turmchor der Nikolauskirche in Wangen-Oberwälden an erster Stelle zu nennen. Ein ganz seltenes Beispiel eines profanen Innenraums der romanischen Epoche ist im Untergeschoß des Schlosses Ramsberg anzutreffen. Diese „Türnitz" zählt zu den echten Überraschungen, die sich dem Kunstliebhaber im Kreis Göppingen bieten. Von den übrigen Burgen im Kreisgebiet stehen nur noch im Wäscherschloß und auf Staufeneck nennenswerte Teile aus der staufischen Zeit aufrecht: dort die Sockelgeschosse des Palasgebäudes, hier der aus prachtvollen Buckelquadern gefügte runde Bergfried.
Das Mauerwerk so bedeutender Ruinen wie Reußenstein, Scharfenberg, Staufeneck (Palas), Hiltenburg u. a. muß größtenteils schon der frühen Gotik zugerechnet werden.
Dieser Stilepoche gehören weitaus die meisten Kirchenbauten des Landkreises an. An erster Stelle sind dabei die im Laufe der Jahrhunderte kaum veränderte Stadtkirche in Geislingen und die mit zwei Türmen ausgezeichnete, durch ihre Spätrenaissancedecke und Zutaten des 19. Jahrhunderts in ihrem ursprünglichen Bild jedoch stark beeinträchtigte Oberhofenkirche in Göppingen zu nennen. An beiden Bauten sind die Einflüsse der Ulmer

Münsterbauhütte deutlich ablesbar. Die Hauptkirchen der beiden Amtsstädte wurden richtungsweisend für die Erstellung einer großen Zahl von heute noch erhaltenen Gotteshäusern, deren Gründungsdatum fast durchweg in der zweiten Hälfte des 15. Jahrhunderts zu suchen ist. Hervorzuheben sind etwa Ebersbach, Heiningen, (Groß-)Süßen und Gingen. Chorturmanlagen stehen solchen mit einem Westturm gegenüber.

Der Renaissancezeit gehört als einziger Kirchenbau von Rang die 1618 von Heinrich Schickhardt errichtete Stadtkirche in Göppingen an. Dort steht auch der wichtigste Profanbau dieser Stilperiode: das auf Geheiß Herzog Christophs von Württemberg von seinem Baumeister Aberlin Tretsch nach der Mitte des 16. Jahrhunderts erstellte Schloß. Fast gleichzeitig entstanden des Neue Schloß der Herren von Rechberg in Donzdorf und die Residenz der Helfensteiner in Wiesensteig. Die Schlösser Weißenstein, Filseck und Teile von Ramsberg sowie der Liebensteinsche Stadtsitz in Göppingen gehören ebenfalls in diesen fast ganz vom Profanbau beherrschten Zeitraum.

Auch am Anfang und am Ende des Barocks stehen zwei sehr bemerkenswerte Schloßbauten: 1686 erbauten die Herren von Liebenstein ihren reizvollen Sitz in Göppingen-Jebenhausen, von 1766 bis 1768 ließen die Grafen von Degenfeld in Geislingen-Eybach ihr schon von der Strenge des klassizistischen Stils angehauchtes kostbares Schloß errichten. Dazwischen liegt eine rege Bautätigkeit auf dem kirchlichen Gebiet in den von der Reformation nicht berührten Teilen des heutigen Landkreises. Sämtliche im Bereich der Grafschaften Helfenstein und Rechberg liegenden älteren Kirchenbauten wurden im Innern, teilweise aber auch außen, im „Zeitgeschmack" umgestaltet. Hervorragende Beispiele dafür sind die Stadtkirchen in Wiesensteig und Weißenstein und die Martinskirche in Donzdorf. Noch mehr Beachtung verdienen jedoch die in der barocken Stilepoche neu geschaffenen Gotteshäuser in Deggingen und Birenbach sowie vor allem die Wallfahrtskirche Ave Maria bei Deggingen. Auch die zahlreichen aus jener Zeit stammenden Kapellen dürfen nicht übersehen werden.

Als gute Repräsentanten der sogenannten „Spätstile" Klassizismus und Neugotik finden sich im Landkreis das Rathaus in Göppingen und die Pfarrkirche in Böhmenkirch-Treffelhausen.

Bestimmend für das Bild einzelner Straßenzüge oder, wie im Fall von Wiesensteig, eines ganzen Stadtbilds, sind die in mehreren Orten noch erhaltenen Fachwerkbauten aus dem 15. bis 17. Jahrhundert. Besonders eindrucksvolle Beispiele finden sich neben Wiesensteig in Geislingen, Göppingen, Ebersbach, Donzdorf, Adelberg, Bad Überkingen und Wäschenbeuren.

Ein weites Feld eröffnet sich bei der Beschäftigung mit den Werken der Plastik und Malerei, wo der Kreis Göppingen mit exemplarischen Beispielen aus sieben Jahrhunderten, von der Zeit der Staufer bis zum beginnenden 19. Jahrhundert, aufwarten kann.

Auch hier ist, wie bei der Betrachtung der architektonischen Sehenswürdigkeiten, an erster Stelle wieder Faurndau mit seiner wohl dem frühen 13. Jahrhundert angehörenden Bauplastik zu nennen, deren originale Teile sich allerdings im Städtischen Museum Göppingen befinden.

Aus der reichen Fülle gotischer Bildwerke können in diesen einführenden Bemerkungen nur die markantesten Stücke herausgestellt werden: die Flügelaltäre in der Ulrichskapelle des ehemaligen Klosters Adelberg, in der Stadtkirche in Geislingen und in der Kapelle in Eislingen-Krummwälden, die Ölberge in Adelberg, Süßen und Börtlingen, die Chorgestühle in Geislingen und in der Göppinger Oberhofenkirche. Dort, aber auch in

Donzdorf, Dürnau, Drackenstein und Geislingen-Eybach, haben sich vorzügliche Werke gotischer Grabdenkmalplastiken erhalten.

Die besten Werke gotischer Holztafelmalerei finden sich am Hochaltar der Adelberger Ulrichskapelle und in der öffentlich nicht zugänglichen Kunstsammlung der Grafen von Rechberg in Donzdorf. Ein bisher nahezu vollkommen unbeachtetes Gebiet der Kunstgeschichte des Landkreises rückt seit der systematischen Wiederherstellung der Kirchen und Kapellen immer stärker in den Vordergrund: die Wand- und Deckenmalerei, die zumeist jahrhundertelang unter dicken Putzschichten verborgen war. Heute repräsentieren die Freskenzyklen in Faurndau, Wangen-Oberwälden, Eislingen (St. Markus) und Auendorf die Malweise um 1300, die Ausmalungen in Heiningen, Göppingen-Bezgenriet, Salach und Zell u. A. den Stil um 1400. Die erst 1971 in Geislingen-Stötten freigelegten Fresken sind 1500, das große Weltgericht in Gingen ist 1524 entstanden.

Über die Gotik hinaus weisen schon die monumentalen Wandbilder in der Kapelle des Schlosses Ramsberg, die um 1575 entstanden sind. Sie gehören, wie auch die schönen Holzkassettendecken in Kuchen und Bad Überkingen, bereits der Stilepoche der Renaissance an. Plastische Meisterwerke jener Zeit finden sich vor allem in Form von Grabdenkmälern in den Kirchen in Donzdorf, Dürnau, Geislingen, Geislingen-Eybach, Salach und Weißenstein. Aber auch einige ausgezeichnete Wappentafeln, etwa in Wiesensteig (Schloß, Marktbrunnen), Donzdorf (Schloß) und Göppingen (Stadtkirche) gehören hierher. Die Malerei der Renaissance hat ihre qualitätvollsten Zeugnisse in den Porträtsammlungen in Donzdorf und Geislingen-Eybach.

Im 18. Jahrhundert gehen aus dem Landkreis Göppingen Künstlerpersönlichkeiten hervor, die an ihren Geburtsorten hervorragende Zeugnisse ihres Schaffens hinterlassen haben. In erster Linie ist hier Johann Baptist Straub aus Wiesensteig zu nennen, von dem zwei Skulpturen in der dortigen Stadtkirche stammen. Die Degginger Stukkateure Johann Ulrich und Johann Jakob Schweizer verewigten sich in der Pfarrkirche ihrer Heimatgemeinde und in dem nahegelegenen Wallfahrtsort Ave Maria. Dort lenken, wie auch in Donzdorf, die Fresken Joseph Wannenmachers das Interesse auf sich. Den Grafen von Rechberg verdankt der Landkreis seine bedeutendste Plastik, die weltberühmte Pietà Ignaz Günthers in Nenningen. Ein exquisites Gesamtkunstwerk ist die Ausstattung der Kirche in Birenbach, gute Grabmäler sind in Geislingen, Gingen und Weißenstein, hervorragende Tafelbilder in den rechbergischen und degenfeldischen Schlössern anzutreffen. Der letztgenannte Sitz in Geislingen-Eybach birgt in seinem Festsaal schließlich noch ein Kabinettstück klassizistischer Raumkunst.

Es braucht nicht betont zu werden, daß Kirchen, Schlösser und Museen des Landkreises Fundgruben des Kunsthandwerks der verschiedensten Arten und Stilrichtungen sind.

Adelberg Die der Jungfrau Maria sowie den Heiligen Ulrich und Konrad geweihte evangelische Pfarrkirche wurde im Jahr 1493 von dem Abt des Klosters Adelberg, Berthold Dürr, für die Einwohner von Hundsholz (wie Adelberg bis 1851 hieß), Ober- und Unterberken errichtet. Der schlichte spätgotische Bau mit seinen an Chor und Turm mit bildhauerischem Aufwand gestalteten Maßwerkfenstern bewahrt eine von dem Ulmer Maler Bartholomäus Zeitblom geschaffene Altarpredella. Seit dem Jahr 1971 wird die in ihrem baulichen Bestand bedrohte Kirche einer grundlegenden Renovierung unterzogen. In Adelberg steht auch das einzige in das Landesverzeichnis der Baudenkmale eingetragene rein technische Kulturdenkmal des Landkreises Göppingen, das sogenannte „Schießhäusle". Es ist der letzte Rest des Wasserversorgungssystems für das Kloster, das Abt Berthold Dürr im späten 15. Jh. anlegte. Als Zwischen- und Kontrollstationen für eine vom Ort zum Kloster über die damals noch vorhandene Tobelbrücke gelegte Deichel-leitung erbaute er vier Wassertürme, von denen sich lediglich noch einer erhalten hat, der seinen irreführenden Namen nach dem bis 1810 danebenstehenden Schießhaus trägt.

Adelberg, ehem. Kloster Das auf der Höhe des Schurwalds gelegene, 1178 gegründete ehemalige Prämonstratenserkloster Adelberg bietet trotz der vollständigen Beseitigung der im Bauernkrieg 1525 gewaltsam zerstörten Klausurgebäude bis heute das Bild einer durch Mauern und Tore wohlverwahrten mittelalterlichen Klosteranlage in landschaft-lich besonders reizvoller Umgebung nahe dem Hohenstaufen.
Die inmitten des durch den Abbruch der Klausurgebäude des Klosters außerordentlich weiträumig wirkenden Klosterhofs gelegene Ulrichskapelle ist das einzige Gebäude des ehemaligen Klosters, das nahezu unversehrt in die vorreformatorische Zeit zurückreicht. Dem einschiffigen Kirchenbau des Jahres 1500 mit seinen schlichten Maßwerkfenstern und dem mit einer Bauinschrift versehenen vorgesetzten Westturm wurde lediglich im Jahr 1744 eine schwungvolle spätbarocke Turmhaube aufgesetzt.
In der nordöstlichen Ecke des die Kapelle umgebenden kleinen Friedhofs hat die mäch-tige, im Jahr 1686 erstmals urkundlich erwähnte, aus der Zeit um 1500 stammende Öl-berggruppe seit 1954 wieder eine ihrem hohen künstlerischen Wert gemäße Aufstellung erhalten. Sie wird nach neuen Forschungen einem begabten Schüler des vorwiegend in Mainz tätigen Hans Backoffen zugeschrieben. Dem gleichen Kreis gehören wohl auch die beiden monumentalen Epitaphe an der Außenwand des Chors der Ulrichskapelle an. Das linke wurde von Abt Leonhard Dürr, zu Ehren des ersten Propsts von Adelberg, Ulrich, gestiftet. Daneben steht das leider stark verwitterte Grabmal des Vorgängers von Leon-hard, des Abts Berthold Dürr, etwa gleichzeitig entstanden, was an den ganz ähnlichen stilistischen Merkmalen zu erkennen ist. Über der nahezu vollplastisch aus dem Stein gehauenen Abtsfigur tragen Putten die Wappen Bertholds und des Herzogtums Schwaben.
Den Eindruck des Innenraums der in den Jahren 1968 bis 1972 grundlegend wiederher-gestellten Kapelle bestimmen zwei einander sehr gegensätzliche Stile: Gotik und Barock. Die Kapelle gehört zu den mittelalterlichen Kirchenbauten, deren ursprüngliches Raum-bild im 18. Jh. durch Zutaten im Zeitstil „gesteigert" wurde. So umranken derbe orna-mentale Malereien im Langhaus den gotischen Triumphbogen und die Maßwerkfenster; eine fantasievoll gemusterte, farbenfrohe Kassettendecke überspannt diesen Bauteil. Kanzel und Abtsempore sind Zutaten dieser Renovierung des Jahres 1744. Damals ent-standen die Apostelbilder an der Westempore, und auch die ursprünglich der Erbau-ungszeit der Kapelle angehörenden Wandfresken mußten sich eine Übermalung gefallen lassen. Im Chor ist durch das Rippengewölbe und den monumentalen Hochaltar der ur-sprüngliche Raumeindruck im wesentlichen erhalten geblieben. Von der Ausstattung des Langhauses der Kapelle verdient die die ganze Nordwand einnehmende Folge von sechs Bildern die meiste Beachtung. Ihr Wert liegt eindeutig in ihrer historischen, weniger in ihrer künstlerischen Aussagekraft. In zwei Reihen übereinander angeordnet halten sie die wesentlichen Ereignisse aus der Gründungsgeschichte des Klosters Adelberg, wie die Übergabe des Klostergrundstücks an die Roggenburger Prämonstratenser durch Volknand von Ebersberg im Jahr 1178, die Übernahme der Schutzherrschaft durch Friedrich Bar-

barossa 1181 und die Anwesenheit des Kaisers bei der Weihe des Hochaltars im Jahr 1187 fest.

Der letzte katholische Abt des Klosters, Leonhard Dürr aus Zell unter Aichelberg, stattete die Kapelle mit einem 1511 in Ulm entstandenen prachtvollen Hochaltar aus. Die Figuren des Schreins weisen stilistisch auf die Schule Jörg Syrlins des Jüngeren, vielleicht auch Daniel Mauchs, hin. Ein feiner lyrischer Ausdruck liegt über den Gesichtern der Heiligen, ihre Haltung ist von zierlicher Anmut. Neben Maria, der Himmelskönigin, stehen Katharina mit den Attributen Schwert und Rad und Cutubilla, jene rätselhafte Heiligengestalt mit den beiden Mäusen am Rocksaum, deren die ikonographische Literatur kaum Erwähnung tut. Erst in den Jahren 1961 und 1962 durchgeführte Forschungen konnten zweifelsfrei darlegen, daß es sich bei dieser Frauengestalt um eine falsch gedeutete Darstellung des heiligen Columban handelt, des Apostels von Schottland, der im Jahr 597 starb und dessen oft gebrauchte Namensformen Columba, Columcella und Kacukilla schließlich eine weibliche Heilige entstehen ließen. Die Frauengruppe flankieren zwei heilige Bischöfe, der Kirchenpatron St. Ulrich mit Fisch und Buch und der hl. Liborius, dessen Attribut, vier Steine, ihn als himmlischen Fürbitter und Helfer bei Steinleiden und Steinschmerzen kennzeichnen.

Die Flügel des Hochaltars zeigen außen die Geburt Christi und die Anbetung durch die drei Weisen, innen die Verkündigung und die Marienkrönung. In der Predella ist Christus mit den Aposteln dargestellt. Die Gemälde sind hervorragende Arbeiten des Ulmer Malers Bartholomäus Zeitblom und seiner Werkstatt. Die Werke dieses Hauptmeisters der Ulmer Malerei der Spätgotik zeichnen sich durch ruhige, große, ideale Formen, anmutige Linien und zarte Farben aus. Besonders schön ist die Darstellung der Verkündigung auf dem linken Innenflügel. In einen prächtigen blauen Mantel gehüllt, lauscht Maria, sich von ihrer aufgeschlagenen Lektüre abwendend, der Verheißung des Engels.

Zu den bemerkenswerten Gebäuden innerhalb der noch vollständig von einer ca. 1100 Meter langen Mauer umgebenen Klosteranlage zählt die ehemalige Prälatur, bis zur Reformation der Wohn- und Amtssitz des Abts. Von 1565 bis 1629 beherbergte das Gebäude eine der zwölf evangelischen Klosterschulen Württembergs, deren berühmtester Schüler der spätere Astronom Johannes Kepler war. Nach ihrer Zerstörung im Jahr 1646 wurde das Bauwerk unter Verwendung der erhalten gebliebenen Umfassungsmauern wiederhergestellt; zwei Innenräume erhielten reizvolle Deckenstukkaturen.

Die südlich des Klosters Adelberg in dem hier tief eingeschnittenen Herrenbachtal liegende Herrenmühle ist die einzige Mühle des Landkreises Göppingen, die unter Denkmalschutz steht. Ihre Geschichte läßt sich bis in die Gründungszeit des Klosters in der 2. Hälfte des 12. Jh. zurückverfolgen. Unter Volknand von Ebersberg, dem Stifter des Klosters Adelberg, der einen seiner Burgsitze in unmittelbarer Nähe hatte, diente sie zweifellos als Burgmühle. Später erfüllte sie die Aufgabe, die Versorgung der Insassen des Klosters sicherzustellen. Das Mühlengebäude geht in seiner heutigen Form wohl auf die Zeit um 1500 zurück; das oberschlächtige Wasserrad ist im Jahr 1961 erneuert worden; seit 1971 ist der Mahlbetrieb eingestellt.

Albershausen Die evangelische Pfarrkirche ist ein im Jahr 1455 errichteter spätgotischer Bau von guten Maßverhältnissen, in beherrschender Lage am Ostrand des Friedhofs. Der eingezogene Chor besitzt schlichte Maßwerkfenster; die Fensteröffnungen des Langhauses wurden im 19. Jh. umgestaltet. Renovierungsarbeiten in den Jahren 1971/1972 haben eindeutig ergeben, daß der Westturm zumindest in seinen untersten Geschossen einer früheren Bauperiode angehört. Die Ausstattung des Kirchenraums ist denkbar bescheiden. Nicht einmal die Schlußsteine des Rippengewölbes im Chor sind, wie sonst üblich, bildhauerisch behandelt. Lediglich eine im Zuge der Renovierungsarbeiten aufgedeckte spielerische Dekormalerei schmückt jetzt wieder das Chorgewölbe und die Fensterleibungen, in naiv-heiterer Form. An der Südostwand des Chors ist eine rundbogige Vertiefung zu erkennen, die wohl als sogenannte Sediliennische anzusprechen ist.

Auendorf Beherrschend liegt die 1618 an der Stelle einer älteren Kapelle errichtete evangelische Pfarrkirche im ummauerten Kirchhof über dem Ort. Ein gedrungener Ostturm, in dem Teile des alten gotischen Kapellenturms Verwendung fanden und der den Chor der Kirche birgt, verleiht ihr ein charakteristisches Aussehen. In dem Turmchor wurden bei der in den Jahren 1966/1967 durchgeführten Renovierung gotische Wandmalereien freigelegt, die zwischen 1300 und 1350 entstanden sind. Sie stellen Szenen aus dem Leben Christi, u. a. eine Blindenheilung, das letzte Abendmahl, die Kreuzigung und die Grablegung dar. Auch ein Bild des Jüngsten Gerichts kam zum Vorschein. Die Entfernung der südlichen Empore brachte eine Reihe barocker Apostelfiguren voll zur Geltung.

Aufhausen Die Unserer Lieben Frau geweihte evangelische Pfarrkirche erfuhr ihre erste urkundliche Erwähnung im Jahr 1360. 1393 stiftete Maria von Bosnien, die Witwe des Grafen Ulrich d. Ä. von Helfenstein, hier eine Kapleineipfründe. Der einschiffige Bau mit seinem quadratischen Turmchor, der 1584 und 1839 baulich stark verändert wurde, erhält seine Bedeutung durch eine Reihe von Fresken aus der zweiten Hälfte des 15. Jh., die 1960 freigelegt werden konnten. Sie zeigen an der Südwand den hl. Hieronymus mit dem Löwen und an der Nordwand den hl. Christophorus sowie ein Bruchstück eines Abendmahlbildes. Neuentdeckt wurden auch Teile der am Ende des 15. Jh. mit figürlicher Schablonenmalerei sowie mit Darstellungen von Tieren und Ungeheuern versehenen Kirchendecke. Die Predella eines ehemaligen Altaraufsatzes aus dem Anfang des 16. Jh. zeigt vorne das Abendmahl, auf der Rückseite Engel mit dem Schweißtuch Christi.

Bad Ditzenbach Die sogenannte Alte St.-Laurentius-Kirche (im Gegensatz zu der 1966 in unmittelbarer Nähe neu erbauten katholischen Pfarrkirche mit demselben Patrozinium, in welche aus der seither leerstehenden alten Kirche eine gute Pietà aus der Zeit um 1420 übernommen wurde) stammt ursprünglich aus dem 15. Jh., wurde jedoch in den Jahren 1707, 1795 und 1904 grundlegend umgebaut. Ein in die Nordwand des Chors eingelassenes und von spätgotischem Stabwerk eingefaßtes Wandtabernakel mit dem helfensteinischen Wappen trägt die Jahreszahl 1499. Toskanische Säulen tragen seit 1707 das Tonnengewölbe des Langhauses, das 1904 von dem Kirchenmaler Hermann Allmendinger aus Mühlhausen ausgemalt wurde.
Die auf Ditzenbacher Markung liegende Ruine Hiltenburg wird im Kapitel „Burgen und Adel in staufischer und nachstaufischer Zeit" ausführlich behandelt.

Bad Überkingen Die aus dem 15. Jh. stammende, den Heiligen Gallus und Maria geweihte evangelische Pfarrkirche mit ihrem seltsam verdrehten spitzen Turmhelm hatte eine Vorgängerin, die bereits im Jahr 1275 erwähnt und 1363 von den Herren von

Obenhausen an die Grafen von Helfenstein veräußert wurde. Hauptschmuck der einfachen Chorturmanlage ist die im Jahr 1589 nach einer baulichen Erweiterung im Langhaus eingezogene Holzdecke, deren 63 Felder von den Malern Gabriel Bockstorffer aus Konstanz und Jörg Hennenberger aus Geislingen bemalt wurde. Neben Darstellungen Gottvaters, Christi, Davids, der Evangelisten und einer Reihe von Propheten und Engeln erscheinen dort die Wappen der Reichsstadt Ulm, zu deren Territorium Überkingen seit 1403 gehörte, der Stadt Geislingen, des Pflegers Hans-Ulrich Krafft und des Vogts Raymund Krafft von Delmensingen. 1756 wurde die gesamte Deckenbemalung barockisiert, 1914 und 1953 grundlegend renoviert. Die auf einer Renaissancesäule ruhende Westempore ist mit Szenen aus der Passion, die Nordempore mit den Bildern Christi und der Apostel (beides Ende 17. Jh.) bemalt. Von den Epitaphien an und in der Kirche ist dasjenige des Badwirts Hans Stephan Finckh zu erwähnen, der am 26. August 1634 von kaiserlichen Soldaten grausam gemartert wurde und wenige Tage später starb. Die im Mittelpunkt der Gedenktafel angebrachte Darstellung der Steinigung des hl. Stephanus stammt von dem Maler Hans-Joachim Hennenberger und ist 1658 datiert.

Die lange und ruhmreiche Geschichte des Überkinger Sauerbrunnenbads wird bei der Betrachtung des alten Badhauses, des heutigen „Badhotels", lebendig. Der schöne Fachwerkbau mit seinem reichgeschmückten Giebel, dem kleinen Glockentürmchen und den Uhren von 1722 und 1743 wurde in den Jahren 1588/1589 von der Reichsstadt Ulm an der Stelle eines älteren Gebäudes neu errichtet. Wenige Jahre später erfuhr auch der Anbau, der sogenannte „Alte Bau", eine grundlegende Neugestaltung. In den rund 20 Gästezimmern, die einst mit den Namen von Tieren, Pflanzen und Gestirnen bezeichnet waren, wohnten in der langen Geschichte des Bades viele Angehörige deutscher Fürstenhäuser, Adelige hohen und niederen Ranges sowie zahlreiche Ulmer Patrizier. 16 Wappentafeln aus den Jahren 1557–1792 und viele andere Erinnerungsstücke halten bis heute die große Zeit des Überkinger Bades wach. Zum Einstellen der Pferde der Badgäste diente der dem „Alten Bau" gegenüberliegende und mit diesem durch einen Gang verbundene Reitstall aus dem späten 16. Jh. Auch in diesem 1672 erneuerten Gebäude befanden sich mehrere Gästezimmer.

Die in der Teilgemeinde *Hausen* liegende evangelische Pfarrkirche wurde 1399 als Kapelle errichtet und 1859 vergrößert. Das 1954 bis 1957 letztmals renovierte bescheidene Gotteshaus birgt eine aus dem 18. Jh. stammende Kanzel sowie einen Taufstein des 16. Jh. mit achteckigem Fuß.

Birenbach Die Wallfahrtskirche zur schmerzhaften Muttergottes stammt in ihrer jetzigen Form aus den Jahren 1690–1698 und steht an der Stelle eines älteren, schon 1499 geweihten Baues. Das weithin sichtbare hochgelegene Gotteshaus zählt zu den wenigen barocken Kirchenbauten des Landkreises Göppingen und besitzt hohen künstlerischen Rang. Eine durchgreifende Wiederherstellung hat die Birenbacher Kirche in den Jahren 1962/1963 vor dem drohenden Verfall bewahrt und ihr die ursprüngliche Schönheit zurückgegeben. In mühsamer Arbeit wurde anstelle der 1849 im Langhaus eingezogenen Flachdecke das alte Stuckgewölbe wiederhergestellt, wobei einzelne Formelemente von der etwa gleichzeitig errichteten Wallfahrtskirche auf dem Hohenrechberg entlehnt wurden. Die fünf Altäre, von denen drei den Blick zum Ostchor auf sich ziehen, erhielten eine neue Fassung. Sie machen zusammen mit der übrigen Ausstattung, von der besonders die beiden reichgeschnitzten Beichtstühle hervorzuheben sind, die Kirche zu einem aus-

gezeichneten Beispiel für die Kunst des bäuerlichen Barocks. Derb und oft ein wenig un-
gelenk ist die Sprache jener unbekannten einheimischen Bildhauer, die sich in den Engels-
köpfen, den Sonnenblumen, Traubenranken und Fruchtgehängen ausdrückt. Dennoch,
oder vielleicht gerade deshalb, versetzt dieser Innenraum jeden Besucher in jene Stimmung heiterer Frömmigkeit, die zum Wesen der barocken Kunst gehört.

Böhmenkirch   Im Teilort *Treffelhausen* steht die katholische Pfarrkirche St. Veit, die
nach der Zerstörung der mittelalterlichen Kirche beim Dorfbrand 1859 in den Jahren
1865/1866 von dem berühmten Wiener Dombaumeister Friedrich von Schmidt (siehe Göppingen, St. Maria) errichtet wurde. Die Kirche ist ein hervorragendes Beispiel des neugotischen Stils.

Börtlingen   Am 27. Juli 1202 weihte der Bischof von Beirut in „Bertnang" eine Kirche
zu Ehren des Täufers Johannes, 1271 wurde sie dem Prämonstratenserkloster Adelberg
inkorporiert. Der heutige Kirchenbau dürfte gegen Ende des 15. Jh. errichtet worden
sein; mit der Reformierung Adelbergs wurde die Börtlinger Kirche protestantisch. Der
Bau erfuhr 1793 durch den Abbruch von Turm und Chor grundlegende Veränderungen;
der heutige Turm besteht erst seit 1821. Der südliche Aufgang zur Empore verhilft dem
Kirchenbau zu einer malerischen Wirkung. Hauptstück der recht dürftigen alten Ausstattung ist ein ergreifendes spätgotisches Vesperbild, das, im Laufe der Jahrhunderte
stark verstümmelt, lange Zeit ein unwürdiges Dasein fristete. In der 1957 von Grund auf
renovierten Kirche kommt es jedoch wieder voll zur Geltung. Mit kraftloser Gebärde,
den Blick ins Leere gerichtet, hält Maria ihren toten Sohn auf den Knien. Das Gesicht
des Heilands ist vom Todeskampf gezeichnet, sein Mund ist halb geöffnet.
Die in die Umfassungsmauer des Kirchhofs eingefügte Ölbergkapelle birgt mit ihrem
spätgotischen Ölberg aus der Zeit um 1500 ein Kunstwerk von hohem Rang. Es wurde,
wie auch der Adelberger Ölberg, von den Äbten Berthold bzw. Leonhard Dürr von
Adelberg gestiftet. Wie der Ölberg an der Ulrichskirche in Süßen weist auch die Börtlinger Darstellung Merkmale aus der Werkstatt Hans Seyffers, des Meisters vom Spey-
rer Ölberg, auf. Die Figuren Christi und der schlafenden Jünger besitzen eine bemerkenswerte künstlerische Qualität.

Boll   Die dem hl. Cyriakus geweihte evangelische Pfarrkirche bietet noch den nahezu
unverfälschten Eindruck einer dreischiffigen romanischen Basilika aus der Zeit um 1200.
Sie zählt damit zu den ältesten erhaltenen Kirchenbauten im Kreis Göppingen. Wenngleich das Bauwerk in spätgotischer Zeit mancherlei Veränderungen erfuhr und der Turm
erst in den Jahren 1821 und 1871 seine heutige Gestalt erhielt, bietet doch der Innenraum mit seinen kräftigen Pfeilerarkaden und dem hochragenden Triumphbogen ein
beglückendes Beispiel spätstaufischer Kirchenbaukunst. Von der alten Ausstattung ist nur
noch der schöne romanische Taufstein und ein zu einem Opferstock umgearbeitetes Weih-
wasserbecken erhalten geblieben. Die Kanzel ist eine reizvolle spätgotische Arbeit, ihr
Deckel zeigt reiches barockes Schnitzwerk. An einem Pfeiler der nördlichen Arkadenreihe
hat sich der Rest einer alten Bemalung erhalten. Von historischem Interesse sind die verschiedenen Gedächtnisbilder aus dem 16. bis 18. Jh. sowie die vier runden Holzschilde mit
den Wappen der Grafen von Ravenstein und Irrenberg, die mit der Gründerin des einstigen Boller Chorherrnstifts, der Gräfin Berta, in Verbindung stehen. Eine im Jahr 1951

53. Romanisches Vortragekreuz in Süßen

54/55. (Vorderseiten) Außen- und Innenansicht der spätromanischen Stiftskirche in Faurndau, erbaut um 1190/1200

56. Plastik vom Ostgiebel der Faurndauer Stiftskirche im Städtischen Museum in Göppingen
57. Chor der ev. Nikolauskirche in Wangen-Oberwälden mit Fresken aus dem Beginn des 14. Jh.

durchgeführte Grabung förderte eine Gangkrypta eines Vorgängerbaues sowie eine tonnengewölbte Hallenkrypta aus der Zeit um 1100 zutage.
Nachfolger des 1596 von dem herzoglichen Hof- und Landbaumeister Heinrich Schickhardt errichteten Badhauses des Boller Bads ist das heutige Kurhaus, das König Wilhelm I. von Württemberg in den Jahren 1822 bis 1830 durch seinen Baumeister Johann Georg Barth im spätklassizistischen Stil neu errichten ließ. Die hufeisenförmige Anlage erhält durch ihren stark vorspringenden Mittelrisaliten ein außerordentlich repräsentatives Aussehen. Hinter dem Kurhaus ist die im Jahre 1971 wieder zugänglich gemachte historische Brunnenstube mit dem 1595 auf Befehl Herzog Friedrichs I. von Württemberg abgeteuften Brunnenschacht der berühmten Schwefelquelle sehenswert.

Bünzwangen Die am 1. August 1777 während eines verheerenden Hagelunwetters nahezu vollkommen zerstörte, 1481 errichtete Kirche, wurde kurz darauf durch den heutigen schlichten Bau ersetzt. Dabei wurden vor allem am Turm ältere Mauerteile wieder verwendet. Verschiedene Renovierungen veränderten die Kirche innen und außen; 1963 stieß man an der Brüstung der Empore auf eine Reihe von Bildnissen Christi und der Apostel. Diese in bäuerlicher Manier gemalten Holztafelbilder stellen einen reizvollen Schmuck des kleinen Gotteshauses dar.

Deggingen Die katholische Pfarrkirche zum heiligen Kreuz, ein schlichter einschiffiger im Jahr 1700 durch Hans Wiedemann aus Ehingen errichteter Bau mit eingezogenem Chor und einem aus dem 14. Jh. stammenden, seitlich angebauten Turm, steht zu Unrecht ganz im Schatten der weitberühmten Wallfahrtskirche Ave Maria oberhalb des Dorfes. Dennoch gehört die Kirche zu den besonderen Kostbarkeiten des Kreises Göppingen. Ihre Ausstattung ist reich und qualitätvoll. Am bemerkenswertesten ist der mächtige Hochaltar mit seiner frei darin aufgestellten Kreuzigungsgruppe, die in der Anordnung in engster Verwandtschaft mit derjenigen in Kloster Weltenburg bei Kelheim steht. Besonders hervorzuheben ist die große Muttergottesfigur am nördlichen Seitenaltar. Anmut und Schönheit verleihen dem Gesicht der Madonna eine vollkommene Harmonie, ihr goldgefütterter Mantel flattert kräftig im Wind, der Christusknabe breitet segnend seine Händchen aus. Der bewegte Umriß der am Anfang des 18. Jh. entstandenen Figur wird durch einen goldenen Strahlenkranz zusammengehalten, um den herum zwei Putten eine prachtvolle Girlande aus roten, goldenen und silbernen Rosen winden. Zwei andere Engel bringen der Himmelskönigin die goldglänzende Krone. Auch die das Altarbild des südlichen Seitenalters flankierenden Skulpturen der Heiligen Konrad und Ulrich sind von hoher Qualität. Die reichen Stukkaturen in der Pfarrkirche geben Zeugnis von der alten Tradition, die das Gipserhandwerk in diesem Teil des Filstals besitzt. Deggingen war der Mittelpunkt, von dem aus die wanderfreudigen Mitglieder dieser Zunft in den Sommermonaten ins Land hinaus zogen, um den Lebensunterhalt für sich und ihre Familien zu verdienen. Zu jenen Degginger Meistern, deren Schaffen in den künstlerischen Bereich hineinragt, zählt Johann Ulrich Schweizer (1674–1729). Er schuf den üppigen plastischen Schmuck des weitgespannten Tonnengewölbes, phantastische Kompositionen aus Blüten- und Früchtegirlanden, Muschel- und Blattornamenten, belebt von lieblichen Putten und Posaunenengeln. Man muß sich bei der Betrachtung in die verschiedenen Details vertiefen, um die Leistung des einheimischen Stukkateurs voll erfassen zu können. — Sehenswert ist die von dem Oberammergauer Bildhauer Schauer 1961 geschaffene Kriegergedenkstätte in der Turmkapelle der Pfarrkirche.

Wallfahrtskirche Ave Maria   Mit Recht zählt man die Wallfahrtskirche Ave Maria zu den Kleinodien der Kunst des Rokokos. Hoch über dem Ort liegt die Gnadenstätte mit der anschließenden kleinen Kapuzinerklausur weithin sichtbar vor der dunklen Kulisse der steil abfallenden Hochfläche der Schwäbischen Alb. Die Kirche wurde als Nachfolgerin einer 1479 errichteten, 200 Meter höher gelegenen Wallfahrtskapelle in den Jahren 1716–1718 erbaut. Ein steiler Stationenweg führt zu dem strahlend hellen Bau hinauf, dessen Außenfronten durch rötlich getönte Pilaster wirkungsvoll gegliedert sind. Ein kleiner Dachreiter mit Zwiebelhaube krönt den volutengeschmückten Langhausgiebel. Den freundlichen Eindruck steigern noch die leicht konvex vorspringenden Fassaden des Querhauses und die drei Pilasterportale. Die an die Kirche angebauten Klausurgebäude wurden im Jahr 1932 in guter stilistischer Anpassung errichtet. Das herausragende Detail der in hohem Maße qualitätvollen Ausstattung der Wallfahrtskirche Ave Maria ist der um 1730 ganz aus Stuck im Stil des üppigsten Rokokos aufgebaute Hochaltar. Er umschließt das aus der zweiten Hälfte des 15. Jh. stammende Gnadenbild, eine Muttergottes, die aus der alten Kirche hierher übertragen wurde. Sie steht in einer ovalen, von zahllosen Stuckwolken umgebenen Nische, über der eine kunstvoll modellierte Krone schwebt. Ein köstlicher Baldachin krönt dieses Werk, das von überirdischer Poesie übergossen scheint. Den einheimischen Künstlern Johann Ulrich und Johann Jakob Schweizer, Vater und Sohn, ist hier ein im wahrsten Sinn des Wortes genialer Wurf gelungen, der sie in die erste Reihe der süddeutschen Stukkatoren des 18. Jh. stellt. Als Vergolder war in der Kirche Johann Georg Straub aus Wiesensteig, der Vater der berühmten Bildhauer Johann Baptist und Philipp Jakob Straub, tätig. Die Ausmalung der Wallfahrtskirche Ave Maria ist das Werk des im Jahr 1722 in Tomerdingen bei Ulm geborenen und 1780 dort verstorbenen Josef Wannenmacher. Er war nach Absolvierung der Malerakademie in Rom ein gesuchter Freskomaler im schwäbischen Raum und leistete bei der Ausstattung von Kirchen in Schwäbisch Gmünd, Rottweil und St. Gallen Hervorragendes. Im Jahr 1754 erhielt er den Auftrag, die Kirche Ave Maria auszumalen. Die Decke wird beherrscht von dem großen ovalen Bild mit der Darstellung des Sündenfalls und des daran anschließenden sogenannten Protoevangeliums. Östlich davon sind die Verkündigung und die Verehrung Mariens durch die Weltteile dargestellt.
Oberhalb der Wallfahrtskirche Ave Maria steht auf einer Waldlichtung die Dreifaltigkeitskapelle, auch „Alt-Ave" genannt, und bezeichnet den Standort der alten gotischen Wallfahrtskirche, die bereits eine 1372 als Kapelle erwähnte Vorgängerin besaß. Der von einem Zeltdach gekrönte quadratische Bau wurde im 18. Jh., vielleicht unter Einbeziehung älterer Teile, errichtet und birgt einen Dreifaltigkeitsaltar.
Auf Degginger Markung liegt hart am Steilabfall der Alb nördlich des Weilers Berneck, an der Stelle der gleichnamigen, längst abgegangenen Burg, die Buschelkapelle, um die Mitte des 19. Jh. auf dem Burgstall errichtet und mit einer Madonnenfigur aus der Zeit um 1730 ausgestattet.

Donzdorf   Nicht weniger als neun Bauwerke und ein Bildstock sind in Donzdorf als Kulturdenkmale geschützt. Die Gemeinde verdankt dies zu einem nicht geringen Teil der Tatsache, im Laufe ihrer Geschichte stets mit den Herren und späteren Grafen von Rechberg verbunden gewesen zu sein. Sitz der gräflichen Standesherrschaft ist seit dem Jahr 1568 das sogenannte Neue Schloß, ein schlichter, rechteckiger Steinbau, dessen Ecken durch vier achteckige, mit geschweiften Kupferhauben gekrönte Türme versehen sind.

Seit dem 19. Jh. ist er durch den sogenannten Küchenbau mit dem Alten Schloß verbunden, das, im 15. Jh. errichtet, im neugotischen Stil stark verändert wurde. Das Wohnschloß erfuhr bis zum Jahr 1971 innen und außen eine grundlegende Erneuerung; dabei erhielten die Fassaden eine nach Farbresten des 18. Jh. rekonstruierte kräftige Bemalung. Die Wappen des kaiserlichen Rats Hans von Rechberg von Hohenrechberg zu Illeraichen, Rechberghausen und Scharfenberg und seiner Gemahlin Margarethe Anna von Hohenrechberg zu Illeraichen, die das Schloß erbauten, schmücken das bildhauerisch ausgezeichnete Portal an der Nordseite. Das öffentlich nicht zugängliche Bauwerk bewahrt noch einen Teil der einstigen berühmten Kunstsammlungen der Grafen von Rechberg, die u. a. hervorragende gotische Tafelbilder sowie eine Reihe prächtiger Goldschmiedearbeiten umfaßt. Das Schloß umgibt ein ausgedehnter Park, der für seine botanischen Seltenheiten bekannt ist.

Neben dem Schloßkomplex liegt die mit diesem durch einen gedeckten Gang verbundene katholische Pfarrkirche St. Martin. Das aus dem 15. Jh. stammende Bauwerk erfuhr 1777 eine grundlegende Umgestaltung, die jedoch den gotischen Charakter im Äußeren kaum beeinträchtigte. Innen empfängt den Besucher ein reiches spätbarockes Raumbild, zu dem neben den erst im Jahr 18⁵0 geschaffenen drei Altären, vor allem die 1777 von Josef Wannenmacher aus Tomerdingen gemalten Deckenbilder beitragen. Leider waren die Fresken 1877 im sogenannten Nazarenerstil übermalt worden und sind erst seit dem Jahr 1938 wieder freigelegt. Ihre ursprüngliche Leuchtkraft haben sie weitgehend verloren. Die Bilder stellen die Aufnahme Mariens in den Himmel sowie den Kirchenpatron St. Martin dar. Ihren bedeutenden Ruf verdankt die Donzdorfer Kirche einer Reihe von Grabdenkmälern der rechbergischen Familie, von denen sich einige in der nördlichen Seitenkapelle, die übrigen im Kirchenraum verteilt befinden. Das früheste ist das Epitaph des am 20. September 1348 verstorbenen Johann III. von Rechberg zu Rechberghausen, das erst 1812 aus Faurndau nach Donzdorf kam und die älteste Grabplatte im Landkreis ist. Der höchste künstlerische Rang kommt dem lebensgroßen Standbild Ulrichs I. von Hohenrechberg in der Seitenkapelle zu. Der in einen schweren Plattenpanzer gekleidete Ritter wendet seinen Kopf energisch nach rechts, hält Schwert und Schild in Händen und steht auf einem zusammengekauerten Löwen. Das Grabmal zählt zu den besten Leistungen der schwäbischen Steinbildnerei und wurde früher dem Ulmer Jörg Syrlin dem Älteren zugeschrieben. Neuerdings wird es für einen einheimischen Künstler der Zeit um 1460 in Anspruch genommen. Wichtig ist auch das Bronzeepitaph Ulrichs II. von Hohenrechberg und Heuchlingen, der am 9. September 1496 starb. Zu nennen ist ferner das Doppelgrab der Brüder Georg und Hans von Rechberg-Illeraichen, gestorben 1547 bzw. 1549, im Chor der Kirche. Der reiche Kirchenschatz der St.-Martins-Kirche birgt ein fast in Vergessenheit geratenes unscheinbares Versehziborium aus dem 17. Jh. Der achteckige Aufbau mit Haubendeckel und Kreuz wächst aus einem mit einem schweren Knauf gezierten Fuß heraus, auf dessen vier Pässen kostbare, von einem älteren Kirchengerät stammende Emaillemedaillons befestigt sind, die um das Jahr 1320 entstanden sein dürften. Im Stil der damals in höchster Blüte stehenden mittelalterlichen Buchmalerei sind die Bilder der Mater dolorosa, des Gotteslammes und der Evangelisten Johannes und Lukas in vier Paßrahmen eingefügt. Zu einem besonderen Schmuck gereicht der Pfarrkirche ihr Gestühl aus dem Jahr 1782, dessen Wangen fantasievolle Rokokoschnitzereien zieren. Die Brüstung der vorderen Bankreihe schmücken die Wappen der herrschaftlichen Stifter, des Freiherrn Maximilian Emanuel von Rechberg und seiner Frau Wallburga von Sandizell.

Auf dem Donzdorfer Friedhof steht seit dem Jahr 1739 die St.-Barbara-Kapelle. Sie ist mit einem Pilasterportal und einem kleinen Dachreiter geziert. Ihr kostbarer Figurenschmuck, zu dem eine gute Madonna der Multscher-Schule gehört, wird seit längerer Zeit im Pfarrhaus verwahrt. — Das hübsche Portal der St.-Peters-Kapelle in dem Donzdorfer Teilort Grünbach trägt die Jahreszahl 1492. Bei der 1967 abgeschlossenen Erneuerung kam an der Nordwand das Bruchstück eines spätgotischen Freskenzyklusses zum Vorschein, das acht Bilder aus der Leidensgeschichte Christi zeigt. Die aus der Erbauungszeit noch erhaltenen Plastiken eines Franziskanerabts, eines Diakons und des Kruzifixes tragen zur Ausschmückung der Kirche bei. — Bereits im 9. Jh. taucht der Name Hürbelsbach erstmals in einer Urkunde des Klosters Lorsch auf. Die heutige Kapelle stammt wohl aus der Zeit der Erneuerung der Pfarrei im Jahr 1493. Das einschiffige Langhaus ist flach gedeckt, der eingezogene Chor von einem Kreuzgewölbe überspannt. Er birgt einen kleinen Flügelaltar mit der Holzskulptur des Kapellenpatrons aus der Zeit um 1500. Die Begleitfiguren der Heiligen Apollonia und Ottilia wurden 1969 gestohlen. Die Heiligenbilder auf den Altarflügeln sind erst im 17. Jahrhundert entstanden. In der Predella des Altars steht noch eine schöne Pietà aus dem Ende des 15. Jh. — Die vierte alte Donzdorfer Kapelle steht in Unterweckerstell und ist St. Georg geweiht. Das aus dem 14. Jh. stammende Gotteshaus ging 1379 von den Grafen von Helfenstein in den Besitz der Herren von Rechberg über. 1407 erneuerte Albrecht von Rechberg den Stiftungsbrief der Kapelle. Das vermutlich erst aus dem 18. Jh. datierende Schiff trägt einen kleinen Dachreiter. Eine Renovierung in den Jahren 1970/1971 förderte an dem gotischen Kreuzrippengewölbe des Chors Blumenornamente zutage. Im nahegelegenen Oberweckerstell steht an der Stelle einer 1816 abgebrochenen Dreifaltigkeitskapelle ein Bildstock, der nach seiner Zerstörung 1930 neu aufgebaut wurde. 1966 entwendeten unbekannte Diebe daraus die Barockfiguren des hl. Johannes Ev. und des St. Leonhard.

In Donzdorf stehen die beiden Fachwerkhäuser Hauptstraße 75 und Seitzenbachstraße 1 unter Denkmalschutz. Ersteres ist in der 2. Hälfte des 16. Jh., letzteres, das den Namen „Arche" trägt, kurz vor 1700 erbaut.

Die Ruine der ehemaligen Burg Scharfenberg ist in dem Kapitel „Burgen und Adel in staufischer und nachstaufischer Zeit" ausführlich behandelt.

Drackenstein   Die malerisch auf einem hohen Tuffsteinfelsen gelegene Pfarrkirche, ein schlichter einschiffiger Bau aus dem 15. Jh., der 1753 umgebaut wurde, umschließt die Grablege der Herren von Westerstetten, eines Adelsgeschlechts, das im ausgehenden Mittelalter auf der Ulmer und Geislinger Alb zu großer Bedeutung gelangte. Im 15. Jh. kam die Familie in den Besitz Drackensteins und war hier bis 1589 seßhaft. Von den sechs Grabplatten, die das Gedächtnis der Ortsherren bewahren, gehört das an der Nordwand der Kirche eingelassene Epitaph für den Blaubeurer Obervogt Ulrich von Westerstetten (1458—1486) und seine zweite Frau, Sibylla von Pappenheim, zu den herausragenden Werken der Ulmer Steinplastik dieser Zeit. — Es ist nur wenig bekannt, daß die erst im Jahr 1853 errichtete Marienkapelle in Oberdrackenstein mit zahlreichen guten Holzskulpturen der Ulmer Schule aus der Zeit um 1500 ausgestattet ist. Neben den drei Heiligenfiguren im Hochaltar sind es vier ehemalige Altarflügelreliefs mit der Darstel-

58. *Hochaltar in der ev. Ulrichskapelle des ehemaligen Klosters Adelberg,*
1511 vermutlich von Jörg Syrlin d. J. geschaffen

59. *Wandfresko im Turmuntergeschoß der kath. Markuskirche in Eislingen aus der 1. Hälfte des 14. Jh. Der Ausschnitt aus der Nordwand zeigt oben Bilder aus dem Schöpfungs- und unten aus dem Marienzyklus.*

lung Christi im Tempel, dem zwölfjährigen Jesus, der Verspottung und der Kreuz-
tragung. Es sind schlichte, volkstümliche Arbeiten voll innigen Ausdrucks in Gesicht und
Gebärde.

Dürnau Das Baujahr der den Heiligen Kilian und Cyriakus geweihten evangelischen
Pfarrkirche ist nicht bekannt; ihre heutige Form datiert weitgehend von einem durchgreifenden Umbau im Jahr 1583. Erst 1572 hat die Reformation in Dürnau Eingang
gefunden, doch war 1681 der damalige Ortsherr, Hannibal von Degenfeld, wieder zur
katholischen Religion übergetreten. Dadurch entstand ein Simultaneum, das erst 1964
mit der Errichtung der katholischen St.-Michaels-Kirche endete. Ihre Bedeutung gewinnt
die Kirche einmal durch die erst 1968 freigelegten spätgotischen Wandmalereien aus der
Zeit um 1500 und die damals ebenfalls restaurierten schönen Stukkaturen aus der späten
Renaissance, welche die Kirchenfenster schmücken, zum andern aber vor allem durch
eine Reihe von Grabdenkmälern, die an die einstigen Ortsherren erinnern. Unter der
Empore harren an der Nordwand vier mit Schwertern und Streitkolben bewaffnete
Angehörige der Familie von Zillenhardt, in voller Rüstung, der Auferstehung. Daneben
ist eine prächtige rote Marmorplatte in die Wand eingelassen, deren reicher bildhaueri-
scher Schmuck von den allegorischen Figuren der Minerva, Caritas und Concordia und
dem Allianzwappen Degenfeld-Adelmann beherrscht wird. Sie hält das Gedächtnis für
den 1653 in Dürnau verstorbenen Heerführer Christoph Martin von Degenfeld (siehe
„Persönlichkeiten") fest. — Wenig bekannt ist eine monumentale Figurengruppe, die in
ein auf dem Friedhof stehendes, viel zu kleines Häuschen gezwängt ist und die ihren
ursprünglichen Platz wohl in der Kirche hatte. Ein Ritter kniet mit seiner Frau vor
einem Kruzifix. Die lebensgroßen Figuren sind gut erfaßt und meisterhaft gebildet. Leider fehlen Namen und Wappen, so daß eine Zuschreibung nicht möglich ist. Da die im
Jahre 1957 wiederhergestellte Gruppe um 1600 entstanden ist, Dürnau in dieser Zeit
aber von den Herren von Zillenhardt an die Herrschaft Degenfeld überging, könnte es
sich bei dem knienden Ritterpaar um Angehörige einer dieser beiden Familien handeln.

Ebersbach an der Fils Einer Wehrkirche ähnlich steht die evangelische Pfarrkirche
St. Veit hoch über dem alten Ortskern am Rande des ummauerten Friedhofs. Es besteht
Grund zu der Vermutung, daß der Platz einst mit der Burg der Herren von Ebersberg
befestigt war. Die heutige Kirche wurde 1480/1481 als einschiffiger Bau mit eingezoge-
nem Chor errichtet. Am 5. Januar 1625 zerstörte ein Blitzschlag den an der Westseite
angebauten Turm und einen Teil des Kirchendachs. Mit dem Wiederaufbau wurde der
württembergische Hof- und Landbaumeister Heinrich Schickhardt beauftragt, der den
Helm, dem Stil der Zeit entsprechend, mit einem Zeltdach versah, das bis heute für den
Bau charakteristisch ist. Leider hat die Kirche durch die Reformation und verschiedene
Wiederherstellungsarbeiten nahezu ihre gesamte alte Ausstattung eingebüßt; lediglich
das einstige Triumphbogenkreuz aus dem frühen 16. Jh. verdient Beachtung. Bruchstücke
einer Emporenbrüstung aus dem Jahr 1499 mit eingeritzten Apostelbildern werden im
Städtischen Museum Göppingen verwahrt. — Als Fachwerkhäuser verdienen die um
1500 errichtete Alte Post und das mächtige, 1581 erbaute Alte Pfarrhaus, das erst 1970
von seinem störenden Verputz befreit wurde, Beachtung. Die evangelische Pfarrkirche

der Teilgemeinde *Roßwälden* wurde 1726 an der Stelle eines spätgotischen Kirchenbaus von 1467 errichtet. Der ausgehenden Gotik gehört auch die malerische evangelische Kapelle im Teilort *Sulpach* an.

Eislingen/Fils Die katholische St.-Markus-Kirche wurde 1893 östlich an den Chorturm eines älteren, damals abgerissenen Gotteshauses angebaut. Dadurch wurde der ursprünglich romanische, etwa um 1520 jedoch von einem einfachen gotischen Gewölbe überspannte Chor zur westlichen Vorhalle der neuen Kirche. Beim Einbau eines Kriegerdenkmals in die Südwand dieses Bauteils entdeckte man 1920 eine wohl aus der Zeit zwischen 1300 und 1320 stammende Ausmalung, die leider durch die Einfügung des Gewölbes und den Durchbruch des Kirchenportals große Fehlstellen aufweist. Dennoch ist das dem Freskenzyklus zugrundeliegende Programm deutlich zu erkennen. Die oberste der drei übereinander angeordneten Bilderreihen erzählt, an der Nordwand beginnend, auf anschauliche Weise die Erschaffung der Gestirne, der Erde und des Menschen. Zu den reizvollsten Einzelbildern gehört dabei die Erweckung Evas durch Gottvater aus der Seite des schlafenden Adam und die Vertreibung des ersten Menschenpaares aus dem Paradies. Die mittlere Reihe ist ziemlich vollständig erhalten. Sie beginnt mit einem Marienzyklus, der von der Begegnung Joachims und Annas unter der Goldenen Pforte über die Vermählung Mariens und die Verkündigung bis zur Anbetung der Könige reicht. Dieses letzte Bild der Mittelreihe gehört zweifellos zu den lieblichsten Darstellungen, die die frühe Malerei unseres Landes zu diesem Thema kennt. Von der untersten Bilderreihe sind nur noch die Fragmente des Kindermords von Bethlehem, der Darstellung im Tempel und des Jüngsten Gerichts auf uns gekommen. Verglichen mit allen übrigen Freskenzyklen des Kreises Göppingen gehen von den Eislinger Bildern nahezu die stärksten künstlerischen Eindrücke aus. – Von der erst seit der Mitte des 19. Jh. in die Umfassungsmauer des Eislinger Nordfriedhofs eingebundenen St.-Anna-Kapelle ist als Weihedatum der 15. August 1513 überliefert. Nach einer Darstellung auf dem Filstalpanorama von 1535 stand die Kapelle damals ziemlich weit außerhalb von Großeislingen und trug noch keinen Dachreiter. In dem neugotischen Altarschrein stehen neben der Kapellenpatronin die einfachen Holzskulpturen der Heiligen Laurentius, Jakobus, Veit und Margaretha. – Von wesentlich höherer Qualität ist der schöne, 1861 im Kunsthandel erworbene Schreinaltar in der aus dem 15. Jh. stammenden simultanen St.-Jakobs-Kapelle im Teilort *Krummwälden*. Er gilt als Arbeit eines oberschwäbischen Künstlers aus der Zeit um 1510. Im Mittelschrein scharen sich sechs Apostel um Christus. Die enggedrängte Gruppe löst sich nahezu vollplastisch von der von wandernden Heiligen belebten Landschaft im Hintergrund. Die Gesichter tragen charakteristische Züge; die goldgefaßten Gewänder zeigen einen bizarren Faltenwurf. Nur bei fünf der Apostelfiguren ist anhand der beigegebenen Attribute eine Identifizierung möglich; es handelt sich um Petrus, Johannes, Jakobus den Älteren, Andreas und Paulus. In gedämpften Farben kehren auf den Flügeln des Altars die Bildnisse der Märtyrer Johannes Bapt., Ursula, Stephanus und Laurentius wieder.
Die Pfarrkirche der einstigen Gemeinde Kleineislingen, die heutige Lutherkirche, geht in ihren Anfängen in das Jahr 1483 zurück. Teile des Turmes und der Chorschluß haben sich aus dieser Zeit erhalten. 1698 entschloß sich die Gemeinde zu einem Neubau, der von dem württembergischen Baumeister Johann Ulrich Heim und dem Steinmetzen Sebastian

Vogt aus Schwäbisch Gmünd ausgeführt wurde und an den noch eine Inschrift über dem Nordportal erinnert. Die für die stetig wachsende Gemeinde längst zu klein gewordene Kirche wurde 1912/1913 durch den Architekten Professor Elsässer großzügig erweitert.

Eschenbach Die um das Jahr 1770 erbaute evangelische Pfarrkirche ist ein einfacher rechteckiger Bau ohne Chor, an dessen Westwand ein mit einem geschweiften Dach gekrönter Turm aufragt.

Faurndau Die evangelische Pfarrkirche zählt zu den bedeutendsten romanischen Bauwerken in Schwaben; sie steht an der Stelle einer bereits im Jahr 875 als monasteriolum, also als Klösterlein, erwähnten Niederlassung, die 895 in den Besitz des Klosters St. Gallen kam. Neue Forschungen, die anhand von 1956 vorgenommenen Ausgrabungen, bei denen man auf Mauerreste verschiedener Vorgängerkirchen stieß, vorgenommen wurden, haben ergeben, daß der heutige Kirchenbau bis auf den erst um die Mitte des 15. Jh. hochgeführten Westturm in der 2. Hälfte des 12. Jh., also noch in der Regierungszeit Kaiser Friedrich Barbarossas errichtet wurde. In der von Westen nach Osten fortschreitenden Bautätigkeit lassen sich die Handschriften von zwei verschiedenen Baumeistern ablesen. Die Kirche stellt sich von außen als dreischiffige spätromanische Basilika ohne Querschiff dar. Der wuchtige Turm ragt über einer westlich an das Langhaus angefügten Vorhalle auf. Der bestimmende Eindruck geht von der Ostpartie des Bauwerks aus, die sich ursprünglich mit drei Apsiden präsentierte; die südliche mußte im 15. Jh. dem Anbau einer Sakristei weichen. Über der reich mit Palmettenfriesen geschmückten Hauptapsis und dem Dach des niedrigen Chors steigt die hohe Ostwand des Langhauses mit ihrem erneuerten Figurenschmuck und dem gotischen laternenartigen Aufsatz auf. Seit dem Jahr 1959 befinden sich die Originalskulpturen der Langhauswand im Städtischen Museum in Göppingen; am Kirchenbau sind sie durch Kopien aus Muschelkalk ersetzt worden. Bei dem Versuch, ihren Sinn zu ergründen, erwies es sich, daß das Thema sowohl der beiden Großplastiken, als auch der 18 Gesichtsmasken bzw. Grotesk- und Tierfiguren in engster Beziehung mit dem Tageslauf steht, den die Chorherren des Faurndauer Stifts in ihrem Stundengebet begleiteten. Ihre Hymnen geben dafür gewichtige Anhaltspunkte. Die in den Jahren 1956/1957 durchgeführte Innenrenovierung zählt zu den rühmlichsten Leistungen der staatlichen Denkmalpflege in Baden-Württemberg. Der Boden wurde tiefer gelegt, wodurch die wuchtigen Rundsäulen mit ihren prächtigen Kapitellen wieder ihre ursprünglichen Proportionen zurückerhielten, die Orgelempore verschwand im Turm und die die gesamte Chorpartie rücksichtslos unterteilende Ostempore fiel. Dabei kamen an Wänden und Gewölben bedeutende Freskomalereien zum Vorschein: im Kreuzrippengewölbe des Chorquadrats die vier Symbole der Evangelisten, in der Apsiskuppel Christus als Weltenrichter, gemalt noch vor dem Jahr 1300. Sie verraten die Hand eines bedeutenden Meisters aus der Zeit des Übergangs vom romanischen zum gotischen Stil. Die die Nord- und Südwand des gewölbten Chors in ursprünglich zwei Bändern umziehenden Malereien sind schon ganz vom Geist der frühen Gotik geprägt, der vor allem in der S-förmig gebogenen Haltung der Figuren und in den gemalten Spitzbogenarchitekturen zum Ausdruck kommt. Dargestellt ist, entsprechend dem Marienpatrozinium der Faurndauer Kirche, die Legende vom Leben der Heiligen Jungfrau. Trotz der starken Zerstörung des Marienzyklusses durch das spätgotische Maßwerkfenster an der Südwand des Chors ist die ergreifendste Szene der ganzen Bilderfolge bewahrt geblieben, die Krönung Mariens. Die unendlich feine Neigung des gekrönten Hauptes, die innige Gebärde der betenden Hände, der hoheitsvoll-demütige Ausdruck des mit wenigen Strichen gezeichneten Gesichts geben dieser Gestalt etwas von der zauberhaften Schönheit jener um diese Zeit entstandenen mittelalterlichen Buchmalereien. Bestandteile der 1957 aufgedeckten Ausmalung sind schließlich noch die vielfigurige Kreuzanheftung an der Nordwand des Altarraums und die überlebensgroßen Gestalten einer Strahlenkranzmadonna, eines heiligen Bischofs und eines St. Christophorus an den beiden Triumphbogenpfeilern. Von der alten Ausstattung der Kirche hat sich noch der schöne romanische Taufstein erhalten. — In die Reihe der geschützten Baudenkmale gehört auch der 1589 von dem württembergischen Rat Dr. Johannes Moser erbaute Freihof.

Gammelshausen Die evangelische Pfarrkirche wurde im Jahr 1700 unter Einbeziehung von Teilen einer um 1436 errichteten Kapelle erbaut. Aus dem alten Gotteshaus stammen noch der Taufstein von 1584 und die ebenfalls dem 16. Jh. angehörende Kanzel, die mit Bildern der vier Evangelisten geschmückt ist.

Geislingen an der Steige Das Wahrzeichen der Stadt ist der Ödenturm, der um das Jahr 1400 von der ulmischen Herrschaft als Vorwerk der Burg Helfenstein errichtet wurde. Er hatte die Aufgabe, die südliche Flanke der Feste zu schützen. Nach der Zerstörung des Helfensteins im Jahr 1552 diente der Ödenturm einer Feuerwache als Aufenthalt. Im Jahr 1823 ging er in das Eigentum der Stadt Geislingen über; am 18. Januar 1921 brannte er nach einem Blitzschlag aus, wurde jedoch sogleich wiederhergestellt. Der in seinem unteren Teil quadratische, etwa auf halber Höhe in eine Rundung übergehende Turm ist bis zum Ansatz des kegelförmigen Helms 27 Meter hoch und aus mächtigen Buckelquadern zusammengefügt. — Das eindrucksvollste Bauwerk der Stadt, die evangelische Stadtkirche „Unserer Lieben Frauen", ist in den Jahren 1424—1428 als schlichte dreischiffige Basilika mit einem schlanken Westturm errichtet worden. Ein Stifterbild über dem Nordportal erinnert an die Grundsteinlegung am 26. April 1424. Der Bau wuchs unter dem Einfluß der Ulmer Münsterbauhütte in die Höhe. 1467 fügte Hans Schweinbacher von Windsheim dem südlichen Seitenschiff eine aus den fünf Seiten eines Achtecks gebildete Vorhalle an, deren schönes Sterngewölbe auf Strebepfeilern ruht. Früher diente dieses sogenannte „Kirchle" als Baldachin für ein großes Wandbild der Marienkrönung, das jedoch seit der Reformationszeit übertüncht ist. Den künstlerischen Höhepunkt der trotz des damaligen Bildersturms noch immer ungewöhnlich reichhaltigen Ausstattung bildet der ursprünglich als Seitenaltar dienende, jetzt im Chor aufgestellte Hochaltar, der neuerdings dem in der Mauch-Werkstatt tätigen Christoph von Urach zugeschrieben wird. Das um das Jahr 1520 geschaffene Werk zählt zu den reifsten Schöpfungen der Ulmer Kunst und ist für die Kenntnis des in der dortigen Schule geprägten Stils von hoher Bedeutung. Im Schrein steht eine liebliche Madonnenfigur, flankiert von den Heiligen Mauritius und Magdalena. Nahezu vollplastisch treten aus den Flügeln die Gestalten des Pestheiligen Rochus und der großen Wohltäterin Elisabeth von Thüringen heraus. Als Symbol ihres aufopfernden Wirkens für Kranke und Arme hält die im Mittelalter hochverehrte Heilige Krug und Glas, Brotlaib und Teller in ihren Händen. Zum Eigenwilligsten und Ausdrucksvollsten, was die Kunst der Spätgotik im süddeutschen Raum hervorgebracht hat, gehört die Darstellung des Fegefeuers in der Predella des Choraltars. Es ist noch umstritten, ob die Gruppe von Daniel Mauch für den Altar geschaffen wurde, oder ob sie als Werk Jörg Syrlins des Älteren anzusehen ist und erst später an ihren jetzigen Platz versetzt wurde. Das ungewöhnlich große doppelreihige Chorgestühl der Kirche ist im Jahr 1512 in der Werkstatt des jüngeren Syrlin in Ulm entstanden. Zwar steht es an Reichtum der Formen hinter den anderen großen Schöpfungen des Meisters, etwa in Blaubeuren, zurück, dennoch zählt es zu den besten Arbeiten seiner Art. Besonderer Betrachtung wert ist der reiche plastische Schmuck des Gestühls: Fratzen und Tierfiguren an den Seitenlehnen der Klappsitze, Büsten von Propheten an den Wangen der vorderen Sitzreihe. Hervorragende Ausstattungsstücke, die dem 17. Jh. angehören, sind der Aufsatz des ehemaligen Hochaltars an der Nordwand des Chors, die reich ornamentierte Kanzel von 1621 und die barocke Sakristeitür aus dem Jahr 1683. Bemerkenswert ist darüber hinaus die Vielzahl hervorragender Epitaphe aus Metall und Stein aus dem 15. – 18. Jahrhundert.

Zum Bild der Stadtkirche gehört seit eh und je der schöne Fachwerkgiebel der sogenannten Klause. Die Geschichte dieses Bauwerks geht bis in das 14. Jh. zurück. Hier bildete sich aus einer Niederlassung frommer Frauen ein kleiner Konvent von Regelschwestern des Franziskanerordens, der sich nach der Reformation schließlich im Jahr 1590 in Wiesensteig niederließ.

Die Stadt kann sich rühmen, zwei der stattlichsten alamannischen Fachwerkbauten aus dem 15. und 16. Jh. zu besitzen. Der ältere ist der Alte Zoll an der Hauptstraße, ein viergeschossiger Bau mit Krüppelwalmdach und einem an der Längsseite stark hervorspringenden Aufzuggiebel. Seit seiner grundlegenden denkmalpflegerischen Wiederherstellung im Jahr 1958 ist das Gebäude eine der besonderen Zierden des Stadtbilds. Das Bauwerk stammt in seiner jetzigen Form aus der Mitte des 15. Jh. und bezeichnet die Stelle, an der schon zur Zeit der Gründung Geislingens im 13. Jh. eine Zollstation eingerichtet war, ist doch hier der Punkt im Rohrachtal, an dem der Abstand zwischen dem Sporn des Helfensteinbergs und den gegenüberliegenden Schutthängen des vorgeschichtlichen Bergrutsches an der Schildwacht am geringsten ist.

Neun Geschosse, davon fünf im Giebel, machen den Alten Bau zu einem der imposantesten Fachwerkbauten im schwäbischen Land. Die reichsstädtisch-ulmische Verwaltung errichtete ihn am Anfang des 16. Jh. als Fruchtkasten über einem mächtigen Sockelgeschoß aus Tuffsteinquadern an der Stelle eines helfensteinischen Bauhofs, von dem aus die gräflichen Güter verwaltet worden waren. Im Innern teilen zwei Reihen von je sieben schweren Eichenpfeilern die fünf unteren Geschosse in je drei Schiffe. Nach einer wechselhaften, den alten Baubestand zum Glück nur wenig verändernden Geschichte, in deren Verlauf der Alte Bau sogar als Artilleriedepot Verwendung fand, birgt das seit 1923 im Eigentum der Stadt stehende Gebäude jetzt die reichhaltigen Sammlungen des Heimatmuseums des Kunst- und Altertumsvereins Geislingen. – In der Stadt trifft man noch eine ganze Reihe alter Holzfachwerkbauten, etwa das bis in das 15. Jh. zurückreichende sogenannte Schubarthaus, das schmalbrüstige Kohnsche Haus an der Hansengasse und das aus dem Jahr 1671 stammende ehemalige Rathaus in Altenstadt. Dort stehen auch die Reste der im 15. Jh. erbauten Siechenkapelle, deren Chor abgebrochen und deren Innenraum profaniert ist. Von der ehemaligen Michaelskirche auf dem Lindenhof haben sich in den heute dort stehenden Bauten noch ganz geringe Reste erhalten. Ein um 1300 entstandenes Fresko stellt die hl. Hedwig dar.

Die bis 1968 dem simultanen Gottesdienst offenstehende katholische Pfarrkirche St. Maria im Stadtbezirk *Eybach* ist ein aus Tuffstein um die Mitte des 15. Jh. errichteter schlichter Bau. Er wurde in den Jahren 1969/1970 nach Süden großzügig erweitert und birgt neben einem Sakramentshaus von 1468 und mehreren guten Holzskulpturen vor allem eine Reihe qualitätvoller Grabdenkmäler der degenfeldischen Ortsherrschaft. Im neuen Teil der Kirche wurden Holzschnitte des „Kreuzwegs der Versöhnung" von HAP Grieshaber angebracht. Neben der Kirche steht das schöne, 1790 im klassizistischen Stil errichtete katholische Pfarrhaus, dessen über dem Eingang angebrachtes Wappen auf die über 500jährige Verbindung von Eybach zur Fürstpropstei Ellwangen hinweist.

Am Fuß des Himmelsfelsens, der einst die Stammburg des Geschlechts trug, liegt inmitten einer gepflegten Parkanlage das Schloß der Grafen von Degenfeld-Schonburg. Der zwischen 1766 und 1768 unter dem Grafen August Christoph von Baumeister Carl von Schell errichtete Bau ist in den eleganten Formen des Übergangsstils von Rokoko zum Klassizismus gehalten. Besonders reizvoll ist die Gartenfront mit ihrem hohen Mittelrisalit, der von einem Balkon und einem flachen Giebel geschmückt ist. An dem 1770 abgeschlossenen Innenausbau wirkten so bedeutende Künstler wie Nicolas Guibal und Adolf Friedrich Harper mit. Bis heute bewahrt das Schloß prächtige Räume mit ihrer originalen Ausstattung, eine Sammlung von Porträts, Gemälde, Öfen und Kunsthandwerk.

Unter Denkmalschutz stehen auch die evangelischen Kirchen der vier übrigen Geislinger Stadtbezirke: die aus dem 16. Jh. stammende und 1818 veränderte Margaretenkirche in *Weiler ob Helfenstein,* die teilweise noch bis ins 13. Jh. zurückreichende Veitskirche in *Waldhausen,* die 1771 von dem berühmten Gmünder Baumeister Johann Michael Keller errichtete und ebenfalls dem heiligen Veit geweihte Pfarrkirche in *Türkheim* mit ihrem hübschen Zwiebelturm und einer reich gezierten Rokokokanzel und die im 14. Jh. erbaute Michaelskirche in *Stötten.* Ihre Renovierung in den Jahren 1970–1972 förderte eine im Jahr 1500 entstandene qualitätvolle Ausmalung des Turmchors zutage, deren zentrales Thema die Leidensgeschichte Christi ist. Das Chorgewölbe enthält die Evangelistensymbole sowie die vier großen lateinischen Kirchenlehrer und eine Marienkrönung. Auch das Langhaus der Kirche hat durch die grundlegende Renovation außerordentlich stark gewonnen. Dafür zeichnet in erster Linie die Reihe der von Schmutz und störenden Übermalungen befreiten Holztafelbilder an der Emporenbrüstung verantwortlich. In satter Farbigkeit sind hier die vier Evangelisten, neun Apostel sowie Christus als bewegte, blutvolle Gestalten mit prächtigen Charakterköpfen dargestellt, die um die Mitte des 17. Jh. ein tüchtiger, jedoch unbekannter Maler geschaffen hat.

Gingen/Fils In keiner Gemeinde des mittleren und unteren Filstals hat die Kirche ihre dominierende Stellung im Ortsbild so gut bewahren können wie in Gingen. Das ehrwürdige Gotteshaus bewahrt über dem nördlichen Eingang zum Langhaus die zu Recht berühmte älteste datierte Kircheninschrift Deutschlands in dionysischer Zeitrechnung, die besagt, daß Abt Saleman von Lorsch im Februar 984 hier eine Kirche errichtete. Auf die enge Verbindung Gingens zu dem bedeutenden Kloster an der Bergstraße weisen die Namen der Kirchenpatrone Quirinus, Naborus, Nazarius und Basilides hin, die auch auf den jetzigen, im wesentlichen im 15. Jh. entstandenen Bau übertragen wurden. Der gut gegliederte Turm geht in seinen unteren Geschossen in das 13. Jh. zurück und steht als weithin sichtbares Wahrzeichen in der sich an dieser Stelle weitenden Aue des Filstals. Der Innenraum der Gingener Kirche wurde in den Jahren 1964–1967 grundlegend wiederhergestellt, wobei im Chor und an der Ostwand des Langhauses bisher unbekannte Wandmalereien zum Vorschein kamen. Besondere Aufmerksamkeit beansprucht das die gesamte Breite der Langhauswand bedeckende Fresko aus dem Jahr 1524 mit seiner monumentalen Darstellung des Jüngsten Gerichts. Über dem Scheitelpunkt des Triumphbogens thront Christus als Weltenrichter, zu dessen Füßen Maria und Johannes der Täufer als Fürbitter knien. Die zwölf Apostel mit ihren Attributen flankieren die Szene. Auf der linken Seite warten die Seligen auf das Öffnen der Himmelspforte, rechts werden die Verdammten mit Pauken und Dudelsack von scheußlichen Teufeln am Rachen der Hölle erwartet.

In diese Darstellung des Weltgerichts ist die Familie des Stifters des Bildes eingefügt. Auf Grund der beigegebenen Wappen handelt es sich um den ulmischen Obervogt in Heidenheim, Eitel Sigmund von Berg und seine Frau Ursula Speth von Zwiefalten mit ihren zahlreichen Kindern. Eitel Sigmund von Berg war der bedeutendste Vertreter einer bereits im Jahr 1197 nachweisbaren Ministerialenfamilie. Er bekleidete im Bauernkrieg das Amt eines Hauptmanns des Schwäbischen Bundes und vertrieb in dieser Eigenschaft am 3. April 1525 die plündernden Bauern von Langenau aus der Benediktinerabtei Elchingen. An ein tödliches Duell erinnert das prachtvolle Epitaph für den Rittmeister Christian Freiherr von Meerheim, der am 20. Juni 1703 „in ungliclicher Aktion" zwischen Gingen und Süßen starb.

Göppingen Wenngleich das, zumindest seit der Mitte des 15. Jh. von größeren gewaltsamen Eingriffen verschont gebliebene Stadtbild durch den verheerenden Brand vom 25. August 1782 radikal verändert wurde, haben sich dennoch in der Stadt einige bemerkenswerte historische Bauwerke erhalten, die meist dank ihrer Lage an oder gar außerhalb der Stadtmauer von den Flammen verschont geblieben waren. Dennoch darf nicht vergessen werden, daß der Brandkatastrophe von 1782 zahlreiche hervorragende Bauwerke, die zumeist im späten Mittelalter errichtet worden waren, zum Opfer fielen. In erster Linie ist dabei das Rathaus der Stadt zu nennen, dessen reichstuckierte Fassade in mehreren zeitgenössischen Beschreibungen besonders hervorgehoben wird. Zu Beginn des Jahres 1973 umfaßt die Liste der geschützten Baudenkmale der Stadt insgesamt 17 Objekte, von denen allerdings neun in den sechs Stadtbezirken stehen.

Das älteste und ehrwürdigste Bauwerk der Stadt Göppingen ist die evangelische Oberhofenkirche auf dem Alten Friedhof. Sie steht an der Stelle einer christlichen Urkirche, die unter dem Einfluß der Franken wohl schon im 7. Jh. errichtet und zu einem wichtigen Mittelpunkt für die Missionstätigkeit innerhalb des von den Alamannen besiedelten Filsgaus wurde. Das der Kirche verliehene Patrozinium des hl. Martin ist ein schlüssiger Beweis für ihr hohes Alter. Der erste, wohl aus Holz errichtete Kirchenbau, wich um das Jahr 1100 einer romanischen Basilika, die dann ab 1436 von dem heutigen Kirchenbau abgelöst wurde. Im Jahr 1448 wandelte Graf Ulrich der Vielgeliebte von Württemberg die bisherige Pfarrkirche in ein reguliertes Chorherrnstift um. Der Kirchenbau ging nach einigen Planänderungen um das Jahr 1480 seiner Vollendung entgegen: die dreischiffige spätgotische Hallenkirche mit ihrem erhöhten Chor und den beiden Osttürmen zählte zu den eindrucksvollsten Sakralbauten Alt-Württembergs. Ein Brand zerstörte im Jahr 1562 Langhaus und Türme; ersteres erhielt 1685 seine heutige flache Stuckdecke, letztere wurden erst zwischen 1884 und 1899 mit den jetzigen steinernen Helmen versehen, nachdem sie über 300 Jahre nur notdürftig abgedeckt waren. Trotz des erwähnten Brandes und

mancher Zerstörungen im Dreißigjährigen Krieg und während der napoleonischen Feld-
züge besitzt die Oberhofenkirche noch immer bedeutende Kunstschätze aus der Zeit ihrer
Erbauung. Zu nennen sind in erster Linie das reichgeschnitzte Chorgestühl und der schöne
Kreuzchristus aus der berühmten Ulmer Schule. Die nördliche Chorwand wird weitgehend beherrscht durch ein großes Freskobild aus dem Jahr 1450, das leider 1617 stark
übermalt und verändert wurde. Der Erbauer der Kirche, Graf Ulrich V. von Württemberg, stiftete dieses Bild zum Andenken an die vier Ritter und fünf Knappen, die am
10. November 1449, in dem für die Württemberger siegreichen Gefecht gegen den
Schwäbischen Städtebund auf der Plienshalde bei Esslingen an der Seite des Landesherren
fielen. Über seinen historischen und künstlerischen Wert hinaus besitzt das Bild als eine
der ältesten Darstellungen mittelalterlicher Totenehrung landesgeschichtliche Bedeutung.
Weit über Göppingen hinaus findet auch das erst 1938 aufgedeckte Fresko in der südlichen Eingangshalle Beachtung, das die von der Sage überlieferte Stiftung der alten
Oberhofenkirche durch zwei adelige Damen darstellt: die vornehm gekleideten Jungfrauen setzen das Modell einer dreischiffigen romanischen Basilika in den ummauerten
Kirchhof. Am äußersten rechten Rand des Bildes, dessen Entstehung um das Jahr 1470
angenommen werden kann, erhebt sich auf steilem Bergkegel eine von zwei Türmen über-
ragte Burg. Die naheliegende Vermutung, es handle sich dabei um die Burg auf dem
Hohenstaufen, fand durch Vergleiche mit mehreren späteren Darstellungen der Ruinen
dieser Burg ihre volle Bestätigung. Da das Fresko in Oberhofen als einziges Bild den
Zustand der früheren schwäbischen Herzogsburg vor der Zerstörung im Bauernkrieg von
1525 wiedergibt, kommt ihm für die Erforschung der staufischen Geschichte große Bedeutung zu. Zu den sowohl historisch wie auch künstlerisch bemerkenswerten Ausstat-
tungsstücken zählt eine Reihe von Grabdenkmälern, vorwiegend aus dem 16. Jh., von
denen das an der Nordwand des Langhauses stehende Epitaph des Ritters Jörg von
Zillenhardt aus dem Jahr 1506 besonders zu nennen ist.
Südlich der Oberhofenkirche steht noch der Chor der 1431 urkundlich erstmals erwähnten
ehemaligen Kapelle zum Heiligen Kreuz, die nach der Reformation als Beinhaus Verwendung fand und deren einst von einem Dachreiter gekrönter Westteil wohl schon im
16. Jh. abgebrochen wurde. Den einzigen Schmuck des schlichten Bauwerks bilden drei
Spitzbogenfenster mit Fischblasenmaßwerk sowie eine Wandnische, die einst wohl zur
Aufstellung des Totenlichtes gedient haben mag.
Bis zum Jahr 1619 war die Oberhofenkirche, vor den Mauern der Stadt gelegen, das
einzige Göppinger Gotteshaus. Am 25. Februar 1615 gab Herzog Johann Friedrich von
Württemberg den inständigen Bitten des Göppinger Magistrats um Erweiterung der alten,
neben dem Schloß gelegenen Johanniskapelle nach und beauftragte seinen Baumeister,
Heinrich Schickhardt, sich nach Göppingen zu verfügen und einen Plan für die Vergrößerung der Kapelle auszuarbeiten. Schickhardt hielt jedoch einen Umbau nicht für
ratsam und fertigte sofort einen Überschlag für einen Neubau. Zu Beginn des Jahres
1618 wurde mit dem Bau begonnen; eine nachträglich von der Bürgerschaft gewünschte
Vergrößerung des Bauwerks führte zu einer beträchtlichen Kostenüberschreitung. Gegen
den Willen des Baumeisters, der den Kirchenraum mit einem stuckierten Gewölbe hatte
versehen wollen, wurde der riesige Dachraum der Kirche zu einer dreigeschossigen Frucht-
schütte ausgebaut. Von der einstigen Verwendung des Dachbodens zeugt heute noch der
aus festen Eichenstämmen gefügte Kran. Die Ausstattung der Kirche berücksichtigte

60. *Fresken in der ev. Martinskirche in Zell unter Aichelberg aus dem Jahre 1400.*
Oben: Kindermord zu Bethlehem, Flucht nach Ägypten. Mitte: Kreuzigung, Grablegung.
Unten: Märtyrer Philippus und Andreas

61. Spätgotischer Chor der
ev. Michaelskirche in Heiningen
mit Kruzifix aus dem 17. Jh.
62. Darstellung der Stiftung
der Göppinger Oberhofenkirche
in der südlichen Eingangshalle.
Im Hintergrund des um 1470
entstandenen Wandbildes ist die
Burg auf dem Hohenstaufen
zu sehen.
63. (rechts) Spätgotischer Chor
der Oberhofenkirche in
Göppingen

Umseitig:
64. Fegefeuer in der Predella
des Hochaltars der ev.
Stadtkirche in Geislingen,
vermutlich von Jörg Syrlin d. Ä.
65. Gefangennahme Christi in
dem um 1510 von einem
Schüler des Hans Seyfer
geschaffenen Ölberg an der
ev. Ulrichskirche in Süßen

lediglich die Bedürfnisse des evangelischen Predigtgottesdienstes und verzichtete daher
weitgehend auf künstlerische Details. Umgestaltungen in den Jahren 1769 und 1910 veränderten das ursprüngliche Raumbild grundlegend: die seit 1973 im Gang befindliche
Wiederherstellung des Innenraums sucht die ursprüngliche Konzeption Heinrich Schick-
hardts mit den heute an einen Kirchenraum gestellten Bedürfnissen in Einklang zu bringen. Auch die Außenfronten der Stadtkirche sind sehr zurückhaltend, dafür aber außerordentlich klar und geschmackvoll gegliedert. Nur die ursprünglichen drei Portale wurden
von Melchior Gockeler aus Schorndorf reicher gestaltet. Das Mittelportal an der Lang-
seite der Kirche ist durch die 1968 erneuerten Wappen des Herzogs Johann Friedrich von
Württemberg und seiner Gemahlin Barbara Sophia von Brandenburg herausgehoben. Der
ursprünglich durch die Einbeziehung eines mittelalterlichen Wehrturms der Stadtbefestigung in den Kirchenbau gewonnene Glockenturm wurde 1845 durch den in neuromanischen Formen vor dem Südgiebel aufgeführten Kirchturm ersetzt.
Trotz umfangreicher Um- und Anbauten darf die von 1867–1869 erbaute katholische
Stadtpfarrkirche St. Maria zu den historischen Sehenswürdigkeiten Göppingens gezählt
werden, verraten ihre ursprünglichen Teile an Chor und Langhaus doch die sichere Hand
eines der führenden Architekten des Historismus, nämlich des im Jahr 1825 in Fricken-
hofen bei Backnang geborenen Friedrich von Schmidt, der es im Laufe einer steilen Karriere bis zum Dombaumeister an St. Stephan in Wien brachte und als Erbauer des Wiener
Rathauses Weltruhm erlangte.
Das wichtigste profane historische Bauwerk Göppingens ist das einst an der Nordwestecke der befestigten Stadt gelegene Schloß. Als sich Herzog Christoph von Württemberg
im Jahr 1552 entschloß, anstelle der alten Göppinger Burganlage und der sogenannten
„Stauferschen Häuser" ein neues, den Bedürfnissen des gelegentlich hier weilenden Hof-
staats und der herzoglichen Verwaltung genügendes Schloß zu bauen, ordnete er an, daß
für den Bau auch die Steine der seit 1525 in Ruinen liegenden Burg Hohenstaufen Verwendung finden sollten. Im Jahr 1569 war der nach den Plänen des herzoglichen Baumeisters Aberlin Tretsch geschaffene Schloßneubau vollendet und diente fortan den
württembergischen Landesherren bei ihren Aufenthalten im Christophsbad als Wohnsitz.
Bei ihren Zügen durch Württemberg nahmen hin und wieder hohe weltliche und geist-
liche Fürsten, allen voran die Kaiser Karl V. und Maximilian II. im Göppinger Schloß
für kurze Zeit Quartier. Zum ständigen Wohnsitz ausersehen war der geräumige Schloßbau für die Witwen der Herzöge Friedrich Ludwig und Karl Alexander, Marie Henriette
und Marie Augusta, die 1733 bzw. 1750 nach Göppingen kamen. Im Jahr 1815 wurde
das Schloß in Göppingen für wenige Monate zu einer der zahlreichen Stationen im Exil
der württembergischen Prinzessin Katharina, der Tochter König Friedrichs I. und Gemahlin von Napoleons Bruder Jerôme, der sich für kurze Zeit als „König von Westfalen" einer großen Machtfülle im Schatten des Korsen erfreut hatte. Nach dem Inkrafttreten des Verwaltungsedikts von 1822, das auch eine Neuorganisation der Amtskörperschaften im Königreich Württemberg zur Folge hatte, wurden die Schloßräume zu Kanz-
leien des Oberamts, des Amtsgerichts und der Kameralverwaltung umgebaut.
Der Schloßbau Herzog Christophs erhält sein besonderes Gepräge durch die eines gewissen wehrhaften Eindrucks nicht entbehrende Schlichtheit der vier ein ungleiches Rechteck
bildenden Außenfronten, die ringsum einst noch durch einen Wassergraben geschützt
waren. Einziger Schmuck dieser Bauteile ist das Prachtportal an der Südseite mit seinen

drei ornamentierten Pilastern, dem prächtigen, ineinander verschlungenen Drachenpaar, den wappenhaltenden Löwen und dem Hirschpaar auf reich verkröpftem steinernem Gebälk. Von den drei Wendeltreppentürmen, die den Innenhof des Schlosses in feiner Weise gliedern, birgt der südwestliche das liebenswerteste Kunstwerk, das die Stadt Göppingen besitzt und dessen Ruhm weit über ihre Grenzen hinaus gedrungen ist; die Rebenstiege des Göppinger Steinmetzen Hans Neu aus dem Jahr 1562. Die Stufen der freitragenden Wendeltreppe werden auf ihrer Unterseite von den Ranken, Blättern und Früchten eines knorrigen Weinstocks überwuchert, dessen Trauben eine Vielzahl von Tieren angelockt haben, Vögel, Eichhörnchen, einen Bären, eine Wildsau und manche andere. Zum besonderen Ruhm gereichte dem Göppinger Schloß in früheren Jahrhunderten sein von holländischen Gartenarchitekten angelegter Park. Seine im Laufe der Jahrhunderte ständig reduzierte Fläche erfuhr in den Jahren 1959/1960 eine grundlegende Neugestaltung, die mit der Aufstellung des von dem Göppinger Hermann Schwahn geschaffenen Stauferbrunnens abgeschlossen wurde. Eine denkmalpflegerische Wiederherstellung der gesamten Schloßanlage beseitigte zunächst eine Reihe von Stilwidrigkeiten an den Außenfronten des Bauwerks und führte auch zur Kopierung des von der Verwitterung bedrohten Südportals. Die durchgreifende Innenrenovierung des Gebäudekomplexes ist zum Zeitpunkt des Erscheinens dieses Buches noch nicht abgeschlossen: sie führte u. a. zur Freilegung von bemerkenswerten Architekturmalereien in den Gängen und zur Wiederherstellung einiger historischer Raumbilder.

Zu den Bauwerken der Stadt Göppingen, die den Brand von 1782 überstanden haben, gehören einige bemerkenswerte Fachwerkbauten. So ist der neben dem Schloß gelegene ehemalige Marstall um die Mitte des 16. Jh. entstanden und zeigt in seinen Spitzbogenportalen noch gotische Formelemente. Das Bauwerk diente früher zur Unterbringung der herrschaftlichen Pferde, heute wird es als Jugendarrestanstalt verwendet. Vor seiner Südseite fand im Jahr 1962 ein von dem in Göppingen geborenen Bildhauer Professor Fritz Nuss gestalteter Brunnen Aufstellung, aus dessen Steintrog eine aus vielen Pferdeleibern geformte bronzene Säule aufsteigt.

An dem vom zweiten Stadtbrand weitgehend verschont gebliebenen Straßenzug Schloß-, Wühle-, Spitalstraße erhebt sich als stattlicher Fachwerkbau über zwei steinernen Sockelgeschossen das ehemalige Stadtschloß der Freiherrn von Liebenstein, das seit der 2. Hälfte des 19. Jh. den Namen „Storchen" trägt. Zum Bau des Schlößchens kam es, als sich die Interessen der seit dem frühen 13. Jh. auf der Burg Liebenstein unweit von Lauffen am Neckar nachweisbaren Familie mehr und mehr auf den neuen Besitz in Jebenhausen verlagerten. Hans von Liebenstein errichtete um das Jahr 1536 das Gebäude in seiner heutigen Form; das Fachwerk trägt die Handschrift eines fränkischen Baumeisters. Fast 250 Jahre blieb das Anwesen im Besitz der Herren von Liebenstein; nach dem Bau des neuen Schlosses in Jebenhausen diente es vorwiegend als Witwensitz der Familie. Vom Ende des 18. Jh. an wechselte es mehrmals den Besitzer, war u. a. lange Jahre Gastwirtschaft und als solche Sitz der geselligen Vereinigung „Storchiana" und ging schließlich im Jahr 1938 in den Besitz der Stadt Göppingen über. Noch vor dem Beginn des Zweiten Weltkriegs wurde eine gründliche Außenerneuerung durchgeführt, in deren Verlauf das vollkommen übertünchte und vielfach verunstaltete Fachwerk wieder zum Vorschein kam. Im Sommer 1949 wurde das Bauwerk seiner neuen Bestimmung als Museum der Stadt zugeführt. Erst im Jahr 1707 erhielt ein weiterer Fachwerkbau der Stadt, der „Alte Kasten" an der

Schloßstraße, seine heutige Gestalt, nachdem er zuvor, in veränderter Form, als Stadt-
wohnung der Herren von Degenfeld gedient hatte. Als Fruchtspeicher stand er bis ins
19. Jh. im Eigentum der Stiftsverwaltung Oberhofen; seit 1886 dient er schulischen
Zwecken. — Während die beiden gemauerten Sockelgeschosse des Adelberger Kornhauses
in der Pflegstraße laut erneuerter Bauinschrift in das Jahr 1514 zurückgehen, erstand der
in Holzwerk aufgeführte Westgiebel dieses letzten Restes des Adelberger Pfleghofs in
Göppingen nach dem Stadtbrand von 1782 neu.

Hart am Ufer der Fils gelegen vermittelt das in seiner heutigen Gestalt auf einen grundlegenden Umbau durch den herzoglichen Hof- und Landbaumeister Heinrich Schickhardt
in den Jahren 1616—1618 zurückgehende Badhaus des Christophsbads einen Begriff von
der weit über die Grenzen des Herzogtums hinausgehenden Bedeutung des Göppinger
Sauerbrunnens, dessen erste urkundliche Erwähnung im Jahr 1404 erfolgte. In dem Badhaus, das heute Bestandteil der Privatklinik Dr. Landerer Söhne ist, befinden sich noch
mehrere Holztafeln aus den Jahren 1619—1628 mit den Wappen von Fürsten und Patriziern, die von diesen aus Dankbarkeit für die wiedererlangte Gesundheit nach einer
Badekur in Göppingen gestiftet wurden.

Zu den historischen Sehenswürdigkeiten gehört auch das gewissermaßen als Schlußstein
des Neubaus der Stadt nach dem verheerenden Brand von 1782 errichtete Rathaus. Sein
eigenwilliger Grundriß geht auf die merkwürdige Gestalt des als vergrößerte Straßen-
kreuzung angelegten Marktplatzes zurück. Das von dem herzoglich württembergischen
Landoberbauinspektor Johann Adam Gross entworfene Gebäude zählt zu den besten
klassizistischen Bauwerken dieser Art, die im Land stehen. Seine durch einen kräftigen
Mittelrisaliten betonte Hauptfront wendet das Bauwerk der Hauptstraße zu; drei hohe
Eingangsportale eröffnen den Zutritt in eine repräsentative, säulenumstandene Vorhalle
mit anschließendem zweiläufigen Treppenhaus.

In den Göppinger Stadtbezirken sind es in erster Linie drei Kirchenbauten, die als historische Sehenswürdigkeiten Beachtung verdienen. In *Göppingen-Bezgenriet* steht die
bescheidene evangelische Kirche St. Laurentius seit dem Jahr 1405 in der Mitte der alten
Siedlung; sie wurde 1611 bis auf den Chor abgebrochen und in einfacher Art neu errichtet. In dem alten Chorraum trat bei der letzten Renovierung im Jahr 1952 eine
außerordentlich gut erhaltene Darstellung des Jüngsten Gerichts aus der Erbauungszeit
zutage. — Die Jakobskirche in *Göppingen-Hohenstaufen*, besser bekannt unter dem
Namen Barbarossakirche, ist Eigentum der evangelischen Kirchengemeinde, steht jedoch
den katholischen Einwohnern zum Gottesdienst zur Verfügung. Ihre Erbauung fällt in
die Zeit des späten 15. Jh.; 1721 wurde der wuchtige Chorturm erniedrigt. Von der
gründlichen äußeren Umgestaltung des Gotteshauses im Jahr 1859 stammen die unterhalb
des Dachtraufs und am Westgiebel angebrachten, heraldisch gut gelungenen Wappen der
staufischen Ministerialengeschlechter, der staufischen Herrschaftsgebiete und der sieben
Kurfürsten. Die Mitte des Giebels schmückt der Reichsadler, der von den Namen der
staufischen Herrscher umgeben ist. Eine Innenrenovierung der Barbarossakirche erfolgte
1932 auf Initiative des Schwäbischen Albvereins. Dabei wurde ein Votivbild des Balthasar Adelmann von Adelmannsfelden (1489—1551) und ein Rosenkranzbild wiederhergestellt. An der dem Berg zugekehrten Eingangspforte der Kirche befindet sich die seit
Jahrhunderten überlieferte Inschrift „Hic transibat Caesar" die auf einen urkundlich
nicht belegbaren Besuch der Kirche bzw. einer vorher dort stehenden Kapelle durch Bar-

barossa hinweisen soll. — In *Göppingen-Jebenhausen* enthält die 1406 erbaute, seit 1966 jedoch nur noch gelegentlich zum Gottesdienst benützte evangelische Kirche St. Philippus und Jakobus noch eine Reihe von bemerkenswerten Kunstschätzen, von denen die ausgezeichnete spätgotische Steinmetzarbeit des Sakramentshauses aus dem frühen 15. Jh. sowie mehrere Epitaphe der reichsritterschaftlichen Familie von Liebenstein besonders hervorzuheben sind. Philipp Albrecht von Liebenstein erbaute 1686 in dem bereits mehr als 200 Jahre zum Familienbesitz zählenden Dorf ein heute noch von der Familie bewohntes Schloß. Dreiteilige geschweifte Giebel mit ovalen Fenstern und aufgesetzten Obelisken verleihen dem schlichten rechteckigen Bau zusammen mit den an den vier Ecken weit ausladenden Erkern mit ihren Kuppeldächern einen malerischen Reiz. Ein reiches Pilasterportal mit gebrochenem Giebel, Fratzenschlußstein und verkröpftem Gebälk trägt die Jahreszahl der Erbauung. Das Schloß, ein schlichter Herrensitz von seltener Ursprünglichkeit, hat noch manches Detail seiner alten Ausstattung bewahrt; in seinen Kellergewölben entspringen die Sauerwasserquellen, die den Ruhm Jebenhausens als Badeort bis weit ins 18. Jh. hinein begründeten. Herberge der Badegäste war das mächtige Giebelhaus am Ortsausgang gegen Göppingen-Bezgenriet, das, bereits im Jahr 1585 als Badwirtshaus zum „Großen Christophel" genannt, in seiner heutigen Form jedoch erst aus dem Jahr 1610 stammt. Im zweiten Stock des Hauses befand sich einst auch die Amts- und Gerichtsstube des Ritterguts. Für die Badegäste standen 23 Zimmer, ein großer Saal und die Räume der Schildwirtschaft zur Verfügung. In den Jahren 1964/1965 erhielt das kurz zuvor von der Stadt Göppingen erworbene Bauwerk seine ursprüngliche Gestalt zurück und präsentiert sich heute als einer der schönsten Fachwerkbauten weit und breit. In dem Gebäude ergab sich im Jahr 1970 eine überzeugende Lösung zur großzügigen Aufstellung der bedeutenden geologischen und paläontologischen Sammlungen der Stadt Göppingen. Der weitere Ausbau für museale Zwecke ist im Gang.
Als Baudenkmale sind in den Göppinger Stadtbezirken außerdem die evangelischen Pfarrkirchen in *Göppingen-Bartenbach* und *Göppingen-Holzheim*, die evangelische Kapelle im Holzheimer Teilort *St. Gotthardt* und die evangelische Filialkirche in *Göppingen-Maitis* geschützt.

Gosbach Die katholische Pfarrkirche St. Magnus ist in ihrer heutigen Form erst im Jahr 1923 entstanden und birgt einige Plastiken aus dem 15. und 18. Jh. Am Ortsausgang gegen Mühlhausen liegt hart an der Autobahn die 1733 erbaute Josefskapelle mit einem halbrund geschlossenen Chor und einem offenen Dachreiter. Der hübsche, doppelsäulige Hochaltar bewahrt eine Figur des Kapellenheiligen aus dem 18. Jh. Daneben befinden sich noch weitere Holzskulpturen in der Kapelle. In landschaftlich hervorragender Lage erhebt sich auf der Höhe des Leimbergs die im oberen Filstal weithin sichtbare Kreuzkapelle aus dem Jahr 1883. Auf ihrem Altar steht ein lebensgroßes Holzkruzifix aus dem 15. Jh.

Gruibingen Das Martinspatrozinium weist auf ein hohes Alter der kirchlichen Niederlassung hin. Der heutige schlichte Bau mit seinem massigen viereckigen Westturm stammt jedoch erst aus dem 15. Jh., doch wurden im Ostteil der Kirche 1933 die Grundmauern eines romanischen Chors gefunden. Das heutige Bild der Kirche ist durch verschiedene Renovierungen geprägt, die auch zu einer Barockisierung des Innenraums führten (1743). Aus dieser Zeit stammen die Kanzel und die Taufkufe sowie die erst 1969 wiederentdeckten 29 Holztafelbilder, die etwa 100 Jahre als Füllungen der Emporenbrüstung gedient hatten und dadurch nicht sichtbar waren. Nach einer Signatur stammen die 1865 teilweise abgesägten Bildtafeln von dem „Tapeten- und Historienmaler" Manfred Rumny und einem seiner Söhne aus Weiltingen bei Dinkelsbühl. Sie stellen Szenen aus dem Alten und Neuen Testament dar. Ursprünglich umfaßte der Bilderzyklus 37 Tafeln. Auf dem auf Gruibinger Markung liegenden Mähdlesberg befindet sich in einem 1963 errichteten Aussichtsturm eine private heimatkundliche Sammlung.

Hattenhofen　Die evangelische Pfarrkirche St. Ägidius erhält ihr besonderes Gepräge durch den wuchtigen Ostturm, in dem der Chor untergebracht ist. Der Bau stammt wohl aus der Zeit um 1400, ist aber im 18. Jh. stark verändert worden. Von der Ausstattung ist in erster Linie der 1782 von dem Anwalt Daniel Hakh gestiftete gute Kruzifixus zu erwähnen. Eine Gedenkplatte erinnert an den aus Hattenhofen stammenden Prälaten von Königsbronn, Georg Hausch (gest. 1678).

Heiningen　Die Zierde der auf dem erhöhten, ehemals mit Türmen befestigten Friedhof gelegenen evangelischen Michaelskirche, deren Schiff aus dem 14. Jh. stammt, ist der reiche spätgotische Chor, etwa um 1500 errichtet, den ein spitzer, flachgekehlter Triumphbogen eröffnet, fünf breite, dreiteilige Fenster mit Fischblasenmaßwerk erhellen und ein schönes Netzgewölbe übersprengt. Die fünf Schlußsteine zeigen die Heiligen Maria, Martin, Johannes Bapt., Andreas und Wolfgang. Eine schöne Kielbogenpforte mit Stabwerk führt in die Sakristei. Ein Holzkruzifix des 17. Jh. steht auf dem bei der Kirchenrenovierung von 1962 neugestalteten Altar. Zu den besten wiederentdeckten Fresken im weiten Umkreis zählen die ebenfalls 1962 freigelegten Malereien der Kirche. Zwar sind die meisten in früheren Zeiten gewaltsam abgekratzt worden, doch ist noch immer so viel von dem mit der Jahreszahl 1398 datierten Zyklus vorhanden, um dessen hohe künstlerische Qualität zu erkennen. Besonders hervorzuheben sind die Dornenkrönung, das Martyrium des Apostels Johannes, die Madonna aus der Apokalypse und die monumentale Kreuznagelung über der nördlichen Empore. Die Heininger Bilder stehen unter den alten Wand- und Deckenmalereien des Kreises Göppingen, ihrem künstlerischen Rang und ihrer formalen Aussagekraft nach, mit an vorderster Stelle.

Hohenstadt　Die katholische Pfarrkirche St. Margaretha, ein schlichter Bau des 18. Jh., umschließt in ihrem Hochaltar drei vortreffliche Holzfiguren aus dem Ende des 15. Jh., die Muttergottes, die Kirchenpatronin und die hl. Katharina. Letztere, durch ihre Attribute Buch und Schwert gekennzeichnet, ist eine jener Gestalten voller Innerlichkeit, wie sie die Ulmer Schnitzschule in großer Zahl geschaffen hat. Gute Arbeiten sind auch die Gemälde auf den Seitenaltären sowie die aus dem 18. Jh. stammende Kanzel.

Kuchen　Die evangelische Pfarrkirche St. Jakobus geht in ihren Anfängen in das 13. Jh. zurück. Ein schönes spitzbogiges Portal im Übergangsstil an der Nordseite des Langhauses zeigt noch frühgotische Blattkapitelle an den Säulen; die Pfeiler endigen in bärtigen Köpfen. Die Spitzbogenfenster im Chor wurden um 1430 eingebrochen. Hauptschmuck der Kirche ist die aus 72 Feldern bestehende Holzdecke des Langhauses, die in den Jahren 1588/1589 von Gabriel Bockstorffer aus Konstanz geschaffen und von den Malern Jörg, Joachim und Jörg-Rudolf Hennenberger aus Geislingen reich ornamentiert wurde. Neben den Darstellungen von Gottvater, dem Heiligen Geist, dem Lamm Gottes, den Evangelisten und den Leidenswerkzeugen Christi sind es vor allem zahlreiche Wappen, u. a. von Patriziern der Reichsstadt Ulm, welche diese Decke besonders interessant und wertvoll machen.

Mühlhausen i. T.   Von der katholischen Pfarrkirche St. Margaretha gehört der gedrungene Westturm noch dem 15. Jh. an, während das Langhaus mit dem halbrund geschlossenen Chor im Jahr 1715 neu erbaut wurde. Aus dieser Epoche stammen auch der mit guten Holzskulpturen geschmückte Hochaltar und die beiden Seitenaltäre.

Nenningen   Den engen Beziehungen des Grafen Max Emanuel von Rechberg und Rothenlöwen zum bayerischen Hof in München und damit auch zu den dort tätigen Künstlern ist es zu danken, daß eines der ganz großen Werke der deutschen Plastik, die Pietà Ignaz Günthers aus dem Jahr 1774, in den Kreis Göppingen kam und bis heute in der schlichten Friedhofskapelle in Nenningen, für die die Stiftung Max Emanuels bestimmt war, Aufstellung gefunden hat. Die monumentale Marienklage ist das letzte Werk Günthers; am 28. Juni 1775 starb der aus Altmannstein in der Oberpfalz stammende große Künstler im Alter von erst 50 Jahren in München. Schon in früher Jugend war er 1743 bei dem in Wiesensteig geborenen bayerischen Hofbildhauer Johann Baptist Straub in die Lehre getreten und wurde neben dem Neffen des Meisters, Franz Xaver Messerschmidt, bald dessen begabtester Schüler. Es ist nicht zuviel gesagt, wenn man feststellt, daß man zu den frühesten gotischen Vesperbildern zurückgehen muß, um Bildwerke zu finden, die dieses Thema mit gleicher religiöser Kraft gestalten, und zu einem Werk wie der Pietà Michelangelos, um in der Darstellung des Menschlichen der gleichen allgemeinen Gültigkeit zu begegnen. Auch in der 1910 neu erbauten katholischen Pfarrkirche hat sich noch eine schöne Marienklage, ein vorzügliches Bildwerk aus der Zeit um 1380, erhalten.

Ottenbach   Die 1709 erbaute katholische Pfarrkirche zum hl. Sebastian erfuhr in den Jahren 1929/1930 eine großräumige Erweiterung nach Süden und bietet sich daher heute als ein Gotteshaus mit zwei Gesichtern. Wichtigstes Ausstattungsstück ist der reich verzierte Taufstein aus dem Jahr 1708, daneben verdienen eine Holzstatue des hl. Wolfgang um 1470 sowie einige andere Skulpturen Beachtung.

Rechberghausen   Das im Jahr 1721 anstelle des alten Amtshauses von Graf Alois Clemens von Rechberg erbaute Schloß erwarb die Gemeinde 1920 als Rathaus aus dem Besitz der Grafen von Degenfeld, denen es samt dem Städtchen seit 1789 gehört hatte. Der stattliche Bau mit seinem gewaltigen Mansardendach ist über dem Eingang mit dem rechbergischen Wappen geschmückt. Eine malerische Partie bietet das „Obere Tor", das durch einen gedeckten Gang zwischen zwei Häusern gebildet wird. Außerhalb des Orts steht auf dem Kirchhof die 1707 erbaute Gottesackerkapelle zum hl. Michael, deren einfache Ausstattung im Jahr 1972 zweier Holzfiguren beraubt wurde. — Die Rechberghausen einst von der gegenüberliegenden Talseite überragende Burg fiel 1525 großenteils dem Sturm der Bauern zum Opfer; das 1575 an ihrer Stelle als dreiflügelige Anlage von respektablen Ausmaßen errichtete Schloß brannte zu Anfang des 17. Jh. ab und wurde vollständig niedergerissen. Erhalten blieb lediglich ein Chorturm mit der daran angebauten Schloßkapelle, die dem hl. Johannes dem Täufer gewidmet war und in ihren beiden Geschossen reiche, an italienische Renaissancevorbilder erinnernde Stukkaturen enthält. An die reizvolle Gebäudegruppe schließen sich die von jeher zum Schloßbereich gehörenden Ökonomiegebäude an, die bis heute ihr ursprüngliches Aussehen bewahren konnten.

Reichenbach im Täle Die katholische Pfarrkirche St. Pantaleon, um 1370 erstmals erwähnt, wurde 1728 völlig umgebaut und 1903 grundlegend restauriert. Das Langhaus hat ein Tonnengewölbe, der Chor ist seit der Barockzeit kreuzförmig überwölbt. Die drei Altäre stammen aus dem 18. Jh. und sind mit guten Barockfiguren sowie einigen Skulpturen aus dem späten 15. Jh. geschmückt. Von besonderer Bedeutung ist eine spätgotische Pietà, die zu den bemerkenswertesten Vesperbildern im weiten Umkreis zählt. Die Kanzel mit ihren gedrehten Säulen und den vier Evangelisten gehört dem 18. Jh. an.

Reichenbach unter Rechberg Die Pfarrkirche ist ein spätgotischer Bau, dessen Innenraum im sogenannten Zopfstil am Ende des 18. Jh. umgestaltet wurde. Die Altäre und Stukkaturen sind sehenswert. Zwei steinerne Grabdenkmäler von 1730 und 1782 halten das Gedächtnis von Ortspfarrern fest.
Das auf der Markung liegende Schloß Ramsberg ist im Kapitel „Burgen und Adel in staufischer und nachstaufischer Zeit" ausführlich behandelt. Außerhalb des Burgbereichs liegt die um 1560 von Benjamin von Bubenhofen in gotisierenden Formen erbaute Martinskapelle, die im Jahr 1964 ausbrannte, wobei der schöne Rokokoaltar beschädigt wurde. Die Wiederherstellungsarbeiten förderten im Jahr 1967 monumentale Wandfresken zutage, die aus der Zeit zwischen 1575 und 1600 stammen. Besondere Beachtung verdient die in unserer Gegend recht seltene Darstellung „Christus in der Kelter", die mit mehr als sieben Metern die ganze Breite der Nordwand einnimmt. Die gegenüberliegende Wand ist durch eine bewegte Darstellung des Jüngsten Gerichts ausgefüllt. Heraldisch interessant ist die Wappentafel über dem Südeingang der Kapelle.

Salach Die evangelische Pfarrkirche St. Margaretha, ein in der Barockzeit stark veränderter spätgotischer Bau mit einem wuchtigen Chorturm, zeichnet sich vor allem durch die im Jahr 1958 freigelegten gotischen Malereien im Chorraum aus. In zwei der vier Gewölbekuppen sind die Symbole der Evangelisten dargestellt, dazwischen thront im östlichen Feld Christus als Pantokrator, während in der westlichen Gewölbekappe ein kniendes Paar zu erkennen ist. Zweifellos sind es die Stifter der Salacher Kirche, Albrecht von Rechberg zu Staufeneck, gestorben 1403, und seine zweite, wesentlich jüngere Gemahlin Barbara, Schenkin von Erbach. Es darf daher angenommen werden, daß die sich auch über die Nord- und Ostwand des Chors erstreckende Ausmalung um das Jahr 1400 entstanden ist. Außer ihren Fresken besitzt die Kirche einen reichen Schatz von Grabdenkmälern der ehemaligen rechbergischen Herrschaft. Das auffallendste ist das große Epitaph an der Nordwand des Langhauses für den am 19. November 1576 verstorbenen Albrecht von Rechberg von und zu Hohenrechberg zu Staufeneck und seine Frau Margaretha. Zwischen zwei wappengeschmückten korinthischen Pilastern kniet das Ehepaar in einer rundbogigen Nische zu beiden Seiten Christi, der ihm segnend die Hände auflegt. Gesicht und Haltung des geharnischten Ritters sind voll stiller Andacht und Demut. Das Bildwerk trägt das Meisterzeichen Hans Schallers aus Ulm. Von Michael Schaller wurde das Grabmal für den am 12. Oktober 1592 verstorbenen Konrad von Rechberg zu Hohenrechberg und Staufeneck geschaffen.

Die aus dem 18. Jh. stammende Kapelle im Teilort *Bärenbach* enthält noch einige gotische Holzfiguren.

Die auf der Markung liegende ehemalige Burg Staufeneck wird im Kapitel „Burgen und Adel in staufischer und nachstaufischer Zeit" ausführlich behandelt.

Schlat   Die dem hl. Andreas geweihte evangelische Pfarrkirche, ein schlichtes Bauwerk aus dem Jahr 1492, wurde 1584 erweitert und 1727 gründlich renoviert. Der Turm mußte 1779 neu erbaut werden. Unter Denkmalschutz steht die sogenannte Alte Post aus dem Jahr 1573 mit einem hübschen Portal.

Schlierbach   Die in den Jahren 1497/1498 erbaute evangelische Pfarrkirche St. Georg ist mit ihrem spitzen Turm das Wahrzeichen der Gemeinde. Ihr Chor zeichnet sich durch ein schönes spätgotisches Netzgewölbe aus.

Steinenkirch   Die evangelische Pfarrkirche St. Ulrich, ein schlichter Bau aus dem Jahr 1795, liegt inmitten des ummauerten Kirchhofs. Ihr Altar bewahrt noch ein Abendmahlsbild von Hans Stürmer aus dem Jahr 1652.

Süßen   Die zwischen 1480 und 1496 errichtete und dem hl. Ulrich geweihte evangelische Pfarrkirche fiel am 16. Juli 1707 dem verheerenden Brand des damaligen Dorfes Großsüßen zum Opfer, den der Überfall des französischen Oberstleutnants de Chervary auslöste. In den Jahren 1707/1708 erfolgte der Wiederaufbau unter Benützung des noch aus romanischer Zeit stammenden unteren Turmteils und der erhalten gebliebenen Umfassungsmauern des spätgotischen Baus, von denen der 1496 mit einem reichen Sterngewölbe versehene Chor besondere Beachtung verdient. Ihn schmückt heute ein ausgezeichneter Holzkruzifixus aus dem ersten Viertel des 18. Jh., nachdem der Hochaltar von Bartolomäus Zeitblom aus dem Jahr 1507 dem Brand von 1707 zum Opfer gefallen ist. Eine rundbogige, von Stabwerk eingefaßte netzgewölbte Nische an der Nordwand des Turms ist das Gehäuse für eine steinerne Ölbergdarstellung aus der Zeit um 1510. Das künstlerisch hochbedeutsame Werk, das neuerdings einem Schüler von Hans Seyffer zugeschrieben wird und das mit dem Börtlinger Ölberg eng verwandt ist, wird von der im Gebet versunkenen Gestalt Christi beherrscht, zu deren Füßen die drei schlafenden Jünger kauern. Durch das Portal des Gartens Gethsemane tritt Judas, den Beutel mit den Silberlingen vor der Brust haltend, mit den als deutsche Landsknechte dargestellten römischen Soldaten und Juden. — Im Ort steht auch das schöne Fachwerkhaus Bachstraße 44, um 1710 errichtet, einst im Besitz der Herren von Degenfeld, unter Denkmalschutz.

Die im ehemaligen Ortsteil Kleinsüßen stehende katholische Pfarrkirche, die der Himmelskönigin Maria geweiht ist, erscheint bereits 1464 in einer Urkunde als Filial der Pfarrei Hürbelsbach. Der schlichte, aber außerordentlich glücklich proportionierte Bau birgt noch einige bemerkenswerte Holzskulpturen, von denen die eindrucksvolle Marienklage aus der Zeit um 1500 und der um 1760 geschaffene Geißelchristus, der aus der 1899 abgebrochenen Kapelle zum „Gegeißelten Heiland" stammt, hervorzuheben sind. Der kostbarste Besitz der Marienkirche ist ein romanischer Bronzechristus aus dem 13. Jh. Die kleine Figur weist die wesentlichen Merkmale derartiger früher Kreuzigungsdarstellungen auf: ein Gesichtsausdruck, den nicht das Leiden, sondern die Überwindung des Todes geprägt hat, ein bis zu den Knien reichendes Lendentuch und nebeneinander gestellte Füße.

67. *Spätgotische Kapelle in Ebersbach-Sulpach*
68. *(rechts) Monumentale Figurengruppe im ehemaligen Beinhaus auf dem Friedhof in Dürnau, um 1600*

66. *(umseitig) Detail aus dem Schrein des Altars der simultanen Jakobskirche in Eislingen-Krummwälden. Von links nach rechts: Jakobus, Johannes, Christus, Petrus, oberschwäbische Arbeit um 1510*

Jesus Christus gestern und heute
und derselbe in Ewigkeit. Ebr. 13,8

69. Ausschnitt aus
der 1588/89
bemalten Decke der
ev. Jakobskirche
in Kuchen
70. Rebenstiege von
1562 im südwestlichen
Treppenturm des
Schlosses in Göppingen

71. Darstellung des
Sündenfalls auf
einem Deckenfresko
in Ave Maria bei
Deggingen, 1754 von
Joseph Wannenmacher
gemalt

72. *Wallfahrtskirche Ave Maria bei Deggingen, 1716—1718 errichtet*
73. *Pietà von Franz Ignaz Günther in der Friedhofskapelle in Nenningen, 1774.*
Diese Marienklage zählt zu den ganz großen Werken der deutschen Plastik.

74. Inneres der 1690–1698 erbauten Wallfahrtskirche in Birenbach

Uhingen Die evangelische Pfarrkirche steht unter dem Patrozinium der hl. Cäcilie und erhält ihr charakteristisches Aussehen durch den das Kirchenschiff weit überragenden Chor, der am 9. August 1519 geweiht wurde. Das ältere Langhaus der Kirche mußte 1693 wegen Baufälligkeit abgetragen und in vergrößerter Form wieder aufgebaut werden. Dem Turm widerfuhr das gleiche Schicksal im Jahr 1823. Von der Ausstattung fällt die reichverzierte Kanzel mit den Figuren Christi und der Evangelisten aus dem Jahr 1693 auf. Von den drei hölzernen Epitaphien halten zwei das Andenken von Mitgliedern der Familie von Berlichingen wach, der um das Jahr 1600 das Schloß Filseck gehörte. Auf dieses wird im Kapitel „Burgen und Adel in staufischer und nachstaufischer Zeit" ausführlich eingegangen.

Unterböhringen Die im 15. Jh. errichtete, in der Barockzeit jedoch stark veränderte evangelische Pfarrkirche St. Peter und Paul zeichnet sich durch ihren ungewöhnlich wuchtigen Chorturm aus, dessen Breite die des Schiffes noch übertrifft und der mit seiner Zwiebelhaube zum Wahrzeichen des Tals geworden ist. Von der alten Ausstattung sind Kanzel und Taufstein aus dem 17. Jh. sowie etwa gleichzeitige Gemälde an der Emporenbrüstung zu erwähnen.

Wäschenbeuren Die bei einem Angriff amerikanischer Tiefflieger am 19. April 1945 ausgebrannte katholische Pfarrkirche St. Johannes Bapt. ist ein spätgotischer Bau, dessen nördlich an den Chor angelehnter Turm teilweise noch in die romanische Zeit zurückgeht. Die in etwas veränderter Form wiederaufgebaute Kirche bildet zusammen mit dem erhalten gebliebenen ehemaligen rechbergischen Forstamtsgebäude, dem sogenannten „Schlößchen" von 1588, dessen erkergeschmückte Fassade in zierlichem Fachwerk ausgeführt ist, den Kern der alten Dorfanlage. — Das östlich von Wäschenbeuren gelegene Wäscherschloß wird in dem Kapitel „Burgen und Adel in staufischer und nachstaufischer Zeit" ausführlich behandelt.

Wangen In dem Ortsteil *Oberwälden* steht die kleine evangelische Nikolauskirche, deren festgefügter wuchtiger Chorturm bis in die spätromanische Zeit zurückreicht, während das Kirchenschiff im 16. Jh. neu errichtet wurde. Den Ruhm des heute als Taufkapelle benutzten, mit einem weitgespannten Gurtgewölbe überkuppelten Raums bilden die bereits 1910 freigelegten und 1958 renovierten Wand- und Deckenmalereien aus der Zeit um 1300. Die Gewölbekappen werden von den Gestalten der vier Evangelisten ausgefüllt, die von je einem der vier Propheten des Alten Bundes und von je einer Sibylle als den jüdischen und den heidnischen Weissagern des Evangeliums begleitet sind. An der Nordwand lenkt der Kirchenpatron als Retter zweier Seeleute und ein Marienzyklus die Aufmerksamkeit auf sich. Die höchste künstlerische Aussagekraft besitzen die beiden Bilder an der Ostwand, die prachtvolle Schutzmantelmadonna — die früheste derartige Darstellung in Württemberg — und Christus als Schmerzensmann, umgeben von seinen Marterwerkzeugen. Zwischen diesen monumentalen Bildern befindet sich das kleine romanische Chorfenster, über dem die Szene mit dem vom Wal ausgespienen Jonas auf die Auferstehung des Heilands hinweist. Am Zugang zum Chorraum harren die klugen und die törichten Jungfrauen des „Bräutigams". Sie sind ornamental als Medaillons in der Leibung des Triumphbogens aufgereiht. Die Fresken sind stilistisch eng mit den Faurndauer Bildern verwandt.

Weiler ob der Fils   Die im Jahre 1600 erbaute ev. Kirche hat in ihrem Altar und der schlichten Kanzel noch Ausstattungsstücke, die in das frühe 17. Jh. zurückreichen.

Weißenstein   Der Anblick des ehemaligen rechbergischen Residenzstädtchens zählt zu den reizvollsten Bildern, die der Landkreis bietet. Selten haben Landschaft und Siedlung eine so innige Verbindung eingegangen, wie hier im tiefeingeschnittenen Waldtal des Josefsbachs, über dem die mächtige Felsnadel des „Weißen Stein" aufragt. Bis heute dominieren die Bauten des Schlosses und der Kirche im Bild der Stadt, die als typisches Beispiel einer Siedlung gelten kann, die nur aus der Existenz der sie überragenden Burg heraus zu verstehen ist. Wenngleich von der mittelalterlichen Burg keine Reste erhalten blieben, wirkt die stark gegliederte Anlage des im 15. Jh. errichteten und im 17. Jh. in seine heutige Form gebrachten Schlosses mit ihren Staffelgiebeln, Türmen, Erkern und Galerien noch recht wehrhaft. Von der einstigen alten Ausstattung ist so gut wie nichts erhalten geblieben. — Das Schloß ist mit der unmittelbar unterhalb gelegenen katholischen Stadtpfarrkirche St. Maria durch einen gedeckten Gang verbunden. Der um 1478 errichtete gotische Bau wurde 1725 grundlegend verändert und im Zeitstil ausgestattet. Von besonderem Reiz ist der elegante Deckenstuck mit seinen Putten, die Laubgewinde tragen. Die erst 1815 von Konrad Huber aus Weißenhorn gemalten Deckenbilder zeigen die Himmelfahrt Mariens, Christus am Brunnen, das Opfer Abrahams, sowie als Hauptmotiv die Kreuzigung Christi. In ihrer stilistischen Form sind sie noch stark der Tradition des Rokoko verhaftet. Drei mächtige Altäre, auf denen teilweise noch gotische Skulpturen stehen, und eine gute Kanzel bestimmen weitgehend das Bild des Innenraums. Besonderer Beachtung wert sind einige der zahlreichen Grabdenkmäler von Angehörigen der Linie Rechberg-Weißenstein, die den Chor der Kirche schmücken. Dominierend ist das mächtige Epitaph für Franz Xaver Leo Freiherr von Rechberg und Rothenlöwen, der am 15. Dezember 1767 als bayerischer Kammerherr und Generalfeldmarschalleutnant und als Erbschenk des Stifts Ellwangen starb. Künstlerisch höheren Rang besitzen die Sandsteinplatten für Hugo von Rechberg zu Weißenstein, gestorben 1595, und für Ernst von Rechberg zu Kronburg, Weißenstein und Kellmünz, gestorben 1604. — Zu den Baudenkmalen des Städtchens gehören ferner das alte und das neue Amtshaus sowie das 1750 neu erbaute Brauhaus, dessen Fassade ein reiches rechbergisches Wappen trägt.

Wiesensteig   Nicht weniger als 14 Baudenkmale und einen Brunnen umfaßt das Verzeichnis der Kulturdenkmale in der Stadt Wiesensteig. Nirgendwo im Landkreis Göppingen hat sich aber auch eine so große Zahl von teilweise noch ins 16. Jh. zurückgehenden Fachwerkhäusern erhalten, wie in der ehemaligen Residenz der Grafen von Helfenstein. An der Hauptstraße besitzen das 1672 errichtete Hospital, das nach dem Brand von 1945 im alten Stil neu erbaute Rathaus sowie die Wohngebäude Nr. 35, 37, 39 und 45 den Charakter von Baudenkmalen. Hinzu kam im Jahr 1972 der ausgezeichnet wiederhergestellte Helfensteiner Pferdestall aus dem Jahr 1562. An exponierter Stelle der ehemaligen Stadtbefestigung stehen der einstige Fruchtkasten und die frühere Stiftspropstei, ein mächtiges, 1651 erbautes Steinhaus mit vorspringendem Erker. Im Schnittpunkt der Durchgangsstraßen läuft der um die Mitte des 17. Jh. von dem Maurer Messerschmidt geschaffene Marktbrunnen mit einem Elefanten als Halter des Wappens Helfenstein-Grundelfingen-Fürstenberg. Residenz der kleinen Reichsgrafschaft war ab 1553 das ursprünglich eine vierflügelige Anlage bildende Renaissanceschloß. Bis zu ihrem

Aussterben im Jahr 1627 bewohnte es die helfensteinische Familie, später wurde es Sitz der fürstenbergischen und bayerischen Verwaltung der Herrschaft. Nach dem Übergang Wiesensteigs an Württemberg wurden im Jahr 1812 drei Flügel des Schlosses abgetragen. Heute zeigt nur noch der der Straße zugewandte Teil des Bauwerks von seiner einstigen Größe und Schönheit. Über der großen Toreinfahrt ist ein prächtiges Steinrelief mit den Wappen des Grafen Rudolf von Helfenstein, Herr zu Gundelfingen, und der Gräfin Anna Maria von Helfenstein, einer geb. Freiin von Staufen, aus dem Jahr 1600.
Wichtigstes sakrales Bauwerk der Stadt ist die doppeltürmige katholische Stadtpfarrkirche St. Cyriacus. Die 1466 von Propst Johann von Werdenberg erbaute Kirche, ein langgestreckter einschiffiger Bau aus Tuffstein, brannte im Jahr 1648 vollständig aus, und es dauerte mehr als 70 Jahre bis zur Wiederherstellung des Chors, während das Schiff erst in der Zeit des Klassizismus zwischen 1775 und 1785 seine heutige Form erhielt. Im Innern strahlt dieser Raumteil eine vornehm-kühle Atmosphäre aus, zu der die farbenkräftigen Deckenbilder, in denen der Augsburger Maler Joseph Anton Huber Szenen aus dem Leben des Kirchenpatrons festhielt, in einem wirkungsvollen Kontrast stehen. Die Stimmung im Chor der Kirche ist dagegen barock-gelöst; hier herrschen zarte Pastellfarben und üppige Stukkaturen vor. Die Kirche verwahrt zwei erstrangige Werke des 1704 in der Stadt geborenen späteren bayerischen Hofbildhauers Johann Baptist Straub, eine um 1740 entstandene vergoldete Tabernakelstatuette des hl. Johann von Nepomuk, sowie als letztes gesichertes Werk des Künstlers einen fast schon klassizistisch strengen Kruzifixus über dem Kreuzaltar aus dem Jahr 1775. Beachtenswert ist ferner das auf dem nördlichen Seitenaltar stehende Gnadenbild der Muttergottes aus der zweiten Hälfte des 15. Jh. Das der Schule des jüngeren Syrlin entstammende qualitätvolle Bildwerk stand bis 1805 in der abgebrochenen Wallfahrtskirche Dotzburg bei Wiesensteig. — Die Friedhofskapelle St. Leonhard ist ein 1738 völlig umgestalteter gotischer Bau, dessen gute Innenausstattung von einem schönen Hochaltar beherrscht wird. Bei der Renovierung im Jahr 1970 kam an der Südwand ein interessantes Stifterbild zum Vorschein. Auch die hoch über der Stadt gelegene Kreuzkapelle, 1825 erbaut, bewahrt noch gute Holzskulpturen.
Die auf der Stadtmarkung liegende Ruine Reußenstein wird in dem Kapitel „Burgen und Adel in staufischer und nachstaufischer Zeit" behandelt.

Winzingen Die katholische Pfarrkirche St. Sebastian und Rochus wurde zwischen 1692 und 1696 erbaut und ist von einer unter Denkmalschutz stehenden Mauer umgeben. Der Innenraum ist mit hübschen Stukkaturen geschmückt. Das auf den Grundmauern eines alten Steinhauses zu Beginn des 17. Jh. von dem Hauptmann Joachim Berthold von Roth erbaute, heute im Besitz der Grafen von Rechberg befindliche Schloß beherrscht mit seinem gewaltigen Dach das Ortsbild.

Zell u. A. Die im Jahr 1386 erbaute evangelische Pfarrkirche St. Martin überragt mit der weithin sichtbaren Knickpyramide ihres Turms den Ort. Der durch den Sakristeianbau von 1906 stark veränderte Kirchenraum birgt einen bereits 1902 freigelegten und 1963 renovierten und vervollständigten Freskenzyklus, dessen Entstehung inschriftlich auf das Jahr 1400 festzulegen ist. Vier verschiedene Bilderfolgen sind zu unterscheiden: das Jüngste Gericht, die Kindheits- und die Leidengeschichte Christi und die Martyrien der Apostel. Die einzelnen Szenen sind von bezwingender Eindringlichkeit, jede Gestalt hat ihre charakteristische Haltung und jedes Gesicht eine überaus starke Ausdruckskraft.

Museen im Kreisgebiet

von Manfred Akermann

Städtisches Museum Göppingen

Die Geschichte des Museums reicht bis in das Jahr 1914 zurück. Damals rief die Tageszeitung „Der Hohenstaufen" die Bevölkerung zur Stiftung „wertvoller und interessanter Altertumsstücke" auf. Den „Grundstein" der Sammlungen bildete die Lade der Göppinger Weberzunft aus dem Jahr 1699, die noch heute zu den schönsten Stücken des Hauses zählt. Nach dem Ausbruch des Ersten Weltkriegs verzögerte sich der Aufbau des geplanten Museums um mehr als ein Jahrzehnt. Erst der 1925 von einem kleinen Kreis heimatgeschichtlich interessierter Männer gegründete „Geschichts- und Altertumsverein Göppingen e. V." machte sich daran, „alle erreichbaren historischen Denkmäler zu sammeln und sie in einem Heimatmuseum aufzustellen". Bereits nach sechs Jahren, am 14. Juni 1931, konnte eine reichhaltige Sammlung wertvoller Museumsstücke in den von der Stadt zur Verfügung gestellten sechs Räumen der Handelsschule an der Grabenstraße der Öffentlichkeit zugänglich gemacht werden. Durch zahlreiche Neuzugänge erwies sich die Unterbringung bald als unzureichend. Da bot sich für die Stadt im Jahr 1938 die Gelegenheit zum Erwerb des sogenannten „Storchen" an derselben Straße. Hier sollten die Sammlungen des Museums ihre endgültige Unterkunft finden; der Plan konnte jedoch infolge des Zweiten Weltkriegs erst im Jahr 1949 verwirklicht werden. Man bemühte sich schon damals, jedes einzelne Stück seinem Wert entsprechend herauszustellen. Nach dem Übergang der Sammlungen des Museums an die Stadt Göppingen standen die Mittel zur Verfügung, die zum planmäßigen Ausbau der einzelnen Abteilungen und zur Erschließung neuer Sammelgebiete notwendig waren. Auch war es möglich, anläßlich der Aufstellung der bisher wertvollsten Neuerwerbung, der romanischen Bauplastik aus Faurndau, die Eingangshalle des „Storchen" in einen Zustand zu versetzen, der ihr als dem ältesten profanen Innenraum der Stadt zukommt. Seit dem Jahr 1959 erfuhren große Teile des Museumsguts eine systematische Neugliederung nach wissenschaftlichen Gesichtspunkten.

Im Erdgeschoß des Museumsgebäudes bewahrt die Stauferhalle eine Reihe von kostbaren Erinnerungsstücken an jenes abendländische Herrschergeschlecht, das vom nahegelegenen Hohenstaufen auszog, um die glanzvollste Epoche des Mittelalters einzuleiten. Hier befindet sich als wertvollster Besitz des Hauses die gesamte originale Bauplastik vom Ostgiebel des Langhauses der einstigen Stiftskirche in Faurndau aus der Zeit um 1250. Im Jahr 1958 war es notwendig geworden, diese Kunstwerke, meist Menschenköpfe, aber auch Löwengestalten, wegen bedrohlicher Verwitterungserscheinungen von der Kirche zu entfernen und durch Kopien zu ersetzen. Die Originale fanden im Göppinger Museum eine Aufstellung, die sie vor weiteren zerstörenden Witterungseinflüssen schützt.

Eine unmittelbare Beziehung zur staufischen Familie stellt die Totenmaske der Gräfin Hildegardis von Egisheim her, die als Frau Friedrichs von Büren die Mutter des ersten staufischen Herzogs von Schwaben, Friedrich, wurde. Die riesigen Besitzungen, die Hildegardis in ihre Ehe mitbrachte, waren der gewichtige Grundstock für die staufische Hausmacht, die dem Geschlecht schon im Jahr 1138 den notwendigen Rückhalt bot, um nach der deutschen Königskrone zu greifen. Nach dem Tode ihres Gatten kehrte Hildegardis in ihre Heimat zurück und stiftete im Jahr 1094 in Schlettstadt eine Kirche zu Ehren der hl. Fides. Wenige Monate später starb sie, kaum 60jährig, an einer Seuche und wurde in der Apsis der Kirche begraben. Im Jahr 1892 entdeckte man bei Restaurierungsarbeiten das längst in Vergessenheit geratene Grab und barg darin Teile einer Mörtelform, die nach dem Ausguß die nahezu unversehrten Gesichtszüge der toten Gräfin Hildegardis zeigte. Offenbar hatte man die Verstorbene sofort nach ihrem Tod aus Furcht vor einer Ansteckung mit gelöschtem Kalk übergossen, der die Formen des Gesichts über die Jahrhunderte hinweg bewahrte. Die edlen Züge dieses Antlitzes lassen spüren, daß diese Frau, von der in gerader Linie die Könige und Kaiser des Staufergeschlechts abstammen, die Tugenden der Schönheit, Klugheit und Würde in hohem Maße in sich vereinigt haben muß.

Die enge Beziehung, die Kaiser Friedrich I. Barbarossa zu seiner Stammburg und zu der wohl von ihm gegründeten Stadt Göppingen unterhielt, ließen die Anfertigung einer Kopie des berühmten Kaiserbildnisses gerechtfertigt erscheinen, das seit dem Jahr 1160 in Cappenberg in Westfalen verwahrt wird. Als Kunstwerk besitzt es hohen Rang, als Geschichtsdenkmal einzigartige Bedeutung, bestimmte es doch Barbarossa als Geschenk für seinen Patenonkel Otto von Cappenberg, wobei in einer zeitgenössischen Urkunde ausdrücklich darauf hingewiesen ist, daß der Kopf tatsächlich „ad imperatoris formatum effigiem", also „nach dem Antlitz des Kaisers geformt" ist. Auf dem vergoldeten Bildwerk, das später als Reliquiar Verwendung fand, ist erstmals ein abendländischer Kaiser mit der antiken Herrscherbinde, die leider später entfernt wurde, dargestellt, womit deutlich der Gedanke manifestiert wird, daß der Staufer in die Fußtapfen der antiken Imperatoren zu treten gedachte. Den formvollendetsten Ausdruck fand diese Idee auf einer Goldmünze, die Kaiser Friedrich II. im Jahr 1231 in Brindisi prägen ließ und die als „Augustalis" heute zu den kostbarsten Beispielen der mittelalterlichen Numismatik zählt. Die Münze ist Bestandteil der umfangreichen Brakteatensammlung des Göppinger Museums, die ausgezeichnete, meist süddeutsche Prägungen aller staufischen Herrscher von Friedrich Barbarossa bis Konradin enthält.

Der erste Stock des Museums ist dem Andenken einer Reihe von bildenden Künstlern gewidmet, die im Landkreis Göppingen geboren wurden, jedoch weit über ihre engere Heimat hinaus Bedeutung gewannen.

Leben und Werk dieser Künstler sind im Kapitel „Persönlichkeiten" ausführlich gewürdigt. Dem aus Wiesensteig gebürtigen Bildhauer Johann Baptist Straub werden zwei hervorragende Kleinplastiken – Christus und Maria – zugeschrieben. Möglicherweise sind es jedoch auch Arbeiten seines in Graz tätigen jüngeren Bruders Philipp Jakob Straub, von dem mit Sicherheit eine meisterhafte Darstellung des hl. Josef mit dem Jesuskind – das qualitätvollste Kunstwerk der Sammlungen – stammt. Der spätere Hofbildhauer Maria Theresias, Franz Xaver Messerschmidt, ebenfalls aus Wiesensteig gebürtig, ist im Göppinger Museum durch vier Abgüsse seiner merkwürdigen Charakterköpfe vertreten. Von dem Geislinger Johann Martin Bückle befindet sich hier neben einer ständig sich vergrößernden Sammlung goldener und silberner Jubiläums- und Preismedaillen eine hervorragende Wachsbossierung mit dem Porträt des späteren Erzbischofs, Kurerzkanzlers und Fürstprimas von Deutschland, Karl Theodor von Dalberg, aus dem Jahr 1776. Nahezu vollständig ist im Städtischen Museum eine Folge von weit über 300 Schabkunstporträts von Künstlern, Schriftstellern und Gelehrten des 15. bis 18. Jahrhunderts vereinigt, die der aus Eislingen stammende Johann Jakob Haid in Augsburg geschaffen hat. Hinzu kommen zwei mehrbändige botanische Kupferstichwerke dieses Künstlers. – Von dem Ebersbacher Lithographen Johannes Woelffle verwahrt das Museum einige seiner besten Stadtansichten; der aus Bünzwangen stammende Maler Jakob Grünenwald ist u. a. mit einem seiner Hauptwerke, dem Ölbild „Bauernkinder mit Truthahn" vertreten. Von dem auf Schloß Filseck bei Uhingen geborenen Maler Eugen Wolff-Filseck (1873 bis 1937) besitzt das Museum eine Reihe großformatiger Gemälde.

Im ersten Stock des „Storchen" werden außerdem laufend Ausstellungen geschichtlichen, volkskundlichen und künstlerischen Inhalts durchgeführt.

Das nächste Stockwerk gibt zunächst einen Überblick über die Besiedlung des

Göppinger Raums in vor- und frühgeschichtlicher Zeit. Anschließend vermitteln Urkunden, Bilder und Modelle eine eindrucksvolle Überschau über die Epochen der Stadtgeschichte vom zwölften Jahrhundert bis in die Gegenwart. Im Mittelpunkt stehen dabei die Veränderungen im Stadtbild, deren nachhaltigste der Brand des Jahres 1782 auslöste. Eine kleine Sammlung mit Sakralplastiken des 12. bis 18. Jahrhunderts leitet über zu einem bürgerlichen Wohnraum, dessen Ausstattung größtenteils aus der Zeit um 1790 stammt. Fahnen, Schilder und Laden der einheimischen Zünfte runden zusammen mit den soliden Erzeugnissen der Göppinger Zinngießer und Schmiede, der Papiermacher und Fayencemaler diesen Teil der Sammlungen ab.

Der dritte Stock des Hauses ist demgegenüber der Volkskunde und der bäuerlichen Wohnkultur gewidmet. Küche, Spinnstube sowie Wohn- und Schlafkammer sind so getreu wie möglich den historischen Vorbildern entsprechend eingerichtet und bilden eine unerschöpfliche Fundgrube für den Forscher. In diesem Geschoß hat sich auch ein Raum erhalten, der teilweise noch die alte Holzvertäfelung aus der Erbauungszeit des Liebensteinschen Schlößchens trägt. In ihm stehen ein prachtvoller „altdeutscher Ofen" aus dem Schloß Ramsberg und die Glocke aus der Kapelle der einstigen Burg Filseck aus dem Jahr 1486.

Eine umfangreiche Spielzeugabteilung steht am Ende des Rundgangs durch das Museum der Stadt Göppingen. Hier bilden Erzeugnisse der einheimischen Firma Märklin, sowie Puppenwohnungen und Puppenhäuser bemerkenswerte Schwerpunkte.

Museum Dr. Engel Göppingen-Jebenhausen

Am 9. Juni 1970 wurden in Göppingen-Jebenhausen die geologisch-paläontologischen Sammlungen der Stadt unter dem Namen „Museum Dr. Engel" der Öffentlichkeit übergeben. In neun Räumen im zweiten Stock des ehemaligen Badhauses hat diese umfangreichste Fossiliensammlung Württembergs, die zur Zeit öffentlich zugänglich ist, ihre endgültige Unterkunft gefunden.

Mit den Sammlungen aufs engste verbunden ist der Name des 1842 in Eschenbach geborenen und 1933 in Kleineislingen verstorbenen Pfarrers Dr. Theodor Engel. Dieser war, zusammen mit seinem Tübinger Lehrer Quenstedt, der Wegbereiter der geologischen Wissenschaft in Württemberg und der unermüdliche Sammler der vielfältigen Versteinerungen aus dem Jura der Schwäbischen Alb. Die Stadt Göppingen erwarb bereits im Jahr 1924 die Engelsche Sammlung um 6000 Goldmark und brachte sie als Grundstock des Museums nach dem Tode des Pfarrers nach

Göppingen. Im Mittelpunkt stehen die von Dr. Engel selbst zusammengetragenen Jura-Fossilien, die auch bei Fachleuten und Sammlern im weiteren Umkreis das meiste Interesse finden. Wertvolle Ergänzungen stammen von den Betreuern des Museums und von befreundeten Sammlern.

Die Bestände sind nach dem Alter der Schichten, aus denen die Stücke stammen, gegliedert. Der Bogen des Ausstellungsmaterials spannt sich von dem rhätischen Meeresvorstoß am Ende der Trias bis zum Auftreten der eiszeitlichen Großsäugetiere, deren Aussehen bereits durch zeitgenössische Zeichnungen der Altsteinzeitmenschen überliefert ist. Die Masse der ausgestellten Petrefakten entstammt der fossilreichen Schichtenserie, die in dem vordringenden Jurameer abgelagert wurde und in der neben Muscheln vor allem die schneckenförmig eingerollten, gekammerten Ammoniten und Nautilusgehäuse sowie die stachelförmigen Belemniten zu finden sind, alle drei den Tintenfischen verwandt. Am reichhaltigsten ist die Überlieferung in den Schiefern und hier sind es insbesondere die Brüche in der Holzmadener Gegend, wo Fische und ganze Saurier zutage gefördert wurden, von denen sich einige Prachtexemplare in der Engelschen Sammlung befinden. In den höher gelegenen Schichten des Dogger treten Riffkorallen auf, es folgen Austernbänke und riesenwüchsige Belemniten. Später schalten sich Lagen und Kolonien von Kieselschwämmen in die kalkige und mergelige Abfolge ein, besiedelt von einer oft zierlichen Riffgesellschaft und von prächtigen Seeigeln. In den höheren Schichten des Jura entstehen Plattenkalke, von denen einige Fundorte, wie etwa Solnhofen, weltberühmt geworden sind durch die ausgezeichnete Erhaltung von Krebsen, Fischen, Insekten usw. Auf den abgestorbenen Schwammriffen setzen sich stockbildende Korallen fest, die gelegentlich selbst Riffe bilden, mit wohlerhaltenen Seeigeln und Seelilien, Muscheln und Schnecken. Damit bricht auf vielen Teilen der Alb die reiche Fossilführung ab; etwas später endet die jurassische Schichtenfolge.

In einem kleinen Raum am Ende des Rundgangs hat einer der alten Sammlungsschränke des Eislinger Pfarrers Dr. Theodor Engel Aufstellung gefunden. Briefe des halberblindeten Mannes, persönliche Erinnerungsstücke, Abbildungen seiner Wirkungsstätten und die Reihe seiner Buchveröffentlichungen sollen ein Bild von dem Menschen geben, der die einzigartige Sammlung in lebenslanger Arbeit zusammentrug. Seit dem Jahr 1973 vermittelt ein Raum des ehemaligen Badhauses ein umfassendes Bild von der Geschichte des ehemaligen reichritterschaftlichen Dorfes Jebenhausen und der einstigen liebensteinischen Ortsherrschaft. Der Aufbau einer großen ornithologischen Sammlung ist in Vorbereitung.

75. *Marktplatz der ehemaligen Residenzstadt Wiesensteig mit Elefantenbrunnen*
76. *(umseitig) St. Josef mit dem Jesuskind. Holzplastik des Wiesensteiger Künstlers*
Philipp Jakob Straub, um 1750, im Städtischen Museum in Göppingen

Schönhengster Heimatstube Göppingen

Seitdem im Jahr 1955 die Stadt Göppingen die Patenschaft über die Heimatvertriebenen aus der ehemaligen sudetendeutschen Sprachinsel Schönhengstgau übernahm, fühlt sie sich verpflichtet, an der Bewahrung der kulturellen Überlieferung dieses Gebiets nach Kräften mitzuwirken. Im Jahr 1966 fanden die Bemühungen um die Schaffung einer zentralen historischen Forschungsstelle und einer Schönhengster Heimatstube ihren Abschluß, als in dem städtischen Gebäude Nordring 33 ausreichende Räumlichkeiten dafür freigemacht werden konnten. Die Schönhengster Heimatstube birgt wertvolle Originalurkunden und Kopien, Chronikmanuskripte, Landkarten, Abbildungen, Briefe und Tagebuchaufzeichnungen aus dem Schönhengstgau, vor allem auch aus der Zeit der Vertreibung in den Jahren 1945 und 1946. Von besonderem Wert sind die zahlreichen Modelle von Kirchen, Gehöften und Bauernhäusern aus dem Bereich der Sprachinsel.

Heimatmuseum Geislingen an der Steige

Das im Jahr 1919 von dem verstorbenen Geislinger Ehrenbürger, Studiendirektor Georg Burkhardt gegründete Heimatmuseum ist im „Alten Bau", einem großartigen alamannischen Holzfachwerkbau aus dem 16. Jahrhundert, der einst als Kornspeicher diente, untergebracht.
Die Sammlungen geben einen umfassenden Überblick über die Geschichte des Geislinger Raums. Durch hervorragende Funde sind vor allem die vor- und frühgeschichtlichen Epochen eindrucksvoll belegt. Einen großen Raum nehmen die bei Ausgrabungen auf der abgegangenen Burg Helfenstein geborgenen mittelalterlichen Fundstücke ein. Geislingens Zugehörigkeit zum Gebiet der Reichsstadt Ulm ist durch vielerlei Zeugnisse, nicht zuletzt durch eine prachtvolle Folge von alten Ansichten belegt. Das einst blühende Geislinger Kunsthandwerk wird vor allem durch einige kostbare Arbeiten der jahrhundertelang weithin bekannten Geislinger Elfenbeinschnitzer repräsentiert. Die bürgerliche und bäuerliche Wohnkultur hat im „Alten Bau" ebenso eine Heimstatt gefunden wie eine beachtliche Sammlung zur Geologie und Paläontologie der Schwäbischen Alb.
Wie in Göppingen stehen auch im Geislinger Heimatmuseum schöne Räume für Wechselausstellungen zur Verfügung. Die Museumsbestände sind Eigentum des Kunst- und Altertumsvereins.

Wäscherschloß bei Wäschenbeuren

Im Jahr 1960 begann die Vereinigung der Freunde des Wäscherschlosses in der vom Staat gepachteten spätstaufischen Burganlage mit dem Aufbau einer Staufergedächtnisstätte, die inzwischen durch die zahlreichen Besucher, die Jahr für Jahr das Wäscherschloß besuchen, weit bekannt geworden ist. Sie enthält Bildnisse der Angehörigen des staufischen Hauses, Abbildungen der wichtigsten Stauferburgen und -kastelle, Karten und Modelle. Seit dem Jahr 1970 hat die 1968 in Göppingen gegründete Gesellschaft der Freunde staufischer Geschichte in der Burg einen Ausstellungsraum eingerichtet, in dem anhand von Faksimiledrucken, alten Ansichten und Fotos das einstige Aussehen der Burg Hohenstaufen und ihre wechselvollen Schicksale, sowie die Beziehungen zwischen dem staufischen Geschlecht und seiner Stammburg dargestellt sind.

Der Staufergedächtnisstätte im Wäscherschloß ist ein interessantes kleines Museum mit bäuerlichem Charakter angegliedert.

Burgen und Adel in staufischer und nachstaufischer Zeit

von Hans-Martin Maurer

Wer im späten Mittelalter das Gebiet des heutigen Landkreises Göppingen durch-
wanderte, stieß alle drei Kilometer auf eine Burg oder einen festen Adelssitz. Zu
dieser Feststellung gelangt man, wenn man die etwa 64 ehemaligen Burganlagen
zu der Fläche des Landkreises (610 qkm) in Beziehung setzt. Man muß sich einmal
für einen Augenblick alle diese Burgen mit ihren Mauern und Türmen erhalten
vorstellen, um auch nur zu ahnen, wie sie einst das Landschaftsbild bereicherten
und beherrschten. Standen doch die meisten von ihnen, nämlich 33, auf weithin
sichtbaren Plätzen, auf Bergen und Bergvorsprüngen, und weitere zehn in Halb-
höhenlage und auf Hügeln.
Heute sind noch neun Burgen großenteils oder wenigstens als Ruinen für jeder-
mann sichtbar erhalten, 31 sind – meist auf Grund von Geländespuren – eindeutig nachgewiesen, 14 andere lassen sich mit Wahrscheinlichkeit ermitteln,
während neun Adelssitze bis jetzt nicht lokalisiert sind. Die Karte (s. Bild 78)
weist alle bekannten Burgstellen und Adelssitze aus. Im folgenden Beitrag können
nur einige davon beschrieben werden, ausgewählt nach besonderer oder exempla-
rischer Bedeutung und nach dem Erhaltungszustand: zunächst sieben Bergfesten
des Hochadels, dann vier Anlagen von Königsministerialen, weiter fünf Burgen
anderer niederadliger Ritterfamilien. Die Reihenfolge entspricht etwa auch der
Zeitfolge ihrer Entstehung. Das Schlußkapitel gibt einen Überblick über die wichtigsten Bauperioden sowie über die Motive, Funktionen und die Bedeutung des
Burgenbaus.

Hohenstaufen

Auf dem Boden des Landkreises Göppingen erhebt sich jener majestätische Berg,
der die Stammburg des ruhmvollsten deutschen Adelsgeschlechts trug. Die Staufer,
wie sie nach diesem Berg genannt werden, gestalteten als Herzöge, Könige und
Kaiser für fast zwei Jahrhunderte europäische Geschichte mit.

Der Hohenstaufen gehört zu den wenigen Burgen, deren Gründung durch glaubhafte historische Berichte bekannt ist: Ein vornehmer Herr namens Friedrich erbaute sie um 1070 und bezog, wie ausdrücklich mitgeteilt wird, Wohnung in ihr. Als besonders entschiedener und zuverlässiger Anhänger Kaiser Heinrichs IV. gewann er im Jahre 1079 die Hand der Kaisertochter und das Amt des Herzogs von Schwaben. Man nahm früher an, Friedrich entstamme kleinadliger Herkunft, weil seine Familie vorher schlicht nach Büren (Wäschenbeuren) und ohne Grafentitel bezeichnet wurde. Neuere Forschungen ergaben aber, daß bereits die Vorfahren Friedrichs zu den führenden Hochadligen zählten und über weite Beziehungen verfügten und daß sein Vater als Pfalzgraf das zweithöchste Amt in Schwaben ausübte. Die eigentliche Grundlage des historischen Aufstiegs der Familie aber wurde das Herzogsamt und die Verwandtschaft mit dem salischen Königshaus.

Herzog Friedrich I. erwarb zusätzlich Herzogsrechte in Ostfranken, sein älterer Sohn, Herzog Friedrich II., strebte 1125 bereits nach der Königskrone, noch vergeblich, aber der jüngere, Konrad, erreichte 1138 dieses Ziel. Der Enkel des Burgengründers, Kaiser Friedrich Barbarossa, und dessen Nachfolger, die Kaiser Heinrich VI. und Friedrich II., waren von 1152–1250 die mächtigsten Männer des Abendlandes.

Seit der Übernahme der Reichsgewalt verfügten die Staufer über zahlreiche berühmte Pfalzen, Städte und Reichsklöster in allen Teilen ihrer Königreiche. Mit deren architektonischem und historischem Glanz konnte die Stammburg nicht konkurrieren. Nur selten besuchten die Könige den Berg ihrer Väter, sicher bezeugt ist es überhaupt nur für ein einziges Mal (1181). Wie sehr sich jedoch Kaiser Friedrich Barbarossa seiner Herkunft verbunden wußte, geht daraus hervor, daß er seine vier jung verstorbenen Kinder im staufischen Hauskloster Lorch begraben ließ. Der Hohenstaufen selbst aber galt während des 12. und noch zu Beginn des 13. Jahrhunderts als wichtigste Feste im weiten Umkreis, als Hausburg der staufischen Familie, als Mittelpunkt staufischer Territorialpolitik und als ein Hauptort des Herzogtums Schwaben. Besitzer war jeweils der zweite Mann der Familie, der Inhaber des Herzogsamtes. Herzog Friedrich IV., der Neffe und designierte Thronfolger Barbarossas, nannte sich mehrfach, 1164–1166 fast ausschließlich, nach dem Staufen. Daß er tatsächlich auf der Burg residierte, wird durch den Hofstaat bestätigt, der wenig später in den Ämtern von Marschall, Kämmerer, Truchseß und Schenk nachweisbar wird. Nach dem tragischen Tod König Philipps zog sich dessen junge Witwe, die griechische Kaisertochter Irene, auf die Familienburg zurück (1208). Die militärische Stärke der Burg ist durch die Burgmannschaft nachgewiesen, deren Führer, die castellani, der Reichsministerialität angehörten und mehrfach in Urkunden genannt sind. Ihnen war auch die Verwaltung des Umlandes übertragen, eine Aufgabe, die aus Amtstiteln wie Richter (iudex) und Vogt (advocatus) zu erschließen ist. Bis zum Ende der Stauferzeit blieb die Burg ein Zentrum der staufischen Macht im schwäbisch-fränkischen Grenzgebiet.

König Rudolf von Habsburg zog den Hohenstaufen wie andere staufische Güter als Reichsgut an sich und besuchte 1288 persönlich die traditionsreiche Burg. Doch gelang es den Grafen von Württemberg, sie 1319 nach erfolgreicher Belagerung und Einnahme als Pfandbesitz zu erwerben und mit nur kurzfristigen Unterbrechungen für immer zu behalten. Sie gewann aber für Württemberg nie die strategische Bedeutung, die ihr auf Grund ihrer hervorragenden Lage zwischen dem Rems- und Filstal eigentlich zugekommen wäre, denn das Kaiserhaus behielt sich das Recht der Pfandeinlösung stets vor. So brachte sie 1360 Kaiser Karl IV. nach einer Belagerung und gewaltsamen Einnahme vorübergehend in seinen Besitz. Die Württemberger ließen den Hohenstaufen von Burgvögten bewachen und verwalten oder räumten sie gelegentlich verdienten Rittern als Wohnsitz ein. Im Bauernkrieg drangen Rebellen im zweiten Ansturm in die Burg und brannten die Gebäude aus. Verschiedene Pläne eines Wiederaufbaus als Schloß oder Festung im 16., 18. und 19. Jahrhundert scheiterten. Die Ruine wurde nach und nach abgetragen und ihr Platz als Schafweide verpachtet.

Ist auch die Burg verschwunden, geblieben ist der die Landschaft beherrschende Berg, ein stolzer Zeuge früheren Glanzes. Wir besitzen darüber hinaus Hilfsmittel, um die Burg wenigstens in unserer Vorstellung teilweise zu rekonstruieren: ein Wandgemälde in der Oberhofenkirche um 1470, eine Abbildung aus der Zeit um 1535, Skizzen des Gelehrten Crusius von 1587/88 und die Ergebnisse der Grabungen von 1936, 1938 und 1967–1970. Den Berggipfel umschloß eine Zinnenmauer aus schweren Quadersteinen von 1,80 bis 2 Meter Stärke mit einem ringsum laufenden Wehrgang. Die Fundamente der Toranlage im Süden sind ausgegraben. Vermutlich im 12. oder 13. Jahrhundert wurde die Fläche durch eine Trennmauer in eine westlich gelegene Hauptburg (mit ca. 17 Ar) und eine östliche Vorburg unterteilt. Beim Eingang in die Hauptburg stand ein Bergfried, dessen Grundmauern erhalten sind und der 1588 noch etwa 15 m hoch war. An der Westseite stand ein Mauerturm, an die Südmauer angelehnt ein Wohnhaus. In der Vorburg ist nördlich ein Gebäude und südlich eine Kapelle bezeugt, und an der Ostseite stand wahrscheinlich ein Mauerturm. Auch zwei Zisternen sind nachweisbar. Vielleicht fördern einmal weitere Grabungen Gerätefunde und zusätzliche Bauhinweise der historischen Anlage zutage.

Spitzenberg

Nur wenig später als der Hohenstaufen wird eine Burg auf dem Spitzenberg bei Kuchen nachweisbar, ebenfalls auf dem Gipfel eines beherrschenden Berges gelegen. Berücksichtigt man alle verfügbaren historischen Unterlagen, dann sind die bisherigen Auffassungen über ihre Anfänge zu berichtigen. Als erster nannte sich, soweit belegbar ist, um 1085–1090 ein Herr namens Ludwig nach dem Spitzenberg. Er bezeichnete sich nachweislich auch nach der Burg Sigmaringen (1083), die wenige Jahre zuvor eine Belagerung durch Gegner Kaiser Heinrichs IV. erfolgreich bestanden hatte (1077). Seine Frau hieß Richinsa und benannte sich ebenfalls wechselweise nach Spitzenberg und Sigmaringen. Ihre Tochter Mathilde, auch sie nach beiden Burgen bezeichnet, nannte sich zusätzlich – was in unserem Zusammenhang besonders interessant ist – nach Geislingen (1108). Damit ist nachgewiesen, daß die ältesten bekannten Besitzer des Spitzenberg einen Herrenhof in der ehemaligen Siedlung „Geislingen", also in Altenstadt, besaßen. Wir dürfen daraus folgern, daß von hier aus, von Altenstadt, die Höhenburg gegründet wurde.

Die Familie von Spitzenberg hatte Besitzungen auch um Ehingen, Metzingen, Urach und Herrenberg, sie besaß Dienstleute und war verwandt mit den hochadligen Herren von Württemberg, Metzingen und wahrscheinlich auch mit den Grafen von Berg. Sie gehörte demnach, ohne den Grafentitel zu haben, doch zum führenden Adel unseres Landes. Nach neuesten Untersuchungen (von Heinz Bühler) scheint eine noch vornehmere Beziehung sichtbar zu werden: Richinsa, die erste bekannte Burgherrin, war womöglich eine Tochter Herzog Bertholds I. von Zähringen und hat von ihm die Besitzungen um Geislingen und im Neckargebiet geerbt. Vielleicht war der Bauherr also ein Mann, der um 1075 noch vornehmer und mächtiger war als sein großer Rivale, der Erbauer der nur 13 Kilometer entfernten Burg Hohenstaufen. Trifft das zu, dann schlummern innerhalb des Landkreises heute die Burgreste der beiden einstmals bedeutendsten, gegenseitig um die Macht ringenden Dynastenfamilien Schwabens.

Der um 1135–1147 nachweisbare Rudolf von Sigmaringen-Spitzenberg war wahrscheinlich der Sohn des ersten Spitzenbergers, jedenfalls sein Erbe. Sein Nachfolger Ludwig führte dann nachweislich den Grafentitel und nannte sich vorwiegend nach der Burg Helfenstein, die inzwischen in den Besitz der Familie gekommen war (siehe unter Helfenstein). In der nächsten Generation teilte die Familie ihre Herrschaft, und es bildete sich eine helfensteinische Zweiglinie, die auf dem Spitzenberg residierte. Graf Eberhard von Helfenstein-Spitzenberg (1207–1229) zog mit den staufischen Königen durch Deutschland, nach Süd-

italien und 1228–1229 auf den Kreuzzug ins Heilige Land. Auch seine Nachfolger sind vielfach im Gefolge der Könige, zeitweise aber auch als ihre entschiedenen Gegner bezeugt. Als die Linie Spitzenberg 1296 ausstarb, zog König Adolf
die Herrschaft – offenbar gegen den Widerspruch der Helfensteiner Verwandten
– als Reichslehen an sich. Sie wurde dem Grafen von Württemberg verpfändet,
und während dieser Verpfändung kam es zum tragischen Ende: Im Reichskrieg
gegen Graf Eberhard von Württemberg wurde die Burg im Auftrag des Kaisers
genommen und zerstört und zwar ausgerechnet unter dem Befehl eines Grafen
von Helfenstein, dessen Familie selbst vom Spitzenberg stammte (1311/12). Im
Jahr 1315 kam die Ruine an das Haus Helfenstein zurück, ohne aber jemals wieder
aufgebaut zu werden.
600 Jahre später, 1913, wurde der Spitzenberg von dem Burgenforscher K. A.
Koch ausgegraben. Die Ringmauer rund um den Rand des Gipfels ließ sich vollständig freilegen. An der Nord- und Ostseite standen drei Gebäude. Heute sieht
man nur noch den Stumpf eines Bergfriedes, der ehemals 8,85 x 8,35 m im
Grundriß maß und mit Tuffquadern verkleidet war. Beeindruckend ist noch immer der Wall, der sich mit zwei Gräben um den Gipfel zieht und gegen den Berg-
sattel durch einen zweiten Wall verstärkt ist.

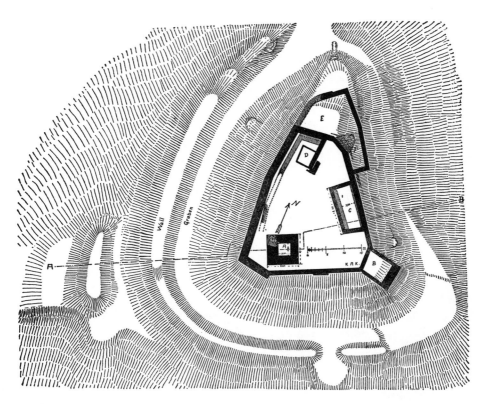

Ravenstein

„Auf einem schauerlichen, etwa 300 Fuß (85 m) hohen Felsen hinausgebaut und das Roggental beherrschend, stund früher das Schloß Ravenstein", so schreibt ein Bericht von 1842. Leider ist von dieser romantisch gelegenen Burg heute außer dem kühnen Standort nur noch ein Graben und wenig Schutt erhalten. Im Jahre 1091 erstmals erwähnt, wurde sie von einer Familie erbaut, die vorher einen Herrenhof in Stubersheim bewohnte – also auch hier nachweislich die Umsiedlung vom Hof zur Höhenburg. Diese Familie besaß außerdem einen Herrensitz in Neckartenzlingen und umfängliche Güter in mehreren Orten auf der Alb zwischen Weißenstein, Blaubeuren und Niederstotzingen sowie am Neckar zwischen Metzingen und Nürtingen. Daß sie dem Hochadel angehörte, verraten auch die verwandtschaftlichen Beziehungen zu den Pfalzgrafen von Lauterburg, den Grafen von Dillingen und den Freiherren von Albeck und Metzingen. Eine Tochter heiratete einen sächsischen Fürsten, den bekannten Markgrafen Konrad von Meißen. Um 1090 lebten zwei Brüder, Albert und Beringer, von denen einer vermutlich die Burg Oberelchingen über der Donau, der andere unsere Felsburg Ravenstein erbaute.

Einen Unfall, wie er sich täglich auf einer solchen Höhenburg ereignen konnte, schildert die Zwiefalter Chronik (um 1140): Als sich einige Ritter über schwindelnder Höhe an ein Holzgeländer lehnten, brach es plötzlich, sie stürzten in die Tiefe und brachen Knochen und Genick.

Die Herren von Ravenstein fanden sich 1153–1215 mehrfach im Gefolge der Hohenstaufen ein und werden als freiadlige Zeugen in Urkunden genannt. In den folgenden Jahrzehnten starb die Familie aus und wurde von den Grafen von Helfenstein beerbt. Diese ließen die starke Burg zunächst von Beamten bewachen (1259–1281) und verliehen sie dann an die Familie von Züllnhart. Im Städtekrieg von 1378 nahmen Truppen der Stadt Ulm die Burg und beschädigten sie. 1472 kam sie durch Verkauf an die Herrschaft Rechberg und 1543 an die Reichsstadt Ulm. Sie wurde Amtssitz eines städtischen Forstmeisters und schließlich, um 1700, wegen Baufälligkeit abgebrochen.

Helfenstein

Zwischen 1099 und 1113 (wahrscheinlich 1099–1103) wird jene Burg nachweisbar, die für die südliche Hälfte des Kreisgebietes und weit darüber hinaus für Jahrhunderte eine Schlüsselrolle spielte: der Helfenstein. Er war im 13. und 14.

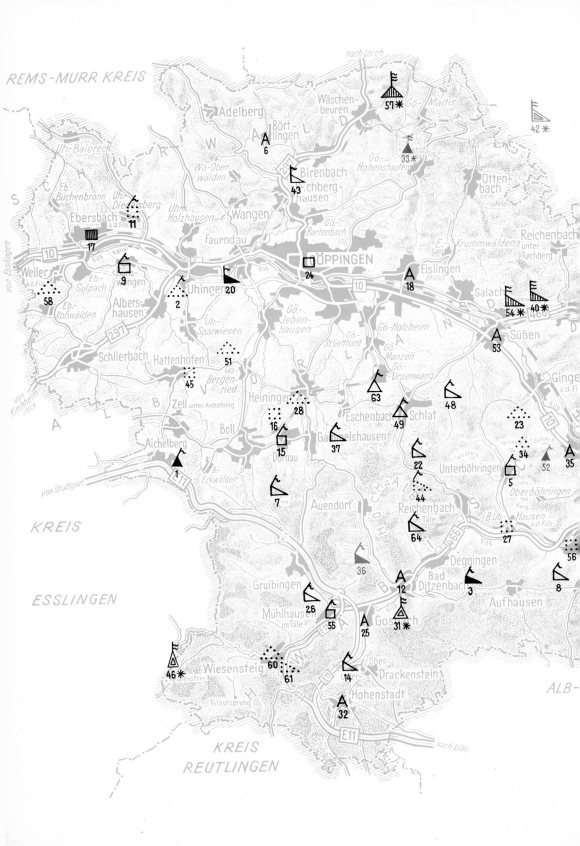

REMS-MURR KREIS

nach Lorch

Adelberg
Wäschen-
beuren
Bört-
lingen
6

57 *
Gö-Maitis

42 *

Uh.-Baiereck
Wa-Ober-
wälden
Birenbach
chberg-
hausen
Gö.-
Hohenstaufen
33 *

Ottenbach
bach

43

Eb.-
Büchenbronn
Uh.-Die-
ßenberg
Uh.-
Holzhausen
Wangen
Gö.-
Bartenbach
E. Krummwälden
Reichenbach
unter
Rechberg

Ebersbach
11

faurndau
GÖPPINGEN
24
Eislingen
(Fils)

Salach

17

Fils Kanal
Uhingen
20
10
18
54
40 *

Weiler
a.d.Fils
9
ngen
Eb.-
Sulpach
2
Gö.-
Jebenhausen
Gö.-Holzheim
53
Süßen

58
Eb.-
Roßwälden
Albers-
hausen
Uh.-
Sparwiesen
Gö.-
St. Gotthard
Gö.-
Manzen
Gö.-
Ursenwang

Ginge
a.d.Fi

297

Schlierbach
Hattenhofen
51
Gö.-
Bergen-
ried

45

Heiningen
28
63
48
23

Zell unter Aichelberg
16
49
Schlat
34

Aichelberg
Boll
15
Dürnau
37
Gaggelshausen
52

Oberböhringen
5

1
B.-
Eckwälden
7
Auendorf
22
44
35

von Stuttgart
36
Reichenbach
Täle
27
B.Ub-
Hausen
a.d.Fils

KREIS
64
466
Deggingen
56

ESSLINGEN
Gruibingen
26
12
Bad
Ditzenbach
3
8

Mühlhausen
imTäle
55
25
Gosbach
31 *
Aufhausen

46 *
Wiesensteig
60
61
14
Ober-
Drackenstein

Filsursprung
Hohenstadt
32

ALB-

KREIS
REUTLINGEN

nach Ulm
E11

Burgen mit Jahresangabe des ersten Nachweises
(A = erster Nachweis für Adelssitz)

1	Aichelberg um 1220	33	Hohenstaufen um 1070
2	Albershausen A 13./ 14. Jh.	34	Hunnenberg
		35	Kuchen A 1228
3	Berneck 1288	36	Leimberg um 1180
4	Böhmenkirch A um 1200	37	Lotenberg 1279
5	Böhringen 1241, A 1191	38	Nenningen A 1270
6	Börtlingen A 1324	39	Ödenturm
7	Boll (Landsöhr) A 1243	40	Ramsberg 1270
8	Bühringen 1271	41	Ravenstein 1091
9	Bünzwangen 1334	42	Rechberg 1179
10	Degenfeld 1270	43	Rechberghausen 1291, A 1232
11	Diegelsberg	44	Reichenbach A 1373
12	Ditzenbach 1268, A 1208	45	Reuenstadt 1524
13	Donzdorf A 1281	46	Reussenstein 1301
14	Drackenstein 1343	47	Roggenstein 12. Jh.
15	Dürnau A 1283	48	Rommental 1356, A 1241
16	Dürnau Turm 1520	49	Schlat A 1302
17	Ebersbach A 1163	50	Scharfenberg 1150
18	Eislingen A 1225	51	Schopflenberg 1537
19	Eybach 1265	52	Spitzenberg um 1090
20	Filseck 1216	53	Süßen A 1241
21	Geislingen (1) A 12. Jh.	54	Staufeneck 1259
21a	Geislingen (2) 13. Jh.	55	Tiefental 1566
22	Gaiern (Gerenberg) 1251	56	Überkingen A 1258
23	Gingen A 1258	57	Wäscherschloß 1268
24	Göppingen 1455	58	Weiler um 1680
25	Gosbach A 12. Jh.	59	Weißenstein 1241
26	Gruibingen A 1237	60	Wiesensteig (1) 1477, A um 1170
27	Hausen A 1297?		
28	Heiningen A 1228	61	Wiesensteig (2) 1477, A um 1170
29	Heldenberg 1290		
30	Helfenstein um 1100	62	Winzingen A 1307
31	Hiltenburg 1289	63	Züllenhart 1241, A 1108
32	Hohenstadt A 12. Jh.	64	Deggingen A 1270

Lage
Gipfellage: gleichseitiges Dreieck △
Felslage: spitzes Dreieck △
Spornlage: längliches Dreieck ▷
Hügel- oder erhöhte Lage: stumpfes Dreieck △
Flache Lage: Quadrat ◻
Burg oder Standort unsicher: Lagezeichen punktiert ⬝
A: unbekannter Adelssitz

Gründungszeit
rote Zeichen = 11. Jahrhundert
blaue Zeichen = 12. Jahrhundert
schwarze Zeichen = nach 1200

Ständische Stellung der ersten Burgherren
Grafen und Hochadlige: volles Feld ▲
Königsministeriale: schraffiertes Feld ⧄
Ministeriale und einfache Adlige: leeres Feld △

Erweiterung im 14.—16. Jahrhundert
Festungsartiger Ausbau durch Zwinger und Vormauern:
Umrandung

Erhaltungszustand
Ganz oder großenteils erhalten: 3 Fähnchen aufrecht
Ruine: 2 Fähnchen aufrecht
Bauteile in neueren Bauten: 1 Fähnchen aufrecht △
Geringe Reste oder Geländespuren
(Graben, Wall, Schutt): 1 Fähnchen schräg
Keine sichtbaren Reste: ohne Fähnchen △

Sehenswerte Anlagen
Stern bei Nummer

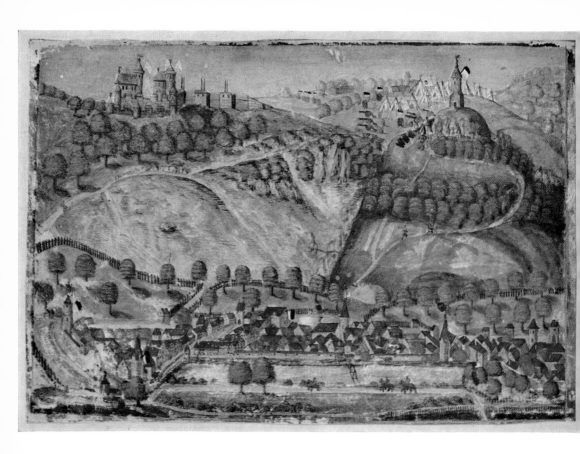

79. *Zeitgenössische Darstellung der Belagerung und Wiedereinnahme der Festung Helfenstein durch Truppen der Reichsstadt Ulm 1552. Im Vordergrund die Stadt Geislingen, rechts oben der Ödenturm*

77. *(Vorderseite) Ansichten der Schlösser Donzdorf, Weißenstein, Rechberghausen, Scharfenberg, Staufeneck und Ramsberg im Rechbergschen Stammbüchlein von 1681*
78. *(Doppelseite) Burgen im Landkreis Göppingen*

Jahrhundert Mittelpunkt einer für die damalige Zeit beachtlichen Territorienbildung. Im Gegensatz zu den bisher behandelten Burgenerbauern läßt sich die Herkunft des ersten Burgherrn Eberhard (um 1100) und seines gleichnamigen Sohnes, der zwischen 1147 und 1152 belegt ist, nicht sicher erschließen. Am wahrscheinlichsten ist noch immer die (in letzter Zeit bestrittene) Annahme, die Helfensteiner entstammten wie die Ravensteiner der Familie Stubersheim. Enge Beziehungen zu den Herren von Spitzenberg sind für den Beginn des 12. Jahrhunderts nicht festzustellen. *Sie* aber beerbten die ursprüngliche Familie Helfenstein, als sie um die Mitte des Jahrhunderts ausstarb. Die Spitzenberger, die nun über drei stattliche Burgen verfügten (Sigmaringen, Spitzenberg, Helfenstein), verlegten ihren Hauptsitz auf den Helfenstein und nannten sich seitdem vorwiegend und später ausschließlich nach dieser Erwerbung.

Der erste Herr, der alle drei Herrschaften nachweislich vereinigte und auch als erster den Grafentitel führte, war Ludwig von Helfenstein, eine hervorragende Persönlichkeit (1147–1200). Er ist in neun Urkunden hohenstaufischer Könige als Zeuge notiert. 1189 beteiligte er sich am Kreuzzug Friedrich Barbarossas und soll dabei, wie Chronisten berichten, manche mutlos gewordenen Kreuzfahrer durch seine feste, zuversichtliche Haltung aufgemuntert haben. Noch größeren Einfluß hatte sein Bruder Gottfried, der sich durch literarische Bildung, Rechtskenntnis und Redegewandtheit auszeichnete. Er wurde Kanzler Kaiser Barbarossas, eine Vertrauensstellung, die aktive Mitwirkung an der kaiserlichen Politik bedeutete (1172–1190). Er hat zum Beispiel den berühmten „Konstanzer Frieden" von 1183 zwischen dem Kaiser und den oberitalienischen Städten wesentlich mitkonzipiert, einen Vertrag, der von hoher Staatskunst zeugt. Auch als er 1184 Bischof von Würzburg wurde, blieb er Kanzler. Wie sein Bruder nahm er am Kreuzzug teil und riß die abgekämpften Ritter durch seine begeisternde Rede und seine Entschiedenheit mit sich. Er starb in Antiochien, kurz nach dem Kaiser.

Auch die drei Söhne des Grafen Ludwig – Gottfried, Eberhard und Ulrich – gehörten zu den viel genannten und geschätzten Gefolgsleuten der Staufer. Mit Kaiser Friedrich II. war Graf Eberhard besonders verbunden, der ihn im Jahre 1220 auf dem Zug nach Italien zur Kaiserkrönung begleitete. Die drei Brüder teilten ihren Besitz in die Herrschaften Sigmaringen, Spitzenberg und Helfenstein, doch starben die beiden ersten Linien nach einigen Jahrzehnten aus, so daß der Gesamtbesitz wiedervereinigt werden konnte. Zwar ging Sigmaringen noch im 13. Jahrhundert verloren, aber um 1230 wurde die Herrschaft Blaubeuren, 1351 die Herrschaft Heidenheim, dazu viel Eigenbesitz in der weiteren Umgebung Geislingens gewonnen. Das Territorium der Helfensteiner war damals in dem zersplitterten deutschen Südwesten eines der ansehnlichsten und geschlossensten

politischen Gebilde. Durch die Zolleinnahmen aus der vielbefahrenen Fernver-
kehrsstraße waren reiche Einkünfte gesichert. Unter Kaiser Karl IV. gewann Graf
Ulrich noch einmal eine weit über seine Besitzungen hinausreichende Stellung und
bedeutenden Einfluß auf die kaiserliche Politik (1348–1372). Ein Zeichen seines
hohen persönlichen Ansehens war die aufsehenerregende Heirat mit der Herzogin
von Bosnien, einer Verwandten des Kaisers.

Gerade er, einer der erfolgreichsten Helfensteiner, leitete aber selbst mit den Niedergang seiner Familie ein. Die aussichtsreiche Territorienbildung wurde 1356 durch
eine neue, verhängnisvolle Teilung entscheidend geschwächt: Eine Linie erhielt den
Besitz um Geislingen und Wiesensteig, die andere den bei Heidenheim, Giengen
und Blaubeuren. Zu dieser Verringerung der Machtbasis kam für die Geislinger
Linie eine finanzielle Misere als Folge der Betriebsamkeit des Grafen Ulrich und
noch mehr der luxuriösen Hofhaltung seiner fürstlichen Gemahlin. Darlehen auf
Darlehen gewährte entgegenkommend die potente Reichsstadt Ulm, die auf diese
Weise ihr politisches Ziel erreichte: 1382 fiel ihr fast die gesamte Herrschaft als
Pfand in die Hände. Nachdem die Schuld auf 120 000 Goldgulden (einige Millio-
nen Mark) angewachsen war, entschlossen sich die Helfensteiner, um wenigstens
einen Rest der Besitzungen zu retten, den größeren Teil mit Geislingen und mit
ihren Stammburgen Spitzenberg und Helfenstein endgültig zu verkaufen (1396).
Die Restherrschaft um Wiesensteig verblieb der gräflichen Familie bis zu ihrem
Aussterben im Jahre 1626.

Die Burg Helfenstein war bis zum Anschluß an Ulm gräfliche Residenz und erlebte den Glanz und Ehrgeiz herrschaftlicher Hofhaltung. Ein Verwaltungsbeam-
ter (Vogt,) ein Hofbeamter (Hofmeister) ein Hofkaplan (seit 1355) und eine
kleine Besatzung von neun Mann lassen sich im 14. Jahrhundert auf der Burg
nachweisen, ein „Truchseß" mehrfach schon im 13. Jahrhundert.

Die Stadt Ulm hielt eine Truppe von zwölf Mann unter zwei Burgvögten auf dem
Helfenstein. Während der Bauernunruhen von 1514 verstärkte sie die Besatzung
auf 460 Bewaffnete. Als Kurfürst Moritz von Sachsen nach Süddeutschland gegen
Kaiser Karl V. zu Felde zog, überrumpelte sein Verbündeter, Markgraf Albrecht
Alkibiades von Brandenburg-Kulmbach, die Burg durch eine List (April 1552).
Vom 4. bis 10. August mußten die Ulmer ihre eigene Feste belagern und unter
erheblichen Verlusten beschießen und bekämpfen, um sie wieder in ihre Gewalt
zu bringen.

Der Wiederaufbau der beschädigten Burg erschien so teuer, ihr militärischer Wert
für die Stadt so fragwürdig, daß noch in demselben Jahr ihre Niederlegung beschlossen wurde. Schon im nächsten Jahr wurde sie großenteils und später fast
restlos abgebrochen.

Dennoch wissen wir über ihr Aussehen vor dem Abbruch recht gut Bescheid. Wir besitzen nämlich von ihr eine der ältesten Baubeschreibungen und eine der ältesten Farbansichten, die es von Burgen überhaupt gibt, beide aus der Zeit um 1553 (s. Abb. 79). Dazu wurden in den Jahren 1922 und 1932–1938 Grabungen durchgeführt, die aufschlußreiche Ergebnisse erbrachten, doch fehlen bedauerlicherweise abschließende Berichte und Grundrißzeichnungen darüber. So bleiben manche Fragen der Baugeschichte offen.

Der Kern der Anlage dürfte auf dem Fels gestanden haben, der noch 1552 rings ummauert war und ein Gebäude trug. Der Helfenstein war also von Anfang an eine echte Felsburg, vergleichbar dem Ravenstein oder den berühmten Felsennestern in der Pfalz und im Elsaß. Noch 1552 wohnte einer der beiden Burgvögte auf dem Felsengebäude. Das künstlich eingeebnete Gelände westlich des Felsens umfaßte wohl ursprünglich die Unterburg mit Bauten für die Hofhaltung, die sicher vom 12. bis 15. Jahrhundert mehrfach verändert wurden. Hier stand um 1552 eine Kapelle, ein Waffenhaus, eine Bäckerei und am Westende – wo heute der Turm steht – ein zweites Herrenhaus, mit einem Türmchen, das 1553 als „nicht gar festes, aber lustiges neues Haus" bezeichnet wurde. Die Wasserversorgung war auf Zisternen (oder auf tägliches Herbeischleppen frischen Wassers) angewiesen. Im 15. Jahrhundert baute die Reichsstadt Ulm den Helfenstein zu einer frühen Festung aus. Die Zugangsseite im Osten wurde durch einen gewaltigen Torbau südlich des Felsens und eine Verstärkung der Außenmauer von 2,5 auf 4,3 m abgesichert.

Um den Gegner von der eigentlichen Burg fernzuhalten, schuf man ringsum am Hang einen äußeren Mauergürtel mit sechs runden Mauertürmen, die zum Teil erhalten oder wiedererbaut wurden. Auf dem Felsbau, dem Torbau und den Mauertürmen richtete man Räume zur Aufstellung von Geschützen ein. Die Nordseite sicherte ein zweiter Zwinger und im Osten schützte eine Vorburg mit einem „Bollwerk".

Die Wiederaufbauarbeiten vor dem letzten Krieg waren gut gemeint, beeinträchtigen aber die geschichtliche Echtheit und den dokumentarischen Wert der historischen Anlage. Dennoch bleibt die Ruine, schon ihrer beherrschenden Lage wegen, von eindrucksvoller Wirkung.

Etwa 400 m von der Ruine entfernt, am Ende des südlich benachbarten Höhenvorsprungs erhebt sich der freistehende *Ödenturm* (öd = einsam, allein). Rätselhaft ist bis heute die Entstehungszeit und der eigentliche Zweck dieses Turms, der weder zu einer Burg noch zu einer Landwehr gehörte. Wir wissen nicht einmal, ob ihn die Grafen von Helfenstein im 13./14. Jahrhundert oder aber die Reichsstadt Ulm im 15. Jahrhundert errichten ließ. Der Turm ist kräftig wie ein Berg-

fried gebaut, besitzt zwei Meter starke Mauern, war ehemals nur über einen hochgelegenen, spitzbogigen Eingang zugänglich und nur durch wenige Scharten be-
lüftet. Seine Außenwand besteht aus mächtigen Quadern mit weit vorstehenden
„Buckeln" aus Kalktuff. Das eigentliche Gepräge verleiht ihm seine originelle, architektonisch wohlgelungene Gestalt: Unten quadratisch leitet ein Achteck zur
schlanken Rundform über.

Scharfenberg

Während die bisher beschriebenen vier Burgen – im geschichtlichen Rückblick
betrachtet – kurz hintereinander nachweisbar werden und wahrscheinlich innerhalb eines Zeitraums von nicht mehr als 30 Jahren entstanden, dauert es nun ein
halbes Jahrhundert, bis die nächste Burg urkundlich wird. Im Jahre 1156 werden
in der Umgebung Kaiser Friedrichs zwei freiadlige Herren von Scharfenberg,
Otto und Friedrich, erwähnt, und 1194 schenkte Gottfried von Scharfenberg dem
Kloster Lorch leibeigene Leute. Die Herkunft der nur mit diesen drei Personen
bekannten Familie ist nicht auszumachen. Beziehungen zu der gleichnamigen Burg
nahe dem Trifels sind nicht festzustellen. Die dort wohnende Familie gehörte der
staufischen Dienstmannschaft und damit einer anderen ständischen Schicht an.
Auffallenderweise erfährt man über ein Jahrhundert nichts mehr von der Burg.
Die nächste Nachricht steht im Zusammenhang mit einem Gewaltakt, der sich um
1310 abspielte: Albrecht von Rechberg wurde auf seiner Burg Scharfenberg über-
fallen, diese genommen, er selbst gefangen, und seine Pfandbriefe wurden vernichtet. Er hatte vom König die Herrschaft Heidenheim und Böhmenkirch verpfändet erhalten, worauf auch die Helfensteiner Anspruch erhoben. Ob Scharfenberg damals den Grafen von Helfenstein verblieb oder erst später an sie kam, ist
unbekannt. Im Jahre 1379 kaufte aber Gebhard von Rechberg (von der Linie
Rechberg-Illeraichen) die Burg mit Eschenbach und Weckerstall um 2920 Goldgulden den Helfensteinern endgültig ab, und seitdem blieb sie – mit einer kurzen
Unterbrechung von 1732 bis 1735 – den Rechbergern.
Bei einer Familienteilung um 1426 bildete sich eine Linie, die den Scharfenberg als
Herrschaftssitz und Mittelpunkt wählte. 140 Jahre später verließen die Edelleute
die alte, unmodern gewordene Ritterburg und bezogen das neuerbaute Schloß in
Donzdorf (1569), das heute noch Wohnsitz der inzwischen in den Grafenstand er-
hobenen Familie ist. Auf der Burg blieben ein Burgvogt und ein Kaplan, später
bewohnte sie ein Förster. Seit etwa 1830 ist die mehrfach vom Blitz getroffene
Anlage unbewohnt und dem Zerfall preisgegeben.

Die romantisch auf einem bewaldeten Berghügel gelegene Burg gehört zu den noch am besten erhaltenen Ruinen des Kreises. Durch ein stichbogig geschlossenes Tor gelangt man in den Innenhof. Nördlich steht ein mächtiges, dreistockiges Gebäude von etwa 18 x 13 m, dessen Wände, durch zwei Erker und ein Renaissanceportal geziert, bis zur Giebelhöhe erhalten sind. Ein Zugang führte über eine ehemalige Außentreppe unmittelbar ins Obergeschoß. Der Bau war vor 140 Jahren noch bewohnt. Südlich steht ein vierstöckiges Haus (etwa 10,5 x 8 m) mit gotischen Eingängen ins Erdgeschoß, (über eine Freitreppe) ins erste Obergeschoß und über den Wehrgang ins zweite Obergeschoß. Im Hof war ein Brunnen, der bis zu einer natürlichen Quelle hinunterreichte. Ein quadratischer Turm von etwa 7,5 Metern Seitenlänge und hochgelegenem, rundbogigem Eingang überragt den Hof. An der östlichen Außenseite des nördlichen Baues ist ein Stück Buckelquadermauer zu sehen – ein baugeschichtlicher Hinweis für das Bestehen der Burg in der Hohenstaufenzeit. Die äußere Zwingermauer, die die Burg umgab, und der äußere Torbau sind abgetragen.

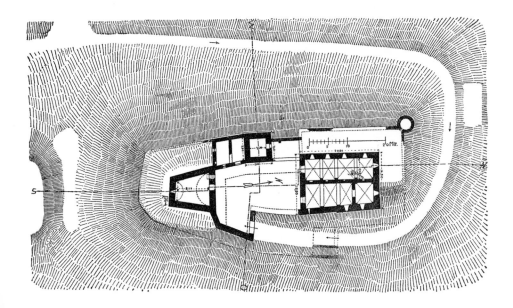

Leimberg

Die Burg Leimberg scheint die Gründung einer freiadligen Familie zu sein, die mit der von Metzingen-Stöffeln nahe verwandt war. Aber nur ein einziges Mal, um 1180, wird der Leimberg in deren Besitz erwähnt. Erst 1324 taucht die Burg wieder in den Urkunden auf, jetzt in den Händen der helfensteinischen Dienstmannen von Deggingen, die sich seit 1342 auch nach Scharenstetten (Kreis Ulm) nannten. Die Familie hatte in mehreren Orten des oberen Filstales Besitz und auch an dem einträglichen Zoll von Geislingen und Kuchen Anrechte. Sie veräußerte die helfensteinische Lehenburg nach 1489 an das Kloster Ursberg, und 1533 kam sie, bereits als Ruine, an Württemberg.

Der Burghügel, etwa 20 x 35 m groß, wird von der südlichen Hochfläche durch einen mächtigen Graben von etwa 100 m Länge und 10 m Tiefe abgeschnitten. Die übrigen Seiten fallen steil ab. Bei Grabungen im Jahre 1915 wurden die Fundamente der Umfassungsmauer und dreier Gebäude, darunter vermutlich eines Wohnturmes, freigelegt und eine Zwingermauer auf einer Geländeterrasse unterhalb der Burg festgestellt. Heute sieht man nur noch einigen Mauerschutt.

Aichelberg

Die Grafen von Aichelberg, über deren Herkunft schon viel herumgerätselt wurde, sind nach einer neueren Theorie eine Zweiglinie der Grafen von Berg bei Ehingen und über sie Erben zähringischer Güter und Herrschaftsrechte. (Hinweise dafür erbrachten Forschungen von Heinz Bühler.) Sie nannten sich um 1210 nach der Burg Körsch bei Esslingen und seit 1220 vorwiegend nach dem Aichelberg. Ihre Besitzungen lagen an der unteren Fils (Burg Filseck und Uhingen), am Neckarknie, wo sie um 1230 Wendlingen zur Stadt erhoben, und im Neidlinger Tal, wo sie um 1240 auf dem Erkenberg eine weitere Burg gründeten und 1319 Weilheim zur Stadt ausbauten. Die Grafen spielten um 1210–1235 auch am staufischen Königshof eine Rolle. Die politische Potenz der Familie wurde aber schon am Ende des 13. Jahrhunderts gebrochen, als es zur Besitzteilung zwischen zwei Brüdern und zwei Schwestern kam, und im 14. Jahrhundert verschleuderten die Aichelberger vollends ihre Güter und Rechte. Einer der letzten Grafen fand 1406 in Italien als Condottiere einer deutschen Reitertruppe „in siegreichem Kampfe" bei Pisa den Tod. Seine Nachkommen verloren den Grafentitel und starben um 1500 aus.

Die Burg Aichelberg kam mit Weilheim 1334 an die Grafschaft Württemberg und behielt noch 200 Jahre, von Burgvögten und Wächtern behütet, militärische Bedeutung. Im Bauernkrieg wurde sie zerstört. Heute weist sich die Burgstelle nur noch durch mehrere Gräben aus.

Hohenrechberg

Die nahe der Kreisgrenze gelegene, vielbesuchte Ruine Hohenrechberg wird hier mitbehandelt, weil die Besitzerfamilie über umfangreiche Güter und Herrschaftsrechte im Kreisgebiet verfügte und noch heute im Landkreis ihren Wohnsitz hat.
Die Bauherren des Hohenrechberg gehörten nicht wie die bisher beschriebenen Burgenbesitzer dem freien Hochadel an, sondern der ritterlichen Dienstmannschaft, der „Ministerialität". Sie dienten indessen der würdigsten Familie des Reiches, nämlich der staufischen. Ihre Herkunft ist bisher ungeklärt, aber es gibt Hinweise dafür, daß sie dem Familienkreis der Herren von Schüpf entstammen oder ihm mindestens nahestanden. Die Schüpf hatten bereits unter König Konrad III. eine bedeutende Stellung am Hofe inne. Der erste bekannte Herr von Rechberg, Ulrich, 1179–1205 nachweisbar, wird mehrfach zusammen mit den Rittern auf dem Hohenstaufen und im Gefolge der Herzöge von Schwaben genannt. Er galt unter den Ministerialen dieser Gegend nachweislich als der erste und führte den Titel eines Marschalls. Wahrscheinlich handelt es sich um das Marschallamt in Schwaben mit dem Sitz auf dem Hohenstaufen und mit der Befehlsgewalt über die Herzogsburg. Ein „Sitz" der Familie auf dem Hohenstaufen wird für 1227 auch ausdrücklich überliefert. Daß Ulrich von Rechberg zu den einflußreichsten staufischen Ministerialen seiner Zeit gehörte, wird zusätzlich dadurch bestätigt, daß ein Sohn von ihm in kirchlichem Dienst eine steile Karriere machen konnte und schließlich als Bischof von Augsburg Reichsfürst wurde (1208–1227). So ist es erklärlich, daß das Haus Rechberg als erste Ministerialenfamilie unseres Raumes – sicher mit Zustimmung der Staufer – eine Burg zu erbauen imstande war. Bereits im Jahre 1179 hat sie jedenfalls bestanden.
Der Sohn des ersten Burgherrn, Hildebrand, übernahm das Marschallamt und ist zwischen 1194 und 1231 in zahlreichen Urkunden der staufischen Könige als Zeuge aufgeführt. Dasselbe gilt für seinen Bruder, den Bischof Siegfried von Augsburg, der auf dem Kreuzzug von 1227 in Apulien starb.
Nach dem Ende ihrer Dienstherren, der Hohenstaufen, betrachteten die Rechberger ihre Güter als freie reichsunmittelbare Herrschaft. In der Folge gelang ihnen eine glänzende Familien- und Territorialpolitik. Wie hoch in jener ständisch gebundenen Gesellschaft ihr Ansehen trotz der Ministerialenherkunft war, beweisen

zahlreiche Eheverbindungen mit hochadligen Familien seit der Mitte des 13. Jahrhunderts. Zu dem Hausbesitz zwischen Gmünd und Aalen kamen durch Erbe, Heiraten und Kauf zahlreiche Erwerbungen: die Herrschaften Staufeneck, Rechberghausen, Wäschenbeuren, Ramsberg, Donzdorf, Scharfenberg, Weißenstein, weiter Besitzungen im Kocher-Jagst-Gebiet, im Schwarzwald bei Schramberg, in Hohenzollern um Gammertingen, in Oberschwaben um Ehingen und vor allem in Bayerisch-Schwaben die Herrschaften Illeraichen, Brandenburg, Weißenhorn, Kronburg und Osterburg. Dieser Besitz war indessen auf mehrere Linien, deren es um 1500 zehn gab, verteilt. Wäre der Gesamtbesitz in einer Hand gewesen, dann wäre Rechberg eine der bedeutenden Territorialmächte in Südwestdeutschland gewesen.

Der Einfluß einzelner Persönlichkeiten reichte über die Besitzungen noch weit hinaus. Vom 13. bis zum 19. Jahrhundert gestalteten Angehörige des Hauses als Feldhauptleute, Generäle, hohe Verwaltungsbeamte, Diplomaten, Politiker und kirchliche Würdenträger die Geschichte der süddeutschen Länder mit. Keine andere Familie in weitem Umkreis brachte so viele führende Kräfte hervor. Mit der Erhebung in den Grafenstand im Jahre 1601 wurde eigentlich nur bestätigt, daß die Familie nach Besitz, Stand, Verwandtschaft und Leistung längst über den Ministerialen- und Freiherrnstand hinausgewachsen war.

Von den zahlreichen Linien überlebte eine, die zeitweise in Bayern ansässig war. Sie besitzt das Schloß in Donzdorf als Wohnsitz und – bereits in der 23. Generation – die Stammburg Hohenrechberg. Die Burg war bis 1585 Wohnung einer freiherrlichen Linie gewesen, dann als Vogteisitz weiterhin Verwaltungsmittelpunkt, im 19. Jahrhundert noch Wohnung eines Försters, bis sie 1865 infolge eines Blitzschlages niederbrannte.

Die Ruine ist noch immer ein bildhaftes Zeugnis staufischer und nachstaufischer Burgbaukunst. Die Innenburg mit ihrer kraftvollen, in bester Buckelquadertechnik ausgeführten Ummauerung dürfte dem beginnenden 13. Jahrhundert entstammen. Die Burg muß also einige Jahrzehnte nach ihrer Entstehung (die ja vor 1179 liegt) entscheidend umgestaltet worden sein. Auffallend ist die Buckelquaderung auch an der Innenseite der Umfassungsmauer. Durch das rundbogige Tor, das rechtwinklig vorspringt, betritt man einen kleinen dreieckigen Hof und von ihm gelangt man – ehedem wohl durch ein weiteres Tor – in den oberen Hof. Das ursprüngliche Herrenhaus ist der Bau im Westen, der nur in den oberen Stöcken Fenster besitzt und einen unmittelbaren Zugang von außen ins Obergeschoß hat. Der obere Saal hatte getäferte Wände mit Familienwappen, daneben lag ein Kapellenraum. Etwas später, in frühgotischer Zeit, wurde an der Ostseite ein zweites Herrenhaus erstellt, das im 15. oder 16. Jahrhundert auf die heutige

82. (links) Der Ödenturm, das Wahrzeichen der Stadt Geislingen. Vom quadratischen Grundriß leitet ein Achteck in die Rundform über.
83. (oben) Ruine Hohenrechberg, Südwand mit arkadenartig gereihten Fenstern im Obergeschoß und vorspringendem Torraum. Vermutlich Anfang 13. Jh.
Im Hintergrund der Hohenstaufen

80. (Vorderseite) In den Jahren 1936—1938 und 1967—1971 freigelegte und wiederhergestellte Mauerreste auf dem Hohenstaufen
81. (Vorderseite) Reste des nördlichen Herrenhauses (rechts) und des Turmes der Ruine Scharfenschloß bei Donzdorf

84. *Bergfried der Ruine Staufeneck bei Salach, um 1220—1250. Dieser mächtige Flucht- und Repräsentativbau ist 30 m hoch und besitzt 3 m starke Mauern.*
85. *Eine Mantelmauer aus Buckelquadern umschließt den trapezförmigen Innenhof des Wäscherschlosses bei Wäschenbeuren. Sie zog sich ursprünglich in einheitlicher Höhe, ohne Staffelung, durch und trug einen Wehrgang. Die ältesten Teile der Anlage reichen in die erste Hälfte des 13. Jh. zurück.*
86. *Die sog. „Türnitz", der Aufenthaltsraum der Burgmannschaft, unter dem Hauptbau des Schlosses Ramsberg bei Reichenbach u. R., Mitte 13. Jh.*

87. Die romantisch gelegene Felsburg Reußenstein bei Wiesensteig. Turm und obere Umfassungsmauern stammen aus dem 13. Jh.

Höhe abgetragen und in neuem Stil wiederaufgeführt wurde. Im Obergeschoß lag der Rittersaal. Die Südwand gibt der Ruine das Gepräge: Hier reihen sich nach innen verengte Rundbogenfenster auf und – als einziges Schmuckelement – ein Doppelfenster mit verzierter Mittelsäule. Ob bereits ursprünglich ein Gebäude dahinterstand oder zum Teil nur eine Galerie, ist ungeklärt, spätere Anbauten wurden inzwischen wieder entfernt. Ein zweiter Mauergürtel umgibt die Innenburg in engem Abstand, auch er dürfte staufischer Zeit angehören.

Im 15. oder 16. Jahrhundert erweiterte man die Burg zur Festung. Zunächst wurde der innere Zwinger im Süden durch den hübschen „Maschikuli"-Turm verstärkt und durch einen Torturm abgeriegelt. Dieser war über je eine Zugbrücke für Wagen und Personen erreichbar. Dann wurde eine Vorburg ummauert und in weitem Abstand rings um die Anlage ein weiterer Mauerzug gelegt, der durch zehn Mauertürme markiert ist. Alle diese Türme sind durch Waffenräume und Schießscharten abwehrbereit ausgestattet.

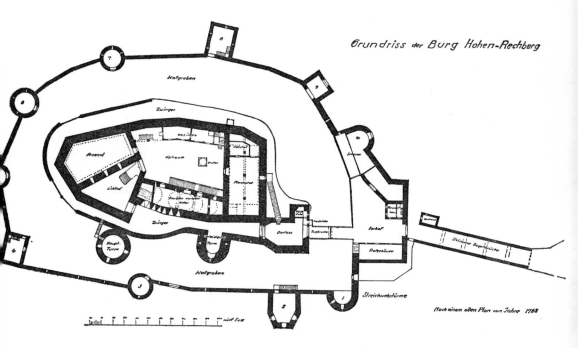

Staufeneck

Zu den eindrucksvollsten und touristisch gut erschlossenen Ruinen unseres Landes zählt Staufeneck. Früher glaubte man, der aus bestem Quaderwerk erbaute Bergfried sei ein römischer Wartturm gewesen, eine auch bei vielen anderen Burgen angenommene Theorie, die aber hier wie sonst nicht haltbar ist. Dann sprach man auf Grund einer alten Überlieferung dem Bruder des ersten Stauferherzogs, dem Pfalzgrafen Ludwig, die Gründung für die Zeit um 1080 zu. Aber auch diese Annahme hält einer kritischen Nachprüfung nicht stand. Die spätstaufische Gestalt der Burg, ihre Ecklage, das Fehlen jedes früheren Beleges deuten gemeinsam daraufhin, daß erst die Familie der seit 1259 genannten Burgherren die Gründung vollzog. Die Herren von Staufeneck waren nahe verwandt mit den Marschällen von Rechberg und den Truchsessen von Waldburg und gehörten wie sie zu den führenden Reichsministerialen. Ihre Herkunft läßt sich mit guten Gründen erschließen: Sie entstammten der herzoglich-königlichen Burgmannschaft des Hohenstaufen. Im Dienste ihrer staufischen Herren waren sie so einflußreich und wohlhabend geworden und hatten so viel Besitz- und Herrschaftsrechte (im Fils- und Neckartal bis nach Cannstatt hinunter) erworben, daß sie sich (um 1220 bis 1260) eine eigene stattliche Burg erbauen konnten.

Die Ruine stellt sich heute als Musterbeispiel einer staufischen Ministerialenburg dar. Die etwa 7,5 Ar große Innenburg wird von einer hohen Buckelquadermauer umschlossen, die zum Tal hin 1,80 m, an der Zugangsseite 2,40 m stark ist. Hat man den Graben überschritten, führt ein (verändertes) Rundbogentor in den Burghof. Die Ostseite füllt das etwa 125 qm große Herrenhaus aus, dessen Quaderwände außen und innen kraftvoll und repräsentativ wirken. Ein Konsolgesims verrät die ehemalige Stockwerkeinteilung, ein Kaminschacht die Heizbarkeit. Rundbogenfenster auf der Talseite in Nischen mit Sitzbänken gefaßt, erhellten das Obergeschoß, während das Erdgeschoß sich mit engen Scharten zu begnügen hatte. Ins Obergeschoß führte ein unmittelbarer Zugang über eine (abgebrochene) Freitreppe. Auf der gegenüberliegenden Westseite lag früher ein zweiter Wohnbau, der im Spätmittelalter dazugekommen sein dürfte. Die Anlage wird durch den gewaltigen Rundturm beherrscht, der 30 m hoch, 10 m weit und 3 m stark ist. Auch hier imponiert nicht nur die Wucht, sondern auch die Exaktheit und Schönheit des Mauerwerks. Diese Verbindung von Monumentalität und vornehmem Formensinn ist charakteristisch für den staufischen Baustil.

Noch vor dem Aussterben der Familie Staufeneck (1355) kam die Burg an eine Linie der Rechberger, die von 1333 bis zu ihrem Erlöschen im Jahre 1599 hier ihren Sitz hatte. Sie erbaute im 16. Jahrhundert die weitläufige Vorburg, die dann im 18. Jahrhundert neue Wirtschaftsgebäude erhielt. Ihre Erben waren die Herren von Freyberg, und seit 1665 besitzt die Familie Degenfeld die Burg. 1665 bis 1790 war Staufeneck Verwaltungssitz eines Vogtes, und bis 1819 diente die Burg einem Pfarrer als Wohnsitz. Nach 1830 begann man sie schubweise abzutragen, doch behielt sie glücklicherweise beträchtliche Reste gerade ihres ältesten Bestandes aus staufischer Zeit.

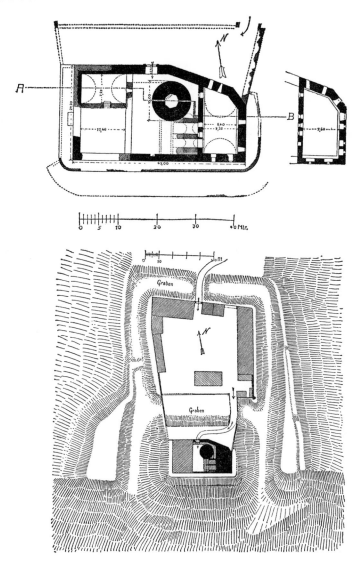

Ramsberg

Der Burghof von Ramsberg wird durch ein mächtiges Herrenhaus mit etwa
265 qm Innenfläche und zwei Meter starken Mauern beherrscht. Nur ein frühgotischer Eingang erinnert an die Entstehungszeit, während die Fenster und Staf-
felgiebel auf spätere Veränderungen weisen. Der architektonisch bemerkens-
werteste Raum ist das Untergeschoß: eine dreischiffige Halle mit neun Gewölben,
die durch kraftvolle, auf achteckigen Pfeilern ruhende Rippen getragen sind.
Dieser Raum war ursprünglich nicht Vorratskeller und auch keine Unterkirche,
wie angenommen wurde, sondern eine „Türnitz", das heißt: der untere Repräsen-
tationsraum des Palas. Beweis dafür sind die Spuren eines ehemaligen Kamins.
Der dreieckige Burghof liegt innerhalb einer starken Umfassungsmauer, die weithin aus Buckelquadern besteht; an der westlichen Seite ist ein schmaler Zwinger
vorgelagert. Nahe dem Torraum, der in späterer Zeit umgestaltet wurde, stand
bis 1830 ein viereckiger Bergfried. Außerhalb der Kernburg liegt die in schönen

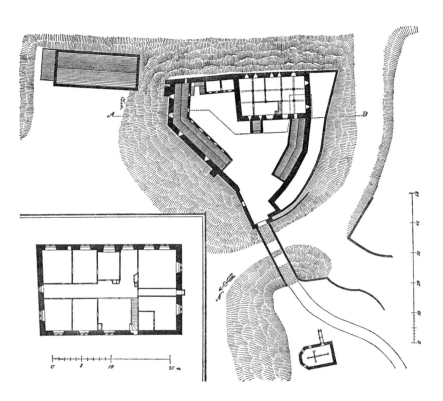

spätgotischen Formen erbaute Burgkapelle (um 1560), in der man 1967 Wandmalereien der Entstehungszeit freilegte.

Die Burg ist nicht erst 1328 urkundlich erwähnt, wie allgemein angegeben wird, sondern bereits 1270, und zwar in der Hand des Königsministerialen Konrad von Plochingen. Sein Vater und Großvater waren Reichsvögte auf der Achalm gewesen (1241, 1267), der Großvater hatte als kaiserlicher Ritterführer an der Niederschlagung des Aufstandes von 1235 teilgenommen. Einer von ihnen dürfte der Bauherr gewesen sein. Der erste urkundliche Nachweis rückt somit nahe an die kunstgeschichtliche Datierung der Türnitz, deren Formen in die Mitte des 13. Jahrhunderts deuten. Wie der Hohenrechberg und Staufeneck gehört auch Ramsberg in den Kreis der Ministerialenburgen rings um den Hohenstaufen.

Von 1328 bis 1529 besaß und bewohnte eine rechbergische Linie – wohl als Erbe der verwandten Plochinger – die Burg. Dann wechselten die Besitzer mehrfach, von 1809 bis 1972 war sie wiederum in der Hand der Grafen von Rechberg.

Wäscherschloß

Das Wäscherschloß ist die noch am besten erhaltene Burg aus staufischer Zeit im Landkreis und überdies eine besonders einheitliche, malerische Anlage, Beispiel einer kleineren staufischen Ritterburg. Eine zwei Meter starke und fast zehn Meter hohe Umfassungsmauer aus hellbraunen Buckelquadern schützt die Anlage. Durch ein flachspitzbogiges (ehemals rundbogiges) Tor gelangt man in den trapezförmigen Innenhof. Ein imposantes Herrenhaus steigt auf, das den ganzen Westteil einnimmt (mit rund 150 qm Innenfläche). Das Erdgeschoß ist mit Buckelquadern verschalt und besitzt einen vermauerten flachspitzbogigen Eingang und einige Scharten, darüber erhebt sich ein Fachwerkgeschoß aus dem 15. Jahrhundert und oben ein weiteres von 1699. Die Nordseite zeigt Spuren eines weiteren Baues. Vor der Innenburg liegt ein geebneter Hof, der früher von einer äußeren Mauer umschlossen war, und davor ziehen sich an drei Seiten Wall und Graben hin, während an der Nordseite ein Steilhang abfällt.

Der Grundriß der einheitlich konzipierten, kompakten Anlage und Stilformen wie Buckelquader, Steinmetzzeichen, Zangenlöcher und Tore gebieten eine Datierung in die erste Hälfte des 13. Jahrhunderts. Dem Stammvater der Hohenstaufen, dem vor 1050 lebenden Herrn „von Büren", kann diese Anlage aus Zeitgründen nicht zugeschrieben werden.

Der erste Ritter, der 1268 den Beinamen „Wascher" trug und 1271 ein Gut in Wäschenbeuren erwarb, also wahrscheinlich auch die Burg besaß, stammt wiederum nachweislich aus der Burgmannschaft des Hohenstaufen. Auch das Wäscherschloß gehört somit in den Kranz von Ministerialenburgen, die, vom Hohenstaufen aus gegründet, wie Satelliten die Herzogsburg umgaben. Sie war also gleichzeitig Glied eines übergeordneten Festungssystems und standesgemäßer Sitz einer im Königsdienst stehenden Ritterfamilie.

Im 14. Jahrhundert kam die Burg an die Familie Rechberg-Staufeneck und wurde zeitweilig einer ihrer Wohnsitze. Anläßlich einer Eroberung im Städtekrieg 1377 erlitt sie Beschädigungen, worauf heute noch Umbaumaßnahmen im Erdgeschoß des Wohnbaus hinweisen. Im Jahre 1599 wurde das Gut als österreichisches Lehen an den bekannten „Reichspfennigmeister" (Finanzpräsidenten) Zacharias Geizkofler verliehen und später an wechselnde andere Familien. Heute beherbergt das Schloß ein geschichtliches Museum.

Hoheneybach und die Grafen von Degenfeld-Schomburg

Der steil über Eybach aufragende Himmelsfelsen trug einstmals eine Burg. Heute sind nur noch einige Mauerreste, darunter Tuffquader, zu sehen. Ein natürlicher, aber künstlich erweiterter Graben trennt den Burgplatz von der Hochfläche.

Auch diese kecke Felsburg entstand als Ministerialensitz, aber nicht in unmittelbarem Schutz und Auftrag der Staufer wie die vorher beschriebenen, sondern unter der Hoheit der Grafen von Helfenstein. Die Ritter von Eybach sind 1265 und 1281 nachzuweisen. Bereits 1291 verkaufte aber Graf Ulrich von Helfenstein die Burg an das Kloster Ellwangen, das sie in der Folgezeit an verschiedene Adelsfamilien verlieh. Die Familie von Degenfeld erwarb sie 1456 und bezog sie für fast ein weiteres Jahrhundert als Wohnsitz. Als aber im 16. Jahrhundert die Zeit der ritterlichen Höhenwohnungen mit ihren Beschwerlichkeiten zu Ende ging, da bauten auch die Degenfelder um 1540–1546 ein neues Schloß in Eybach.

Die Herren von Degenfeld, eines Stammes mit den Rittern von Weißenstein, sind ihrer Herkunft nach, wie die ältesten Eybacher Burgherren, ritterliche Dienstleute der Grafen von Helfenstein. 1270 erstmals nachweisbar, hatten sie wohl um die Mitte des 13. Jahrhunderts die Burg über Degenfeld errichtet. Lange Zeit von lokaler Bedeutung, wuchs ihr Ansehen und Einfluß im 17. und 18. Jahrhundert. Christoph Martin von Degenfeld, 1625 in den Freiherrnstand erhoben, war nacheinander bayerischer, kaiserlicher, schwedischer und französischer Offizier und errang dann als Feldherr der Republik Venedig auf dem Balkan Siege gegen die Türken. Sein Sohn residierte als venezianischer Statthalter in Griechenland. Christoph Martin II., preußischer General und Minister, erhielt 1716 die Grafenwürde und nahm den Namen Degenfeld-Schomburg an. Sein Sohn erbaute das repräsentative Schloß in Eybach (1760–1770), das die Familie bis heute bewohnt.

Hiltenburg

Die Hiltenburg wird erstmals 1289 als helfensteinischer Beamtensitz nachweisbar und ist somit ein Beispiel für die Bedeutung der Burgen als Verwaltungsmittelpunkte. Der Amtmann der Hiltenburg dürfte für die helfensteinische Herrschaft im ganzen oberen Filstal zuständig gewesen sein. 80 Jahre früher schon ist ein Adliger namens Eberhard von Ditzenbach (in einer auf dem Hohenstaufen 1208 datierten Urkunde der Königin Irene) als Zeuge notiert, aber es ist nicht auszumachen, ob er im Ort oder auf der Höhenburg wohnte.

Nach der Teilung des helfensteinischen Besitzes im Jahre 1356 wurde die Hiltenburg Nebenresidenz einer gräflichen Linie. Zur kirchlichen Betreuung des Hofes erbaute man 1363 eine Burgkapelle. Die eigentliche Glanzzeit der Burg begann,

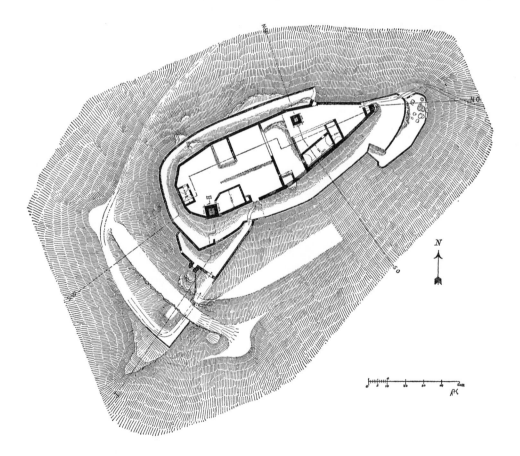

als nach dem Verkauf des Geislinger Herrschaftsteiles die Burg Hauptwohnsitz
der Helfensteiner wurde (1396). Die 35 Ar große Burgfläche bot genügend Raum
für die Hofhaltung. Mehr als ein Jahrhundert war die Hiltenburg Zentrum der
Herrschaft und Schauplatz einer kleinen Residenz, dann erfolgte die Katastrophe:
Als im Jahre 1516 die Besatzung – wahrscheinlich versehentlich – einen Kano-
nenschuß auf das Quartier des vorbeiziehenden württembergischen Herzogs Ulrich und sein Gefolge auslöste, ohne jemand zu verletzen, da ließ der Herzog die
Burg erobern. Er forderte von dem kranken, abwesenden Burgherrn ultimativ das
Öffnungsrecht, und ließ, als dieser sich weigerte, das Schloß anzünden und aus-
brennen. In einer Zeit, da Höhenburgen ohnehin unmodern wurden, verzichteten
die Helfensteiner auf eine kostspielige Wiederherstellung und verlegten ihre Residenz nach Wiesensteig.

Der weitflächige, längliche Gipfel war rings von einer (teilweise noch erhaltenen)
Umfassungsmauer eingeschlossen, aber in zwei Abschnitte aufgeteilt, die durch
einen Graben und ehemals auch eine Mauer getrennt waren. Zeitweise wohnten
hier ja zwei oder mehr gräfliche Familien. In beiden Teilen steht je ein Turm,
beide heute noch fünf oder sechs Meter hoch, der südwestliche ganz in Buckelquader, der östliche, wohl jüngere, nur mit Eckquadern versehen. Zwei gewölbte
Keller sind die letzten Zeugen der Gebäude. Eine äußere Zwingermauer, vermutlich im 14. Jahrhundert entstanden, verdoppelte einst den Schutz, und auf der
südwestlichen Zugangsseite war ein zweiter Zwinger mit einer Toranlage vorge-
legt.

Überkingen-Bühringen

Südlich von Bad Überkingen lag auf einem Bergvorsprung die ehemalige Burg
Bühringen oder „Alberingen" (vermutlich von Alb-Böhringen). Drei dicht hinter-
einandergelegene Halsgräben bezeichnen die Burgstelle, auf der man vor einigen
Jahrzehnten auch einige Mauerreste sah.

Die mitten in helfensteinischem Gebiet ansässigen Ritter von Überkingen waren,
wie nicht anders zu erwarten, Dienstmannen der Grafen von Helfenstein. Sie
sind 1258 erstmals nachweisbar und waren vermutlich gleichen Stammes wie die
Herren von Böhringen (Unterböhringen), die 1191–1348 bezeugt sind und wohl
die Burg Oberrommental besaßen. Angehörige der Familie von Überkingen übten
im Auftrag der Helfensteiner mannigfache Ämter aus: Bezeugt sind 1270 ein
Schultheiß in Kuchen, 1287 ein Richter in Überkingen, 1270 ein Amtmann in
Azzenweiler (bei Altenstadt), 1314 und 1319 ein Vogt in Geislingen und 1352 ein

Vogt in Scharenstetten. Ihre Burg kam 1363 an die Grafen von Helfenstein selbst, und von 1373 bis 1403 war sie Wohnsitz einer Fürstin, der Herzogin von Bosnien, Witwe des Grafen Ulrich von Helfenstein. Anschließend erwarb die Reichsstadt Ulm die Burg und bestellte einen Vogt für ihre Verwaltung. Im Laufe der Zeit zerfiel sie und diente den Türkheimer Bauern als Steinbruch.

Filseck

Ob die Grafen von Aichelberg die 1216 erstmals erwähnte Burg gegründet haben, ist nicht sicher zu belegen, aber die Herren von Filseck (1268–1294 bezeugt) scheinen ihre Ministerialen gewesen zu sein. Nach deren Aussterben kam die Burg offenbar in die Hände der gräflichen Dienstherren zurück, und diese verkauften sie im Jahre 1318 mit ihren Gütern und Rechten in Uhingen an die Grafen von Württemberg. Von 1369 bis 1568 gehörte Filseck der Familie Reuß von Reußenstein, dann wechselten die adligen Besitzer mehrfach.

Anstelle der auf einem Höhenvorsprung gelegenen Burg wurde im 16. oder 17. Jahrhundert die vierflügelige Schloßanlage errichtet, die mit ihren beiden Ecktürmen noch heute (trotz des Brandes von 1971) ins Tal hinabgrüßt.

Reussenstein

An der südwestlichen Kreisgrenze liegt der Reussenstein, eine der romantischsten Ruinen der Schwäbischen Alb. Die Innenburg liegt auf hochragendem Felsen, ist nur über einen schmalen Felspfad und durch zwei künstliche Felstore zugänglich und besteht aus einem fünfstockigen Wohnbau, einem Bergfried und einem kleinen Hof. Unterhalb des Felsens liegt die Unterburg mit ehemals zwei Gebäuden, einem runden Mauerturm und einem bastionsartigen Vorbau.

Der Reussenstein, östlicher Vorposten der Herrschaft Teck, wurde am Ende des 13. Jahrhunderts von teckischen Ministerialen aus Kirchheim erbaut. Im 14. und 15. Jahrhundert wurde er mehrfach in Fehden verstrickt und dreimal gewaltsam erobert, ohne aber zerstört zu werden. Im Jahre 1441 erwarb ihn Graf Johann von Helfenstein, und in den folgenden Jahrzehnten bewohnten zeitweise Angehörige dieses gräflichen Hauses die Burg, die nun westlicher Vorposten *ihrer* Herrschaft war. Damals noch durch die Mauern der Vor- und Unterburg verstärkt, wurde sie bereits im 16. Jahrhundert verlassen und dem Verfall preisgegeben. In den Jahren 1965/66 sicherte der Landkreis Nürtingen den Bestand der eindrucksvollen Ruine durch denkmalpflegerisch überwachte Erhaltungsarbeiten.

Der Burgenbau im Überblick

Fragt man nach den Hauptperioden des Burgenbaus – und ihre Klärung ist eine Voraussetzung für die Motivforschung –, dann muß man von jenen Anlagen ausgehen, für die die Gründungszeit erschlossen werden kann. Das ist für rund 23 Burgen, wenigstens in Form des „terminus ante quem", möglich.

1. In den drei Jahrzehnten von 1070 bis 1100 entstanden die ersten vier Adelsburgen, alle als Residenzen gräflicher oder grafengleicher Familien, zwei in beherrschender Gipfellage, zwei kühn auf Felsen gebaut: Hohenstaufen, Spitzenberg, Ravenstein und Helfenstein.

2. Während des ganzen 12. Jahrhunderts werden nur drei weitere Burgen nachweisbar: Scharfenberg (1156), Leimberg (um 1170–1180) und Roggenstein (um 1150–1170), die beiden ersten als Sitze freiadliger Familien, während die Burgherren des Roggenstein ständisch nicht einzuordnen sind. Knapp jenseits der Kreisgrenze entstand vor 1179 die erste Burg eines ritterlichen Dienstmannes, des bedeutendsten staufischen Ministerialen der ganzen Umgebung, der Hohenrechberg.

3. Im 13. Jahrhundert werden nicht weniger als 16 neue Burgen, meist auf Bergvorsprüngen gelegen, faßbar. Zunächst waren es noch einmal zwei Grafensitze (Filseck 1216 und Aichelberg um 1220), dann aber setzen die Nachweise für Ministerialen- und Amtsburgen ein: Weißenstein 1241, Gerenberg 1251, Staufeneck 1257, Wäscherschloß 1268, Ramsberg 1270, Bühringen 1270, Lotenberg 1279, Bernegg 1288, Hiltenburg 1289, Heldenberg 1290, Hoheneybach 1291, Rechberghausen 1291, Reussenstein 1301, Geislingen (Stadtschloß).

4. Im 14. Jahrhundert mag noch manche Dorfburg entstanden sein, aber sicher bezeugt ist es für keine, und bedeutende Burgen wurden gewiß nicht mehr errichtet. 1360–1370 soll die Burg Rechberghausen umgebaut worden sein.

5. Im 15. und 16. Jahrhundert bauten die bedeutenderen Burgherren ihre Anlagen durch äußere Mauergürtel, Mauertürme und Vorburgen zu kleinen Festungen aus: Helfenstein, Hiltenburg, Reussenstein, Rechberg und Scharfenberg.

Nach dieser Übersicht drängen sich die Hauptphasen der Burgengründungen auffallend zusammen: Die erste beschränkte sich auf die zweite Hälfte des 11. Jahrhunderts und erfaßte lediglich die Hocharistokratie, den Grafenadel. Die zweite gehört ins 13. Jahrhundert und erstreckte sich auch auf den niederen Adel, die ritterlichen Dienstmannen, die allerdings der Beauftragung oder wenigstens der Zustimmung ihrer hochadligen Herren bedurften. Wir haben allen Grund für die Annahme, daß die meisten der etwa 40 undatierbaren Burgen und festen Häuser, die größtenteils in Dörfern lagen und dem Niederadel gehörten, ebenfalls ins

13. Jahrhundert (oder den Beginn des 14. Jahrhunderts) zu verweisen sind. Mußte es doch für die in den Dörfern verbliebenen Ministerialen ehrgeiziges Ziel sein, wie ihre Kollegen auf den Höhenburgen über das Statussymbol einer standesgemäßen Wohnung zu verfügen.

Nimmt man hinzu, daß im 13. Jahrhundert auch viele Kirchen und ganze Städte errichtet wurden, dann läßt sich die ungeheure Baufreudigkeit und die sensationelle Konjunktur der spätstaufischen Zeit ermessen.

Die Motive des Burgenbaus sind sicher vielschichtig und im einzelnen problematisch, weshalb sie hier nicht ausgebreitet werden können. Ein wesentlicher Faktor ergibt sich aber schon aus der Periodisierung, denn die wichtigsten Phasen fallen zeitlich mit folgenreichen gesellschaftlichen Umstrukturierungen zusammen: Im 11. Jahrhundert emanzipierte sich der hohe Adel von der Königs- und Herzogsgewalt, und im 13. Jahrhundert errangen die unteren Adelskreise eine vorher nicht gekannte Selbständigkeit. Die dabei neu gewonnene Stellung schloß auch die militärisch, ständisch und politisch bedeutsame Möglichkeit des Burgenbaus ein.

Weitere Motive sind den Funktionen der Burgen zu entnehmen. Selbstverständlich boten die vielfach auf schwer zugänglichen Höhen gelegenen Burgen zunächst einmal militärischen Schutz. Verschafften doch ihre dicken, fensterlosen Mauern und der Vorteil der Höhenlage den Burgbewohnern – in einer Zeit einfacher Bewaffnung – eine kaum wettzumachende Überlegenheit.

Aber die Bedeutung der Burgen reichte über die Ringmauern weit hinaus, denn von ihnen aus war es möglich, das Umland zu kontrollieren und zu beherrschen. Darin ist ihre Funktion als politische Mittelpunkte begründet. Die Burgherren konnten Dörfer und Städte überwachen, Mühlen und Gasthäuser beaufsichtigen, Straßen sichern und Schiffahrtswege beobachten. Die Besitzer des Helfenstein zum Beispiel sicherten den Verkehr auf der Fernstraße unter ihrer Burg und bezogen dafür hohe Gebühren aus der Zollstation Geislingen. Wer aber nicht nur über *eine* Burg, sondern über mehrere, über Ministerialenburgen, über ein ganzes Burgensystem verfügte, der hatte eine ganze Landschaft im Griff, hatte die Macht, hoheitliche Befugnisse auszuüben, hatte die Pflicht, den Frieden zu wahren und das Recht, Abgaben zu erheben. Tatsächlich war im 13. Jahrhundert fast jede Siedlung, jeder Acker, jeder Bewohner dieser Gegend irgendeiner Burg zugeordnet, war das Land gleichsam unter die Burgen aufgeteilt (wenn man die Klosterherrschaften ausnimmt). Die Hohenstaufen geboten im Kreisgebiet über sechs Burgen, die Grafen von Aichelberg über vier, die Herzöge von Teck über drei, die Grafen von Helfenstein aber über zwanzig.

Hohenstaufen: Burg Hohenstaufen, Ebersbach, Göppingen, Ramsberg, Staufeneck, Wäschenbeuren.

Aichelberg: Aichelberg, Bünzwangen, Dürnau, Filseck.

Teck: Heiningen, Lotenberg, Reussenstein.

Helfenstein: Helfenstein, Bühringen, Deggingen, Eybach, Gerenberg, Geislingen, Gingen, Gruibingen, Hiltenburg, Kuchen, Leimberg, Nenningen, Ravenstein, Rommental, Schlat, Süßen, Überkingen, Weißenstein, Wiesensteig, Zillenhardt.

Eine Folge der politischen Funktion wiederum war die administrative. Im 13. Jahrhundert wohnten die Amtleute, die die Verwaltung kontrollierten und Recht sprachen, vielfach auf Burgen: die helfensteinischen nachweislich auf der Hiltenburg, dem Ravenstein, dem Helfenstein und im Stadtschloß Geislingen, die staufischen auf dem Hohenstaufen und in Göppingen, ein Amtmann der Herzöge von Teck auf Lotenberg.

Die Burgen waren als Wohnungen der herrschenden Schicht mehr oder weniger auch Zentren vornehmen gesellschaftlichen Lebens. Hier wurden Feste gefeiert, Turniere abgehalten, Wettbewerbe veranstaltet, Dichter und Sänger gehört, Jugendliche in Waffen, Künsten und den Anfängen der Wissenschaften ausgebildet. Für die Grafen- und Herzogsburgen sind die typisch mittelalterlichen Hofrepräsentanten nachzuweisen: auf dem Hohenstaufen ein Marschall, Kämmerer, Truchseß und Schenk, auf dem Helfenstein ein Truchseß und später ein Hofmeister.

Einen Abglanz der einstigen Bedeutung, konzentrierter Kraft und höfischer Vornehmheit spiegeln die Ruinen noch heute wider. Man denke an Hohenrechberg, Staufeneck oder Wäschenbeuren, an den soliden Quaderbau der meterstarken Mauern, an den wie mit Zirkel in Grund gelegten und mit Richtscheit hochgezogenen majestätischen Bergfried von Staufeneck, an die arkadenartige Fensterreihe des Rechbergs. Wie repräsentativ aber einst die Rittersäle gestaltet waren, zeigt die „Türnitz" der Ministerialenburg Ramsberg mit ihren kunstvollen Gewölben.

Im 14. Jahrhundert geriet der Adel und das Rittertum in wirtschaftliche und politische Krisen hinein, die die Existenz zahlreicher Familien bedrohten, einiger sogar vernichteten. Auf vielen Burgen zog Armut ein und mit ihr geistige und moralische Gefährdung. Andererseits blieben aber die Burgen Machtmittel. In den Händen bedrohter oder verzweifelter Männer, die die Grundlagen ihres Lebensstandards schwinden sahen, wurden sie nun vielfach für Privatfehden und egoistische Unternehmungen eingesetzt. Es war die Zeit der „Raubritter", obschon es auch damals nur ein kleiner Teil der Ritterschaft war, der zu kriminellen Taten Zuflucht nahm.

Im 16. Jahrhundert verließ der überlebende Adel endgültig die Höhenburgen und baute Schlösser neuen Stils (Eybach, Donzdorf, Wiesensteig). Die Zeit politischer Selbständigkeit, eigener Wehrhoheit und ritterlicher Romantik ging zu Ende. Aus den Rittern wurden Landedelleute, Offiziere und hohe Beamte.

Die Geschichte der Burgen im Landkreis Göppingen und im ganzen Land dauerte vom 11. bis zum 16. Jahrhundert und deckt sich mit der großen Zeit des Adels. Die Burg ist charakteristisch für ein Zeitalter, das zwar keine Demokratie, aber auch keine Diktatur kannte, sondern staatliche Gewalt in Form einer Aristokratie verwirklichte. Die Ruinen sind die letzten Zeugen einer gesellschaftlichen Elite, wie es sie in ähnlicher Exklusivität seitdem nicht mehr gab.

Literatur

Der Beitrag fußt auf zahlreichen wissenschaftlichen Einzelpublikationen, Quellenveröffentlichungen und Originalurkunden, die gemäß den Richtlinien dieses Bandes nicht zitiert werden sollen. Es kann hier nur auf folgende Arbeiten verwiesen werden:

Akermann, Manfred: Kunstwerke im Landkreis Göppingen, 1965

Bauer, Hermann: Die ältere Genealogie der Grafen von Rechberg (Württ. Jahrbücher 1870 und Beschreibung des Oberamts Gmünd, 1870, S. 141—159)

Bosl, Karl: Die Reichsministerialität der Salier und Staufer, 1950/51

Fischer, Isidor: Burgen und Adelsgeschlechter im Bezirk Geislingen (Festschrift zum hundertjährigen Jubiläum des Reformrealprogymnasiums Geislingen, 1929)

Fischer, Isidor: Heimatgeschichte von Weißenstein und Umgebung, 1927

Gmeinder, E.: Die Burg Hohenrechberg

Kerler, K. F.: Geschichte der Grafen von Helfenstein, 1840

Kirschmer, Karl: Hohenstaufen, Berg — Burg — Dorf — Amt, 1948

Kirschmer, Karl: Burgen und Adelsgeschlechter (Heimatbuch des Landkreises Göppingen, 1956)

Klemm, A.: Die Burg Helfenstein. Spitzenberg und Michelsberg. Beiträge zur Geschichte von Geislingen und Umgebung (Württ. Vierteljahrshefte f. Landesgeschichte 1883—1885)

Maurer, Hans-Martin: Die landesherrliche Burg in Württemberg, 1958

Maurer, Hans-Martin: Die Grafen von Aichelberg (Heimatbuch Weilheim/Teck III, 1969, S. 38)

Zürn, Hartwig: Die vor- und frühgeschichtlichen Geländedenkmale und die mittelalterlichen Burgstellen der Kreise Göppingen und Ulm, 1963

Von Menschen und Leuten

Persönlichkeiten

von Manfred Akermann und Walter Ziegler

Nikolaus Bantleon (1838–1928)

Nikolaus Bantleon wurde am 1. Juni 1838 in Kuchen als zweiter Sohn des dortigen Hirschwirts und Bierbrauers Johann Jakob Bantleon und dessen Ehefrau Katharina geb. Hagmayer von Waldhausen geboren. Schon im Alter von zwölf Jahren arbeitete er als maßgebender Gehilfe auf dem Hofgut seines kranken Onkels Johannes Thierer in Waldhausen. Mit kaum sechzehn Jahren leitete er bereits wie ein geborener Bauer dreißig meist ältere Dienstboten und Landarbeiter an. Die wenig ertragreiche Feldwirtschaft stellte er auf Viehwirtschaft um. Seine gleichzeitig eingerichtete moderne Molkerei wurde vorbildlich für das ganze Land. Nach seines Onkels Tod, 1856, führte er den Hof allein. Vier Jahre später heiratete er die Schultheißentochter Angelika Hauff aus Weidenstetten. Lange vor dem Erlaß eines Feldbereinigungsgesetzes führte er durch Kauf und Tausch selbst eine Flurbereinigung auf seinen Gütern durch. 1863 errichtete er eine Brauerei. Als er in den Bürgerausschuß und den Gemeinderat von Waldhausen gewählt wurde, kam seine Umsicht und Betriebsamkeit der ganzen Gemeinde zugute. Die unhaltbaren Zustände in der Wasserversorgung der Albgemeinden veranlaßten ihn, energisch für die Errichtung der Albwasserversorgungsgruppe I, der sog. Eybgruppe, die am 1. Juli 1878 gegründet wurde, einzutreten. Auch für den Bau einer neuen Steige von Eybach nach Waldhausen setzte er sich ein. Die von ihm hartnäckig verfochtene Bahnlinie Amstetten—Gerstetten brachte eine noch bessere Verkehrserschließung der an ihr gelegenen Gemeinden. Als Autodidakt erwarb sich der Volksschüler Bantleon im Laufe der Zeit ein umfangreiches Wissen über Landwirtschaft, Geschichte, Politik und Kultur. Als Folge dessen wurde er 1883 als Vertreter des Oberamtsbezirks Heidenheim in den Stuttgarter Landtag gewählt. Von kurzen Unterbrechungen abgesehen gehörte er ihm bis 1912 an. Am Herzen lagen ihm naturgemäß die Probleme der Landwirtschaft. Auf seine Anregung hin entstand 1903 eine Geflügelzucht- und Lehranstalt in Hohenheim. Der landwirtschaftlichen Selbstverwaltung öffnete er den Weg durch eine Landwirtschaftskammer. Als nationalliberaler Politiker zog er 1893 für zwei Jahre in den Reichstag zu Berlin ein. Bereits 1890 hatte er sein Anwesen dem einzigen Sohn Johannes — zwei weitere Kinder waren früh verstorben — übertragen. Am 13. Dezember 1928 starb er im hohen Alter von 90 Jahren

in Waldhausen. Im Laufe seines Lebens waren ihm verschiedene Ehrungen zuteil geworden. So wurde ihm 1889 der seltene Titel eines Ökonomierats verliehen. 1906 erhielt er
vom König das Ritterkreuz I. Klasse des Friedrichsordens und 1911 den Orden der württembergischen Krone. Die Gemeinde Waldhausen ehrte ihn mit dem Ehrenbürgerrecht.

John Jacob Bausch (1830–1926)

„Mein Leben war anspruchslos und für eine lange Zeit ein Existenzkampf", so beginnt
die Lebensgeschichte von John Jacob Bausch, dem sog. „amerikanischen Zeiss". Geboren
wurde er am 25. Juli 1830 in Großsüßen (heute Süßen) als fünftes von sieben Geschwi-
stern. Bei seinem Bruder erlernte er das Optikerhandwerk. Da eine Arbeitsstelle in Bern
in der Schweiz nicht den erwarteten Verdienst brachte, wanderte er im Frühjahr 1849
nach Nordamerika aus. Nach verschiedenen Gelegenheitsarbeiten gelang es ihm 1853 in
New York ein Optikergeschäft zu eröffnen. Im gleichen Jahr heiratete er die gemeinsam
mit ihm ausgewanderte Barbara Zimmermann aus Großsüßen. Zusammen mit seinem
Kompagnon, Henry Lomb aus Hessen, errichtete er 1864 eine kleine Fabrikationswerk-
stätte, in welcher er Brillen herstellte. Statt des brüchigen amerikanischen Horns verwendete er Hartgummi für die Brillenrahmen. Nach und nach traten Bauschs Söhne
Edward, Henry und William in den Betrieb ein. Seit 1883 befaßte sich das Unternehmen
mit der Herstellung von Photolinsen. Als es 1892 gelang, mit der Firma Carl Zeiss in
Jena einen günstigen Vertrag abzuschließen, erweiterte sich das Produktionsprogramm
gewaltig. Später dehnte sich das Fabrikationsprogramm auf zahlreiche Meßgeräte und
Fotoapparate einschließlich Geräte für Luftbild-Topographie aus. In Zusammenarbeit
mit dem Gründer der Kodakwerke, George Eastman, konnte Edward Bausch die Herstellung von Objektiven, Verschlüssen und Projektionsapparaten wesentlich fördern. William Bausch ließ sich 1902 seine ersten modernen Preßmethoden für Linsenglas patentieren. Bereits 1895 arbeiteten bei Bausch & Lomb rund 500 Arbeiter, also etwa gleich
viel wie bei Carl Zeiss in Jena; in den folgenden acht Jahren verdoppelte sich die Zahl
in Rochester. 1911 überschritt sie zweitausend. Heute zählt die Firma mit den Tochtergesellschaften in Kanada, England, Brasilien und Schweden mehr als 8000 Beschäftigte.
John Jacob Bausch zog sich nach 1903 allmählich von seinen Geschäften zurück. Nach
dem Tode seiner ersten Frau verheiratete er sich 1902 mit deren verwitweten Schwester.
Am 14. Februar 1926 starb er im Alter von fast 96 Jahren.

Johann Martin Bückle (1742–1811)

Der von der kunstgeschichtlichen Forschung zu den bedeutendsten deutschen Medailleuren
gezählte Johann Martin Bückle wurde am 7. Februar 1742 in Geislingen an der Steige
geboren. Nachdem er in Ulm das Büchsenmacherhandwerk erlernt hatte, übte er sich
mehrere Jahre an der kaiserlichen Akademie der freien Künste in Augsburg in den Feinheiten des Wachsbossierens, d. h. des plastischen Porträtierens mit gefärbtem Wachs. Nach
dem Zeugnis eines seiner Biographen legte er sich in Augsburg eine Sammlung von Wachs-
bildnissen berühmter Männer an, „die in Hinsicht der Farbe, Gesichtszüge und der Klei-

88. *Tracht im Oberamt Göppingen um 1810*
89. *(umseitig) Holzkohlenmeiler im Nassachtal in Uhingen-Baiereck*

dung vom geschicktesten Maler nicht so natürlich dargestellt werden konnten". Vom Wachsbossieren wandte sich Bückle der Medaillenkunst zu. Von 1772 bis 1786 arbeitete er in Augsburg auf diesem Gebiet und wurde nach und nach einer der führenden Meister in der damals weit verbreiteten Kunst. Sein in dieser Schaffensperiode entstandenes Werk ist außerordentlich stattlich. Im Jahr 1786 trat mit der Berufung an den Hof des Markgrafen von Baden-Durlach die entscheidende Wende in Bückles Leben und Schaffen ein. Allerdings erfüllte sich seine Erwartung nicht, sich an seiner neuen Wirkungsstätte künstlerisch ungehindert entfalten zu können. Dazu waren die Durlacher Verhältnisse zu bescheiden. Dennoch zeugt die lange Reihe der in seiner 25 Jahre währenden Tätigkeit am badischen Hof entstandenen Arbeiten von der hohen künstlerischen Reife, die das Werk Bückles in dieser Zeit gewann. Am 8. Oktober 1811 starb Johann Martin Bückle nach vielen persönlichen Schicksalsschlägen als armer einsamer Mann.

Christoph Martin von Degenfeld (1599–1653)

Christoph Martin von Degenfeld, der 1599 in Eybach das Licht der Welt erblickte, zählt zu den berühmtesten europäischen Heerführern des 17. Jahrhunderts. Schon kurz nach dem Beginn des Dreißigjährigen Krieges im Jahr 1618 trat er in das kaiserliche Heer ein und kämpfte unter Tilly gegen den Grafen von Mansfeld und den König von Dänemark. Nach der Landung Gustav Adolfs von Schweden bot Christoph Martin von Degenfeld diesem seine Dienste an und bekam den Oberbefehl über zwei Regimenter, die er in den Schlachten bei Nürnberg und Lützen führte. Der Sieg der kaiserlichen Truppen bei Nördlingen im Jahr 1634 hatte die Verwüstung und Besetzung der degenfeldischen Güter zur Folge. Christoph Martin floh nach Frankreich und trat dort als General in den Dienst des französischen Königs. Der Ruhm seiner zahllosen Kriegstaten veranlaßte die mächtige Republik Venedig, ihn 1642 zum Generalgouverneur der Provinzen Dalmatien und Albanien zu berufen und mit der Führung des Kampfes gegen die Türken zu betrauen. In sieben Jahren eroberte er sieben gegnerische Festungen im heutigen Griechenland. Hochgeehrt und reich beschenkt kehrte Christoph Martin von Degenfeld 1649 auf seine heimatlichen Güter zurück; vier Jahre später starb er im Schloß zu Dürnau.

Leonhard Dürr († 1538)

Die am sogenannten „Adelberger Kornhaus" in Göppingen angebrachte, mit der Jahreszahl 1514 und einem Abtswappen versehene Inschrifttafel besagt (in lateinischer Sprache), daß diesen Bau Abt Leonhard Dürr, Doktor der Philosophie und beider Rechte, errichtet habe: „Ihn hat ans Licht der Welt gebracht das Dorf Zell unter der Botmäßigkeit des Aichelbergs." Leonhard Dürr, dessen Geburtsjahr unbekannt ist, trat im Jahr 1501 sein Amt als Abt des Prämonstratenserklosters Adelberg auf dem Schurwald an, nachdem sein Vorgänger Berthold Dürr — wohl sein Bruder — gestorben war. Neben der Aufrechterhaltung von Zucht und Ordnung im Kloster lag ihm vor allem die Mehrung des klösterlichen Besitzes am Herzen. Bis zum Jahr 1527 besaß das Schurwaldkloster im mittleren Neckarraum nicht weniger als 565 Hofgüter. Das Klostervermögen nahm unter

Leonhards Regierung derart zu, daß die Kasse mehrmals hohe Darlehenssummen aus-
leihen konnte. Seine große organisatorische Begabung, seine umfassende Rechtskenntnis,
seine politische Klugheit und sein diplomatisches Geschick fanden ihre Anerkennung
durch die Berufung Dürrs zum Visitator der Prämonstratenser-Ordensprovinzen Schwaben und Bayern. In die trotz der Zerstörung der übrigen Klausurgebäude im Bauernkrieg
1525 erhalten gebliebene Ulrichskapelle stiftete Leonhard Dürr 1511 einen prachtvollen
Schreinaltar, der aus den Werkstätten erstrangiger Ulmer Meister stammt. Die Auflösung
des Adelberger Konvents im Zuge der Einführung der Reformation durch den aus der
Verbannung zurückgekehrten Herzog Ulrich von Württemberg am 25. November 1535
machte die Wiederaufbaupläne Abt Leonhards zunichte. Er starb 1538 im selbstgewähl-
ten Exil des Mutterklosters Roggenburg in Bayerisch-Schwaben.

Dr. Theodor Engel (1842—1933)

Als „Theolog und Geolog" bezeichnet sein Grabstein den am 20. November 1842 in
Eschenbach geborenen und am 29. Januar 1933 in Kleineislingen (heute: Eislingen/Fils)
verstorbenen Dr. Theodor Engel. Dieser war, zusammen mit seinem Tübinger Lehrer
Quenstedt, der Wegbereiter der geologischen Wissenschaft in Württemberg und der unermüdliche Sammler der vielfältigen Versteinerungen aus dem Jura der Schwäbischen
Alb. — Die Liebe zur Alb haftete dem Eschenbacher Pfarrerssohn seit frühester Jugend
an und er bekannte später in seinem noch heute lesenswerten Albführer: „Ich selbst bin,
wie ich ja wohl sagen kann, mit der Alb, an der Alb und auf der Alb groß geworden
und durfte so ziemlich mein ganzes Leben in ihrem Dienst verbringen." Theodor Engel
genoß an den Lateinschulen in Esslingen und Göppingen eine strenge Ausbildung, bezog
1856 das Seminar in Schöntal und 1860 das Tübinger Stift. An der Universität belegte er
neben Theologie auch die Fächer seiner Neigung, nämlich Geologie, Paläontologie und
fast alle übrigen naturwissenschaftlichen Disziplinen. Aus dieser Zeit rührt seine Be-
kanntschaft mit Quenstedt, dem großen Geologen, den er sein Leben lang verehrte. —
Engels theologisches Wirken begann 1866 als Vikar in Biberach und er nutzte diesen
Aufenthalt, um das Gebiet zwischen Federsee und Iller, die Moore und Riede Ober-
schwabens, gründlich kennenzulernen. Aber bald führte ihn der Dienst wieder in das Gebiet der Alb; zuerst nach Heubach am Rosenstein und Laufen an der Eyach und schließlich, schon als Pfarrer, 1872 für zwölf Jahre nach Ettlenschieß auf der Ulmer Alb. Durch
seine reichhaltige Petrefaktensammlung und viele wissenschaftliche Veröffentlichungen
war Engel inzwischen weithin bekanntgeworden und Geologen aus aller Herren Länder
waren in seinem Pfarrhaus zu Gast. Immer wieder war er zu Fuß auf der Alb unterwegs,
um seine Sammlungen ständig zu bereichern. — Im Jahre 1885 bewarb sich Theodor
Engel um die Pfarrstelle in dem damals 3000 Seelen zählenden Kleineislingen, wo er dann
25 Jahre wirkte. Diese Zeit wurde zur Höhe seines Lebens und Schaffens. Hier erreichten
seine Sammlungen ihre einzigartige Vollständigkeit und hier entstanden auch jene Bücher,
die heute noch zu den Standardwerken der schwäbischen Geologie und Paläontologie
gehören.

Johann Georg Fischer (1816–1897)

Der schwäbische Dichter und Lyriker Professor Dr. Johann Georg Fischer wurde am 25. Oktober 1816 in Großsüßen geboren. Durch seinen Vater bekam der Knabe eine innige Verbindung mit der Natur. Im Frühjahr 1831 trat er in das Lehrerseminar in Esslingen ein, wo ihn Musik, Naturgeschichte und der Vortrag aus Schillers, auch Goethes, Bürgers, Schubarts und Hagedorns Gedichten und die botanischen Exkursionen besonders anzogen. Bereits mit 22 Jahren veröffentlichte er ein Bändchen Gedichte. Zustimmende Äußerungen von Ludwig Uhland und Justinus Kerner ermunterten ihn zu weiteren Veröffentlichungen. Ende 1843 legte er in Tübingen mit Erfolg die Reallehrerprüfung ab und zwei Jahre später erhielt er eine Stelle an der Elementarschule in Stuttgart. Im April 1848 heiratete er die Pfarrerstochter Auguste Neubert aus Bernstadt. 1859 wurde er Vorstand der Kaufmännischen Fortbildungsschule in Stuttgart. Neben dieser ausgedehnten Lehrtätigkeit schrieb er Besprechungen von Büchern und Aufführungen im Stuttgarter Hoftheater, Nekrologe u. a. für verschiedene Zeitungen. Als Mitglied des Stuttgarter Liederkranzes hielt er nicht weniger als 21mal bei dessen jährlichen Schillerfeiern die Festrede. Bei der Feier von Schillers 100. Geburtstag, 1859, wurde ihm die Festrede wie auch die Rede zur Einweihung von dessen Geburtshaus in Marbach übertragen. Bald danach wurde er zum Professor an der Oberrealschule ernannt. In den sechziger Jahren wandte er sich dem dramatischen Schaffen zu. Seine Stücke „Saul", „Friedrich der Zweite von Hohenstaufen", „Florian Geyer, der Volksheld im deutschen Bauernkrieg" und „Kaiser Maximilian von Mexiko" wurden zwar mehrere Male in Stuttgart und Weimar aufgeführt, ein durchschlagender Erfolg als Dramatiker blieb Fischer aber versagt. Noch im Alter von 80 Jahren gab er einen Gedichtband heraus. 1883 wurde er von der Gemeinde Marbach und 1894 von seiner Heimatgemeinde Großsüßen mit dem Ehrenbürgerrecht geehrt. Fischer war eng befreundet mit Eduard Mörike und gehörte zu Wilhelm Raabes vertrautesten schwäbischen Freunden. 1867 starb seine Frau. Ihr 1851 geborener Sohn Hermann war der spätere Professor für deutsche Sprache und Literatur an der Tübinger Universität und Verfasser des Schwäbischen Wörterbuchs. 1870 heiratete Fischer Berta Feucht aus Marbach. Im Alter von über 80 Jahren starb er am 4. Mai 1897 in Stuttgart. Fischer war es, wie auch Mörike, nicht beschieden gewesen, rasch in weiten Kreisen Anerkennung als Dichter zu finden. Adolf Bartels charakterisierte J. G. Fischers Stellung unter den Lyrikern folgendermaßen: „Kein Lyriker ersten Ranges — deren gibt es ja überhaupt nur fünf oder sechs in Deutschland — aber einer der vordersten unter den ziemlich zahlreichen Lyrikern zweiten Ranges, den echt lyrischen Talenten."

Jakob Grünenwald (1821–1896)

Jakob Grünenwald gehört zu den Malern, die sich in ihrem Schaffen hauptsächlich dem bäuerlichen Genre widmeten. Die neue Einstellung, die die Künstler um die Mitte des 19. Jahrhunderts zum Leben und zur Arbeit des Bauern gewannen, mußte bei Grünenwald einen besonders starken Widerhall finden, da er selbst aus kleinbäuerlichen Kreisen stammte. Er wurde am 30. September 1821 in dem unweit von Ebersbach an der Fils gelegenen Dorf Bünzwangen als zweitjüngstes von neun Kindern geboren. Obwohl von seinen Eltern für den Schulmeisterberuf bestimmt, setzte es Grünenwald durch, daß er zu einem Lithographen in die Lehre kam. Als Neunzehnjähriger bezog er die Kunstschule in Stuttgart und erhielt eine Ausbildung als Historienmaler. 1850 ging er an die Akademie nach München. Hier konnte er alle Möglichkeiten seines Talents frei entfalten und erkannte, daß seine eigentliche Stärke auf dem Gebiet der Darstellung wirklichkeitsnaher Szenen des bäuerlichen Lebens lag, wobei er die Wiedergabe kleiner Idyllen ebenso schätzte wie das Festhalten großer dramatischer Geschehnisse. Gerade dafür ist eines der Hauptwerke des Künstlers, das im Besitz der Stuttgarter Staatsgalerie befindliche Ölbild „Nach dem Hagelschlag", das im Jahr 1862 entstand, besonders kennzeichnend. Auch die dem Göppinger Museum gehörenden Ölbilder „Bauernkinder mit Truthahn" und „Begräbnis im Württembergischen" entbehren nicht des dramatischen Akzents. Das erstgenannte Gemälde zählt zu Grünenwalds bedeutendsten Schöpfungen überhaupt. Die Landschaftsmalerei beschäftigte den Meister nur am Rande. Er frönte ihr zumeist in den Ferien am Starnberger und Ammersee. Gerade diese Bilder gehören heute zu seinen geschätztesten Arbeiten. In der Porträtmalerei beschränkte sich Grünenwald auf den Kreis seiner Familie. Für die künstlerische Wertschätzung, die der Bünzwanger Maler genoß, spricht der Ruf an die Stuttgarter Akademie, der im Jahr 1877 an ihn erging. Er wurde dort der Lehrer Pleuers, Landenbergers und Hollenbergs und unterhielt enge Beziehungen zu seinen Malerfreunden Spitzweg, Braith, Mali, Schüz und Kappis. Bis zu seinem Tod im Jahr 1896 wirkte Grünenwald in Stuttgart und gab dem schwäbischen Kunstschaffen am Ende des vergangenen Jahrhunderts entscheidende Impulse.

Johann Jakob Haid (1704–1767)

Am 23. Januar 1704 wurde Johann Jakob Haid in Kleineislingen (heute: Eislingen/Fils) als der dritte von fünf Söhnen des Schulmeisters geboren. Er wandte sich, wie übrigens alle seine Brüder auch, schon früh der Malerei zu und wählte als Ausbildungsort die Stadt Augsburg, die bereits im 17. Jahrhundert das Erbe Nürnbergs als führende Kunststadt des süddeutschen Raumes angetreten hatte. Haid trat bei dem berühmten Tiermaler Johann Elias Ridinger in die Lehre und übte sich vor allem in der Kunst des Porträtierens. Nach zahlreichen gelungenen Versuchen in der Öltechnik erkannte er bald sein besonderes Geschick für die graphischen Künste und wandte sich nahezu ganz dem Kupferstich und vor allem der sogenannten Schabkunst zu. In dieser Manier schuf er seine nahezu 400 Blätter umfassenden Bildnisreihen von Künstlern, Schriftstellern und Gelehrten seiner Zeit und früherer Jahrhunderte, die zu den wichtigsten Zeugnissen der Porträtkunst des 18. Jahrhunderts zählen. Zu den herausragenden Werken aus diesem hauptsächlichen Schaffensgebiet Haids gehören der „Bildersaal der jetzt lebenden Gelehrten" mit ca. 120 Porträts deutscher Geistesgrößen des 19. Jahrhunderts, der dem Andenken der 50 „berühmtesten und bedeutendsten Männer" des 16. und 17. Jahrhunderts gewidmete „Ehrentempel der deutschen Gelehrsamkeit" und die Reihe der großformatigen, meist in reicher ornamentaler und allegorischer Umrahmung wiedergegebenen Porträts zeitgenössischer süddeutscher Künstler. — Haid betätigte sich außerdem als feinfühliger Illustrator mehrbändiger botanischer Bücher. Im Jahr 1737 wurde er zusammen mit seinen Augsburger Kollegen Johann Elias Ridinger und Bartholomäus Seuter von dem

Regensburger Apotheker Johann Wilhelm Weinmann beauftragt, die insgesamt 1025 Kupfertafeln für das vierbändige Werk „Phythanthoza Iconographia oder Eigentliche Vorstellung etlicher Tausend, sowohl einheimischer als auch ausländischer, aus allen vier Weltteilen im Verlauf vieler Jahre mit unermüdetem Fleiß ... gesammelter Pflanzen, Bäume, Stauden, Kräuter, Blumen, Früchte und Schwämme etc." zu stechen. Von allen Werken Johann Jakob Haids sind heute am meisten die großformatigen Blätter aus seinem zweibändigen Werk „Plantae selectae ..." gesucht. Im Jahr 1750 machte er sich daran, die von Georg Dionysius Ehret gemalten und von dem Nürnberger Arzt Christoph Jakob Trew beschriebenen „ausgewählten Pflanzen" aus den botanischen Gärten von London in Kupfer zu stechen und zu kolorieren. Die 52 x 36 cm großen Blätter enthalten 100 prachtvolle Darstellungen meist exotischer Pflanzen, Blüten, Früchte und Bäume in ihren charakteristischen Erscheinungsformen. Haids Werke erschienen zumeist im eigenen Verlag, den nach seinem Tod am 23. November 1767 sein Sohn Johann Elias weiterführte.

Johannes Evangelist von Kuhn (1806—1887)

Zu den bahnbrechenden katholischen Denkern des letzten Jahrhunderts, die durch ihre Lehre und Forschung weitgehend das Bild des katholischen Klerus in der württembergischen Diözese Rottenburg bestimmten, gehört der aus Wäschenbeuren gebürtige Johannes Kuhn. Er wurde am 20. Februar 1806 als drittes von zwölf Kindern einer Wäschenbeurer Wirtsfamilie geboren. Von 1818 bis 1821 besuchte er die Lateinschule in Schwäbisch Gmünd. Da er bald den Wunsch äußerte, Priester zu werden, setzte er seine Gymnasialstudien in den niederen theologischen Konvikten Ellwangen und Rottweil fort. 1826 wurde er in das Wilhelmstift in Tübingen aufgenommen. Seine Studien an der Tübinger Universität galten neben der Theologie ganz besonders der zeitgenössischen Philosophie des deutschen Idealismus. 1830 erhielt er den Preis der philosophischen Fakultät für eine Arbeit über die Entwicklung der inneren Geschichte der Jakobischen Philosophie und ihres Verhältnisses zu anderen gleichzeitigen Systemen der deutschen Philosophie. Bei dieser Arbeit hatte er eine eigene philosophische Erkenntnistheorie und Weltanschauung gewonnen. Nachdem er ebenfalls 1830 zum Doktor der Philosophie promovierte, trat er in das Rottenburger Priesterseminar ein, und wurde 1831 zum Priester geweiht. Schon bald erhielt er einen Ruf auf den ordentlichen Lehrstuhl für neutestamentarische Exegese (Bibelauslegung) an der Universität Gießen. 1837 erhielt er diesen Lehrstuhl in Tübingen, zwei Jahre später übernahm er die Professur für Dogmatik. Auch politisch betätigte er sich. 1848 wurde er vom Oberamt Ellwangen als Abgeordneter in den württembergischen Landtag gewählt und 1868 vom König als lebenslängliches Mitglied in die Kammer der Standesherren berufen. Als Gelehrter fand er reiche Anerkennung. 1840 und 1856 lehnte er an ihn ergangene Berufungen an die Universität Freiburg ab. 1856 erhielt er eine Bestellung zum Mitglied des württembergischen Staatsgerichtshofes, 1860/1861 wurde er zum Rektor der Universität Tübingen gewählt. 1882 feierte er sein 50jähriges Dozentenjubiläum. Während dieser Lehrtätigkeit hatte er fast zwei Theologengenerationen mitgeprägt. Am 8. Mai 1887 starb er in Tübingen.

Michael Mästlin (1550—1631)

Zu den berühmtesten Gelehrten, die das Herzogtum Württemberg hervorbrachte, zählt der am 29. September 1550 in Göppingen geborene Astronom Michael Mästlin. Er besuchte die Lateinschule seiner Vaterstadt und hörte später an der Universität Tübingen neben Theologie vor allem die Vorlesungen des Mathematikers Philipp Appian. Als Diakonus in Backnang veröffentlichte er seine ersten Arbeiten über Mathematik und Astronomie. Diese erregten in der gelehrten Welt derartige Aufmerksamkeit, daß ihr Verfasser im Jahr 1580 zum Professor der Mathematik nach Heidelberg berufen wurde. 1584 wechselte er nach Tübingen über, wo er die Stelle seines Lehrers Appian einnahm und bis zu seinem Tode am 20. Dezember 1631 wirkte. Obgleich Mästlin von der Richtigkeit der revolutionären Lehre des Kopernikus vom heliozentrischen Weltbild überzeugt war, war er als Universitätslehrer verpflichtet, die alten Grundsätze des Ptolemäus, der die Erde zum Mittelpunkt des Universums erklärt hatte, vorzutragen. In einem vertrauten Kreis von Schülern, zu denen auch der später zu weltweiter Berühmtheit gelangte Johannes Kepler aus Weil der Stadt gehörte, bekannte er sich zu den neuen Erkenntnissen der astronomischen Wissenschaft, in die ihm bereits der große Physiker Galilei auf seiner Reise nach Italien Einblick verschafft hatte.
Mästlin erkannte zuerst, daß das aschfarbige Licht, in welchem kurz nach dem Neumond der nicht leuchtende Teil der Mondscheibe sichtbar wird, von der Erde zurückgeworfenes Licht ist. Auch gelang ihm die Bestimmung der Lage eines neuen Sterns durch Berechnung ohne Benützung eines Instruments. Seine wissenschaftlichen Erkenntnisse legte Michael Mästlin in mehreren Veröffentlichungen nieder, aus denen an zahlreichen Stellen sichtbar wird, wie sehr er zur kopernikanischen Lehre, der sich sein Freund und Schüler Kepler ganz verschrieben hatte, neigte.

Franz Xaver Messerschmidt (1736—1783)

Das größte künstlerische Genie, das aus dem Landkreis Göppingen hervorgegangen ist, ist der am 6. Februar 1736 in Wiesensteig geborene Bildhauer Franz Xaver Messerschmidt. Sein Vater war Weißgerber, seine Mutter die Schwester Johann Baptist Straubs. Bei diesem trat Messerschmidt mit zehn Jahren in die Lehre. Um das Jahr 1750 vervollkommnete er seine Ausbildung als Bildhauer bei dem jüngeren Onkel Philipp Jakob Straub, einem der besten Bildschnitzer in Graz. Eine eigentliche Schulung aber erfuhr er an der Akademie in Wien, die er von 1752 bis 1757 besuchte. Hier war er Schüler von Matthäus Donner und Jakob Schletterer und erhielt nach Abschluß seines Studiums eine Stelle als Stuckverschneider am kaiserlichen Zeughaus. Die Gunst des Feldmarschalls Josef Wenzel Fürst von Liechtenstein verschaffte Messerschmidt im Jahr 1760 den Auftrag, die Büsten Kaiser Franz I. und der Kaiserin Maria Theresia in Bronze zu gießen. Nach dieser meisterlichen Arbeit erhielt der junge Künstler vom Kaiserhof den Auftrag, die lebensgroßen Statuen des Kaiserpaares in Bleiguß zu schaffen. Das Jahr 1762 brachte die verdiente äußere Anerkennung. Er wurde zum Hofstatuarius und Titularprofessor der Akademie ernannt und erhielt das Anrecht auf die nächste ordentliche Lehrstelle, die neu zu besetzen sein würde. Durch das Intrigenspiel mißgünstiger Kollegen kam es 1774 jedoch nicht zu einer Ernennung. Messerschmidt wurde vielmehr „wegen gestörter Gesundheit" zur Ruhe gesetzt. Er kehrte in seine Heimat Wiesensteig zurück und hauste dort als Einsiedler. Unermüdlich beschäftigte ihn hier die Ausführung eines Planes, den er noch in Wien entworfen hatte. Er wollte eine umfassende Folge von Charakterköpfen schaffen, in denen die verschiedensten sinnlichen und seelischen Erregungen und Leidenschaften auf dem menschlichen Gesicht zum Ausdruck gebracht werden sollten. 1777 ließ er sich in Preßburg nieder, wo er am 19. August 1783 im Alter von erst 47 Jahren starb. In seinem Nachlaß fanden sich, neben wenigen anderen Werken, 69 seiner Charakterköpfe, von denen 49 erhalten blieben.

Friedrich Christoph Oetinger (1702–1782)

Zu den bedeutendsten protestantischen Theologen, die aus Württemberg hervorgegangen sind, zählt Friedrich Christoph Oetinger. Er wurde am 6. Mai 1702 als Sohn des Stadt- und Amtsschreibers Johann Christoph Oetinger in Göppingen geboren. Wie seine drei Brüder zeigte er bereits als Knabe bedeutende geistige Anlagen und wurde schon früh zum Pfarrer bestimmt. Mit 14 Jahren kam Oetinger in die evangelische Klosterschule nach Blaubeuren und bezog bald die Tübinger Universität. Er studierte Theologie, Philosophie, Dichtkunst, Naturlehre und Chemie, später in Halle und Jena auch noch Medizin. Trotz der eingeschlagenen Gelehrtenlaufbahn entschloß er sich, in den württembergischen Kirchendienst einzutreten. Um Zeit für seine schriftstellerische Tätigkeit zu finden, ließ er sich eine kleine Pfarrei übertragen. Später ging er nach Schnaitheim bei Heidenheim, um in der Nähe des berühmten Albrecht Bengel zu sein, dessen theologischen Lehren er sich eng verbunden fühlte. In seinem späteren Pfarrort Walddorf bei Tübingen begann er mit der Durchführung chemischer Experimente, die er mit Leidenschaft bis in sein hohes Alter weiterführte. Im Jahr 1752 berief ihn Herzog Karl Eugen zum Generalsuperintendenten nach Weinsberg, 1759 wurde er nach Herrenberg versetzt. 1765 erfolgte seine Ernennung zum herzoglichen Rat und – gegen den Willen des Konsistoriums – zum Prälaten von Murrhardt. Hier starb er 1782 im Alter von 80 Jahren. Friedrich Christoph Oetinger war einer der bedeutendsten Kanzelredner seiner Zeit und seine Predigten wurden, in zahlreichen Ausgaben gedruckt, weit verbreitet. Seine neuen theologischen Anschauungen stießen häufig auf die Ablehnung des Konsistoriums in Stuttgart und trugen ihm mehrere Verweise der Kirchenleitung ein.

Graf Aloys von Rechberg (1766–1849)

Maximilian Emanuel, Reichsfreiherr und seit 1810 Graf von Rechberg und Rothenlöwen, hielt in seiner Hand vereint den ganzen Komplex der später geteilten rechbergischen Herrschaften. Seine acht Söhne dienten in angesehenen Stellungen dem Kurfürstentum und späteren Königreich Bayern. Der Älteste, Aloys, wurde am 18. September 1766 in München geboren. Nach seinem Studium vermählte er sich 1797 mit Maria Anna, der Tochter des Grafen Johann Eustach von Schlitz, genannt von Görtz. Seine staatsmännische Laufbahn begann er 1798 als Gesandter der Grafen von Pfalz-Zweibrücken zu

Regensburg. 1798/1799 nahm er als Bevollmächtigter Bayerns am Friedenskongreß zu Rastatt teil. Im gleichen Jahr kam er als pfalz-bayerischer Gesandter nach St. Petersburg. 1800 ging Graf Aloys als Gesandter nach Berlin und kurz darauf nach Regensburg, wo er bis zur Auflösung des deutschen Reichstages blieb. 1806 wurde er als Vertreter der bayerischen Krone nach Wien abgeordnet. 1815 hatte er als bayerischer Bevollmächtigter auf dem Wiener Kongreß Gelegenheit, die Interessen Bayerns zu verteidigen. Nach Eröffnung des Frankfurter Bundestages wurde er zum Bundestagsgesandten ernannt. Wenig später, nach dem Sturz von Ministerpräsident Graf Montgelas, wurde Aloys 1817 von König Maximilian I. zum Minister des königlichen Hauses und der auswärtigen Angelegenheiten ernannt. 14 Tage nach der Thronbesteigung Ludwigs I., am 12. Oktober 1825, trat Graf Aloys in den Ruhestand, den er abwechselnd in München und in Donzdorf verbrachte. Dort starb er am 10. März 1849 im Alter von 83 Jahren. Sein zweiter Sohn, Johann Bernhard (1806–1899), setzte die politische Tätigkeit seines Vaters erfolgreich fort. 1859/1860 war er österreichischer Ministerpräsident und in den Jahren 1859 bis 1864 als Außenminister zeitweise Gegenspieler Bismarcks.

Ulrich Schiegg (1752–1810)

Ulrich Schiegg — mit dem Taufnamen Joseph — war der Sohn einer kinderreichen Schuhmacherfamilie und wurde in dem damals kurbayerischen Gosbach am 3. Mai 1752 geboren. Seine humanistische Vorbildung erhielt er in den Benediktiner-Gymnasialanstalten Ehingen und Zwiefalten. Mit 18 Jahren trat er als Novize in Ottobeuren in diesen Orden ein und erhielt 1775 die Priesterweihe. Bald darauf wurde ihm das Amt eines Stiftsökonomen übertragen. Neben seinen theologischen Studien widmete er sich der Mathematik, Physik und Astronomie. Wenige Monate nach dem Start eines Heißluftballons durch Montgolfier in Paris ließ er im Januar 1784 einen kleineren und dann am 16. Mai einen größeren von ihm selbst verfertigten Ballon aufsteigen. Im gleichen Jahr wurde unter seiner Leitung eine topographische Aufnahme des gesamten Güterbesitzes des Reichsstiftes Ottobeuren durchgeführt. 1791 erhielt er den Lehrstuhl für Mathematik, Physik und Astronomie an der Universität Salzburg, den er bis zu seiner Rückberufung ins Kloster im Jahre 1800 innehatte. Dort hatte er die Oberleitung über alle Ökonomieämter bis zur Auflösung des Reichsstiftes im Jahre 1803. Danach wollte ihn die Universität Würzburg als Astronomen gewinnen. Sein Landesherr betraute ihn jedoch mit der Vermessung von Bayerisch-Franken. Dazu übernahm er andere wichtige Aufträge der Staatsregierung, wie z. B. die Regelung der bayerischen Maße und Gewichte. Auch erteilte er dem später so berühmt gewordenen Glaserlehrling Joseph Fraunhofer Privatunterricht in Mathematik und Physik. Ein mit einem Unfall bei Vermessungsarbeiten zusammenhängendes Lungenleiden führte am 4. Mai 1810 zu seinem Tode. Auf dem südlichen Friedhof in München fand er seine letzte Ruhestätte.

Anselm Schott (1843—1896)

Am 5. September 1843 wurde Friedrich August Schott, der spätere Pater Anselm, auf Staufeneck als Sohn des dortigen Gutspächters Eduard Saladin Schott geboren. Den Besuch der Realschule und des Gymnasiums in Darmstadt schloß er 1862 mit der Reifeprüfung in Ehingen ab. Nach dem Studium der Theologie in Tübingen und München absolvierte er das Priesterseminar in Rottenburg und wurde dort 1867 zum Priester geweiht. Kurze Zeit war er dann als Vikar in Biberach tätig, um anschließend in das Benediktinerkloster Beuron einzutreten. 1869 wurde der Postulant ins Noviziat aufgenommen und trug von da an den Klosternamen Anselm. 1875 legte er die feierlichen Gelübde auf die Mönchsregel ab. Ein Jahr später mußte die Abtei infolge des Kulturkampfs ihre Pforten schließen. Für den jungen Pater begann nun ein unruhiges Wanderleben, das ihn 1876 bis 1881 nach Maredsous (Belgien), 1881 bis 1883 nach Emmaus (Prag), 1883 bis 1891 nach Seckau (Steiermark), 1891/1892 zurück nach Beuron und 1892 bis 1896 nach Maria Laach führte, wo er am 23. April 1896 verstarb. Sein Grab ist dort heute noch erhalten. An diesen verschiedenen Orten versah er eine Reihe klösterlicher Ämter; er war Dozent in der Ausbildung des klösterlichen Nachwuchses, öfters auch in der Volksseelsorge tätig als Prediger, Katechet und Exerzitienmeister. Seine Bedeutung für die Katholiken des deutschen Sprachraums liegt jedoch auf einem anderen Gebiet: auf dem der Herausgabe seines Laienmeßbuches. 1884 trat Schott erstmals mit seinem „Meßbuch der hl. Kirche lateinisch und deutsch" vor die Öffentlichkeit. 1910 erschien bereits die 14. Auflage dieses Werkes, ein respektabler Erfolg innerhalb von 26 Jahren. 1949 berechnete man die insgesamt verbreiteten Exemplare des Schottschen Volksmeßbuches bereits auf viereinhalb Millionen in den sechs verschiedenen Ausgaben. Man kann deshalb mit Recht sagen, daß „ohne den Schott" die liturgische Bewegung in Deutschland undenkbar wäre.

Daniel Straub (1815—1889)

Als erstgeborener Sohn des Müllers Kaspar Straub und seiner Ehefrau Margarethe geb. Honold, wurde Daniel Straub am 1. Juli 1815 in der Geislinger Schimmelmühle geboren. Mit 21 Jahren ehelichte er Anna Katharina, die einzige Tochter des Geislinger Kapellmüllers Lukas Oechsle und übernahm die schwiegerväterliche Mühle bei der Stadtkirche, die heutige Maschinenfabrik Geislingen (MAG). 1839 baute der technisch ungemein begabte Daniel Straub diese Mühle auf das System der mehr und mehr aufkommenden sog. Kunstmühlen um. Bald danach stürzte er sich auf eine neue, größere Aufgabe. Im März 1847 übernahm er eines der Bahnbau-Lose zwischen Geislingen und Urspring. Gleichzeitig richtete er in seiner Mühle eine Reparaturwerkstätte für die beim Bahnbau zu schärfenden Werkzeuge ein. Dieses „Eisenbahnlos" brachte ihm 30 000 Gulden ein. Statt aber nun die seit dem Ende des Bahnbaues im Jahre 1850 scheinbar überflüssige mechanische Werkstätte zu schließen, gliederte er ihr noch eine Eisengießerei und Maschinenfabrik an. Zunächst fertigte er Mühlenartikel, sehr bald schon ganze Mühlen- und Sägewerkseinrichtungen. Im Jahre 1865 war die Firma bereits zur führenden Mühlenbauanstalt im Reich geworden. Zehn Jahre später zählte sie beinahe 300 Beschäftigte. 1853 machte sich Straub in etwas abgewandelter Form den Wunsch des Initiators der württembergischen Industrie, Ferdinand Steinbeis, zu eigen, und begann mit der Herstellung sog. Plaquéwaren. Damit legte er den Grundstein für die heutige Weltfirma WMF, die Württembergische Metallwarenfabrik Geislingen. 1880 beschäftigte auch dieser Betrieb bereits über 300 Arbeiter. Mitten im Übergang vom mittleren zum großen Industriebetrieb verlor er 1876 seinen einzigen Sohn und Nachfolger, den glänzenden Ingenieur Heinrich Straub. Mit dessen Tode war Straub die Zukunft geraubt. Er resignierte plötzlich. Auch erkannte oder wollte er nicht mehr erkennen, daß seine Unternehmungen eine neue Finanzierungsgrundlage nötig hatten. Bankfachleute der Württembergischen Vereinsbank übernahmen die Leitung, fusionierten seine Werke mit der Esslinger Firma Ritter und Co. und bildeten zunächst 1880 aus sämtlichen Werken eine „Industriegesellschaft", aus der wenig später die MAG und WMF ausgeschieden wurden. 1880 trennte sich Daniel Straub von seinen Gründungen und zog sich mit seiner Frau in die ihm verbliebene Kapellmühle zurück. Fast mittellos starb er am 17. Januar 1889. Mit seinen beiden Unternehmen und der von ihm geförderten Spinnerei und Weberei Staub in Altenstadt/Kuchen hatte er die Stadt Geislingen und das gesamte Oberamt aus harter Not zu beachtlicher Höhe geführt. Zu Recht wurde er deshalb von dem Historiker Burkhardt als der „zweite Gründer Geislingens" bezeichnet.

Johann Baptist Straub (1704—1784)

Johann Baptist Straub wurde am 25. Juni 1704 in Wiesensteig geboren. Seine Ausbildung erfuhr er bei dem kurbayerischen Hofbildhauer Gabriel Luidl und lieferte die ersten Proben seines Könnens bei der Ausstattung der „Schönen Zimmer" der Münchner Residenz. Von 1728 bis 1735 bildete er sich in Wien weiter und kehrte danach als Gehilfe des Hofbildhauers Andreas Faistenberger nach München zurück. Nach dessen Tod beginnt Straubs selbständige Tätigkeit. Bereits 1737 wird er zum bayerischen Hofbildhauer ernannt, doch ist für ihn in der Folgezeit nicht die Tätigkeit in der Residenzstadt, sondern auf dem Lande, vor allem in den zahlreichen geistlichen Herrschaftsgebieten, bestimmend. In die Frühzeit seines Schaffens fällt die leidenschaftlich bewegte Nepomukstatuette in der Stadtkirche zu Wiesensteig, die Ausstattung der Chorherrnstiftskirche in Dießen am Ammersee und das großartige Tabernakel in der Klosterkirche von Fürstenzell. In der Zeit zwischen 1745 und 1765 werden die Werke Straubs maßvoller, dafür aber auch mächtiger. Die Figuren zeigen höchste plastische Kraft und menschliche Reife; malerische Fülle der Gewandfalten und haarumwallte Charakterköpfe kennzeichnen diese Schaffensperiode. In diesen Jahren entstehen die prachtvollen Ausstattungen der Hofkirche St. Michael in Berg am Laim, der Klosterkirchen in Reisach, Tegernsee, Andechs, Schäftlarn und Ettal. Die Arbeiten Straubs fügen die beiden letzteren in die Reihe der bedeutendsten Raumschöpfungen der südwestdeutschen Barockbaukunst ein. In seinen letzten Arbeitsjahren bis 1775 schafft Straub u. a. noch die Figuren des Kaiserpaares Heinrich und Kunigunde in Polling, zwei Parkfiguren für Schloß Nymphenburg, einige Altäre für die Klosterkirche Altomünster und schließlich den Kruzifixus über dem Kreuzaltar in seiner heimatlichen Stiftskirche St. Cyriakus zu Wiesensteig. Straub starb nach langen Krankheitsjahren am 15. Juli 1784 in seinem Münchner Haus, von dessen Außenfassade sich noch eine schöne, heute am Bayerischen Nationalmuseum verwahrte Madonnenfigur erhalten hat. Sein Einfluß als Lehrer wirkte lange bestimmend auf das Werk seiner großen Schüler Franz Xaver Messerschmidt, seines Neffen, Roman Anton Boos, seines Schwiegersohns, und Ignaz Günther, des Schöpfers der Pietà in Nenningen im Kreis Göppingen ein.

Johannes Woelffle (1807–1893)

Als Sohn des Webers Johannes Woelffle und seiner Ehefrau Rosine Katharine geb. Mürter wurde Johannes Woelffle am 26. Juni 1807 in Ebersbach/Fils geboren. Er sollte ursprünglich auch Weber werden, da sein älterer Bruder die kostspielige Lehrerlaufbahn eingeschlagen hatte. Da verhalf ihm seine Patin, die Tochter des Pfarrers in Ebersbach, welche mit Pfarrer Reinfelder in Buoch verheiratet war, über den ihr gut bekannten Finanzminister Weckherlin zu einem Stipendium in Höhe von jährlich 100 Gulden. Dies ermöglichte dem talentierten Knaben 1821 den Besuch der neugegründeten lithographischen Anstalt in Stuttgart. Hier genoß er den Unterricht von Professor Dannecker, Bildhauer Wagner und Maler Gegenbauer. Mit der Ausbildung verbunden war eine Tätigkeit als Kartenzeichner beim topographischen Büro. 1829 bzw. 1831 zog ihn München, die unter König Ludwig mächtig aufstrebende Kunststadt, an. Dort versuchte er sich mit dem Pinsel in Darstellungen aus dem Volksleben, in Landschaften und Jagdstücken. Aber schon bald gewann ihn die lithographische Anstalt von Piloty und Löhle als Mitarbeiter, deren künstlerische Leitung er 1844 übernahm. An der Herausgabe der seit 1834 bzw. 1837 in Teillieferungen erscheinenden Prachtwerke „Sammlung der vorzüglichsten Gemälde aus der kgl. Gemäldegalerie zu München und Schleißheim" und „Kgl. Bayerische Pinakothek zu München und Gemäldegalerie zu Schleißheim in lithographischen Abbildungen" war er maßgebend beteiligt. Zu diesen Bänden lieferte er nicht nur die meisten (77), sondern auch die besten Blätter. Außer Hanfstängel konnten sich nur wenige Lithographen mit ihm messen. Woelffle verstand es, sich in die Kunstwerke der verschiedensten Zeiten und Arten hineinzuleben und ihnen die Ausdrucksmittel der Lithographie anzupassen. Wegen seiner Verdienste um die Vermehrung und Verbesserung der Lithographie war ihm bereits 1838 die goldene Medaille für Kunst und Wissenschaft verliehen worden. Später folgten Ehrungen durch den Fürsten von Hohenzollern und den König von Württemberg. 1851 verehelichte er sich mit der Münchnerin Maria Henriette Theodolinde geb. Glaser. Fünf Jahre später übersiedelte er in sein in Faurndau, nahe seinem Geburtsort Ebersbach, erstelltes Landhaus. 1857 wurde ihm hier ein Sohn geboren. Trotz seines geschwächten Augenlichts schuf er an seinem neuen Wirkungsort noch eine Reihe von großen Ansichten württembergischer Städte; sie gehören mit zu seinen bedeutendsten und heute gesuchtesten Arbeiten. Am 20. November 1893 verstarb er in Faurndau.

Volkskundliche Skizzen

von Jürgen Kettenmann

Der Kreis Göppingen, im besonderen das Filstal, wurde sehr früh industrialisiert. Bereits das Jahr 1727 darf mit der Gründung einer kleinen Papierfabrik als der Beginn einer neuen Zeit im bis dahin behäbigen und einfachen Landstädtchen Göppingen angesehen werden. Mit der Errichtung einer Bandweberei fast einhundert Jahre später begann die eigentliche Zeit der Fabriken, die von da an unaufhaltsam über Göppingen und seine Nachbarorte rollte. Der Bau der Eisenbahn 1847 bis Süßen und weiter bis Ulm 1850 erlaubte den Gleisanschluß vieler Fabriken bis vors Haus; die Bevölkerung erlebte jetzt vollends den Kontakt mit der weiten Welt wie nie zuvor, als noch Postkutsche und Wagen die einzigen Verkehrsverbindungen waren.

Dieser vor vier und fünf Generationen eingetretene Wandel im Leben der Bevölkerung brachte neben einem gewissen Wohlstand, Weltoffenheit und Interesse für das Neue in gleichem Maße das Desinteresse an so vielem Althergebrachten wie Sagen, Sitten und Glaube, Tracht, religiösen und profanen Bräuchen. Vieles ist in diesen Jahrzehnten verschwunden.

Dies ist auch beim Landvolk der Fall, das mehr dem Überkommenen treu blieb und sich länger sein Eigenleben bewahrte. Ist auch hier nichts mehr bekannt von einem „Lichtgang", dem einstigen Spinnstubenabend, wo man sich zur Arbeit und geselliger Unterhaltung traf, oder vom Scheibenschlagen am Sonntag nach Fastnacht (Invokavit), so hat die Kreisstadt doch noch zwei altüberlieferte Bräuche. Göppingen hält noch bis heute neben dem Mai- seinen traditionsreichen *Martinimarkt* am 11. November eines jeden Jahres ab.

Krämermärkte, oft in Verbindung mit Viehmärkten, finden noch in folgenden Gemeinden im Jahresverlauf statt, – zurückgehend des öfteren auf jahrhundertealte Rechte, wie z. B. in Ebersbach seit dem Mittelalter oder etwa Heiningen seit 1284 – und werden auch heute noch von der Bevölkerung gerne besucht, wenngleich sie nicht mehr Höhepunkte im dörflichen Leben sind: Albershausen, Böhmenkirch, Boll, Deggingen, Donzdorf, Ebersbach, Eislingen, Geislingen, Göppingen, Gruibingen, Heiningen, Kuchen, Süßen, Uhingen, Wäschenbeuren, Weißenstein und Wiesensteig.

Aus Teig bzw. Biskuit gebackene *Nikolause, Neujahrsbrezeln und Osterlämmer* werden in vereinzelten Bäckereien noch gebacken. Die *Sternsinger* von St. Maria in Göppingen besuchen seit einigen Jahren wieder am Erscheinungsfest auf Wunsch die Familien und sammeln nach einigen Lieddarbietungen Spenden für wohltätige Zwecke. Und am 1. Mai finden wir noch hier und da, daß ein Bursch seiner Liebsten einen geschmückten *Maien* steckt (von „Amts wegen", oder von Mitgliedern örtlicher Vereine aufgestellt, steht beinahe in jeder Gemeinde ein großer Maibaum).

Den zweiten und umfangreichsten Brauch feiert Göppingen jährlich seit über 320 Jahren: den *Maientag*. Dieses Fest hat seinen Ursprung im Jahre 1650, als nach Beendigung des Dreißigjährigen Krieges und nach Abzug aller Truppen in Göppingen (wie übrigens auch anderwärts) sich ein großer Dankesfestzug in die Oberhofenkirche bewegte.

Das Stadtarchiv verwahrt die Chronik des damaligen Bürgermeisters, Elias Laichinger, welcher unter dem Jahr 1650 eintrug: „Sonttag den 11. Augusti Ist allhir wie auch Im gantzen wirttenberger Landt ein Dankh und lob Fest gehalten worden, wegen deß Lieben Edlen Friedens und seindt Hehr und Nider Alte und Junge wehr hat gehen könden Im Prozeß In die Eißere Kirch hinauß gangen. Und die Jugent mehr theills mit weißen Hemeten und schöne grünen Kräntzen uff dem Kopff, uff 300 vor hergangen und haben Zweig In Henden getragen, Und nach Verrichtem Gotts Dienst, hat man Ein Jedem Kindt ein Brodt geben wie ein Stern, Und wie man das Tedeum Laudamus gesungen, hat man uff den Thürm Und Under den Thoren Stuckh geschoßen."

Aus diesem „Prozeß in die äußere Kirche" entwickelte sich nach und nach der heutige Maientag; als einstiges Dankfest für den Frieden nur in Kriegszeiten unterbrochen.

Seit knapp zwei Jahrzehnten sieht das Programm wie folgt aus: Am Vorabend des „Göppinger Nationalfeiertages" wird in den Anlagen vor der Stadthalle der kommende Tag „angesungen", wobei die Göppinger Jugendkapelle und im Wechsel die verschiedenen Chöre der einzelnen Schulen mitwirken.

Am Haupttag läuten morgens um sieben Uhr sämtliche Kirchenglocken der Stadt und vier Bläser intonieren auf dem Rathausturm den zum Göppinger Maientagslied gewordenen und von Paul Gerhardt in der Mitte des 17. Jahrhunderts verfaßten Choral „Geh aus mein Herz und suche Freud . . ." Nach dem allgemeinen Gottesdienst und der Schulspeisung beginnt Punkt zehn Uhr der Hauptteil des Tages, der Festzug.

Dieser Zug erfuhr seine jetzige Gestalt 1955 mit dem Blumen- und Märchenteil und dem historischen Teil. In bunten Bildern zieht an den vielen Zuschauern die

Geschichte ihrer Heimatstadt vorbei: Römer und Alamannen, Kaiser Friedrich Barbarossa mit Gemahlin in Begleitung seines Hofstaates und seiner Reisigen, mittelalterliche Kaufleute und Handwerker und nicht zuletzt wird in mehreren Bildern die größte Notzeit der Stadt, der Stadtbrand von 1782, wieder lebendig.

Nachmittags sind Vorführungen (Geschicklichkeit turnerischer und tänzerischer Art) von Schülern und Vereinen auf dem Festplatz, den immer eine große Menschenmenge umsäumt, abends der Maientagsball der Volkshochschule in der Stadthalle, und tags darauf in der Oberhofenkirche eine Motette aufgeführt, in Anlehnung an das „Tedeum Laudamus" 1650.

Erstmals im Jahre 1955 zeigten sich mehrere Paare in der alten *Göppinger Tracht*, die anhand eines alten kolorierten Stahlstiches angefertigt wurde, wie sie noch am Anfang des 19. Jahrhunderts im Oberamt Göppingen heimisch war.

Die Männertracht unterscheidet sich kaum von den anderen in Schwaben. Sie setzt sich aus einer langen hirschledernen Kniebundhose und einem blaugefärbten Tuchrock (Schoßrock) zusammen; die hochgeschlossene rote Weste mit vielen Silberknöpfen und das schwarze Halstuch sind der Stolz des Trägers. Weiße Kniestrümpfe, Schnallenschuhe und auf dem Kopf ein breitkrempiger, dreieckiger Filzhut runden das Bild ab.

Die Frauen tragen über dem kurzärmeligen weißen Leinenhemd ein buntschillerndes Mieder, darüber ein blumenbesticktes Jäckchen; um den Hals wurde ein buntes Tuch geschlungen. Ein blauer Faltentuchrock und eine seidene schwarze Faltenschürze, dazu ein Häubchen mit Kinn- und langen Nackenbändern kleiden die Trägerin ganz allerliebst. Schuhe und Strümpfe sind ähnlich denen des Mannes.

Der gleiche Ursprung, nämlich der Dank für die Beendigung des Dreißigjährigen Krieges, 1648, liegt dem *Huttanz* in Eybach zugrunde. Alljährlich am dritten Sonntag im Oktober feiern die Eybacher ihr Heimatfest. Das nur anhand mündlicher Überlieferungen abgehaltene Fest ist ein Fest der Ledigen: der Huttanzgesellschaft mit dem aus ihrer Mitte gewählten Präsidenten, die für den Ablauf des Tages verantwortlich ist, wie auch der Huttänzer selbst. Letztere sind Kinder der Gemeinde vom Kindergartenalter bis zur Schulentlassung.

Um dreizehn Uhr bewegt sich ein kleiner Zug von der Ortsmitte zum Festplatz. Hinter dem Festkranz, der mit Hut und Schal behängt ist, schreitet unter den Klängen der Musikkapelle der Präsident, altüberliefert in Frack und Zylinder gekleidet. Hinter ihm auf einer geschmückten Schubkarre das obligatorische Bierfäßle für die Helfer des Festes und die Festgabe an die beteiligten Kinder: Brezeln bzw. andere kleine Geschenke und Schokolade. Nach den Honoratioren der Gemeinde kommen die Kinder; paarweise, der Huttänzer mit seiner schon vor Wochen auserwählten Tänzerin.

Auf dem Festplatz angekommen, gehen die Kinder langsam in dem durch die Zuschauer gebildeten Kreis herum. Während sich in der Mitte des Kreises verschiedene kleine Programmpunkte abwickeln, lassen die Knaben einen bunten Herbststrauß von Hand zu Hand gehen. Das Pärchen, welches beim abgefeuerten Böllerschuß im Besitz dieses Straußes ist, ist Sieger. Hut und Schal werden vom Festkranz abgebunden und ihm überreicht.

Das *Kinderfest in Geislingen* zählt mit zu den ältesten deutschen Festen dieser Art. In einer Urkunde vom 29. August 1679 wird schon vom „Tanz der Geislinger Schulkinder" geschrieben; von „ihrem Tanz", der also damals schon Tradition war. Neuere Forschungen ergaben, daß mit großer Wahrscheinlichkeit bereits 250 Jahre früher der Ursprung zu suchen ist: als weltliche Fortsetzung der Kirchweih, welche die evangelische Stadtkirche am Sonntag nach Jakobi beging. Traditionsgemäß ist alljährlich der Montag nach Jakobi der Festtagstermin, außer in Kriegs- und Notzeiten.

Am Morgen wecken Schulkinder mit Trommeln und Spielmannszüge die Bürger. Danach zieht ein großer Festzug durch die Stadt. Das Reich der Kleinen sind die Märchen, Blumen und Tiere, die sie mit viel Geschick und Freude darstellen, während die größeren Schüler mit historischen Szenen aus der Stadtgeschichte, Glossierungen lokalgeschichtlicher und politischer Art und mehr die zahlreichen Zuschauer erfreuen.

Am Nachmittag finden auf dem Festplatz Spiele der Schuljugend statt: Reigentänze, Turnen, Geschicklichkeitsübungen; ein großer Vergnügungspark sorgt für viele Belustigungen. Die Schüler des seit 1910 eingemeindeten Stadtteils Altenstadt sind beim morgendlichen Festzug mit dabei, vom Nachmittag an feiern sie für sich allein weiter. Die Tradition der Ausgabe von Wurst und Wecken an die Schüler erfreut auch heute noch die Empfänger.

Am Abend kommt man nochmals zur sog. „Stäffelespredigt" zusammen. Mit Ansprachen des Stadtoberhaupts und der Geistlichen, mit dem Choral „Nun danket alle Gott" und einem Luftballonsteigen ist der offizielle Teil des Festes beendet.

Der Sonntag vor oder nach dem 15. Juni ist für die Bewohner von Treffelhausen ein besonderer Festtag. Sie begehen an diesem Tag ihr *Veitsfest*. Der hl. Veit wurde in Treffelhausen schon früh verehrt; er ist seit dem 13. Jahrhundert Kirchenpatron. Besondere Verehrung erfuhr er in den Jahren 1590 bis 1630, als dort für kranke Menschen jedes Jahr am Fest dieses Heiligen der „Veitstanz" abgehalten wurde. Die in dieser Zeit (1626) gegossene Veitsglocke wird heute noch beim Herannahen eines Gewitters zum Schutze des Dorfes geläutet.

Das Veitsfest beginnt am Morgen mit einem feierlichen Gottesdienst. Um 13 Uhr findet eine Andacht statt, daran anschließend bewegt sich ein feierlicher Prozessionszug mit der Statue des Kirchenpatrons zum sog. Wetterkreuz an der Straße nach Schnittlingen. Im Anschluß daran trifft man sich im Pfarrgarten oder Schulhof zum gemütlichen Beisammensein mit Musik und Vesper, ohne Tanz, entsprechend dem religiösen Ursprung des Tages.

Die eingangs erwähnten und wie überall abgegangenen Spinnstubenabende waren Pflegestätten heimatlichen Brauchtums. Hier wurde neben dem Spinnen des Flachses manches Volkslied gesungen und viele überlieferten Geschichten und Sagen erzählt. Von Generation zu Generation weitergegeben, hielten sich viele dieser *Sagen* in unserem Kreisgebiet. Lassen wir uns durch einige Beispiele in die Zeit zurückversetzen, als diese Geschichten beim flackernden Schein der Petroleumlampe die Anwesenden gar so gruselig fanden und sie erschauern ließen.

Die Sage vom steinernen Weib bei Wiesensteig

In der Nähe des Albaufstiegs der Autobahn über Wiesensteig steht ein Felsengebilde in Form einer Frauengestalt. Von diesem Steinbild geht die Sage, daß vor vielen hundert Jahren in Wiesensteig eine Frau gelebt habe, die überaus geizig und hartherzig gewesen sei. Ihre Kinder habe sie recht lieblos und unmenschlich behandelt. Als sie einmal mit ihnen zum Holzlesen ging, wurde sie vom Teufel besessen und brachte in einer Zorneswallung die Kleinen um. Als die Mörderin eilends den Tatort verlassen wollte, erstarrte sie zu Stein.

Die Sage von der Dotzburger Madonna

Bevor die Wallfahrtskirche zu Unserer Lieben Frau zu Dotzburg (bei der Gemeinde Mühlhausen i. T.) 1805 abgerissen wurde, brachte man das Gnadenbild in die Wiesensteiger Pfarrkirche. Am anderen Tag stellte man mit Erstaunen fest, daß es sich wieder an seinem angestammten Platz in der Kapelle befand. Dies wiederholte sich noch ein zweites Mal. Erst als man einen dritten Anlauf wagte und das Heiligtum in einer Prozession mit Kreuz und Fahnen nach Wiesensteig brachte, blieb es dort und schmückt seit dieser Zeit den linken Seitenaltar der Kirche.

Die Sage von der Kugel in der Oberhofenkirche

Die 1436 unter Graf Ulrich dem Vielgeliebten erbaute Oberhofenkirche in Göppingen, das älteste Bauwerk der Stadt, ist nach der Fertigstellung von Riesen, die auf dem Hohenstaufen lebten, mit einer Eisenkugel beworfen worden. Ihnen, da sie Heiden waren, war dieses christliche Bauwerk ein Dorn im Auge. Die Kugel traf einen der beiden Türme und zerschmetterte den oberen Teil. Seit dieser Zeit befindet sich dieses Wurfgeschoß im Turm. Oder etwa nicht mehr? Seit Generationen behaupten viele Göppinger, besonders die älteren unter ihnen, die Kugel, welche im Städtischen Museum gezeigt wird, sei die, welche auf die Kirche fiel ...

Die Sage vom Geislinger Galgenbrünnele

Oberhalb von Geislingen, kurz vor der Steige, plätschert ein frischer Quell aus dem Berg und fließt in das auf der Stirnwand mit 1861 datierte gußeiserne Brunnenbecken. Es ist das Galgenbrünnele, von dem die Sage geht, ein Mann habe einst angeblich einen Becher gestohlen. Er wurde zum Tode verurteilt und zum Galgen geführt. Als er auf diesem letzten Weg eine kurze Rast einlegen durfte, beteuerte er zum wiederholten Male seine Unschuld mit den Worten: „So wahr ich unschuldig bin, so gewiß wird an dieser Stelle aus dem Fels ein Brünnlein entspringen." Kaum hing er am Galgen, brach aus der genannten Stelle eine Quelle hervor, die bis zum heutigen Tage läuft. Den vermißten Becher fand man einige Zeit später wieder.

Von Sagen umrankt sind auch die sog. *Sühnekreuze*, die bei uns noch in einer größeren Anzahl auf Fluren und an Wegrändern stehen, seit vielen hundert Jahren.

So finden wir noch ein solches Steinkreuz vor der Adelberger Klostermauer und in der Mauer eines Hauses in Salach; an der Straße zwischen Donzdorf und Reichenbach u. R., in Wittingen bei Türkheim sowie am Weg von Rechberghausen nach Oberwälden begegnen wir je einem Exemplar, ebenso am Jackenhof/Gemeinde Ottenbach und am Ortsrand von Börtlingen. Vor kurzem entdeckte man eines wieder anläßlich der Flurbereinigung in Treffelhausen beim Turnerheim. Zwei weitere Sühnekreuze sind im Städtischen Museum Göppingen aufgestellt, wovon eines bis vor kurzem in Dürnau stand. Zuletzt sei das vielen unbekannte Mal bei Aufhausen genannt. Ein wieder aufgefundenes Sühnekreuz fand vor der Adelberger Ulrichskapelle Aufstellung.

Diese Sühnekreuze mußten vom Täter oder dessen Angehörigen für einen begangenen Totschlag meist am Tatort errichtet werden. Im Stadtarchiv Göppingen befinden sich fünf sog. Totschlagbriefe aus dem ausgehenden 15. Jahrhundert, aus denen ersichtlich ist, daß bei einem derartigen Vergehen u. a. ein Steinkreuz zu setzen war. Detailliert aufgeführt sind die Bußen für den Totschläger mit genauer Angabe über Größe und Aufstellungsort des Mahnmales.

Ein solcher *Totschlagbrief,* ausgestellt am 26. Januar 1496 in Göppingen, hat folgenden Inhalt: Michel Häffelin aus Drackenstein hat einen gewissen Hans Märcklin von Reichenbach erschlagen. Wie es in der Urkunde heißt: „vom Leben zum Tod bracht". Unter dem Vorsitz des Vogtes zu Göppingen, Ritter Ulrich von Westerstetten, urteilen sechs Richter über den Totschläger: Junker Hans von Liebenstein, Kunrad Häge, Jeronymus Rycz, Jacob Thony und zwei Schultheißen von Plochingen und Notzingen, Hans Jäger und Hans Walther. Die Angehörigen müssen einen Eid leisten, daß sie den Tod ihres Verstorbenen nicht rächen wollen, „weder haimlich noch offensichtlich, weder mit wortten noch wercken". Folgende Bußen werden Michel Häffelin auferlegt: „fünf und zwaincig wechsin kerczen", jede ein halbes Pfund schwer und besonders gemacht, für die Pfarrkirche in Reichenbach zu stiften, die dann auf das Grab des Erschlagenen gelegt werden. Dazu muß er ein gesungenes Seelenamt und vierundzwanzig Messen lesen lassen. Das Seelenamt und vierzehn Messen in Reichenbach, die restlichen zehn Messen in einem beliebigen Kloster. „Item ouch sol Michel Häffelin ain redliches stainskreucz setczen und machen lassen zu Richenbach in etter an ain bequemlich ort nach des erschlagenen säligen freund beger ungevarlich bis sanct Michels tag nächst künftig und sol das selbige kreucz sein siben schuch hoch und fünff schuch wyt oder brait." Übertragen heißt das etwa so: Auch soll Michel Häffelin ein anständiges Steinkreuz machen lassen und dies an einen guten Platz innerhalb des Etters nach dem Willen des selig erschlagenen Freundes setzen; bis etwa zum St.-Michaels-Tag (29. September). Dieses Kreuz soll sieben Schuh hoch und fünf Schuh weit bzw. breit sein (ein Schuh = ca. 29 cm).

Aber mit diesen Bußen lassen es die Richter nicht bewenden. Zwei Wallfahrten werden ihm auferlegt; als Beweis hat der Totschläger je eine Bestätigung der aufgesuchten Wallfahrtsstätten mitzubringen. Für eine kurze Zeit muß er der Witwe und einem Verwandten zwei Pfund Heller zahlen, dazu den Ärzten „zu lon geben", die ihn „gebunden und gearczniet" haben. Zu guter Letzt hat Häffelin noch die Auslagen der Richter sowie die Gerichtskosten zu zahlen. Wir ersehen daraus, daß die bei einem Totschlag verhängten Sühnen recht empfindlich waren. Sollte der Delinquent krank werden, sterben oder davonlaufen, müssen zwei Bürgen die Verpflichtungen übernehmen. In unserem Fall sind es der Meister und ein Schwager. Die Urkunde ist mit drei Siegeln versehen und endet mit der Datumsangabe: „Mittwoch nach St. Pauls Bekehrungstag nach der Geburt Christi, unseres lieben Herrn, als man zählt tausend vierhundert neunzig und sechs Jahre."

Dieses bis ins Detail gehende und heute noch vorhandene Zeugnis mittelalterlicher Rechtsprechung erschien es wert zu sein, ausführlich dargelegt zu werden.

Volkskundlich interessant sind auch die steinernen *Ruhbänke,* von denen im Kreis

Göppingen nur noch eine an der Straße genau in der Mitte zwischen Göppingen und Hohenstaufen steht. Diese Bank hat heute den ihr einstens zugedachten Zweck als Ruheplatz verloren. Selten noch setzt sich ein müder Wanderer auf sie zum Verweilen, da er viel bequemere Holzbänke in unmittelbarer Nähe findet. Unsere Ruhbank diente hauptsächlich den Frauen als Rastplatz, die mit ihren großen Körben den Markt zu Göppingen besuchten. Auf den unteren Teil der Bank setzte sich die Trägerin, während sie auf den höheren Querbalken den Korb abstellte. Ohne eine Jahreszahl oder sonstigen Hinweis auf das Alter steht die Bank in Wind und Wetter, hart am Rande der vor kurzem bis dicht an sie heran verbreiterten Straße.

Ortsneckereien

von Jürgen Kettenmann und Walter Ziegler

Es gab früher kaum einen Ort, der nicht mit einem oder mehreren Neck- bzw. Übernamen, meist von den Bewohnern benachbarter Gemeinden, bedacht wurde. Im Gegensatz zu heute nahm man früher viel mehr Anteil am gemeinschaftlichen Leben; dazu gehörte nicht zuletzt auch das gegenseitige Aufziehen und Necken. Eine hervorstechende körperliche oder geistige Eigenschaft eines einzelnen konnte ebenso Anlaß für einen Necknamen sein, wie ein Streich oder ein ernsthaftes Vergehen. Oft ließen die überwiegende Tätigkeit der Dorfbewohner sowie Arbeitsgeräte und Gebrauchsgegenstände einen solchen entstehen. Auch die Lage des Ortes, Volksbräuche oder ehemalige Ortsherrschaften wurden in Übernamen ausgedrückt. Häufig mußte ein Tier Pate stehen.

Bei aller Deutlichkeit manchmal waren diese Neckereien doch freundnachbarlich und so gut wie nie böse oder gar verletzend gemeint. Man ertrug sie mit guter Miene. Als Beispiel dafür, daß Gemeinden ihre Übernamen vielleicht sogar mit Stolz tragen, seien Mühlhausen und Wangen-Oberwälden genannt, welche ihre namengebenden Tiere – Kuckuck bzw. Rehbock – in die Wappen aufnahmen.

Auch die Ortsnecknamen waren Wandlungen unterworfen. So besitzen nicht wenige Orte mehrere Namen, die im Laufe der Zeit zu den alten hinzukamen. Viele dieser Neckereien, die vor kurzem noch allgemein in Erinnerung waren, sind heute im Verklingen und oft nur noch der älteren Generation bewußt. Es bedurfte umfangreicher Nachforschungen, um eine nahezu vollständige Darstellung zu erreichen. Eine genaue Erklärung der Necknamen war nicht immer möglich, da diese häufig mehrdeutig sind.

Adelberg: *Zettele, Stompagraber, Stöckwaldschlarper.* Zettele bedeutet das auf dem Webstuhl aufgespannte Garn. Durch den Stöckwald führt der Weg nach Rechberghausen.

Aichelberg: *Silahub, Loibleszwicker.* Silahub wird von der hohen örtlichen Lage bzw. von Hüpfen abgeleitet.

Albershausen: *Russa.* Von den früheren Ortsherren Reuß von Reußenstein bzw. dem Familiennamen Reiß soll der Name herrühren. Bei Faschingsumzügen findet der Neckname heute noch bildliche Darstellung.

Auendorf: Gaslauser, Hommelhenker. Vermöge höchster Entschließung erhielt das Dorf Ganslosen, das schwäbische Schilda, 1849 auf Wunsch seiner Bewohner den Namen Auendorf. Die Abordnung der Gemeinde soll angeblich in Stuttgart gesagt haben, Ganslosen sei gar kein hübscher Name, ihr Ort sei doch „au a Dorf" wie die anderen Dörfer des Königreichs, worauf der König dem Dorf den Namen Auendorf gegeben habe. Der Name Hommelhenker soll folgendermaßen entstanden sein: Auf dem Kirchendach wuchs einst Gras. Der Gansloser Gemeinderat beschloß, das Gras von einem Hummel (Farren) wegfressen zu lassen. Zu diesem Zweck banden sie dem schönsten Tier einen Strick um den Hals und zogen es mit vereinten Kräften in die Höhe. Als sie den Hummel schließlich fast oben hatten, schrie der Schultheiß: „Männer, zieht fester, er streckt scho d' Zong nach 'm Gras raus."

Aufhausen: Heerschara. Die Jugend des Ortes soll bei sonntäglichen Besuchen in Geislingen immer in größeren Haufen aufgetreten sein.

Bad Ditzenbach: Baise Hond, Sauerwasserhengst. Seit 1532 ist hier eine Mineralquelle bezeugt.

Bad Überkingen: Sauerwasserhengst, -brüder, Bondschuhsoldata, Stomphosa. Seit 1415 bekannte Sauerwasserquelle.

Ortsteil Hausen: Ratta.

Böhmenkirch: Bettelsäck, Pölten, Zwilch. Der Name Pölten stellt eine Abkürzung des Kirchenpatrons St. Hippolyt dar. Auch sollen hier die Wilderer zur Strafe rote Mützen getragen haben, wie in St. Pölten. Auf die einstige arme Webergemeinde Böhmenkirch gehen die Necknamen Bettelsäck und Zwilch zurück.

Ortsteil Schnittlingen: Morgaländer. Wenn die dortigen Einwohner Besorgungen in den westlich von Schnittlingen gelegenen Orten Donzdorf oder Kuchen machten, wurden sie so begrüßt.

Börtlingen: Schendelesmacher, Gugelhupf. Hier waren einst viele Bewohner mit der Herstellung von Dachschindeln beschäftigt.

Boll: Wüatige, Rasige.

Bünzwangen: Schnellerspinner, Hobelspä. Viele Dorfbewohner verdienten ihren Lebensunterhalt als Weber. Schneller nannte man ein bestimmtes Quantum Garn.

Deggingen: Läurakübel, Klein-Paris, Jenischer Adel, Neu-Wien. Läurakübel bedeutet Tresterkübel. Paris war früher für das Volk der Inbegriff der Vornehmheit und Weltgewandtheit. Da sich Deggingen durch seine Eigenschaft als Marktflecken von den umliegenden Dörfern abhob, nannte man es Klein-Paris. Der Name Neu-Wien leitet sich von einem 1934 dort eingerichteten Lager der sog. österreichischen Legionäre ab. Im 19. Jahrhundert wurden sog. Freileute oder Freimenscher, der „Jenische Adel", hier angesiedelt. Es waren meist Korbflechter.

Donzdorf: Klein-Paris, Kolöffel. Im Gegensatz zu Deggingen unterschied sich Donzdorf als Sitz der rechbergischen Herrschaft von den übrigen Gemeinden. In den Wintermonaten schnitzten viele Donzdorfer Löffel, die sie im Frühjahr und Sommer vertrieben.

Drackenstein: Polacka.

Dürnau: Degafelder, Roßköpf, Ägypter. Seit 1623 übten die Herren von Degenfeld die Ortsherrschaft aus.

Ebersbach: Wasserratta, -amsla, Sadler. Die Bezeichnung Wasserratta bzw. -amsla, welche früher sicherlich viele Filstalorte führten, findet sich heute nur in Salach und den Orten des unteren Filstals. Der früher viel begehrte Fegsand wird noch heute als Bausand verwendet.

Ortsteil Roßwälden: Loible. Ein Bauer, der in Kirchheim einen Laib Brot zu besorgen hatte, soll diesen auf dem Rückweg nahezu verzehrt haben. Seine erboste Frau tadelte ihn lauthals, so daß es der ganze Ort erfuhr.

Ortsteil Sulpach: Schnitzhäfa, Geale Rüaba (gelbe Rüben).

Eislingen: Brandstifter, Fuierlesmacher, Zendhölzla, Störch. Zu Beginn unseres Jahrhunderts war in Eislingen und der näheren Umgebung ein Ortsansässiger als Brandstifter tätig. Der Name Störch rührt von einem noch vor Jahrzehnten vorhandenen Storchennest her.

Eschenbach: Krautbäuch. Die Eschenbacher bauten früher viel Kraut an.

Faurndau: Wasseramsla (siehe Ebersbach).

Gammelshausen: Spälterlesbuaba. Auswärtige Freier bewarf man mit Spälterla (kleinen Holzscheiten).

Geislingen: Schaufbrautes. Wegen ihrer geringen Einkommensverhältnisse konnten sich die Geislinger oft nur das billige Schaffleisch als Sonntagsbraten leisten.

Stadtteil Altenstadt: Schnoka, Tannazapfa.

Stadtbezirk Eybach: Schuckeler, Wecka oder Loible. Schuckeler ist noch heute eine weit verbreitete Bezeichnung für Tagediebe, Müßiggänger und Herumziehende. Die Eybacher Kümmelwecken waren weit bekannt.

Stadtbezirk Stötten: Schafsköpf.

Stadtbezirk Türkheim: Rüabahäfa, Nachteula. Das späte Feierabendmachen führte zur Bezeichnung Nachteula.

Stadtbezirk Weiler o. H.: Dachmarder.

Gingen: Schnapper, Schnapphähn, Spitzmäus. Die Gingener „schnappten" vor vielen Jahrzehnten den Kuchenern eine Quellwasserfassung weg. Die Deutung, daß Gingen seiner Nachbargemeinde Kuchen den Bahnhof „weggeschnappt" habe, dürfte nicht stimmen, da diese ursprünglich keine Bahnstation wollte.

Göppingen: Blaidlenger, Sauerkrüagla. Das Wort blaid bedeutet so viel wie schüchtern. Heute wird es fälschlich mit blöd gedeutet. Der Sauerwasservertrieb aus den seit 1404 bekannten Sauerbrunnen erfolgte vor der heutigen Flaschenabfüllung in tönernen Krügen.

Stadtbezirk Bartenbach: Spüllompa, Spä (Späne).

Stadtbezirk Bezgenriet: Knollastompa.

Stadtbezirk Hohenstaufen: Hooraffa. Die Hohenstaufener benützten im Winter Schlitten mit aufwärts gebogenen Hörnern, sog. Hooraffa.

Stadtbezirk Holzheim: Hülzene (Verballhornung von Holzheim).

Stadtbezirk Jebenhausen: Judäa, Milchschlapper. 1777 erfolgte durch die Freiherren von Liebenstein die Ansiedlung von zwanzig jüdischen Familien.

Stadtbezirk Maitis: Milchadeckel.

Stadtbezirk St. Gotthardt: Widerwärtige.

Gosbach: Loidige (Launenhafte).

Gruibingen: Holzschlegel, Bombaquetscher. Viele Gruibinger waren als Holzhauer tätig. Bei Musikertreffen wurde dem Festzug ein Holzschlegel vorangetragen. Nach dem Zweiten Weltkrieg stellte man im Farrenstall der Gemeinde eine Schrotmühle auf. Während eines Mahlgangs geriet versehentlich Munition in die Mühle. Durch die Explosion wurde der Farrenstall stark in Mitleidenschaft gezogen.

Hattenhofen: Heahla. Ein beliebter Erwerbszweig war bis zur Mitte des 19. Jahrhunderts die Züchtung von jungen Hühnern (Heahla). Sog. Heahlesweiber und -männer boten sie in der Umgebung an.

Heiningen: Stara. Die Heininger Dorfjugend fiel nach mündlicher Überlieferung wie die Staren über die Kirschenbäume der Gammelshausener Bauern her. Der Name wird auch als Steare, d. h. Widder, gedeutet.

Hohenstadt: Pfingstlümmel. Jedes Jahr zu Pfingsten veranstaltete die Jugend einen Umzug. Ihr Anführer war von Kopf bis Fuß in grünes Reisig eingehüllt. Dabei scheint es einmal besonders laut hergegangen zu sein, worauf der Pfarrer die Horde als Pfingstlümmel bezeichnete.

Kuchen: Gsälzhäfa, Zwiebel. Nach dem ersteren Necknamen nennt sich die Kuchener Karnevalsgesellschaft Gsälzhafhausen.

Mühlhausen: Kuckuck, Mehlscheißer. Seit 1930 versinnbildlicht ein Kuckuck im Gemeindewappen den Necknamen. Die Bezeichnung Mehlscheißer dürfte auf die ehemaligen zwei Dorfmühlen zurückgehen.

Nenningen: Schnecka, Schneckapäpper, Päpper (von Papp, Brei), *Saupäpper.* Im Ort befand sich früher eine Schneckenzucht.

Ottenbach: Kreuzköpf. Die benachbarten Hohenstaufener riefen die Ottenbacher so wegen ihres katholischen Glaubens.

Rechberghausen: Spatzabrittla, Furcharutscher.
Reichenbach i. T.: Rickene (Trockene).
Reichenbach u. R.: Breama, Eama, Aus den Eama (Immen, d. h. Bienen) wurden im Laufe der Zeit Breama (Bremsen).
Salach: Spüllompa, Wasseramsla (siehe Ebersbach).
Schlierbach: Gockeler, Kampler (Streiter). Es könnte hier eine Verbindung (sog. Neckkreis) mit den Hattenhofer Nachbarn, den Heahla, bestanden haben.
Steinenkirch: Stoiesel.
Süßen: Moschtköpf, Herbe, Gitterlesgucker. Bekannt war früher der Süßener Most.
Uhingen: Wasseramsla (siehe Ebersbach).
Ortsteil Baiereck: *Kohlamusel* (Kohlekätzchen), *Langhoorete.* Seit nahezu 500 Jahren wird im Nassachtal die Köhlerei betrieben.
Ortsteil Diegelsberg: *Silahub* (siehe Aichelberg), *Schnapsbrenner.* In der Beschreibung des Oberamts Göppingen von 1844 heißt es: „Die Kirschengeistfabrikation wird in Diegelsberg, das die größten Kirschenbaumanlagen im Bezirke hat, am stärksten betrieben."
Ortsteil Holzhausen: *Holzkatza, Holzmäus.*
Ortsteil Sparwiesen: *Moiakäfer, Spälterla.* In der ersten Hälfte des 19. Jahrhunderts sollen die Sparwiesener Waldungen unter einem starken Maikäfereinfall gelitten haben. Mit ihrem Schultheißen an der Spitze wollte die Gemeinde dieser Plage durch das Einfangen der Maikäfer Herr werden.
Unterböhringen: Raupa.
Ortsteil Oberböhringen: *Hebräer, Bo'schuur.* Die Bewohner waren als gewiegte Pferdehändler bekannt. Die Anlegung des Ortes erfolgte während der französischen Koalitionskriege (1793). Vielleicht grüßten sich die Bewohner anfänglich mit „Bo'schuur".
Wäschenbeuren: Klammhoka, Kreuzköpf (siehe Ottenbach), *Hobelspä, Musche.* Überaus sparsame Leute bezeichnet man im Schwäbischen als Klammhoka. Um die Jahrhundertwende schmückte der Turnverein bei festlichen Anlässen sein Vereinstäfelchen mit Hobelspänen. Bei einer Bittprozession brach einmal der Stab des Vortragekreuzes, da er sehr „musch" (morsch) war. Spötter behaupteten darauf, die Wäschenbeurener hätten mit dem Kreuz Zwetschgen von den Bäumen heruntergeschlagen und es dabei zerbrochen. Noch heute hört man in der Umgebung die Redensart: „Musch wie dr Beuremer Herrgott!"
Wangen: Sägbockreiter. Infolge einer Wette ritt vor einigen Jahrzehnten ein Wangener Bürger auf einem Sägbock vom Wald „Rotes Kreuz" nach Oberwälden vor das Gasthaus „Zum Lamm".

Ortsteil Oberwälden: *Raichböck.* Die Gemeinde nahm 1930 in ihr Wappen einen Rehbock auf. Er soll eine bildliche Anspielung auf den Namen der Familie von Rechberg (Rehberg) sein, welche im Ort einst begütert war.

Weiler o. F.: *Plätz, Katza.* Ein schwäbischer „Platz" ist ein flacher Kuchen aus Brotteig, der mit Obst, Kraut oder Zwiebeln belegt wird.

Weißenstein: *Ratta, Herrastäpfler.* Zum hochgelegenen Schloß der einstigen rechbergischen Stadtherren führt der Weg über viele Staffeln hinauf.

Wiesensteig: *Spitalhengst, Kröpf, Hannikel.* Seit 1364 läßt sich in Wiesensteig ein Spital nachweisen. Ähnlich wie bei den ebenfalls im oberen Filstal gelegenen Badeorten Ditzenbach und Überkingen wurde auch hier der „-hengst" angehängt.

Winzingen: *Läus.*

Zell u. A.: *Tresterscheißer.*

Abschließend noch einige Sprüche und Reime, welche früher im Kreis aufgesagt wurden:

> Z' Birabach
> do sitzt dr Teufel ontrem Dach.

> Wer kommt von Wisseldegna o'bschissa
> oder von Wenzenga o'grissa
> ond von Nennenga o'gschlaga,
> der ka von groaße Wonder saga.

> Weißastoi ischs Herrastädtle,
> Böhmakirch ischs Bettelsäckle,
> Treffelhausa isch dr Scheißkübel,
> Schnittlenga isch dr Deckel drüber.

> Geisleng' isch a schöne Stadt,
> Altastadt a Bettelsack,
> Überkenga isch a Sauerkübel,
> Türkhoim macht da Deckel drüber.

> Hausener Ratza
> reitet auf de Katza,
> reitet recht weit naus,
> fanget a Maus,
> dend's in en Kessel
> ond fresset's mit de Löffel.

Wiesastoig isch a schöne Stadt,
z' Mühlhausa leit dr Bettelsack,
Gosbach leit em Grond,
z' Ditzabach geit's baise Hond,
Deggenga isch dr Läurakübel,
Reichabach isch dr Deckel drüber.

Wer durch Wiesastoig kommt o'glitta
ond durch Neidlenga o'gstritta
ond durch Weila o'gschlaga,
der ka en Kircha von Glück saga.

Z' Zell,
do bettlet Baura äll
ond wenn dr Pfarr a Säckle hätt,
no geng er au no mit.

En Hattahofa
sitzt dr Teufel hentram Ofa,
z' Boll
sitzt er henter dr Scholl,
z' Zell
sitzt er henter dr Butell,
z' Sparwiesa
ist er da Bach nagriesa,
z' Wanga
hent se'n g'fanga,
und z' Boiereck
isch er verreckt!

Z' Bezgariet,
wo ma da Hennadreck verrührt!

Hattahofa, Heahlesgäu,
wenn i di sieh, wurd mr's waih!

Quellen und Literatur:

Mündliche und schriftliche Erkundigungen
Rudolf Kapff, Schwäbische Ortsneckereien, Blätter des Schwäbischen Albvereins 1911, S. 347 ff.
Hugo Moser, Schwäbischer Volkshumor, Stuttgart 1950

Der Sportkreis Göppingen

von Heinrich Reinemer

Die Stellung, die der Sport in unserer heutigen Gesellschaft einnimmt, war nicht zu allen Zeiten so unbestritten. Noch um 1850, ja bis zur Jahrhundertwende nahmen staatliche Behörden, wenn überhaupt, nur kritisch Notiz von ihm. Ein Blick in die Annalen der ältesten Vereine des Kreises Göppingen soll aufzeigen, wie klein und unscheinbar die Anfänge, wie dornig, mühselig und lang der Weg bis zum „Heute" war.

Senior unter den Turnvereinen ist die Turnerschaft Göppingen, gegründet 1844 als „Turngemeinde Göppingen". Die sehr viel älteren Schützenvereine – die Schützengesellschaft Geislingen wurde bereits 1503 gegründet –, zählten damals noch nicht zu den Sportvereinen.

Die TG Göppingen wurde, wie aus den Annalen hervorgeht, am Maientag aus der Taufe gehoben. Der damals 19jährige Ludwig Schaller war nach Göppingen gekommen, um in dem Betrieb des Großvaters seine Ausbildung als Kaufmann zu vervollständigen. Zusammen mit Karl Kallenberg besuchte er 1844 den Maientag. Als Dritter im Bunde gesellte sich der Arzt Dr. Ludwig Munk hinzu. Als im Ablauf des Festes nach dem Reigen der Kinder eine Leere entstand, schlugen die drei „männlichere" Spiele für die Jugend vor. Von dem begeistert aufgenommenen Bockspringen, dem Tauziehen und von all den anderen Spielen ging ein Funke aus, der Schaller, Kallenberg und Dr. Munk fortan beschäftigte. Der Kaufmann Karl Nast war es, der sich zum Förderer der Gedanken dieser Drei machte, und der am Samstag, dem 7. September 1844, im Göppinger Wochenblatt folgenden Anzeige erscheinen ließ: „Turnverein. Denjenigen Vätern, welche Lust haben, mit ihren Knaben demselben beizutreten, mögen solche einschreiben lassen und das Nähere vernehmen bei Karl Nast!" Die Anzeige blieb ohne große Wirkung. Doch die Wagemutigen beschlossen, die Turngemeinde mit drei Turnern beginnen zu lassen. In der Gründungsversammlung am Mittwoch, dem 27. November 1844, wurde beim Gastwirt Friedrich Süsser zum Waldhorn in der Vorderen Karlstraße der Grundstein für die Männer-Turn-Gemeinde gelegt, womit gleichzeitig die Geschichte der Leibesübungen in Göppingen begann.

Zwei Jahre später folgte Geislingen mit einer Vereinsgründung, der Turngemeinde Geislingen. Zu den Hundertjährigen zählen noch die TG Donzdorf, der TB Gingen und der TSV Kuchen, TV Altenstadt und TSG Eislingen. Weitere 38 Vereine haben sich schon mehr als sieben Jahrzehnte dem Sport verschrieben.

Jünger als das Turnen ist der heutige König des Massensports: der Fußball. Hier wurde der erste Verein im Kreis Göppingen in Geislingen gegründet. Im Tagebuch des Sportclubs Geislingen steht zu lesen: „Geislingen, 1. 6. 1900: Das eintönige Leben in Geislingens Mauern veranlaßte eine Reihe von jungen Männern, einen Verein zu gründen, der neben geselligen Vereinigungen hauptsächlich Förderung sämtlicher Rasenspiele als Nummer eins auf sein Programm setzte. Nach vielen und teilweise langen Sitzungen wurde am 31. Mai 1900 in einer Versammlung bei Vetter Kienzle (Bahnhofswirtschaft) die Lebensfähigkeit des Vereins anerkannt und derselbe Sport-Club Geislingen-Steige getauft." Und zwei Wochen später heißt es: „Erfreulicherweise wächst die Zahl der aktiven Mitglieder sowohl als auch der passiven in rapider Weise, und hoffen wir noch dieses Jahr das hundertste Mitglied aufnehmen zu können." Um dem Fußball, dessen Anziehungskraft unter der Jugend sehr groß war, etwas entgegenzusetzen, begannen die Turnvereine nach dem Ersten Weltkrieg, 1920, mit dem Handballspiel. Göppingen wurde zu einer Handballhochburg in Deutschland. Erfolgreichster der ballspieltreibenden Vereine wurde nach dem Zweiten Weltkrieg der „TC Frisch Auf Göppingen". Er erkämpfte sich im internationalen Handballsport einen Namen und holte elf deutsche Meisterschaften und zweimal den Europapokal nach Göppingen. Viele seiner Spieler sind im Besitz des „silbernen Lorbeerblatts".

Aber auch schon „zwischen den Kriegen", in den zwanziger und dreißiger Jahren gelang es vielen Sportlerinnen und Sportlern Rekorde zu erringen und deutsche Meisterschaften an den Fuß des Hohenstaufen und Helfenstein zu bringen. Ohne Anspruch auf Vollständigkeit sei nur an einige hervorragende Erfolge erinnert: 1923 errang die Turngemeinde Göppingen die deutsche Meisterschaft im „Vereinsmehrkampf für volkstümliche Übungen", der Turnerbund Göppingen im gleichen Jahr den „Deutschen Sieg im Turnen". Außerordentliche Rekordzahlen erzielten die Schwimmer Paul Schwarz mit einem Weltrekord, einem Europarekord und 13 deutschen Rekorden, Heinz Faust mit seinem Weltrekord im 100-m-Brustschwimmen. Zusammen mit den Gebrüdern Rueß erschwammen die beiden auch eine deutsche Meisterschaft in der Staffel. Werner Neitzel war fünfmal Meister im Freistil.

In der Leichtathletik wurde die ehemalige Eislingerin Lydia Eberhardt 1936 bei den Olympischen Spielen in Berlin Sechste im Speerwurf. Auch Julius Müller gehörte damals zum deutschen Aufgebot. Er errang achtmal den Meistertitel im Stabhochsprung, im Hochsprung war Hans Haag mehrfacher deutscher Meister. Die seit der Jahrhundertwende stetige Aufwärtsentwicklung des Sports fand ihr vorläufiges Ende mit dem Zweiten Weltkrieg. 1946 wurde mit der Gründung des Sportkreises Göppingen ein neuer Anfang gemacht. 8951 Sportler waren bei seiner Gründung in 60 Vereinen organisiert. 1972 umfaßte der Sportkreis unter seinem Vorsitzenden Otto Bayer 162 Vereine mit 40 274 Mitgliedern. Zwei weitere Vereine stehen auf der Warteliste. Diese Zahlen zeigen die enorme Entwicklung in den letzten 25 Jahren. Der Landessportbund ließ in dieser Zeit seinen Vereinen im Kreis Göppingen aus Toto- und Lottomitteln für den Sportstättenbau und Sportgeräte über 5,6 Mio. DM zukommen, wobei man davon ausgehen kann, daß die Vereine selbst noch einmal das fünffache dieses Betrages aufgebracht haben. Wahrhaftig eine stolze Bilanz!

Die Ausdehnung brachte gleichzeitig eine Verbreiterung des Sportangebots. So werden heute allein 26 verschiedene Sportarten, manche freilich nicht selbständig, sondern in Abteilungen, im Kreis Göppingen betrieben: So Badminton, Basketball, Boxen, Fechten, Fußball, Bahnengolf, Handball, Judo, Kegeln, Leichtathletik, Radfahren, Rollsport, Schach, Schießsport, Kunstkraftsport, Schwerathletik, Schwimmen, Skilauf, Tanzen, Tauchen, Tennis, Tischtennis, Turnen, Versehrtensport und Volleyball.

Herausragendstes Ergebnis aller Bemühungen um Rekorde nach dem Zweiten Weltkrieg ist die Silbermedaille im Stabhochsprung von Wolfgang Reinhardt bei den Olympischen Spielen in Tokio 1964. Er setzte damit die Tradition fort, die der Kuchener Julius Müller auf dem Gebiet der Leichtathletik und des Stabhochsprungs begründet hatte.

Als weitere erfolgreiche Leichtathleten seien genannt: Gerhard Keller, Deutscher Meister im Speerwurf, außerdem Studentenweltmeister im Fünfkampf, Hans Martin Bührle, der 1955 im Diskuswurf Studentenweltmeister wurde. Karl Kenngott aus Hattenhofen hat sich über 5000 Meter in die deutsche Meisterschaftsliste eingetragen, Max Seidl im Hammerwerfen und Toni Butz im Hochsprung.

Von den Turnern war Hajo Schumacher von der TG Geislingen dabei, als die Mannschaft des Schwäbischen Turnerbundes deutscher Meister wurde, Karl Banzhaf zeichnete sich im Geräteturnen aus. Im Ringen knüpften vor allem die Aktiven des TV Jahn Göppingen an die Vorkriegstradition an mit Walter Hahn, Heini Weber und Fritz Bischoff, die mehrfach deutsche Meisterschaften errangen, Otto Schnarrenberger war 1955 erfolgreich. Deutscher und Europameister wurde der Eislinger „Spartane" Anton Rieke in der Schwerathletik, der Kunstkraftsportler Albert Küst erkämpfte sich zehnmal die deutsche Meisterschaft, die „Drei Adis" waren fünfmal, die „Drei Benzus" dreimal in dieser Disziplin erfolgreich. Die Rundgewichtsringer der TSG Salach waren siebenmal Meister der Bundesrepublik. Vom gleichen Verein kamen die Meisterjongleure Albert Ölkuch und Heinz Schuster.

Die Göppinger Schwimmstaffeln hatten Berühmtheit, Geislingens TG-Schwimmer zeichneten sich bei den Vereinen ohne Hallenbad einmal aus, desgleichen TV Holzhausen. Bei den Frauen holte sich Ursel Pritzl 1954 einen Meistertitel.

Der Versehrte Walter Hertle aus Ebersbach errang neben zahlreichen anderen Meisterschaften die Goldmedaille im Schwimmen bei der Olympiade der Versehrten in Tel Aviv.

Groß ist die Zahl der Meister, bunt die Palette der Sportarten, die junge Frauen und Männer zu Höchstleistungen animiert haben. Wir konnten nur einen Ausschnitt bringen, bewußt, daß mancher in der Ehrenliste fehlen wird. Eine lückenlose Bilanz aufzustellen war nicht Aufgabe des Chronisten. Er sollte nur zeigen, zu welch großartigen Leistungen die Jünger des Sports entlang der Fils befähigt waren und sind und schildern was aus den Nachfahren der drei Turner geworden ist, die im Jahre 1844 den Grundstein legten zu dem Begriff Sport, den man „die herrlichste Nebensache der Welt" nennt.

Der Landkreis gestern, heute und morgen

von Landrat Dr. Paul Goes

Spiegelbild des Landes Baden-Württemberg

In der Tat, der Landkreis Göppingen ist, wie es Ministerpräsident Dr. Hans Filbinger bei seinem halbtägigen Besuch des Landkreises am 18. Januar 1973 sagte, ein Spiegelbild des Landes Baden-Württemberg. Es geht dabei um dreierlei: die fleißigen, sparsamen und erfindungsbegabten Menschen, die gesunde Struktur (kräftige Industrie, ergänzt durch lebendiges Handwerk, aktiven Handel und tüchtige Landwirtschaft) sowie die abwechslungsreiche Landschaft (Industrieband im Filstal, rechts und links davon, auf der Alb, im Albvorland und auf dem Schurwald einladende Landschaft, die jedes Herz erfreuen muß).

Gebiet

Während der Landkreis Göppingen bei der am 1. 10. 1938 in Kraft getretenen Neueinteilung des Landes Württemberg 35 Gemeinden dazu erhalten hat (zwei mußte er abgeben), sind ihm mit dem am 1. 1. 1973 wirksam gewordenen Kreisreformgesetz nur zwei Gemeinden zugewachsen: Maitis vom Landkreis Schwäbisch Gmünd (das bereits am 1. 4. 1972 in die Stadt Göppingen eingemeindet wurde) und Waldhausen vom Landkreis Ulm (das bereits am 1. 3. 1972 nach Geislingen an der Steige eingemeindet wurde); schon zum 1. 1. 1971 kam Türkheim vom Landkreis Ulm durch Eingemeindung nach Geislingen zum Landkreis Göppingen. Hinzu kam noch mit Wirkung vom 1. 1. 1973 die Eingliederung von Lenglingen in die Stadt Göppingen (bisher Ortsteil der Gemeinde Großdeinbach im Landkreis Schwäbisch Gmünd und mit dieser Gemeinde kurz zuvor in die Stadt Schwäbisch Gmünd eingemeindet). Durch zwei dieser Veränderungen (Maitis, Lenglingen) haben die Städte Göppingen und Schwäbisch Gmünd (nunmehr zum Ostalbkreis gehörend, der seinen Sitz in Aalen hat) eine gemeinsame sechs Kilometer lange Grenze. Geographie, Topographie und Verflechtung sprachen bei

einigen weiteren Gemeinden eindeutig für eine Zuordnung zum Landkreis Göppingen. Den gemeinsamen Bemühungen der Abgeordneten, der Gremien und der
Verwaltung des Landkreises sowie der Gemeinden gelang es jedoch nicht, in diesen Fällen eine sachgerechte Lösung herbeizuführen.

So ist die Fläche des Landkreises Göppingen nur geringfügig gewachsen: 1938
610 qkm, nunmehr (1973) 641 qkm, (davon 313 qkm landwirtschaftliche Nutzfläche und 196 qkm Wald). Dies hatte auch zur Folge, daß der Landkreis Göppingen – neben Emmendingen und Heidenheim – einer der drei Landkreise des
Landes Baden-Württemberg ist, die durch das Kreisreformgesetz nicht aufgelöst
wurden. Von 63 Landkreisen des Landes wurden, um ab 1. 1. 1973 35 Kreise zu
erhalten, 60 aufgelöst.

Unter den bisherigen 63 Landkreisen nahm der Landkreis nach der Fläche den
23. Platz ein. Nunmehr ist er unter den 35 Landkreisen an die 30. Stelle gerückt.
Drei weitere Landkreise der Region Mittlerer Neckar haben jedoch gleichfalls
zwischen 600 und 700 qkm; in dieser Region ist der Landkreis Rems-Murr mit
860 qkm flächenmäßig der größte.

Bemerkenswert ist, daß das Denkmodell der Landesregierung zur Kreisreform
in Baden-Württemberg vom Dezember 1969, das nur 25 Landkreise vorsah und
insoweit die strengsten Kriterien für die Bemessung der Landkreise aufstellte, den
Landkreis Göppingen ebenfalls als selbständigen Kreis vorsah.

Einwohnerzahl und Einwohnerdichte

Die Einwohnerzahl des Landkreises hat sich in den letzten 35 Jahren fast verdoppelt (1938: 116 312, 30. 6. 1972: 230 752). Der Landkreis liegt danach unter den
neuen 35 Landkreisen an elfter Stelle. Der außerordentlich starke Zuwachs in
den Nachkriegsjahren ist insbesondere auf die Zuwanderung der Heimatvertriebenen, Flüchtlinge und Kriegssachgeschädigten zurückzuführen. Diese Bewohner
des Landkreises haben einen Bevölkerungsanteil von ca. 30 Prozent. Ihre Aufnahme schuf große Probleme, insbesondere im Blick auf die Wohnungsunterbringung. Der Landkreis und die Gemeinden haben sich neben den Wohlfahrts- und
karitativen Verbänden um die Eingliederung nachhaltig bemüht. Diese Menschen
können heute im politischen, kulturellen, sportlichen aber auch im wirtschaftlichen
Bereich im allgemeinen als eingegliedert angesehen werden.

Die Wirtschaft des Landkreises ist mit auf die ausländischen Arbeitskräfte angewiesen, um die hohen qualitativen und quantitativen Leistungen erbringen zu
können. Probleme werfen insbesondere die Wohnungsunterbringung der Auslän-

90. *Landratsamt in Göppingen, erbaut 1968*

91. Modell des Müllheizkraftwerkes in Göppingen
92. Mechanisch-biologische Sammelkläranlage des Abwasserzweckverbandes
Mittlere Fils in Salach
93. Landwirtschaftliches Schulzentrum in Göppingen
94. Modell des neuen 1000-Betten-Krankenhauses in Göppingen

99. *Kindergarten in Heiningen*   100. *Gymnasium im Schulzentrum Ösch in Eislingen*

Vorderseiten:
95. (links oben) Wanderparkplatz Grünenberg bei Gingen/Fils
96. (links unten) Oberes Herrenbachtal bei Adelberg. Hier soll das erste
Rückhaltebecken des Landkreises entstehen.
97/98. (rechts) Aussegnungshalle und Feuerwehrhaus in Süßen

101. Nachbarschaftshauptschule in Rechberghausen
102. Feierabendheim in Ebersbach
103. (umseitig oben) Haus der Jugend in Göppingen
104. (umseitig unten) Jugendherberge in Göppingen-Hohenstaufen

der und die schulische Betreuung ihrer Kinder auf. Ein Koordinierungsausschuß für die Betreuung ausländischer Arbeitnehmer im Landkreis Göppingen – im Januar 1972 gegründet – versucht, den zuständigen Stellen die notwendigen Entscheidungshilfen zur Verbesserung der Lage der ausländischen Arbeitnehmer an die Hand zu geben. Das Verhältnis zwischen einheimischer Bevölkerung und Ausländern kann grundsätzlich als gut bezeichnet werden.

Die Einwohnerdichte betrug 1938 191 Personen je qkm; nunmehr sind es 372 Einwohner (Landesdurchschnitt 249 Einwohner). Im unteren und mittleren Filstal beträgt die Einwohnerdichte bis zu 525 Einwohner je qkm, während jedoch z. B. auf der Markung Böhmenkirch nur 100 Einwohner je qkm leben.

Unter den 35 neuen Landkreisen steht der Landkreis Göppingen nach der Einwohnerdichte an sechster Stelle. Die vier anderen Landkreise der Region Mittlerer Neckar haben Plätze davor; zu den sechs Landkreisen mit der größten Einwohnerdichte gehört lediglich noch der Rhein-Neckar-Kreis mit Sitz in Heidelberg.

Entfernungen und Meereshöhe

Die größte Ost-West-Erstreckung des Landkreises beträgt 38 km, die größte Nord-Süd-Erstreckung 29 km. Die höchste Erhebung ist in Hohenstadt mit 830 m (zugleich der höchste Punkt im Regierungsbezirk Stuttgart), der tiefste Punkt liegt westlich von Ebersbach an der Fils mit 266 m. Der Landkreis in seiner topographischen Vielfalt weist somit einen maximalen Höhenunterschied von 564 Metern auf. Dies erhöht zwar den Reiz der Landschaft und somit auch den Freizeitwert, der Höhenunterschied bringt aber auch erhebliche Probleme für die einzelnen öffentlichen Aufgabenträger mit sich. Hier soll nur die Verkehrserschließung des Landkreises genannt werden, an der die Schwierigkeiten besonders offensichtlich werden.

Gemeinden

Die Struktur der 50 Gemeinden des Landkreises Göppingen ist außerordentlich vielfältig. Von den großen Industriegemeinden über die Arbeiterwohngemeinden und die Fremdenverkehrsgemeinden bis hin zu den ländlichen Gemeinden sind alle Siedlungsarten anzutreffen. Typisches Erscheinungsbild der Gemeinden im Landkreis ist die Mischgemeinde, in der die einzelnen Siedlungsarten mit verschieden großem Anteil vertreten sind. Inwieweit der Landesentwicklungsplan für Baden-Württemberg, der Gebietsentwicklungsplan und der Regionalplan Neckar-

Fils in der Praxis eine stärkere Festlegung der Gemeindeentwicklung auf eine Siedlungsart bringen, muß abgewartet werden. Neben den beiden Großen Kreisstädten Göppingen (nahezu 50 000 Einwohner) und Geislingen an der Steige (nahezu 30 000 Einwohner) sind drei Gemeinden mit über 10 000 Einwohnern, nämlich Eislingen, Uhingen und Ebersbach a. d. Fils, zu verzeichnen. In der Größenordnung von 5000 bis 10 000 liegen fünf, von 2000 bis 5000 Einwohner zwölf Gemeinden. Neun Gemeinden haben unter 1000 Einwohner.

Im Blick auf die zum Teil sehr starken Verdichtungen, insbesondere im Filstal, wurde den Gemeinden nahegelegt, im Bereich der Flächennutzungsplanung eng zusammenzuarbeiten. Dies geschieht in der intensivsten Form bei den meisten Verwaltungsgemeinschaften, nämlich im einheitlichen Flächennutzungsplan mehrerer Gemeinden. Durch eine größere Anzahl von Zweckverbänden und öffentlich-rechtliche Vereinbarungen wird die zwischengemeindliche Zusammenarbeit im Landkreis praktiziert.

Der Stand der Aufgabenerfüllung der Gemeinden ist – wenn man hier eine Globalbetrachtung überhaupt anstellen kann – grundsätzlich ausreichend. Dabei muß aber beachtet werden, daß zahlreiche Aufgaben, bedingt durch die Finanznot vieler Gemeinden, nicht in dem erforderlichen, schon gar nicht im wünschenswerten Umfang in Angriff genommen werden konnten und daß durch die Verdichtung in Teilen des Landkreises auch zusätzliche Aufgaben entstehen, denen sich die Gemeinden zuwenden müssen.

Die in den Jahren 1970 und 1972 durchgeführten Ortsverschönerungswettbewerbe des Landkreises, an denen sich jeweils zwei Dutzend Gemeinden beteiligt haben, machten deutlich, daß zahlreiche Gemeinden im Landkreis vorhanden sind, die in allen Bereichen der Lebensqualität Hervorragendes aufzuweisen haben. Zu den Preisträgern gehörten 1972 vor allem Adelberg, Boll, Gammelshausen, Rechberghausen und Wiesensteig.

Bei der noch nicht abgeschlossenen Gemeindereform sind in den Jahren 1970 bis 1972 insgesamt 15 Eingemeindungen und zwei Umgemeindungen zu verzeichnen.

Das Gesetz zur Stärkung der Verwaltungskraft kleinerer Gemeinden sieht auch die Bildung von Verwaltungsgemeinschaften vor. Unter dem Geltungsbereich dieses Gesetzes haben sich vier Verwaltungsgemeinschaften mit zusammen 17 beteiligten Gemeinden in der Form des Gemeindeverwaltungsverbands und drei Verwaltungsgemeinschaften mit zusammen fünf beteiligten Gemeinden in der Form der öffentlich-rechtlichen Vereinbarung gebildet.

Die weitere Entwicklung auf diesem Gebiet, insbesondere die Frage gesetzlicher Zwangsmaßnahmen, ist zur Zeit noch nicht zu überblicken.

Region Mittlerer Neckar

Neben der Kreisreform und der Gemeindereform ist schließlich noch die durch das Regionalverbandsgesetz mit Wirkung vom 1. 1. 1973 eingetretene Änderung zu erwähnen. Auf Grund dieses Gesetzes gehört der Landkreis neben der Stadt Stuttgart mit den Landkreisen Böblingen, Esslingen, Ludwigsburg und dem Rems-Murr-Kreis zur Region Mittlerer Neckar, der eindeutig größten und bedeutendsten Region (insgesamt sind es zwölf) unseres Landes. Aufgabe des Regionalverbands, der an die Stelle der Planungsgemeinschaft Neckar-Fils (und der anderen in der Region vorhandenen Planungsgemeinschaften) getreten ist, ist die Erstellung eines Regionalplans. Es bleibt abzuwarten, ob vom Regionalverband weitere Aufgaben angepackt und gelöst werden. In der Verbandsversammlung, mit deren Zusammentritt im Hinblick auf die Kreistags- und Landratswahlen erst im Herbst 1973 zu rechnen ist, wird der Landkreis zehn Sitze erhalten.

Nach Struktur, Lage und Aufgabenstellung gehört der Landkreis eindeutig zu dieser Region, obwohl er als einziger der fünf Landkreise keine gemeinsame Grenze mit der Stadt Stuttgart hat. Gleichwohl ist die Industriedichte mit 212 Beschäftigten auf 1000 Einwohner die zweitgrößte aller Landkreise des Mittleren Neckarraums. Nicht unerwähnt darf bleiben, daß der Landkreis mit dem Kreisreformgesetz im Regierungsbezirk Stuttgart ein Randkreis geworden ist, da der Landkreis Ulm dem Regierungsbezirk Tübingen zugewiesen wurde.

Politisches Spiegelbild

Bei den Wahlen zum Deutschen Bundestag, zum Landtag von Baden-Württemberg und in den Kreistag stand die CDU jedesmal an der Spitze im Landkreis, gefolgt (teilweise sehr dicht) von der SPD.

Beschränkt auf die Zeit seit 1965 ist folgendes zu sagen:

Bundestagswahl. Bei der Wahl am 19. 9. 1965 erhielt der Bewerber Dr. Manfred Wörner (CDU) das Direktmandat, Karl Riegel (SPD) zog über die Landesliste erneut in den Bundestag ein.

Bei der Bundestagswahl am 28. 9. 1969 erhielt Dr. Manfred Wörner erneut das Direktmandat. Über die Zweitstimmen der Landesliste erfolgte zunächst keine Mandatszuteilung; der bisherige Bundestagsabgeordnete Karl Riegel hatte auf eine neue Kandidatur verzichtet. Am 10. 9. 1970 erwarb jedoch der bisher noch nicht berücksichtigte Listenbewerber Georg Gallus (FDP/DVP) die Mitgliedschaft im Deutschen Bundestag.

Seit der Bundestagswahl am 19. 11. 1972 hat der Landkreis drei Abgeordnete:
Dr. Manfred Wörner (CDU) erhielt wieder das Direktmandat, während Heinz
Rapp (SPD) und Georg Gallus (FDP/DVP) über die Landeslisten in den Deut-
schen Bundestag einzogen.

Landtagswahl. Bei der Landtagswahl am 28. 4. 1968 – hier ist der Landkreis in
zwei Wahlkreise eingeteilt – erhielten Fritz Frey (CDU) und Anton Ilg (CDU)
die Direktmandate. Willy von Helden (SPD) zog über die Zweitausteilung erneut
in den Landtag ein. Bei der Landtagswahl am 23. 4. 1972 verblieb es bei der bisherigen Sitzverteilung. Der Landkreis hat damit erstmals zusammen sechs Bundes-
tags- und Landtagsabgeordnete.

Kreistagswahl. Bei der Kreistagswahl am 17. 11. 1965 erhielten von 61 Sitzen die
CDU 20, die SPD (obwohl sie 20 000 Stimmen mehr hatte) 19 Sitze, die FDP/
DVP 11 Sitze, die Heimatvertriebenen und Geschädigten 6 und die Freien Wäh-
ler 5 Sitze.

Bei der Kreistagswahl am 24. 10. 1971 erhielten von 68 Sitzen die CDU 30 (in
dieser Zahl sind die 4 Sitze der Heimatvertriebenen und Geschädigten enthalten,
die sich der Fraktion der CDU angeschlossen haben), die SPD 23, die FDP/DVP 9
und die Freien Wähler 6 Sitze.

Gesunde wirtschaftliche Struktur

Göppingen ist ein sehr stark industrialisierter Kreis. Er gehört zum Mittleren
Neckarraum mit dem industriellen Verdichtungskern des Großraums Stuttgart.
Der Landkreis weist in seiner Ausstattung – sowohl im industriellen als auch
im Dienstleistungsbereich – einen breiten Branchenfächer auf. Trotz der starken
gewerblichen Besiedlung hat der Landkreis ein aufgelockertes, ansprechendes Gepräge, das vor allem durch die Vielfalt und Vielseitigkeit der Landschaft und die
gepflegten großen land- und forstwirtschaftlichen Flächen gekennzeichnet ist. Für
den gewerblichen Bereich sind insbesondere die außerordentlich günstigen Kon-
taktvorteile mit den übrigen Wirtschaftsbereichen des Mittleren Neckarraums,
aber auch mit den angrenzenden Wirtschaftsbereichen Schwäbisch Gmünd–Aalen–
Heidenheim–Ulm an der Donau hervorzuheben.

In 316 Industriebetrieben mit mehr als zehn Beschäftigten (ohne Versorgungs-
unternehmen und Baugewerbe) sind 48 961 Menschen beschäftigt (Sept. 1972). In
20 Betrieben mit mehr als 500 Beschäftigten arbeiten 47,7 Prozent aller in der
Industrie des Kreises Tätigen. Die eisen- und metallschaffende Industrie steht mit
Abstand an der Spitze, gefolgt von der Textil- und Bekleidungsindustrie.

Die größten Betriebe sind: WMF, Geislingen 6321; L. Schuler GmbH, Göppingen 2385; Gebr. Boehringer, Göppingen 2194; Gebr. Märklin, Göppingen 1625; Zinser, Textilmaschinenfabrik, Ebersbach 1622; MAG, Geislingen 1617; Salamander AG, Kornwestheim Werk Faurndau 1267; SBI Kuchen 1261; Schachenmayr, Mann & Cie, Salach 1010.

Im Landkreis ist eine sehr starke Arbeitnehmer-Pendler-Bewegung in der Filstalachse und in die Filstalachse hinein festzustellen.

Ein breitgefächertes Netz von Handwerksbetrieben (1968 3024 Betriebe mit 17 626 Beschäftigten) und ein gut funktionierendes Handels- und Dienstleistungsangebot garantieren eine optimale Versorgung auf diesem Gebiet. Der Landkreis Göppingen besitzt ein außerordentlich günstiges „Industrieklima". Viele Gemeinden haben Industrieansiedlungsgelände mit guten öffentlichen und privaten Infrastruktureinrichtungen ausgewiesen.

Ein beim Landratsamt gebildeter Arbeitskreis für Wirtschaftsfragen befaßt sich mit Problemen der wirtschaftlichen Entwicklung.

Die Kreissparkasse, für die der Landkreis Gewährsträger ist, hat in den vergangenen Jahren einen bemerkenswerten Aufschwung genommen (Rohbilanzsumme ca. 1 Milliarde DM). Dies soll nur am Beispiel der Spareinlagen verdeutlicht werden. 1950 betrugen die Spareinlagen 11 Mio. DM, 1960 120 Mio. DM, im Jahr 1972 677 Mio. DM.

Im Bereich der Landeszentralbank Göppingen befinden sich im Landkreis Göppingen die Commerzbank, die Deutsche Bank, die Dresdner Bank, die Bank für Gemeinwirtschaft, die Kundenkreditbank, das Bankhaus Gebrüder Martin, die Raiffeisenbanken, die Südwestbank, die Volksbanken, die Württembergische Bank und die Württembergische Landessparkasse.

Die Landwirtschaft ist im gesamtwirtschaftlichen Gefüge des Landkreises bedeutsam. Seit Jahren befindet sie sich in einem ständigen Umbruch, hervorgerufen durch die allgemeine gesellschaftliche Entwicklung und im besonderen auch durch die Auswirkungen der Europäischen Wirtschaftsgemeinschaft auf diesen Wirtschaftszweig. Im Jahr 1971 waren es insgesamt 2735 Betriebe. Seit 1968 hat die Zahl der kleinen und mittelgroßen Höfe weiter abgenommen, während die der Betriebe ab 20 ha angewachsen ist.

1300 landwirtschaftliche Betriebe haben über 10 ha. Es sind 1500 hauptberufliche Landwirte tätig. Trotz Rückgangs der landwirtschaftlich genutzten Fläche darf mit Befriedigung festgestellt werden, daß es im Landkreis noch keine Brachflächen gibt.

Aufgabensteigerung, Haushaltsvolumen, Kreisbedienstete

Bevor nachstehend die wichtigsten Aufgaben und Probleme des Landkreises dargetan werden, dürfte es angezeigt sein, das Haushaltsvolumen des Landkreises mit einigen wenigen Zahlen aufzuzeigen.
1938 betrug dieses 12 Mio. RM, 1949 8 Mio. DM, 1958 32 Mio. DM, 1968 84 Mio. DM, 1972 111 Mio. DM. Für das Jahr 1973 sind es nunmehr 148 Mio. DM. Schon diese Zahlen machen den beträchtlichen Aufgabenzuwachs des Landkreises sichtbar.
Gleichwohl ist es gelungen, die Zahl der Bediensteten in bescheidenen Grenzen zu halten. 1938 hatte der Landkreis (jeweils ohne Krankenhäuser) 136 Bedienstete; 1958 waren es 280, 1968 289, 1973 334.
Seit dem Jahr 1968 hat das Landratsamt ein neues Amtsgebäude an der Lorcher Straße in Göppingen, nachdem es zuvor an fünf Plätzen in der Stadt verteilt war. Der Landrat saß bis dahin im Göppinger Schloß. In Geislingen an der Steige sind einige Außenstellen des Landratsamts, insbesondere eine eigene Kfz-Zulassungsstelle vorhanden.

Kreiskrankenhäuser – Aufgabe und Problem Nummer eins

Der Landkreis ist Träger je eines Kreiskrankenhauses in Göppingen (720 Betten) und in Geislingen an der Steige (312 Betten). Weiter besaß er seit Kriegsende noch eine Lungenheilstätte auf dem Kuchberg, die 1967 stillgelegt werden konnte. Darüber hinaus besteht in Göppingen die weithin bekannte Privatklinik Dr. Landerer und Söhne (510 Betten).
In beiden Krankenhäusern wurden seit Kriegsende umfangreiche Baumaßnahmen durchgeführt, um mit der Entwicklung der Medizin und Technik Schritt zu halten. Dies erforderte auch die Schaffung neuer und die Aufteilung bestehender Fachabteilungen mit der Folge, daß sich die Zahl der Chefärzte an den Kreiskrankenhäusern von sieben im Jahr 1950 auf nunmehr 14 Chefärzte erhöht hat. Daneben sind ein Chefapotheker und acht Belegärzte tätig. Um das erforderliche Personal zu gewinnen und zu halten, wurden in Göppingen und Geislingen mehrere Personalwohngebäude (zwei mit Kindertagesstätten) erstellt.
Die bedeutsamste Entscheidung des Kreistags seit Kriegsende war sicherlich, in Göppingen ein 905-Betten-Kreiskrankenhaus zu bauen. Nach jahrelangen Vorbereitungen und hohen finanziellen Opfern der gesamten Kreisbevölkerung (seit sieben Jahren erhebt der Landkreis eine der höchsten Kreisumlagen des Landes,

wodurch er in der Lage war, hohe Eigenmittel anzusammeln) konnte diese „Jahrhundertaufgabe" durch einen von Innenminister Walter Krause am 11. 10. 1971 vorgenommenen „Ersten Baggerbiß" festlich begonnen werden. Das Krankenhaus soll Ende 1976 fertiggestellt sein, es wird dann wohl über 1000 Betten haben. Mit den vorgesehenen 116 Betten einer Kinderklinik, einer besonderen Unfallchirurgischen Abteilung, einer Orthopädischen Abteilung (60 Betten) und einer hochmodernen Radiologischen Abteilung wird dieses Krankenhaus auch eine kräftige Ausstrahlung in die Nachbarkreise haben. Das Personalproblem hofft der Landkreis durch den großzügigen Bau von Wohnungen zu lösen. Auf dem 10 ha großen Krankenhausgelände werden etwa 450 Appartementwohnungen für lediges Personal, auf einem unmittelbar daneben liegenden 9 ha großen, zu Beginn des Jahres 1973 erworbenen Gelände sollen 250 Wohnungen im sozialen Wohnungsbau und 230 Wohnungen zum Eigentumserwerb erstellt werden. Beide Grundstücke eröffnen einen herrlichen Blick auf die drei Kaiserberge und die Berge der Schwäbischen Alb. Großes Interesse hat das Land, daß diese Klinik Akademisches Krankenhaus (für die Universität Ulm) wird.

Schul- und Bildungswesen

Der Landkreis hat ein reichhaltiges Angebot an allgemeinbildenden Schulen aufzuweisen. In den Großen Kreisstädten Göppingen und Geislingen an der Steige sowie in Donzdorf, Eislingen/Fils und Ebersbach an der Fils (im Aufbau) sind Gymnasien vorhanden. Das Realschulwesen ist gut ausgebaut. Der Schulentwicklungsplan I brachte für viele Gemeinden den Verlust ihrer Hauptschulen. Entscheidungskriterium für die Führung der Hauptschulen ist künftig, daß die Schule in zweibündigen Jahrgangsklassen geführt werden kann.
Der Landkreis selbst ist Träger der Kreislandwirtschaftsschule (Neubau in Göppingen 1967). Dort ist auch ein Teil der Haus- und Landwirtschaftlichen Berufs- und Berufsfachschule untergebracht. Für diesen Schulbereich ist der Landkreis seit 1. 8. 1972 für den ganzen Landkreis Schulträger (Schulstandorte Göppingen und Geislingen an der Steige). Es ist zu erwarten, daß auch das gewerbliche und kaufmännische Schulwesen in Bälde auf den Landkreis übergeht; hier stehen in Göppingen und Geislingen an der Steige umfangreiche Neubaumaßnahmen heran.
Seit 1. 4. 1966 ist der Landkreis auch Träger der Sonderschulen für bildungsschwache Kinder und Jugendliche in Göppingen und Geislingen; in Geislingen an der Steige wurde 1971 ein Neubau erstellt. Weiter ist der Landkreis Träger einer Sonderschule für körperbehinderte Kinder und Jugendliche in Göppingen.

Das kulturelle Leben in den Gemeinden des Landkreises ist sehr rege. In allen Teilen des Kreisgebiets sind Vereine der verschiedensten Richtungen vorhanden. Volkshochschulen der beiden Großen Kreisstädte Göppingen und Geislingen an der Steige und des Landkreises sowie Fortbildungseinrichtungen verschiedener Träger bieten ein reichhaltiges und vielseitiges Programm an.

Die Kreisbildstelle des Landkreises hat ein Vielfältiges zur Erziehung und Weiterbildung anzubieten. Der Kreisarchivar ordnet die Archive der Gemeinden und berät sie in mannigfachen Bereichen. Beim Landkreis obliegt ihm die Betreuung des Kreisarchivs.

Die sozialen Aufgaben des Landkreises

Neben dem Neubau des 1000-Betten-Kreiskrankenhauses in Göppingen und dem Betrieb der beiden Kreiskrankenhäuser in Göppingen und Geislingen an der Steige geht es hier im wesentlichen um die Aufgaben des Ausgleichsamts, des Kreisjugendamts und des Kreissozialamts.

Das Ausgleichsamt, über viele Jahre das personalstärkste Amt des Landratsamts (nunmehr vom Kreisjugendamt übertroffen), hat seit Inkrafttreten des Soforthilfegesetzes im Jahre 1949 304 Mio. DM ausbezahlt.

Der Kreistag verabschiedete 1970 den ersten Kreisjugendplan in Baden-Württemberg. Dieser stellt jährlich für die Jugend beachtliche Mittel bereit.

In Göppingen und Geislingen an der Steige besteht jeweils ein „Haus der Familie" (in der Rechtsform eines e. V.) mit einem vielfältigen Angebot an Kursen und Vorträgen für Frauen und Mädchen, aber auch für Männer; der Landkreis gibt hierfür laufend Zuschüsse.

Das neue „Haus der Jugend" (1969 erbaut) in Göppingen, in kräftiger Weise von der Stadt und vom Landkreis gefördert, erfreut sich wachsender Beliebtheit als Stätte für Freizeithilfen und Jugendbildung.

Im Jahr 1973 werden zum zehnten Mal die „göppinger spieltage", bei denen Laienspielgruppen an drei bis vier Tagen aus dem gesamten Bundesgebiet und einigen Nachbarländern auftreten, unter der organisatorischen Leitung des Kreisjugendamts über die Bühne gehen.

Der Landkreis besitzt seit 1964 einen Kreisaltenplan. Es sind nunmehr 15 Häuser vorhanden mit 206 Plätzen in Altenwohnungen, 484 Plätzen in Altenheimen und mit 267 Plätzen in Pflegeabteilungen = 957 Plätze (nach Fertigstellung des im Bau befindlichen Altenzentrums in Uhingen weitere 117 Plätze = somit insgesamt 1074 Plätze). Seit 1964 hat der Landkreis hierfür 4,6 Mio. DM Baukostenzuschüsse bewilligt. Der Kreisaltenplan wurde hinsichtlich der zu schaffenden Altenplätze bis jetzt zu 82 Prozent erfüllt.

Erholung und Fremdenverkehr

Die landschaftliche Schönheit, die bedeutenden historischen Stätten und die weithin bekannten Kurorte und Bäder des Landkreises locken alljährlich viele Gäste zu Besuch oder Aufenthalt an.

Mit über 30 Mineralquellen verfügt der Landkreis über eine Besonderheit. Sieben Quellen werden therapeutisch oder kommerziell genutzt. Dem Fremdenverkehr dienen neben anderen Gemeinden die drei bekannten Badeorte Bad Boll, Bad Ditzenbach und Bad Überkingen mit ihren Kureinrichtungen. In Bad Überkingen wurde 1971 ein 150 qm großes Mineral-Thermal-Bewegungsbad eröffnet, das sich wachsenden Zuspruchs aus einem großen Einzugsbereich erfreut. In Bad Ditzenbach wird noch im Jahr 1973 ein Thermal-Mineral-Hallen- und Freibad mit zwei zusammen 430 qm großen Becken seiner Bestimmung übergeben werden. Auch in Bad Boll wurde man mit einer Thermalwasserbohrung fündig.

Der Landkreis hat im Zusammenwirken mit den Gemeinden und dem Land beim Bau von Straßen und der Anlegung von rund 30 Wanderparkplätzen in den letzten Jahren mit dazu beigetragen, das ideale Wander- und Erholungsgebiet der Schwäbischen Alb, des Schurwalds, der Kaiserberge, des Rehgebirges und des Albvorlandes für eine breite Öffentlichkeit zu erschließen. Die großflächigen Erholungsgebiete gewährleisten dabei eine individuelle Erholung.

Besonderes Augenmerk gilt es darauf zu richten, die freie Landschaft von einer weiteren Bebauung möglichst freizuhalten, um vielen Bürgern den ungestörten Genuß unserer schönen Landschaft zu erhalten.

In den Jahren 1936 und 1938 wurden Teile der Grundmauern der mittelalterlichen Burg auf dem Hohenstaufen freigelegt, wobei wertvolle Erkenntnisse über deren Grundriß und Gestalt gewonnen wurden, da bis dahin keinerlei Mauerwerk mehr sichtbar war. Die freigelegten Burgreste verwitterten sehr rasch und stürzten teilweise innerhalb weniger Jahre ein. Dank den überaus zahlreichen Geldspenden aus dem Kreis und dem ganzen Land, dem Einsatz einer Bundeswehreinheit und einem namhaften Beitrag des Staatlichen Amts für Denkmalpflege war es möglich, in den Jahren 1967 bis 1971 die freigelegten Mauerreste mit einem Kostenaufwand von 127 000 DM instandzusetzen und wiederherzustellen.

Die Jugendherberge in Göppingen-Hohenstaufen, die sich großer Beliebtheit erfreut, wurde vom Kreisbauamt Göppingen geplant und gebaut und konnte im Jahr 1967 ihrer Bestimmung übergeben werden. Weitere Jugendherbergen sind in Geislingen an der Steige und in Wiesensteig. Die Geislinger Jugendherberge wird jedoch im Laufe des Jahres 1973 geschlossen.

Mit dem Ziel, den Gästen ein noch besseres gastronomisches Angebot und noch mehr Behaglichkeit im Landkreis zu bieten, wurde ein im Abstand von zwei Jahren stattfindender Gaststättenwettbewerb eingeführt. Die rege Teilnahme von Gaststätten an diesem Wettbewerb macht das Bemühen der Gastronomie des Landkreises deutlich, den Gast zufriedenzustellen. Gaststätten, die den strengen Beurteilungskriterien der Bewertungskommission genügen, erhalten das Schild „Gute Gaststätte im Landkreis Göppingen".

Versorgung und Entsorgung

Sämtliche Gemeinden des Kreises besitzen eine zentrale Trinkwasserversorgung. Nur einzelne Wohnplätze sind noch nicht angeschlossen. Die Versorgung mit Trinkwasser wurde insbesondere durch den Bau der dritten Fernwasserversorgungsleitung des Zweckverbands Landeswasserversorgung vom Donauried durch das Filstal erheblich verbessert. Die Versorgung mit Energie ist gesichert. Das Problem der Abwasserbeseitigung wurde von den Gemeinden durch den Bau von Kanalisationen und Klärwerken in Angriff genommen. Allerdings sind noch erhebliche Anstrengungen notwendig, um verschmutzte Gewässer, wie z. B. die Fils, wieder in einen besseren Zustand zu bringen. Der Bau des biologischen Teils vieler Klärwerke in der Zukunft wird mit dazu beitragen.

Nach langen und intensiven Bemühungen gelang es im Mai 1970 unter Mitwirkung der betroffenen Gemeinden und vor allem des Landkreises, den „Wasserverband Fils" zu gründen. Dieser Verband hat die Aufgabe, in den nächsten Jahren im Einzugsbereich der Fils Speicher- und Rückhaltebecken zur Regulierung des Wasserhaushalts anzulegen. Hauptzweck dieser Becken ist die Gewährleistung einer besseren Wasserführung der Wasserläufe, insbesondere der Fils, und die Vermeidung von Hochwasserschäden.

Abfallbeseitigung

Durch das Abfallgesetz des Landes Baden-Württemberg wurde 1972 den Landkreisen ohne größere Vorbereitungszeit die Abfallbeseitigung als Pflichtaufgabe zugewiesen. Der Begriff des Abfalls wurde dabei weit gezogen. Das Einsammeln und die Beförderung der Abfälle bleibt nach wie vor Aufgabe der Gemeinden. Als erste Maßnahme sind von den 53 im Landkreis vorhandenen Müllplätzen 37 stillgelegt worden. Der im Jahre 1968 unter der Federführung der Stadt Göppingen gebildete Zweckverband Müllbeseitigung Filstal strebt die Errichtung einer Müllverbrennungsanlage mit Wärmeverwertung für die Stadt und Gemeinden hauptsächlich im Göppinger Bereich an. Die dazu notwendigen Planungen und sonstigen Vorbereitungen zum Bau wurden von diesem Verband abgeschlossen. Der Landkreis trat am 1. 3. 1972 rechtlich und am 1. 10. 1972 auch tatsächlich als neuer Aufgabenträger an die Stelle des Zweckverbands und übernahm die Abfallbeseitigung für alle Gemeinden des Landkreises. Mit dem Bau des Müllheizkraftwerks auf den Gemarkungen Göppingen und Heiningen wurde am 25. 9. 1972 begonnen; die Anlage soll 1974 fertiggestellt sein. Verbrannt wird der gesamte im Landkreis anfallende Müll und Klärschlamm. Das neue Kreiskrankenhaus und die gesamte damit zusammenhängende Wohnbebauung werden durch das Müllheizkraftwerk mit Wärme versorgt (auch dies ist ein bedeutsamer Beitrag zum Schutz der Umwelt); außerdem wird Strom erzeugt. Die Gesamtbaukosten sind mit 45 Mio. DM veranschlagt.

Die Übertragung der Abfallbeseitigung auf die Landkreise ist mit unter dem Gesichtspunkt des immer größere Bedeutung gewinnenden Umweltschutzes zu sehen. Der Gedanke des Umweltschutzes und des umweltgerechten Verhaltens trifft bei der Bevölkerung auf immer mehr Verständnis. Beim Landkreis ist seit 1971 ein Umweltschutzausschuß eingerichtet, der in verschiedenen Fachausschüssen Umweltprobleme berät und den zuständigen Stellen Anregungen und Empfehlungen gibt.

Verkehr

Die Autobahn Stuttgart–München durchzieht den südwestlichen Teil des Landkreises auf einer Länge von 22 km. Sie überwindet in einem ersten Anstieg bei Aichelberg die Vorberge der Alb und erreicht dann in einem zweiten langen Aufstieg (Mühlhausen–Wiesensteig–Hohenstadt) die Albhochfläche. Die Gegenspur des zweiten Aufstiegs, also der getrennt verlaufende Abstieg, verläuft am Drackensteiner Hang. Als neuralgischer Punkt mit einer Vielzahl von Verkehrsbehinderungen und Unfällen hat sich der Autobahnabschnitt bei Aichelberg herausgebildet. Der Aichelberg-Viadukt ist außerordentlich reparaturanfällig. Die Reparaturen ziehen sich oft über mehrere Monate hin, so daß es immer wieder zur Sperrung einer Fahrspur kommt. Untersuchungen der zuständigen Behörden in den letzten Jahren haben ergeben, daß durch Reparaturarbeiten am Viadukt

eine den Verkehrsverhältnissen gerecht werdende Lösung nicht zu erreichen ist.
Bund und Land haben sich daher entschlossen, südlich des jetzigen Viadukts einen
neuen Aufstieg mit einem größeren Fahrspurangebot und geringeren Steigungs-
verhältnissen neu zu bauen. Ein weiteres Autobahnprojekt wird nicht nur den
Straßenverkehr im Mittleren Neckarraum entflechten, es wird auch die Ver-
kehrsgunst des Landkreises weiter verbessern. Zur Entlastung des übrigen
Straßennetzes soll eine völlig neue Autobahn gebaut werden, die die Funktion
einer Ostumgehung von Stuttgart hat und eine Anbindung der Bereiche Schorndorf–Schwäbisch Gmünd–Backnang an das Autobahnnetz zum Ziele hat (Neckar-
Alb-Autobahn).

Die Autobahn soll bei Kirchheim/Teck mit der bestehenden Autobahn Stuttgart–
München verbunden werden, westlich von Schlierbach vorbeiführen, westlich
von Ebersbach an der Fils das Filstal und den Schurwald überqueren und über
Schorndorf–Backnang bei Mundelsheim die bestehende Autobahn Stuttgart–
Heilbronn–Mannheim erreichen. Die Autobahn ist so geplant, daß sie später
in den Raum Reutlingen–Tübingen und bis Straßburg weitergeführt werden
kann.

Entlang der Filstalachse verläuft die Bundesstraße 10, die Stuttgart und Ulm verbindet. Dieser Straßenzug wurde in den letzten Jahren von Reichenbach/Fils bis
Süßen wesentlich verbessert. Die freien Strecken wurden auf vier Fahrspuren (allerdings ohne Mittelstreifen) erweitert. Engstellen sind im ganzen Straßenverlauf
insbesondere die Ortsdurchfahrten. Durch den vorhandenen Baubestand sind Verbesserungen teilweise sehr schwierig, auf jeden Fall aber sehr kostspielig.

Besonders prekäre Verkehrsverhältnisse sind in Uhingen festzustellen, wo die
B 297, ein Autobahnzubringer, auf die B 10 trifft. Eine spürbare Verbesserung der
Verkehrsverhältnisse in der Filstalachse wird erst zu erwarten sein, wenn die neue
Bundesstraße 10 das ganze Filstal durchqueren wird. Diese Straße soll mit vier
Fahrspuren autobahnähnlich angelegt und bis Ulm in dieser Weise durchgezogen
werden. Zwischen Faurndau und dem Ortsanfang von Eislingen ist dieses Projekt
als Ortsumgehung von Göppingen und Faurndau bereits verwirklicht. Bedeutsam
für die verkehrliche Verbesserung ist der Bau des Plochinger Dreiecks, das den aus
dem Raum Stuttgart einerseits und den aus dem Filstal und dem Neckartal aus
Richtung Nürtingen–Kirchheim andererseits anfallenden Verkehr kanalisieren
soll. Die neue B 10 wird bei Ebersbach an der Fils einen Anschluß an die Neckar-
Alb-Autobahn bekommen.

Die bereits erwähnte B 297 zwischen Kirchheim/Teck und Uhingen wird fortgesetzt von Göppingen nach Lorch. Für diese Straße bestehen Neutrassierungs-
pläne; die B 297 soll künftig zwischen Eislingen und Göppingen beginnen und un-

mittelbar in den Bereich Wäschenbeuren führen. An der B 466 zwischen Süßen und Böhmenkirch sind ebenfalls Verbesserungsmaßnahmen erforderlich; dasselbe gilt auch für den Abschnitt Geislingen an der Steige–Mühlhausen im Täle dieser Bundesstraße. Die topographischen Verhältnisse bzw. die enge Tallage erschweren eine zügige Erledigung dieser erforderlichen Maßnahmen.

Das überörtliche Straßennetz wird durch eine Reihe von Landesstraßen ergänzt, die vornehmlich in Nord-Süd-Richtung verlaufen. Auch hier sollen in den nächsten Jahren wesentliche Verbesserungen erreicht werden. Die Kreisstraßen wurden in den letzten Jahren mit einem erheblichen Mittelaufwand ausgebaut. Dabei wurde insbesondere auch der ländliche Raum erschlossen.

Der Landkreis weist z. Z. 91 km Bundesstraßen, 195 km Landesstraßen und 185 km Kreisstraßen auf.

Die außerordentlich starke Entwicklung des Kraftfahrzeugbestands mit all den sich daraus ergebenden Folgen mag aus den nachstehenden Zahlen ersichtlich werden. 1938 waren 7800 Fahrzeuge (einschließlich Anhänger) vorhanden, 1948 waren es nur 6400, 1959 27 300 und am 1. 1. 1973 schließlich 77 678. Diese hohe Steigerung brachte nicht nur für den Straßenbau Probleme, sondern auch für andere Bereiche, wie z. B. für die Polizei, die Unfallversorgung, den Umweltschutz.

Durch die Filstalachse läuft die Haupteisenbahnlinie Stuttgart–Ulm–München. Diese Eisenbahnlinie hat die Entwicklung im Landkreis in ganz entscheidendem Maße mitgeprägt.

Die Überquerung der Alb mit einer Eisenbahnlinie (Geislinger Steige) war in der damaligen Zeit eine Ingenieurleistung ersten Ranges. In der Stadt Göppingen ist ein Containerumschlagplatz der Bundesbahn eingerichtet. Bei der künftigen Bebauung des Filstals zwischen Göppingen und Plochingen soll der Raumbedarf für zwei weitere Gleise ausgespart werden, um die Möglichkeit offen zu lassen, den S-Bahn-Verkehr des Mittleren Neckarraums bis Göppingen zu führen. Bei der Bundesbahndirektion Stuttgart werden Überlegungen für eine Eisenbahnschnelltrasse Stuttgart–Ulm–München angestellt. Diese Strecke soll von Fernschnellzügen mit einer Geschwindigkeit von maximal 300 km/h befahren werden können; sie soll ferner den durchgehenden Güterzugverkehr aufnehmen. Im Landkreis ist kein Haltepunkt vorgesehen. Nach den derzeitigen Vorüberlegungen der Bundesbahn soll die Schnelltrasse bei Aichelberg in den Landkreis eintreten, unterirdisch weitergeführt werden, zwischen Gosbach und Bad Ditzenbach das Obere Filstal überqueren und nach einem weiteren unterirdischen Verlauf bei Merklingen die Albhochfläche erreichen. Detaillierte geologische Untersuchungen werden Aufschluß darüber geben müssen, ob diese Linienführung realisierbar ist.

Die Nebenbahnlinien zwischen Göppingen und Boll einerseits und Göppingen

und Schwäbisch Gmünd andererseits übernehmen einen Teil der Verkehrsbedie-
nung in der Fläche. Die Nebenbahnlinie Geislingen an der Steige–Wiesensteig
wurde zwischen Deggingen und Wiesensteig stillgelegt (1969) und abgebaut. Bei
der Nebenbahnstrecke Süßen–Weißenstein wurde der Abschnitt Donzdorf–Weißenstein für die Personenbeförderung stillgelegt.
In den letzten Jahren konnten an der Haupteisenbahnlinie im Filstal die Bahnübergänge in Eislingen, Uhingen und Geislingen-Weiler o. H. beseitigt werden.
Auf den weiteren Plätzen der Dringlichkeitsliste stehen nunmehr Faurndau und
Salach.
Der im Staatsvertrag zwischen dem Reich, Württemberg, Baden und Hessen vom
1./21. Juni 1921 vereinbarte Plan, eine Neckar-Donau-Wasserstraße zu verwirklichen, wurde vom Landkreis sehr stark unterstützt. Anläßlich der Aufstellung
des Landesentwicklungsplans Baden-Württemberg nahmen sowohl der Bund als
auch das Land Baden-Württemberg Abstand von diesem Plan. Dies wurde vor
allem mit der mangelnden Wirtschaftlichkeit dieser geplanten Wasserstraße begründet.

Schlußbetrachtung

Wenn es eingangs hieß, daß der Landkreis ein Spiegelbild des Landes Baden-
Württemberg ist, so erinnert man sich auch des Wortes, das Land Baden-Württemberg sei ein Modell deutscher Möglichkeiten (Theodor Heuss). In Parallele
hierzu darf wohl gesagt werden: Im Landkreis Göppingen lassen sich modellhaft
die Möglichkeiten eines Landkreises der Gegenwart anpacken, vorantreiben und
realisieren. Der Raum ist noch überschaubar, die Einwohnerzahl ist nicht zu groß.
Die Kreisstadt Göppingen liegt geographisch und von den Einwohnerschwer-
punkten her günstig innerhalb des Landkreises. Als eine Art Gegengewicht ist
mit Geislingen an der Steige eine zweite Große Kreisstadt vorhanden. Struktur
und Wirtschaft sind gesund. Die Zuordnung zur kräftigen (europäischen) Region
Mittlerer Neckar ist richtig und wird sich als Vorteil erweisen.
Dringend notwendig ist eine bedeutende über den Landkreis hinaus ausstrahlende
Einrichtung (z. B. Hochschule, Akademie, Fachhochschule), damit die vielen Stu-
dierenden und Lernenden dieses Kreises nicht in jedem Fall ihr Studium außerhalb absolvieren müssen.
Die Evangelische Akademie Bad Boll, für deren Vorhandensein der Landkreis
dankbar ist, ist hier naturgemäß kein Ersatz. Bei ihrem 25. Jahrestag sagte Bun-
desminister Dr. Erhard Eppler: „Für mich gehört diese Akademie Bad Boll heute

genauso zu den Kennzeichen meiner engeren Heimat, wie der Hölderlinturm oder der Mercedesstern, wie die Schwenninger Uhren oder das Kloster Maulbronn, wie der Gaisburger Marsch und wie der Heilbronner – oder gar der Reutlinger – Wein."

Will der Landkreis seine Möglichkeiten weiterhin nutzen und zu optimalen Ergebnissen kommen, so bedarf es auch in der Zukunft aller Anstrengungen des Kreises (seiner Gremien, seiner Verwaltung), der Gemeinden, der Sonderbehörden des Landes und des Bundes sowie aller Einrichtungen und Organisationen, die in diesem Landkreis wirksam sind.

Die vielfältigen Aufgaben des Landkreises und des Landratsamts können nur bei einer vertrauensvollen Zusammenarbeit gemeistert werden. Um eine solche wollen wir uns tagtäglich bemühen zum Wohle der Bevölkerung unseres Landkreises.

106. Hohenstaufenhalle mit Stadtbad (rechts) in Göppingen
107. Wohnsiedlung Göppingen-Ursenwang

105. (Vorderseite) Ev. Andreäkirche in Göppingen-Jebenhausen

Von Städten und Gemeinden

Göppingen – Metropole des Kreises

von Oberbürgermeister Dr. Herbert König

Stärker als in manchen anderen Landkreisen unseres Bundeslandes Baden-Württemberg erfüllt im Landkreis Göppingen die Hohenstaufenstadt ihre Funktion als Kreisstadt und als zentraler Ort im Gebiet zwischen dem Stuttgarter Raum und der Landesgrenze bei Ulm. Diese „Dominante" im Filstal hat eine mehr als tausendjährige Tradition, denn schon jener alamannische Führer, der vielleicht den Namen Geppo trug, hat bereits für die im 7. Jahrhundert von ihm gegründete Siedlung die größte Markung des zugehörigen Filsgaus beansprucht. Für die Staufer war es nicht weniger selbstverständlich, daß sie um die Mitte des 12. Jahrhunderts von den zahlreichen Siedlungen am Fuß ihrer Stammburg jenes „Geppingen" zur Stadt erhoben und ihm mancherlei Förderung angedeihen ließen. Dies wiederum verpflichtete die Grafen von Württemberg, die – zwar mehr gewaltsam als legitim – das Erbe der Staufer im Göppinger Raum rings um die Reichsburg antraten, die Stadt zum Mittelpunkt eines Amtes zu machen, das sich etwa seit der Mitte des 14. Jahrhunderts von Reichenbach an der Fils bis Kleineislingen und von Gruibingen bis Hohenstaufen erstreckte und das dank seiner Lage an der Ostflanke des Territoriums zumindest strategisch eine besondere Bedeutung genoß.

Für die Lebenskraft der jungen Stadt zeugt die Tatsache, daß sie sich spielend gegen die, Ende des 13. Jahrhunderts, vor ihren Toren entstandenen Konkurrenzgründungen Heiningen und Rechberghausen, die von den Herzögen von Teck mit Stadtrechten ausgestattet worden waren, durchzusetzen wußte: ersteres fiel schon 1321 an Württemberg, letzteres büßte seine städtischen Privilegien im Laufe der Zeit sang- und klanglos ein.

Daß die Amts-, später Oberamtsstadt, seit eh und je auch auf kirchlichem und kulturellem Gebiet zentrale Aufgaben zu erfüllen hatte, braucht nicht besonders betont zu werden, stehen uns doch als lebendige Zeugnisse dafür noch eine ganze

Reihe sakraler und profaner Bauten mit reicher künstlerischer Ausstattung sowie
großartige museal verwahrte Relikte und reiches archivalisches Quellenmaterial
vor Augen.

Göppingens Ruf als Industriezentrum von landesweiter Bedeutung wurde schon
um die Mitte des vorigen Jahrhunderts begründet, als der Bahnanschluß von 1847
buchstäblich die Weichen für eine neue Ära in der städtischen Entwicklung gestellt
hatte. Hand in Hand mit der wirtschaftlichen Expansion lief der Ausbau der
Stadt zu einem Verkehrsmittelpunkt: Seit den Jahren 1911 und 1926 ist Göppingen Ausgangspunkt der Bahnlinien nach Schwäbisch Gmünd und Boll. Straßen
führen aus der Stadt nach Stuttgart und Ulm, nach Schwäbisch Gmünd, nach
Lorch, nach Schorndorf, nach Boll und zur Autobahn nach Kirchheim, Aichelberg
und Mühlhausen.

Seit dem Jahr 1935 gab es in Göppingen sogar eine Garnison, bestehend aus Verbänden der Luftwaffe und der Flakartillerie, deren großzügigen Kasernenanlagen
die Stadt heute die Stationierung hoher Verwaltungsstäbe und wichtiger Forma-
tionen von NATO- und Polizeieinheiten verdankt.

Daß die große Kreisreform des Jahres 1938, die die Zahl der württembergischen
Landkreise von 61 auf 34 schrumpfen ließ, Göppingen auch zum Sitz der neuen,
vergrößerten Verwaltungseinheit bestimmte, spricht wiederum für die unange-
fochtene Zentralität, die jener Stadt von kaum 28 000 Einwohnern damals schon
innewohnte.

Diese Entwicklung hat in den seit dem Ende des Zweiten Weltkriegs verstrichenen
Jahren nicht nur angehalten, sondern sich noch wesentlich verstärkt und wurde
mit der schon im Jahr 1939 von Staats wegen in richtiger Erkenntnis der Reali-
täten verfügten Eingliederung der Gemeinden Holzheim und Jebenhausen in die
Kreisstadt besonders eingeleitet. Erst die dadurch von 1579 ha auf 2539 ha ver-
größerte Markungsfläche erlaubte es der Stadt, den Bau großzügiger Wohn- und
Gewerbegebiete zu planen und etwa in der Wohnstadt Ursenwang ein weithin im
Land beachtetes Demonstrativwohnungsbauprogramm zu verwirklichen.

Es war nur folgerichtig, wenn die Stadt schon Mitte der fünfziger Jahre erkannte,
daß zur Wahrnehmung der vielfältigen, auf sie zukommenden erhöhten Aufgaben eine weitere Abrundung des Markungsbereichs lebensnotwendig war. So
wurde nach dem Kriege aufgrund einer demokratischen Entscheidung der Bürgerschaft von Bartenbach im Jahr 1956 dieser nördlich angrenzende Ort mit seinem
709 ha umfassenden Gebiet in die Stadt eingegliedert. Nur ein Jahr später folgte
der im Süden gelegene Ort Bezgenriet mit 548 ha Markungsfläche. Die von der
Landesregierung seit dem Ende der sechziger Jahre mit wachsendem Nachdruck
verfochtene Gebiets- und Kreisreform ermöglichte es letzten Endes, auch die Orte

Hohenstaufen (772 ha) und Maitis (313 ha) anzugliedern. Am 1. 1. 1973 kam schließlich noch der seitherige Großdeinbacher Ortsteil Lenglingen mit 284 ha durch Umgliederung von Schwäbisch Gmünd nach Göppingen hinzu. Die Einwohnerzahl der Stadt war damit auf knapp 50 000 angestiegen. Schon in den Jahren 1971 und 1972 schloß sich die Stadt Göppingen aufgrund öffentlich-rechtlicher Vereinbarungen mit ihren Nachbargemeinden Schlat und Wäschenbeuren zu gut funktionierenden Verwaltungsgemeinschaften zusammen und bildete mit den angrenzenden und baulich verzahnten Industrieorten Eislingen/Fils und Faurndau die „Stadtregion Göppingen" zu gemeinsamer Planung und praktischer Zusammenarbeit. Jedem aufmerksamen Beobachter des Bildes der kommunalpolitischen Entwicklung ist es schon bei unbefangener Betrachtung der Göppinger Markungskarte klar, daß im Nahbereich der Kreisstadt noch mannigfache Probleme der Ordnung und Zuordnung zu lösen sind, wenn durch sparsame Verwaltung und sinnvolle Planung den hier wohnenden und arbeitenden Menschen optimal gedient sein will.

Neben dem Landratsamt haben in der Stadt auf überörtlicher Ebene tätige Behörden der Justiz-, Finanz-, Gesundheits-, Schul-, Forst-, Landwirtschafts-, Arbeits- und Zollverwaltung, des Vermessungswesens, der Bundesbahn und Bundespost, haben die Dekanate der großen Kirchen, ferner Sparkassen, Industrieverbände, Gewerkschaften, Innungen und Genossenschaften, politische Parteien und zahlreiche weitere regionale Organisationen und Vereinigungen ihren Sitz.

In Göppingen wurden in den zurückliegenden Jahren zahlreiche bauliche Akzente gesetzt, die das Stadtbild entscheidend verändert haben, so etwa seit 1955 die Stadthalle als kultureller und gesellschaftlicher Mittelpunkt der Stadt, das ebenso kühn wie zweckmäßig konzipierte Stadtbad (1964) und die für sportliche Veranstaltungen jeder Art, für Kundgebungen, Ausstellungen und andere Großveranstaltungen gleichermaßen geeignete Hohenstaufenhalle (1967). Von den nach der Währungsreform neu entstandenen Schulhausbauten seien nur das Hohenstaufengymnasium, das Wirtschaftsgymnasium, die Walther-Hensel-, die Waldeck- und die Ursenwangschule sowie der sogenannte „Stelzenbau" im Stadtzentrum hervorgehoben. Zu den Neubauten, die der Jugend zugute kommen, gehören, neben zahlreichen Kindergärten, das Haus der Jugend, mehrere Jugendheime und die Jugendherberge in Göppingen-Hohenstaufen. Über einen Altenhilfeplan entstand durch den Verein „Wilhelmshilfe" ein neues Altenzentrum in Göppingen-Bartenbach, das im Bundesgebiet Modellcharakter besitzt.

Die mit Nachdruck betriebene Stadtsanierung ließ so eindrucksvolle Großbauvorhaben wie Staufen-Center, Kreissparkasse, Friedrichsbau, Allianzhochhaus, Kaufhaus „Orion", Panoramahochhaus oder – in den Stadtbezirken – Rigipark in

Holzheim, Behördenzentrum in Bezgenriet und Ortsmitte Bartenbach entstehen.
Göppingen gehört zweifellos zu jenen Städten Baden-Württembergs, die sich der
Schaffung großzügiger und neuer Grünflächen im stadtnahen Bereich ganz besonders annehmen. Den gezielten Bemühungen der Stadt ist es zu danken, daß eine
kaum unterbrochene Grünzone, ausgehend vom Schloßgarten über Alten Friedhof, Stadthallenpark und Barbarossasee, die Innenstadt mit dem gepflegten Stadtwald Oberholz verbindet. Im Nordwesten der Stadt sind es die auf dem ehemaligen Schockenseegelände westlich von Hohenstaufenhalle und Stadtbad sich
erstreckenden Grünflächen, die als Freizeitraum für die Bürgerschaft geschaffen
wurden. Zu einem Eldorado der Fußgänger im Bereich der von einem oft geradezu
großstädtischen Verkehr umbrandeten Stadtmitte ist der im Frühjahr 1973 fertig-
gestellte „Kleine Marktplatz" beim ehemaligen Adelberger Kornhaus geworden.
Neben der erst durch den Bau der Stadthalle möglich gewordenen Intensivierung
des Theater- und Konzertlebens, des Ausstellungswesens und der Erwachsenen-
bildung wurden mannigfaltige erfolgreiche Anstrengungen auf kulturellem Gebiet
unternommen: das Städtische Museum im „Storchen" verlegte einen Schwerpunkt
seiner Arbeit auf die staufische Epoche; in der ehemaligen Badherberge in Jebenhausen fand das geologisch-paläontologische Museum Dr. Engel eine angemessene
Heimstatt; der „Maientag", das traditionelle Göppinger Kinderfest, erhielt den
Charakter eines im ganzen Land anerkannten historischen Heimatfestes. In diesem Zusammenhang gelang es auch, die Alt-Göppinger Tracht der Vergessenheit
zu entreißen und wieder bekannt zu machen. Für besondere Verdienste um das
kulturelle Leben Göppingens stiftete die Stadt im Jahr 1965 den Heinrich-Schick-
hardt-Preis, der seitdem dreimal verliehen wurde. Langjährige Anstrengungen
um eine weitreichendere Kenntnis der für die Stadtgeschichte besonders relevanten
staufischen Epoche gipfelten in der Gründung der Gesellschaft der Freunde staufischer Geschichte im Jahr 1968 und in der Anknüpfung partnerschaftlicher Beziehungen zu der einstigen Lieblingsresidenz des großen Staufers Friedrichs II.,
der Stadt Foggia in Apulien im Jahr 1971. Auch die gleichzeitig mit der nieder-
österreichischen Babenbergergründung Klosterneuburg, einem der geistig-religiö-
sen und kulturhistorisch bedeutenden Zentren Österreichs, eingegangene Städte-
partnerschaft ruht auf historischem Boden, erhielt jedoch ihren Anstoß durch das
gemeinsame Patenschaftsverhältnis mit den Heimatvertriebenen aus dem Schönhengstgau, die jetzt in der Bundesrepublik und in Österreich ansässig sind.
Der „Goldene Plan der Stadt Göppingen" ließ in den letzten Jahren alle Belange
des leistungsstarken und breite Schichten der Bevölkerung erfassenden Sports voll
auf seine Kosten kommen, so daß sowohl die Sportstätten in der Halle wie auch
unter freiem Himmel als mustergültig bezeichnet werden können.

Vielfältig wie in der Vergangenheit sind auch die Aufgaben, die sich der Großen Kreisstadt Göppingen in der Zukunft stellen. Konnte mit der Fertigstellung der neuen Feuerwache ein dringliches kommunales Bauvorhaben im Herbst 1972 abgeschlossen werden, so gelten jetzt intensive Bemühungen von Stadtverwaltung und Gemeinderat der Realisierung des „städtischen Jahrhundertprojekts", nämlich dem Bau eines neuen Rathauses, das dem längst untragbar gewordenen Zustand der Auslagerung städtischer Ämter und deren provisorischer Unterbringung an mehreren Stellen ein Ende machen soll. Daneben harren Verkehrs- und Schulprobleme der Lösung, durch die Stadt oder je nach Zuständigkeit, durch den Landkreis, dessen Großprojekt „Kreiskrankenhaus" auf beherrschender Höhe und in landschaftlich einmaliger Umgebung südlich der Stadt ebenso im Bau begriffen ist, wie das zentrale Müllheizkraftwerk, eine vorrangige Aufgabe des Umweltschutzes, welche die Stadt auf zweckverbandlicher Ebene initiativ zu lösen begonnen und nun, einem neuen Gesetz folgend, dem Landkreis übertragen hat. Ebenfalls im Südbereich wird in Sichtweite vom Rathaus auch das gesamte Berufsschulwesen in einer zentralen Einrichtung baulich und organisatorisch zusammengefaßt werden.

Diese und weitere Großbauvorhaben in Stadtrandgebieten, die durch großzügige Verkehrslösungen und Brückenbauten über Bahn und Fils näher an den Stadtkern herangeführt werden, machen abschließend noch einmal deutlich, wie fest gegründet dieses Göppingen als Hohenstaufenstadt und Hüter der Reichsburg mit einem Fuße in der historischen Vergangenheit steht, und mit dem anderen Fuße aber mitten in der dynamischen Gegenwart, in der sich bereits die Entwicklung zur Stadt von morgen abzeichnet:

Metropole des Kreises und Schaufenster des Filstals.

Die Große Kreisstadt Geislingen an der Steige

von Oberbürgermeister Helmut von Au

Niemand braucht gleich in die Luft zu gehen, um einen Eindruck von der Stadt Geislingen an der Steige zu bekommen. Jeder, der schon einmal die internationale D-Zug-Strecke von Stuttgart nach München gefahren ist, erinnert sich gerne an die herrliche, landschaftliche Lage dieser Stadt, die er in einer großen Schleife umfahren hat.

Fünftälerstadt am Fuße der Schwäbischen Alb – diese Bezeichnung führt Geislingen zu Recht; liegt es doch in weiter Talaue eingebettet in einen Kranz von felsbekrönten Albbergen. Fünf Täler strahlen sternförmig aus, in welche die Stadt immer mehr hineingewachsen ist; das obere und das mittlere Filstal, das Eybtal, das Rohrachtal und das Längental. Von den Höhen grüßen als mittelalterliche Zeugen die Burgruine Helfenstein und der Ödenturm, das Wahrzeichen der Stadt. Geislingen liegt ganz im Grünen und die Menschen von heute sehnen sich nach Grün, nach Wanderzielen. Diese sind gerade am Albtrauf mit ausgebauten und gut ausgeschilderten Wanderwegen in unerschöpflicher Zahl vorhanden. Doch die schöne Landschaft und die gute Luft allein genügen nicht. Das haben die Geislinger längst bemerkt und so manche Anstrengungen unternommen, um ihre Stadt schöner und gastlicher erscheinen zu lassen. Viele Menschen aus den industriellen Ballungszentren entdecken Geislingen täglich, um in dieser Gegend Urlaub zu machen und sich im Lande zu erholen. Dabei liegt Geislingen verkehrsmäßig äußerst günstig. Es ist nicht nur Schnellzugstation; auch die Bundesstraße 10 sowie die Schwäbische Albstraße durchqueren die Stadt und nur wenige Kilometer entfernt verläuft die Autobahn. Geislingen lädt geradezu zum Aussteigen ein und ist deshalb ein begehrtes Ziel für Naherholung.

Kein Wunder, wenn ein von der Natur so begünstigter Platz seit ältesten Zeiten Menschen zum Siedeln angelockt hat. Es ist zwar ein langer Weg vom frühen Alemannendorf zur Residenzstadt der Helfensteiner Grafen und vom beschaulichen Ulmer Landstädtchen zum modernen Mittelzentrum. Manches Auf und Ab mußten die Geislinger über sich ergehen lassen. Aber zu allen Zeiten konnte die Stadt reges Leben und reiche Traditionen bewahren. Davon künden viele alte Bauten und wertvolle Kunstdenkmäler.

Die Stadt Geislingen an der Steige ist eine Gründung der Grafen von Helfenstein, die um das Jahr 1100 auf einem beherrschenden Bergvorsprung über dem Albaufstieg der wichtigen Reichsstraße und des uralten Handelsweges vom Rhein zum Mittelmeer eine feste Burg, den Helfenstein, erbaut hatten. „Giselingen" findet man erstmals als „civitas" oder „oppidum" (Stadt) in Urkunden aus der Zeit um 1250. Es ist damit eine verhältnismäßig späte Stadtgründung des Mittelalters. Das Hochadelsgeschlecht der Grafen von Helfenstein gründete die Stadt bewußt als militärischen Stützpunkt am Eingang des engen Rohrachtales und am Beginn der wichtigen Albüberquerung („Geislinger Steige"). Dabei diente der Kern der Stadtanlage, ein ursprünglich doppelt ummauertes Rechteck mit zwei Handwerkervorstädten (seit 1289), vor allem dem Schutze der ertragreichen Zollstation der Helfensteiner. Der heutige „Alte Zoll" stammt aus dem 15. Jahrhundert und bildet mit seinem alemannischen Fachwerk ein ebenso beeindruckendes Bild wie der „Alte Bau", ein ehemaliger Fruchtkasten, der aus dem 16. Jahrhundert stammt, mit seinen vier vorkragenden Geschossen und dem fünfgeschossigen Giebel. Geislingen ist nicht aus einer dörflichen Siedlung entstanden, vielmehr nach klaren städtebaulichen Grundsätzen. Natürlich hatte das alte Geislingen den Charakter eines Landstädtchens, jedoch einer von Türmen und Mauern umstandenen wehrhaften Stadtsiedlung, in der unter dem Schirm gräflicher Herren der Handel und das Handwerk einen beachtlichen Aufschwung nahmen.

Wesentlich älter als diese „künstliche" Stadtgründung erweisen sich zwei heutige Stadtteile: Altenstadt und Rorgensteig. Altenstadt, in ältesten Zeiten noch „ze der alten Stadt" oder „Altengiselingen" genannt, ist alemannischer Herkunft. Der Platz des heutigen Kinderheimes „Lindenhof" war nach neuen Grabungsergebnissen alter alemannischer Dingplatz. Später stand hier eine Michaelskirche, die Urkirche von Altenstadt und der ganzen Umgebung. Der Name des späteren helfensteinischen Geislingen stammt also von dem älteren Nachbardorf. Rorgensteig, an der oberen Rohrach gelegen, war ein altes Pfarrdorf, in das die Bürgerschaft der Stadt Geislingen bis zum Jahre 1393 eingepfarrt war. Die Bedeutung der Rorgensteiger Kirche für das religiöse Leben der Geislinger Gemeinde sank seit der Erhebung der Geislinger Marienkapelle zur Pfarrkirche (um 1393) und dem Bau der heutigen Stadtkirche im Jahr 1424. Besondere Bedeutung besaß Rorgensteig als erstes mittelalterliches „Industriezentrum" der Stadt. Bereits seit dem 15. Jahrhundert hatten sich hier am Oberlauf der Rohrach an den natürlichen Wasserfällen Mühlen aller Art und Hammerwerke niedergelassen.

Das Geschlecht der Grafen von Helfenstein hatte in der Geschichte große Bedeutung. Gottfried von Spitzenberg/Helfenstein war langjähriger Kanzler Kaiser Friedrichs I. Barbarossa und Bischof von Würzburg. Noch unter Kaiser Karl IV.

spielte die Familie eine große Rolle am Kaiserhof in Prag. Geislingen, dem die Helfensteiner 1367 das Stadtrecht erneuerten, war um 1300 Mittelpunkt der umfangreichen Herrschaft Helfenstein, die große Teile der früheren Oberämter Ulm, Blaubeuren, Geislingen und Heidenheim umfaßte. Zeugnis davon gibt noch der nördliche Flügel des um 1380 erbauten helfensteinischen Stadtschlosses (heute Finanzamt). Diese Bedeutung des gräflichen Hauses und dessen Einfluß am Kaiserhof versprachen der Stadt eine große Zukunft. Die Grafen erkannten jedoch die Zeichen der beginnenden neuen Zeit nicht. Durch die Teilung der Herrschaft Helfenstein im Jahre 1356 unter zwei Linien der Familie und durch hohe Ausgaben einzelner Glieder der Familie geriet das Geschlecht sehr bald in Schulden. Dies führte 1382 zur Verpfändung eines Großteiles der Herrschaft an die aufstrebende Reichsstadt Ulm, die 1396 den Geislinger Teil mit der Stadt an sich zog. Wohl wurde Geislingen Sitz eines ulmischen Obervogts und Mittelpunkt der „Unteren Herrschaft", aber es blieb, besonders nach dem blutig unterdrückten Aufstand der Bürgerschaft von 1514, jenem Vorläufer des Bauernkrieges, bis in die Mitte des 19. Jahrhunderts hinein ein Landstädtchen.

Bald nach dem Übergang an die Reichsstadt Ulm entfaltete sich in Geislingen eine rege Bautätigkeit: der Bau des Rathauses 1422 („Altes Rathaus") und der heute evangelischen Stadtkirche 1424–1428, einer dreischiffigen, querschifflosen, spätgotischen Pfeilerbasilika mit an des Ulmer Münster erinnernden Proportionen. Im Chor der Kirche befindet sich der prächtige Marien- oder Sebastiansaltar von Daniel Mauch (um 1520) mit einer Predella, das Fegefeuer darstellend, von Jörg Syrlin d. Ä. (Ende 15. Jh.). Außerdem birgt die Kirche ein 1512 von Jörg Syrlin d. J. aus Eichenholz geschnitztes, unverhältnismäßig großes Chorgestühl sowie zahlreiche bedeutende Epitaphe ab 1471. Angepaßt an die Fortschritte des Geschützwesens wurde die Burg Helfenstein planmäßig zur Festung ausgebaut. Um 1400 wurde das Wahrzeichen unserer Stadt, der Ödenturm, als Vorwerk dieser Burg auf einem ihr gegenüberliegenden Bergvorsprung errichtet.

Aus den langwierigen Glaubenskämpfen nach der Reformation ging Geislingen als rein protestantische Stadt hervor. Die seit dem 14. Jahrhundert in ihrem, an die Pfarrkirche angebauten Kloster (heute ev. Pfarrhaus) wohnenden Franziskanerinnen wanderten 1531 nach Wiesensteig aus. Die an einer Haupttheerstraße liegende Stadt erlitt im Dreißigjährigen Kriege und den nachfolgenden Kämpfen große Verluste an Menschen und Gut. Trotzdem bildete sich in der Stadt ein bedeutendes Kunsthandwerk aus. Mit Hilfe der „Geislinger Waren" – Elfenbeinschnitzereien –, durch die Geislingen seit dem Dreißigjährigen Krieg in ganz Europa berühmt war, sowie dem 1351 gestifteten, reich dotierten Spital (heutiges Wohngebiet um die Ledergasse/Schulstraße) rettete sich die Stadt über alle Not-

108. Stadtbad Geislingen mit Gymnasium (links) und Käufmännischer Berufsschule

109. *Vordere Siedlung an der Überkinger Straße in Geislingen*

zeiten. Das kulturelle Leben der Stadt befruchtete auch der Journalist, Dichter und Musiker Christian Friedrich Daniel Schubart, der als Präzeptor und Organist 1763 bis 1769 in Geislingen wirkte.

Das 19. Jahrhundert brachte der Stadt große wirtschaftliche und politische Umwälzungen. Bis zum Jahre 1802 gehörte Geislingen zur freien Reichsstadt Ulm. Durch den Reichsdeputationshauptschluß gelangte die Stadt mit Ulm 1803 an Bayern, welches 1810 das Gebiet an Württemberg austauschte. Eine große Wende in der wirtschaftlichen Entwicklung der Stadt brachte der Bau der Eisenbahnlinie Stuttgart–Ulm mit der als technische Meisterleistung bekannten „Geislinger Steige" (1847–1850) und damit eng verbunden der Beginn der Industrialisierung (1850), so daß man gerne von einer „zweiten Gründung" Geislingens durch die Industriepioniere Daniel Straub und die Familie Staub spricht. Die Zeit ist demnach auch in Geislingen nicht stehen geblieben. Seit der Industrialisierung des Filstales und dem Entstehen der Großbetriebe wirkte die Stadt wie ein Sog auf das umliegende Land. Zahllose Arbeitskräfte, die in der aufblühenden Stadt Arbeit und Brot fanden, ließen sich hier häuslich nieder. So wuchs die Stadt, sprengte ihre mittelalterlichen Mauern und erfüllte den ganzen Talkessel. In geradezu stürmischer Entwicklung entstand aus kleinen Anfängen in dem Oberamtsstädtchen eine Großindustrie, deren Erzeugnisse heute in aller Welt bekannt sind: WMF (Württembergische Metallwarenfabrik), MAG (Maschinenfabrik Geislingen), SBI (Süddeutsche Baumwolle-Industrie) und viele mittlere und kleinere Industriebetriebe, die besonders nach dem Zweiten Weltkrieg neuen Zuzug erhielten. Doch Geislingen, das schon Ende des 19. Jahrhunderts den gleichen Industrialisierungsgrad wie damals die Landeshauptstadt Stuttgart hatte, wächst weiter. Es platzt aus allen Nähten. Die Stadt in den fünf Tälern hat sich inzwischen schon ihrer schützenden fünf Berge bemächtigt. Durch die Eingliederung der Gemeinden Weiler ob Helfenstein, Türkheim, Stötten, Waldhausen und Eybach gewann die Stadt auf der Albhochfläche den Lebensraum, dessen eine Stadt für eine weitblickende Zukunftsplanung bedarf. Die neuen Stadtbezirke eröffnen jedoch nicht nur neue Möglichkeiten, sondern bringen der Stadt auch neue Aufgaben. Im Jahre 1841 zählte Geislingen 3000 Einwohner, heute dagegen 30 000.

Jedes gesunde Wachstum erfordert eine gezielte Planung und ständige Neuorientierung. So hat sich Geislingen neben der Pflege des übernommenen reichen kulturellen Gutes nicht der Verpflichtung verschlossen, alle Aufgaben, die Gegenwart und Fortschritt stellen, zu erfüllen. Neue Wohnsiedlungen und moderne Schulen entstanden. In einem großzügigen Demonstrativbauprogramm fanden mehrere tausend Menschen einen soliden Wohnkomfort. Geislingen ist Schulort für den früheren Oberamtsbezirk. Sämtliche beruflichen und weiterführenden Schulen sind in der Stadt. Alle diese Schulen werden zu über 50 Prozent von Schülern der näheren und weiteren Umgebung besucht. Ein neues Schulzentrum befindet sich in der Planung. Gepflegte Sportanlagen für sämtliche Sportarten dienen neben der Freibadanlage und dem neuerstellten Hallenbad der Gesundheit der Bevölkerung. Eine Sporthalle ist geplant, wie auch eine neue Stadthalle wenigstens im Modell fertig ist. Die Altstadt, die sich rings um die gotische Stadtkirche schmiegt, hat zwar noch ihren mittelalterlichen Charakter behalten. Doch wird sich auch Geislingens City einer Verjüngungskur nicht entziehen. Das umfangreiche Programm einer Altstadtsanierung wird sowohl in Geislingen selbst wie im Stadtteil Altenstadt moderne Geschäfts- und Wohnzentren entstehen lassen, die sich harmonisch in die gewachsenen mittelalterlichen Strukturen einfügen und Altes mit Neuem zur gefälligen Synthese verschmelzen. Ein reges kulturelles Leben mit Theater, Konzerten, Volkshochschule, Jugendmusikschule, Heimatmuseum, Stadtbücherei und Stadtarchiv (wertvolle Bestände seit 1329) vermittelt der Bevölkerung geistige Impulse und bereichert das städtische Gepräge.

Geislingen im Jahre 2000 – so lautete einmal das Thema einer Aktion innerhalb des Schülerferienprogramms. Wie sehen Schüler ihre Stadt? Viele Kinder haben sich Gedanken gemacht. Es war eine Zukunftsvision der kommenden Generationen, die man irgendwie ernst nehmen muß. Viele Utopien und doch so manche gute Idee. Ein hübsch angelegter Tierpark ließe die Stadt durchaus liebenswerter erscheinen. An gewagter Architektur fehlt es nirgends. Viele Großbauten können tatsächlich Wirklichkeit werden und sich in die schöne Landschaft einfügen. Mutige Straßenführungen geistern in und um die Stadt. Völlig neue Verkehrsmittel verbinden Geislingen mit der Umwelt. Ein Flughafen auf der Albhochfläche? Gar nicht so absurd; ähnliche Projekte wurden bereits ernsthaft diskutiert. So stellt sich eine neue Generation ihre kleine Welt vor.

Doch einstweilen haben die Städteplaner das Wort. Das Jahr 2000 kommt bestimmt und Geislingen wird dann ein anderes, ein neues – und vielleicht schöneres – Gesicht haben.

Und, Geislingen wird mit seiner schönen Umgebung immer Wohn- und Arbeitsort für viele Menschen, denen all unser Sorgen gilt, bleiben.

Wissenswertes aus den Kreisgemeinden

von Manfred Akermann und Walter Ziegler

Adelberg

Der Ort, der bis 1851 Hundsholz hieß, taucht 1294 als „Hunzholz" erstmals in einer Urkunde auf. Er teilte stets die Geschicke des Klosters Adelberg, zählte jedoch im Gegensatz zu diesem zur Diözese Augsburg und war damit kirchlich altes Filial von Lorch. Um 1490 überließ das Kloster Lorch dem Ort die im Klosterbereich gelegene Ulrichskapelle, die jedoch zum Bistum Augsburg gehörte. Als Ersatz mußte Adelberg in den Jahren 1490—1493 in Hundsholz eine Ulrichskapelle errichten und sie Lorch unterstellen. 1178 gründete der staufische Ministeriale Volknand von Ebersberg das Kloster Adelberg und besetzte es mit Mönchen aus dem Prämonstratenserkloster Roggenburg in Bayerisch-Schwaben. 1181 weilte Kaiser Friedrich I. Barbarossa in dem im Bau befindlichen Kloster und nahm es unter seinen Schutz. 1187 wurde neben dem Männer- auch ein Frauenkonvent eingerichtet, der 1476 nach Lauffen a. N. verlegt wurde. Bis zur Reformation war das Kloster im Besitz von 10 Dörfern, 19 Weilern, 37 Höfen und 22 Mühlen (darunter die nahegelegene Herrenmühle) sowie vielen Einzelgütern in 114 Orten. Unter den Äbten Berthold und Leonhard Dürr erfolgte nach 1500 der Bau und die kostbare Ausstattung der Ulrichskapelle. Die Klausur brannte im Bauernkrieg 1525 teilweise ab, ihren Wiederaufbau verhinderte die 1535 eingeführte Reformation. Bis 1629 bestand im Klosterbereich eine der 12 evangelischen Klosterschulen; bis 1807 wurde der ehemalige Klosterbesitz als eigenes Amt verwaltet. — Adelberg, das seit 1971 mit den Gemeinden Birenbach, Börtlingen und Rechberghausen den Verwaltungsverband „Östlicher Schurwald" bildet, zählt rd. 1380 Einwohner. Seit 1946 wurden geschaffen: Schulhaus, Kindergarten, mechanisch-biologische Kläranlage, Kanalisation, Straßen und Feldwege, Wohnungen, Maßnahmen zur Förderung des Fremden- und Ausflugsverkehrs.

Aichelberg

Der 1215 erstmals erwähnte Ort ist zweifellos als Burgsiedlung der 1525 von den Bauern zerstörten gleichnamigen Burg entstanden. Diese war seit dem 12. Jh. Sitz der mit den Zähringern auf der Limburg und der Teck verwandten Grafen von Aichelberg. Im 13. Jh. erstreckte sich deren umfangreicher Besitz von Neidlingen bis Uhingen und schloß auch noch Wendlingen ein; 1319 erhoben sie Weilheim an der Teck zur Stadt. Nach der Teilung von 1330 setzte der rasche Zerfall der Grafschaft ein; bis 1340 waren fast alle Besitzungen an Württemberg veräußert. Um 1400 verlor die Familie sogar den Grafentitel, sank in den niederen Adel ab und starb um 1425 aus. Seit dem späten Mittelalter gehörte der Ort zum sog. „Zeller Stab", zeitweise auch zur Gemeinde Zell u. A. Er wurde 1876 selbständige Gemeinde des Oberamts Kirchheim und kam 1938 zum Landkreis Göppingen. Aichelberg war seit jeher kirchliches Filial von Zell; 1961 wurde eine ev. Kirche erbaut. Die in reizvoller Lage unmittelbar über dem Albaufstieg der Bundesautobahn gelegene Gemeinde mit ihren rd. 750 Einwohnern bemüht sich intensiv um die Förderung des Fremdenverkehrs. 1970 hat sie sich mit Boll, Dürnau, Gammelshausen, Hattenhofen und Zell u. A. zum Verwaltungsverband „Bad Boll" zusammengeschlossen. Seit 1946 wurden geschaffen: aufgelockerte Wohnsiedlungen, Aussiedlerhöfe, drei Campingplätze, Ortsstraßen, Kanalisation, Feldwege, Feuerwehrgerätemagazin, Leichenhalle, Friedhofserweiterung, Sportplatz, Sportlerheim, Wasserhochbehälter, Ausbau des Rathauses.

Albershausen

Der 1275 erstmals erwähnte Ort entstand wohl durch die Zusammenlegung der Weiler und Höfe Alberhusen, Bilolzhusen, Mittelschlichingen, Büchelin, Haslach, Bettenweiler und Sadelerhusen, wovon letzteres bereits im Jahr 772 im Besitz des Klosters Lorsch an der Bergstraße bezeugt ist. Es handelt sich hier um die erste urkundliche Nennung eines Ortsnamens im Landkreis Göppingen. Die zunächst den Herzögen von Teck und den Grafen von Aichelberg zustehenden Hoheitsrechte gelangten nach und nach an Württemberg. Seit dem späten Mittelalter ist Albershausen Bestandteil des Amts Göppingen. Das Patronat der 1275 erstmals erwähnten Pfarrkirche kam erst im 17. Jh. vom Stift Wiesensteig an Württemberg. In Albershausen wurde 1769 Johann Georg Schillinger, der Urgroßvater mütterlicherseits des berühmten „Urwaldarztes" Albert Schweitzer geboren. Die im Jahr 1965 eingeweihte Schule erhielt daher den Namen Albert-Schweitzer-Schule. Die rd. 3400 Einwohner zählende Gemeinde bemüht sich intensiv um die Erschließung von Industriegelände. Seit 1946 wurden geschaffen: Schulhaus, Rathaus, kath. Kirche, ev. Gemeindehaus, Friedhof, Kindergarten mit Schwesternwohnungen, Farrenstall, Obstlagerkeller, Sammelkläranlage (gemeinsam mit Uhingen), Turn- und Festhalle, Sportplatzumbau, Wasserturm und Hochbehälter, Wohnungen, Kanalisation, Wasserleitungen, Ortsstraßen und Feldwege.

Auendorf

Der Ort wird erstmals um 1100 als „Gaslosen" urkundlich erwähnt und führte bis 1849 den Namen Ganslosen. Er gehörte stets in das Amt und Gericht Gruibingen, mit Ausnahme von 6 Höfen, die der Herrschaft Wiesensteig zinsbar waren. Durch größere Erwerbungen von adeligen Besitzern errang Württemberg um die Mitte des 15. Jh. die Vorherrschaft im Ort, der dem Amt Göppingen zugewiesen wurde und lediglich zwischen 1808 und 1810 dem Oberamt Wiesensteig einverleibt war. Die von Gruibingen abhängige Kapelle gehörte wohl ursprüng-

lich dem Kloster Zwiefalten, wurde aber 1207 dem Kloster Ursberg einverleibt. Die Kirche blieb bis zur Gründung der Pfarrei 1683 Filial von Gruibingen. Auendorf ist weit und breit durch die Herstellung von Hägenmark bekannt. Zum Gemeindegebiet gehört die Hardtmühle, in der seit 1955 ein Kinderheim des kath. Caritas-Verbandes untergebracht ist. Die Gemeinde zählt rd. 580 Einwohner; seit 1946 wurden geschaffen: Kindergarten, Rathaus- und Kirchenrenovierung, Friedhofserweiterung, Ortskanalisation, Straßen- und Feldwegebau, Ausbau der Trinkwasserversorgung, Kriegerehrenmal, Schulhaus.

Aufhausen

861 wird der Zehnte zu „Ufhuson" von dem Stifter des neugegründeten Klosters Wiesensteig diesem übergeben. Der Ort gehörte dann zur Herrschaft der Grafen von Helfenstein. 1403 kam er endgültig an die Reichsstadt Ulm, mit deren Mediatisierung 1802 an Bayern und 1810 an Württemberg. Bis 1695 bildete Aufhausen ein ulmisches Amt, kam dann zu Überkingen und 1753 zum Amt Nellingen. In kirchlicher Beziehung war der Ort ursprünglich Filial von Deggingen. Die 1353 erstmals erwähnte Kapelle zu Unserer Lieben Frau stiftete 1393 Herzogin Maria von Bosnien, die ihren Alterssitz auf der nahe dem Ort gelegenen Burg Bühringen über Überkingen hatte, eine Kaplanei. 1531 wurde von Ulm die Reformation durchgeführt. In der 1584 baulich veränderten Kirche wurden 1960 aus der 2. Hälfte des 15. Jh. stammende Fresken freigelegt. 1966 wurde auf der hochgelegenen Flur Duchstetten nach vierjähriger Bauzeit das neue Wahrzeichen des Ortes, der 148 m hohe Polizeifunkturm, eingeweiht. In der ca. 730 Einwohner zählenden Gemeinde wurden seit 1946 geschaffen: Schulhaus, mechanisch-biologische Kläranlage, 4 km Kanalisation, 3 km Ortsstraßen, Flurbereinigung mit Ausbau des gesamten Feldwegenetzes, Gemeindeschlachthaus, Gemeinschaftsgefrieranlage, Sportplatz, Erneuerung der Ortsstraßenbeleuchtung, 2 km Wasserleitung.

110. Kohn'sches Haus in Geislingen. Der aus dem 16. Jh. stammende Fachwerkbau sitzt rückwärts auf der inneren Stadtmauer.

111. Kath. Veitskirche in Böhmenkirch-Treffelhausen
112. Neubaugebiet in Donzdorf. Im Hintergrund Staufeneck und Ramsberg (rechts)
113. (rechts oben) Ländliches Bildungszentrum Donzdorf — Hauptschule und Gymnasium (rechts)
114. (rechts unten) Kath. Martinskirche in Donzdorf
115. (umseitig oben) Aufhausen mit Polizeifunkturm auf der Duchstetter Höhe
116. (umseitig unten) Wetterstation „Stötten" und Richtfunkstelle der Bundespost auf Markung Böhmenkirch-Schnittlingen

Bad Ditzenbach

Im Wiesensteiger Stiftungsbrief von 861 wird Ditzenbach erstmals erwähnt. Der Ort teilte die Schicksale der Herrschaft Wiesensteig. Die kath. Laurentiuskirche erscheint 1478. Die seit 1472 bekannte Mineralquelle wurde erst 1755 gefaßt. Zu großer Bedeutung verhalfen dem Heilbad die Barmherzigen Schwestern von Obermarchtal, welche das Bad 1900 übernahmen. 1929 wurde dem Ort das Prädikat Bad verliehen. Das Sanatorium wurde 1966 um ein Kurmittelhaus erweitert. Zur Zeit wird ein Thermalbad errichtet. Auf einem kegelförmigen Berg südwestlich des Ortes befinden sich die Reste der einstigen helfensteinischen Hiltenburg. 1289 Sitz eines Amtmannes, war sie seit der Teilung der Herrschaft, 1356, bevorzugte Residenz der älteren helfensteinischen Linie. 1516 ließ Herzog Ulrich von Württemberg die Burg zerstören. In der rd. 1130 Einwohner zählenden Gemeinde wurde seit 1946 geschaffen: Schulhaus, Kindergarten, Friedhoferweiterung und Leichenhalle, Park- und Grünflächen, Rathausumbau, Lesesaal, Wasserhochbehälter, Beteiligung an Wasserversorgung Blau-Lauter, Kirche, Gemeindesaal, Pfarrhaus, Müttererholungsheim, Thermalquelle, 3,2 km Ortskanäle, 2,4 km Straßen, 3,6 km Wasserleitung.

Bad Überkingen

Überkingen wird im Jahre 1108 erstmals als „Ubrichingen" urkundlich erwähnt. Nach dem Ort nannte sich ein vom 12. bis ins 14. Jh. bezeugtes Ministerialengeschlecht. In der Nähe des Dorfes befand sich einst eine Burg. Eine weitere erhob sich auf einem Bergvorsprung über dem Ort. 1403 starb auf dieser Burg Bühringen die Witwe Graf Ulrichs d. Ä. von Helfenstein, Herzogin Maria von Bosnien. Nach ihrem Tode fiel der Ort an die Reichsstadt Ulm. Bis 1774 bildete er teils mit Aufhausen, teils mit Böhringen und Hausen ein ulmisches Amt. 1802 wurde Überkingen bayerisch und 1810 württembergisch. Die 1275 genannte Pfarrkirche steht unter dem seltenen, weit zurückreichenden, Patrozinium des hl. Gallus und der Maria. Die aus dem 15. Jh. stammende spätgotische Chorturmanlage wurde

1589 erweitert. Erwähnenswert ist die im gleichen Jahr eingezogene und von Gabriel Bockstorffer aus Konstanz und Jörg Hennenberger aus Geislingen bemalte Kirchendecke. Wenn man der Überlieferung glauben darf, waren die Überkinger Mineralquellen schon im 12./13. Jh. bekannt. Urkundlich bezeugen lassen sie sich jedoch erst 1415. Aus der Mitte des 15. Jh. sind uns von Ulmer Ärzten empfohlene Badekuren überliefert. Der alkalische Säuerling gab dem Ort vom 15.–17. Jh. einen gewaltigen Aufschwung. Ein Zeuge dieser Zeit ist das 1588/89 errichtete Badhaus. 1926 wurde die Adelheidquelle erbohrt und 1928 Überkingen der Titel eines Bades erneut verliehen. 1971 wurde eine Thermalquelle erschlossen und ein Thermalbad eingerichtet. Seit 1950 befindet sich im Ort die Landesberufsschule für das Hotel- und Gaststättengewerbe. Seit 1. Juli 1971 bildet die Gemeinde Hausen einen Ortsteil von Bad Überkingen. Die Gesamtgemeinde zählt rund 2300 Einwohner. In dem ca. 1650 Einwohner zählenden Hauptort wurden seit 1946 geschaffen: Schule, Friedhoferweiterung, Ausbau der Wasserversorgung, Kanalisation, Anschluß an Kläranlage, Kindergarten, Ausbau der Ortsdurchfahrt, ev. Gemeindehaus, Rathausumbau.

Ortsteil Hausen an der Fils Im Jahre 1331 erwarb das Kloster Blaubeuren die Besitzungen des Klosters Zwiefalten in Hausen. Als Teil der Herrschaft Helfenstein ging der Ort 1396 in den Besitz der Reichsstadt Ulm über, fiel 1802 mit ihr an Bayern und 1810 an Württemberg. Drei Jahre nach dem Übergang an Ulm wurde von Unterböhringen aus eine Kapelle zu Ehren der Jungfrau Maria errichtet, welche 1531 von Ulm reformiert wurde. Seit 1874 bildet das die Kirche überragende Mühlengebäude ein neues „Wahrzeichen" des Ortes. In dem rd. 640 Einwohner zählenden Ortsteil wurden seit 1946 geschaffen: Ausbau der Gemeindestraßen und der Ortskanalisation, Erschließung von Baugelände, Gemeindehaus.

Baiereck siehe Uhingen

Bartenbach siehe Göppingen

Bezgenriet siehe Göppingen

Birenbach

Der wohl von Wäschenbeuren (Büren) aus gegründete Ort, wird 1499 erstmals als „Bürenbach" erwähnt. Bis 1806 teilten sich die Herrschaft Rechberg und das Fürstentum Württemberg in den Besitz des Orts, dessen überwiegender Teil der Einwohnerschaft katholisch blieb. Seit dem späten Mittelalter setzte zu der 1690 bis 1698 neu erbauten Kirche eine starke Wallfahrtstätigkeit ein. Am Ende des Dreißigjährigen Kriegs war der Ort lange Zeit völlig entvölkert. Birenbach war von 1806—1820 Teil der Gemeinde Börtlingen; seither ist es selbständig. Die rd. 1200 Einwohner zählende Gemeinde bildet seit 1971 mit Adelberg, Börtlingen und Rechberghausen den Verwaltungsverband „Östlicher Schurwald". Seit 1946 wurden geschaffen: Rathaus, Schulhaus, Kindergarten, Leichenhaus im erweiterten Friedhof, Wasserhochbehälter, Ehrenmal, Brücke, Ortsstraßen, Feldwege, Kanalisation, Wasserleitungen, Flurbereinigung, Erschließung von Bauland, Turn- und Festhalle.

Böhmenkirch

Der 1147 erstmals als „Baumenkirche" erwähnte Ort wurde vermutlich im Gegensatz zu der aus Stein gebauten Kirche im benachbarten Steinenkirch so genannt. Der Ort war Reichsgut und kam wohl 1302 als nicht mehr eingelöstes Pfand an die Herren von Rechberg. Die Grafen von Helfenstein waren 1356 hier begütert. 1401 kam der Kirchensatz vom Reich als Lehen an die Rechberg. 1846 wurde die alte, dem hl. Hippolyt geweihte Kirche durch einen Neubau ersetzt. Von ursprünglich vier Kapellen steht lediglich noch die 1732 errichtete St.-Patriz-Kapelle. 1476 ist für den Ort das Stadtrecht mit Halsgericht, Stock und Galgen bezeugt. 1580—1582 erfolgte ein Aufruhr der Untertanen gegen die rechbergische Herrschaft wegen Zehnt- und Fronverpflichtungen. 1605 erwarb Württemberg im Ort Güter. 1806 kam Böhmenkirch an Bayern und 1810 an Württemberg. Bei einer großen Feuersbrunst am 14. April 1910 brannten 87 Gebäude nieder. Auf der Flur „Rauhe Wiese" wurde 1934/35 die 15 Höfe umfassende bäuerliche Kleinsiedlung „Heidhöfe" geschaffen. Mit Wirkung vom 1. Januar 1973 wurden die bisher selbständigen Gemeinden Schnittlingen und Treffelhausen nach Böhmenkirch eingemeindet. Die Gesamtgemeinde zählt nun über 4000 Einwohner. In dem rd. 2850 Einwohner zählenden Hauptort wurden seit 1946 geschaffen: Schulhaus, Gemeindehalle mit Lehrschwimmbecken, Umbau und Erweiterung des Kindergartens, Rathausumbau, mechanisch-biologische Kläranlage, Erweiterung des Wasserhochbehälters, Versorgungsleitung von Heuchstetten nach Böhmenkirch, Friedhoferweiterung, Ausbau alter Ortsstraßen, 5,3 km Straßen in Neubaugebieten, 9,2 km Ortskanalisation, 60 km neue Feld- und Waldwege, Jugendheim, Schwesternstation, Umbau der Kirche, Sportplatz, Vereinsheim, Schießanlage mit Schützenhaus, Erweiterung der Getreidemühle, Bank- und Wohngebäude mit Lagerhaus der Genossenschaftsbank.

Ortsteil Schnittlingen 1293 erwarb das Kloster Gotteszell in Schwäbisch Gmünd hier Güter von Ludwig von Staufeneck. Der größtenteils rechbergische Ort fiel 1806 mit der Herrschaft Weißenstein an Bayern und 1810 an Württemberg. In kirchlicher Beziehung war Schnittlingen seit alters Filial von Treffelhausen. Anstelle der 1482 erstmals erwähnten, 1664 erneuerten Kapelle zum hl. Johannes dem Täufer wurde 1900 die jetzige Kapelle im neuromanischen Stil errichtet. In den letzten Jahren wurde sie baulich verändert. Auf der Markung des Ortes befanden sich einst die Wohnplätze Winterswanc bzw. Winderrutin, welche schon im 9. Jh. erwähnt werden. Auf Markung Schnittlingen befindet sich auch die fälschlicherweise als Wetterstation Stötten bezeichnete meteorologische Station wie auch die Richtfunkstelle der Bundespost, deren Turm ein markantes Zeichen der Schwäbischen Alb darstellt. In dem rd. 340 Einwohner zählenden Ortsteil wurden seit 1946 geschaffen: Schulanbau, Kindergarten, Leichenhaus, Flurbereinigung, Ausbau des Wegenetzes (alle 21 km mit Schwarzdecke), Ausbau der Ortskanalisation.

Ortsteil Treffelhausen Die Pfarrei wird 1275 erstmals erwähnt. Sie gehörte schon im 14. Jh. zur rechbergischen Herrschaft. Mit Weißenstein fiel der Ort 1806 an Bayern und 1810 an

Württemberg. Bis 1478 war Weißenstein nach Treffelhausen eingepfarrt. Am 14. Juli 1859 brannten 86 Gebäude ab. Auch die dem hl. Veit geweihte Kirche brannte bis auf den Turm nieder. 1865/66 wurde sie von dem berühmten Wiener Dombaumeister Friedrich von Schmidt im neugotischen Stil erbaut. In dem rd. 870 Einwohner zählenden Ortsteil wurden seit 1946 geschaffen: Kanalisation des gesamten Dorfgebiets, Erschließung von Baugebieten, Ausbau der Ortsstraßen, Errichtung einer Schule, Leichenhalle und Verschönerung des Friedhofs, Flurbereinigung, Modernisierung des Kindergartens, Kirchenerneuerung, Vereinsheim mit Gymnastikraum, Erweiterung des Sportplatzes.

Börtlingen

Die Weihe einer Kirche in „Bertnang" durch den Bischof von Beirut vom 27. Juli 1202 darf als erste Nennung Börtlingens gelten. Wahrscheinlich schon seit der Stauferzeit war das Kloster Adelberg Ortsherr; 1271 wurde die Pfarrei dem Kloster inkorporiert. Mindestens seit 1595 war Börtlingen Filial von Oberwälden und wurde erst wieder um die Mitte des 19. Jh. selbständige Pfarrei. Die Stabsgemeinde gehörte bis 1810 zum Klosteramt Adelberg. Auf der Markung liegen die Weiler Breech und Zell, sowie die Höfe Ödweilerhof, Schweizerhof und Schneiderhof. Seit 1971 bildet die rd. 1430 Einwohner zählende Gemeinde mit Adelberg, Birenbach und Rechberghausen den Verwaltungsverband „Östlicher Schurwald". Seit 1946 wurden geschaffen: Schulhaus, Turnhalle, Lehrschwimmbad, Wasserhochbehälter, Flurbereinigung, Feldwege, Straßen, Kanalisation, Wohngebiete.

Boll

Die erste urkundliche Erwähnung des Orts in einer 1155 von Kaiser Friedrich I. Barbarossa ausgestellten Urkunde fällt etwa zusammen mit der Gründung des Stifts Boll durch die nach neuen Forschungen zur staufischen Familie zählende Gräfin Bertha, die bis in die jüngste Zeit fälschlicherweise mit einer ins 8. Jh. versetzten sagenhaften „hl. Bertha" gleichgesetzt wurde. Boll war teckisch; 1321 verkauften es die Herzöge Konrad und Ludwig von Teck an Württemberg. Grundherr war größtenteils das 1464 dem Stift Oberhofen bei Göppingen einverleibte Chorherrnstift, das in der Reformation säkularisiert wurde. Die ehemalige Stiftskirche, eine romanische Basilika aus dem späten 12. Jh., zählt zu den bedeutendsten Kirchenbauten des Kreises. Das nahegelegene Schwefelbad ist seit dem Jahr 1477 bekannt, erlebte seine große Blütezeit jedoch erst nach dem Neubau des Badhauses durch Heinrich Schickhardt im Jahr 1595. Als das „Württembergisch' Wunderbad" hatte es vor allem im 17. Jh. einen ungewöhnlich starken Zulauf. Die 1822—1830 völlig neugestalteten Badgebäude gingen 1852 an den Pfarrer Johann Christoph Blumhardt über, der zusammen mit seinem Sohn Christoph hier ein religiöses Erweckungs- und Heilungszentrum einrichtete. Seit 1920 ist das Bad im Besitz der Herrnhuter Brüdergemeine. Seit 1965 ist ein grundlegender Ausbau zur modernen Kurklinik im Gang. In Bad Boll hat seit 1945 die älteste Evangelische Akademie der Bundesrepublik ihren Sitz. Zu Boll gehört das 1933 von Zell u. A. umgemeindete Eckwälden mit einem Seminar für Heilpädagogik und einem Heim für seelenpflegebedürftige Kinder. Die Gemeinde Boll läßt sich seit vielen Jahren die Förderung des Fremdenverkehrs sehr angelegen sein. Diesen Bestrebungen kommen die Kureinrichtungen des Bades, die guterschlossene nähere Umgebung und in der Zukunft das geplante Thermalbad entgegen. Mit Aichelberg, Dürnau, Gammelshausen, Hattenhofen und Zell u. A. bildet die rd. 3880 Einwohner zählende Gemeinde seit 1970 den Verwaltungsverband „Bad Boll". Seit 1946 wurden geschaffen: Kath., neuapostolische Kirche, ev. Gemeindehaus, Schulhaus, Alten- und Pflegeheim „Hörauf-Stift", Turn- und Sporthalle, Freibad, Waldlehrpfad, Höhenweg, Kindergartenerweiterung, Tennisplatz, 200 Ruhebänke, Kläranlage, Wasserhochbehälter, Kanalisation, Straßen, Wald- und Feldwege, Erschließung von Bauland.

Bünzwangen

Der im 14. Jh. erstmals erwähnte Ort kam mit der vor 1568 abgegangenen Burg 1334 von den Grafen von Aichelberg an Württemberg, das ihn nacheinander an verschiedene Adelige als Lehen ausgab. Der Göppinger Bürgermeister Balthasar Moser von Filseck, der den Ort 1560 erworben hatte, verkaufte ihn 1568 um 8000 Gulden an Württemberg. Die 1481 errichtete, seit der Reformation ev. Kirche, war ursprünglich nach Schlierbach, seit 1748 nach Albershausen und ist seit 1971 nach Ebersbach/Fils eingepfarrt. In der rd. 1450 Einwohner zählenden Gemeinde wurden seit 1946 geschaffen: Kath. Kirche, Schulhaus, Kindergarten, Friedhofserweiterung mit Leichenhalle, Erweiterung der Turnhalle, evangelisches Gemeindehaus, Straßen, Feldwege, Wasserleitungen, Kanalisation, Wasserhochbehälter, Erschließung von Bauland.

Deggingen

Bereits im 12. Jh. werden die ursprünglich staufischen, später helfensteinischen Ministerialen von Deggingen erwähnt. Die Pfarrei erscheint erstmals 1275. 1382–1396 war der helfensteinische Ort an die Reichsstadt Ulm verpfändet. Danach teilte er die Schicksale der Herrschaft Wiesensteig. Er fiel 1806 an Württemberg, gehörte bis 1810 zum Oberamt Wiesensteig und bis 1938 zum Oberamt Geislingen. Im 18. und 19. Jh. trieben die Einwohner weltweiten Handel mit selbstverfertigten Spindeln, Schröpfköpfen und „Aderlaßeiselein". Um 1700 ließen die Ortsherrschaften Kurbayern und Fürstenberg die Pfarrkirche zum hl. Kreuz neu erbauen. Die Pfarrkirche zeichnet sich durch ihre reichen Stukkaturen, welche dem einheimischen Künstler Johann Ulrich Schweizer zugeschrieben werden, und den Hochaltar mit seiner freiplastischen Kreuzigungsgruppe aus. Über dem Dorf, an der Südalb, steht die 1716–1718 erbaute Rokoko-Wallfahrtskirche Ave Maria. Sie wurde als Nachfolgerin einer ursprünglich höher gelegenen, 1469 erstmals erwähnten Kapelle, errichtet. An ihrer Ausgestaltung waren der Maler Josef Wannenmacher aus Tomerdingen und die einheimischen Stukkateure Ulrich und Johann Jakob Schweizer beteiligt. Auf der Südalb liegt der Weiler Berneck mit den Resten einer gleichnamigen helfensteinischen Burg. 1968 wurde die Teilstrecke Deggingen–Wiesensteig

der seit 1903 bestehenden Nebenbahn Geislingen–Wiesensteig stillgelegt und abgebaut. In der rd. 4200 Einwohner zählenden Gemeinde wurden seit 1946 geschaffen: Einbau eines neuen Rathauses im alten Schulhaus, Schule Bernhardusstraße, Erwerb des Beckerschen Fabrikgebäudes und Aufbau der Realschule, kath. Gemeindehaus, kath. Kindergarten, Altersheim, ev. Kirche, ev. Gemeindehaus, Jugenderholungsstätte Nordalb, Modernisierung der Wallfahrtskirche und des Klosters Ave Maria, Segelfluggelände Berneck, Sportplatz, Grundwasserpumpwerk, Anschluß an Blau-Lauter-Gruppe, Hochbehälter, 8 km Wasserleitungen, 12,5 km Kanalisation, Sammelkläranlage im Abwasserverband, 31 km Feldwege.

Donzdorf

Vor wenigen Jahren wurden in Donzdorf alamannische Grabfunde von überörtlicher Bedeutung gemacht. Der Ort erscheint jedoch urkundlich erst 1275. Bis 1602 waren die Grafen von Helfenstein in Donzdorf begütert. Nach und nach gelang es den Freiherren von Rechberg deren Besitzungen zu erwerben. Durch Teilungen und Erbschaften kamen umfangreiche Besitzungen an die Wernau und Specht-Bubenheim. Von 1735 bis 1745 besaß Württemberg Teile des Ortes. 1797 gelang es den Rechberg alleiniger Ortsherr zu werden. 1806 Bayern einverleibt, gelangte der Ort 1810 an Württemberg. 1634 starben fast 700 Einwohner an der Pest. Die kath. Kirche St. Martin aus dem 15. Jh. wurde 1777 völlig umgebaut. Sie enthält die Grablege der Grafen von Rechberg. Neben einigen spätgotischen Skulpturen und Grabdenkmälern verdienen die barocken Deckenmalereien von Joseph Wannenmacher Beachtung. 1568 wurde das heute noch als Residenz der Familie Rechberg dienende neue Schloß errichtet. Die zu Beginn des 14. Jh. rechbergische Burg Scharfenberg war ursprünglich Sitz der von 1156–1194 nachweisbaren staufischen Ministerialen von Scharfenberg. Die zu Beginn des 19. Jh. aufgegebene Anlage zählt zu den am besten erhaltenen Burgruinen des Kreises. Im 9. Jh. befand sich der später abgegangene Weiler Hürbelsbach im Besitz des Klosters

Lorsch. 1143 gehörte er zu den Ausstattungsgütern des Klosters Anhausen/Brenz. Das heute rund 7100 Einwohner zählende Gemeinwesen wurde als einzige Gemeinde des Landkreises im Landesentwicklungsplan für Baden-Württemberg als Unterzentrum ausgewiesen. Seit 1946 wurden geschaffen: Kindergarten, 2 Kinderspielplätze, Leichenhalle, Bauhof, Freibad, 2 Sportplätze, Tennisplatz, Ortsbücherei, Industrieansiedlung, Ortsverschönerung durch Grünanlagen und Marktbrunnen, 20 km Kanalisation mit Anschluß an Gruppen-Kläranlage in Salach, 18 km Ortsstraßen, 10 km Gemeindeverbindungsstraßen, 5 km Feldwege, neue Ortsdurchfahrt, 20 km Wasserleitungen, Pumpstation mit Sammelbehälter, Hochbehälter, 2 Fernleitungen an Landeswasserversorgung.

Drackenstein

Bereits 1153 befand sich die Michaelskirche von Unterdrackenstein im Besitz des Klosters Zwiefalten; um 1180 ging sie an das Kloster Ursberg über. Von Anfang an war Gosbach nach Drackenstein eingepfarrt. 1533 wurde die Kirche an das Kloster Adelberg veräußert. Im 14. Jh. gehörte der Ort den Herren von Westernach bei Öhringen und im 15. Jh. den Herren von Westerstetten, deren Schloß bis 1679 oberhalb von Unterdrackenstein stand. 1589 wurde das Dorf von den Herren von Rechberg erworben und sogleich an die Grafen von Helfenstein weiterveräußert. Fortan teilte es das Schicksal der Herrschaft Wiesensteig, mit der es 1806 von Bayern an Württemberg fiel. Die auf einem hohen Tuffsteinfelsen gelegene Pfarrkirche stammt aus dem 15. Jh. Der schlichte einschiffige Bau, welcher 1753 umgebaut wurde, beherbergt verschiedene prachtvolle Epitaphe der Herren von Westerstetten. Ober- und Unterdrackenstein werden im Volksmund kurz als Ober- und Unterstein bezeichnet. Auf der linken Seite des Gostales liegt die Abfahrttrasse der vor dem Zweiten Weltkrieg errichteten Autobahn. Am 1. 4. 1972 trat die Gemeinde der Verwaltungsgemeinschaft Oberes Filstal mit Sitz in Wiesensteig bei. In der rd. 320 Einwohner zählenden Gemeinde wurde seit 1946 geschaffen: Kindergarten, Kanalisation in Oberdrackenstein, Kläranlage und Abwasserleitung im Gostal, Ortsdurchfahrten, Weg zur „Grotte", Flurbereinigung, 32 km Feldwegneubau, davon 19 km mit Makadambelag.

Dürnau

In dem 1108 erstmals urkundlich erwähnten Ort ist vom 13.–15. Jh. die Adelsfamilie der Dürner von Dürnau belegt. Die Hoheitsrechte übten die Grafen von Aichelberg aus, die sie 1339 an Württemberg veräußerten. Die Ortsburg wechselte oft den Besitzer; sie war seit 1478 den Herren von Zillenhardt eigen, die ein Jahr später das Dorf von Württemberg erwarben. Durch Heirat kam Dürnau Anfang des 17. Jh. an das Haus Degenfeld. Der berühmte Heerführer Christoph Martin von Degenfeld (gest. 1653) ist, wie auch die früheren Zillenhardter Ortsherren, in der Kirche begraben. Das 1684 vorübergehend an Kurbayern veräußerte Rittergut kam 1711 teilweise und 1771 ganz an Degenfeld zurück. 1806 wurde Dürnau dem Oberamt Göppingen einverleibt, 1845 das Schloß der Ortsherrschaft mit Ausnahme der Wirtschaftsgebäude abgebrochen. Die Pfarrkirche war seit 1346 dem Kloster Adelberg inkorporiert. Seit 1970 bildet die rd. 1550 Einwohner zählende Gemeinde mit Boll, Aichelberg, Gammelshausen, Hattenhofen und Zell u. A. den Verwaltungsverband „Bad Boll". Seit 1946 wurden geschaffen: Schule, Turn- und Festhalle, Kindergarten (alles gemeinsam mit Gammelshausen), Erschließung von Industrie- und Wohngelände, Sportplatz, Kanalisation, Sammelkläranlage, Straßen, Wasserhochbehälter, Flurbereinigung.

Ebersbach an der Fils

Der 1170 erstmals erwähnte Ort war ursprünglich Sitz eines schon im 12. Jh. bezeugten staufischen Ministerialengeschlechts, dessen letzter Sproß, Volknand von Ebersberg, im Jahr 1178 das Kloster Adelberg gründete. Schon Graf Ulrich I. von Württemberg war hier wohl von den Staufern her begütert; weiteren Besitz erwarb Württemberg 1299 von Herzog Hermann von Teck. Auch die Klöster Adelberg und St. Blasien verfügten über Besitzungen im Ort. Die bereits 1510 errichtete Poststation der Fürsten von Thurn und Taxis wurde 1698 nach Göppingen verlegt. Große Bedeutung hatten noch im 19. Jh. die bereits seit dem späten Mittelalter bezeugten Viehmärkte. Nach 1634 kam es zur Zerstörung des größten Teils des Orts. Die meisten Einwohner fielen der Pest zum Opfer. Nach dem Bahnanschluß im Jahr 1847 setzte ein starker Zug zur Industrialisierung, vor allem in der Textilbranche, ein, der bis in die Gegenwart anhält. Die 1228 erstmals erwähnte Kirche St. Veit steht wohl an der Stelle der Burg der einstigen Ortsherren. Ihr Patronat kam 1446 von der Deutschordenskommende Ulm an das Stift Oberhofen. 1625 baute Heinrich Schickhardt den vom Blitz zerstörten Turm wieder auf. In Ebersbach ist am 4. 6. 1729 Friedrich Schwahn als Sohn des Sonnenwirts geboren. Die Schicksale des 1760 wegen Mordes und Raubes Hingerichteten behandeln die Romane von Friedrich Schiller und Hermann Kurz. In Ebersbach sind weiter Mathäus Gottfried Hehl (1705–1787), Bischof der mährischen Brüdergemeinden in Pennsylvanien, und Johannes Woelffle (1807–1893), Maler und Lithograph, geboren. Zum Ort gehören die Gemeindeteile Büchenbronn, Krapfenreut und Sulpach. Mit Wirkung vom 1. 1. 1972 wurde Roßwälden eingemeindet. In der knapp 12 000 Einwohner zählenden Gemeinde wurden seit 1946 geschaffen: Hardtschule mit Turnhalle, Gymnastikraum und Sportplatz, Festhalle durch Turnhallenumbau, beheiztes Freibad, Altenheim, kath. Kirche, ev. Gemeindezentrum, neuapostolische Kirche, Wohnheim des Christlichen Jugenddorfwerks, Straßenüberführung über die Eisenbahn, öffentliche Anlagen, Leichenhalle, 3 Friedhofserweiterungen, Straßen, Industriegleis, Wasserleitungen, 3 Wasserhochbehälter, Kanäle, Sammelkläranlage, Feuerwehrgerätehaus, 5 Kindergärten, neue Wohnsiedlungen.

Ortsteil Roßwälden Der 1112 erstmals erwähnte Ort gehörte ursprünglich den Herzögen von Teck; allmählich kam er durch Käufe und Schenkungen an das Kloster Kirchheim und von diesem am Ende des 14. Jh. an die Grafschaft Württemberg. Bis 1938 gehörte Roßwälden zum Oberamt Kirchheim u. T. Am 1. 1. 1972 wurde es nach Ebersbach eingemein-

det. In dem etwa 1300 Einwohner zählenden Ortsteil wurden seit 1946 geschaffen: Schulhaus, Kindergarten, Sportplatz, 6 Aussiedlerhöfe, Ortsstraßen, Feldwege, Kanalisation.

Eislingen/Fils

Im Wiesensteiger Stiftungsbrief wird im Jahr 861 „Isininga" erstmals urkundlich erwähnt. Der nördlich der Fils gelegene Ortsteil wurde zu Großeislingen, von dem etwa ⅔ seit 1343 als Lehen der Herren von Rechberg zum Hochstift Würzburg gehörten. Nach 1599 fiel dieser Besitz nacheinander an verschiedene Adelsfamilien, so die Herren von Welden und, ab 1776, an die Grafen von Degenfeld. Der kleinere Teil Großeislingens gelangte über die Klöster Blaubeuren und Adelberg sowie über die Stifte Faurndau und Oberhofen in der Reformationszeit an Württemberg. In dem damit entstandenen Kondominat zwischen Württemberg und den würzburgischen Lehensleuten gab es oft heftige Streitigkeiten, die erst 1806 durch die Einverleibung Großeislingens in das Oberamt Göppingen endeten. Das südlich der Fils gelegene Kleineislingen kam wohl aus helfensteinischem Besitz über verschiedene Adlige und Klöster schon sehr früh an Württemberg. 1933 wurde es mit Großeislingen zur Stadt Eislingen/Fils vereinigt. Seit dem Bahnanschluß im Jahr 1847 machte sich besonders in Großeislingen eine ungewöhnlich starke Industrieansiedlung breit, so daß die Stadt heute zu den wichtigsten Industriezentren des Filstals zählt. Das Patronatsrecht über die Großeislinger Kirche stand der Herrschaft Rechberg zu; Kleineislingen war bis zur Gründung der ev. Pfarrei im Jahr 1863 Filial von Göppingen-Holzheim. Auf der Stadtmarkung liegen die Weiler Eschenbäche und Krummwälden. Letzteres ist 1275 erstmals erwähnt und war jahrhundertelang Kondominat zwischen Württemberg und Rechberg, zeitweise auch unter Beteiligung der Herren von Bubenhofen. Seit 1841 ist die im späten 15. Jh. erbaute und seit 1592 simultan benutzte St.-Jakobs-Kirche nach Salach eingepfarrt. In der knapp 19 000 Einwohner zählenden Stadt wurden seit 1946 geschaffen: Dr.-Engel-Realschule, Schulzentrum im Oesch, kath. Liebfrauenkirche, neuapostolische Kirche, Luthergemeindehaus, Alten- und Pflegeheim St. Elisabeth, Kindergärten, Stadion, Bahnüberführung, Kanalisation, Ausbau der Wasserversorgung, Baulanderschließung, Stadtkernsanierung, Anschluß an die Kläranlage, Altenwohnheim, Bauhof, Straßenbauten, Dorfgemeinschaftshaus Krummwälden.

Eschenbach

Der 1379 erstmals erwähnte Ort wechselte unter den Adelsfamilien von Helfenstein, von Rechberg, von Schlat und von Liebenstein mehrmals den Besitzer und gelangte erst 1789 an Württemberg. Bis 1807 gehörte es zum Klosteramt Adelberg, anschließend zum Oberamt Göppingen. Bis 1814 war Eschenbach Filial der 1228 erstmals erwähnten Pfarrei auf dem nahen Lotenberg. 1814 wurde die dortige Wallfahrtskirche St. Peter wegen Baufälligkeit abgebrochen und der Pfarrsitz nach Eschenbach verlegt. Auf dem Lotenberg stand neben der Kirche eine Burg, die ursprünglich von helfensteinischen Ministerialen besetzt war. Mit dem größeren Teil von Eschenbach fiel der Platz 1476 durch Heirat an die Herren von Liebenstein und gelangte ebenfalls 1789 an Württemberg. Den Kirchensatz von Lotenberg hatte bereits seit 1435 das Göppinger Spital inne. Auf der Markung liegt der Iltishof, ein altes liebensteinisches Rittergut. In der rund 1120 Einwohner zählenden Gemeinde, die seit 1970 mit Heiningen den Verwaltungsverband „Voralb" bildet, wurden seit 1946 geschaffen: Schulhaus, Rathausumbau, Kindergarten, Leichenhalle, Friedhofserweiterungen, Kanalisation, Wasserleitung, Straßen und Feldwege.

Eybach siehe Geislingen an der Steige

Faurndau

875 überließ König Ludwig der Deutsche seinem Diakon Liutbrand das Klösterlein „Furentowa" samt der Kirche in Brenz an der Brenz. In dem der hl. Maria geweihten Gotteshaus waren Reliquienteile der Heiligen Alexander, Eventius und Theodolus aufbewahrt. Um 895 wurde es Eigentum des Klosters St. Gallen, denn in diesem Jahr bestätigte Kaiser Arnolf dem Kloster den Besitz. Um 977 diente der Ort als Verbannung für einen unbotmäßigen St. Gallener Mönch. Vermutlich in der 2. Hälfte des 12. Jh. (nicht erst 1227!) wurde das Kloster in ein Chorherrenstift umgewandelt. Die spätromanische Stiftskirche zählt zu den bedeutendsten romanischen Kirchen Württembergs. Neueren Forschungen zufolge wurde die Kirche als turmlose Basilika um 1190—1200 erbaut. 1956/57 erfolgte eine großzügige denkmalpflegerische Renovierung. Die dabei freigelegten Wandmalereien zählen zu den ältesten des Kreises. Nach dem Untergang der Staufer gelangte der Ort mit der Vogtei an die Rechberg. Von den Zillenhardt und Ahelfingen, die sich anschließend die Vogtei über das Stift teilten, gelangte eine Hälfte 1421 bzw. 1428 an Württemberg, das 1506 die zillenhardtische Hälfte erwarb. 1536 wurde das Stift im Rahmen der Reformation aufgehoben. Um 1620 gab man das vielleicht auf römischem Grund errichtete Lengenbad, das mit dem heute noch teilweise erhaltenen Freihof verbunden war, auf. Im Dreißigjährigen Krieg wurde die Bevölkerung des Orts nahezu ausgelöscht. Von 540 Einwohnern im Jahre 1633 waren vier Jahre später nur noch 45 am Leben. Die Industrialisierung begann 1747/48 mit einer Papiermühle. In der ca. 7200 Einwohner zählenden Gemeinde wurden seit 1946 geschaffen: 2 Schulhäuser, Schulturnhalle, Hallenbad, 2 Kindergärten Feuerwehrgerätehaus, 20 km Kanalisation, 17 km Straßen, Wasserturm, 102 Mietwohnungen der Gemeinde, 2 Kirchen, ev. Gemeindehaus, 14 km Wasserleitungen, 5,5 km Feldwege, Ortskernsanierung, Leichenhalle mit Friedhoferweiterung, Rathausumbau, Brücken, Kinderspielplätze, Hartsportplatz.

Gammelshausen

Der 1286 erstmals erwähnte Ort gelangte 1321 von den Herzögen von Teck an die Grafen von Württemberg. 1479 wechselte die Ortsherrschaft zu den Herren von Zillenhardt und im 17. Jh. zu den Degenfeld. 1684—1771 unterstand ein Teil von Gammelshausen bayerischer Verwaltung. Erst 1806 fiel der Ort an

Württemberg, das seit jeher das Patronatsrecht der Kirche besessen hatte. Diese war bis 1798 nach Boll, anschließend nach Dürnau eingepfarrt. Die rd. 1100 Einwohner zählende Gemeinde bildet mit Boll, Aichelberg, Dürnau, Hattenhofen und Zell u. A. seit 1970 den Verwaltungsverband „Bad Boll". Seit 1946 wurden geschaffen: Rathaus, Schulhaus, Kindergarten und Kläranlage (gemeinsam mit Dürnau), Kanalisation, Flurbereinigung, Straßen, Feld- und Waldwege, Erschließung von Neubaugebieten. Die Gemeinde bemüht sich erfolgreich um die Verschönerung ihres Ortsbilds.

Geislingen an der Steige

Gegründet wurde die Stadt Geislingen wohl zu Beginn des 13. Jh. durch die auf der darüberliegenden Burg sitzenden Grafen von Helfenstein. Der auf der Markung von Rorgensteig angelegte mittelalterliche Stadtkern hat die Form eines Rechtecks und lehnt sich an die seit 1103 nachweisbare Burg an. Er liegt an einer durch einen frühgeschichtlichen Bergsturz bedingten Engstelle des Rohrachtales. 1289 lassen sich die obere und untere Vorstadt nachweisen. Die „künstliche" Gründung diente der Sicherung des wichtigen Albaufstiegs der bedeutenden Reichsstraße vom Mittelrhein nach Ulm und schützte außerdem die wichtige Zollstation der Helfensteiner. Der heutige „Alte Zoll" stammt aus dem 15. Jh. Wesentlich älter als Geislingen ist das später eingemeindete Rorgensteig. Der am Oberlauf der Rohrach gelegene Stadtteil wird wegen seiner Mühlen und Hammerwerke als das erste mittelalterliche Industriezentrum Geislingens bezeichnet. Bis zur Erhebung der innerhalb der Stadtmauer gelegenen Marienkapelle zur Pfarrkirche um 1393 gehörte Geislingen in kirchlicher Hinsicht zu Rorgensteig. Die Stadt war zeitweise der Mittelpunkt der große Teile der ehemaligen Oberämter Ulm, Blaubeuren, Heidenheim und Geislingen umfassenden Grafschaft Helfenstein. 1367 erneuerten die Grafen Geislingens Stadtrecht. Vor 1380 erbauten sie ein Stadtschloß, in dessen noch erhaltenem nördlichen Flügel heute das Finanzamt untergebracht ist. 1356 teilten, 1382 verpfändeten und 1396 verkauften die Helfensteiner den

Großteil ihrer Grafschaft mit Geislingen an die Reichsstadt Ulm. Die Stadt wurde nun Sitz eines ulmischen Obervogtes und Mittelpunkt der sog. „Unteren Herrschaft", geriet aber in die Stellung eines einfachen Landstädtchens. Aus jener Zeit (1422) stammt das 1883 im Renaissancestil erneuerte „Alte Rathaus", dessen Untergeschoß früher das Kaufhaus beherbergte. In den Jahren 1424–1428 wurde vermutlich von der Ulmer Münsterbauhütte die heutige ev. Stadtpfarrkirche, eine dreischiffige querschifflose Pfeilerbasilika, errichtet. Im Chor der Kirche befindet sich der ursprünglich als Seitenaltar dienende Marienoder Sebastiansaltar des berühmten Ulmer Bildschnitzers Daniel Mauch aus der Zeit um 1510–1520. Neuerdings wird er Christoph von Urach, welcher in der Mauch-Werkstatt arbeitete, zugeschrieben. Ebenfalls umstritten ist, ob die Darstellung des Fegefeuers in der Predella von Mauch geschaffen wurde, oder ob sie das Werk des älteren Syrlin ist. In der Werkstatt Jörg Syrlins des Jüngeren entstand 1512 das stattliche doppelreihige Chorgestühl. 1531 führte Ulm die Reformation durch. Die seit dem 14. Jh. in Geislingen ansässigen Franziskanerinnen verließen die Stadt jedoch endgültig erst nach der zweiten Reformation, 1590, und übersiedelten nach Wiesensteig. Eine kath. Pfarrei wurde wieder 1866 errichtet und gleichzeitig nach einem Entwurf des Wiener Dombaumeisters Friedrich von Schmidt die Sebastianskirche erbaut. Mit Ulm fiel die Stadt 1802 an Bayern, 1810 an Württemberg. Von 1802 bis 1810 war sie Sitz eines bayerischen Landgerichts, danach bis zur Aufhebung 1938 des Oberamtes Geislingen. Den Beginn der Industrialisierung brachte der Bau der Eisenbahnlinie Stuttgart–Ulm (1847–1850). Der geniale einheimische Müllerssohn Daniel Straub errichtete die Betriebe Württembergische Metallwarenfabrik und Maschinenfabrik Geislingen und brachte die Schweizer Familie Staub (Süddeutsche Baumwolle-Industrie) nach Altenstadt und Kuchen. Die Historie nennt Straub deshalb zu Recht den „zweiten Gründer" Geislingens. Die Stadt sprengte gleichzeitig ihre mittelalterliche Ummauerung, die übrigens nie einen verheerenden Stadtbrand gesehen hatte, besiedelte den ganzen Talkessel und gemeindete 1912 Altenstadt ein. 1966 folgten Weiler

o. H., 1971 Türkheim, 1972 Stötten und Waldhausen und 1973 Eybach. Die Stadt unterm Ödenturm, welche 130 Jahre zuvor noch 3000 Einwohner gezählt hatte, beherbergt heute nicht ganz 30 000 und steht mit nahezu 67 qkm, das ist mehr als ein Zehntel der Kreisfläche, flächenmäßig an 1. Stelle der Kreisorte. Im Landesentwicklungsplan für Baden-Württemberg wurde Geislingen als Mittelzentrum ausgewiesen.

Seit 1946 wurden geschaffen: Polizeigebäude, Bau und Erweiterung der Lindenschule, Bau und Erweiterung der Tegelbergschule, Gymnasium, Realschule, Wirtschaftsschule und Wirtschaftsgymnasium mit Kaufmännischer Berufsschule, Anbau an Gewerbliche Berufsschule, Sonderschule für Lernbehinderte, Jugendverkehrsschule, 2 Schulturnhallen, Hallenbad-Turnhalle mit Gymnastikraum, Umbau des alten Rathauses, Renovierung „Alter Bau" und „Alter Zoll", Erweiterung des Bürgerheims mit Modernisierung, Kinderspielplätze, Stadion, Sportanlagen, Tennisplätze, Reitanlage, Schießhalle, Freibad, Hallenbad, Demonstrativ-Bauprogramm, Altstadtsanierung, 20 km Straßen, 2 Fußgängerunterführungen, Rohrach-Korrektion, Bauhof, mechanisch-biologische Kläranlage, Erweiterung der Sammelkläranlage, Schlammverbrennungsanlage, 35 km Kanalisation, Feuerwache, Friedhof mit Krematorium, Schlachthaus, Zeltplatz, Mineralbrunnen, Bereitstellung von Wohn- und Industriegelände, Ausbau der Wasserversorgung, Anschluß an Albwasserversorgung, Wasserhochbehälter, Umstellung auf Erdgas, Feuerwehr-Gerätehaus.

Altenstadt Das in alamannische Zeit zurückreichende Dorf Giselingen wurde nach Gründung der Stadt Geislingen in Altengiselingen umbenannt und dann im Gegensatz zur neuen Stadt Geislingen als „Altenstadt" bezeichnet. Der Platz des heutigen Kinderheims Lindenhof über dem Ort war Grabungsergebnissen zufolge alter alamannischer Thingplatz. Bis 1582 erhob sich hier die Michaelskirche, die Urkirche von Altenstadt. Dann wurde die alte Martinskirche im Ort Pfarrkirche. 1634 wurde sie zerstört, 1659–1661 größtenteils neu aufgebaut und 1904 bis auf den Turm abgebrochen und durch eine größere ersetzt. Unterhalb des Ortes befinden sich die zu einem Geräteschuppen umgebauten Reste der aus dem 15. Jh. stammenden Siechenkapelle. Von 1519 bis 1700 bestand in Altenstadt eine Poststation. 1912 wurde der Ort nach Geislingen eingemeindet.

Stadtbezirk Eybach Der Ort kam von den Grafen von Helfenstein mit der Burg Hoheneybach auf dem Himmelsfelsen 1291 an das Kloster Ellwangen. Dieses verlieh Eybach an die Herren von Ahelfingen, Stein zu Klingenstein, Randeck, Zillenhardt und 1456 an die späteren Grafen von Degenfeld, ein heute noch in Eybach blühendes Geschlecht. Die Ellwanger Lehenhoheit fiel 1802, der Ort selbst gelangte 1806 an Bayern, 1810 an Württemberg. Die 1275 erstmals erwähnte Pfarrei unterstand bis 1802 Ellwangen. Die jetzige, der hl. Maria geweihte Kirche wurde um die Mitte des 15. Jh. erbaut. In der Mitte des 16. Jh. trat die Familie von Degenfeld zur neuen Lehre über. Ein ständiger evangelischer Geistlicher wurde jedoch erst 1608 im Ort eingesetzt. Mit der Errichtung der Christuskirche durch die ev. Kirchengemeinde im Jahre 1968 fand dieses Simultaneum sein Ende. Bereits 1540–1546 hatten die degenfeldischen Ortsherren in Eybach ein neues Schloß errichtet, das dann nach der Zerstörung von Hoheneybach, vermutlich 1634, Hauptwohnsitz der Familie wurde. Graf August Christoph von Degenfeld-Schonburg ließ 1766–1768 das heutige klassizistische Schloß errichten. Seit 1. 1. 1973 bildet Eybach einen Stadtbezirk von Geislingen. In dem rd. 1450 Einwohner zählenden Stadtbezirk wurden seit 1946 geschaffen: Schulhaus, 9,2 km Kanalisation, 5 km frostfreie Straßen, fast völlige Erneuerung des Ortswasserleitungsnetzes, Friedhof mit Leichenhalle, 2 Brücken über Eyb und Mühlbach, Eybkorrektur, Gemeinschaftsantennenanlage.

Stadtbezirk Stötten Der Ort kam mit Geislingen 1396 von den Grafen von Helfenstein an die Reichsstadt Ulm, 1802 an Bayern und 1810 an Württemberg. Die 1275 erwähnte Kirche brannte 1449, im Schwäbischen Städtekrieg, mit dem Dorf ab. Während des Dreißigjährigen Krieges, 1634, wurde Stötten von kaiserlichen Soldaten erneut niedergebrannt. Vor

1695 bildete der Ort ein selbständiges ulmisches Amt. Anläßlich der Erweiterung und Renovierung der Michaelskirche wurden im Chor Wandmalereien aus dem Jahre 1500 freigelegt. Seit 1. 1. 1972 gehört der Ort zu Geislingen. In dem rd. 260 Einwohner zählenden Stadtbezirk wurden seit 1946 geschaffen: Anbau eines Schulsaales, Renovierung des Rathauses, Restaurierung und Erweiterung der Kirche, Neugestaltung des Friedhofes, Ausbau der Verbindungsstraße nach Donzdorf (2 km), Flurbereinigung mit 24 km Feldwegen, 1,5 km Kanalisation, ev. Landheim, Waldparkplatz, Schießhaus.

Stadtbezirk Türkheim Ein Türkheimer Ortsadeliger namens Konrad wird im Jahre 1107 erstmals erwähnt. Als althelfensteinischer Besitz kam der Ort 1396 an Ulm, 1802 an Bayern und 1810 an Württemberg. Bis 1938 gehörte er zum Oberamt Geislingen, danach zum Landkreis Ulm. Seit 1. 1. 1971 bildet das rd. 570 Einwohner zählende Türkheim einen Stadtbezirk von Geislingen. Bereits um die Mitte des 16. Jh. war der Ort Sitz eines ulmischen Amtmanns. Zu diesem Amt gehörten bis 1774, als der Amtssitz nach Nellingen verlegt wurde, die Orte Wittingen, Amstetten und Oppingen. 1449 und 1736 brannte der Ort größtenteils nieder. Um 1371 wird die dem hl. Veit geweihte Kirche erwähnt. Sie wurde 1771 von dem berühmten Gmünder Baumeister Johann Michael Keller neu erbaut. In dem Teilort Wittingen besaß das Kloster Ursberg um 1180 verschiedene Höfe. Mit einem dieser Höfe war der Kirchensatz von Drackenstein verbunden.

Stadtbezirk Waldhausen Der Ort wird 1225 als Ausstattungsgut des Klosters Elchingen erstmals erwähnt. 1396 kam er mit den übrigen helfensteinischen Orten an Ulm. Bis 1802 zählte Waldhausen zum ulmischen Amt Stubersheim. Dann wurde es bayerisch und 1810 württembergisch. Bis 1938 gehörte es zum Oberamt Geislingen, von 1938 bis 1972 zum Landkreis Ulm. In kirchlicher Hinsicht war es eng mit dem Mutterort Schalkstetten verbunden. Die aus dem 15. Jh. stammende Kirche ist dem hl. Veit geweiht. Auf der Markung des Ortes verläuft die Wasserscheide zwischen

Donau und Rhein. Seit 1. 3. 1972 gehört Waldhausen zu Geislingen. In dem rd. 190 Einwohner zählenden Stadtbezirk wurden seit 1946 geschaffen: Rathaus, Kläranlage, 1,7 km Kanalisation, 18 km Feldwege, Straßenbau, Flurbereinigung, Erschließung von Baugelände.

Stadtbezirk Weiler ob Helfenstein Im Jahre 1289 befinden sich Güter in Weiler im Besitz des Klosters Kaisheim bei Donauwörth. Über das Kloster Herbrechtingen kamen diese in der Reformation an Württemberg und 1607 an Ulm. Der größte Teil des Ortes war bereits 1403, nach dem Tode der Herzogin Maria von Bosnien, zu deren Wittum er zählte, an Ulm gekommen. Hofstett am Steig war in politischer Hinsicht mit Weiler verbunden. Die Kirche zur hl. Margarethe wird erstmals um 1371 erwähnt. Der Pfarrsatz der seit 1467 dem Kloster Herbrechtingen inkorporierten Kirche kam wohl von Kaisheim an Herbrechtingen. 1607 erwarb ihn Ulm. Vermutlich im Zusammenhang mit dem Schwäbischen Städtekrieg, 1449, wurde der Ort größtenteils zerstört. 1966 wurde Weiler o. H. nach Geislingen eingemeindet.

Gingen an der Fils

Kunigunde, die Gemahlin König Konrads I., schenkte im Jahre 915 den zu ihrem persönlichen Eigentum gehörenden Ort „Ginga" dem Kloster Lorsch. Mit diesem Gut verband Lorsch seine ihm schon seit dem 9. Jh. im benachbarten Grünenberg, Hürbelsbach und in dem am Marbach bei Gingen abgegangenen Marchbach gehörenden Besitzungen. Nach mehrfachem, auch gewaltsamen Besitzwechsel, wurden die Gingener Güter 1147 wieder Reichsbesitz. An der nördlichen Außenwand der heutigen ev. Johanneskirche ist die älteste nach dionysischer Zeitrechnung datierte Kircheninschrift Deutschlands eingemauert. Sie berichtet von der Errichtung einer Kirche unter Abt Saleman von Lorsch und deren Weihe durch Bischof Gebhart von Konstanz im Jahre 984. Diese Kirche war den Schutzheiligen des Klosters, Quirinus, Nabor, Nazarius und Basilides geweiht. Chor und Turm der jetzigen

Kirche wurden 1463–1465 erbaut. In den Jahren 1487 und 1524 erfolgte die Ausmalung der Kirche. Von den Grafen von Helfenstein gelangte der Ort an die Reichsstadt Ulm. Er war dann bis 1750 Sitz eines Amtmanns. Mit Ulm fiel Gingen an Bayern und 1810 an Württemberg. 1469 und 1634 brannte der Ort fast gänzlich nieder.

In der rd. 4200 Einwohner zählenden Gemeinde wurden seit 1946 geschaffen: Schule mit Lehrschwimmbecken, Sportplätze, kath. Kirche mit Gemeindezentrum, Umbau der ev. Kirche, Erweiterung des ev. und Neubau des kath. Kindergartens, 2 Kinderspielplätze, Hohensteinhalle, 6 neue Vereinsheime, Erschließung von Wohn- und Industriegelände, 9,5 km Straßen, 8 km Feldwege, Filsbrücke, vollständiges Kanalnetz mit 17,5 km, 2 Hochbehälter, Pumpwerk, Wasserversorgungsnetz um 10 km erweitert, Garagen für Feuerwehr, Friedhoferweiterung, Leichen- und Aussegnungshalle, Ehrenmal, Ausbau und Modernisierung der Straßenbeleuchtung.

Göppingen

Der 1154 in einer Urkunde Kaiser Friedrichs I. Barbarossa erstmals genannte Ort wurde wohl in der zweiten Hälfte des 12. Jh. von den Staufern mit Stadtrecht versehen. Graf Ulrich II. von Württemberg eroberte vermutlich 1273 die Stadt, deren Besitz Graf Eberhard der Erlauchte 1319 bestätigt erhielt. Göppingen ist seit dem 14. Jh. ununterbrochen Verwaltungssitz des gleichnamigen württembergischen Amts bzw. Oberamts. Seit dem 15. Jh. gehörte die 1425 nach einem verheerenden Brand wiederaufgebaute Stadt dank des 1404 erstmals erwähnten Sauerbunnenbades zu den bevorzugten Aufenthaltsorten einiger württembergischer Regenten. 1417 starb hier Graf Eberhard III., der Milde, 1436 legte Graf Ulrich V., der Vielgeliebte, den Grundstein zur heutigen Oberhofenkirche, die er 1448 in ein Chorherrnstift umwandelte. Zu Beginn des Feldzugs des Schwäbischen Bundes gegen den geächteten Herzog Ulrich wurde Göppingen im Jahr 1519 nach mehrtägiger Belagerung eingenommen; nach seiner Rückkehr 1534 säkularisierte der Herzog das Stift Oberhofen. Ul-

richs Nachfolger Christoph baute den Sauerbrunnen zu dem jetzt nach ihm benannten „Christophsbad" aus und ließ durch seinen Baumeister Aberlin Tretsch ab 1552 an der Stelle einer Burg ein Schloß errichten, das er zum Verwaltungssitz von Stadt und Amt bestimmte. Nach langem Drängen der Göppinger Bevölkerung gab Herzog Johann Friedrich von Württemberg 1618 seinem Baumeister Heinrich Schickhardt den Auftrag zum Bau der Stadtkirche; Schickhardt konstruierte auch die erste Filsbrücke und stockte das Badhaus des Christophsbads auf. 1634 wurde Göppingen durch kaiserliche Truppen besetzt, Pest und Plünderungen rafften 1600 Einwohner und den Wohlstand der Stadt hinweg. Das 1650 gefeierte Friedensfest lebt heute noch als „Maientag" fort. Durch Blitzschlag brannte Göppingen am 25. August 1782 zum zweiten Mal fast völlig ab. Außer den beiden Kirchen, dem Schloß, dem „Storchen" und einigen Bürgerhäusern an der Stadtmauer lag die ganze Stadt (fast 500 Gebäude), in Schutt und Asche. Herzog Karl Eugen verfügte den Neubau nach einem klassizistischen Idealplan des Landesoberbauinspektors J. A. Groß; 1785 wurde als letztes Gebäude das Rathaus fertiggestellt. Nachdem die Stadtgräben schon 1753 trockengelegt worden waren, brach man im 19. Jh. Stadtmauern und -tore ab. Schon zu Beginn des 19. Jh. begann in größerem Umfang die Ansiedlung von Industriebetrieben, die sich nach dem Anschluß der Stadt an die Eisenbahnlinie Stuttgart–Ulm im Jahr 1847 weiter steigerte. Auf die Werke der Textilbranche folgten die heute das wirtschaftliche Rückgrat des Gemeinwesens bildenden metallverarbeitenden Fabriken, dann die Holz-, Leder- und Spielwarenindustrie. 1911 und 1926 wurden Nebenbahnlinien nach Schwäbisch Gmünd und Boll gebaut. Seit 1938 ist Göppingen Sitz der Landkreisverwaltung. Am 1. 3. 1945 zerstörte ein Luftangriff 212 Gebäude völlig, nahezu 300 Einwohner fanden den Tod. In das Stadtgebiet wurden eingegliedert: Holzheim und Jebenhausen (1939), Bartenbach (1956), Bezgenriet (1957), Hohenstaufen (1971), Maitis (1972), Ortsteil Lenglingen (1973). Die rd. 49 700 Einwohner zählende Stadt unterhält seit 1971 mit Schlat, seit 1972 mit Wäschenbeuren je eine Verwaltungsgemeinschaft. Seit 1971 ist Göppingen Partnerstadt der süditalienischen Stadt Foggia und der österreichischen Stadt Klosterneuburg; bereits 1955 hat es die Patenschaft über die Heimatvertriebenen aus dem Schönhengstgau übernommen. Im Landesentwicklungsplan ist Göppingen als Mittelzentrum ausgewiesen.

Stadtbezirk Bartenbach Der 1265 erstmals genannte Ort war bis 1730 zwischen Württemberg und teilweise bis zu zehn weiteren Herschaften geteilt, doch konnte das Herzogtum bereits im 16. Jh. den geistlichen Besitz erlangen. Die Kirche war bis um 1900 Filial von Göppingen. 1956 wurde der Ort, mit dem der Weiler Lerchenberg stets verbunden war, nach Göppingen eingegliedert.

Stadtbezirk Bezgenriet Im Jahr 1110 schenkte Konrad von Württemberg Güter in dem kurz zuvor erstmals genannten Ort an das Kloster Blaubeuren. Später hatten auch die Klöster St. Georgen, Adelberg, die Stifte Boll und Faurndau hier Besitz. Württemberg, zu dessen Amt Göppingen der Ort schon 1477 zählte, zog in der Reformation den geistlichen Besitz an sich. Auf dem auf der Markung liegenden Schopflenberg stand bis zum Jahr 1554, neben einer längst abgegangenen Burg, eine Kirche, die 1142 an das Kloster St. Georgen übertragen wurde. 1331 erscheint das Kloster Adelberg als Besitzer. Die Kirche in Bezgenriet war Filial von Schopflenberg bis zum Abbruch der dortigen Kirche. 1957 wurde Bezgenriet in die Stadt Göppingen eingegliedert.

Stadtbezirk Hohenstaufen Der Ort entstand nach 1080 in Anlehnung an die Burg als Handwerkersiedlung und gehörte stets zu ihr. Er war mit zahlreichen Freiheiten ausgestattet und bildete mit vielen Einzelhöfen ein selbständiges Ämtchen, lange Zeit auch mit eigenem Hochgericht. Seit dem späten Mittelalter war Hohenstaufen Bestandteil des Amtes Göppingen; am 1. 9. 1971 wurde es, ohne die Höfe im Ottenbacher Tal, in die Große Kreisstadt eingegliedert. Um 1080 erbaute der Hochadelige Friedrich von Büren, der ein Jahr zuvor von seinem Schwiegervater, Kaiser Heinrich IV., mit dem Herzogtum Schwaben belehnt worden war, die Burg Staufen und nannte sein

Geschlecht fortan nach seinem neuen Sitz. Von seinem Enkel, Kaiser Friedrich Barbarossa, ist 1181 ein Aufenthalt auf der Burg bezeugt; die Gemahlin König Philipps von Schwaben, Irene, starb 1208 auf Hohenstaufen. 1288 besuchte König Rudolf die Burg. 1319 eroberte sie Graf Eberhard der Erlauchte von Württemberg und erhielt sie als Reichspfandschaft. 1525 brannten die Bauern des Gaildorfer Haufens die Burg nieder, wenig später, um 1560, ließ Herzog Christoph von Württemberg einen Teil der Ruinen abbrechen und die Steine zum Schloßbau nach Göppingen bringen. 1736 plante Herzog Karl Alexander auf dem Hohenstaufen eine Landesfestung zu bauen und ließ die letzten Reste der Burg beseitigen. Durch Ausgrabungen auf dem Berggipfel, die in den Jahren 1967—1971 fortgesetzt wurden, kamen 1936 und 1938 Teile der Grundmauern der Burganlage wieder ans Licht. 1938 wurde auch die einzige Ansicht der Burg vor ihrer Zerstörung auf einem um 1470 entstandenen Fresko in der Göppinger Oberhofenkirche aufgedeckt.

Stadtbezirk Holzheim Den Besitz des 1143 erstmals erwähnten Orts teilten sich im 12. und 13. Jh. bereits die Klöster Anhausen und Lorch sowie einige Adelsfamilien. Allmählich gewann Württemberg die Oberhand, doch besaßen z. B. die Degenfeld noch im 16. Jh. Güter im Ort. Bis zur Gründung einer eigenen Pfarrei im Jahr 1555 war Holzheim Filial der Stiftskirche Oberhofen. 1939 wurde der Ort, zu dem stets der Weiler St. Gotthardt gehörte, nach Göppingen eingegliedert. Die neuen Wohnsiedlungen Ursenwang und Manzen liegen auf der Markung der einstigen Gemeinde.

Stadtbezirk Jebenhausen Der 1199 erstmals als Besitztum des Klosters Adelberg erwähnte Ort wechselte in der Folgezeit mehrmals die Herrschaft, bis 1467/68 die von Liebenstein sämtliche Rechte in Jebenhausen erwarben. Bis 1806 blieb das Rittergut reichsunmittelbar. Die Ortsherren bauten im 17. Jh. den Sauerbrunnen zu einem vielbesuchten Bad aus, an das die 1610 errichtete Badherberge (heute Museum Dr. Engel) noch erinnert. 1777 gestattete die Familie von Liebenstein die Ansiedlung von 20 jüdischen Familien; bald entstand neben dem alten Ort eine eigene jüdische Siedlung,

117. Uhingen

Umseitig:

118. *(links oben) Neubaugebiet Ösch in Eislingen*

119. *(links unten) Inneres der kath. Johanneskirche in Wangen*

120. *(rechts oben) Kindergarten der ev. Christus-Kirchengemeinde in Eislingen*

121. *(rechts unten) Bahnüberführung in Eislingen. Links das 1769 von den Freiherrn von Welden erbaute Schloß*

122/123.
*Ev. Johanneskirche
und Rathaus
in Albershausen*

die um 1850 etwa 550 Einwohner zählte. Die Juden, die sich schon früh mit der Textilerzeugung beschäftigten, wanderten bis zum Ende des 19. Jh. ins Filstal ab. 1939 wurde Jebenhausen nach Göppingen eingegliedert.

Stadtbezirk Maitis Der 1143 erstmals genannte Ort gehörte stets zum Amt Hohenstaufen und ging mit diesem an das Amt Göppingen über. Auch kirchlich war Maitis Filial von Hohenstaufen. 1938 wurde es im Zuge der politischen Neugliederung von Göppingen abgetrennt und dem Landkreis Schwäbisch Gmünd zugeteilt; am 1. 4. 1972 erfolgte die Eingliederung nach Göppingen.

Das am 1. 1. 1973 ebenfalls eingemeindete Lenglingen, jetzt Teilort von Maitis, war einst Besitz des Klosters Lorch, später Filial von Straßdorf, seit der Reformation von Hohenstaufen. Politisch gehörte der Weiler zu Großdeinbach, das 1972 nach Schwäbisch Gmünd eingegliedert wurde.

In der Stadt und ihren Stadtbezirken wurden seit 1946 geschaffen: Stadthalle, Stadtbad, Hohenstaufenhalle, Landratsamt, zahlreiche Schulhausneu-, sowie -an- und erweiterungsbauten, Turn- und Festhalle Bartenbach, Verwaltungsgebäude Bezgenriet, Jugendherberge Hohenstaufen, Ortskernsanierungen Holzheim und Bartenbach, Verwaltungsgebäude der Stadtwerke, Bahnhof, mehrere Kirchen, Altenheime „Wilhelmshilfe" in Göppingen und Bartenbach, Haus der Jugend, Altstadtsanierung, Wohnstadt Ursenwang, Lehrsägewerk Bartenbach, Reithalle, Haus des Handwerks, ev. und kath. Gemeindehäuser, Feuerwache, Tierheim, Kindergärten, Parkhaus, „Kleiner Marktplatz", großzügige Grünanlagen, Festplatz an der Lorcher Straße, Städtisches Museum im „Storchen", Juramuseum Dr. Engel in Jebenhausen, Volkshochschule, Jugendkapelle, Schönhengster Archiv und Heimatstube, Jugendverkehrsschule, Haus der Familie, Ausbau der Sportanlagen, Hartsportplatz, Straßen- und Wegebauten, Kanäle, Kläranlage, Schlammverbrennungsanlage, Straßen- und Eisenbahnbrücken, Umgehungsstraße, Fußgängerunterführungen, Filssteg, Umstellung auf Erdgas, Wanderparkplätze um den Hohenstaufen, Sicherung und Restaurierung der Reste der Burg Hohenstaufen, Friedhöfe und Leichenhallen.

Gosbach

Das 1125 von den Pfalzgrafen von Dillingen gegründete Benediktinerkloster Anhausen an der Brenz erhielt 1143 Güter in Gosbach übertragen. Von dem nahegelegenen Leimberg nannten sich die Herren von Lainberc. Sie kommen vom 12. Jh. bis 1466 vor und nannten sich auch von Scharenstetten. Ihre Burg gelangte 1533, bereits zerfallen, an das Kloster Adelberg. Neben dem Kloster Anhausen waren im Ort 1153 Zwiefalten und seit 1331 Blaubeuren begütert. Württemberg erwarb 1422 Besitz. Der althelfensteinische Ort teilte die Schicksale der Herrschaft Wiesensteig und fiel mit ihr 1627 an Bayern und 1806 an Württemberg. Bis 1810 gehörte er zum Oberamt Wiesensteig. In kirchlicher Hinsicht war Gosbach in älterer Zeit Filial von Drackenstein. Die kath. Pfarrkirche zum hl. Magnus, 1368 als Kapelle erstmals erwähnt, wurde 1533 vom Kloster Ursberg an Adelberg veräußert. In dem rd. 1310 Einwohner zählenden Ort wurden seit 1946 geschaffen: Schulhausanbau, 4,5 km Straßen, Brücke, Waage, 5 km Kanäle, Sammelkläranlage gemeinsam mit Deggingen, Bad Ditzenbach und Reichenbach i. T., 25 km Feldwege, Friedhoferweiterung, Friedhofhalle, 2,5 km Wasserleitungen, Turnhalle, Kindergarten.

Gruibingen

Das Benediktinerkloster Wiesensteig wurde im Jahre 861 auf Markung Gruibingen gegründet. Vor 1071 erwarb das Kloster Lorsch Güter in Gruibingen. 1184 wurde dem Kloster Ursberg der Besitz der ihm von Walter von Schelklingen geschenkten Güter samt Martinskirche und Vogtei bestätigt. 1207 verband das Kloster seine Kapelle in Ganslosen (Auendorf) mit der Kirche in Gruibingen. 1533 verkaufte es seinen ganzen Besitz an das Kloster Adelberg. Württemberg hatte bereits 1422–1455 von den Sachsenheim, Leimberg, Mansperg und den Schenken von Geyern deren Güter und Gerichtsrechte im Ort erworben. 1628 erhielt es den helfensteinischen Besitz als Pfand. Die auf Schenkungen des 12. Jh. zurückgehenden Besitzungen des Klosters Blaubeuren gelangten durch die Reformation an Württemberg. Auch das Kloster Hirsau hatte in Gruibingen Besitz. 1647 und 1668 brannte der Ort fast gänzlich nieder. Bis 1418 hatte die Gemeinde Gruibingen das Recht, ihr Gericht zur Hälfte selbst zu besetzen. Sie galt noch im späten 15. Jh. als freies Reichsdorf. Bis 1485 gehörte sie zum Amt Kirchheim. Dann wurde der Ort zum Amt Göppingen geschlagen. Von 1808–1810 zählte er zum Oberamt Wiesensteig, danach zum Oberamt Göppingen. Seit 1. 1. 1972 ist die Gemeinde Mitglied der Verwaltungsgemeinschaft Oberes Filstal. In dem rd. 1500 Einwohner zählenden Ort wurden seit 1946 geschaffen: Schulhaus mit Lehrschwimmbecken, Turn- und Festhalle, Friedhof und Leichenhaus, Wasserhochbehälter, Pumpstation, Sportplatz, Kindergarten, Feuerwehrgerätehaus, Gemeindeschlachthaus, Fernseh-Gemeinschaftsantenne, Erschließung von Industriegelände, Ortskanalisation, mechanisch-biologische Kläranlage mit Mühlhausen, 7 km Feldwege, Ausbau der Ortsstraßen, Tiefgefrieranlage, Schützenhaus, Segelflugplatz auf dem Nortel mit Flughalle, Campingplatz.

Hattenhofen

Der 1275 erstmals erwähnte Ort kam mit der Grafschaft Aichelberg 1334–1339 an Württemberg, das ihn bis 1385 an die Herren von Lichtenstein und 1470 für kurze Zeit an die Herren von Zillenhardt verpfändete. Begütert waren auch die Klöster Kirchheim und Adelberg sowie das Stift Oberhofen, dem die Kirche 1457 inkorporiert wurde. Aus Hattenhofen stammte der Urgroßvater des Dichters Ludwig Uhland und der Begründer des Gothaischen Hofkalenders, Emanuel Christoph Klüpfel (1712–1776). Die aus dem eigentlichen Hattenhofen sowie den Weilern Reustadt und Zebedäi zusammengewachsene Siedlung, in der ein vorzüglicher Sauerbrunnen entspringt, hat rund 1950 Einwohner und bildet seit 1970 mit Boll, Aichelberg, Dürnau, Gammelshausen und Zell u. A. den Verwaltungsverband „Bad Boll". Seit 1946 wurden geschaffen: Schulhaus, Kindergarten, kath. Kirche, Kanalisation, Wasserversorgung, Straßen und Feldwege, Sammelkläranlage, Erschließung eines Wohn- und Gewerbegebietes.

Hausen an der Fils siehe Bad Überkingen

Heiningen

In dem 1228 erstmals erwähnten Ort ist bis 1470 eine teckische Ministerialenfamilie bezeugt, die mehrere Amtmänner stellte und in einem Zweig in Kirchheim verbürgerte. Herzog Konrad von Teck erwirkte 1284 für den Ort von König Rudolf von Habsburg das Freiburger Stadtrecht, das jedoch 1321 nach dem Verkauf der Herrschaft an Württemberg wieder erlosch. Geringe Besitzungen verblieben der Witwe Simons von Teck, Agnes von Helfenstein, die sich 1334 „Herzogin von Heiningen" nannte. Der adelbergische Grundbesitz fiel durch die Reformation ebenfalls an Württemberg. Dieses hatte zunächst auch das Patronat der Kirche inne, trat dasselbe jedoch 1393 an Kloster Adelberg ab. Eindrucksvoll beherrscht die gotische Michaelskirche in dem früher stark befestigten Kirchhof den Ortskern. In dem rd. 3700 Einwohner zählenden Ort, der seit 1970 mit Eschenbach den Verwaltungsverband „Voralb" bildet, wurden seit 1946 geschaffen: Schulhaus mit Erweiterungsbau, Einbau des Rathauses in die ehemalige Schule, Kindergarten, Kinderspielplatz, Haus der „Lebenshilfe", Sportplatz, Turnhallenerweiterung, Schützenhaus, Fußballvereinsheim, Kleintier-Ausstellungshalle, Kleingartenanlage, Leichenhaus, Friedhofserweiterung, Straßen, Feld- und Waldwege, Kanalisation, Kläranlage.

Hohenstadt

Unter den Gründungsgütern des Klosters Wiesensteig wird 861 Hohenstadt erstmals erwähnt. Es lag damals im Gau Flina. Später gelangte der Ort an die Grafen von Helfenstein, welche 1483 das halbe Dorf an die Herren von Westerstetten in Drackenstein verkauften. Diese vertauschten ihren Anteil zwei Jahre später an Württemberg, welches in seinem Ortsteil die Reformation einführte und bis 1634 einen Prädikanten unterhielt. Danach rekatholisierte das Stift Wiesensteig als Patronatsherr den Ort. Die 1466 erstmals erwähnte Kapelle zur hl. Margaretha beherbergt in ihrem Hochaltar

Skulpturen aus einer Ulmer Werkstatt um 1490. Die helfensteinische Dorfhälfte teilte die Geschicke der Herrschaft Wiesensteig. Erst deren Übergang an Württemberg im Jahre 1806 beseitigte die vielhundertjährige Trennung des Ortes. 1810 kam Hohenstadt zum Oberamt Geislingen. Seit 1. 1. 1972 gehört es der Verwaltungsgemeinschaft Oberes Filstal mit Sitz in Wiesensteig an. In der rd. 500 Einwohner zählenden Gemeinde wurden seit 1946 geschaffen: Kindergarten, Schule, Lehrerwohnhaus, Feuerwehrmagazin, Dorfplatzgestaltung, Kirchturmneubau mit Kircheninstandsetzung, Farrenstall, 8 neue Aussiedlerhöfe, Straßenneubauten, Eröffnung eines Autobahnanschlusses.

Hohenstaufen siehe Göppingen

Holzhausen siehe Uhingen

Holzheim siehe Göppingen

Jebenhausen siehe Göppingen

Kuchen

Ein Kuchener Ortsadeliger erscheint erstmals im Jahre 1228. Der Ort gehörte zur Herrschaft Spitzenberg deren gleichnamige Burg sich über ihm erhob. Nach dem Aussterben der Grafen von Spitzenberg im Jahre 1296, deren bedeutendster Vertreter Graf Gottfried, der Kanzler Barbarossas war, wurde die Herrschaft von König Adolf — offenbar gegen den Widerspruch der Verwandten auf dem Helfenstein — eingezogen. Die Burg wurde den Grafen von Württemberg verpfändet und um 1311/12 im Reichskrieg gegen diese zerstört. 1315 kam die Ruine an das Haus Helfenstein zurück, ohne jedoch wieder aufgebaut zu werden. Das 1304 und 1315 als Stadt bezeugte Kuchen erlag der erstarkenden helfensteinischen Stadt Geislingen. Lediglich Markt- und Zollrecht blieben bestehen. Im übrigen teilte der Ort die Schicksale der Herrschaft Helfenstein und wurde 1396 ulmisch, 1802 bayerisch und 1810 württembergisch. Bis zur Gründung der Pfarrei Kuchen, 1430, gehörte die teilweise aus dem 13. Jh. stammende Kirche zum hl. Jakobus zu Altenstadt. Die drei Hennenberger aus Geislingen und Gabriel Bockstorffer aus Konstanz

schufen 1588/89 die Deckenmalerei. 1857 gründete der Schweizer Arnold Staub eine mechanische Baumwollweberei unterhalb des Ortes und legte damit den Grund für die heutige Süddeutsche Baumwolle-Industrie AG. Für den Bau der ersten modernen Arbeiterwohnsiedlung und seine Verdienste „um die geistige und sittliche Hebung und Bildung des Arbeiterstandes" erhielt er 1867 auf der Pariser Weltausstellung den Höchstpreis von 10 000 Franken und von Kaiser Napoleon III. das Ritterkreuz der Ehrenlegion. In dem rd. 5300 Einwohner zählenden Ort wurden seit 1946 geschaffen: Ausbau der Wasserversorgung, Erweiterung des Niederzonenbehälters, Neubau zweier Hochzonenbehälter, Ausbau des Kanalnetzes mit Anschluß an Sammelkläranlage Salach, Gesamtlänge der ausgebauten Straßen 8,5 km, Schule, Umbau des Schulhauses am Marktplatz in ein Rathaus, Friedhof, ev. und kath. Kindergarten, Erwerb des Freibads, 3 Mehrfamilienhäuser mit insgesamt 20 Wohnungen, Kinderspielplatz.

Maitis siehe Göppingen

Mühlhausen im Täle

Im Wiesensteiger Stiftungsbrief von 861 wird dem neu gegründeten Kloster der Zehnte in Mühlhausen übergeben. Es ist dies die erste urkundliche Erwähnung des Ortes, denn bei dem 812 im Lorscher Codex erwähnten Mühlhausen, welches mit Mühlhausen im Täle gedeutet worden war, handelt es sich eindeutig um eine auf der Markung der Stadt Herrenberg abgegangene gleichnamige Ortschaft. Im 12. Jh. erhielt das Kloster Ursberg Güter in Mühlhausen geschenkt. Der Ort selbst teilte das Schicksal der helfensteinischen Herrschaft Wiesensteig und fiel mit ihr 1627 an Bayern, 1806 an Württemberg. Bis 1810 gehörte er zum Oberamt Wiesensteig. Die der hl. Margaretha geweihte Kirche wird 1467 erstmals erwähnt. Sie war ursprünglich Filial von Wiesensteig. Auf der Markung des Ortes lag die 1805 abgebrochene, 1389 erstmals genannte, später vielbesuchte Wallfahrtskapelle zu Unserer Lieben Frau in Dotzburg. 1957 konnte die schon vor dem Krieg begonnene 7 km lange Autobahnteilstrecke Mühlhausen—Hohenstadt dem Ver-

kehr übergeben werden. Seit 1. 1. 1972 ist die
Gemeinde Mitglied der Verwaltunsgemein-
schaft Oberes Filstal. In dem rd. 860 Einwohner zählenden Ort wurden seit 1946 geschaffen:
8 km Kanalisation, mechanisch-biologische Kläranlage mit Gruibingen, Erschließung von
Wohn- und Industriegebiet, Schulhaus, Kindergarten, Pumpstation der Albwasserversorgungsgruppe II, 3 km Ortsstraßeninstandsetzung,
Erweiterung der Straßenbeleuchtung einschließlich Ortsteil Eselhöfe, Neubau der Eselsteige,
Autobahn-Albaufstieg mit Todtsburgbrücke.

Nenningen

Mit Wolfhard von Nenningen beginnt die bis
Ende des 15. Jh. nachweisbare helfensteinische
Ministerialenfamilie von Nenningen. Ihr be-
deutendster Vertreter war Anselm, Bischof von
Augsburg 1413—1428. Die dem hl. Martin
geweihte Pfarrkirche wird erstmals 1275 erwähnt. Wegen Baufälligkeit mußte sie 1909
zum Einsturz gebracht und abgebrochen werden. 1910 wurde an ihrer Stelle die jetzige
Kirche erbaut. Anstelle einer älteren, bereits
1582 nachweisbaren Kapelle wurde 1774 die
Friedhofskapelle zur schmerzhaften Mutter
Gottes errichtet. Der Patronatsherr, Graf Max
Emanuel von Rechberg, stiftete in sie ein
Vesperbild des berühmten Münchner Rokoko-
bildhauers Franz Ignaz Günther. Diese Marienklage stellt Günthers letztes und voll-
kommenstes Werk dar. Nenningen gehörte bereits im 14. Jh. zum Territorium der Herren
von Rechberg. Mit dessen Annektierung 1806
gelangte der Ort an Bayern, 1810 an Württemberg. In der rd. 1480 Einwohner zählenden
Gemeinde wurden seit 1946 geschaffen: Kath.
Gemeindezentrum mit Jugendheim, Kindergarten, Schwesternhaus, Schulhaus, Friedhof
mit Aussegnungshalle, Gemeindewohnhaus,
Ausbau der Ortsdurchfahrt, Anlage und Erweiterung von Ortsstraßen, mechanisch-biologische
Kläranlage, Erschließung von Bauland, Pfarrhaus, Verbesserung der Wasserversorgung.

Oberwälden siehe Wangen

Ottenbach

Der 1275 erstmals erwähnte Ort war ursprünglich wohl staufisch und fiel nach dem Untergang des Kaisergeschlechts größtenteils an die
Herren von Rechberg. Kleinere Besitzungen
hatten im 14. und 15. Jh. das Kloster Lorch
und das Stift Oberhofen. Bei der Mediatisierung der Grafschaft Rechberg fiel Ottenbach
1806 an Württemberg und war bis 1820 nach
Hohenstaufen eingemeindet. Das malerisch von
Hohenstaufen, Asrücken und Rehgebirge um-
rahmte Dorf liegt inmitten einer großen Zahl
von Einzelhofsiedlungen, von denen an die
30 auf der Markung liegen. In der rd. 1780
Einwohner zählenden Gemeinde wurden seit
1946 geschaffen: Schulhaus, Kindergarten,
Schwesternhaus mit Krankenpflegestation, Kanalisation, Wasserleitungen, Ortsstraßen, Feldwege, Neubaugebiete.

Rechberghausen

Der Ort wird 1245 als „Husen" erstmals erwähnt. Zunächst entstand wohl am Fuß der
Burg der Ortsherren die dörfliche Niederlassung, an die sich in der 2. Hälfte des 13. Jh.
eine kleine Stadt anschloß, als deren Gründer
Herzog Konrad von Teck gilt. Bis heute ist das
„Obere Tor" der alten Stadtbefestigung erhalten. Vor den Herzögen von Teck scheinen bereits die Herren von Rechberg im Besitz der
Burg gewesen zu sein, da sich eine 1413 erlo-
schene Linie des Geschlechts nach Rechberghausen nannte. 1366 fielen Burg und Städtchen an Österreich, das beide 1374 an die
Herren von Rechberg zu Hohenrechberg verkaufte, die dann 1393 auch das Dorf erwarben.
Bis zum Aussterben der Donzdorfer Linie blieb
der Ort in rechbergischem Besitz. Danach kam
er an die Grafen von Preysing, die Rechberghausen 1789 an die Grafen von Degenfeld-
Schonburg verkauften. 1806 fiel Rechberghausen, das seine Stadtrechte längst verloren hatte,
an Württemberg. Bei einem schweren Wolken-
bruch ertranken am 12. Mai 1853 37 Menschen.
Bis zur Reformation war das Städtchen Rechberghausen nach Oberwälden, das Dorf mit
dem Weiler Oberhausen nach Göppingen eingepfarrt. Um 1600 errichteten die Herren von

Rechberg für den Gesamtort eine eigene kath. Pfarrei. Der sog. Schloßhof bewahrt noch geringe Überreste der ehemaligen Burg der Herzöge von Teck, die 1525 im Bauernkrieg zerstört wurde. Das 1575 an ihrer Stelle erbaute Schloß, brannte im frühen 17. Jh. bis auf den Torturm und die Schloßkapelle ab. Die rd. 4650 Einwohner zählende Gemeinde bildet seit 1971 mit Adelberg, Börtlingen und Birenbach den Verwaltungsverband „Östlicher Schurwald". Seit 1946 wurden geschaffen: Schulzentrum, Schulhauserweiterungsbau, ev. Kirche, kath. Gemeindehaus, Friedhofserweiterung, Wohnsiedlungen, Sicherstellung der Wasserversorgung, Kanalisation, Anschluß an die Sammelkläranlage Göppingen, Straßen und Feldwege.

Reichenbach unter Rechberg

Die Gemeinde gehörte einst teils zu den rechbergischen Herrschaften Hohenrechberg, Ramsberg und Staufeneck, teils zu der helfensteinischen bzw. rechbergischen Herrschaft Scharfenberg. 1446 erwarben die Herren von Rechberg helfensteinische Lehengüter in Reichenbach. In der Folgezeit teilte der Ort das Schicksal der Herrschaft Scharfenberg-Donzdorf und fiel 1806 an Bayern, 1810 an Württemberg und gehörte bis 1938 zum Oberamt Schwäbisch Gmünd. Von 1940 bis 1950 war Reichenbach nach Donzdorf eingemeindet. Die Pfarrkirche zum hl. Petrus wird erstmals 1275 erwähnt. Das Patronat war stets rechbergisch. Während des Schwäbischen Städtekrieges, 1449, wurde der Ort größtenteils zerstört. Auf Markung Reichenbach liegt das Hofgut Ramsberg. Dieses wird 1263 bzw. 1270 erstmals erwähnt. Aus dieser Zeit stammt noch die kreuzrippengewölbte Türnitz, der einstige Aufenthaltsort der Burgmannschaft. Zwischen 1529 und 1809 wechselte das Gut nicht weniger als fünfmal den Besitzer. 1809 wurde es wieder rechbergisch und blieb es bis 1971. Zur Markung des Ortes gehören außerdem über zwanzig Höfe auf dem Rehgebirge. In dem rd. 1420 Einwohner zählenden Ort wurden seit 1946 geschaffen: Schulhaus, Kindergarten, Leichenhalle, Erweiterung der Wasserversorgung durch Quellfassung, Ausbau des Tiefbrunnens mit Pumpstation, 3 km Wasserleitung, mechanisch-biologische Sammelkläranlage, 5,5 km Kanalisation, Erschließung von Baugelände, 3 km Ortsstraßenbau, 3,2 km Gemeindeverbindungsstraßen, Sportanlage, Schützenhaus mit Schießbahnen, Jugendheim.

Reichenbach im Täle

Der althelfensteinische Ort teilte die Schicksale der Herrschaft Wiesensteig, mit der er 1627 an Bayern und 1806 an Württemberg fiel. Von 1806–1810 gehörte er zum Oberamt Wiesensteig. Neben der Ortsherrschaft waren seit dem 14. Jh. die von Scharenstetten (Leimberg), die Ammann zu Geislingen, das Ulmer Wengenkloster und die Frühmesse zu Unterböhringen begütert. Die dem hl. Pantaleon geweihte Kirche wird nicht 1275, sondern erst um 1371 als Filial von Deggingen erwähnt. Bei der im Jahre 1275 erwähnten Pfarrei handelt es sich um diejenige von Reichenbach unter Rechberg. Um 1728 wurde die aus dem 15. Jh. stammende Kirche baulich verändert und zur Pfarrkirche erhoben. In ihr befindet sich eine der Multscherschule zugeschriebene Madonna des 15. Jh. Sie wurde 1810 aus dem Verfall preisgegebenen Kirche auf dem Lotenberg bei Eschenbach erworben und stellt das Gnadenbild der dortigen Wallfahrtskirche dar. In der rd. 1330 Einwohner zählenden Gemeinde wurden seit 1946 geschaffen: Schulhaus, Leichenhalle, Rathausumbau, Ausbau der Wasserversorgung durch Grundwasserfassung mit Pumpstation und Wasserbehälter, Turn- und Festhalle, Ausbau der Straßenbeleuchtung, 5,3 km Abwasserkanäle, 4 km Wasserleitungen, 0,8 km Ortsbachverdolung, 2,3 km Straßenneubauten, Ausbau alter Ortsstraßen, 1,8 km Feldwegbau.

Roßwälden siehe Ebersbach an der Fils

Salach

Der 1269 erstmals erwähnte Ort teilte die Schicksale der Burg Staufeneck, die wahrscheinlich um 1220–1260 erbaut wurde. Seit 1257 waren die Herren von Staufeneck als Reichsministerialen im Besitz von Burg und Dorf; sie veräußerten beides 1333 an die Herren von

Rechberg, deren eine Linie sich bis 1599 nach Staufeneck nannte. Bei ihrem Aussterben gab eine der Erbinnen ihre Rechte an Württemberg ab, das in den kurzen Jahren bis zur Wiederveräußerung 1604 die Reformation einführte. Einer der Besitznachfolger, der österreichische Generalwachtmeister Wilhelm von Guyn, machte ab 1635 die Reformation teilweise rückgängig, so daß es 1655 zu einem Simultaneum kam, das bis zum Bau der neuen kath. Kirche im Jahre 1905 bestand. 1665 kam die Herrschaft durch Verkauf an die Familie von Degenfeld, die Burg und Hofgut bis heute besitzt. Salach, das 1635 nahezu ganz verödet war, fiel 1806 an Württemberg. Die Gemeinde, zu der der Weiler Bärenbach und mehrere Höfe gehören, zählt rd. 7050 Einwohner. Sie ist hochindustrialisiert; Textilverarbeitung und Papiererzeugung herrschen vor. Seit 1946 wurden geschaffen: Schulhaus, 3 Kindergärten, Spielplätze, Leichenhalle, Friedhofserweiterung, Filsbrücke, Straßen und Wege, Ausbau der Wasserversorgung und Anschluß der Weiler und Höfe, Ausbau der Gasversorgung mit Umstellung auf Erdgas, Kläranlage, Sportplatzerweiterung.

Schlat

Der Ort wird erstmals 1139 in einer Papsturkunde für das Kloster St. Georgen genannt. Die Ortsherrschaft war bis zum 16. Jh. zwischen Kloster Adelberg, mehreren Adeligen, darunter Herren von Schlat, Schechingen und Liebenstein und dem Herzogtum Württemberg geteilt, um im Jahre 1789 vollends an letzteres überzugehen. Den Kirchensatz der Pfarrkirche hatte 1351 das Kloster Königsbronn von den Grafen von Helfenstein inne. Auf der Markung liegen die abgegangenen Burgen Oberrommental und Zillenhardt. Von dieser ging ein seit 1108 genanntes Adelsgeschlecht aus, das 1479 Dürnau und Gammelshausen erwarb und auch in Göppingen zu Amt und Besitz gelangte. 1828 starb die Familie mit dem badischen Minister Karl von Zillenhardt aus. Der teilweise zu Schlat gehörende Weiler Ursenwang wurde von den Herren von Zillenhardt teils 1474 an die Kirche zu Deggingen, teils 1509 an das Stift Oberhofen in Göppingen verkauft. Der Degginger Teil kam erst

1806 mit der Herrschaft Wiesensteig an Württemberg. Die rd. 1520 Einwohner zählende Gemeinde bildet seit 1971 mit der Stadt Göppingen eine Verwaltungsgemeinschaft. Seit 1946 wurden geschaffen: Schulhauserweiterung, Kindergarten, Modernisierung des Rathauses, Friedhofserweiterung und Leichenhalle, Erweiterung der Turn- und Festhalle, Wanderparkplätze, Sicherstellung der Wasserversorgung, Kanalisation, Baulanderschließung, Straßen- und Wegebau, Verdolung der beiden Ortsbäche.

Schlierbach

Der 1275 erstmals erwähnte Ort gehörte ursprünglich zum Besitz der Herzöge von Teck und gelangte größtenteils über deren Ministeralen an das Kloster Kirchheim und von dort bis 1381 an Württemberg, das ihn 1485 dem Amt Göppingen angliederte. Die Kirche war vor 1465 dem Spital Kirchheim inkorporiert. Nachdem die Gemeinde bereits 1944 und 1945 von Luftangriffen heimgesucht worden war, wurden beim Einmarsch amerikanischer Truppen am 20. April 1945 mehrere Personen getötet und eine Reihe von Gebäuden, darunter das Rat- und Schulhaus, zerstört. In der rd. 3150 Einwohner zählenden Gemeinde wurden seit 1946 geschaffen: Wiederaufbau des Rathauses, Schulhausneubau, Kindergarten, Turn- und Festhalle, kath. Kirche, neuapostolische Kirche, Kanalisation, Kläranlage, Straßen und Wege, Umgehungsstraße, Aussiedlerhöfe.

Schnittlingen siehe Böhmenkirch

Steinenkirch

Am Steilrand des Roggentales erhob sich bis um 1700 die bereits 1091 erwähnte Burg Ravenstein. Herren von Ravenstein erscheinen zwischen 1153 und 1215 mehrfach im Gefolge der Hohenstaufen. Nach ihrem Aussterben fiel die Burg an die Grafen von Helfenstein. Ende des 14. Jh. befand sie sich in den Händen der Zillenhardt, welche sie 1472 an die Rechberg veräußerten. 1535 bzw. 1543 ging sie in den Besitz der Reichsstadt Ulm über, welche bereits 1403 den Ort von den Grafen von Helfenstein erworben hatte. Während des Schwäbischen Städtekrieges, 1449, brannte der Ort mitsamt der Kirche ab. Steinenkirch fiel mit Ulm 1802 an Bayern und 1810 an Württemberg. Die 1275 erstmals erwähnte Pfarrkirche zum hl. Ulrich wurde 1795 neu errichtet. Auf Markung Steinenkirch liegt das bereits 1535 erwähnte Mordloch. In dem rd. 470 Einwohner zählenden Ort, der sich mit Erfolg um die Verschönerung seines Ortsbildes bemüht, wurden seit 1946 geschaffen: Ehrenmal, Flurbereinigung, 30 km Feldwege, 5 km Gemeindeverbindungsstraße, 2,5 km Kanalisation, Kirchenrenovierung, 1,5 km Ortsstraße mit Gehwegen. Erschließung von Bauland, Schulhausrenovierung, Leichenhalle mit Friedhoferweiterung.

Sparwiesen siehe Uhingen

Stötten siehe Geislingen an der Steige

Süßen

Bereits vor 1071 besaß das Kloster Lorsch an der Bergstraße Güter in Süßen. Im Jahre 1267 wurde die Pfarrkirche von den Grafen von Spitzenberg dem Kloster Adelberg, ihrer Grablege, geschenkt. Weitere spitzenbergische Güter gingen vor deren Aussterben an das Heiliggeistspital in Schwäbisch Gmünd über. Damit war der Grund zur Trennung des Ortes gelegt. In der Folgezeit kamen die links der Fils gelegenen Besitzungen (Großsüßen) 1396 über die Grafen von Helfenstein an die Reichsstadt Ulm und wurden damit protestantisch, während die rechtsufrigen (Kleinsüßen) über die Herren von Rechberg und das Gmünder Spital 1529–1553 bzw. 1575 an die Herren von Pappenheim und Bubenhofen auf Ramsberg gelangten und damit katholisch blieben. Groß- und Kleinsüßen wurden 1802 bzw. 1806 bayerisch und 1810 württembergisch. Die bubenhofischen Besitzungen in Kleinsüßen erwarben 1826 die Grafen von Rechberg. In Großsüßen setzte Ulm einen Amtmann ein und errichtete auf einer Exklave in Kleinsüßen eine Zollstation am Weg nach Heidenheim. 1607 erwarb die Stadt von Württemberg das Patronatsrecht der Großsüßener Ulrichskirche und wurde damit alleiniger Ortsherr. 1449 und 1707 brannten große Teile des Ortes mitsamt der Kirche nieder. An der ev. Pfarrkirche blieb jedoch der vermutlich von einem Schüler des Hans Seyfer um 1510 geschaffene Ölberg erhalten. Auf die bereits 1464 erwähnte Marienkapelle in Kleinsüßen gingen 1493 die Rechte der aufgehobenen Pfarrei Hürbelsbach über. 1830 wurde Großsüßens erster Industriebetrieb errichtet. 1933 bildete man aus beiden Orten die neue Gemeinde Süßen. In dem rd. 8400 Einwohner zählenden Ort wurden seit 1946 geschaffen: Schulhauserweiterung, Volksschule, Realschule, Schulturnhalle, Feuerwehrgerätehaus, Friedhoferweiterung, Leichenhalle, kath. Kindergarten, ev. Kindergarten, 3 Kinderspielplätze, 17 km Kanalisation, Sauerbrunnen, 14 km Straßen, 3,5 km Feldwege, Sicherung der Wasserversorgung, Bereitstellung von Wohn- und Industriegelände, Hallenbad.

Treffelhausen siehe Böhmenkirch

Türkheim siehe Geislingen an der Steige

Uhingen

Der 1275 erstmals erwähnte Ort gehörte zum ältesten Besitz der Grafen von Aichelberg und kam 1318 durch Verpfändung und vollends 1332–1334 durch Verkauf an Württemberg, das schon im 13. Jh. mit Göppingen auch Besitz und Rechte in Uhingen erworben hatte. Auch die Herrschaft Filseck war bis 1806 hier begütert. Der Ort, dem bis 1810 ein Stabsschultheiß vorstand, beherbergte eine alte kaiserliche Zollstation, die 1332 an Württemberg überging. Das 1594 erwähnte und 1662 neu aufgebaute Bad ist abgegangen. Den Kirchensatz der 1275 genannten Pfarrkirche erhielt zu Beginn des 14. Jh. das Kloster Adelberg. In Uhingen ist 1491 der Reformator Martin Cleß, Stammvater einer weitverzweigten württembergischen Pfarrersfamilie, geboren. Auf der Markung liegen der 1339 schon genannte Weiler Diegelsberg, das 1216 erstmals erwähnte Schloß Filseck, das im Lauf seiner bewegten Geschichte oftmals den Besitzer wechselte und 1971 teilweise abbrannte, der Weiler Nassachmühle, bis 1926 zur Gemeinde Baiereck gehörend, sowie der Charlottenhof und der Weilenbergerhof, beide früher Zubehör von Filseck. Nach Uhingen wurden eingemeindet: Baiereck und der Adelberger Ortsteil Nassach (1971), Holzhausen und Sparwiesen (1972). Die Gesamtgemeinde zählt damit rd. 12 100 Einwohner. Im Hauptort, der zu den am stärksten industrialisierten des Filstals zählt, wurden seit 1946 geschaffen: Erschließung neuer Ortsteile, Ansiedlung von Industriegebieten, 2 Kindergärten, Ausbau der Hieberschule, Schulturnhalle und Lehrschwimmbecken. Realschule und Grundschule Haldenberg, 15 Kinderspielplätze, Ortsverschönerung, Ausbau von Straßen, der Wasserversorgung, Kanalisation und der Straßenbeleuchtung, Ausbau der Ortsdurchfahrt sowie der Nachbarschaftsverbindungen, Bahnüberführung mit Fußgängerunterführung, Sammelkläranlage, 2 Wasserbehälter, Neu- und Ausbau vereinseigener Anlagen.

Ortsteil Baiereck Der Ort verdankt seine Entstehung wahrscheinlich der um 1400 im Schorndorfer Forst angelegten Glashütte, die 1553 einging. 1610 gehörte Baiereck zum Schlichter Waldgericht des Amtes Schorndorf; 1824 wurde es selbständige Gemeinde dieses Oberamts und 1938 dem Landkreis Göppingen eingegliedert. Seit dem 1. 9. 1971 ist der durch sein altes Köhlerhandwerk bekannte Ort mit dem Weiler Unterhütt nach Uhingen eingemeindet. In dem rd. 470 Einwohner zählenden Ortsteil wurden seit 1946 geschaffen: Gemeinschaftshaus, Rathausumbau, Erneuerung der Kirche, Gymnastikhalle, Jugendraum im Pfarrhaus, Leichenhalle, Erschließung von zwei Neubaugebieten, Kanalisation, Wasserleitung, Straßen, Feldwege, Ortsbachverdolung, Straßenbeleuchtung.

Ortsteil Holzhausen Der Ort kam 1189 von dem Kloster St. Georgen an das Kloster Adelberg, zu dessen Klosteramt er bis 1807 gehörte. Kirchlich war er stets Filial von Uhingen. Am 1. 1. 1972 erfolgte die Eingliederung nach Uhingen. In dem rd. 1270 Einwohner zählenden Ortsteil wurden seit 1946 geschaffen: ev. Kirche, Turn- und Gemeindehalle, Feuerwehrgerätehaus, Leichenhaus, Friedhofserweiterung,

Schule mit Kindergarten, Lehrerwohngebäude, 2 Aussiedlerhöfe, Kanäle, Straßen und Feldwege, Straßenbeleuchtung.

Ortsteil Sparwiesen Der 1294 erstmals erwähnte Ort gelangte 1332 mit Uhingen von den Grafen von Aichelberg an Württemberg. Auch Kloster Adelberg und das Stift Faurndau waren hier begütert. Kirchlich war Sparwiesen stets Filial von Uhingen. Am 15. 3. 1972 wurde die Gemeinde nach Uhingen eingegliedert. In dem rd. 1180 Einwohner zählenden Ortsteil wurden seit 1946 geschaffen: Schule, ev. Kirche, kath. Kirche, Sportplatz, Straßenbeleuchtung, Kindergarten, Ortsdurchfahrt, Straßen und Feldwege, Müllplatz, Kanäle, Erschließung von Baugelände.

Unterböhringen

Im Jahre 1143 erhielt das Kloster Anhausen an der Brenz und 1225 das Kloster Elchingen Güter in Böhringen. Die von 1191–1348 bezeugten Herren von Böhringen waren helfensteinische Ministerialen und saßen vermutlich auf der abgegangenen Burg Rommental. Der Ort kam 1396 über die Grafen von Helfenstein an Ulm, fiel 1802 an Bayern und 1810 an Württemberg. Das ulmische Amt Böhringen wurde 1753 aufgehoben, 1784 jedoch wieder verselbständigt. Während des Schwäbischen Städtekriegs, 1449, wurde der Ort zerstört. Die Pfarrkirche zum hl. Petrus wird 1270 erstmals erwähnt. 1468/69 veräußerten die Herren von Rechberg das Patronat an das Spital in Geislingen. 1689 stürzte der Kirchturm ein, wurde aber im folgenden Jahr neu aufgeführt. Auf dem Michelsberg legte Ulm 1793, nach einem ersten vergeblichen Anlauf 1769, den Teilort Oberböhringen als „Kolonie" von 13 Familien aus Unterböhringen an. Seit 24. 12. 1970 bildet die Gemeinde eine Verwaltungsgemeinschaft mit Bad Überkingen. In dem rd. 990 Einwohner zählenden Ort wurden seit 1946 geschaffen: Turnhalle, Schulhausumbau, Kindergartenumbau, Leichenhalle, Wasserversorgung, 2,5 km Kanalisation, 4,5 km Straßenbau, Flurbereinigung in Oberböhringen, 2,7 km Feldwege in Unterböhringen.

124. *Ehemaliges rechbergisches Amtsgebäude, erbaut 1588, und kath. Johanneskirche in Wäschenbeuren*
125. *(umseitig oben) Ehemalige Prälatur des Klosters Adelberg mit Ulrichskapelle*
126. *(umseitig unten) Minigolfanlage zwischen Kloster und Dorf Adelberg (im Hintergrund)*

Wäschenbeuren

Der 1271 als Buron erstmals genannte Ort war stets Zubehör der Wäscherburg, die nach dem Jahr 1200 erbaut wurde und in ihrer heutigen Gestalt daher nicht als Stammburg der um 1050 vorkommenden Herren von Büren bezeichnet werden kann. Eine ältere Wehranlage an derselben Stelle ist jedoch denkbar. Ein Cunradus miles dictus Waschere, der 1268 erstmals in den Urkunden erscheint, erwarb 1271 ein Gut in Wäschenbeuren, das 1328 an die Linie Rechberg-Staufeneck fiel, die es 1465 von Österreich zu Lehen nahm. Nach dem Aussterben des rechbergischen Zweigs im Jahr 1599 wechselten sich mehrere Familien in dem Besitz des Ritterguts ab, bis es 1806 an Württemberg fiel. Der Ort Wäschenbeuren kam zunächst bis 1810 zum Oberamt Göppingen und gehörte bis 1938 zum Oberamt Welzheim. Das Dorf wurde am 19. April 1945 durch einen Luftangriff größtenteils zerstört. Der Ort war bis zur Errichtung der kath. Pfarrei im Jahr 1558 Filial von Lorch. Auf der Markung liegen neben dem Wäscherhof mit dem Wäscherschloß die Weiler Krettenhof und Lindenbronn, sowie 3 weitere Hofsiedlungen. Außerhalb von Wäschenbeuren haben sich im „Burren" die Reste einer kleinen mittelalterlichen Wehranlage erhalten, auf der bis ins 11. Jh. zurückreichende Siedlungsspuren nachzuweisen sind. Ob die einst dort befindliche Turmburg von den Herren von Büren errichtet worden ist, erscheint zweifelhaft. Die Gemeinde, die seit 1972 eine Verwaltungsgemeinschaft mit der Stadt Göppingen bildet, zählt rd. 2650 Einwohner. Nach dem Ende des 2. Weltkriegs stand als dringendste Aufgabe der Wiederaufbau der durch den Luftangriff zerstörten Häuser, einschließlich des Rathauses, heran. Weiter wurden seit 1946 geschaffen: Schulhauserweiterung, Sportplatz, Feuerwehrgerätehaus, Kindergarten mit Schwesternhaus, Friedhofserweiterung mit Kapelle, Flurbereinigung Lindenbronn, Kanalisation, Kläranlage, Wasserleitungen, Ortsstraßen und Feldwege, Farrenstall, Ausbau des Wäscherschlosses zu einer Staufergedächtnisstätte mit bäuerlichem Museum, Förderung des Fremdenverkehrs.

Waldhausen
siehe Geislingen an der Steige

Wangen

In dem Ort hatte Württemberg bereits im Jahr 1327 hoheitliche Rechte; ein größerer Teil der Vogtei und des Grundbesitzes kam früh an das Kloster Adelberg, ein anderer stand den Rechberg zu Rechberghausen zu. 1530 hatte Württemberg die hohe Obrigkeit allein inne. Kirchlich war Wangen stets, von kurzen Unterbrechungen abgesehen, Filial von Göppingen. Der 1935 von der Gemeinde Holzhausen nach Wangen umgemeindete Weiler Niederwälden ist heute in dem Ort aufgegangen. Er gehörte stets dem Kloster Adelberg. Im Jahr 1971 wurde das nahegelegene Oberwälden eingemeindet. Die Gesamtgemeinde zählt nun rd. 2900 Einwohner, von denen etwa 2500 in Wangen leben. In dem Hauptort wurden seit 1946 geschaffen: Schulhaus, Lehrerwohnhaus, kath. Kirche, ev. Pfarrhaus, Rathausumbau, Flurbereinigung, Ortssanierung, Umbau der Gemeindehalle, Kinderspielplatz, Leichenhalle, 2 Kindergärten, Straßen, Feldwege, Wasserleitungen, Baulanderschließung.

Ortsteil Oberwälden Der Ort gehörte seit seiner ersten Nennung im Jahr 1185 zum Kloster Adelberg und verblieb bis 1807 beim dortigen Klosteramt. Geringen Besitz hatte auch die Herrschaft Rechberghausen. Im Jahr 1967 wurde die ev. Pfarrei nach Wangen verlegt, mit Wirkung vom 1. 7. 1971 der Ort nach Wangen eingegliedert. In dem rd. 350 Einwohner zählenden Ortsteil wurden seit 1946 geschaffen: Umbau des Pfarrhauses, Kriegerdenkmal, Erweiterung der Wasserversorgung, Verbesserung der Straßenbeleuchtung, Kanäle, Ortsstraßen und Feldwege, Baulanderschließung, Flurbereinigung, Renovierung der ev. Kirche.

Weiler ob der Fils

Der Ort kam teilweise als alter Besitz des Klosters Adelberg, teilweise über die Herrschaft Teck an Württemberg und bildete bis 1905 mit der Gemeinde Roßwälden den „Roßwälder Stab", der bis 1938 zum Oberamt Kirchheim zählte. Weiler war zumindest seit 1480 Filial von Roßwälden. In der rd. 920 Einwohner zählenden Gemeinde wurden seit 1946 geschaffen: Schulhaus mit Gymnastikhalle und Hartsportplatz, Lehrerwohnhaus, Umbau des Rathauses, Kindergarten, Leichenhalle, Friedhof mit Ehrenmal, Wasserturm, Erschließung von Bauland, Straßen und Wegebau, Sicherung der Wasserversorgung, Kanalisation, Straßenbeleuchtung.

Weiler ob Helfenstein
siehe Geislingen an der Steige

Weißenstein

Von 1241—1401 läßt sich die helfensteinische Ministerialenfamilie von Weißenstein nachweisen. Eines Stammes mit ihnen waren die Herren von Degenfeld. Der Ort wuchs im 13. Jh. zur Burg Weißenstein hinzu. Vor 1385 ging der Ort an die Herren von Rechberg über. Diese verschafften ihm vor 1391 das Stadtrecht. Die Stadt gehörte ununterbrochen verschiedenen Linien des Hauses Rechberg und fiel 1806 an Bayern, 1810 an Württemberg. In kirchlicher Hinsicht war sie bis 1478 nach Treffelhausen eingepfarrt. In diesem Jahr wurde die bereits 1385 erwähnte Marienkapelle zur Pfarrkirche erhoben und wenig später neu erbaut. 1725 wurde sie vergrößert und bis auf den spätgotischen Turm völlig barockisiert. Das einer Anlage des 15. Jh. entstammende Schloß erfuhr im 17. Jh. größere Umbauten. Es bildete zusammen mit der Stadt eine Einheit, wie Reste der mächtigen, von der Höhe des Schlosses ins Tal herabführenden Schenkelmauern noch erkennen lassen. Durch den Bau der Neuen Steige, 1842, und der Nebenbahnlinie Süßen— Weißenstein, 1901, wurde der Ort verkehrsmäßig besser erschlossen. In der rd. 1220 Einwohner zählenden Stadt wurden seit 1946 geschaffen: Zwei Nebenerwerbssiedlungen, zweimalige Schulhauserweiterung, 3 km Kanalisation, 1 km neue Straßen, 3 km Waldwege, Wanderparkplatz, Renovierung der Kirche, 300 Meter Ortsbachverdolung. Leichenhalle.

Wiesensteig

Im Stiftungsbrief für das Benediktinerkloster Wiesensteig wird der Ort 861 zum erstenmal erwähnt. Seit 970 stand das dem hl. Cyriakus geweihte Kloster unter der Aufsicht des Bistums Augsburg, obwohl es im Konstanzer Sprengel lag. Vor 1130 wurde es in ein Chorherrenstift umgewandelt. Das aus der klösterlichen Ansiedlung auf dem heutigen Malakoff entstandene Städtchen erscheint im 12. Jh. im Besitz der Grafen von Helfenstein, welche nach der Teilung 1356 und nach dem Verkauf des Großteils ihrer Herrschaft 1396 die Stadt zum Hauptort der Reichsgrafschaft Wiesensteig machten. Nach dem Aussterben der Helfensteiner 1627 fielen Stadt und Herrschaft zu ²/₃ an Kurbayern und ¹/₃ an Fürstenberg. Das Kondominium endete 1752, als Fürstenberg seinen Teil an Bayern verkaufte. 1806 kam die Stadt an Württemberg. Vier Jahre lang bildete sie den Sitz eines eigenen Oberamts. 1810 wurde dieses aufgehoben. Nach der Zerstörung der Hiltenburg, 1516, errichteten die Grafen von Helfenstein in Wiesensteig in den Jahren 1551 bis 1553 im Renaissancestil das 1600 vergrößerte, vierflügelige Stadtschloß. 1812 wurden drei Flügel abgebrochen, nur der Südflügel blieb erhalten. In den Glaubenskämpfen reformierten die Grafen vorübergehend ihre Herrschaft (1555—1567), Petrus Canisius gewann sie jedoch für den kath. Glauben zurück. Im Zeichen der Hexenverfolgung mußten nach einem schweren Unwetter 1563 70 Frauen ihr Leben lassen. 1590 nahm Graf Rudolf von Helfenstein die aus Geislingen vertriebenen Franziskanerinnen auf, deren Kloster 1808 aufgehoben wurde. Zwei Drittel der Stadt (124 Häuser) und die Stiftskirche St. Cyriak brannten 1648 schwedische Soldaten nieder. Von der 1466 erbauten Stiftskirche blieben lediglich die Außenmauern und die Untergeschosse der beiden Westtürme erhalten. Die Wiederaufbauarbeiten dauerten von 1670—1785. Sie verwandelten die zuerst barockisierte Kirche in eine klassizistische. An ihrer Innenausstattung waren u. a. der Freskenmaler Joseph Anton Huber sowie Wiesensteigs berühmter Sohn, der Münchner Hofbildhauer Johann Baptist Straub, beteiligt. Den Charakter der ehemaligen Residenz geben heute noch viele prächtige

Bauten, teils aus Fachwerk, wieder. Auf der Markung der Stadt, an der südwestlichen Kreisgrenze, liegt die am Ende des 13. Jh. von teckischen Ministerialen erbaute Burg Reußenstein. Bereits im 16. Jh. wurde sie verlassen und dem Verfall preisgegeben. 1903 fand die Eröffnung der Nebenbahn Geislingen—Wiesensteig statt. Deren Teilstrecke Deggingen—Wiesensteig legte man 1968 still und baute sie wenig später ab. 1945 zerstörten Tiefflieger das Rathaus und mehrere Häuser. Seit 1. 1. 1972 ist Wiesensteig Sitz der Verwaltungsgemeinschaft Oberes Filstal, der die Gemeinden Drakkenstein, Gruibingen, Hohenstadt, Mühlhausen und die Stadt Wiesensteig angehören. In der rd. 2700 Einwohner zählenden Stadt wurden seit 1946 geschaffen: Rathaus, Wasserhochbehälter, Flurbereinigung, Bauhof, Neugestaltung des Kirchplatzes, Brückenbauten, Schule, Turnhalle, Schwimmbaderneuerung, Sammelkläranlage mit Hauptsammler, 30 km Feldwege, 6 km Waldwege, 6 km Ortsstraßen, 8 km Kanäle, Erneuerung der Ortsdurchfahrten, Ortskernsanierung, Feuerwehrgerätehaus, Kindergarten.

Winzingen

Der Ort wird im Jahre 1275 erstmals urkundlich erwähnt. An der Stelle des Schlosses stand im Mittelalter die Burg der 1307—1369 bezeugten Niederadelsfamilie von Winzingen. Bis 1599 gehörte der Ort der rechbergischen Linie Staufeneck, dann vorübergehend dem ulmischen Hauptmann Berthold Roth, der vergeblich mit Gewalt die Reformation einführen wollte. An ihn knüpfen sich heute noch eine Reihe von Sagen. Nach seinem Tod erwarben 1621 die Herren von Bubenhofen auf Ramsberg den Ort. In dem zu Beginn des 17. Jh. von Roth errichteten Schloß befand sich bis 1806 der vom Ramsberg dorthin verlegte bubenhofische Amtssitz. 1824 kauften die Grafen von Rechberg das Gut. Von 1806 bis 1810 gehörte Winzingen zum Oberamt Göppingen, bis 1938 zum Oberamt Schwäbisch Gmünd. Von 1940 bis 1950 war es nach Donzdorf eingemeindet. Die 1275 erstmals genannte Pfarrkirche stand ur-

sprünglich unter dem sehr seltenen Patrozinium der hl. Maria und des hl. Gallus. Der 1692 bis 1696 erstellte Neubau ist den hll. Sebastian und Rochus geweiht. In dem rd. 1290 Einwohner zählenden Ort wurden seit 1946 geschaffen: Schulhaus, mechanisch-biologische Kläranlage, 6 km Kanäle, 500 Meter Bachverdolung, 3 km Ortsstraßen, 4,5 km Wasserleitungen, Renovierung der Turnhalle mit Gaststättenanbau, Renovierung des Rathauses, Neubau eines Feuerwehrgerätehauses.

Zell unter Aichelberg

Der Ort wird 1108 als castellum Cella erstmals genannt und war wohl eine befestigte klösterliche Niederlassung der Benediktiner von Faurndau zum Schutz der mittelalterlichen Heerstraße von Kirchheim nach Schwäbisch Gmünd. Bis zum Anfang des 14. Jh. im Besitz der Grafen von Aichelberg, kam Zell dann an Württemberg. Vom 14. Jh. bis 1876 bildete der „Zeller Stab" mit Aichelberg, Eckwälden, Pliensbach und Zell eine Verwaltungseinheit. In den Kriegen Herzog Ulrichs von Württemberg und dem Dreißigjährigen Krieg wurde der Ort stark verwüstet, durch die Pest wurden 1628 200 Einwohner weggerafft. 1938 kam Zell vom Oberamt Kirchheim zum Landkreis Göppingen. Kirchlich gehörte der größere Teil des Orts zum Kloster Adelberg, der kleinere war nach Weilheim eingepfarrt. Aus Zell stammen die beiden letzten katholischen Äbte des Klosters Adelberg, Berthold und Leonhard Dürr. Die Gemeinde, zu der der Weiler Pliensbach gehört und die sich 1970 dem Verwaltungsverband „Bad Boll" angeschlossen hat, zählt rd. 1700 Einwohner. Seit 1946 wurden geschaffen: Schulhaus, Rathausumbau, Instandsetzung der Kirche, Sportplatz, Leichenhalle, Ehrenmal, Friedhoferweiterung, Fahrzeug- und Gerätehalle, Ansiedlung von Gewerbe- und Industriegebieten, Straßen- und Wegebau, Kanalisation, Sammelkläranlage (gemeinsam mit Aichelberg), Wasserleitung, Flurbereinigung, katholische Kirche.

Literaturverzeichnis

In dieses Verzeichnis wurde nur die seit 1948 erschienene Literatur über den Landkreis und seine Gemeinden aufgenommen, die größtenteils noch im Buchhandel erhältlich ist.

Veröffentlichungen zur Kreisgeschichte

Helfenstein, Geschichtliche Mitteilungen von Geislingen und Umgebung, eine Sammlung der Veröffentlichungen in der Heimatbeilage der Geislinger Zeitung, Heft 11–18, Geislingen 1948–1971. Hrsg. vom Geschichts- und Altertumsverein Geislingen an der Steige

Heimatbeilage Stauferland bzw. Alt-Württemberg der NWZ Göppingen, Jg. 1–18, 1955–1972

Hohenstaufen, Veröffentlichungen des Geschichts- und Altertumsvereins Göppingen, Folge 1–8, Göppingen 1960–1972

Jahresberichte des Landkreises Göppingen, Göppingen 1950–1972

Hugo Glökler, Rund um den Helfenstein, eine Heimatkunde von Stadt und Bezirk Geislingen-Steige, Geislingen 1954

Lore Sporhan-Krempel, Papier aus dem Filstal – einst und heute, Göppingen 1955

Heimatbuch des Landkreises Göppingen, Göppingen 1956

August Raichle/Alfons Aßfalg, Im Täle, Ulm 1956

Heimatbuch Geislingen/Steige und Umgebung. Hrsg. von den ev. Kirchengemeinden des Dekanats Geislingen/Steige, Stuttgart 1957

Ulrich Zeller, Die Epoche der Weltkriege, Überblick über die deutsche Geschichte von 1914 bis 1958, Anhang zum Heimatbuch des Landkreises Göppingen, Göppingen 1959

Wilhelm Aichele, Das Filstal und Umgebung, Schwäbisch Gmünd 1959

Karl Kirschmer, Mühlen-Chronik des Filstales, Göppingen 1960, 1. Folge der Veröffentlichungen des Geschichts- und Altertumsvereins Göppingen

Manfred Akermann, Ein Grenzstreit im Filstal, Göppingen 1960, Veröffentlichungen des Stadtarchivs Göppingen Band 1

Hartwig Zürn, Die vor- und frühgeschichtlichen Geländedenkmale und die mittelalterlichen Burgstellen der Kreise Göppingen und Ulm, Stuttgart 1961

Manfred Akermann / Helmut Schmolz, Stauferland – Göppingen, Geislingen und das Filstal, Konstanz 1961

Vom Wasser und von den Höhlen der mittleren Schwäbischen Alb, München 1963, Jahresheft 1963 des Verbandes der Deutschen Höhlen- und Karstforscher

Manfred Akermann / Helmut Schmolz, Fußtapfen der Geschichte im Landkreis Göppingen, Weißenhorn 1964

Manfred Akermann, Kunstwerke im Landkreis Göppingen, Göppingen 1965

Die Alblandschaft zwischen Rosenstein und Wasserberg, München 1966, Jahresheft 1965 des Verbandes der Deutschen Höhlen- und Karstforscher

Eberhard Gönner/Heinz Bardua, Wappenbuch des Landkreises Göppingen, Stuttgart 1966

Die Stadt- und Landkreise Baden-Württembergs in Wort und Zahl, Heft 27: Landkreis Göppingen, Stuttgart o. J. (ca. 1967)

Die Gemeinden des Kreises Göppingen und Umgebung. Hrsg. von der Neuen Württembergischen Zeitung, Göppingen 1968

Wolfgang Schmauz, Ein Luftsprung über den Kreis Göppingen. Hrsg. von der Neuen Württembergischen Zeitung, Göppingen 1968

Peter Rheinländer, Der Kreis Göppingen, Stuttgart 1969

Josef Staudenmaier, Mei Schwobahoimet, Gedichte in schwäbischer Mundart, 2. Auflage, Eislingen 1970

Landkreis Göppingen, in „Das Land Baden-Württemberg, Amtliche Beschreibung nach Kreisen und Gemeinden", Band II, Nordwürttemberg Teil 1, S. 512–599, Stuttgart 1971

Kletterführer Roggental und Hausener Felsen. Hrsg. von der Arbeitsgemeinschaft „Klettern und Bergsteigen" der Ortsgruppe Göppingen im TVdN, Göppingen 1971

Manfred Langhans, Der Schurwald, Stuttgart 1972

Walter Ziegler/Hanns-Horst Bauer, Rolf E. Pfaff, Kulturdenkmale des Kreises Göppingen. Hrsg. von der Neuen Württembergischen Zeitung; erscheint voraussichtlich Ende 1973

Veröffentlichungen zur Geschichte der Kreisorte

Karl Kirschmer, Chronik von Adelberg, Hundsholz und Nassach, Göppingen 1964

Eduard M. Neuffer, Der Reihengräberfriedhof von Donzdorf, Forschungen zur Vor- und Frühgeschichte in Baden-Württemberg, Band 2, Stuttgart 1972

Hermann Donner, Geschichte der Gemeinde Ebersbach an der Fils, Ebersbach 1964

800 Jahre Ebersbach an der Fils 1170–1970. Hrsg. von der Gemeindeverwaltung Ebersbach, Ebersbach 1970

Rainer Weiler/Manfred Akermann, Eislingen – Stadt an der Fils, Eislingen/Fils 1968

Heinrich Hermelink, Eschenbach unter der Fuchseck, Göppingen 1965

Karl Kirschmer, Chronik der Gemeinde Faurndau, Eislingen 1959

Wolfgang Metzger, Die romanische Stiftskirche in Faurndau und die Plastik ihres Ostgiebels, Weißenhorn 1971

Rudolf Baumgardt, Das silberne Band, Roman über die Entstehung und Entwicklung der Württ. Metallwarenfabrik Geislingen, Darmstadt 1953

Georg Burkhardt, Geschichte der Stadt Geislingen an der Steige, Konstanz 1963

Karlheinz Bauer/Otto Haug, Geislingen an der Steige – ein Führer durch die Stadt, ihre Geschichte und Umgebung, Geislingen an der Steige o. J.

Hans Brandauer, Gingen an der Fils und seine alte Kirche, Geislingen 1967

Jahresberichte der Stadt Göppingen 1955–1966/67

Karl Kirschmer, Die Geschichte der Stadt Göppingen, Göppingen 1952

Karl Kirschmer, Hohenstaufen, Göppingen 1960

Werner Lipp, Alt-Göppingens bauliche Entwicklung, Göppingen 1962, Veröffentlichungen des Stadtarchivs Göppingen Band 2

Herbert König/Manfred Akermann, Göppingen – „die artige wirtembergische Stadt" – Göppingen 1964, Veröffentlichungen des Stadtarchivs Göppingen, Band 3

Manfred Akermann, Museum Göppingen, Göppingen 1965, Neuauflage 1970, Veröffentlichungen des Stadtarchivs Göppingen Band 4

Karl Wöhrle, Historische Karte der Stadt Göppingen zur Zeit der Landesvermessung in den Jahren 1829 bis 1833, mit Register, Göppingen 1965 und 1971, Beilage zur 4. Folge der Veröffentlichungen des Geschichts- und Altertumsvereins Göppingen

Bilder aus Göppingens Vergangenheit. Hrsg. von der Neuen Württembergischen Zeitung, Göppingen 1966

Manfred Akermann, Göppingen in alten Ansichten, Göppingen 1967, Veröffentlichungen des Stadtarchivs Göppingen Band 5

Martin Köhle, 140 Jahre Zeitungen in Göppingen, Göppingen 1968, 6. Folge der Veröffentlichungen des Geschichts- und Altertumsvereins Göppingen

Hedwig Kaiser, Die Weiber von Göppingen, Göppingen 1968

Manfred Akermann, Göppingen, Eine Text- und Bildmonographie der Stadt und ihrer Umgebung, Göppingen 1970, Veröffentlichungen des Stadtarchivs Göppingen Band 6

Göppingen – Aus der Geschichte von Stadt und Umgebung, Sonderdruck aus der Zeitschrift „Schwäbische Heimat" 1970, Heft 2

Alexander Dreher, Die gewerbliche Entwicklung der Stadt Göppingen im 19. Jahrhundert unter besonderer Berücksichtigung bedeutender Einflußfaktoren, Tübingen 1970 bzw. Veröffentlichungen des Stadtarchivs Göppingen, Band 7 Göppingen 1971

Karl Wöhrle, Göppinger Häuserchronik 1784–1970, Göppingen 1972, 8. Folge der Veröffentlichungen des Geschichts- und Altertumsvereins Göppingen

Klaus Eberhard Bleich, Das Jura-Museum Dr. Engel in Göppingen-Jebenhausen, Göppingen 1973, Veröffentlichungen des Stadtarchivs Göppingen Band 8

Josef Seehofer, Ortsgeschichte von Nenningen, Ludwigsburg 1970

Theodor Schmidt, Geschichte des Dorfes Oberwälden, Oberwälden 1957

Karl Hornung, Rechberghausen, Göppingen 1967

Adolf Aich, Geschichte der Gemeinde Salach und der Burg Staufeneck, Salach 1960

Otto Schurr, Geschichte von Schlat, Eislingen 1970

Walter Ziegler, Von Siezun bis Süßen, Hrsg. von der Gemeindeverwaltung Süßen anläßlich der 900-Jahr-Feier 1971, Süßen 1971

Paul Kaißer, Wäscherschloß und Wäscherhof bei Wäschenbeuren, Landstuhl/Pfalz 1953

Franz Schmid, Wiesensteig – Lebensbild einer kleinen Stadt, Wiesensteig 1961

Fridolin Schmid, Das tausendjährige Dorf – eine Chronik von Winzingen, Winzingen 1955

Veröffentlichungen über Persönlichkeiten und Geschlechter

Eugen Jäckh, Christoph Blumhardt, ein Zeuge des Reiches Gottes, Stuttgart 1950

Albert Gaier, Die Geschichte des adeligen Geschlechts der Herren von Bubenhofen, Göppingen 1970, 7. Folge der Veröffentlichungen des Geschichts- und Altertumsvereins Göppingen

Alfred Helfenstein, Die Helfenstein, Luzern 1972

Joseph Maria von Rechberg, Seekriegszug gegen Algier, Tagebuch mit einem Anhang von Emil Gemeinder und Genealogie, Schwäbisch Gmünd 1971

Alois Dangelmaier, P. Anselm Schott der Mensch, Priester und Liturge, zum 75. Todesjahrtag, Reimlingen 1971

Albert Gaier, Die Geschichte der Ritter von Zillenhardt in Nordwürttemberg und Nordbaden, erscheint voraussichtlich Mitte 1973

Kreis und Gemeinden in Zahlen

Zusammengestellt vom Landratsamt Göppingen

Stadt/Gemeinde	Wohnbevölkerung							Religionszugehörigkeit am 27. 5. 1970		Fläche in ha am
	1839	1939 17. 5.	1946 29. 10.	1961 6. 6.	insges.	30. 6. 1972 männl.	weibl.	evang.	kath.	1. 1. 73
1. Adelberg	886	761	1 132	1 219	1 367	690	677	901	359	947
2. Aichelberg	335	289	396	600	724	357	367	445	210	401
3. Albershausen	856	1 440	1 903	2 533	3 393	1 613	1 780	1 982	919	650
4. Auendorf	538	452	615	584	584	278	306	484	109	854
5. Aufhausen	481	465	628	572	729	369	360	524	118	909
6. Bad Ditzenbach	528	539	633	862	1 133	503	630	207	834	591
7. Bad Überkingen	483	874	1 142	1 275	2 296	1 246	1 050	998	358	1 032
– Hausen	316	321	418	554	am 1. 7. 71 n. Bad Überk. eing.			411	188	–
8. Birenbach	261	339	451	645	1 126	563	563	355	662	250
9. Böhmenkirch	1 612	1 648	2 223	2 595	2 847	1 386	1 461	215	2 623	4 046
– Schnittlingen	292	263	381	329	339	164	175	22	329	2)
– Treffelhausen	515	501	726	713	866	404	462	65	769	2)
10. Börtlingen	416	651	866	1 068	1 418	684	734	889	358	825
11. Boll	1 682	1 529	2 211	3 176	3 837	1 677	2 160	2 642	670	1 096
12. Bünzwangen	420	499	712	969	1 434	708	726	790	371	502
13. Deggingen	1 784	2 040	2 920	3 691	4 217	1 975	2 242	538	3 463	1 532
14. Donzdorf	1 659	3 393	6 070¹)	6 246	7 101	3 416	3 685	987	5 606	2 498
15. Drackenstein	268	305	396	386	323	175	148	17	288	560
16. Dürnau	717	458	641	1 143	1 533	749	784	878	578	530
17. Ebersbach	1 947	4 475	6 148	9 242	11 874	5 958	5 916	5 696	3 594	1 835
– Roßwälden	632	453	565	742	am 1. 1. 72 nach Ebersbach eing.			680	381	–
18. Eislingen/Fils	2 139	9 342	12 335	15 648	18 394	9 007	9 387	8 181	8 735	1 642
19. Eschenbach	461	392	541	758	1 104	522	582	676	297	482
20. Faurndau	679	2 600	3 680	5 723	7 166	3 602	3 564	3 382	2 806	661
21. Gammelshausen	326	307	427	486	1 083	551	532	455	210	330
22. Geislingen	2 308	17 475	20 478	26 169	28 275	13 684	14 591	14 066	11 489	6 693
– Altenstadt	802	–	–	–						
– Eybach	641	665	845	1 228	1 445	691	754	530	856	3)
– Stötten	204	220	286	271	am 1. 1. 72 n. Geislingen eingem.			237	27	–
– Türkheim	457	523	606	553	am 1. 1. 71 n. Geislingen eingem.			430	100	–
– Waldhausen	137	176	244	195	am 1. 4. 72 n. Geislingen eingem.			183	3	–
– Weiler o. H.	351	273	330	325	am 1. 1. 66 n. Geislingen eingem.					
23. Gingen/Fils	1 369	2 042	2 993	3 694	4 204	2 004	2 200	2 477	1 403	1 001
24. Göppingen	5 035	30 322	35 784	48 937	49 572	23 548	26 024	25 115	19 081	5 259⁴)
– Bartenbach	414	943	1 309	–						

¹) mit Reichenbach u. R. und Winzingen   ²) ab 1. 1. 1973 zu Böhmenkirch
³) ab 31. 12. 1972 zu Geislingen   ⁴) mit Lenglingen, seit 1. 1. 1973 Ortsteil von Maitis, nur bei der Fläche berücksichtigt

| Erwerbspersonen am 27. 5. 1970 | | | | Nichtlandwirtsch. am 27. 5. 1970 | | Zahl der Betriebe im Mai 1971 mit über | | Berufspendler am 27. 5. 1970 | | Landwirtsch. Betriebe über 10 ha | | Landw. Nutzfläche in ha | |
| | davon in | | | | | | | | | | | | |
sges.	Land- u. Forstwirtsch.	Produz. Gewerbe	Handel und Verkehr	Arbeitsstätten	Beschäftigte	500 Beschäftigten	100	Auspendler	Einpendler	1949	1971	1971	
746	64	510	80	66	362	–	–	408	56	1	8	266	1.
332	42	216	22	31	115	–	–	201	25	1	4	159	2.
500	64	1 101	147	103	443	–	–	1 069	101	1	17	324	3.
280	46	166	25	13	39	–	–	175	8	6	16	400	4.
402	110	216	41	38	95	–	–	206	4	40	35	721	5.
464	18	252	43	60	352	–	1	189	102	4	6	185	6.
588	25	396	55	57	479	1	–	363	221	4	8	226	7.
296	43	197	26	27	75	–	–	201	24	4	5	176	
500	30	328	72	37	91	–	–	409	9	2	7	114	8.
1 460	244	928	133	172	853	–	–	567	91	67	76	1 589	9.
179	76	79	9	23	54	–	–	79	2	32	32	596	
401	92	245	25	32	168	–	–	177	49	18	26	488	
636	109	348	71	47	106	–	–	416	6	9	15	399	10.
1 621	93	776	200	207	1 215	–	–	658	247	8	19	501	11.
593	45	420	54	30	114	–	–	436	13	2	10	217	12.
1 809	60	1 275	156	157	1 246	–	2	765	329	20	19	458	13.
3 421	213	2 364	363	350	2 708	–	3	1 338	705	77¹)	43	1 418	14.
202	93	89	4	17	75	–	–	59	12	31	24	509	15.
740	49	536	69	46	498	–	1	354	158	3	11	314	16.
5 378	125	4 170	447	381	6 928	2	11	1 227	2 615	3	19	462	17.
571	65	392	44	32	165	–	–	382	32	3	15	283	
8 833	165	6 227	1 134	666	9 371	2	10	3 255	3 482	37	36	790	18.
496	87	289	55	47	107	–	–	328	14	16	22	484	19.
3 617	81	2 695	385	214	2 668	1	2	1 872	1 249	13	18	361	20.
319	39	208	34	17	58	–	–	223	11	3	8	207	21.
2 882	122	8 833	1 518	939	16 255	2	9	1 506	5 309	8	22	677	22.
638	12	496	49	49	244	–	–	468	87	2	1	96	
147	82	35	13	18	38	–	–	51	2	26	29	628	
301	131	112	24	29	92	–	–	102	25	49	39	1 210	
92	57	23	5	15	23	–	–	26	4	16	15	544	
											18		
1 891	73	1 378	196	199	1 159	–	1	1 000	247	8	17	439	23.
3 027	414	12 502	3 867	2 152	32 682	5	28	4 006	14 999	29	82	1 744	24.
											23		

mit Reichenbach u. R. und Winzingen

Stadt/Gemeinde	Wohnbevölkerung							Religions-zugehörigkeit am 27. 5. 1970		Fläche in ha am
	1839	1939 17. 5.	1946 29. 10.	1961 6. 6.	insges.	30. 6. 1972 männl.	weibl.	evang.	kath.	1. 1. 73
Göppingen-Bezgenriet	593	463	690	–						
– Hohenstaufen	1 313	1 136	1 491	1 496	am 1. 9. 71 n. Göppingen eingem.			1 119	382	–
– Holzheim	650	–	–	–						
– Jebenhausen	1 153	–	–	–						
– Maitis	246	206	333	369	am 1. 4. 72 n. Göppingen eingem.			275	91	–
25. Gosbach	783	794	1 058	1 311	1 310	628	682	165	1 174	1 096
26. Gruibingen	1 044	945	1 197	1 394	1 498	758	740	1 075	345	2 306
27. Hattenhofen	770	879	1 197	1 520	1 930	946	984	1 220	383	764
28. Heiningen	1 209	1 309	1 797	2 506	3 638	1 820	1 818	2 033	1 234	1 247
29. Hohenstadt	394	421	523	453	496	249	247	48	410	1 163
30. Kuchen	1 120	2 506	3 419	4 233	5 266	2 569	2 697	2 898	2 170	895
31. Mühlhausen i. T.	472	562	665	759	856	410	446	240	545	663
32. Nenningen	462	811	1 083	1 270	1 475	709	766	115	1 284	649
33. Ottenbach	640	704	962	1 288	1 767	877	890	171	1 305	1 190
34. Rechberghausen	761	1 726	2 348	3 421	4 602	2 232	2 370	1 045	3 389	640
35. Reichenbach i. T.	663	544	738	1 046	1 333	626	707	173	1 104	734
36. Reichenbach u. R.	458	459	[5]	634	1 424	725	699	215	1 026	957
37. Salach	585	3 638	4 763	6 413	7 017	3 322	3 695	1 904	4 857	839
38. Schlat	848	809	1 108	1 230	1 508	754	754	951	432	968
39. Schlierbach	1 781	1 289	1 489	2 066	3 126	1 558	1 568	1 819	789	1 097
40. Steinenkirch	335	271	364	381	471	224	247	300	129	1 062
41. Süßen	1 376	3 925	5 384	7 123	8 375	4 134	4 241	3 920	3 933	1 272
42. Uhingen	1 185	3 717	5 405	8 041	12 050	6 064	5 986	4 967	3 222	2 478
– Baiereck	306	262	320	283	am 1. 9. 71 n. Uhingen eingem.			295	86	–
– Holzhausen	287	461	580	945	am 1. 1. 72 n. Uhingen eingem.			752	332	–
– Sparwiesen	263	411	538	788	am 15. 3. 72 n. Uhingen eingem.			691	352	–
43. Unterböhringen	841	628	832	821	986	470	516	757	154	1 353
44. Wäschenbeuren	1 356	1 764	1 868	2 265	2 635	1 276	1 359	330	2 215	1 295
45. Wangen	595	1 037	1 403	1 942	2 825	1 390	1 435	1 447	818	968
– Oberwälden	310	196	258	239	am 1. 7. 71 n. Wangen eingem.			226	69	–
46. Weiler o. F.	182	284	415	517	914	448	466	514	311	291
47. Weißenstein	695	785	1 127	1 187	1 215	581	634	117	1 052	1 603
48. Wiesensteig	1 428	1 683	2 025	2 406	2 698	1 283	1 415	688	1 779	2 340
49. Winzingen	418	468	[5]	803	1 288	623	665	177	994	530
50. Zell u. A.	231	661	960	1 138	1 665	820	845	1 000	349	638
	57 704	122 729	157 375	203 084	230 752	112 020	118 732	107 105	104 509	64 153

[5] von 1940 bis 1950 nach Donzdorf eingemeindet

ges.	Land- u. Forstwirtsch.	Produz. Gewerbe	Handel und Verkehr	Arbeitsstätten	Beschäftigte	500	100	Auspendler	Einpendler	1949	1971	1971	
										11			
788	118	452	94	70	211	–	–	511	26	17	26	556	
204	56	110	16	20	46	–	–	113	2	8	12	256	
650	32	499	55	58	359	–	–	340	80	11	11	304	25.
843	173	448	71	61	460	–	–	313	107	18	37	925	26.
840	114	533	91	70	318	–	–	505	85	8	22	502	27.
646	125	1 065	206	148	596	–	–	1 080	110	19	36	684	28.
263	116	102	7	17	48	–	–	92	4	39	35	841	29.
508	53	1 867	256	181	1 567	1	1	1 448	468	9	9	233	30.
396	46	256	26	37	507	–	1	179	325	8	12	305	31.
732	35	537	83	63	207	–	–	543	40	4	11	282	32.
726	101	461	72	48	188	–	–	484	13	30	30	624	33.
187	53	1 499	263	126	551	–	–	1 694	100	9	9	250	34.
625	66	466	28	45	260	–	–	360	88	15	16	438	35.
671	91	470	58	26	64	–	–	493	110	5)	28	617	36.
427	101	2 563	351	261	3 218	1	4	1 404	1 144	13	17	430	37.
709	94	457	72	45	111	–	–	533	15	17	27	555	38.
421	90	1 065	115	105	762	–	2	725	144	7	20	471	39.
215	79	102	14	26	68	–	–	106	5	28	29	648	40.
974	93	3 035	394	306	5 283	3	5	1 179	2 290	11	21	584	41.
525	86	3 350	502	309	4 430	1	5	2 095	2 086	8	8	333	42.
216	23	153	19	24	66	–	–	146	7	–	–	51	
526	67	336	59	46	102	–	–	385	24	2	9	235	
504	66	334	52	37	111	–	–	357	10	6	12	259	
473	129	250	19	42	196	–	–	177	25	28	33	719	43.
229	145	790	144	102	382	–	–	787	28	7	27	720	44.
126	84	741	139	117	436	–	–	754	96	8	11	264	45.
178	45	105	15	15	26	–	–	118	–	4	14	217	
388	37	280	31	15	49	–	–	314	12	1	13	265	46.
589	35	428	57	56	217	–	–	363	34	8	7	283	47.
246	59	897	86	127	1 074	1	1	417	256	14	19	663	48.
561	44	415	53	48	111	–	–	417	16	5)	10	267	49.
702	118	429	61	53	402	–	–	332	122	6	22	578	50.
450	5 543	72 297	12 875	8 975	101 304	20	87	41 280	38 110	958	1 300	31 344	

Table headers:

rwerbspersonen am 27. 5. 1970	davon in			Nichtlandwirtsch. am 27. 5. 1970		Zahl der Betriebe im Mai 1971 mit über		Berufspendler am 27. 5. 1970		Landwirtsch. Betriebe über 10 ha		Landw. Nutzfläche in ha
ges.	Land- u. Forstwirtsch.	Produz. Gewerbe	Handel und Verkehr	Arbeitsstätten	Beschäftigte	500 Beschäftigten	100 Beschäftigten	Auspendler	Einpendler	1949	1971	1971

von 1940 bis 1950 nach Donzdorf eingemeindet

Aus dem Wirtschaftsleben

Industrie und Gewerbe nach 1945

von Gerhard Evers und Helmut Lehle

Industrielandschaft – Erholungslandschaft

Wer auf Grund der rd. 50 000 Industriebeschäftigten annimmt, daß der Landkreis Göppingen eine zersiedelte Werkstattlandschaft darstellt, wird eines anderen belehrt, wenn er vom Norden, Osten oder Westen seine Grenze überschreitet. Dort betritt er den Kreis in der romantischen Umgebung von Bergen, Tälern, Schlössern, Burgen und Thermalquellen, in einer Kur-, Ferien- und Erholungslandschaft, deren einzelne Namen weit über die Kreis- und Landesgrenzen hinaus bekannt sind.

Ganz anders sieht das Bild dagegen aus, wenn man die Kreisgrenze von Plochingen/Reichenbach kommend auf der Bundesstraße 10 von Westen her überschreitet. Dort wachsen die einzelnen Gemeinden immer dichter zusammen, so daß es für einen Fremden in vielen Fällen heute schon kaum mehr möglich ist, die einzelnen Ortsgrenzen zu erkennen. Hier reiht sich Betrieb an Betrieb. Man kann mit Recht von einem „Industrieband" sprechen, das von Ebersbach über Uhingen, Faurndau, Göppingen, Eislingen und Salach reicht, und selbst danach sind die Grünflächen zu den Industriegebieten der nachfolgenden Ortschaften Süßen, Gingen, Kuchen und Geislingen nur noch bescheiden. Neben diesem „Industrieband" entwickeln sich das Lautertal von Süßen bis Donzdorf und das Obere Filstal am Schnittpunkt mit der Bundesautobahn bei Mühlhausen bis Wiesensteig immer mehr zu industriellen Schwerpunkten.

Neubeginn 1945

Als der Krieg 1945 zu Ende ging, bestand der Landkreis Göppingen gerade
sieben Jahre lang. Er war 1938 im Zuge der Neugliederung nach dem Gesetz über
die Landeseinteilung vom 25. 4. 1938 mit einigen Korrekturen aus den damaligen
Oberämtern Göppingen und Geislingen gebildet worden. Geblieben war aber die
Zugehörigkeit der Firmen des früheren Oberamts Göppingen zu der Industrie-
und Handelskammer Reutlingen und die Zugehörigkeit zur IHK Ulm für die
Firmen des früheren Oberamts Geislingen. Die französisch-amerikanische Zonen-
grenze hat dann 1945 die Göppinger Firmen von ihrer bis dahin zuständigen
Industrie- und Handelskammer abgeschnitten. Im Gegensatz zu den Bezirkswirt-
schaften verschiedener anderer Landkreise die vor derselben Situation standen,
entschied man sich aber damals im Kreis Göppingen für einen Anschluß an die
Industrie- und Handelskammer Stuttgart.
Durch die sehr frühzeitig erfolgte Industrialisierung des Filstals – die Papier-,
die Leder- und die Textilindustrie waren hier schon lange stark vertreten –
spielte der Landkreis Göppingen im wirtschaftlichen Gefüge Baden-Württembergs schon vor 1945 eine dominierende Rolle. So waren auch die Ausgangszahlen
nach 1948 im Verhältnis zu den benachbarten Kreisen recht günstig. Unter den
63 Landkreisen lag der Kreis Göppingen in den fünfziger Jahren mit nahezu
200 000 Einwohnern an zweiter Stelle hinter dem Landkreis Ludwigsburg. Nach
der Zahl der Gemeinden nahm er aber nur die 14. Stelle und nach seiner Fläche
die 23. Stelle unter den Landkreisen Baden-Württembergs ein. Daraus resultierte
eine große Bevölkerungsdichte. Noch größer war jedoch die Industriedichte: Mit
51 000 Industriebeschäftigten lag der Kreis 1957 im gesamten Land noch weit an
der Spitze aller baden-württembergischer Landkreise. Die folgenden Tabellen verdeutlichen, welche industrielle Ballung dieser Raum bereits damals aufwies, zumal
das Gewerbe bis auf wenige Ausnahmen im engen Filstal ansässig war und ist.
Die hohe Industrialisierung schlug sich in einem Bruttoinlandsprodukt von
854 Mio. DM (1957) nieder, was einem Anteil von 3,6 Prozent des Landesergebnisses entsprach. Noch deutlicher ist aus dem Bruttoinlandsprodukt je Erwerbstätigen der Wirtschaftsbevölkerung der beachtliche Beitrag des Kreises Göppingen
ersichtlich. Hier entfielen 1957 rd. 4530 DM auf jeden Göppinger Erwerbstätigen,
während der Landesdurchschnitt rd. 5,3 Prozent niedriger lag. Bis 1969 stieg
diese Kennzahl um 114 Prozent auf rd. 9675 DM. Zu dieser Zahl trug das warenproduzierende Gewerbe – also Industrie und Handwerk – rd. 69,2 Prozent
bei, während auf die Land- und Forstwirtschaft 2,4 Prozent, auf Handel und
Verkehr 11,3 Prozent und auf die übrigen Dienstleistungen 17,1 Prozent entfielen.

Tabelle 1: Industrie mit zehn und mehr Beschäftigten

	Kreis Göppingen				Land Baden-Württemberg			
	1958		1971		1958		1970	
Anzahl der Industrie-betriebe	339		317		10 750		10 579	
Beschäftigte nach Branchen	%		%		%		%	
Maschinenbau	12 425	24,2	14 272	28,3	194 580	15,2	285 753	18,0
Fahrzeugbau	754	1,5	1 627	3,2	96 480	7,5	165 790	10,2
Elektrotechnik	821	1,6	1 125	2,2	147 481	11,6	258 209	16,0
Feinmechanik und Optik	146	0,3	486	1,0	67 591	5,3	72 786	4,5
Eisen-, Blech- und Metallwaren u. a.	7 844	15,3	6 550	13,0	90 776	7,1	72 713	4,5
Chemie	1 973	3,8	2 203	4,4	38 281	3,0	65 137	4,1
Sägerei, Holzbearbeitung und Holzverarbeitung	2 418	4,7	1 537	3,0	67 296	5,3	50 442	3,1
Papiererzeugung und -verarbeitung, Druck	2 807	5,5	2 218	4,4	71 487	5,6	20 569	1,2
Ledererzeugung und -verarbeitung, Schuhe	2 640	5,1	1 781	3,5	51 537	4,0	17 537	1,1
Textil	10 196	19,9	7 437	14,7	174 198	13,6	151 358	9,4
Bekleidung	3 072	6,0	2 296	4,5	52 980	4,2	51 031	3,2
Nahrungs- und Genußmittel	944	1,8	1 231	2,4	73 628	5,8		
							399 529	25,0
Sonstige	5 012	9,9	7 713	13,0	115 520	9,0		
Beschäftigte insgesamt	51 236	100	50 476	100	1 277 373	100	1 610 854	100

Tabelle 2: Umsatz der Industrie

	1955		1970 (o. Mwst.)	
	Mio. DM	%	Mio. DM	%
Landkreis:				
Göppingen	1 057	4,0	2 421	2,5
Ludwigsburg	901	3,4	3 031	3,2
Reutlingen	758	2,9	2 237	2,4
Esslingen	702	2,7	2 462	2,6
Heidenheim	678	2,6	1 534	1,6
Baden-Württemberg insgesamt	26 120	100	94 700	100

Branchen- und Betriebsgrößenvielfalt in der Industrie

Hinter den Globalzahlen verbirgt sich eine selbst für baden-württembergische Verhältnisse erstaunliche Mannigfaltigkeit und Differenziertheit der Branchen. Von fünf Ausnahmen abgesehen sind sämtliche der 32 statistisch unterschiedenen Industriehauptgruppen vertreten und auch in den sechs wichtigsten Branchen des Kreises – Maschinenbau, Textilindustrie, Eisen-, Blech-, Metallindustrie, Bekleidungsindustrie, chemische und pharmazeutische Industrie, Spielwaren-, Sportgeräte- und Musikinstrumentenindustrie (siehe Tab. 1) – stellen „Spezialbetriebe" den Normalfall dar. In zunehmendem Umfang wurde das bis zum Zweiten Weltkrieg von den Traditionsindustrien des Textil-, Papier- und Ledersektors beherrschte Bild durch neue Branchen bereichert, wie z. B. Autozubehör, Briefmarkenalben, Elektronik, Farbfolien, Filztücher, Förderanlagen, Tierfutter, Galvanotechnik, Keramik und viele andere mehr.

Der Branchenvielfalt entspricht eine harmonische Verteilung der Groß-, Mittel- und Kleinbetriebe in den eingangs genannten Industriegebieten, wie die nachstehende Tabelle zeigt (Stand 1971):

Beschäftigte	Anzahl Betriebe
50– 99	56
100– 199	46
200– 299	20
300– 499	21
500– 799	8
800– 999	4
1000–1999	4
2000–2999	3
3000–4999	–
5000–9999	1
10000–und mehr	–

Wenn sich die Industrie auch in den eingangs genannten Gebieten konzentriert, so finden sich doch auch in den Gemeinden abseits des Fils- und unteren Lautertals vielfach schon Firmen mit mehr als 200 Beschäftigten. Von den industrialisierten Filstalstädten bzw. -gemeinden wird nur die Stadt Geislingen eindeutig von einem Betrieb beherrscht. Hier hat die weltbekannte Württembergische Metallwarenfabrik (WMF) ihren Sitz, die mit rd. 6000 Beschäftigten zugleich die größte Firma des Kreises ist. Darüber hinaus ist die wirtschaftliche Entwicklung Geislingens aber auch durch eine Reihe von Mittelbetrieben der Eisen-, Blech-,

127.
*Höhenfreibad
in Ebersbach*

128.
*Altes Pfarrhaus
in Ebersbach,
erbaut 1581*

129. Ev. Johanneskirche in Börtlingen

Metall-, Textil-, Papier- und Musikinstrumentenbranche geprägt – wobei es sich vielfach um nach Kriegsende von Vertriebenen und Flüchtlingen gegründete Betriebe handelt –, die nach anfänglichen Schwierigkeiten gerade in den letzten Jahren einen außerordentlichen Aufschwung genommen haben.

Integriertes Handwerk

Das Handwerk ist im Kreis Göppingen schon seit jeher in das von der Industrie bestimmte Wirtschaftsgefüge integriert und erfüllt für die Leistungsfähigkeit der Betriebe außerordentlich wichtige Zuliefer-, Reparatur- und Wartungsfunktionen. Da auf diese Leistungen kurzfristig und meistens „am Ort" zurückgegriffen werden kann, scheint es berechtigt, das Handwerk als wesentlichen Faktor der äußerst günstigen „wirtschaftlichen Infrastruktur" dieses Kreises hervorzuheben. Auf diesen Umstand dürfte es auch zurückzuführen sein, daß sich der Anteil der im Kreis Göppingen ansässigen Handwerksbetriebe an der Gesamtzahl aller baden-württembergischen Betriebe 1956 wie 1968 unverändert auf 2,78 Prozent belief, d. h. daß keine über den Durchschnitt hinausgehende Schrumpfung zu verzeichnen war (siehe nachfolgende Tabelle). Dabei ist der absolute Rückgang übrigens nicht nur auf Betriebsschließungen zurückzuführen, sondern es wachsen – vor allem in den Bereichen Metallverarbeitung und Baugewerbe – immer neue Betriebe aus dem Handwerk heraus in industrielle Betriebsformen hinein. Bei den Beschäftigten und beim Umsatz konnten dagegen die sich zwischen 1956 und 1968 als Landesdurchschnitt ergebenden Zuwachsraten nicht erreicht werden.

Tabelle 3: Das Handwerk und die darin Beschäftigten.
Ergebnisse der Handwerkszählung von 1956 und 1968

	Kreis Göppingen			Baden-Württemberg			Kreis Göppingen in % des Landes	
	1956	1968	± %	1956	1968	± %	1956	1968
Zahl der Betriebe	3 779	3 024	− 20,0	135 953	108 583	− 20,1	2,78	2,78
Beschäftigte insgesamt	16 477	17 626	+ 7,0	601 750	666 738	+ 9,9	2,75	2,64
	1955	1967		1955	1967		1956	1968
Gesamtumsatz in Mio. DM	239	662,5	+ 177,0	8 317	25 348	+ 204,5	2,87	2,61

Andere Wirtschaftsbereiche

Zwar dominiert das warenproduzierende Gewerbe – wie in ganz Baden-Württemberg – auch im Kreis Göppingen, aber angesichts der zunehmenden Kaufkraft und Motorisierung der Bevölkerung, den Verbesserungen bei den Verkehrsverbindungen in den Stuttgarter Raum und vor allem angesichts der Verbrauchermarktwelle, die allein 1967 im Nahbereich der Stadt Göppingen zu drei Neugründungen mit insgesamt 14 300 qm Verkaufsfläche führte, vollzog sich eine alle Branchen umfassende Modernisierung des Einzelhandels. In fast allen Kreisgemeinden, voraus in der Kreisstadt Göppingen, hat sich das Orts- bzw. Stadtbild durch die Errichtung neuer repräsentativer Geschäftshäuser oder grundlegender Neugestaltung bestehender Bauten entscheidend verjüngt. Die genannten Faktoren führten allerdings auch zu einem Ausleseprozeß, dem in der Spanne von 1959 bis 1967 allein 300 Arbeitsstätten im Einzelhandel zum Opfer fielen, das sind 2,2 Prozent mehr als im Landesdurchschnitt. Bis heute ist diese Entwicklung noch nicht zum Stillstand gekommen, so daß es keine Seltenheit ist, wenn in den peripheren Wohngebieten der Städte nur noch vereinzelt Lebensmittelgeschäfte, Bäckereien oder Metzgereien zu finden sind.

Tabelle 4: Einzelhandel im Kreis Göppingen

| | 31. 8. 1960 | 31. 8. 1968 | Veränderung in % | |
			Kreis Göpp.	Bad.-Württ.
Arbeitsstätten	1 804	1 503	∕. 16,7	∕. 14,5
Beschäftigte	5 667	6 366	+ 12,3	+ 22,0
	1959	1967		
Umsatz in 1000 DM	206 182	370 706	+ 79,8	+ 101,7

Während der Einzelhandel des Kreises Göppingen 1968 etwa 2,2 Prozent des Landesergebnisses als Umsatz verbuchen konnte, liegt der Großhandel mit einem Anteil von rd. 1,9 Prozent etwas darunter. 1959 lag dieser Wert allerdings noch bei 1,5 Prozent, so daß seither eine beachtliche Entwicklung registriert werden kann. Führend sind neben dem Lebensmittelgroßhandel der Industriebedarfs-, Papier-, Holz-, Elektro-, Maschinen- und der Mineralölgroßhandel. Die nachstehende Tabelle zeigt das durchweg erfreuliche Bild der Entwicklung bei den Merkmalen „Arbeitsstätten", „Beschäftigte" und „Umsatz" des Großhandels des Kreises:

Tabelle 5: Großhandel im Kreis Göppingen

| | 31. 8. 1960 | 31. 8. 1968 | Veränderung in % | |
			Kreis Göpp.	Bad.-Württ.
Arbeitsstätten	326	343	+ 5,2	./. 7,8
Beschäftigte	2 670	3 431	+ 2,8	+ 2,2
	1959	1967		
Umsatz in 1000 DM	211 694	553 565	+ 161,5	+ 86,6

Die gelegentlich aufgestellte These von einer künftig rückläufigen wirtschaftlichen Entwicklung des Kreises dürfte allein schon durch die Anziehungskraft widerlegt sein, die dieser Kreis offensichtlich auf die zahlreichen Zweige des Dienstleistungsgewerbes ausübt. Während dieser Bereich – ohne Verkehr – 1957 noch 14,8 Prozent zum Bruttoinlandsprodukt des Kreises beisteuerte, waren es 1968 schon 17,6 Prozent. Am Platz Göppingen sind beispielsweise sämtliche Großbanken und nahezu alle regionalen Bankinstitute samt einer der größten Kreissparkassen des Landes und den genossenschaftlichen Banken vertreten.

Im Aufschwung befindet sich auch das Gaststätten- und Fremdenverkehrsgewerbe, das die Naherholungsgebiete nördlich der Fils (Schurwald und Rehgebirge mit den Kaiserbergen), im oberen Filstal, am Albrand und im Albvorland mit einem immer dichter werdenden Netz leistungsfähiger, attraktiver Betriebe zu überziehen beginnt. Neben zahlreichen grundlegenden Modernisierungen und Renovierungen entstanden allein in den vergangenen fünf Jahren an fünf Orten – in Aichelberg, Bad Ditzenbach, Bad Überkingen, Boll und Uhingen/Diegelsberg – neue Hotels.

Welche Anziehungskraft der Kreis auch auf das Verkehrsgewerbe ausübt, kommt in der großen Zahl von Niederlassungen internationaler Speditionen zum Ausdruck. Von den 16 im Raum Göppingen/Eislingen ansässigen Firmen dieser Branche hat nahezu die Hälfte überregionale Bedeutung. Schließlich hat auch die Bundesbahn ihre positiven Erwartungen hinsichtlich des Standes und der weiteren Entwicklung der Wirtschaft dieses Raumes durch den Bau eines Container-Bahnhofes in Göppingen dokumentiert. Das private Personenbeförderungsgewerbe hat gerade in den letzten Jahren in Konkurrenz zur Bundesbahn und Bundespost sowie zu den zahlreichen Werksverkehren seine Leistungsfähigkeit bei der Bewältigung der Pendlerströme aus den ländlichen Gebieten links und rechts des Filstals bewiesen. In Göppingen, Geislingen und mehreren kleineren Gemeinden haben sechs namhafte Omnibusunternehmen ihren Sitz.

Licht und Schatten der Beschäftigtenstruktur

Wie schon zuvor ausgeführt, startete der Landkreis Göppingen in die Nachkriegszeit mit einem weit über dem Durchschnitt liegenden Industriebeschäftigten-
bestand. 1954 wurden in den Industriebetrieben mit mehr als zehn Beschäftigten
insgesamt rund 45 000 Mitarbeiter gezählt. Diese Zahl stieg bis 1966 auf rund
52 500 an und erreichte nach der Rezession noch einmal etwa denselben Wert.
Seither nimmt diese Zahl jedoch ständig ab. Die Entwicklung verläuft damit zwar
ähnlich wie in den meisten benachbarten Kreisen, doch war der Aufschwung dort
einerseits steiler und geht andererseits die Kurve jetzt weniger rasch zurück als
im Kreis Göppingen.
Diese auf den ersten Blick negative Entwicklung verliert jedoch an Schärfe, wenn
man die Gesamtbeschäftigung auf ihre Struktur hin untersucht. Die starken Aus-
schläge werden nämlich insbesondere durch die konjunkturbedingten Zu- und
Abströme der Gastarbeiter hervorgerufen. An dem Bestand hochqualifizierter,
aber doch anpassungsfähiger, ortsansässiger Industriefacharbeiter hat sich jedoch
wenig geändert. Die durch die fortschreitende Automatisierung, insbesondere in
der Textilindustrie frei gewordenen Arbeitskräfte sind von den im Fertigungs-
prozeß nachfolgenden Spezialindustrien aufgesogen worden. So haben beispielsweise die Firmen des Textilmaschinenbereichs im gleichen Umfang expandiert,
wie sich die Textilindustrie in den letzten zehn Jahren konsolidiert hat.
Das schon in den frühen sechziger Jahren ausgeschöpfte einheimische Arbeits-
kräftereservoir ließ auch im Kreis Göppingen die absoluten und relativen Zahlen
für ausländische Arbeitskräfte ansteigen. Wie im ganzen mittleren Neckarraum
mit seinen hochindustrialisierten Landkreisen erhöhte sich der Ausländeranteil
auch hier auf über 9 Prozent der gesamten Wohnbevölkerung, auf rd. 15 Prozent
aller Beschäftigten und auf über 20 Prozent der Arbeiterschaft (1970). Während
anfangs vorwiegend männliche ausländische Arbeitskräfte in den Industrie- und
öffentlichen Dienstleistungsbetrieben tätig wurden, nahm nach dem Rezessions-
jahr 1967 auch die Zahl der weiblichen Arbeitnehmer – vor allem in den sogenannten Frauenbetrieben der Textil- und Bekleidungsindustrie – zu. Die männ-
lichen Arbeitnehmer sind vorwiegend im Bau-, Ausbau- und Bauhilfsgewerbe
(1971: 27,1 Prozent) und im Maschinenbau (19,2 Prozent) tätig. Der Anteil der
in der Industrie tätigen Ausländer sank aber in den letzten fünf Jahren um
6,7 Prozent auf 77,6 Prozent zugunsten des Anteils der Arbeiter, die in den
Dienstleistungsbetrieben tätig sind. Tabelle 6 verdeutlicht die Entwicklung der
Beschäftigtenzahlen:

Tabelle 6: Ausländerbeschäftigung im Kreis Göppingen

Stichtag	Ausländer insgesamt	Frauen	Anteil der Frauen an der Ausländer- beschäftigung
30. 9. 1961	6 105	1 090	17,9%
30. 9. 1966	11 673	3 126	26,8%
30. 9. 1967 (Rezession)	8 518	2 411	28,3%
30. 6. 1971	15 573	4 497	29,3%

Weltweiter Export

Die bereits an anderer Stelle genannte Spezialisierung der Industriefirmen des Kreises, die nicht nur bei den größeren Firmen eingetreten ist, sondern gerade auch zahlreiche mittlere und kleinere Firmen kennzeichnet, hat stark zu deren internationaler Konkurrenzfähigkeit beigetragen. Der Export wird also nicht nur von der Handvoll Firmen mit mehr als 1000 Beschäftigten getragen, sondern zu einem wesentlichen Teil auch von den Firmen mit 50 bis 1000 Beschäftigten.

Hält man sich dies vor Augen, so kann man die Tatsache erst richtig würdigen, daß der Kreis seit Jahren mit zwischen 21 und 23 Prozent schwankenden Exportanteilen am Umsatz regelmäßig ein bis zwei Punkte über dem Landesdurchschnitt liegt. Selbst in dem durch die internationale Währungskrise äußerst schwierigen Exportjahr 1971 setzten die Firmen des Kreises rd. 539 Mio. DM im Ausland um, das entsprach wiederum 21,5 Prozent ihres Gesamtumsatzes.

Untersucht man den Export nach den Käuferländern, so fällt auf, daß noch heute mehr Firmen in die Nachbarländer Österreich und Schweiz liefern, als in die Partnerstaaten der EWG. Allerdings ist das Volumen der Lieferungen nach Frankreich, in die Niederlande, nach Belgien und nach Italien wesentlich größer als das der Exporte nach Österreich und in die Schweiz. Offenbar wollen gerade die kleineren Firmen ihre ersten Exporterfahrungen trotz aller Zoll- und Verfahrenserleichterungen im Außenhandel mit den EWG-Partnern lieber zunächst in den deutschsprachigen und wesensähnlicheren Nachbarländern sammeln. Auch die ersten Schritte auf dem französischen Markt werden vorzugsweise über einen elsässischen Stützpunkt unternommen. Im übrigen gibt es in ganz Europa kein Land – auch nicht im Ostblock –, das nicht wirtschaftliche Beziehungen zum

Kreis Göppingen hat. In Afrika sind es 23, in Asien 27, in Australien zwei und in Amerika 24 Länder, in die Exporterzeugnisse aus dem Kreis gehen. Insgesamt werden 103 Länder der Erde beliefert.

Daß es sich dabei nicht nur um sporadische Exporte, sondern um dauerhafte, seit vielen Jahren bestehende Geschäftsbeziehungen handelt, geht daraus hervor, daß es in 93 Ländern Vertretungen von Firmen des Kreises gibt. Die zwangs- läufig begrenzte Kapitalkraft der Mittel- und Kleinbetriebe des Kreises beein- trächtigt naturgemäß das weitergehende Engagement im Ausland in Form von Betriebsstätten und Niederlassungen. Trotzdem nimmt das Interesse an diesem „dritten Schritt" auch bei den mittelständischen Firmen immer mehr zu, während die Firmen mit über 1000 Beschäftigten schon jetzt mit insgesamt 17 Nieder- lassungen oder Betriebsstätten in Europa, aber auch in Argentinien, Australien, Brasilien, Indien, Kanada und in den USA vertreten sind. Man kann deshalb mit Recht annehmen, daß nicht nur die Weltmarken „WMF" und „Märklin", sondern auch zahlreiche andere Firmennamen aus dem Kreis Göppingen einen guten Klang auf dem internationalen Markt haben.

Die Gebietsreform bringt wenig Änderungen

Nach dem Reformkonzept der baden-württembergischen Landesregierung von 1971 soll das Land unter Beachtung der sozio-ökonomischen Verflechtungsbereiche der unteren und mittleren Stufe in verwaltungsmäßig leistungsfähigere und un- tereinander besser ausgewogene Landkreise eingeteilt werden. Dabei bleibt der Landkreis Göppingen – von einigen geringfügigen Korrekturen an den Grenzen zu den Kreisen Ulm und Schwäbisch Gmünd – als einziger Kreis unverändert. Durch die Reduzierung der anderen Landkreise von 62 auf 34 vergrößern sich die verbleibenden Kreise bei verschiedenen Merkmalen – Fläche, Bevölkerung, Anzahl Gemeinden – zum Teil um mehr als das Doppelte, so daß der Kreis Göppingen zwangsläufig an Bedeutung in der Statistik verliert. Die nachfolgende Tabelle zeigt, welche Rangplätze der Kreis Göppingen nach dem derzeitigen Stand der Kreisreform innerhalb der Reihe der neu gebildeten 35 baden-würt- tembergischen Landkreise bei verschiedenen ausgewählten Merkmalen einnehmen wird. Zu beachten ist, daß mangels neuerer Zahlen von früheren Ergebnissen aus- gegangen werden mußte und daß diese Werte entsprechend den neuen Kreis- grenzen berichtigt wurden.

Tabelle 7: Kreis Göppingen – Ausgewählte Strukturkennzahlen und Rangplätze

Merkmal	Rangplatz innerhalb aller baden-württem- bergischen Kreise	Anzahl	Einheit	Ausgangs- Datum/Jahr für die Umrechnung
Gemeinden	—	50	—	1. 1. 1973
Fläche	29	638,70	qkm	1. 1. 1973
Wohnbevölkerung	4	228 587	Personen	30. 6. 1971
	11	ca. 231 000	Personen	1. 1. 1973
Bevölkerungsdichte	6	359	Einw./qkm	30. 6. 1971
Industriedichte	3	228	Ind.-Besch. auf 1000 d. Bevölkerung	1967
Umsatz der gewerbl. Wirtschaft	5	15 583	DM/Einw.	1968
Steuerkraftsumme	11	356,79	DM/Einw.	1972

Die Tabelle zeigt, daß der Kreis zwar bei den absoluten Zahlen, wie z. B. bei der Gesamtfläche und Wohnbevölkerung auf hintere bzw. mittlere Plätze zurück- fällt, daß er aber bei den Bezugskennzahlen „Bevölkerungs- bzw. Industrie- dichte" und „Pro-Kopf-Umsatz der Bevölkerung" nach wie vor beachtliche Rang- plätze innehaben wird. Von den 109 450 Erwerbstätigen des künftigen Kreises Göppingen, entfallen 66,1 Prozent, das sind 72 297 Personen auf das produzie- rende Gewerbe. Dieser Anteil liegt 11,5 Punkte höher als der Landesdurchschnitt. Es erscheint deshalb durchaus gerechtfertigt, wenn man annimmt, daß der Kreis Göppingen auch künftig in Baden-Württemberg und darüber hinaus im gesamten Bundesgebiet einen beachtlichen wirtschaftlichen Faktor darstellen wird. In dem nachfolgenden Abschnitt soll diese Prognose durch weitere Fakten untermauert werden.

Ausblick

Von grundlegender Bedeutung für die künftige wirtschaftliche Entwicklung des Kreises sind die großen, vor ihrer Realisierung stehenden Baumaßnahmen auf dem Verkehrssektor. Dazu zählen vor allem der Bau des sogenannten „Plochin-

ger Dreiecks", der vollständige Bau der zweiten Filstalstraße von Plochingen bis
zum Autobahnanschluß bei Ulm und der ebenfalls in wenigen Jahren zu erwar-
tende Bau der Neckar-Alb-Autobahn. Wenn auch der Kreis Göppingen ein in
sich geschlossenes und deshalb nicht reformbedürftiges Gebiet innerhalb der neugebildeten Region „Mittlerer Neckar" darstellt, so sind doch die Verflechtungen
mit den anderen Teilen dieser Region so groß, daß die bestehenden Verkehrsverbindungen bereits jetzt an der Grenze ihrer Leistungsfähigkeit angelangt sind.
Die Verstärkung dieser Verbindungen durch die zweite Filstalstraße und die
Öffnung des Verkehrs-Flaschenhalses in Plochingen wird zu einem weiteren
wirtschaftlichen Aufschwung führen. Genauso bedeutsam ist jedoch auch die,
das untere Filstal in Zukunft als Querspange durchziehende Neckar-Alb-Autobahn. Sie wird entscheidend dazu beitragen, daß sich die rechts und links des Filstals liegenden Gebiete wirtschaftlich besser entwickeln können und damit zu einer
etwas gleichmäßigeren räumlichen Verteilung der gewerblichen Arbeitsstätten
beitragen. Zugleich wird dadurch auch die Gefahr gebannt, daß der Landkreis
in einen Verkehrsschatten gerät und als Ganzes in seiner wirtschaftlichen Entwicklung behindert wird.
Neben diesen Großprojekten mit überregionaler Bedeutung stehen jedoch auch
noch Verkehrsprobleme mit örtlicher Bedeutung zur Lösung an. Hierzu gehört
der Bau leistungsfähiger Straßen anstelle der „Eisenbähnchen", die von Göppingen, Süßen und Geislingen als Stichbahnen ins Hinterland führen. Die Teil-
strecken von Donzdorf nach Weißenstein und von Deggingen nach Wiesensteig
sind schon stillgelegt. Weitere Stillegungen können jedoch erst dann erfolgen,
wenn für die Güter- und Personentransporte geeignete Straßen zur Verfügung
stehen.
Wesentliche Beiträge zur Verbesserung der Infrastruktur leisteten und leisten in
vielfältiger Form die Gemeinden. Hierzu zählen die Bildung von Verwaltungsgemeinschaften, gemeinsam erstellte Flächennutzungspläne, der Bau von Groß-
und Sammelkläranlagen, die Gründung von Zweckverbänden für die Müllbeseitigung und ähnliche Maßnahmen auf dem Gebiet der Raumplanung, der Versorgung und der Entsorgung. Der Bau einer Müllverbrennungsanlage steht unmittelbar bevor. Nach wie vor sind die Gemeinden bemüht, Industrie- und Ge-
werbegelände anzubieten. 1971 waren es rd. 223 ha, die für diesen Zweck zur
Verfügung standen. Daneben wurden rd. 670 ha Fläche für neue Wohnungs-
gebiete in den Bauleitplänen ausgewiesen.
Weiterhin fördern die Gemeinden die Attraktivität des Kreises durch Anlagen
für die Freizeitgestaltung. So sind in den letzten Jahren moderne Hallenbäder in
Göppingen, Süßen, Faurndau und Geislingen gebaut worden, weitere sollen in

Eislingen und Ebersbach erstellt werden. Dazu kommen neue, zum Teil beheizte Freibäder, moderne Sportstätten, voran die für Ausscheidungskämpfe im Handball der Olympischen Spiele 1972 benutzte Hohenstaufenhalle in Göppingen. Schließlich trägt die Kreisverwaltung durch regelmäßig stattfindende Ortsverschönerungs- und Gaststättenwettbewerbe zur äußeren Attraktivität des Kreises bei.

Nimmt man zu diesen positiven Aspekten die vorhandenen hochqualifizierten Fachkräfte sowie das dichte Netz breit gefächerter, leistungsfähiger Handwerks-, Zuliefer- und Dienstleistungsbetriebe hinzu, so zeigt sich, daß auch für die zahlreichen „alten", im Filstal räumlich eingezwängten Unternehmen – für die kostensparende Rationalisierungsmaßnahmen zwangsläufig schwieriger, zeitraubender und damit teurer sind als bei Neugründungen – echte Alternativen und Ausweichmöglichkeiten im Kreis geboten werden. Damit steigen zugleich die Aussichten für die Göppinger Wirtschaft, im nationalen und internationalen Wettbewerb mit seiner Forderung nach fortschreitender Arbeitsteilung, auch in Zukunft zu bestehen.

Bedeutende Rolle der Landwirtschaft

von Anton Straub

Obwohl der Kreis Göppingen stark industrialisiert ist, spielt die Landwirtschaft in ihm eine sehr bedeutende Rolle. Es sind zwar nur knapp neun Prozent der Erwerbspersonen in der Land- und Forstwirtschaft tätig. Damit liegt der Kreis deutlich unter dem Landesdurchschnitt. Trotz der gewaltigen agrarstrukturellen Veränderungen seit dem Ende des Zweiten Weltkrieges sind aber eine große Zahl landwirtschaftlicher Vollerwerbsbetriebe erhalten geblieben, die die Gewähr geben, daß die Landschaft in Kultur gehalten wird.

Natürliche Voraussetzungen für Landbewirtschaftung

Die natürlichen Voraussetzungen für Landbewirtschaftung sind im Kreis sehr unterschiedlich. Die verhältnismäßig starken Niederschläge mit 900 mm im Voralbgebiet und 1000 mm auf der Alb schreiben zusammen mit den Bodenverhältnissen und der Topographie einen hohen Grünlandanteil von ca. 54 Prozent der landwirtschaftlichen Nutzfläche (LN) vor.

Bodennutzungserhebung 1971:

Grünland	17 934 ha	=	53,9 Prozent der LN
Ackerland	13 897 ha	=	41,7 Prozent der LN
Gartenland	1 012 ha	=	3,1 Prozent der LN
Obstanlagen	415 ha	=	1,2 Prozent der LN
Baumschulen	34 ha	=	0,1 Prozent der LN

Die bereinigten Ertragsmeßzahlen für die landwirtschaftliche Nutzfläche liegen zwischen 25 und 52. Der Hektarsatz liegt bei durchschnittlich 1200 DM mit Schwankungen zwischen 340 DM und 1890 DM.

Nach den natürlichen Verhältnissen kann man das Kreisgebiet in vier Produktionsräume einteilen.

Das *mittlere und untere Filstal* bietet günstige Voraussetzungen. In der Göppinger Bucht beträgt die mittlere Jahrestemperatur 8,9° Celsius. Aber in diesem Raum hat die Landwirtschaft der Industrie am stärksten weichen müssen.

Das Voralbgebiet mit einer mittleren Jahrestemperatur von 7,4° Celsius nimmt die größte Fläche ein. Wegen der schweren Böden, vor allem am Albtrauf, ist hier das Grünland besonders stark vertreten. Am Fuße der Alb findet der Obstbau sehr günstige Voraussetzungen.

Flächenmäßig am kleinsten ist das Gebiet des *Schurwaldes,* in dem die forstliche Nutzung vorherrscht. An den Südhängen des Schurwaldes ist der Obstbau zu Hause. Besonders der Beerenbau spielt hier eine Rolle.

Im Osten des Kreises auf der *Alb* beträgt die mittlere Jahrestemperatur nur noch 6,8° Celsius. Die Böden sind hier durchlässiger, aber auch flachgründiger. Ackerbau und Viehzucht herrschen vor.

Neben den natürlichen Verhältnissen geben die Absatzmöglichkeiten der Landwirtschaft ihr Gepräge. Bei 230 000 Einwohnern gibt es gute Chancen der direkten Vermarktung, die von vielen Landwirten auch genutzt werden.

Ein sehr hoher Anteil der Eierproduktion wird von den Produzenten unmittelbar an die Verbraucher verkauft. Auch ein großer Teil des erzeugten Obstes wird direkt vermarktet.

Verhältnismäßig günstige Agrarstruktur

Nach dem Zweiten Weltkrieg haben sich auch im Kreis Göppingen starke Veränderungen in der Landwirtschaft ergeben. Dabei ist erstaunlich, daß sich trotz der starken Industrialisierung des Kreises eine große Zahl landwirtschaftlicher Vollerwerbsbetriebe erhalten hat.

1971 waren 1234 Betriebe größer als 10 ha, das sind 43 Prozent aller Betriebe über 0,5 ha. Die Tatsache, daß in vielen Gemeinden des Kreises die Anerbensitte zu Hause ist, dürfte hier eine größere Rolle gespielt haben.

Wohl ist die Zahl der kleinen Betriebe (unter 10 ha) rasch zurückgegangen, dagegen ist die der Betriebe über 10 ha bis heute jedes Jahr größer geworden.

Land- und forstwirtschaftliche Betriebe nach Größenklassen der landwirtschaftlichen Nutzfläche 1949 und 1968

Größenklasse	Zahl der Betriebe		LN in ha		LN in %	
	1949	1968	1949	1968	1949	1968
0,5—10 ha	5 000	2 828	19 250	10 108	55,9	33,2
mehr als 10 ha	885	1 217	15 166	20 308	44,1	66,8
alle Betriebe zusammen	5 885	4 045	34 416	30 416	100	100

Besonders rasch ist die Entwicklung in den Jahren 1968 bis 1971 verlaufen:

	Zahl der Betriebe		Landwirtschaftliche Nutzfläche in ha		Landwirtschaftliche Nutzfläche in %	
	1968	1971	1968	1971	1968	1971
unter 10 ha	2 828	1 638	10 108	6 581	33,2	22,4
10–20 ha	1 023	901	14 251	13 039	46,9	44,2
20–50 ha	181	319	4 722	8 438	15,5	28,6
50 und mehr ha	13	14	1 335	1 413	4,4	4,8
alle Betriebe zusammen	4 045	2 872	30 416	29 472	100	100
alle Betriebe über 10 ha zusammen	1 217	1 234	20 308	22 890	66,8	77,6

Aus dieser Tabelle gehen drei ganz besonders bemerkenswerte Tatsachen hervor:
Die Zahl aller landwirtschaftlicher Betriebe über 0,5 ha hat von 1968 bis 1971
um 1173 = 28,9 Prozent abgenommen.
Die Zahl der Betriebe mit 20–50 ha ist in dieser Zeit von 181 auf 319, also um
63 Prozent gestiegen.
Der Anteil der LN, den die Betriebe mit mehr als 10 ha bewirtschaften, hat sich
von 66,8 Prozent auf 77,6 Prozent erhöht.
Diese Zahlen verdeutlichen sehr eindringlich die Schnelligkeit des Strukturwan-
dels.
Parallel zu der Veränderung der Anzahl der Betriebe ging die Abnahme der in
der Landwirtschaft Beschäftigten. Genaue Angaben darüber lieferten die Land-
wirtschaftszählungen 1949 und 1960:

	familienangehörige ständig Beschäftigte	familienfremde ständig Beschäftigte	Summe der ständig Beschäftigten
1949	10 050	2 464	12 514
1960	6 149	791	6 940

In dieser Zeit hat also die Zahl der ständig Beschäftigten um 5674 = 51,6 Prozent abgenommen. Der Rückgang hat auch im vergangenen Jahrzehnt angehalten.
Aufschluß darüber werden aber erst die Ergebnisse der Landwirtschaftszählung
1971 geben, die noch nicht vorliegen.

Hohe Arbeitsproduktivität

Die Arbeitsproduktivität in der Landwirtschaft ist seit dem Zweiten Weltkrieg nahezu vervierfacht worden. Das hat seine Ursache in der Steigerung der Roherträge und der Abnahme der in der Landwirtschaft Beschäftigten. Bezahlt werden mußte diese Leistung mit einer sehr teuren Technisierung. Der Produktionsfaktor Arbeit wurde durch den Produktionsfaktor Kapital ersetzt.

Besonders deutlich macht das der Bestand an Zugmaschinen. Während er im Jahre 1949 noch 195 betrug, ist die Zahl im Jahre 1960 auf 2526 und im Jahre 1971 auf 4168 angestiegen.

Die Getreideernte, früher eine Hauptarbeitsspitze, läßt sich heute mit dem Mähdrescher verhältnismäßig leicht bewältigen. Im Jahre 1949 gab es noch keine Mähdrescher. Bei der Landwirtschaftszählung 1960 wurden 74 Mähdrescher festgestellt, 1965 waren es schon 245 und 1971 etwas mehr als 400. Etwa 90 Prozent der Getreidefläche werden heute durch Mähdrusch geerntet.

Da solche Großmaschinen wie der teure Mähdrescher für den Einzelbetrieb meist unwirtschaftlich sind, wurden sie oft überbetrieblich angeschafft oder eingesetzt. Nach der Landwirtschaftszählung 1960 waren 31 Mähdrescher im Einzelbesitz. In 43 Betrieben hielt man den Mähdrescher gemeinschaftlich. 25 Betriebe ließen ihre Getreideernte in Nachbarschaftshilfe und 383 Betriebe im Lohn mähdreschen.

Die Heuernte ist die einzige Außenarbeit, die noch besonders wetterabhängig ist. Aber auch sie hat durch Heutrocknungsanlagen, durch verstärkte Silierung, vor allem aber durch den Einsatz des Ladewagens Erleichterung erfahren. Besondere Entlastung hat der von dem Landwirt Ernst Weichel in Heiningen entwickelte Ladewagen gebracht.

Moderne und leistungsfähige Maschinen bedürfen großer, gutgeformter Grundstücke und fester, bei jedem Wetter befahrbarer Wege. Daher wurden in den letzten zwei Jahren verstärkte Anstrengungen in der Flurbereinigung und im Wirtschaftswegebau gemacht.

Stand der Flurbereinigung 1971

	Fläche in ha	Anteil an der landwirtschaftlichen Nutzfläche in %
abgeschlossene Verfahren	11 708	35
laufende Verfahren	4 489	13
1972–1976 geplante Verfahren	4 450	13
noch erforderliche Verfahren	5 434	16

23 Prozent der landwirtschaftlichen Nutzfläche sind vorläufig nicht bereinigungs-
bedürftig.

Im Jahre 1956 wurde erstmals der Wirtschaftswegebau mit staatlichen Mitteln
aus dem Grünen Plan besonders gefördert. Von 1956 bis 1970 wurden 127,87 km
Wege mit einem Kostenaufwand von 11 130 943 DM gebaut.

Neben der Rationalisierung der Außenwirtschaft mußten auch in der Innenwirt-
schaft viele Betriebe ihre Gebäude den veränderten Verhältnissen anpassen. Eine
vom Landwirtschaftsamt in 43 Gemeinden oder Gemeindebezirken durchgeführte
Untersuchung hat ergeben, daß 45 Prozent der Hofstellen in Ordnung waren. Bei
34 Prozent ist ein Um- oder Neubau notwendig und an der alten Stelle möglich.
Bei 21 Prozent der Hofstellen wurde festgestellt, daß eine Aussiedlung dringend
erforderlich ist, da am alten Standort keine Erweiterungsmöglichkeit besteht oder
die Betriebe im öffentlichen Interesse verlegt werden müssen.

Die Notwendigkeit der Aussiedlung ist im Kreis Göppingen schon sehr früh er-
kannt worden. Unmittelbar nach der Währungsreform wurden in Wiesensteig
acht Betriebe aus der Tal- und Stadtlage auf die Hochflächen über dem Filstal
ausgesiedelt. Diese Aussiedlungen waren richtungsweisend für die im Jahre 1956
im ganzen Bundesgebiet beginnende Aussiedlungsaktion. Seit dieser Zeit sind 163
neue Gehöfte in der Feldmark erstellt und bezogen worden. Zwei Höfe sind im
Bau und sechs in der Planung begriffen.

Landwirtschaftliche Erzeugung

Die klimatischen Verhältnisse erlauben im Kreis Göppingen außer Obstbau keine
Sonderkulturen. Im Obstbau waren Hochstammanlagen mit Grasnutzung (Streu-
obstbau) sehr verbreitet. Mit dem Beginn der Umstellungsmaßnahmen nach dem
Generalplan zur Neuordnung des Obstbaues in Baden-Württemberg setzten auch
im Kreis Göppingen die Bemühungen ein, in neuzeitlichen Niederstammanlagen
die Produktion zu verbilligen und qualitativ hochwertiges Obst, besonders bei
Äpfeln zu erzeugen.

Von 1957 bis 1970 wurden nach dem Generalobstbauplan 180,2 ha Neupflanzun-
gen errichtet. Sie verteilen sich auf 119,53 ha Einzelpflanzungen, 44,05 ha Ge-
meinschaftspflanzungen mit Pflegegemeinschaften und 16,44 ha Zwischenpflan-
zungen. Ein kleiner Teil der Obstproduktion ist vertraglich an den Obstgroßmarkt
Kirchheim/Teck gebunden. Der größte Teil der Erzeugung wird jedoch unmittelbar an die Verbraucher abgesetzt.

Bei dem hohen Grünlandanteil spielt die Rinderhaltung mit Milch- und Fleisch-

produktion eine sehr große Rolle. Der zweite Schwerpunkt liegt in der Schweinehaltung mit Ferkelerzeugung und Mast. Auch die auf dem Ackerland angebauten
Pflanzen dienen größtenteils Futterzwecken. Da der Futterbau eine solch hervorragende Stellung einnimmt, war man immer auf eine Verbesserung der Konser-
vierung des Winterfutters bedacht. Von 1957 bis 1966 sind 476 Unterdachtrock-
nungsanlagen für Heu und 635 Grünfuttersilos mit 24 157 cbm Siloraum geschaffen worden. Um besser mit Schlechtwetterperioden in der Heuernte fertig zu werden, gehen nun die Bestrebungen auf Heutrocknungsanlagen mit Warmluft.
Die langfristige Entwicklung der Tierhaltung zeigt folgende Aufstellung:

Bestandszahlen:

Tierart	1939	1948	1964	1969	1971
Pferde	2 598	3 369	1 134	670	668
Rinder	34 073	31 033	36 315	42 852	41 335
davon Kühe	17 681	16 412	15 961	16 470	15 317
Schweine	15 733	7 993	25 470	27 460	28 253
Schafe	16 969	15 732	8 372	7 428	8 119
Ziegen	2 735	5 977	817	491	398
Hühner	144 207	88 869	265 281	377 207	403 680

Das Pferd ist durch den Schlepper verdrängt worden. Die Abnahme der Zahl
der Pferde ist aber seit 1969 zum Stillstand gekommen. Bei den heute gehaltenen
Pferden handelt es sich vielfach um Reit- und Zuchtpferde. Einen hervorragenden
Einfluß übt das Gräflich Rechberg'sche Gestüt in Donzdorf auf die Pferdezucht
aus. Auch die Beschickung der Beschälplatte in Göppingen erfolgt stets unter dem
Gesichtspunkt der Veredelung, um ein modernes und edles Pferd zu gewinnen.
Die Zahl der Rinder hat sich in den letzten zwei Jahrzehnten stark vermehrt.
Da die Kuhzahl aber im wesentlichen unverändert geblieben ist, kann daraus die
verstärkte Durchführung der Jungrindermast abgelesen werden.
Erstaunlich ist die etwa gleichbleibende Kuhzahl über einen langen Zeitraum
hinweg. Erst nach 1969 ging sie infolge der Prämienaktion zur Abschlachtung
und wegen der schlechten Agrarpreisentwicklung deutlich zurück. Der Rückgang
von 1969 bis 1971 betrug 7 Prozent. Da viele Bestände mit weniger als fünf
Kühen aufgehoben worden sind, ist der Rückgang vom betriebswirtschaftlichen
Gesichtspunkt aus nicht negativ zu bewerten. Mit der Kuhzahl nahm auch die
Milcherzeugung und die Anlieferung an die Molkereien entsprechend ab. Während
im Jahr 1969 55 138 t Milch erzeugt und 44 306 t an die Molkereien geliefert
wurden, waren es 1971 nur noch 50 197 t erzeugte und 39 174 t abgelieferte Milch.
Die Anlieferung ist also um 10,3 Prozent zurückgegangen.

Die Verbesserung der Milchpreise im Jahre 1971 brachte eine Stabilisierung der Rinderhaltung. Im Augenblick gehen die Bestrebungen der Molkereien auf eine Verbesserung der Milchqualität. Dies wird erreicht durch Umstellung auf Direkterfassung ab Hof mit Tanksammelwagen. Nach dem Melken wird die Abendmilch mit künstlicher Kälte auf + 4° Celsius und die Morgenmilch auf + 8° Celsius herabgekühlt. Dieses Erfassungssystem gewährleistet, daß die Temperatur der Milch von der Erzeugung bis zum Verkauf nicht über + 10° Celsius hinausgeht. Die Württembergische Milchverwertung – Südmilch AG und die Milchwerke Esslingen-Geislingen, welche die Milch im Kreis Göppingen aufnehmen, haben bereits einen großen Teil der Erfassung umgestellt. Das „Milchhäusle", seither gesellschaftlicher Treffpunkt vor allem der jüngeren Generation bei der Milchablieferung, wird bald der Vergangenheit angehören.

Die Schafhaltung, die im Kreis immer zu Hause war, hat nach 1948 mehr als die Hälfte ihres Bestandes verloren. Erst seit 1969 ist ein Wiederanstieg zu verzeichnen. Dieser ist darauf zurückzuführen, daß viele Nichtlandwirte Koppelschafe auf ihren Grundstücken halten.

Die Zahl der Ziegen betrug 1971 nur noch 6,6 Prozent des Bestandes von 1948.

Kräftig angestiegen ist die Schweinehaltung. Der Vorkriegsbestand ist nahezu verdoppelt. In der ersten Nachkriegszeit war die Schweinehaltung stark reduziert, weil bei der damaligen Mangellage Getreide und Kartoffeln unmittelbar zur menschlichen Ernährung gebraucht wurden.

Die größte Ausweitung hat die Hühnerhaltung erfahren. Bei der Viehzählung am 3. 12. 1971 wurden 403 680 Tiere festgestellt. Bedingt durch die günstige Marktlage haben sich Schwerpunkte in der Legehennenhaltung und in der Junghühnermast herausgebildet. Zehn Hähnchenmastbetriebe sind Mitglied der Erzeugergemeinschaft Schlachtgeflügel und arbeiten mit der WLZ-Geflügelschlächterei in Weilheim/Teck zusammen. Im Durchschnitt hat jeder Betrieb bei sechsmaligem Umtrieb pro Jahr 10 000 Mastplätze. In diesem Betriebszweig gibt es bei sehr großen Umsätzen nur kleine Gewinnspannen je Tier. In der Kalkulation muß der Landwirt mit Bruchteilen von Pfennigen rechnen. Stark ausgeprägt ist die Schwerpunktbildung und Konzentration auch in der Legehennenhaltung, wie sich aus der Auswertung der Viehzählung vom 3. 12. 1971 ergibt:

Bestände an Legehennen	Zahl der Betriebe
100— 500	120
500— 1 000	10
1 000— 2 000	10
2 000— 5 000	8
5 000— 10 000	3
10 000—100 000	3

Die geringen Verdienstspannen je Einheit zwingen zu großen Beständen. Auf der anderen Seite haben Großbestände Schwierigkeiten, den Mist so auszubringen, daß keine Gefährdung der Umwelt eintritt.

In der Erzeugung tierischer Lebensmittel, die im Kreis Göppingen im Vordergrund steht, geht die Entwicklung weiterhin zu größeren Beständen, die „technisierungswürdig" sind. Der Ausbau der Vermarktungseinrichtungen muß vorangetrieben werden. Der heutige Markt verlangt Großangebote von einheitlicher und guter Qualität. Dem Landhandel und den Genossenschaften fällt die Aufgabe der Zusammenfassung des Angebots zu. Diese Aufgabe wird durch die zur Zeit gegebenen guten Chancen der Direktvermarktung nicht gerade erleichtert.

Ausbildung und Beratung

Die ständige Anpassung der Erzeugung an die Forderungen des Marktes macht die Bildung und Ausbildung der Betriebsleiter zu den ersten Produktionsfaktoren. Das Berufsbildungsgesetz regelt die praktische Ausbildung zum Gehilfen und Meister. Auch in der Landwirtschaft setzt sich der Abschluß der Berufsausbildung mit der Meisterprüfung immer mehr durch. So haben 1971/72 im Kreis 15 Landwirte die Meisterprüfung abgelegt. Mit dem Neubau des landwirtschaftlichen Schulzentrums Göppingen hat der Landkreis gezeigt, daß er gewillt ist, das landwirtschaftliche Schulwesen zu fördern und auszubauen.

Die Landwirtschaftliche Berufsschule und die Landwirtschaftsschule Göppingen bestehen seit über 50 Jahren.

Durch den Ausbau der Landwirtschaftlichen Berufsschule, die als berufsbegleitende Schule das landwirtschaftstechnische Wissen vermittelt, ist es der Landwirtschaftlichen Fachschule ermöglicht worden, das Schwergewicht auf die Betriebswirtschaft, Volkswirtschaft und die Marktkunde zu legen. Die Lehrer und Lehrerinnen der Landwirtschaftsschule sind gleichzeitig die Berater des Landwirtschaftsamtes. Somit sind Lehre und Beratung in einer Hand. Zusammen mit der Landwirtschaftsschule bemüht sich das Landwirtschaftsamt um die Förderung der Landwirtschaft. Seine Hauptaufgaben sind:

Die praktische Ausbildung der bäuerlichen Jugend,

Beratung der Bauern und Bäuerinnen,

Durchführung staatlicher Förderungsmaßnahmen, Gutachtertätigkeit und Hoheitsaufgaben.

Das Landwirtschaftsamt arbeitet eng mit dem Landkreis, den Gemeinden, den berufsständischen und genossenschaftlichen Organisationen, dem Landhandel und den anderen Sonderbehörden auf Kreisebene zusammen.

Ausblick

Im Kreis Göppingen wird die Landwirtschaft neben der Industrie eine bedeutende Stellung behalten. Der Strukturwandel wird sich fortsetzen. Zwar wird die Zahl der landwirtschaftlichen Betriebe noch mehr zurückgehen, die verbleibenden Betriebe werden aber größere Flächen bewirtschaften. Auch die Tierbestände je Betrieb und Arbeitskraft werden ansteigen. Bei dem hohen Grünlandanteil ist die Anpassung mit einem größeren Kapitalaufwand als in Ackerbaugebieten verbunden.

Durch die günstigen Möglichkeiten des Zuerwerbs aus anderen Wirtschaftsbereichen, wird sich auch der Zuerwerbs- und Nebenerwerbslandwirt neben dem Vollerwerbslandwirt halten können. Der Schwerpunkt der Förderung muß aber beim Vollerwerbslandwirt liegen. Nur lebensfähige Vollerwerbsbetriebe geben auf lange Sicht die Gewähr, daß das Land in Kultur gehalten wird. Die in der Landwirtschaft arbeitenden Menschen fühlen sich im Kreis Göppingen sehr verbunden mit den Menschen aus Handel, Handwerk und Industrie, mit denen sie auf engem Raum zusammenleben. Sie wissen, daß diese ihre besten Kunden sind. Das Verhältnis von Stadt und Land war im Kreis immer ein gutes. Die alljährlich von der Landjugend durchgeführten Erntedankfeste beweisen dies.

Die Landwirtschaft im Kreis Göppingen wird ihre Stellung halten, auch wenn die Zukunft manchmal düster erscheint. Sie hat in der Vergangenheit so großen Lebenswillen und Schaffenskraft gezeigt, daß sie auch die in naher und weiter Ferne auftauchenden Schwierigkeiten meistern wird.

Forstwirtschaft und Landschaftsschutz

von Klaus Bandow

Landschafts- und Waldgeschichte

Von dem schönsten aller schwäbischen Berge, wie Ludwig Uhland einst den Kaiserberg Hohenstaufen besang, überblickt man den ganzen Kreis Göppingen mit seinen verschiedenartig gelagerten Waldgebieten. Im Westen erstrecken sich die überwiegend im Keuper gelegenen waldreichen Teile des Schurwaldes mit Höhenlagen von durchschnittlich 450 m. Nach Süden schließt sich das industriereiche und dicht besiedelte Filstalband zwischen Ebersbach und Geislingen mit unterschiedlich großen Gemeindewaldteilen an, die auf Schwarzem Jura stocken. Über die abwechslungsreich bewaldeten Albvorberge im Braunen Jura erblickt man in der Ferne die Laubwälder der Albberge auf Weißem Jura, dessen oberste Schichten bei Hohenstadt eine Höhe von 824 m NN erreichen.

Die Veränderung des Waldbildes durch den Menschen geht im großen und ganzen auf die Rodungen der Alemannen in der Merowinger- und Karolingerzeit zurück. Damals war die Zielsetzung der Waldwirtschaft weniger eine holzwirtschaftliche als vielmehr eine ernährungswirtschaftliche. Die Imker waren ein wichtiges Waldgewerbe, sie schafften den Honig, den einzigen Süßstoff der damaligen Zeit, aus den unzähligen mit Bienen bevölkerten hohlen Bäumen. Die Jäger besorgten sich Fleisch, Leder und Felle über die Jagd. Die Stallfütterung war noch nicht eingeführt, folglich wurden Vieh und Pferde zur Weide in den Wald getrieben. Die Hirten legten größten Wert auf Blößen und lichte Waldungen und um möglichst viel Bodenflora zu bekommen, legten sie Brände in den Wald. Für die Schweinemast waren die Mastbäume Eiche, Buche, Wildobst und Vogelbeere wichtig. Auch die Waldstreu spielte eine große Rolle. Die damaligen Forstordnungen heiligten und schützten diese Mastbäume. Am Ende der Weide- und Mastzeit befanden sich die Wälder in einem trostlosen Zustand. Das Holz war krumm, astig und kaum zu spalten, der Boden verwilderte, verhagerte und verheidete. Fichten- und Kiefernsamen flogen vielerorts ein und bildeten häufig den ersten Beginn eines Nadelwaldes.

Das Gespenst einer Holznot griff immer mehr um sich und hatte schließlich eine Revolutionierung des Waldbaues zur Folge. Forstordnungen zur Sicherstellung der künftigen Holzversorgung wurden erlassen. Forstgesetze zu Beginn des 19. Jahrhunderts leiteten eine planmäßige und nachhaltige Bewirtschaftung der Waldbestände ein und die Waldaufsicht wurde mehr und mehr vom Staat übernommen. Durch die Intensivierung der Landwirtschaft und die immer stärker werdende Industrialisierung und damit verbundenen Ansiedlungen wurde der Wald in der Neuzeit weiter zurückgedrängt.

Die wechselvolle Vergangenheit unserer engeren Heimat bis zur Bildung des Königreiches Württemberg spiegelt sich in der Entstehung des *Staatswaldes* wider. In den alt-württembergischen Gebieten trat das frühere Kammergut in den Vordergrund, das ursprünglich Eigentum der landesherrlichen Familie war. Durch die Verfassung vom Jahre 1819 wurde es dem Staatsvermögen einverleibt. Durch die Säkularisation haben die Klöster Adelberg und Lorch die größten Flächen des Staatswaldes den gleichnamigen Forstämtern beigesteuert. Die Reichsstadt Ulm hat beim Übergang an Württemberg im Jahre 1810 das Waldvermögen an das ehemalige Oberamt Geislingen abgetreten. Vier Jahre vorher tat ein gleiches Bayern mit dem Erbe der Grafschaft Helfenstein. Im Schlater Wald zeugt die Wald-Abteilung Ulmer Herz von einem Mittelpunkt des ehemaligen reichsstädtischen Waldes. Im 19. Jahrhundert hat der Staat nicht unbeträchtliche – bisher landwirtschaftlich genutzte Grundstücke aufgeforstet – wie z. B. die Nadelholzbestände auf der Bronnenebene südlich des Reußenstein und auf dem Leimberg bei Auendorf.

Der *körperschaftliche Waldbesitz* stammt zum größten Teil aus der Zeit der alemannischen Markgenossenschaften. Die früheren Spitalwälder von Geislingen, Göppingen und Wiesensteig sind ehemals aus Stiftungen an die sozialen Anstalten der Spitäler zusammengekommen. Sie blieben bei der Säkularisation verschont, weil sie kein Eigentum der Kirchen waren, wurden gesondert verwaltet und kamen dann an die bürgerlichen Gemeinden, als diese die bisherigen Aufgaben des Spitals übernahmen.

Die *Privatwaldungen* sind erst vom Mittelalter an entstanden, als die Allmenden, d. h. der von den Dorfgenossen gemeinsam bewirtschaftete Grundbesitz, unter sie aufgeteilt wurde. Das war zeitlich sehr verschieden. Einzelne Orte sahen davon ganz ab und konnten dadurch bis zur Gegenwart einen reichen Waldbesitz für ihre Kommunen retten. So z. B. besitzt Göppingen 577 ha, Geislingen 388 ha, Wiesensteig 358 ha Waldfläche. Dort, wo die Gemeindeverwaltungen aufgeteilt wurden, sind sie in immer kleinere Flächen zersplittert worden. Demgegenüber hat sich aber in unserem Kreis der Großbesitz an Privatwäldern erhalten können.

Graf von Rechberg bewirtschaftet 1911 ha, Graf von Degenfeld-Schonburg 837 ha. Die restlichen 505 ha privaten Waldbesitzes gehören Freifrau von Podewils, Freiherrn von Liebenstein, der Hofkammer des Hauses Württemberg (Reußenstein) und anderen Waldeigentümern.

Besitzverhältnisse

Baden-Württemberg ist in Forstbezirke eingeteilt, die jeweils einem Forstamt unterstehen. Die Grenzen dieser Bezirke decken sich infolge der unterschiedlichen Waldansiedlungen nicht mit der Kreisgrenze. Den größten Teil ihrer Waldflächen haben im Kreisgebiet die Forstämter Göppingen, Geislingen, Weilheim und Adelberg, während die Forstämter Steinheim, Nellingen, Lorch und Kirchheim nur auf mehr oder weniger große Randgebiete des Kreises übergreifen.
Die Forstämter haben innerhalb ihres Dienstbezirkes folgende Aufgaben wahrzunehmen:
1. Die Bewirtschaftung und Verwaltung des Staatswaldes
2. Die forsttechnische Bewirtschaftung des Körperschaftswaldes
3. Die Beratung, Betreuung und technische Hilfe im Bauern- und sonstigen Kleinprivatwald im Einvernehmen mit dem örtlichen Waldbauverein.
Außerdem gehört zu den Aufgaben der Forstverwaltung die Durchführung von Strukturverbesserungs- und sonstigen Förderungsmaßnahmen, insbesondere im ländlichen Körperschafts- und im Bauernwald. Dazu rechnen u. a. forstliche Vorhaben zur Verbesserung der Agrarstruktur, wie Aufforstung von Grenzertragsböden und Ödland sowie die Anlage von Schutzpflanzungen und Gehöfteinbindungen. Wichtig ist der Bau von Wirtschaftswegen im Bauernwald, der mit Bundes- und Landesmitteln gefördert wird. In gleicher Weise werden Erholungsmaßnahmen im Walde gefördert, so die Anlage von Waldparkplätzen, Wanderwegen, Spiel- und Liegewiesen, Kinderspielplätzen usw. Die Verteilung der Waldungen auf die einzelnen Besitzarten zeigt folgende Zusammenstellung:

Staatswald	5330 ha	29 Prozent
Körperschaftswald	4770 ha	27 Prozent
Großprivatwald	3253 ha	18 Prozent
Kleinprivatwald	4753 ha	26 Prozent

Im Kreise werden 18 106 ha forstwirtschaftlich genutzt, das sind 30 Prozent der Gesamtfläche. Gegenüber den 36 Prozent Bewaldungen in Baden-Württemberg und 28 Prozent im Bundesgebiet, kann der Waldanteil als günstig bezeichnet werden. Anders sieht die Waldflächenverteilung je Kopf der Bevölkerung aus. Im

Kreis sind es 0,09 ha, im Land 0,16 ha und im Bundesgebiet 0,11 ha. Hier kommt durch die Besiedlungsdichte des Kreises Göppingen, dem Wald als Erholungsfunktion eine besonders wichtige Bedeutung zu.

Im Körperschaftswald treten einige Gemeinden mit besonders großem Waldbesitz hervor (Göppingen 577 ha, Geislingen 388 ha, Wiesensteig 358 ha, Böhmenkirch 340 ha, Boll 257 ha). Die übrigen 48 Körperschaftswaldungen haben die Größenordnung zwischen 2 und 162 ha.

Der Großprivatwald wird von eigenen Forstbeamten bewirtschaftet: Graf von Rechberg und Rothenlöwen 1911 ha und Graf von Degenfeld-Schonburg 837 ha. Beim Kleinprivatwald, meist Bauernwald, herrscht eine starke Parzellierung und Gemengelage vor. Im Kreis Göppingen teilen sich die 4753 ha in 10 432 Parzellen mit 5363 Besitzern auf. Die durchschnittliche Parzellengröße beträgt 0,46 ha.

Waldstandorte und Bewaldung

Durch den sehr unterschiedlichen geologischen Untergrund ist auch die Bestockung der Waldböden verschieden. Hinzu kommen die großen Höhenunterschiede zwischen dem Nassachtal mit 320 m und der Albhochfläche bei Hohenstadt mit 824 m, die einen erheblichen Wechsel im Klima hervorrufen. Je mehr man nach Süden kommt, desto rauher wird es im Kreis Göppingen. Von großem Einfluß auf die Ertragfähigkeit des Waldbodens ist, neben der geologischen Beschaffenheit und dem Klima, auch die Lage. Das mehr ebene Gebiet zwischen Schurwald und Albanstieg ist fruchtbar und wuchsgünstig. Aber auch die Albhochfläche mit einer Lehmüberlagerung ist guter Waldboden, allerdings etwas beeinträchtigt durch das rauhe Klima. Schwierige Standorte sind die reinen Südlagen an den Steilhängen der Alb, an denen waldbaulich mit Vorsicht und Geschick vorgegangen werden muß. Guten Wuchs weisen die Waldbestände an den Nordhängen auf. Die Standortgüte nimmt an den Steilhängen von oben nach unten zu, weil die fruchtbaren Böden nach unten abgeschwemmt werden. Der nach unten immer länger werdende Baumbestand ist hierfür ein deutliches Zeichen.

Vor etwa 100 Jahren befanden sich nördlich der Fils Laub- und Nadelholzwaldungen und südlich der Fils gab es nur Laubwälder.

Seit dieser Zeit hat aus holzwirtschaftlichen Gründen infolge der besseren Verwendung als Bauholz und durch die notwendig gewordene intensive Waldbewirtschaftung das Nadelholz zugenommen. In den heutigen Waldungen, die mit ganz geringen Ausnahmen, als schlagweiser Hochwald bewirtschaftet werden, sind die Baumarten der Fläche nach mit folgenden Anteilen vertreten.

Fichte/Douglasie	Tanne	Forche/Lärche		Buche	Eiche	übrige Laubhölzer
34%	3%	3%		42%	5%	13%
	40%				60%	

Der Hauptanteil in allen Forstbezirken gehört der Rotbuche. Sie kommt in Reinbeständen und in Mischungen mit anderen Holzarten vor. Der weitere Anbau der Fichte wird mehr in Mischung mit Laubholz erfolgen.

Der Wald als Holzlieferant

Trotz mancher gegenteiliger Meinungen ist auch heute noch der Wald wichtig für die Erzeugung des Rohstoffes Holz. Der jährliche durchschnittliche Holzeinschlag aller Besitzarten beträgt im Kreisgebiet etwa 90 000 fm oder 5,0 fm je ha. Er schwankt innerhalb der Besitzarten, bedingt durch die unterschiedlichen Holzartenzusammensetzungen und durch die verschiedenartigen Standortfaktoren.
Fast der gesamte Stammholzanfall, der den größten Teil des Gesamteinschlages ausmacht, wird von den kreisansässigen Sägewerken und Holzindustriebetrieben aufgenommen. Nur ein geringer Teil, besonders des Laubholzes, geht nach auswärts. Vom Faserholz wird der weitaus größte Teil an auswärtige Firmen abgesetzt. Basierend auf dem nicht geringen Rohholzanfall haben sich im Kreisgebiet einige holzverarbeitende Betriebe erhalten; so z. B. Bau- und Möbeltischlerei, Türherstellung, Kisten- und Palettenfabrikation.

Wirtschaftlichkeit und Arbeitsverhältnisse

In den letzten zehn Jahren sind die Holzpreise und damit auch die Einnahmen der Eigentümer aus ihrem Wald stark zurückgegangen. Andererseits sind die Löhne laufend gestiegen, neue Belastungen sind dazugekommen, so daß die Reineinnahmen aus dem Wald wesentlich geringer geworden sind. Wälder mit hohem Laubholzanteil werfen meist überhaupt keinen Überschuß mehr ab. Dieser Entwicklung sucht man heute in der Forstwirtschaft durch geeignete Rationalisierungsmaßnahmen – vor allem auf der Ausgabenseite – entgegenzuwirken.
Gemeinden mit größerem Waldbesitz galten früher als reich. Die laufenden Einnahmen aus dem Wald spielten im Gemeindehaushalt eine wichtige Rolle. Außerdem konnte der Gemeinde bei größeren Anforderungen, wie Schulhausbau und

sonstigen Baumaßnahmen, durch einen außerordentlichen Holzhieb wirksam ge-
holfen werden. Damit ist es heute meist vorbei, weil die Preisschere sich viel zu
weit geöffnet hat. Die Baupreise haben sich um ein Vielfaches erhöht, während
die Holzpreise gefallen sind.

Bis zum letzten Krieg wurden die Waldarbeiten fast ausschließlich von Saison-
arbeitern ausgeführt. Im Winter gingen kleine Landwirte und Bauhandwerker zur
Arbeit in den Wald. Für die Kulturarbeiten standen aus den Dörfern genügend
weibliche Arbeitskräfte zur Verfügung. Nach dem Kriege wurde es infolge der
Intensivierung und Rationalisierung der Waldwirtschaft notwendig, mehr ständige Waldarbeiter einzustellen, um alle Waldarbeiten ordnungsgemäß ausführen
zu können. Man unterscheidet heute bei der Waldarbeiterschaft:

Stammarbeiter = mindestens 240 Tariftage pro Jahr; regelmäßig Beschäftigte =
mindestens 60–240 Tariftage pro Jahr; unständig Beschäftigte = alle übrigen
Waldarbeiter.

Der Mangel an weiblichen Arbeitskräften führt heute dazu, daß viele bisherige
Frauenarbeiten von Männern ausgeführt werden müssen.

Durch die auch bei manchen Gemeinden übliche Bezahlung der staatlichen Tarif-
löhne und Akkordsätze nach den Vorgabezeiten, einschließlich aller Zuschläge und
sozialen Zulagen, die Gewährung von Zuschüssen und Beihilfen zur Beschaffung
von arbeitsfördernden Werkzeugen und Fahrzeugen, die Ausführung aller irgendwie geeigneten Waldarbeiten im Stücklohn, gründliche Ausbildung des Nachwuchses in Schulungslehrgängen zu Waldfacharbeitern, ist der größere Waldbesitz in der Lage, einen zuverlässigen und treuen Stamm von Waldarbeitern und
-arbeiterinnen heranzuziehen und zu sichern. Die gut ausgebildeten, ausgerüsteten
und erfahrenen Waldarbeiter können mit den von ihnen erzielten Stücklöhnen
und auch mit den tariflichen Zeitlöhnen mit den Facharbeitern der Industrie
durchaus konkurrieren.

Die Kleinlandwirte und Bauhandwerker und -arbeiter brauchen weder auszu-
wandern, noch auf weite Entfernung zu pendeln, wenn sie sich in ihren heimatlichen Wäldern jährlich einige Zeitlang betätigen. Die Waldarbeit bringt ihnen
zusätzlich Verdienst und sichert die Existenz vieler Familien. Sie ist in mancher
Hinsicht auch vielseitiger und gesünder als die Arbeit im Fabriksaal und läßt gerade bei den Besitzern von landwirtschaftlichen Zu- und Nebenerwerbsbetrieben
den persönlichen, familiären und materiellen Bindungen und Bedürfnissen weitaus
mehr Spielraum und Freiheit als die Arbeit in der Industrie. Auch das Anrücken
und Vorführen von Holz mit Zugmaschinen und sonstigen Fahrzeugen bringt den
Landwirten einen erwünschten zusätzlichen Verdienst.

So ist auch zu erklären, daß die Stammarbeiter von 1953 bis 1965 im Kreisgebiet um über das doppelte zugenommen haben, wogegen die Zahl der unständig und regelmäßig Beschäftigten etwa auf die Hälfte abgesunken ist und weiterhin abnehmen wird.

Waldwegebau

Der vor dem Kriege vielfach noch unbefriedigende Aufschluß der Wälder des Kreises aller Besitzarten durch befestigte Holzabfuhrwege, Lager- und Ladeplätze mußte mit der fortschreitenden Motorisierung des Holztransportes mit Nachdruck wesentlich verbessert werden.

Die derzeitige Gesamtlänge der befestigten Hauptwege beträgt in allen Waldbesitzarten ca. 420 km, davon im Staatswald 216 km, im Körperschaftswald 91 km, im Groß- und mittleren Privatwald 95 km und im Kleinprivatwald 18 km.

Der Aufschluß der Waldfläche des Kreises ist gegenüber dem Landesdurchschnitt im Staats-, Körperschafts-, Groß- und Mittelprivatwald als gut zu bezeichnen, während er im stark parzellierten und zersplitterten Kleinprivatwald noch sehr zu wünschen übrig läßt.

Wohlfahrtswirkungen und Erholungsfunktionen des Waldes

Neben der Bedeutung des Waldes als Rohstofflieferant verdienen seine „Schutzfunktionen" und seine „Wohlfahrtswirkungen" eine ganz besondere Beachtung. Es ist abzusehen, daß diese Funktionen im Kreis Göppingen mit der Zunahme der Industrialisierung und der immer größer werdenden Ansammlung von Menschen in den Ballungsräumen von Jahrzehnt zu Jahrzehnt noch erheblich an Bedeutung gewinnen werden.

Die Erhaltung des Waldes und seine nachhaltige und pflegliche Bewirtschaftung tragen daher wesentlich zur Sicherung einer ökologisch gesunden Umwelt bei. Der über den Kreis annähernd gleichmäßig verteilte Wald ist ein raumwirksamer Faktor zur Sicherung der natürlichen Lebensgrundlagen. Hier sind besonders zu nennen, die Verbesserung des Wasserhaushaltes, die Reinhaltung und Anreicherung der Grundwasserbestände, Schutz des Bodens gegen Erosionen, die Verbesserung der Luft und des Klimahaushaltes, Schutz gegen Lärm, Erhaltung des Landschaftsbildes, der Schutz der Pflanzen und Tierwelt und schließlich die Erhaltung des Waldes als natürlichen Erholungsraum für die Bevölkerung. Tausende von Menschen suchen an Wochenenden, im Urlaub und in der Freizeit Entspannung in den abwechslungsreichen schönen Waldgebieten des Kreises.

Nach und nach wurden in den Staats-, Gemeinde- und Privatwäldern mit Zu-
schüssen des Bundes und des Landes – unter Anleitung der Forstleute – eine
Menge größerer und kleinerer Waldparkplätze für rund 3000 Personenwagen mit
Ruhebänken und Sitzgruppen angelegt. Dazu sind 180 km Rundwanderwege geschaffen worden. Wie das starke Interesse der Öffentlichkeit beweist und sich nach
der Anlage von Waldlehrpfaden im Stadtwald Göppingen und Gemeindewald
Boll gezeigt hat, sind solche Pfade geeignet, in der Bevölkerung, vor allem bei der
Jugend, die Liebe zum Wald und zur Natur sowie das Verständnis für die Bewirtschaftung und den Schutz des Waldes zu wecken und zu fördern.
Auch die im Stadtwald Göppingen und im Staatswald des Forstamtes Adelberg
gebauten Waldspielplätze sowie Feuerstellen, Liege- und Spielwiesen und Schutz-
hütten erfreuen sich großer Beliebtheit; weitere solche Anlagen sind im Bau und
geplant. Ebenso tragen die Teichanlagen im Staatswald des Forstamtes Göppingen, besonders der Linsenholzteich im Stauferwald, zur Bereicherung des Landschaftsbildes um den Hohenstaufen bei.
Im Gemeindewald Ebersbach ist in einem landschaftlich schönen Waldteil im
Frühjahr 1972 der erste Sportpfad des Kreises angelegt worden. Hier kann der
Besucher mit sportlichen Übungen seinen Kreislauf stärken und die Bewegung
finden, die er im Berufsalltag entbehrt. Weitere Sportpfade im Stadtwald Göppingen bei Eislingen und im Gemeindewald Albershausen sind in Vorbereitung.
In zunehmendem Maße wird der Wald auch für den Wintersport in Anspruch genommen. Der Alpenverein Göppingen hat eine Ski-Loipe durch den Stadtwald
Göppingen ausgearbeitet. Liftanlagen und Waldabfahrten sind in Arbeit, weitere
geplant. Eine zehnjährige Erholungsplanung im und am Wald von 1971 bis 1980
sieht von der Forstverwaltung verstärkte Maßnahmen zur Aktiverholung vor. In
den Waldgebieten des Kreises Göppingen sind eine Menge derartiger Maßnahmen
bereits durchgeführt, weitere in Planung.

Wald, Wild, Jagd und Fischerei

Wenn vom Wald gesprochen wird, darf das Wild nicht vergessen werden. Wald
und Wild sind im Laufe der Jahrtausende durch den Menschen stark beeinflußt
worden. Das naturgegebene Verhältnis zwischen Tier und Pflanzenwelt hat der
Mensch vielfach erheblich gestört und es ist seine Pflicht, dahin zu wirken, diese
Harmonie wieder herzustellen. Da der Mensch aber z. B. das gefährliche Groß-
raubwild, die Beutegreifer, durch die fortschreitende Kultivierung und Besiedlungsdichte bekämpfen mußte und damit eine beliebige Vermehrung der Beute-

tiere dieses Raubwildes (Hasen, Kaninchen usw.) möglich gemacht hat, ist es seine Aufgabe, durch richtigen Abschuß dafür zu sorgen, daß die Vermehrung dieser Beutetiere nicht ins Ungemessene geht und nicht zur Vernichtung der Pflanzenwelt oder zu Seuchen unter dem Wilde führt.

Den letzten Luchs in Deutschland schoß Revierförster Marz aus Wiesensteig im Jahre 1846 unter der Ruine Reußenstein.

Das zur Wiedereinführung eines einigermaßen geordneten Jagdbetriebes vom Königreich Württemberg im Jahre 1855 erlassene Jagdgesetz wirkte sich für das Rehwild, das hier im Kreisgebiet die wichtigste Wildart ist und auch für die Hasen wegen der zu kleinen Eigenjagden (50 Morgen = 17 ha) und der bis 1934 zugelassenen Bejagung der Rehe mit Schrot nicht in der erwarteten Weise aus. Die als Folge dieses Gesetzes sehr reduzierten Rehwildbestände ließen es aber auch in den Waldflächen des Kreises zu, wichtige forstliche Maßnahmen, wie die Umwandlung von verlichteten Laubholzbeständen in ertragreichen Nadel- oder Mischwald durch Pflanzung oder Saat von Fichte und besonders Tanne, aber auch Douglasie und Lärche ohne irgendwelchen Schutz gegen Verbiß mit bestem Erfolg durchzuführen. Aus dieser Zeit finden sich hier im Kreise viele gesunde und massenreiche Mischbestände im Altersrahmen zwischen 70 und 140 Jahren.

Durch das Reichsjagdgesetz vom Jahre 1934 wurde die Mindestgröße der Eigenjagdbezirke auf 75 ha und der gemeinschaftlichen Jagdbezirke auf 150 ha erhöht und der Kugelschuß für Schalenwild vorgeschrieben. Im Kreisgebiet haben sich danach 16 Eigenjagdbezirke und 51 gemeinschaftliche Jagdbezirke mit 78 Jagdbogen gebildet, das sind 94 Jagden, auf einer bejagbaren Fläche von rd. 53 400 ha. Die Regiejagdfläche der Staatsforstverwaltung verfügt für sieben Forstämter über eine Fläche von etwa 2900 ha, das sind rund fünf Prozent der Gesamtfläche des bejagbaren Kreisgebietes.

Die Rehwildbestände nahmen in der Folge bis zum Kriegsende zu, nach dem Kriege wegen der starken Bejagung durch die Schutzmacht vorübergehend wieder erheblich ab und seit dem Erlaß des Bundesjagdgesetzes vom 29. 9 1952, des Landesjagdgesetzes vom 15. 3. 1954 und der Wiedererlangung der vollen Jagdhoheit am 1. 7. 1954 erneut wieder rasch zu. Der heutige Sommerbestand beim Rehwild beträgt etwa 5500 Stück. Dieser Bestand kann bei einem jährlichen Abschuß von etwa 1600 Stück und bei sinnvollen Hege- und Fütterungsmaßnahmen erhalten werden. Er ist dann auch tragbar für die Belange der Land- und Forstwirtschaft.

Das Schwarzwild kam bis zum Kriegsende im Kreisgebiet nicht vor, doch hat es sich in der Zeit nach dem Kriege wieder überall eingefunden und hat Jahre hindurch erhebliche Flurschäden angerichtet, so daß im Forstamt Adelberg ein Jagdkommando zusammengestellt werden mußte, um durch intensive Bejagung auf

Markung Ober- und Unterberken die dort unerträglichen Schäden auf Kartoffel- und Getreidefeldern einzudämmen. Das Schwarzwild wurde allgemein so intensiv bejagt, daß heute nur noch wenige Exemplare ihre Fährten in den größeren Waldgebieten im Ostteil des Kreisgebietes ziehen. Im Jagdjahr 1971 sind noch 16 Schwarzkittel zur Strecke gebracht worden.

Zur Bekämpfung der Tollwut mußten die Füchse (die Gesundheitspolizei des Waldes) einschließlich der Jungfüchse abgeschossen werden (im Jagdjahr 1971 = 238 Stück) und dazu mußten auch noch auf Anordnung der Regierung die Baue schon einige Jahre nacheinander vergast werden. Leider ist diesen Maßnahmen ein großer Teil der Dachse zum Opfer gefallen, weil sie sich meist in den zur Vergasung vorgesehenen Fuchsbauten aufgehalten haben.

Durch diese starke Reduzierung des Rotrockes hat der Hasenbestand im Kreise zugenommen, wie es die folgenden Abschußzahlen nachweisen:

$$1958 = 459, \qquad 1963 = 774 \qquad 169 = 1822.$$

Daß neben den angeführten Wildarten auch noch Marder, Iltis, Rebhuhn, Fasan sowie noch etliche Greifvögel (Habicht, Sperber, Bussard, Gabelweihe, Falken und andere) im Kreisgebiet vorkommen, soll nicht unerwähnt bleiben. Der Schutz für die Greifvögel ist unbedingt erforderlich.

Dem beim Landratsamt Göppingen kollegial zusammenarbeitenden Kreisjagdamt obliegt als unterer Jagdbehörde die Prüfung und Überwachung der Jagdpachtverträge nach der rechtlichen Seite, der vorgeschriebenen Abschußpläne und deren Durchführung, die Abhaltung der Jägerprüfung und die Bestätigung der Jagdaufseher. Bei den staatlichen Eigen- und Selbstverwaltungsjagden der Forstämter werden diese Befugnisse und Aufgaben von der Forstdirektion und den Forstämtern wahrgenommen.

Die fließenden und stehenden Gewässer im Kreis Göppingen nehmen einen unbedeutsamen Raum ein. Durch die Anlage von kleineren künstlichen Fischteichen und den geplanten Bau von einigen Rückhaltebecken im Kreisgebiet wird die Zucht von Speisefischen, Karpfen, Schleien und Forellen und der Fang mit der Angel oder mit Netzen lohnend und sportlich reizvoll. Eine größere wirtschaftliche Bedeutung wird die künstliche Fischzucht im Kreis jedoch wohl kaum erhalten.

Im öffentlichen Interesse muß alles getan werden, um die Flüsse und Bäche, aber auch Baggerseen und Fischteiche wegen ihrer kostbaren Fischbestände und der mehr oder weniger reichen Tier- und Pflanzenwelt im Wasser und an den Ufern so gut wie möglich zu erhalten. Dazu gehören aber auch entsprechende Maßnahmen zur Bereinigung der fließenden Gewässer durch den Bau von Kläranlagen.

Naturschutz und Landschaftspflege

Naturschutz und Landschaftspflege sind die ersten Vorläufer des heute so drängenden Problems „Umweltschutz". Früher teils mitleidig wegen der vermeintlichen Tätigkeit von Romantikern und Schwärmern belächelt, sind Naturschutz und Landschaftspflege inzwischen zu einer sozialen Aufgabe hohen Ranges im Interesse der Allgemeinheit geworden, deren sich Bund und Länder in zunehmendem Maße annehmen müssen.

Das Landratsamt ist im Kreis Göppingen Naturschutzbehörde, zu deren fachlicher Beratung die Kreisstelle für Naturschutz und Landschaftspflege eingerichtet ist. Die Mitglieder sind ehrenamtlich tätig. Nach dem Inkrafttreten des Reichsnaturschutzgesetzes vom 26. Juni 1935 wurde die Naturschutzarbeit im Kreis tatkräftig in Angriff genommen und hat bis heute gute Erfolge gezeigt. Im Kreis Göppingen sind ausgewiesen: 5208 ha Naturschutzgebiete und 10 598 ha Landschaftsschutzgebiete, das sind 26 Prozent der Kreisfläche als Schutzgebiete.

Naturschutzgebiete

Versteinerungsgebiet Holzmaden: Das Schutzgebiet umfaßt seit 1938 im Gebiet des Landkreises Göppingen die Gemarkungen der Gemeinden Aichelberg, Bad Boll, Dürnau, Hattenhofen, Schlierbach und Zell u. A. mit einer Fläche von 5208 ha. In diesem Gebiet sind sämtliche *Funde an Versteinerungen* im Lias Epsilon Herrn Dr. Hauff in Holzmaden anzuzeigen. Werden größere Versteinerungen gefunden oder angehauen, so ist die Arbeit sofort einzustellen und die Bergung Herrn Dr. Hauff zu überlassen. Bei Grabarbeiten im Schiefer dürfen keine Bagger verwendet werden.

Naturschutzgebiet Heide auf dem Oberen Leimberg: Die Heide auf dem Oberen Leimberg mit einer Fläche von 9,8 ha wurde im Jahre 1967 als Naturschutzgebiet ausgewiesen. Im Schutzgebiet dürfen keine Veränderungen vorgenommen werden; insbesondere ist es verboten, Pflanzen auszureißen, auszugraben oder Teile davon zu pflücken.

Naturschutzgebiet Hausener Wand: Das seit 1971 ausgewiesene Schutzgebiet mit einer Fläche von 77 ha umfaßt die Felswand und angrenzenden Geländeteile.

Naturschutzgebiet Dachswiesele, Markung Gruibingen: In dem 2,7 ha großen, seit 1972 geschützten Gebiet dürfen u. a. keine Aufforstungen vorgenommen sowie Pflanzen oder Pflanzenteile entnommen, beschädigt oder zerstört werden.

Landschaftsschutzgebiete

In den Landschaftsschutzgebieten ist es verboten Veränderungen vorzunehmen, die die Landschaft verunstalten oder die Natur schädigen oder den Naturgenuß beeinträchtigen. Der Erlaubnis des Landratsamts bedarf insbesondere, wer in geschütztem Gebiet beabsichtigt bauliche Anlagen aller Art (Gebäude aller Art, Stützmauern, Zäune, andere Einfriedungen, Drahtleitungen u. a.), auch wenn sie einer baurechtlichen Genehmigung oder Anzeige nicht bedürfen, zu errichten; Steine, Steinriegel oder andere Erdbestandteile abzubauen, Wege, Parkplätze, Zeltplätze anzulegen; Abfälle, Müll, Schutt oder sonstige Materialien abzulagern, Gewässer, Tümpel, Teiche und Gräben anzulegen oder zu verändern, Gebüsch, Gehölz und Hecken außerhalb des geschlossenen Waldes zu roden; Wohnwagen aufzustellen, zu zelten. Die Aufforstung oder Rodung (Waldausstockung) eines Grundstücks ist dem Landratsamt anzuzeigen bzw. nach den früher ergangenen Verordnungen genehmigungspflichtig.

Nassachtal: Das seit 1964 geschützte Gebiet (112 ha) erstreckt sich auf Landschaftsteile der Gemeinde Uhingen und deren Ortsteile Baiereck und Nassach.

Hohenstaufen, Rechberg, Stuifen mit Aasrücken und Rehgebirge: Das seit 1971 endgültig geschützte Gebiet erstreckt sich auf den Bereich bzw. auf Teilbereiche der Gemeinden Donzdorf, Eislingen/Fils, Hohenstaufen, Nenningen, Ottenbach, Reichenbach u. R., Salach, Wäschenbeuren und Winzingen (4090 ha).

Christental und Galgenberg bei Nenningen: Das seit 1967 geschützte Gebiet ist 212 ha groß und erfaßt das Christental sowie den Galgenberg bei Nenningen.

Landschaftsschutzgebiet bei der Stadt Weißenstein: Die im Juli 1964 vorläufig geschützten Berghänge um die Stadt Weißenstein wurden nach Durchführung des vorgeschriebenen Verfahrens im Jahr 1967 endgültig geschützt (81 ha).

Eybtal: Das seit 1937 geschützte Eybtal mit seinen Nebentälern liegt im Bereich der Gemeinden Eybach, Geislingen a. d. Steige, Schnittlingen, Stötten, Steinenkirch und Treffelhausen (rund 910 ha).

Wagrain, südöstlich Weiler ob Helfenstein: Das Schutzgebiet vom November 1971 ist ein Höhenzug von Ost nach West, mit einer Größe von ca. 125 ha und liegt südöstlich vom Stadtteil Weiler ob Helfenstein.

Lauch bei Aufhausen: Das Schutzgebiet seit 1937 ist rund 4,5 ha groß.

Märzenhalde südlich von Bad Überkingen: Das Schutzgebiet vom Jahre 1937 umfaßt 26 ha.

Heiligenbühl und Königsbühl auf den Gemarkungen Bad Ditzenbach und Deggingen (rund 65 ha), seit 1937.

Wagrain, Wacholderheide auf Gemarkung Gosbach (rund 12 ha), seit 1937.

Burren auf Gemarkung Unterböhringen (rund 11 ha), seit 1937.

Haarberg auf Gemarkung Reichenbach im Täle (rund 45 ha), seit 1937.

Holzwiese auf der Nordalb bei Deggingen (rund 5,25 ha), seit 1937.

Wasserberg auf Gemarkung Reichenbach im Täle und Unterböhringen (rund 28 ha), seit 1937.

Pfaffenberg auf der Gemarkung Auendorf (rund 13 ha), seit 1937.

Kornberg und Sielenwang bis zum unteren Rufstein bei Gruibingen und Auendorf (rund 980 ha,) seit 1937.

Autobahn: Landschaftsteile entlang der Autobahn Stuttgart–Ulm im Bereich der Gemeinden Aichelberg, Boll, Bad Ditzenbach, Drackenstein, Gosbach, Gruibingen, Hohenstadt, Mühlhausen im Täle und Wiesensteig (rund 3200 ha), seit 1940.

Oberstes Filstal nebst Seitentäler oberhalb von Wiesensteig (rund 75 ha), seit 1937.

Wacholderheide am *Regenbogen,* auf Gemarkung Wiesensteig (rund 35 ha), seit 1937.

Schildwacht, Gemeinde Türkheim, seit 1937.

Außerdem sind seit 1939 zahlreiche sog. *Sommerschafweiden* auf den Gemarkungen von 13 Gemeinden (Aufhausen, Deggingen, Drackenstein, Gosbach, Gruibingen, Bad Überkingen, Unterböhringen, Wiesensteig und Winzingen) mit zusammen rund 625 ha als Landschaftsteile geschützt. Ein Teil davon steht in räumlichem Zusammenhang mit anderen Landschaftsschutzgebieten, der Rest liegt jedoch weit verstreut.

Als Landschaftsbestandteile sind geschützt: Der Charlottensee bei Uhingen (rund 3 ha), der Badpark in Bad Boll (1,8 ha,) eine Lindenallee in Bad Boll, eine Pappelallee in Göppingen, ein Vogelschutzgehölz bei Eislingen (17,5 a), eine Pappelreihe bei Salach und die Anlage um St. Patriz bei Böhmenkirch (rund 3 ha). Diese Landschaftsbestandteile dürfen nicht verändert, beschädigt oder beseitigt werden.

Naturdenkmale

In 32 von 50 Gemeinden des Landkreises sind Naturdenkmale geschützt. Im einzelnen handelt es sich um folgende Objekte:

170 Weidenbäume (an einem Triebwerkskanal), 1 Ufergehölz, 153 Lindenbäume, 1 Lindenanlage, 8 Eichen, 5 Eiben, 4 Stieleichen, 3 Ulmen, 3 Buchen, 2 Eschen, 1 Ahorn, 1 Bergahorn, 1 Lärche, 1 Pappel, 1 Sadebaum sowie 30 Felsen, davon

3 mit Höhlen bzw. Grotten, 2 mit Wasserfall, 2 mit Burgresten und 3 mit Ring-
wällen; weiter 5 Weiher und Hülben, 1 Höhle, 1 Vulkanembryo, 1 Erdfall,
1 kleine Steppenheide.

Naturdenkmale und ihre Umgebung dürfen nicht beschädigt, verändert, beseitigt
oder etwa durch Anbringen von Verkaufsbuden, Inschriften oder durch Störung
des Wachstums, beeinträchtigt werden. Schäden oder Mängel am Naturdenkmal
sind vom Eigentümer dem Landratsamt zu melden.

Während der Landschaftsschutz mehr konservierenden Charakter hat, steht bei
der *Landschaftspflege* das gestaltende Moment im Vordergrund. Oft läßt sich
allerdings beides nicht scharf trennen. Notwendig ist hier das Zusammenarbeiten
zwischen der Naturschutzbehörde einerseits und allen Behörden, die irgendwie in
der Natur tätig sind (Flurbereinigung, Forst-, Landwirtschaft, Straßenbau, Was-
serwirtschaft) sowie den Gemeindeverwaltungen. Die Voraussetzungen für eine
gute Zusammenarbeit sind im Kreis Göppingen gegeben.

130. (Vorderseite) St.-Josefs-Kapelle in Gosbach
131. Stadt und Schloß Weißenstein
132. Kath. Margarethenkirche in Hohenstadt   133. Schlierbach
134. (umseitig links oben) Ev. Ulrichskirche in Steinenkirch
135. (umseitig links unten) St.-Patriz-Kapelle bei Böhmenkirch
136. (umseitig rechts) Badhaus in Bad Überkingen, erbaut 1588/89

139. *Kurmittelhaus in Bad Ditzenbach. Mitte des Jahres 1973 wird das Thermal-Mineral-Hallen- und Freibad eröffnet.*

137. *Christophsbad Dr. Landerer Söhne in Göppingen*
138. *Kurhaus in Bad Boll, erbaut 1822—1830*

140. Ev. Ägidiuskirche und Rathaus in Hattenhofen

Fremdenverkehr und Naherholung im Kreis Göppingen

von Karl Heinz Fischer

Wer den Landkreis Göppingen nur als bedeutenden Wirtschaftsraum mit industriellen Verdichtungsräumen kennt, wird zunächst glauben, daß dem Fremdenverkehr hier nur eine untergeordnete Funktion zukommt.

Dieser Bericht soll deshalb aufzeigen, daß Industrie und Gewerbe durchaus auch „Erholungsräume" in nächster Nachbarschaft gestatten, zumal im Kreis keine Grundstoffindustrie, sondern fast ausschließlich Veredelungsindustrie beheimatet ist. Etwa 64 Prozent der Kreisbewohner leben in den zehn Städten und Gemeinden des Verdichtungsraumes zwischen Geislingen und Ebersbach. Diese Fläche macht aber wiederum nur ein Viertel der Markung des Landkreises aus.

Als wichtigste Verkehrswege durchziehen die B 10 und die Bundesbahn-Fernstrecke Stuttgart–München das Filstal. Die Bundesautobahn Stuttgart–München, die am Viadukt bei Aichelberg in das Kreisgebiet einmündet und es nach Überwindung des Albaufstiegs, mit der höchstgelegenen Autobahnstrecke Deutschlands und nach Durchfahren des 625 m langen Tunnels am Lämmerbuckel bei Hohenstadt wieder verläßt, ist das südliche Pendant der B 10.

Die Bundesbahn-Nebenstrecken Göppingen–Boll, Göppingen–Schwäbisch Gmünd und Geislingen–Deggingen sowie Landes- und Kreisstraßen und ein dichtes Netz von Omnibuslinien der Bundesbahn, Bundespost und mehrerer Privatunternehmer erschließen verkehrsmäßig das gesamte Kreisgebiet.

Eine Fahrt durch das „untere Filstal" zeigt die Vielgestaltigkeit der Landschaft am Steilabfall der Albberge. Von 323 m NN im Raum Göppingen bis zu den Bergen hinter dem Albvorland bzw. der Albhochfläche sind fast 500 Meter Höhenunterschied – in Hohenstadt, der höchstgelegenen Kreisgemeinde, zeigt die Höhenmarke 818 m NN – zu überwinden.

Zwischen Ebersbach und Geislingen zweigen nach Norden landschaftlich reizvolle Täler wie Nassachtal, Ottenbacher Tal, Lautertal und Roggental von der Fils ab und weiter filsaufwärts bis Wiesensteig liegen die Talgemeinden eingebettet zwischen aufragenden Bergen.

Diesen, dank der geologischen Verhältnisse großen Abwechslungsreichtum des Landschaftsbildes erhöhen noch herrliche Wälder – vor allem Laub- und Mischwald –, die fast ein Drittel der Kreisfläche bedecken. Der östliche Schurwald mit Adelberg als Mittelpunkt, das Albvorland, die Gegend um Wiesensteig, am Fuß des Rehgebirges, das Roggental und der Raum Göppingen sind hier vor allem zu nennen.

Eine überraschend hohe Zahl von Mineralquellen – im Kreisgebiet über 30 – verdanken wir den oben schon erwähnten geologischen Bedingungen der Landschaft (siehe auch den geologischen Beitrag).

In den drei im Landkreis gelegenen Heilbädern wird seit Jahrhunderten ein Badebetrieb durchgeführt. So war die Mineral-Heilquelle in Bad Überkingen schon im 12. Jahrhundert bekannt. In Bad Ditzenbach werden die Mineral-Heilquellen seit 1560, die Schwefel-Heilquelle in Bad Boll seit 1595 therapeutisch angewandt. In allen drei Badeorten des Kreises wurden in jüngster Zeit Bohrungen nach Thermalwasser fündig, so daß in der Zukunft das therapeutische Angebot um weitere Indikationen der thermalen Bewegungstherapie ergänzt werden kann.

Großzügige Planungen für neue Kurmittelhäuser bzw. Thermal-Schwimmbäder sind eingeleitet. Ihre Verwirklichung wird die Voraussetzungen für eine neue Entwicklung schaffen. Schon heute beträgt die Zahl der Gästeübernachtungen in den drei Badeorten jährlich rund 185 000 und damit ca. 55 Prozent der statistisch erfaßten Gästeübernachtungen im Landkreis. Von ihnen kommen etwa 40 Prozent aus Baden-Württemberg, viele aus Nordrhein-Westfalen, Hamburg, Berlin und Hessen.

Kommerziell genutzt werden die Mineralquellen in Bad Überkingen, Bad Ditzenbach, Göppingen und Göppingen-Jebenhausen durch den Versand von Mineral-Tafelwasser und Heilwasser, wobei diese Brunnenbetriebe durch den Umfang ihrer Kapazitäten zu den führenden deutschen Versandbrunnen zählen. An etwa 15 öffentlichen Trinkbrunnen im Kreis können die Bewohner mineralisches Sauerwasser kostenlos zapfen.

Neben der Kurerholung gewinnt der reine Erholungs-Verweilverkehr immer mehr an Bedeutung. Schwerpunkte hierfür sind Adelberg, das Gebiet der drei Kaiserberge mit dem Ottenbacher Tal, das wegen seiner zahlreichen Einödhöfe auch das „Allgäu des Kreises Göppingen" genannt wird und die Städte Wiesensteig und Weißenstein.

Der Geschäftsreiseverkehr ist – durch die Wirtschaftsstruktur des Landkreises – naturgemäß lebhaft. Für diesen Zweig des Fremdenverkehrs mit überwiegend kurzfristigen Aufenthalten, wird die Forderung nach Komfort-Hotels immer dringender, weil diesem Gästekreis für die Entspannung vom ausgefüllten Arbeitstag immer nur kurze Zeit zur Verfügung steht. Eine Anzahl von Hoteliers haben dem Rechnung getragen und durch Modernisierung und Neubauten, vor allem durch den Bau hoteleigener Schwimmhallen, ein zeitgemäßes Angebot geschaffen.

Für den modernen Tourismus – dem Camping – gibt es im Kreisgebiet vier Campingplätze, einige weitere sind geplant. Da das Camping heute überwiegend aus dem Caravaning, dem Reisen mit dem Wohnwagen besteht, sind die Stellflächen der in der Nähe der Autobahnausfahrten gelegenen Plätze besonders gut frequentiert.

Für die Naherholung, den Ausflugsverkehr, bietet das Kreisgebiet geradezu ideale Voraussetzungen.

Eine Vielzahl von Wanderwegen, teilweise identisch mit dem vom Schwäbischen Albverein bezeichneten Wegenetz, öffnen die Landschaft und die Wälder.

Der heutigen „Erholungsfunktion" für die Regenerierung der Menschen aus den Städten werden zahlreiche Wald- und Wanderparkplätze, Wald- und Vogellehrpfade, Sportpfade und Spielplätze gerecht, die in jüngster Zeit in und am Rand der Wälder entstanden sind. Sie üben vor allem für die Erholung im Nahbereich eine besondere Anziehungskraft aus.

Auch das Mittelgebirge, in seinem Charakter durch die Taleinschnitte und mancherorts aufragende Felsen noch besonders betont, ist aber nicht nur Erholungsraum für die Kreisbevölkerung, sondern vor allem auch für die Erholungssuchenden aus den Ballungsräumen unseres Landes, für die die Schwäbische Alb und der Kreis Göppingen durchaus noch Nahbereich sind.

Das „Wasserberg-Haus" des Schwäbischen Albvereins, das „Bossler-Haus" der Naturfreunde und einige weitere Wanderhütten sind beliebte und bekannte Stützpunkte der Wanderer.

Es gibt aber eine so große Zahl von Ausflugszielen mit besonderer Eigenheit, daß hier nur einige als Beispiele aufgeführt werden können: Die Aussichtspunkte Fuchseck, Schildwacht, Nordalb und Kuchalb oder als beliebte Ziele der Spaziergänger der Filsursprung, Rehgebirge, Herrenbachtal, das Nassachtal, in dem als Besonderheit die Holzkohlenmeiler der Köhlereien zu sehen sind.

In der Gemeinde Boll mit Bad Boll werden seit Jahren die höchsten Übernachtungszahlen im Kreisgebiet erzielt. Außer dem bereits erwähnten Kurhaus, ist die im Jahr 1945 gegründete Evangelische Akademie, die seinerzeit erste kirchliche Tagungsstätte dieser Art, eine besondere Einrichtung mit Fremdenverkehr.

Die Erholungseinrichtungen, wie der „Boller Höhenweg", der Naturpark „Badwäldle" mit einem Waldlehrpfad, der neugeschaffene Höhenpark „Boller Heide" und weitere Spazierwege und nicht zuletzt der Kurpark beim Kurhaus werden aber nicht nur von den in den Ort kommenden Kur-, Ferien- und Tagungsgästen, sondern auch im Rahmen der Naherholung gern und stark aufgesucht.

Auf dem „Kaiserberg" Hohenstaufen, auf dessen Gipfel im 11. Jahrhundert die Stammburg des späteren und mächtigsten Kaisergeschlechts des Mittelalters errichtet wurde, wurden in den letzten Jahren Sicherungsmaßnahmen für die Reste des Mauerwerks durchgeführt, um diese geschichtlich bedeutende Stätte zu erhalten.

Im Göppinger Stadtmuseum werden in der Stauferhalle wertvolle Erinnerungsstücke an das Geschlecht der Staufer aufbewahrt und die im Jahr 1968 gegründete „Gesellschaft der Freunde staufischer Geschichte" hat sich die Pflege der geschichtlichen Vergangenheit zum Ziel gesetzt.

Im „Wäscherschlößle" in Wäschenbeuren wurde eine vorhandene Sammlung über die Stauferzeit ergänzt und soll weiter ausgebaut werden.

Um den „Kaiserberg" Hohenstaufen bietet ein Netz von 14 Wanderparkplätzen dem Besucher Möglichkeiten, sein Kraftfahrzeug abzustellen und auf gut bezeichneten Wanderwegen um oder auf den „heiligen Berg Schwabens" zu wandern.

Zu den Jugendherbergen in Geislingen und Wiesensteig wurde im Jahr 1967 im Göppinger Stadtbezirk Hohenstaufen in landschaftlich schönster Lage eine moderne Jugendherberge errichtet, die über 133 Schlafgelegenheiten verfügt und nach Ansicht der Besucher zu den schönsten im Lande zählt.

Das Angebot an Erholungsmöglichkeiten besteht aber nicht nur im Wandern. Zwölf Freibäder in den Städten und Kreisgemeinden, neue und moderne Hallenbäder in Göppingen und Geislingen und acht Kleinschwimmhallen und Lehrschwimmbecken in den Gemeinden, zahlreiche Reitmöglichkeiten, fünf Segel- und Motorflugplätze ergänzen diesen Katalog.

Dem Autotouristen erschließt die „Schwäbische Albstraße", eine der schönsten touristischen Straßen Württembergs, die von Böhmenkirch bis Wiesensteig durch das Kreisgebiet führt, die Landschaft.

Aber auch für den Wintersportler gibt es ein reichhaltiges Angebot in den Wintersportzentren Wiesensteig, Weißenstein, Treffelhausen, um nur die bekanntesten zu nennen. 17 Skischlepplifte erleichtern den Skifahrern den Aufstieg auf den Pisten, die zwar keine alpinen Abfahrten, aber doch einen gesunden sportlichen Ausgleich in gesunder Winterluft ermöglichen.

Beachtliche Kunstdenkmäler sind lohnende Ziele für interessierte Besucher. Zu den bedeutendsten zählen die romanische Stiftskirche in Faurndau, die ebenfalls romanische Kirche des ehemaligen Chorherrenstifts in Boll, die Ölbergdarstellungen im früheren Kloster Adelberg, das noch heute von einer über 1200 m langen Klostermauer umgeben ist und der Zeitblom-Altar in der Adelberger Ulrichskapelle, die Oberhofenkirche in Göppingen, die spätgotische Stadtkirche in Geislingen mit einer sehr eindrucksvollen holzgeschnitzten Darstellung des biblischen Fegefeuers, die Stiftskirche in Wiesensteig, die barocken Dorfkirchen in Birenbach und Deggingen sowie die dortige Wallfahrtskirche Ave Maria und die von Ignaz Günther geschaffene Pietà in der Friedhofskapelle in Nenningen.

Bedeutsam sind überhaupt die Wechselbeziehungen zwischen den Erholungsorten und den kulturellen Einrichtungen und Sportstätten der Städte Göppingen und Geislingen. Die Museen und Sammlungen zeugen von vergangenen Zeiten. Die Göppinger Stadthalle als gesellschaftliches Zentrum und die Hohenstaufenhalle als Sporthalle haben große überörtliche Bedeutung.

Während die vorhandenen Erholungseinrichtungen in den Kreisorten von den Stadtbewohnern gern in Anspruch genommen werden, bieten die Städte ihrerseits an Schlechtwettertagen den Gästen der Erholungsorte mannigfaltige Möglichkeiten der Freizeitgestaltung.

Dieser Bericht kann keine vollständige Übersicht über die Fremdenverkehrs- und Freizeiteinrichtungen des Kreises Göppingen sein und umfaßt auch nur die gegenwärtige Situation. Mit der Modernisierung und Rationalisierung der Hotel- und Gaststättenbetriebe, einem größeren Angebot an Gästebetten und der Verbesserung der Infrastruktur in den Gemeinden, wird man sich auf die künftige Entwicklung einstellen müssen.

Hektik und Streß bestimmen unseren Alltag. Erholung und sinnvolle Freizeitgestaltung, vor allem im Hinblick auf das immer größer werdende Ausmaß der Freizeit werden immer dringender. Im Zuge der Umstrukturierung der Landwirtschaft bietet sich auch hier eine Umstellung auf den Fremdenverkehr, insbesondere auch für die Familienerholung an.

Bei einem sinnvollen Zusammenwirken der Kommunen und der übergeordneten Exekutive, unter Ausnützung der staatlichen Förderprogramme, kann die Bedeutung des Fremdenverkehrs im Kreis Göppingen noch wesentlich gesteigert werden.

Daß 29 Städte und Gemeinden des Landkreises und die Landkreisverwaltung der Gebietsgemeinschaft Schwäbische Alb im Fremdenverkehrsverband Württemberg angehören und weitgehend eine Entwicklung in Schwerpunktbereichen anstreben, ist eine gute Voraussetzung für die zukünftige Entwicklung.

Wirtschaft im Bild

Unternehmen stellen sich vor

(Firmenkurzbiographien ab Seite 361)

*1. Die Württembergische
Metallwarenfabrik Geislingen
liegt im Schnittpunkt zwischen
der alten Stadt Geislingen
(oben rechts im Bild) und neuen
Siedlungen.*

*2. Blick in den Ausstellungsraum
der WMF Geislingen, der
Kunden und Gästen des Hauses
einen Überblick über das
vielgestaltige Warenangebot
vermittelt.*

3. ORIGINAL HEIDELBERG, MAG, Maschinenfabrik Geislingen, *Werk der Heidelberger Druckmaschinen AG*

Gebr. Märklin & Cie. GmbH, Göppingen

4. *Haus Märklin von der Stuttgarter Straße aus gesehen*

5. *Endprüfung. Jede Lokomotive läuft zur Probe und erhält erst dann das bekannte Prüfetikett.*

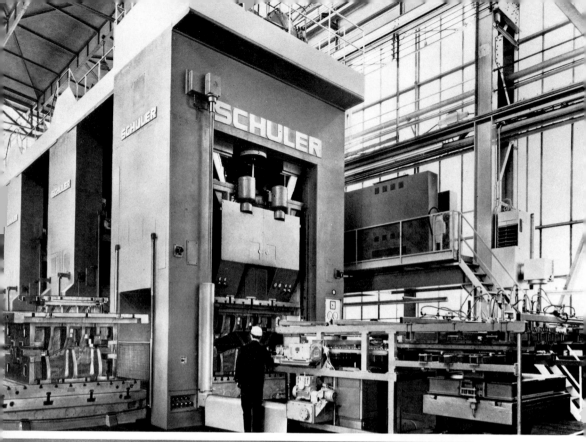

6. SCHULER
PRESSEN
Göppingen.
*Vollautomatisierte
und synchronisiert.
Pressenlinie zur
Herstellung von
Karosserieteilen
beim Probelauf*

7. *Das 1970 fertig-
gestellte
Entwicklungs-
Zentrum der*
L. SCHULER
GmbH,
Göppingen

8.—10. Schachenmayr, Mann & Cie. GmbH
in Salach — *eine der größten und
bedeutendsten Kammgarnspinnereien
Deutschlands.
Die Fotos zeigen (von oben nach unten)
die Werksansicht, die automatische Spulerei
und die Strangfärberei.*

11. *Luftaufnahme vom Hauptwerk der Zinser Textilmaschinen GmbH, Ebersbach*

12. *Montage, Abt. Streck-zwirnmaschinen zur Verarbeitung von Synthetik-Endlosfäden (Nylon, Perlon usw.)*

13. *Spinnereisaal mit Zinser Baumwoll-Spinnautomaten 317, Ringspinnmaschinen modernster Ausführung*

14./15. Gebr. Boehringer GmbH, *Göppingen. Oben Werkansicht mit Verwaltungs-gebäude, Stuttgarter Straße; unten Drehbank-Montage*

16. Stahlbau Süssen GmbH. *Stahlkonstruktion für eine Lagerhalle, mit 5-t-Kran, 30 m Spannweite*

17./18. Alfred Heinkel & Co. KG, Metallwarenfabrik, *Kuchen. Oben: Teilansicht des Werkes. Im Vordergrund die neu erbaute Fertigungshalle. Unten: Blick in die Fertigungshalle für* Heinkel-gastromatic-Geschirrspül-Automaten

19./20. Zinser-Autogen-Schweißtechnik, *Ebersbach. Oben: Mitarbeiter bei der Montage von Schutzgas-Schweißstromquellen. Unten: Ausschnitt aus dem Autogen-Schweißtechnik-Produktionsprogramm (von links nach rechts: Zinser 2000, KW 12, Schablonetten, Rohrbrennschneidemaschinen)*

21./22. Papierfabrik Salach GmbH. *Oben die Werksanlagen; unten eine Papiermaschine*

23./24. *Firma* Roos + Kübler, Werkzeugbau, *Göppingen. Mit einem Stamm qualifizierter Facharbeiter und einem modernen Maschinenpark werden hier Schnitt- und Stanzwerkzeuge sowie Spritz-, Preß- und Druckgußformen hergestellt.*

25. Betriebsgebäude der Firma ULO-Werk M. Ullmann, *Geislingen*

26./27. Firma Südrad GmbH, Ebersbach; unten Blick ins Lager

Maschinenfabrik Stark, Schlierbach

28. STAMA-*Revolverbohrautomaten, Sonder-*
maschinen und Aufbaueinheiten für die span-
abhebende Fertigung gehen in alle Welt. Hier ein
Blick in die Endmontage im Werk Schlierbach.
29./30. *In der Fertigungsstraße für Wankel-*
motoren bei AUDI/NSU wird der unten gezeigte
Kreiskolben auf STAMA 9-Spindel-Revolverbohr-
automaten RV 229 H bearbeitet (s. Abb. rechts).

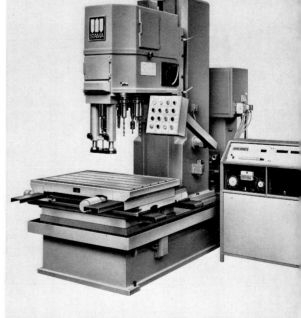

31./32. Staufen-Fahrzeugwerke *Eislingen. Die Eislinger Wagenfabrik im Wandel der Zeiten — 1912 und 1972 —; oben Belegschaft, unten Wagenpark vor der Fabrik*

33./34. *Firma* Rudolf Alber, Sägen- und Bandmesserfabrik, *Ebersbach.*
Oben Luftaufnahme der Fabrik, unten Blockbandsägen-, Schärf- und Egalisier-
Hinterschleifanlage RB 4-AE2

35. Luftaufnahme der Firma Stahlbau Wendeler KG, *Donzdorf*

36. Ansicht der Firma Julius Zindel KG, Flanschenfabrik und Stanzwerk, *Albershausen*

37./38. Spindelfabrik Süssen, *Werk II, in Süßen. Die bauliche Konzeption dieses Werkes ist ein Spiegelbild der hier wirksam gewordenen neuzeitlichen Produktionsplanung.*

39. Dr.-Ing. Max Schlötter, Fabrik für Galvanotechnik, *Geislingen*

40. Firma Jakob Scheible, Geislingen. Betriebsgebäude Richthofenstraße 35
41. Verkauf – Ausstellung – Küchenstudio der Firma Jakob Scheible, Geislingen,
Moltkestraße 25/27

42. Gral-Glashütte GmbH, *Dürnau. Blick auf einen der Glasschmelzöfen in der Ofenhalle des Werkes*

43. Luftaufnahme der Württembergischen Filztuchfabrik D. Geschmay GmbH,
Göppingen

44./45. *Firmengebäude und Blick in den Websaal der Weberei Süssen Weidmann & Co.,*
Süßen

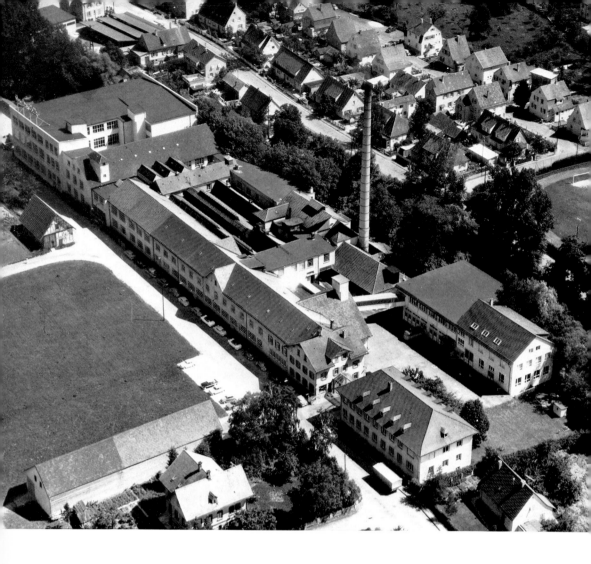

46. Württembergische Wollgarnfabrik D. Finckh KG, *Süßen*

47./48. Filztuchfabrik Carl Veit, *Göppingen. Oben Fabrikansicht von der Bundes-straße 10 aus. Unten Nadelfilzanlage zur Herstellung von Papiermaschinenfilzen*

49. *Blick in die Spinnereihalle der* Kammgarnspinnerei Süssen Gebr. Stahl KG

50. Gala-Miederfabrik E. H. Schnabel, Göppingen. *Blick in den Nähsaal*

51. Schwahn Olympiade Sportbekleidung KG, *Süßen*

52./53. Göppinger Wäsche- und Bekleidungsfabrik Benedikt von Fürstenberg.
Oben Firmengebäude in Göppingen, unten Modellabteilung

54. *Nähsaal der Firma* Wilhelm Blank, Pulmonet-Miederfabrik, *Göppingen*
55. *Firma* G. Hildenbrand GmbH, Plüschweberei — Ausrüstung, *Göppingen*

56. *Im Websaal der Firma* Gebr. Frankfurter KG, Mech. Buntweberei, *Göppingen*
57. *Die Firma* Hellweg KG, *Göppingen, fertigt Damenblusen und Damenkleider im sportlichen Stil.*

58. *Luftbild der* Weberei Albrecht & Stelzl, *Eislingen*
59. *Firmengebäude der* Glücksband Roth KG, *Göppingen-Ursenwang*

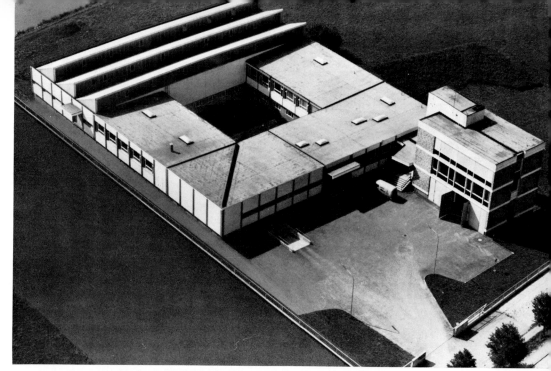

60. *Luftaufnahme der Firma* Carl Hildenbrand GmbH, Flechtartikel und Bandfabrik, *Ebersbach*

61. Leuze textil, *Donzdorf, Baumwoll- und Kammgarnspinnerei, Cordzwirnerei*

62./63. Gebr. Bader KG, Lederfabrik, *Göppingen.*
Hier wird haupt-sächlich Oberleder für die Schuhindu-strie hergestellt.

64. *Montage eines Wohnheimes im* Variel-Raumelement-System. *Lizenznehmer für den süddeutschen Raum: Firma* Karl Kübler AG, *Göppingen*

65./66. *Von der Bauunternehmung* Eugen Heller KG, Geislingen, *gebaut: Treppen-aufgang Daniel-Straub-Realschule in Geislingen, erbaut 1966–1968 und 9geschossiges Wohnhaus „Capitol" in Geislingen, erbaut 1972*

67./68. Ernst Strassacker KG, Kunst- und Metallgießerei, *Süßen. Oben Abstich eines elektrischen Schmelzofens; unten Kunstformer bei der Herstellung einer Sandform*

69. Albert Scheible, Baustoff-Großhandlung, *Kuchen*

70. Bauunternehmung Helmut Hagmann, *Gingen*

71. Hochhaus „Rigipark" Göppingen-Holzheim, schlüsselfertig erstellt von der Firma
Johannes Keller Bau-KG, *Süßen*

72./73. Firma
Kurfeß, Heizung –
Lüftung – Klima,
Geislingen.
Oben das Firmen-
gebäude, unten eine
von der Firma
Kurfeß gebaute
Heizungsanlage
bei der
Mineralbrunnen AG,
Bad Überkingen

74. Maschinenfabrik Constantin Hang, *Göppingen*
75. Hermann Ziegler KG, Vorrichtungs- und Werkzeugbau, *Göppingen*

76. *Das Einkaufszentrum für Wohnbedarf der Firma* Gebr. Schmid, Möbelfabrik und Einrichtungshaus *in Donzdorf*

77./78. Das moderne Geschäftsgebäude der Firma Möbel-Held, Geislingen, mit 2000 qm
Ausstellungsfläche

79. Ralfs GmbH, *Wiesensteig. Hier entstehen in modernen Betriebsanlagen Kassenhallen-Einrichtungen.*

80./81. Das moderne Stahlcenter der Firma Leonh. Hagmeyer, Eisengroßhandlung, Geislingen. Unten Blick in das Walzeisen- und Röhren-Lager

82. *Das neue Hauptstellengebäude der* Kreissparkasse Göppingen *in Göppingen —
Aufnahme des Modells*

83./84. Die Hauptstelle der Volksbank Geislingen eGmbH *in der Hauptstraße 11; unten die Schalterhalle*

85./86. Carl Maurersche Buchdruckerei, Verlag der Geislinger Zeitung, *Geislingen*

87. *Das* NWZ-Verlagshaus *in Göppingen*

88.
Christophsbad
Dr. Landerer
Söhne,
Abteilung
Mineralbrunnen
Göppingen

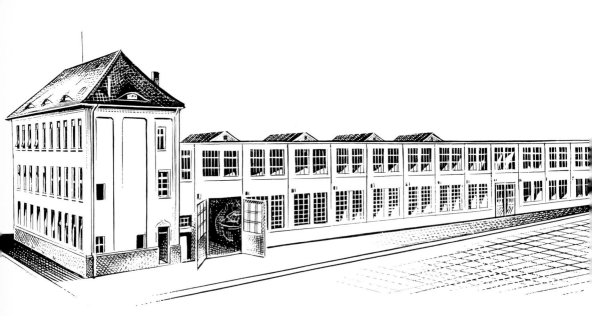

89. *Firma* Jakob Carl, Maschinenfabrik — Kupferschmiede, *Göppingen*

90. Milchwerke Esslingen-Geislingen eGmbH

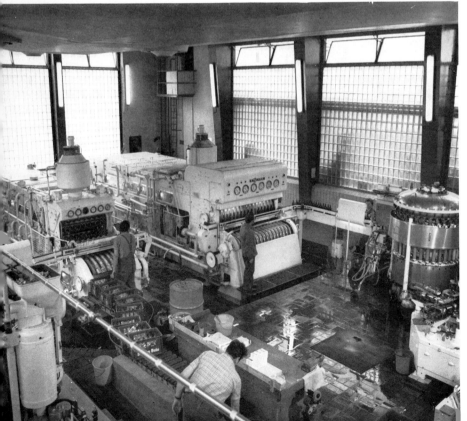

91./92. Brauerei
zum Rad GmbH,
Göppingen.
*Oben Braupfannen
im Sudhaus, unten
Flaschenabfüllerei*

93. UHLAND-Bier, Brauerei Glocke, *Geislingen. Bedienungszentrale der modernen Sudhaus-Anlage*
94. *Firma* KA-BE Briefmarkenalben-Verlag, Volkhardt & Co., *Göppingen*

95. Adlerbrauerei Karl Götz OHG, *Geislingen-Altenstadt*
96. *Firma* Wackler, Internationale Spedition, *Göppingen-Holzheim*

97. Ziegelwerk Mohring, *Heiningen*

Firmenkurzbiographien

Die Zahlen in Klammern verweisen auf die Abbildungsnummern in „Wirtschaft und Bild"

Adlerbrauerei Altenstadt, Geislingen (95)

Wie ein bei Umbauarbeiten im Gebäude der Brauereigaststätte „Adler" in Geislingen-Altenstadt freigelegter und dort im Flur des Hauses zu sehender Gründungsstein bezeugt, wurde dort bereits im Jahre 1764 Bier für den Eigenbedarf gesotten. Die Lagerung und Abfüllung geschah in einem am Fuß des Oberböhringer Berges gelegenen Bierkeller. Im Jahre 1901 erwarb Johann Georg Ott das Brauereianwesen und führte den Betrieb bis zum Beginn des Ersten Weltkrieges zu einer beachtlichen Blüte. Umfangreiche Investitionen wurden in dieser Periode durchgeführt z. B. Neubau eines Kellereigebäudes und Einführung künstlicher Kälteerzeugung. 1923 trat Karl Götz nach dem Tode J. G. Otts die Nachfolge als Betriebsinhaber an und konnte den Umfang der Brauerei, der eine bekannte Gaststätte und ein umfangreicher landwirtschaftlicher Betrieb angeschlossen war, beachtlich ausbauen. Den Hauptaufschwung nahm der Betrieb jedoch in den Jahren nach dem Zweiten Weltkrieg. Der Kreis der Kundschaft wurde ständig erweitert, und die Götz-Biere erfreuten sich steigender Beliebtheit. Dadurch bedingt mußten zahlreiche Ausbaumaßnahmen getroffen werden, beginnend beim Bau einer brauereieigenen, pneumatischen Mälzerei, dem Neubau einer vollautomatischen Flaschen- und Faßkellerei, dem 1964 erfolgten großen Gär- und Lagerkellerhochhausneubau und als Krönung dem 1971/72 erfolgten und an der Bundesstraße 10 gut sichtbar liegenden Baus des Sudhaus- und Schroтereigebäudes. Durch diese Maßnahmen ist die Adlerbrauerei Götz in den letzten zwölf Jahren zu einer vollkommen neu und rationell gestalteten Betriebsstätte geworden und bietet die Gewähr auch in Zukunft mit Hilfe eines ausgezeichnet geschulten Stabes von Angestellten und Facharbeitern ein hervorragendes Produkt auf den Markt bringen zu können. Das Verbreitungsgebiet der Haupterzeugnisse Götz-Export und Götz-Pils liegt in den meisten Gegenden Nordwürttembergs. Die Betriebsführung liegt heute in den Händen der Herren Karl Götz sen. und Dipl.-Brau.-Ing. Karl Götz jun.

Rudolf Alber, Sägen- und Bandmesserfabrik, Ebersbach (Fils) (33, 34)

Am westlichen Ortsausgang von Ebersbach befinden sich die Fabrikgebäude der Firma Rudolf Alber. Auf einer Produktionsfläche von 5800 qm hat das Unternehmen heute 130 Beschäftigte und zählt auf dem Gebiet der Sägen- und Bandmesserfertigung sowie des Schärfautomatenbaues zu den führenden in ganz Europa.

Angefangen hat jedoch alles damit, daß Rudolf Alber sen. 1912 begann, Bandsägeblätter in reiner Handarbeit herzustellen, um sie anschließend mit dem Rucksack in den Handwerksbetrieben der Umgebung anzubieten. Die ursprüngliche Einmannwerkstatt vergrößerte sich langsam, und als 1930 der Gründersohn Rudolf Alber in das Geschäft eintrat, gab er diesem durch Einführung moderner Fertigungsmethoden einen industriellen Zuschnitt. Während des Zweiten Weltkrieges konnte die Produktion zwar nur noch mühsam aufrechterhalten werden, jedoch nach Kriegsende stand einer steilen Aufwärtsentwicklung nichts mehr im Wege.

1948 übernahm Rudolf Alber die Firma. Waren bis zu diesem Zeitpunkt nur Bandsägeblätter und Bandmesser gefertigt worden, so kam 1951 die Herstellung von Sägenschärfautomaten hinzu.

Als der Betrieb, bisher durch ständigen Anbau

an das Wohngebäude in Ortsmitte erweitert, sich nicht weiter ausdehnen konnte, mußten die Fabrikationsgebäude verlegt werden. Vier Bauabschnitte in den Jahren 1952, 1958, 1962 und 1969 ließen schließlich das heutige Werksgelände entstehen.

Drei Produkte sind es, die die Firma in der Fachbranche bekannt gemacht haben:

1. Bandsägeblätter zum Schneiden von Holz, Knochen, Aluminium, Kunststoffen und Karosseriestahlblechen; sie können bis zu einer Breite von 330 mm gefertigt werden, um damit die größten Urwaldriesen durchzusägen. Hierzu werden allerdings die Zahnspitzen mit einem Hartmetall, dem sogenannten Stellite, belegt.

2. Spaltbandmesser bis zu einer Breite von 100 mm zum Durchtrennen von Leder, Gummi, Kork und Kunststoff.

3. Maschinen zur Pflege und Instandhaltung der Sägeblätter (Schärf- und Egalisier-Hinterschleifautomaten, Richtanlagen, Stellite-Auftragvorrichtungen).

Mit einem Exportanteil von 50 Prozent hat die Firma in den letzten Jahren Weltgeltung erlangt.

Albrecht & Stelzl, Weberei, Eislingen   (58)

Die Firma Albrecht & Stelzl wurde nach dem Ende des Zweiten Weltkrieges im Jahre 1949 von dem Kaufmann Hans Albrecht und dem Textiltechniker Rudolf Stelzl gegründet. Die anfangs in Kuchen und Ebersbach gemieteten Räume waren für das schnell wachsende Unternehmen bald zu klein und so wurden schon im Jahre 1951 die ersten eigenen Räume in Eislingen erstellt. Die Erzeugnisse der Firma Albrecht & Stelzl fanden bald überall Interesse, so daß diese inzwischen in viele Länder und alle Erdteile exportiert werden. Der Betrieb wird laufend vergrößert, und auch die jetzt stehenden vier Betriebsgebäude sind für den Geschäftsumfang nahezu schon wieder zu klein. Hergestellt werden Möbelstoffe und zwar Strukturgewebe in uni – kariert – gestreift und Jacquardgewebe mit vielseitiger Musterung. Zur Verarbeitung kommen in der Hauptsache Wollgarne sowie Synthetiks und z. Z. sehr viel Chenille – Garne aus Kunstseide und Acryl.

Der Maschinenpark wurde in letzter Zeit durch die Anschaffung von modernsten Greifer-Webmaschinen auf den neuesten technischen Stand gebracht. Zur Zeit werden ca. 50 Mitarbeiter beschäftigt.

Vertreter in vielen Ländern der Erde sorgen für den Absatz der stetig steigenden Produktion. Im letzten Jahr ist schon die junge Generation im Betrieb aufgenommen worden und zwar als Prokuristen Herr Dr. Diethard Stelzl und Frau Müller-Albrecht. Damit ist die Nachfolge im Betrieb gesichert.

Gebr. Bader KG, Lederfabrik, Göppingen
(62, 63)

Vor etwa 100 Jahren gab es im Filstal, insbesondere in Göppingen noch viele Kleingerber, die sich bekanntlich dort niederließen, wo günstige Wasserverhältnisse sich boten. Von den alten idyllischen Häuschen der Gergergasse ist nichts mehr übrig geblieben. Sie mußten modernen Hochbauten weichen. Schon nach der Jahrhundertwende wurden diese Handwerksbetriebe durch die stark aufkommende Metall- und Textilindustrie verdrängt.

Zu den wenigen übrig gebliebenen Gerbereibetrieben gehört die Firma Lederfabrik Gebr. Bader KG in Göppingen, deren Grundstein vom Großvater der heutigen beiden Geschäftsführer, Hans und Rolf Bader, vor etwa 100 Jahren gelegt wurde.

Die Gerbmethoden des Kleinbetriebes der vergangenen Zeit genügten bald nicht mehr, um den stark erhöhten Lederbedarf der Mode und der wachsenden Konkurrenz zu genügen. Die Maschine und die mineralische Chromgerbung (im Gegensatz zur bisherigen pflanzlichen Gerbung) trat in den Dienst der Lederzeugung und erlaubten die Gerbzeit erheblich zu verkürzen. Die Fortschritte der chemischen Industrie in der Entwicklung von Gerberei-Hilfsmitteln und Farbstoffen ermöglichten es, Leder verschiedenster Arten zu gerben und zu färben. Auch das Aussehen der Lederoberfläche wurde mit großem Erfolg durch entsprechende Zurichtungen allen modischen Wünschen angepaßt.

Die Bader KG stellt heute hauptsächlich Oberleder für die Schuhindustrie des In- und Auslandes her. Sie kann aufgrund eines fachlich gut geschulten Mitarbeiterstabes und modernster maschineller Einrichtungen den heutigen hohen Qualitäts- und Modeansprüchen voll entsprechen. Etwa 70 bis 80 Arbeitsgänge sind erforderlich für ein heute übliches Oberleder.

Die Bader KG steht seit mehreren Jahren in engerem Kontakt zu Lederfabriken in Südamerika, von denen sie vorgegerbte Leder bezieht. Die raschen Veränderungen der Leder- und Schuhindustrie Südamerikas machen es darüber hinaus erforderlich, eine Kooperation mit leistungsfähigen Firmen dort einzugehen, um allen Bedürfnissen des europäischen Marktes entsprechen zu können.

Auch wenn heute modernste Maschinen für die Häute- und Lederbearbeitung zur Verfügung stehen, so sind diesem Bestreben Grenzen gesetzt. In gewissem Grad muß die tierische Haut als Naturprodukt individuell behandelt werden. Insofern sind Lederfabriken auch heute noch „große Handwerksbetriebe", wenn auch allmählich Produktionsverfahren im Bandbetrieb immer mehr eingeführt werden.

Deutsche Leder, speziell aus süddeutscher rotbunter Rohware sind in der ganzen Welt geschätzte Materialien für die Schuh- und Polstermöbel-Herstellung. Ein nicht unwesentlicher Anteil kommt aus Göppingen.

Wilhelm Blank, Miederfabrik, Göppingen (54)

Vor 50 Jahren, am 12. Juli 1922, gründete Herr Wilhelm Blank zusammen mit seinem Schwiegervater die Korsettfabrik Luz & Blank, die dann später in die Miederfabrik Wilhelm Blank umgewandelt wurde.

Kurz vor dem letzten Krieg hat die Firma Blank mit der durch Patent geschützten gummi-elastischen Bruststütze den großen Aufstieg angetreten, ein Schutzrecht, das durch Zusatzentwicklung und -Erfindungen mehrfach erneuert worden ist. Die Marke ‚Pulmonet' – wie die Fabrikate der Firma Blank seit Jahrzehnten heißen – genießen einen ausgezeichneten Ruf.

Heute bietet die Miederfabrik Wilhelm Blank ein umfangreiches Sortiment an: Corselets und Hosencorselets, Mieder, Hüfthalter, Miederhosen und Büstenhalter in den verschiedensten Varianten.

Unternehmerinitiative und sprichwörtlich schwäbischer Fleiß trugen mit dazu bei, daß die Firma Wilhelm Blank sich nach harten Anfangsjahren zu einem Unternehmen entwickelte, das weit über die deutschen Grenzen hinaus bekannt ist. In modernen hellen Fabrikationsräumen und in Zweigbetrieben, die mit neuesten Maschinen ausgestattet sind, finden einige hundert Personen, überwiegend Frauen, Beschäftigung.

Gebr. Boehringer GmbH, Maschinenfabrik und Eisengießerei, Göppingen (14, 15)

Im Jahre 1844 gründete Johann Georg Boehringer eine kleine mechanische Reparaturwerkstatt in Göppingen. Der Betrieb entwickelte sich lebhaft und stellte in den folgenden Jahren Spinnerei- und Färbereimaschinen her. In den sechziger Jahren begann man mit dem Bau von Dampfmaschinen in der Größenordnung von 20 bis 50 PS und der Produktion der ersten Werkzeugmaschinen einfacher Bauart. 1870 ist das Jahr des Beginns des eigentlichen Werkzeugmaschinenbaus, der Boehringer das wesentliche Gepräge und die spätere Weltgeltung im Maschinenbau gebracht hat.

Ab 1922 wird mit Gebr. Boehringer GmbH firmiert. Seit 1927 ist Boehringer Mitglied der Vereinigten Drehbankfabriken – VDF – ein Qualitätsbegriff erster Ordnung in der internationalen Fachwelt. Das Werkzeugmaschinen-Programm umfaßt die Produktion von: VDF-Drehmaschinen, VDF-Drehmaschinen mit numerischer Steuerung, VDF-Kopierdrehmaschinen, VDF kombinierte Dreh- und Tiefbohrmaschinen, VDF-Autoprogramer als Programmierhilfe zur Erstellung der Programme für numerisch gesteuerte Maschinen, Kurbelwellen-, Dreh- und Wirbelmaschinen, Sonderdrehmaschinen, Langhobelmaschinen, Langfräsmaschinen, Führungsbahnen- und Flächenschleifmaschinen.

Auf dem Gebiet der Hydraulischen Antriebe werden hergestellt: Boehringer-Sturm-Ölgetriebe Hydrokraft, Boehringer-Hydrokraft-Aggregate und Hydrokraft-Axialkolbenpumpen. Auf dem Textilmaschinensektor werden Cottonmaschinen für modische Oberbekleidung hergestellt. Die Gießerei leistet Gußaufträge für Eigenbedarf und Fremdaufträge in Mechanite und anderen Gußqualitäten.

Die Firma beschäftigt 2160 Mitarbeiter, davon

770 Angestellte. Der Umsatz hat im Jahr 1971 die 100-Millionen-Grenze überschritten.
Nachwuchs-Ausbildung steht im Vordergrund der Firmenpolitik. Dazu gehört auch eine zweijährige Abiturienten-Ausbildung zum qualifizierten Programmierer.
Die Geschäftsführung lag in den Jahren 1928 bis Ende 1970 in den Händen der Herren Werner Boehringer und Dr.-Ing. Rolf Boehringer. Seit 1971 sind Dipl.-Ing. Werner Boehringer und Dipl.-Ing. Martin Berg Geschäftsführer des schwäbischen Familienunternehmens.

Brauerei zum Rad GmbH, Göppingen (91, 92)

Der Posthalter und Bierbrauer Markus Rau, Besitzer der Brauerei zum „Ochsen" in Hausen ob Lontal, Kreis Heidenheim, erwarb 1869 die Brauerei zum „Rad" mit allen übrigen Anwesen. Nach über 100 Jahren ist das Unternehmen noch heute im Besitz der Familie Rau, die sich mit Recht eine Brauersfamilie nennt; denn die Reihe der Bierbrauer geht in direkter Linie bis in den Anfang des 17. Jahrhunderts zurück, also 9 Generationen.
Die Brauerei zum „Rad" in Göppingen, Poststraße 37, ist nicht nur in Göppingen bekannt, sondern weit über die Kreisgrenze hinaus. Ihre Entstehung und wie sie zu ihrem Namen kam, ist nur wenigen bekannt, auch daß es in Göppingen schon 1666 einen Gasthof zum „Güldenen Rad" gab. Er befand sich beim alten Rathaus und wurde 1782 durch den Göppinger Stadtbrand vernichtet. Bevor man mit dem Aufbau der zerstörten Stadt beginnen konnte, erwarb der damalige Besitzer die unversehrten Gebäude des Spitalbauern Borst vor dem Posttor und gestaltete sie zu einem Gasthof um, der wiederum ein goldenes Rad als Schild führte. 1824 erstellte der seinerzeitige Inhaber, Adam Bühler, neben der Schankstätte eine Bierbrauerei.
Der gut eingerichtete Betrieb zählt zu den bekannten württembergischen Braustätten und verfügt über ein modernes Sudhaus, über neue Gär- und Lagerkeller sowie über leistungsfähige Faß- und Flaschenkeller. Außer „Staufen-Bräu" werden Limonaden und Fruchtsaftgetränke hergestellt.

Jacob Carl, Kupferschmiede, Maschinenfabrik, Göppingen (89)

Aus dem Stammhaus, gegründet 1869, ging 1916 die Firma Jacob Carl, Kupferschmiede und Maschinenfabrik, hervor. Jacob Carl, der Vater und Großvater der heutigen Gesellschafter, gab der Firma den Namen.
Aus dem Handwerksbetrieb entstand in steter Aufwärtsentwicklung der Industriebetrieb mit ca. 70 Beschäftigten.
Die Erzeugnisse, Klein- und Großbrennereien, Brauereimaschinen sowie Apparate und Maschinen für die chemisch-pharmazeutische Industrie genießen auch über die Grenzen Europas hinaus einen ausgezeichneten Ruf.
Der modernen technischen Entwicklung immer aufgeschlossen, wurden zahlreiche Patente angemeldet, die zusammen mit der Ausschöpfung aller konstruktiven Möglichkeiten, der Firma zu einer sehr guten Marktposition verhalfen.
Der Maschinenpark wurde Schritt um Schritt der Verarbeitung von Eisen, Kupfer, Messing und heute hauptsächlich Chromnickelstahl angepaßt. Er erlaubt auch bei der Einzelfertigung eine rationelle Herstellung.
Die Verbundenheit der Mitarbeiter mit der Firma, überwiegend schon vom Lehrlingsalter an, zeigt sich auch daran, daß 25-, 40- und 50jährige Arbeitsjubiläen keine Seltenheit sind.
Im Jahre 1972 wurde die größte Sudhausanlage seit Bestehen der Firma gebaut. Diese Anlage wurde in einer der modernsten Brauereien Norwegens aufgestellt.
Zum gleichen Zeitpunkt wurde als Neuentwicklung eine vollautomatisch arbeitende Sudhausanlage in einer bayerischen Brauerei in Betrieb genommen, die als zukunftsweisende Neukonstruktion stärkste Beachtung findet.

Christophsbad Göppingen Dr. Landerer Söhne (88)

Wenn die Stadt Göppingen im 16. und 17. Jahrhundert vor den übrigen württembergischen Amtsstädten manche Vergünstigung und landauf, landab einen guten Ruf genoß, so verdankt sie dies dem Christophsbad. Seine uns bekannte Geschichte reicht zurück bis ins Jahr 1404, als Graf Eberhard der Milde von Württemberg den Sauerbrunnen zu Göppingen dem Ritter Sefried von Zillenhardt zu Lehen gab. Über die Wirkungsweise und Beliebtheit des Heilwassers ist im 15. Jahrhundert nur wenig bekannt. Erst als Herzog Christoph von Württemberg um das Jahr 1550 von einer ihm am französischen Hof beigebrachten Vergiftung durch eine Kur im Göppinger Sauerbrunnenbad wunderbar genas, verbreitete sich der Ruhm der Heilquelle weit über das Herzogtum hinaus. Christoph verfügte noch umfangreiche bauliche Veränderungen an den Badanlagen; seine endgültige Gestalt erhielt das Badhaus jedoch erst in den Jahren 1616–1618 durch den herzoglichen Baumeister Heinrich Schickhardt.

Die „Heilanzeigen" des Göppinger Christophsbades erstreckten sich nach dem Zeugnis namhafter Ärzte des 16. und 17. Jahrhunderts auf nahezu alle damals bekannten Krankheiten, wie Fieber, Schwindel, Melancholie, Herzklopfen, Erbrechen, Wassersucht, Bleichsucht, schlechtes Gedächtnis, Leber- und Milzverstopfungen, Gelbsucht, Zipperlein, Krampfzustände, Mängel an Augen und Ohren, Wunden, Geschwüre, Kröpfe, Warzen, Schuppen, Zahnweh und vieles andere mehr.

Zum Zeugnis ihres Aufenthaltes und aus Dankbarkeit für die wiedererlangte Gesundheit stifteten die vornehmen Badegäste mancherlei Erinnerungsstücke. Als besondere Kostbarkeiten haben sich davon sieben Holztafeln aus den Jahren 1619–1628 mit den Wappen von Fürsten und Patriziern erhalten.

Nach zahlreichen Besitzwechseln kam das ganze Anwesen 1839 in die Hand von Dr. Landerer, der darin im Jahr 1852 eine Heilanstalt für Gemüts- und Nervenkranke einrichtete. Glücklicherweise mußte diesem neuen Zweck nicht der Kern der historischen Anlage, das Badhaus von Heinrich Schickhardt geopfert werden. Dieses ist vielmehr bis heute der Mittelpunkt der heutigen Privatklinik für Nerven- und Gemütskranke geblieben und wurde erst in jüngster Zeit von der Familie Landerer mit kundiger Hand wiederhergestellt. Geblieben sind aber auch die seit über 600 Jahren an dieser Stelle dem Boden entspringenden Sauerwasserquellen, zu denen die Göppinger nach altem Herkommen freien Zugang haben.

Heute zählt der Göppinger Mineralbrunnen mit zu den großen Mineralbrunnen in der Bundesrepublik. Seine Erzeugnisse sind über die Landesgrenzen Baden-Württembergs hinaus verbreitet. Im Mittelpunkt des Verkaufsprogrammes steht das Heilwasser Göppinger Christophsquelle, das wegen seiner vielseitigen gesundheitsfördernden Eigenschaften als Arzneispezialität anerkannt ist.

Seit 1962 ist die Niedernauer Römerquelle bei Rottenburg/Neckar als Zweigbetrieb angegliedert. Auch dort werden reine Quellprodukte – im besonderen Heilwasser – abgefüllt.

Gebr. Frankfurter KG, mech. Buntweberei, Göppingen (56)

Unter dem Markenzeichen „Dreiberg" (symbolisiert die drei Kaiserberge) sind die Erzeugnisse der Firma Gebr. Frankfurter KG bekannt. Die Mechanische Buntweberei, Färberei und Ausrüstung wurde im Jahre 1896 durch die Brüder Sigmund und Jakob Frankfurter gegründet. Bis zur Enteignung durch die Gesetze der damaligen politischen Machthaber wurde der Ausbau unentwegt durch die Söhne Heinrich und Richard Frankfurter fortgesetzt.

Der Zweite Weltkrieg begrub alle Hoffnungen, denn der Betrieb wurde fast völlig durch Bombenangriff zerstört. Im Jahr 1946 übernahm Herr Adolf Seebich die Leitung des Unternehmens und es erfolgte der Wiederaufbau, so daß bereits im Jahr 1950 wieder 130 Webstühle, die Färberei und Ausrüstung voll in Betrieb genommen werden konnten. Seit 1. Januar 1960 ist Adolf Seebich Inhaber und Geschäftsführer des Unternehmens. Der Betrieb ist auf dem neuesten Stand des technischen Fortschritts und zählt mit zu den führenden Firmen seiner Branche.

Das Produktionsprogramm umfaßt hauptsächlich Jacquard-Matratzendrelle und Liegenstoffe und ist den neuen Bedürfnissen auf dem Markt angepaßt. Synthetiks haben Eingang gefunden und dem Trend zu höheren Qualitäten wird in jeder Hinsicht Rechnung getragen. Vom Rohstoff Garn bis zur Fertigware wird über Weberei, Färberei und Ausrüstung alles in eigener Produktion hergestellt. Das Absatzgebiet erstreckt sich über das gesamte Bundesgebiet und den EWG-Raum.

Wenn ein Unternehmen über 75 Jahre von

wechselhaftem Geschehen und im Wandel der Geschichte hinweg beständig blieb, so ist es berechtigt vertrauensvoll in die Zukunft zu blicken.

Gala-Miederfabrik E. H. Schnabel, Göppingen
(50)

Die Gala-Miederfabrik E. H. Schnabel, Göppingen, Freihofstraße 63, wurde bereits im Jahre 1870 von Ernst Heinrich Schnabel gegründet.

Die Firma wird seit Jahren von Herrn August Wittlinger, der dem Unternehmen seit 1928 angehört, geführt.

Der Schwerpunkt der Produktion liegt in der Herstellung von qualitativ hochwertigen und modisch exklusiven Büstenhaltern, Elastic-Schlüpfern, Miederhosen, Corselets und Slipscorselets die unter dem Markenfabrikat Gala sowohl im In- als auch im Ausland recht gut eingeführt sind.

Das Ziel ist, diesen hochwertigen Genre auch in der Zukunft weiter zu pflegen.

Geislinger Zeitung,
Carl Maurersche Buchdruckerei, Geislingen
(85, 86)

Die Geislinger Zeitung, als Bote des Filstals im Jahre 1847 erstmals erschienen und 1856 endgültig in den Besitz der Familie Maurer übergegangen, wird heute noch von den Nachfolgern herausgegeben. Für die Herausgeber war und ist es eine Selbstverständlichkeit, den lokalen und heimatlichen Belangen ganz besondere Aufmerksamkeit zu schenken, dies gerade in einer Zeit, in der die Welt klein geworden ist. Die Ausrichtung auf die Probleme und die Gegebenheiten des Altkreises Geislingen ließen den Verlag bestrebt sein, seine Selbständigkeit zu wahren. Durch die Zusammenarbeit mit der Südwest Presse seit Ende 1968 ist es der Geislinger Zeitung möglich, bei aller Betonung des Heimatlichen ihre Leser auch über die Ereignisse in aller Welt und aus allen Bereichen des täglichen Lebens rasch und umfassend zu informieren. Das beste Betriebskapital, über das die Geislinger Zeitung verfügt, sind neben der

Aktualität auf allen Gebieten das Vertrauen ihrer Leser, das zum Teil in jahrzehntelanger Verbundenheit gewachsen ist und die reiche Erfahrung, die sie aus ihrer 125jährigen Geschichte schöpfen kann.

Der Druckereibetrieb ist den Erfordernissen der Industrie in jeder Beziehung gefolgt. Die Carl Maurersche Buchdruckerei, Geislingen (Steige), verfügt über einen modernen Maschinenpark sowohl im Buchdruck, als auch im Offset und stellt ausschließlich nur hochqualitative Erzeugnisse her. Die Abnehmer sind nicht nur in Geislingen, sondern über den Raum Geislingen hinaus Weltfirmen im Großraum Stuttgart. Durch diese Leistungsfähigkeit ist die Carl Maursche Buchdruckerei in Württemberg und auch darüber hinaus bestens bekannt.

Glücksband Roth KG, Göppingen-Ursenwang
(59)

Im Jahre 1824 erlaubte eine Entscheidung der Kreisregierung in Ulm die Herstellung von Bandartikeln. Die Kreisregierung erklärte nämlich die Bandweberei als „kein zu den Zünften" gehörendes Gewerbe. Die ersten, die die neue Sachlage erfaßten und ausnützten waren die Roths Vater und Söhne. 1829 ließen die Roths auf sechs Bandwebstühlen weben, begannen 1830 auch mit der Fertigung von Seidenware und wandten sich 1837 der Korsettweberei zu. Im Geschäftshaus Bahnhofstraße 1, neben dem damaligen „Türkei", wurde die Firma etabliert, die sich von nun an nannte: G. Roth & Cie., Lampendocht und Damenkorsettweberei. 1864 wurden auf dem Gelände der Bleiche neue Fabrikräume erstellt. Das Fabrikationsprogramm, das aus der Herstellung von Lampendochten und Korsetts über Möbelgurten und Seidenbänder umfaßte, wurde im Laufe der Jahrzehnte ergänzt durch Schuhriemen im Jahre 1896 und elastische Flechtartikel im Jahre 1928.

Im Laufe der Strukturveränderungen auf dem Textilmarkt in der Bundesrepublik wurde das Artikelprogramm gestrafft und konzentriert und 1955 die Lizenz einer französischen Firma zur Herstellung von Drucketiketten unter dem internationalen Begriff „Heliotextil" erworben. 1969 errichtete die Firma nach dem Verkauf des alten Betriebsgeländes an der Bleiche in eineinhalbjähriger Bauzeit im neuen Industriegebiet Göppingen-Ursenwang ein 4000 qm großes neues Fabrikationsgebäude.

Hier werden als Spezialität Bänder für die Reißverschlußindustrie sowie Bänder aller Art, ferner bedruckte Einnäh-Stoff-Etiketten unter dem Markennamen „Heliotextil" produziert.

Von ursprünglich 15 Arbeitern des Jahres 1824 stieg die Beschäftigtenzahl bis auf 400 Arbeiter im Jahre 1938 und fiel dann wieder ab, bei steigendem Umsatz, auf die heutige Zahl von 120 Beschäftigten.

Die Firmenleitung befindet sich in ununterbrochener Folge in den Händen der Familie Roth. Hans Roth trat Ende 1971 in den Ruhestand, Sein Sohn, Hans-Joachim Roth, trat seine Nachfolge in der siebenten Generation an.

Göppinger Wäsche- und Bekleidungsfabrik Benedikt von Fürstenberg (52, 53)

Seit 1938 steht der Inhaber Benedikt von Fürstenberg an der Spitze seiner Firma, die vor dem letzten Krieg mancherlei Arten von Bekleidung, während des Krieges auf Nähmaschinen herzustellenden Wehrmachtsbedarf angefertigt hat. Schon frühzeitig erkannte die Firma die Notwendigkeit einer Spezialisierung in der Bekleidungsindustrie und verschrieb sich zunächst der Produktion von Herrenwäsche. Das Fürstenberg-Herrenhemd erwarb sich einen guten Namen beim Handel und Verbraucher.

Die Firma erkannte rechtzeitig die in der Herrenwäscheindustrie sich anbahnenden Marktauseinandersetzungen und stellte ihr Produktionsprogramm allmählich um und nahm die Anfertigung eleganter Damen-Nachtwäsche und Strandbekleidung sowie neuerdings auch Homedreß auf. Es wurde ein Stil kreiert, der als Fürstenberg-Stil bezeichnet werden kann und weit über das Bundesgebiet hinaus bekannt geworden ist.

Der Erfolg hat in Göppingen die Errichtung eines großzügig gestalteten Neubaus notwendig gemacht und auch noch zusätzlich zum Aufbau von zwei Filialbetrieben geführt. Heute weist das Unternehmen etwa 350 Beschäftigte auf.

Zur Verarbeitung gelangen ausschließlich gewebte und pflegeleichte Stoffe. Die Stoffe werden teils im Inland, sehr viele aber im Ausland ausgesucht, und viele Dessins werden als Eigendessins entworfen.

Gral-Glashütte GmbH, Dürnau (42)

Die Gründung der Gral-Glashütte, die unter der Leitung des geschäftsführenden Gesellschafters Rolf Seyfang steht, geht auf das Jahr 1930 zurück. Es wurde mit Glasveredelung begonnen. Dem strengen Stil der eigenen Formen und der Schliffdekors brachten zunächst aber nur die Kunstgewerbehäuser Interesse entgegen. Es dauerte einige Jahre, bis dieser Stil sich beim Fachhandel durchsetzen konnte. Dann ging es aber sehr schnell aufwärts. Es folgten Produktionserweiterungen; auch ein Export-Programm wurde geschaffen.

Im Jahre 1938 wurde im Böhmerwald ein Filialbetrieb errichtet und im Jahre 1939 eine Glashütte dazu übernommen, die aber ihre Produktion durch die Umstände der Zeit nicht mehr aufnehmen konnte. Nach 1945 konnte eine größere Zahl Facharbeiter aus dieser Gegend des Böhmerwalds im Raum Göppingen angesiedelt werden, wodurch die Errichtung einer neuen Glashütte und damit die schon längst fällige Produktions- und Leistungssteigerung möglich wurde.

Die Produktion der Gral-Glashütte in Dürnau bei Bad Boll (Baden-Württemberg) umfaßt ein Programm von Trinkglasgarnituren, Bechern, Tellern und Schalen, Krügen, Bowlen, Vasen, Dosen, Aschern und Leuchtern in Kristall und ausgewählten Farben; als Spezialität auch Unikate in alten und neuen Techniken.

Die Glasmacher und Glasschleifer bei gralglas sind Spezialisten und zählen zu den besten.

Die Gral-Glashütte war immer ein Vorkämpfer guter Form-, Farb- und Dekorgestaltung und hat dafür viele Auszeichnungen und Anerkennungen erhalten. Namhafte Designer arbeiten für gralglas. Ihr Bestreben ist es, künstlerisch echte Formen und Dekors zu schaffen, die modern, aber möglichst zeitlos sind, so daß die Besitzer von Gral-Kristall immer Freude daran haben können.

Sowohl in deutschen als auch ausländischen Museen, darunter im „Museum of modern Art" in New York, ist „gralglas" vertreten.

Helmut Hagmann, Bauunternehmung,
Gingen/Fils   (70)

Im Jahre 1958 gründete der jetzige Inhaber
Helmut Hagmann die Firma als reine Hoch-
baufirma. Die darauffolgenden Jahre brachten
eine Ausweitung auch auf Tief- und Straßen-
bauarbeiten.
1963 erwarb die Firma von der Gemeinde Gingen ein Grundstück auf dem ein Jahr später
ein Lagergebäude und Büroräume errichtet
wurden. 1965 kam eine Frischbetonanlage
dazu.
Anschließend wurde das schlüsselfertige Bauen
ins Arbeitsprogramm aufgenommen und 1971
wurden die ersten eigenen Typenhäuser in
konventioneller Bauweise unter Verwendung
von vorgefertigten Teilen erstellt.
Letztes Jahr begann die Firma mit dem Bau
eines eigenen Betonwerkes einschl. vollauto-
matischer Frischbetonanlage.
Zur Zeit werden ca. 65 Mitarbeiter beschäftigt
und zwei Lehrlinge im Maurerhandwerk ausgebildet. Die Firma verfügt über einen modernen Maschinen- und Gerätepark.

Leonh. Hagmeyer, Eisen- und
Sanitärgroßhandlung, Geislingen   (80, 81)

Einen Familienbetrieb mit ca. 150 Beschäftigten, der 1966 auf ein 100jähriges Bestehen zurückblicken konnte, stellt die Eisen- und Sa-
nitär-Großhandlung Leonh. Hagmeyer in Geis-
lingen/Steige heute dar.
Beim Tode ihres Gründers, Leonhard Hagmeyer im Jahre 1913, war der aus einer Schmiede herausgewachsene Handelsbetrieb in der
ganzen Umgebung bekannt und angesehen.
Sein Schwiegersohn August Häcker führte das
Unternehmen, zusammen mit seiner Frau Bertha, zielstrebig weiter. Das Sortiment wurde
bedeutend vergrößert. Bei seinem Ableben im
Jahre 1926 reichte der Kundenkreis weit über
die Grenzen des damaligen Oberamts hinaus.
Eberhard Beil, der Ehemann der einzigen Tochter Hildegard Häcker, übernahm jetzt die Geschäftsführung und konnte das gut gehende
Unternehmen trotz Krisenzeiten und Krieg
weiter ausbauen. In der Heidenheimer Straße
wurde kurz vor Ausbruch des Zweiten Welt-

krieges ein Lagerhaus mit Gleisanschluß gebaut. Nach der Stagnation während des Krieges wurde der Kontakt zu Handwerk und Industrie weiter vertieft. Mitten im Weiteraus-
bau der aufstrebenden Großhandlung verstarb
nach kurzer Krankheit Eberhard Beil am 3. Januar 1950. Nachfolger wurden seine Söhne
Friedrich und Volkmar Beil. Seit dem Tod von
Volkmar Beil im Jahre 1954 leitet Friedrich
Beil die Firma allein.
Nach dem derzeitigen Stand gliedert sich die
Firma in fünf Fachabteilungen:
1. Das Stahlcenter mit einer leistungsfähigen
Betonstahlbiegerei in der Grube-Karl-Straße
auf einem Gelände von 15 000 qm, neu gebaut
und nach modernsten Gesichtspunkten eingerichtet.
2. Die Eisenwaren-, Werkzeug- und Baube-
schläge-Abteilung in der Heidenheimer Str. 62.
3. Die Sanitär- und Heizungs-Abteilung in der
Heidenheimer Straße 62.
4. Die Bauelemente- und Küchen-Abteilung,
mit eigenen Montagetrupps, in der Heidenheimer Straße 122 bzw. 44.
5. Ein Einkaufszentrum für Haus, Hobby und
Garten in der Heidenheimer Straße 44.
Auf ca. 10 000 qm Verkaufs- und Lagerfläche
werden hier fast 20 000 Artikel dargeboten.
In drei verschiedenen Ausstellungen mit einer
Fläche von ca. 1000 qm werden Sanitär-Ein-
richtungsgegenstände, Küchen, Hausgeräte und
Gartenmöbel jeweils nach dem neuesten Stand
der Technik vorgestellt, ein zuverlässiger Fuhrpark, moderne Lagereinrichtungen und Geräte,
ein geschulter Innen- und Außendienst stehen
für die Kunden bereit.

Constantin Hang, Maschinenfabrik, Göppingen
                                                              (74)

Der Mechaniker Constantin Hang begann 1869
in Göppingen mit 2 bis 3 Gesellen, Reparaturen
an verschiedenen Hilfsmaschinen der damals in
Göppingen ansässigen Korsett- und Textilindustrie auszuführen. Daneben wurden Waagen für Haushalt und Industrie instandgesetzt.
1880 wurde dann in der Bleichstraße 13 eine
neue Werkstatt mit Wohnung erbaut. Nach
einigen Jahren, in denen man sich auf die Herstellung von Waagen spezialisierte, konzen-
trierte sich ab 1892 die Fertigung auf die Her-

stellung von Hilfsmaschinen für die Göppinger Korsettindustrie. Die bei der damaligen Korsettherstellung vewerteten Metallteile wie Haken, Ösen und Metallstäbchen wurden mit kleinen Hilfsmaschinen eingesetzt.

1893 trat der Sohn des Firmengründers, Ing. Eugen Hang, in die Firma ein. Die bisherige Werkstatt war bald zu klein und im Jahre 1903 wurde ein weiteres Stockwerk errichtet, 1911 in der Ulmer Straße 32 zusätzlich ein Neubau erstellt. Mit einer Belegschaft von ca. 35 Personen wurden in beiden Fertigungsstätten automatische Einsetzmaschinen für Nieten, Haken und Ösen gebaut.

Nach dem Tode von Ing. Eugen Hang mußten dessen Söhne Eugen und Otto Hang schon in jungen Jahren die Leitung des Unternehmens übernehmen. Durch mehrmalige Anbauten an die Betriebsstätte in der Ulmer Straße war man in der Lage, das Herstellungsprogramm auszuweiten und man begann in dieser Zeit mit dem Bau von Papierbohrmaschinen, die hauptsächlich in Buchbindereien Verwendung finden.

Das Unternehmen erlebte nach der kriegsbedingten Einschränkung und Umstellung nach dem Zweiten Weltkrieg eine stetige Aufwärtsentwicklung. 1963 verunglückte der kaufmännische Leiter Otto Hang tödlich. Eugen Hang übernahm neben der technischen Leitung auch die kaufmännische. Am 1. 1. 1964 trat Dipl.-Kfm. Constantin Hang (Sohn des verst. Otto Hang) als Mitgesellschafter in die Firma ein.

Heute stellen ca. 135 hochqualifizierte Mitarbeiter Papierbohrmaschinen und leistungsstarke Einsetzmaschinen für die graphische Industrie, für die blechverarbeitende Industrie, für den Automobilbau sowie für die Schuh- und Lederwarenindustrie her. Die Firma zählt zu den bedeutendsten Unternehmen dieser Branche von Spezialmaschinen in Europa und exportiert etwa die Hälfte ihrer Produktion nach allen Ländern der Erde.

Die 1971 neueingerichtete Lehrwerkstatt bietet ca. 15 Lehrlingen die Gelegenheit, unter sachkundiger Führung, den Beruf des Maschinenschlossers, des Drehers und des Fräsers zu erlernen.

Alfred Heinkel & Co. KG Metallwarenfabrik, Kuchen (17, 18)

Professor Dr. Ernst Heinkel gründete im Jahre 1941 mit seinem Vetter, Alfred Heinkel, in Kuchen die Alfred Heinkel & Co. KG, Metallwarenfabrik.

Als eigene Produkte werden heute eine Reihe Geschirrspül-Automaten für gewerbliche Zwecke unter dem Namen „HEINKEL-gastromatic" hergestellt und vertrieben. Es sind Tisch-, Schrank- und Durchschubmaschinen mit einer Leistung bis zu 960 Teller in der Stunde.

Mit der Übernahme der Produktionsrechte von Kastentransport- und Bandmaschinen, die bisher unter dem Namen GELUNA verkauft wurden, verfügt Heinkel nunmehr über ein komplettes Programm, das eine Leistung von 240 bis 5000 Teller pro Stunde umfaßt. In ganz kurzer Zeit konnte sich das Unternehmen hier durch hohe Qualität und technische Neuerungen unter die führenden Firmen einreihen.

Ein weiterer Produktions-Schwerpunkt wurde in der Herstellung von Anlagen für die Versuchstierhaltung geschaffen. Von der chemischen und pharmazeutischen Industrie sowie von wissenschaftlichen Instituten werden strenge Forderungen an derartige Anlagen gestellt: absolute Hygiene, rationale Bedienung, die wegen des Personalmangels ganz besonders wichtig ist, exakt bestimmbare Abläufe von Füttern, Reinigen usw. Das bedeutet für den Hersteller höchste Qualität in bezug auf Material und Ausführung. Heinkel in Kuchen ist immer bemüht, diesen Anforderungen gerecht zu werden.

Neben diesen Eigenprogrammen werden Zieh-, Stanz- und Drückteile aus rost-, säure- und hitzebeständigem Material für Kunden aus dem Maschinen-, Waagen- und Fahrzeugbau sowie aus der optischen, chemischen und elektrotechnischen Industrie, zu denen zum Teil langjährige Verbindungen bestehen, hergestellt. Der Erfolg und die steigende Nachfrage nach Heinkel-Produkten sprechen für die Qualität der Erzeugnisse.

Möbel-Held, Geislingen   (77, 78)

1962 eröffnete Fritz Held ein kleines Möbel-
geschäft in Geislingen mit einer Ausstellungsfläche von 80 qm. Die Firma entwickelte sich so
gut, daß nach kurzer Zeit der Laden zu klein
wurde und Möbel-Held in ein größeres Geschäft in der Stuttgarter Straße umziehen
mußte. Als sich nach weiteren zwei Jahren
auch diese Ausstellungsfläche als zu klein erwies, erstellte die Firma im Industriegebiet
Neuwiesen einen eigenen Neubau, dessen Ausstellungsfläche 1972 auf über 2000 qm erweitert wurde. Initiative und Tatkraft machten
Möbel-Held zum führenden Möbelhaus Geislingens und Umgebung. Möbel-Held führt
die durch Funk und Fernsehen bekannten Glo-
bal-Möbel.

Eugen Heller, Bauunternehmung KG,
Geislingen   (65, 66)

Die Bauunternehmung Eugen Heller wurde
am 30. April 1973 genau 100 Jahre alt. Den
Grundstein zu dem im Geislinger Raum eine
bedeutende Rolle spielenden Betrieb legte der
Maurermeister Andreas Fezer. Sein Sohn Hans
Fezer, der 1910 das Maurergeschäft übernahm,
ließ die Grenzen, die der Wohnbau auferlegte,
hinter sich und erstellte Industriebauten und
öffentliche Gebäude.
Hans Fezer starb kurz vor dem Ausbruch
der Weltwirtschaftskrise, den nach den Kriegen
schwärzesten Jahren, welche die Bauindustrie
in diesem Jahrhundert erlebte. So kam es, daß
der Mitarbeiterstab auf einen Meister und
einige Lehrlinge zusammengeschmolzen war,
als der über reiche internationale Erfahrungen
verfügende Geislinger Baumeister Eugen Heller
am 1. Januar 1933 den Betrieb seines Schwie-
gervaters übernahm.
Heute verfügt die Bauunternehmung über ein
eigenes Ingenieurbüro, einen geräumigen Bauhof mit allen erforderlichen Hilfsbetrieben und
beschäftigt im Schnitt 250 Mitarbeiter. Neben
dem Sohn, Bauingenieur Hans Dieter Heller,
Geschäftsführer seit 1968, war Baumeister
Eugen Heller noch im Jubiläumsjahr trotz seiner 83 Jahre fast jeden Tag im Betrieb tätig.
Die Firma ist in praktisch sämtlichen Bereichen
modernen Bauens aktiv. Zahlreiche Großbau-

ten wie Schulen, Kirchen, Verwaltungs-, Indu-
strie- und Wohnbauten sowie Bauwerke der
Wasserversorgung sprechen für die Leistungsfähigkeit des Betriebes. Besonderes Augenmerk
wird bei Heller der Pflege des Nachwuchses
gewidmet. Seit 1933 hat die Firma über 400
Lehrlinge und Praktikanten ausgebildet.

Hellweg KG, Göppingen   (57)

Die Gründung der Firma erfolgte als Wäsche-
fabrik durch die Eheleute Maria und Wilhelm
Hellweg im Jahre 1930 in Saarbrücken. Im
Zuge der Kriegsereignisse wurde der Betrieb
1944 nach Wäschenbeuren verlagert, wo im
April 1945 erneut schwere Schäden durch
Kriegseinwirkung entstanden.
1946 wurde die Produktion in Räumen der
Firma L. Schuler AG, Göppingen in beschei-
denem Rahmen wieder aufgenommen. Bedingt
durch beträchtliche Schwierigkeiten sowohl in
Maschinen- wie Materialbeschaffung begann
der wirkliche Aufschwung erst Anfang der
fünfziger Jahre.
Das Programm umfaßte Herrenhemden; 1951
wurden Damenblusen mit aufgenommen. 1954/
55 konnte im Neubaugebiet an der Jahnstraße
ein zweckmäßiger Neubau erstellt werden, der
eine rationelle Fertigung ermöglichte.
Die Marktentwicklung, vor allem die steigenden Importe aus Billigpreisländern zwang 1968
zu einer Produktionsumstellung; die Hemden-
fertigung wurde aufgegeben und die Fertigung
auf Damenblusen und Damenkleider im sportlichen Stil konzentriert. Auf diesem Sektor
erlangte die Firma inzwischen eine beachtliche
Marktgeltung, so daß sie heute neben der
Eigenfertigung drei Lohnbetriebe beschäftigt.

Carl Hildenbrand GmbH, Flechtartikel- und
Bandfabrik, Ebersbach   (60)

Die Firma Carl Hildenbrand wurde im Jahre
1911 in Göppingen gegründet, die Übersiedlung nach Ebersbach erfolgte im gleichen Jahr.
Man befaßte sich von Anfang an hauptsächlich
mit der Herstellung von Schuhsenkeln und
Miederkordeln. Später wurden noch die Artikel
Schrägband und Hundegarnituren (Halsband
und Leine) ins Programm aufgenommen.

Die gute Entwicklung machte eine laufende Vergrößerung des Betriebes notwendig. Im Jahre 1963 konnte ein moderner Neubau bezogen werden. Heute zählt die Firma Carl Hildenbrand zu den bedeutendsten Betrieben ihrer Branche.

G. Hildenbrand GmbH,
Plüschweberei – Ausrüstung, Göppingen (55)

1862 organisierte nach dem bekannten hausgewerblichen Verlagssystem Gottlieb Hildenbrand die Fabrikation von Baumwoll- und Leinenwaren im heutigen Stadtteil Jebenhausen. Später erwarb er die „Mittlere Mühle" in Göppingen und 1887 entstand ein industrieller Webereibetrieb, wobei der Schwerpunkt der Erzeugnisse bei Plüschen und Pelzimitationen lag.
1965 wurde an das Göppinger Werk eine Färberei und Ausrüstung nach neuesten Erkenntnissen angegliedert und 1972 ein neuer vollintegrierter Produktionsbetrieb im Industriegebiet von Göppingen, Esslinger Str. 1, errichtet und in Betrieb genommen.
Die Firma G. Hildenbrand gehört zu den führenden Plüscherzeugern im Rahmen der europäischen Textilindustrie. Das Fabrikationsprogramm umfaßt Web- und Wirkplüsche, die zum Teil uni, zum Teil bedruckt an die Damen- und Herrenoberbekleidungs-, die Spielzeugindustrie und an den Handel verkauft werden. Modernste Technik und jahrzehntelange Erfahrung sind die Grundlagen der bedeutenden Marktposition. Durch eine fortlaufende, in die Zukunft weisende Investitionstätigkeit stehen für alle Produktionsprozesse die modernsten Anlagen zur Verfügung.
Genau 110 Jahre nach der Firmengründung hat das Unternehmen mit diesen Investitionen die Grundlagen für die weitere Expansion geschaffen.

KA-BE-Verlag Volkhardt & Co.,
Briefmarkenalben, Göppingen (94)

1917, im letzten Jahr des Ersten Weltkrieges, wurde in Aschersleben ein Verlag für Briefmarkenalben gegründet. Seit dieser Zeit ist das Geschäftszeichen ein Komet, und die Firmenbezeichnung „KA-BE" wurde aus den Anfangsbuchstaben Komet-Briefmarkenalben abgeleitet.
1924 gelangte der Betrieb in den Besitz der heutigen Inhaber, der Familie Volkhardt. Schnell erhielt der Verlag internationale Bedeutung.
Während im allgemeinen bis dahin in Briefmarken-Vordruckalben die Briefmarkenfelder in einer Reihe hintereinander durchgehend angeordnet waren, bekam jetzt erstmals in den KA-BE-Alben jede Marke ihr eigenes freistehendes Feld.
Durch geschmackvolle und sorgfältige Anordnung der Albenblätter kamen die einzelnen Marken hervorragend zur Geltung. Diese neue Art Briefmarken-Alben wurde schnell von anderen Verlagen nachgeahmt.
Im Jahre 1953 wurde der Verlag enteignet. Die Inhaber, Dr. H. und W. Volkhardt gingen über Berlin in die Bundesrepublik und gründeten ihr Unternehmen am 1. 4. 1953 in Göppingen neu.
1965 zog der KA-BE-Verlag aus Mieträumen in ein neu gebautes, eigenes Verlagsgebäude in Göppingen-Ursenwang um. Schnell wachsende Umsätze machten schon 1967 und 1970 Erweiterungen notwendig. Heute beschäftigt der Verlag über 120 Mitarbeiter, die mithelfen, die KA-BE-Freunde in über 30 Ländern der Welt mit Münzen- und Briefmarkenalben zu versorgen.

Kellerbau – NOE-Schaltechnik – Mobilbau,
Süßen (71)

Die Johannes Keller Bau-KG – kurz Kellerbau genannt – wurde 1919 gegründet. Aus dem handwerklichen Maurerbetrieb heraus hat sich im Lauf der Jahre ein Unternehmen entwickelt, das sich heute in allen Bereichen des Bauens betätigt, wie schlüsselfertiger Wohnungs- und Industriebau, kommunale Bauten, Ingenieurbau, Tief- und Straßenbau, Holzbau mit Zimmerei, Schreinerei und Glaserei, Betonfertigteil-Herstellung sowie Kies- und Splitt-Produktion. Daneben wird ein Ingenieurbüro unterhalten.
Stark engagiert hat sich der Betrieb auch in der Entwicklung neuartiger, rationeller Bauver-

fahren. So wurde im Wohnungsbau mit der Schwesterfirma NOE-Schaltechnik zusammen ein Verfahren der sog. Mischbauweise entwickelt, einer sinnvollen Kombination von Vorfertigung und Ortfertigung. Zur Firmengruppe gehört auch die Firma mobil-bau GmbH, die mobile Raumzellen komplett im Werk vorfertigt und in der ganzen Bundesrepublik und im Ausland erstellt.

Vor allem unter der Leitung des 1970 verstorbenen geschäftsführenden Gesellschafters, Senator e. h. Georg Meyer-Keller, hat die Firmengruppe – trotz erheblicher Verluste und Rückschläge in den Wirren des letzten Krieges – eine blühende Entwicklung genommen.

Die Zentrale des Betriebes ist in Süßen. Eine Filiale besteht seit 1945 in Ulm (Donau). Das Ziel des Betriebs ist es, im hiesigen Raum alle Arten von Bau-Aufgaben durch ein Team leistungsfähiger Mitarbeiter mit modernen technischen Einrichtungen und Anlagen durchzuführen. Daneben verdankt das Unternehmen seinen Ruf der Aufgeschlossenheit gegenüber technischen und organisatorischen Neu- und Weiterentwicklungen. Der Betrieb beschäftigt etwa 650 bis 700 Mitarbeiter, darunter auch in erheblichem Umfang ausländische.

Kreissparkasse Göppingen   (82)

Die Kreissparkasse ist das größte Kreditinstitut des Kreises Göppingen. Seit mehr als 126 Jahren steht sie im Dienste der Bevölkerung und hat ihr Gesicht im Interesse ihrer Kunden mehrfach gewandelt. So gesellt sich heute zu der sehr großen Erfahrung Dynamik und zukunftsorientierte Geschäftspolitik, Voraussetzungen für einen kundenorientierten Angebotsfächer.

Die stetige Entwicklung zu dem Institut von heute ist eng mit der Entwicklung des Kreises Göppingen, seiner Industrie, Handel und Gewerbe und nicht zuletzt mit seinen Einwohnern verbunden.

Die Gründung der Kreissparkasse Göppingen fällt in die Zeit der fortschreitenden Industrialisierung, die eine starke Umschichtung der Strukturen und soziale Probleme brachte. Politische Spannungen herrschten und verursachten wirtschaftliche Stockungen und Absatzschwierigkeiten. Um in dieser Zeit die Armen zu unterstützen, beschloß die Amtsversammlung des Oberamtsbezirks Göppingen mit Genehmigung der königlichen Kreisregierung die Errichtung einer Spar- und Leihkasse. Sie wurde unter die Garantie der „Amtskorporation" gestellt, die bis in die heutigen Tage besteht.

Der Geschäftsbetrieb begann am 15. Oktober 1846. Die Oberamtspflege war zugleich der Geschäftsraum der Sparkasse. Im Jahre 1862 wurde die Oberamts-Spar- und Leihkasse in Oberamtssparkasse umbenannt.

1896 führte man Sparkassenbücher anstatt der bisher üblichen Einlagenscheine ein. Die Verpfändung der Einlagen wurde zugelassen. Auch die Geschäftsführung der Sparkasse mußte Reformen unterworfen werden, um den erhöhten Anforderungen gerecht zu werden: 1904 wählte man den ersten hauptamtlichen Sparkassenleiter.

Zur Erleichterung des Verkehrs zwischen Einlegern und Sparkasse wurde 1901 von der Hauptversammlung die Errichtung von Geschäftsstellen in den Bezirksgemeinden beschlossen. Dieses Bestreben, möglichst nahe beim Kunden zu sein, setzte sich bis in die heutige Zeit systematisch fort.

Auch die Inflation 1923 konnte die stete Aufwärtsentwicklung der heutigen Kreissparkasse nicht erschüttern. Während der Zeit des Wiederaufbaus änderte die Sparkasse ihre interne Organisation. Der Kontokorrentverkehr wurde neu eingeführt, der Depositenverkehr ausgebaut. In den großen Orten des Oberamtsbezirks wurden Hauptzweigstellen mit eigener Kontenführung errichtet: In Eislingen 1925, in Uhingen 1926, in Reichenbach a. d. Fils 1927, in Salach und Ebersbach 1929.

Ein Erlaß des Innenministeriums von 1934 verfügte, aufgrund der neuen Kreisordnung, die Umbenennung der seitherigen Oberamtssparkassen in „Kreissparkasse".

Die über 100 Jahre bestehende Landeseinteilung wurde durch das Gesetz über die Landesneueinteilung von 1938 geändert. Zwischen den Sparkassen, deren Einzugsgebiet betroffen war, mußten Vereinbarungen geschlossen werden. Die Kreissparkasse Geislingen und ihre Hauptzweigstellen Geislingen-Altenstadt, Süßen und Wiesensteig gingen auf die Kreissparkasse Göppingen über.

Als am 20. April 1945 für Göppingen der 2. Weltkrieg zu Ende war, blieben die Schalter der Kreissparkasse bis Ende des Monats geschlossen. Ein bargeldloser Zahlungsverkehr war durch die zusammengebrochenen Verkehrsverhältnisse unmöglich, so daß der Warenverkehr nur gegen Barzahlung abgewickelt wurde. Das führte zu einer Bargeldnot. Als Behelfszahlungsmittel brachte damals die Kreissparkasse Göppingen auf die Reichsbank ausgestellte Barschecks in kleinen Beträgen von 5,–, 10,–, 20,– und 50,– RM in Umlauf. Bereits im November 1945 konnten jedoch wieder Überweisungsaufträge im Spar-Giroverkehr ausgeführt werden.

Auch nach der Währungsreform 1948 war die Kreissparkasse bei der Beschaffung der notwendigen finanziellen Mittel für Industrie und Wohnungsbau maßgeblich beteiligt. Seit Ende des Krieges wurden von ihr mehr als 16 000 Wohnungen mitfinanziert, das entspricht der Größe einer Stadt wie Göppingen.

Heute präsentiert sich die Kreissparkasse Göppingen alse eine gesunde, leistungsstarke Regionalbank des Kreises Göppingen. Aus der einstigen „Arme-Leute-Sparkasse" ist eine Universalbank geworden, die in allen Bevölkerungskreisen hohes Vertrauen genießt. Die umfangreiche Palette der Dienstleistungen, die sich laufend der Zeit angepaßt hat und immer weiter ausgebaut wird, bietet heute alle Arten von Geschäften. Moderne technische Hilfsmittel, wie elektronische Datenverarbeitung sowie zweckmäßige Einrichtungen sorgen für eine rasche, zuvorkommende Abwicklung aller Geschäfte. Ein umfangreiches Geschäftsstellennetz im gesamten Kreis Göppingen mit Zweigstellen in allen Kreisgemeinden steht zur Verfügung.

Was die Kreissparkasse ist, verdankt sie in erster Linie dem Vertrauen und der Treue ihrer Kunden. Die dargestellte traditionelle Verwurzelung mit allen Kreisen der Kundschaft wird auch in Zukunft Garant dafür sein, daß die Kreissparkasse Göppingen für die Einwohner eine moderne, dem Fortschritt verschriebene Geschäftspolitik betreibt.

Karl Kübler AG, Bauunternehmung Stuttgart, Zweigniederlassung Göppingen (64)

Das im Jahre 1810 in Göppingen gegründete Maurer- und Steinhauergeschäft blickt heute auf eine Firmengeschichte zurück, die, geprägt durch unternehmerisches Denken von sechs Generationen innerhalb der Leitung des Familienunternehmens, ein stetes Wachsen auf der Basis von Fleiß und technischem Können vorweist.

Bauwerke wie der Turmbau der Göppinger Stadtkirche Mitte des 19. Jahrhunderts, weitere vier Kirchtürme in der Stadt, Industriegebäude, Wasserkraftanlagen, das Verwaltungsgebäude des königlichen Hoftheaters, der Rohbau des Stuttgarter Hauptbahnhofes, Kaufhaus Breuninger, Arbeiten auf dem Flugplatz Stuttgart, zahlreiche Autobahnbrückenbauten und besondere Großbauten im Ingenieur-Holzbau ließen die Firma schnell zu einem Großunternehmen heranwachsen, dessen guter Ruf weit über die europäischen Grenzen hinaus bekannt ist.

Die Verleihung der Ehrensenatorwürde der Technischen Hochschule Stuttgart an vier Direktoren Kübler zeigt, daß das Unternehmen Karl Kübler AG nie den Kontakt zwischen Wissenschaft und Praxis verloren hat und stets ein Förderer für Neuentwicklungen auf dem Gebiet der Bautechnik war.

Das weitgehend unabhängig vom Stuttgarter Stammhaus arbeitende Göppinger Unternehmen beweist nicht nur durch seine Göppinger Bauten wie zum Beispiel die Stadthalle, die Hohenstaufen-Sporthalle, das Hallenbad, mehrere Gymnasien, Viadukte und Industriebauten für die bekanntesten Göppinger Großunternehmen, sondern auch durch Bauten im schlüsselfertigen Raumelement-System in ganz Deutschland und auch außerhalb der Bundesrepublik, daß die Karl Kübler AG zu Recht einen Platz in den Reihen der führenden Firmen im Beton-, Spannbeton- und Betonfertigbau einnimmt.

Kurfeß, Heizung – Lüftung – Klima, Geislingen (72, 73)

Am 1. April 1920 gründete Johannes Kurfeß in Geislingen den Betrieb Zentralheizungsbau Kurfeß. Zu diesem Zeitpunkt war es ein Risiko, sich auf diesem neuen und in breiten Schichten völlig unbekannten Fachgebiet Heizung und Lüftung zu betätigen. Dank dem fachlichen Können und unermüdlichem Schaffensgeist des Firmengründers entwickelte sich die Firma trotz der damaligen wirtschaftlich schlechten Lage gut.

Immer wieder wurden in diesem neuen Fachgebiet neue Entwicklungen und Methoden angewandt und die hervorragende handwerkliche und organisatorische Betreuung führte sehr bald dazu, daß dem Unternehmen seine heutige Bedeutung zuteil wurde.

Mit dem Bezug des neuen Verwaltungs- und Lagergebäudes begann 1962 ein neuer Abschnitt in der Firmengeschichte.

Um der Marktlage gerecht zu werden, wurde bereits im Jahre 1967 eine Filiale in Esslingen dem Stammbetrieb Geislingen angegliedert und kurze Zeit später zusätzlich zu der Abteilung Heizung, das Fachgebiet Lüftung und Klima aufgenommen, um speziell der weitgestreuten Kundschaft Rechnung zu tragen.

Die Firma konnte sich auf einen Personalstand von ca. 170 Mitarbeitern vergrößern.

Das derzeitige Lieferprogramm umfaßt die Planung, Projektierung und Ausführung von Heizungs-, Lüftungs- und Klimatisierungsanlagen sämtlicher Größenordnungen und Systeme, welche in allen Bereichen der privaten Wohnungswirtschaft, des kommunalen Wohnungsbaus, Krankenhausbauten, Schulgebäuden verwendet wird.

Ein bereits seit Jahren neben dem handwerklichen Betrieb bestehendes Ingenieurbüro hilft bei der Bewältigung technischer Heizungs-, Lüftungs- und Klimatisierungsprobleme.

Leuze textil KG, Garne, Donzdorf   (61)

Am 12. Dezember 1861 wurde die Firma Leuze in Unterlenningen gegründet. 48 mechanische Webstühle standen am Anfang der Geschichte von Leuze textil, einer Firma, die in unseren Tagen immer weiter wächst und sich nach dem Markt und der technischen Entwicklung stets neu orientiert.

1885 erwarb das Unternehmen in Owen/Teck eine alte Mühle und das umliegende Gelände und baute es zu einer, für damalige Maßstäbe, modernen Weberei um. Im Wandel der Zeiten ist daraus eine moderne Kammgarnspinnerei mit einer Zwirnerei entstanden.

1925 konnte in Donzdorf eine Spinnerei aufgebaut werden, die den damaligen Vorstellungen der Textilindustrie ein gutes Stück voraus war. 1938 lief die Produktion von Cordzwirnen und Geweben für Reifen aus Baumwolle und später aus Kunstseide an.

Die Anpassung an Märkte und Möglichkeiten wurde bei „Leuze textil" immer fortschrittlich betrieben und ist nicht zuletzt einer der Gründe für den wirtschaftlichen Erfolg der vergangenen Jahre. Der Betrieb hat heute eine Tagesproduktion von 30 000 kg Garne und Zwirne – aus Baumwolle, Wolle und synthetischen Fasern – erreicht, was etwa sechs Prozent der badisch-württembergischen Gesamtgarnproduktion entspricht.

700 Mitarbeiter in den Werken Donzdorf, Owen und Unterlenningen spinnen Fäden, die das Unternehmen mit allen Bereichen des menschlichen und technischen Textilbedarfs im In- und Ausland verbinden. In den kommenden Jahren wird eine noch rationellere Fertigung durch den Einsatz neuer und moderner Maschinen angestrebt.

Gebr. Märklin & Cie. GmbH,
Fabrik feiner Metallspielwaren, Göppingen

(4, 5)

1840 kommt Theodor Friedrich Wilhelm Märklin, der Gründer der Firma Märklin nach Göppingen. Er erhält 1856 das Bürgerrecht und wird gleichzeitig selbständiger Flaschnermeister. 1859 heiratet er Karoline Hettich aus Ludwigsburg. In diese Zeit fällt der Entschluß Spielwaren für die Puppenküche herzustellen. Frau Märklin hilft tatkräftig beim Aufbau des Geschäftes mit und entfaltet eine ausgesprochene Verkaufstätigkeit. Wohl als erster weiblicher Reisender ihrer Zeit bereiste sie Süddeutschland und die Schweiz mit Spielwaren.

Schon wenige Jahre nach Aufnahme der Spielwarenherstellung mußten größere Räume für die Fertigung erworben werden.

Harte Rückschläge bleiben für das junge Unternehmen nicht aus. 1866 stirbt Th. F. Wilhelm Märklin an den Folgen eines Unfalls im Alter von 49 Jahren, viel zu früh für das unvollendete Werk. Zwar versucht seine Frau mit allen Kräften, das Geschäft den Söhnen zu erhalten. Sie bemüht sich nach wie vor in besonderem Maße um den Verkauf und unternimmt ausgedehnte Geschäftsreisen. Trotzdem läßt sich der Rückgang des Geschäftes nicht aufhalten.

Für die Söhne Eugen und Karl ist es, nach dem Tode ihrer Mutter, ein Wagnis, ohne Geld an die Fortführung des elterlichen Unternehmens zu denken. Dennoch wagen sie es 1888 unter der Firmierung Gebr. Märklin. Noch heute kann in den persönlichen Notizen von Eugen Märklin nachgelesen werden, welche Mühe es bereitete, für die Zahltage das erforderliche Geld aufzubringen.

Wiederum werden Ausstattungen für Kinderküchen und Kinderkochherde hergestellt. Außerdem umfaßt das Programm jetzt auch noch Puppenwagen und Karren jeglicher Art, Schiffe, Karussells und Kreisel.

Wesentlich und entscheidend für die ganze künftige Entwicklung der Firma wird die Herstellung von Spielzeugeisenbahnen. Diese waren zwar schon vorher bekannt. Es gab Lokomotiven, sogenannte Bodenläufer, die an einer Schnur ohne Verwendung von Schienen gezogen wurden und Lokomotiven auf Schienen, die in der Ausführung jedoch noch sehr primitiv waren. Die Firma Märklin zeigt als erste Firma eine Uhrwerkbahn mit Schienenanlagen in Form einer Acht, sowie Anlagen mit Weichen und Kreuzungen zur Leipziger Frühjahrsmesse 1891. Darüber hinaus werden Vorlagen über den Aufbau und den Bedarf an Schienenmaterial beigegeben. Diese Neuerung findet eine gute Aufnahme und entsprechenden Absatz.

Dieses 1891 erstmals gezeigte hochbeinige Lokomotivchen mit seinen zwei plumpen Treibrädern, zwei niederen Laufrädern unter dem Führerstand und dem hohen Schornstein erinnert an die ersten Eisenbahnen in England. Vergleicht man dagegen eines der heutigen Märklin-Modelle so sieht man erst, mit wieviel Liebe und Sorgfalt dieses Spielzeug weiterentwickelt wurde. Doch von jenen ersten Uhrwerklokomotivchen bis zu den heutigen Modellen ist ein weiter Weg. Mit Erfolg bemühte sich die Firma Märklin um einen eigenen Stil

und kam so zu einem persönlichen Qualitätsbegriff.

Wieder waren die Räume zu klein geworden und 1895 übersiedelte das Unternehmen nach der Marktstraße, um bereits nach weiteren fünf Jahren im Jahre 1900 einen Neubau mit 6000 Quadratmetern überbauter Fläche in der Stuttgarter Straße zu beziehen.

Schon 1900 wurden die ersten mit Dampf und Elektrizität betriebenen Spielzeug-Eisenbahnen herausgegeben. Diese Modelle hatten die Ausmaße der Spur I mit 45 Millimeter. Damit zu spielen war nicht ungefährlich. Entweder war man gezwungen Schwachstrom aus einem Akkumulator zu verwenden oder die Bahn mußte über einen Glühlampenwiderstand für die Geschwindigkeitsregelung direkt an die Lichtleitung angeschlossen werden. Sobald die Lokomotive vom Gleis gehoben wurde, lag auf den Schienen die volle Netzspannung von 110 bzw. 220 Volt. Dieser für ein Kinderspielzeug unhaltbare Zustand konnte erst durch die Umstellung der Stromnetze von Gleich- auf Wechselstrom behoben werden.

Schon bald auf die Spur I folgten die Spur II mit 54 mm und die Spur 0 mit 32 mm Spurweite. Zwar gab es noch die besonders große Fertigung, die Spur III, mit der für uns kaum mehr vorstellbaren Spurweite von 75 mm. Doch diese Produktion erlangte keine besondere Bedeutung.

Der Siegeszug der elektrischen Spielzeug-Eisenbahn im In- und Ausland war nun nicht mehr aufzuhalten. Für den Export wurden amerikanische, französische und englische Sortimente angefertigt, die im Ausland einen großen Erfolg hatten.

1911 mußte vor den Schedbau ein Hochhaus mit 6 Stockwerken und 110 m Länge gesetzt werden. Die Mitarbeiterzahl wuchs laufend und steigerte sich bis 1914 auf 600 Arbeiter.

Während des Ersten Weltkrieges ist die Baukastenfabrikation aufgenommen und unter dem Namen Märklin-Metallbaukasten eingeführt worden. Gerade das Baukastensortiment wurde nach dem Kriege weiter ausgebaut und ist heute als Markenartikel sehr geschätzt.

Besonders das Erweiterungsspielzeug dient dem Kontakt zwischen Hersteller und Publikum. Hierbei handelt es sich um Spielwaren, die durch Hinzukauf von Ergänzungsteilen weiter ausgebaut werden können.

Ein entscheidender Schritt, welcher der elektrischen Eisenbahn viele neue Freunde zuführt, ist 1926 die Einführung des heute üblichen 20-Volt-Systems, d. h. die Spannung des Lichtnetzes wird durch einen Transformator auf ca. 20 Volt herabgesetzt, so daß jede Gefahr für die Spielenden ausgeschlossen ist. Wenig später folgen die ersten maßstabgerecht gebauten Modelle. Von nicht geringer Bedeutung ist jedoch 1935 die Einführung der Miniatureisenbahn der 16 Millimeter Spur HO.

Die große Raumnot vor allem nach dem Zweiten Weltkrieg hat diesen kleinen, aber leistungsfähigen und sehr formschönen Modellen zum Erfolg verholfen. Auf kleiner Fläche lassen sich damit ausgedehnte Anlagen mit allen erdenklichen technischen Feinheiten aufbauen. Die Ausführung der Modelle ist in einem Maße dem Großbetrieb nachgestaltet, wie es nie zuvor der Fall gewesen war. Dieses Sortiment der Spur HO mit seinem rollenden Material und den sonstigen Zubehörteilen wurde gerade nach 1945 sehr stark ausgebaut.

Die Entwicklung ging jedoch weiter. Das heutige Sortiment umfaßt diese Produktgruppen: Märklin mini-club, die kleinste elektrische Eisenbahn der Welt (6,5 mm Spurweite); Märklin HO (16,5 mm Spurweite), die meistgekaufte Modelleisenbahn; Märklin Spur I (45 mm); Märklin-Autorennbahn Sprint; Baukasten für Spiel und Technik: Märklin plus, ein System für alle Altersgruppen, Märklin Metall, der Baukasten mit der echten Schraubtechnik; Märklin-Miniaturautos rak.

Wenn 1914 bereits 600 Arbeiter beschäftigt und 1928 mehr als 900 Menschen zur Erfüllung der Wünsche erforderlich waren, so sind heute über 2000 Mitarbeiter im Hause Märklin tätig. Zwei Zweigwerke im Remstal wurden notwendig, um den vielseitigen Wünschen der Märklin-Freunde gerecht zu werden.

Über 100 Jahre leiteten und leiten Menschen an maßgebender Stelle die Geschicke der Firma Märklin, deren besondere Eigenschaften Weitblick und Tatkraft waren und sind. Diese Menschen haben es sich zur Aufgabe gemacht – heute genau so wie einst – zusammen mit allen Märklin-Mitarbeitern schöpferische, bildende und erzieherische Arbeit zu leisten, den Erfindungsdrang im Kinde zu entwickeln, zu fördern und hinzuführen zum ernsten Tun des reifen Menschen.

MAG, Maschinenfabrik Geislingen (Steige) (3)

Aus dem Erwerb eines Loses beim Bau der Bahnlinie Stuttgart–Ulm und der Einrichtung einer Reparaturwerkstätte für die beim Bahnbau benötigten Werkzeuge 1847–1849 hatte der Kunstmüller Daniel Straub (siehe auch Persönlichkeiten) beträchtlichen Gewinn gezogen und verlegte sich nach Beendigung des Bahnbaus auf die Herstellung von Müllereimaschinen, bald darauf auf Müllerei-Einrichtungen. Mitte der fünfziger Jahre wurde die Produktion auf Wasserräder und -turbinen erweitert und 1875 war Straubs Unternehmen mit 350 Arbeitern zur führenden Mühlenbauanstalt in Deutschland geworden. 1880 wandelte Daniel Straub seine Unternehmungen in Aktiengesellschaften um und zog sich, 65jährig, daraus zurück. In der Folgezeit nahm der Betrieb noch Zementwerks-Einrichtungen und Transmissions-Anlagen in die Produktion auf. Gegen Ende des Ersten Weltkrieges erfolgte die Eingliederung der MAG in den Richard-Kahn-Konzern, dem es bis 1929 angehörte. In diesem Jahr übernahm die Heidelberger Schnellpressenfabrik AG, Heidelberg, das Unternehmen. In den ersten Jahren nach der Angliederung wurde das seitherige Fabrikationsprogramm beibehalten und daneben allmählich die Herstellung von Einzelteilen für die Heidelberger Buchdruckmaschinen bei der MAG eingeführt. Da sich bald herausstellte, daß auf die Dauer die beiden Fertigungen nicht nebeneinander möglich waren, wurde 1937 die Abteilung Wasserturbinen aufgelöst und an die Firma Voith, Heidenheim, abgetreten, ebenso die Abteilung Zerkleinerungsmaschinen, die an die Firma Alpine AG, Augsburg, ging. Von da ab ging die Umstellung der Werksräume und des Maschinenparks auf die Heidelberger Fabrikation rasch vonstatten, verbunden mit einer durchgreifenden Erneuerung des größten Teils des Maschinenparks.

Die rasche Entwicklung der Heidelberger Druckmaschinen Aktiengesellschaft, dem größten Buchdruck- und Offsetmaschinen-Hersteller der Welt, hat den Ausbau der MAG-Maschinenfabrik Geislingen in den Jahren 1950 bis 1970 wesentlich beeinflußt. Durch den Ankauf von Grundstücken konnten neue Produktionsstätten für den Bereich der Gießerei und des

Maschinenbaues errichtet werden. Die industriellen Anlagen entsprechen dem neuesten Stand der Technik. Numerisch gesteuerte Bearbeitungs-Zentren und Bearbeitungs-Straßen kennzeichnen das Bild des modernen Maschinenbaues. Im Gießerei-Bereich wurde in den Jahren 1961 bis 1964 die weitgehend automatisierte Kleinteile-Gießerei errichtet.

In den siebziger Jahren verdrängen moderne Formverfahren mehr und mehr die Rüttel-Formmaschinen.

In den Produktionsstätten der Gießerei sind Entstaubungsanlagen installiert, die für ein gutes Arbeitsklima sorgen, gleichzeitig aber einen wesentlichen Beitrag für den Umweltschutz liefern.

Durch die Vollentstaubung der Kupolofenanlagen ist der Gießereibetrieb der MAG nach außenhin nicht mehr sichtbar. In den vergangenen zwei Jahrzehnten hat sich der Personalstand der MAG und die flächenmäßige Ausdehnung in etwa vervierfacht.

Milchwerke Esslingen/Geislingen eGmbH   (90)

Zwischen der Milchversorgung Esslingen und der Bezirksmilchverwertung Geislingen bestand eine jahrzehntelange, für beide Teile ersprießliche Zusammenarbeit. Dieses vorbildliche Miteinander wurde vor einigen Jahren durch eine sinnvolle vertraglich fundierte produktions- und absatzwirtschaftliche Arbeitsteilung ausgeweitet, an der auch die Milchwerke Schwaben und das Milchwerk Ludwigsburg beteiligt sind. In zwei außerordentlichen Generalversammlungen der MV Esslingen und der BMV Geislingen wurde die Verschmelzung beider Unternehmen mit Wirkung vom 1. 7. 1971 zu den Milchwerken Esslingen-Geislingen eGmbH beschlossen. Ausschließlich Belange, die die Verbesserung der Molkereistruktur zum Ziele hatten, bildeten die Grundlage für diesen Schritt. Während man auf der einen Seite die langfristige Sicherung der Rohstoffbasis im Auge hatte, strebte man auf der anderen die Anhebung der Wirtschaftlichkeit des Unternehmens und die Verbesserung der Produktions- und Marktstruktur an. Dabei erzielte Rationalisierungsgewinne kommen ausschließlich dem Milcherzeuger zugute.

Zum Milcheinzugsgebiet beider Werke zählen ca. 90 Gemeinden, von denen rund 2270 Landwirte ca. 16 800 Kühe halten. Im Tagesdurchschnitt werden etwa 130 000 kg Milch angeliefert und von 120 Arbeitskräften verarbeitet und vermarktet.

Das eigene Sortiment umfaßt die Herstellung von Trinkmilch und Markenmilch, Joghurt, Sauermilch, Schlagsahne, Saure Sahne, Limburger-, Romadur-, Frischkäse und Speisequark. Außerdem befassen sich die Milchwerke mit der Verwertung der beim Käsen anfallenden Süß- und Sauermolke.

Im Rahmen der Strukturverbesserung der Milcherfassung werden heute schon über 50 Prozent der anfallenden Milchmengen durch den Einsatz von Milchsammelwagen beim Milcherzeuger direkt erfaßt und anschließend an den Zentralbetrieb transportiert. Die eingeleiteten Maßnahmen zur Direkterfassung der Anlieferungsmilch werden fortgesetzt.

Bei allen Bestrebungen stehen Maßnahmen zur Verbesserung und Förderung der Qualität der Rohmilch und der daraus hergestellten Erzeugnisse stets im Vordergrund, um einerseits im immer härter werdenden Wettbewerb bestehen zu können und andererseits dem Verbraucher in gerechter Weise zu dienen. Sinn und Zweck des Unternehmens ist, die von den Landwirten angelieferte Milch bestmöglich zu verwerten und dafür höchste Preise zu zahlen.

NWZ – Neue Württembergische Zeitung, Göppingen   (87)

Im Kreis Göppingen ist die „NWZ" die bekannteste Zeitung, sie erscheint hier in den zwei Lokalausgaben mit den Untertiteln „Göppinger Kreisnachrichten" und „Geislinger Fünftälerbote". Darüber hinaus ist das Druckhaus der NWZ in der Rosenstraße in Göppingen auch die Zentrale für die zum Verlag gehörende „Heidenheimer Neue Presse" und für den überörtlichen Teil von 14 anderen Partnerzeitungen, vorwiegend im Stuttgarter Raum. Mit insgesamt 176 000 Exemplaren erreicht die NWZ-Redaktionsgemeinschaft eine der höchsten Zeitungsauflagen in Baden-Württemberg. Der Anblick der NWZ ist jedem Kind vertraut – denn tagtäglich kommt sie ins Haus, bringt immer noch das Neueste vom Tage, wird in der Nacht gedruckt, um in aller Frühe dem Leser zur Verfügung zu stehen. In der Rosenstraße herrscht fast zu jeder Tages- und Nachtstunde Betrieb, denn eine Zeitung kann es sich am allerwenigsten leisten, auf der faulen Haut zu liegen. So wurde erst in jüngster Zeit deutlich, durch Um- und Neubauten, durch ständige Verbesserung der technischen Einrichtungen, durch Erhöhung der Qualität, daß für den Leser gearbeitet wird, daß er damit rechnen kann, schnell und zuverlässig über das globale und lokale Geschehen unterrichtet zu werden.

Die räumliche und technische Erweiterung der Kapazität wurde nicht zuletzt dadurch notwendig, daß sich eine Reihe von selbständigen Heimatzeitungen der NWZ-Redaktionsgemeinschaft anschloß. Das Verbreitungsgebiet des überregionalen Teils der Zeitung – sei es Politik, Wirtschaft, Sport, Berichte aus der Landeshauptstadt wie aus Baden-Württemberg – reicht vom Schwarzwald bis zur bayerischen Grenze. Legt man den Bundesdurchschnitt zugrunde, also 2,7 Leser pro Exemplar, dann erreicht die NWZ eine Leserzahl von über 475 000 erwachsenen Personen.

Schon seit 1964 läuft in Göppingen eine 64-Seiten-Rotation mit vier Werken mit je 16 Seiten Druckmöglichkeiten bzw. gekoppelt bis zu 64 Seiten Umfang je Zeitungsexemplar. Laufgeschwindigkeit: 20 000 Zylinderumdrehungen in der Stunde. Noch früher, im Jahr 1955, machten sich sowohl die NWZ als auch die „Welt" in Hamburg als erste deutsche Tageszeitungen die Fernsetztechnik (teletype setting) nutzbar. Damit konnten die Berichte von den Außen-Lokalredaktionen unmittelbar auf die Setzmaschine geleitet werden, die – durch ein Lochband gesteuert – vollautomatisch läuft.

In den letzten Jahren ist die Satztechnik noch einen Schritt weiter gegangen: Die Lochstreifen werden am Perforator „endlos" geschrieben, d. h. eine Schaltung am Ende der Zeile erübrigt sich. Das besorgt anschließend der Mann am Computer, der die Lochstreifen in den „Leser" eingibt, der pro Sekunde 400 Buchstaben und Zeichen verarbeitet und anschließend am Stanzer mit 100 Buchstaben pro Sekunde ein neues Lochband produziert, bei dem die Zeilenbreite und die Worttrennungen am Ende einer Zeile nun elektronisch einprogrammiert sind.

Dieses Band geht nun an eine der automatischen Setzmaschinen, wo die entsprechenden Buchstaben oder Zeichen automatisch auf der Tastatur ausgelöst werden: Fazit: eine wesentlich höhere Satzgeschwindigkeit als beim normalen Maschinensatz.

Doch die Technik, so sehr sie in diesen Jahren vervollkommnet wird, ist immer nur das Mittel, die Brücke zum Leser zu schlagen. Über die bloße Nachricht hinaus, die so schnell wie möglich weitergereicht wird, sollen Kommentare und Leitartikel der NWZ Stützen sein in der verwirrenden Vielfalt unserer Zeit, sie sollen aber auch Gegenargumente hervorrufen und zur eigenen Meinungsbildung anspornen.

Anläßlich des 25jährigen Bestehens der NWZ sagte Ministerpräsident Dr. Hans Filbinger in seinem Grußwort unter anderem: „Neben der eingehenden Pflege der lokalen und regionalen Belange hat die NWZ auch der Landespolitik immer angemessenen Raum und profunden Sachverstand angedeihen lassen. Als Landespolitiker begrüße ich das mit großem Nachdruck; denn die vielfältigen landespolitischen Probleme – etwa des Bildungswesens, der Landesentwicklung, der Strukturförderung, des Verkehrs, des Umweltschutzes – gehen die meisten Bürger unmittelbar an und erfordern ihr Mitdenken und ihre Mitverantwortung. Nicht zuletzt aber bietet die NWZ eine aktuelle, zuverlässige und weitgespannte Unterrichtung auch über die Ereignisse und Entwicklungslinien der hohen Politik im Bund und auf der internationalen Ebene. So stellt sich die NWZ als eine Heimatzeitung im besten Sinne des Wortes dar, frei von Provinzialismus, mit offenem Blick für die weite Welt."

Ziegelwerk Mohring OHG, Heiningen   (97)

Das Gründungsjahr der ersten Ziegelhütte in Heiningen war 1839. Um diese Zeit gab es im Oberamt Göppingen 18 solcher handwerklichen Betriebe. 1889 ging die Ziegelhütte in den Besitz der Familie Mohring über. Die heutigen Inhaber der Firma Ziegelwerk Mohring haben 1960 eine neue Fabrikationsanlage in Betrieb genommen. Aus dem einstigen Backstein entwickelte sich ein moderner Baustoff, der Hochlochziegel. In verschiedenen Formaten wird er aus Schieferton gepreßt, getrocknet und in einem Tunnelofen gebrannt. Heute werden hauptsächlich Poroton-Leichtziegel hergestellt, ein Wandbaustoff mit besonders guten bauphysikalischen Eigenschaften. Ein weiterer Fabrikationszweig ist die Herstellung von Ziegel-Decken sowie Großflächen-Beton-Decken.

Papierfabrik Salach GmbH, Salach (21, 22)

Die Papierfabrik Salach wurde 1846 von der Firma E. C. Schwarz & Söhne gegründet. Nach Liquidation übernahm 1871 der Verleger Eduard von Hallberg den Betrieb und stellte im folgenden Jahr eine weitere Papiermaschine auf. 1881, nach seinem Tode, ging das Werk an die Deutsche Verlagsanstalt in Stuttgart über und war damit Hilfsbetrieb des Verlages. In den Jahren 1910 bis 1930 wurden erhebliche Erweiterungsarbeiten und Umbauten durchgeführt und die Fabrikanlage gebaut, wie sie sich heute im wesentlichen noch zeigt.

1955 wurde die Papierfabrik Salach von den Aschaffenburger Zellstoffwerken übernommen, die sie 1965 an die Familie Cordier, die heutigen Besitzer, verkauften.

Damit begann eine kräftige Aufwärtsentwicklung und Modernisierung des Werkes, die 1970 zum Ersatz der beiden alten kleinen Papiermaschinen durch eine neue 3,50 m breite Hochleistungsmaschine zur Erweiterung der Ausrüstung und zur Umstrukturierung des Sortenprogrammes führte.

Das Werk beschäftigt heute 235 Arbeiter und Angestellte. Sein Sortenprogramm umfaßt graphische Spezialpapiere, farbige Papiere und technische Spezialpapiere verschiedenster Art, wie z. B. Vulkanfiberrohpapiere auf Hadernbasis.

Ralfs GmbH, Wiesensteig (79)

In Wiesensteig befindet sich das Stammhaus der Firma Ralfs. Das Unternehmen besitzt Niederlassungen in Bad Salzuflen-Wüsten und in Enns/Oberösterreich. In den 23 Jahren seit der Gründung im Jahre 1950 wuchs der Industriebetrieb von ursprünglich 6 auf ca. 450 Beschäftigte an. Ralfs ist ein Spezialunternehmen für die Einrichtung von Geldinstituten und für Fördertechnik. In Wiesensteig entstehen in modernen Betriebsanlagen Kassenhallen-Einrichtungen einschließlich Panzerglasaufbauten und Förderanlagen von der Idee über das Reißbrett bis hin zur Fertigmontage. Die Jahreskapazität liegt bei mehr als 300 kompletten Einrichtungen für Geldinstitute. Ralfs Förderanlagen transportieren heute bei über 1000 Verwaltungen und Industriefirmen. Gerade auf dem Sektor Fördertechnik liegen große Entwicklungsmöglichkeiten für die Zukunft. Ralfs hat sowohl in Deutschland als auch im gesamten westeuropäischen Ausland systematisch ein Vertriebsnetz aufgebaut. Im Jahre 1968 wurden auch die USA mit einbezogen. Gründer der Firma ist Georg Ralfs. Er ist geschäftsführender Gesellschafter der Ralfs GmbH und arbeitet noch heute voll und tatkräftig am weiteren Auf- und Ausbau seines Unternehmens mit.

Roos + Kübler, Werkzeugbau, Eberbach/Fils (23, 24)

Die Firma Roos + Kübler wurde 1939 von Paul Roos und Eugen Kübler gegründet, die auch heute noch an der Spitze des Unternehmens stehen. Durch fachmännisches Können und Tatkraft entwickelte sich der Betrieb aus kleinsten Anfängen zu seiner heutigen Größe mit rund 150 Beschäftigten.

Von Anfang an wurde der Schwerpunkt auf die Herstellung von Schnittwerkzeugen für Elektromotorenbleche gelegt. Die Entwicklung ging über Komplettschnittwerkzeuge zu Folgeschnittwerkzeugen. Die immer größer werdenden Forderungen der Industrie führten bereits 1955 zur Fertigung des ersten Folgeschnittwerkzeuges mit Schneideteilen aus Hartmetall. Dies brachte eine sprunghafte Verbesserung der Stanzleistungen. An der Entwicklung von Hartmetall-Stanzwerkzeugen auf den heutigen Stand hat die Firma wesentlichen Anteil. Sie zählt auf diesem Gebiet zu den bedeutendsten Werkzeugherstellern in Europa.

R-u.-K-Werkzeuge sind bei den einschlägigen Firmen zu einem Begriff geworden. Die großen Elektromotorenwerke in Deutschland und viele bekannte Firmen in 25 Ländern des Auslandes sind die zufriedenen Abnehmer.

Auf Wunsch vieler Kunden wurde 1955 noch ein Formenbau angegliedert. Hier werden von ca. 30 Beschäftigten Spritz-, Preß- und Druckgußformen hergestellt.

Schachenmayr, Mann & Cie. GmbH, Kammgarnspinnerei, Salach   (8–10)

Im September 1768 erwarb Kommerzienrat Franckh aus Göppingen, der damals auch Bürgermeister der Stadt war, ein Grundstück in Salach. Franckh betrieb in Göppingen eine Tabakspinnerei, die er nach Salach verlegen wollte, um dem Tabakmonopol zu entfliehen. Franckh's Schwiegersohn, Kommerzienrat Johann Christoph Duncker errichtete dort eine Tabakspinnerei und „Tobaksmühle". Die wirtschaftliche Entwicklung machte die Herstellung von Schnupftabak jedoch uninteressant und so stellte Dunckers Sohn im Jahre 1813 auf eine Baumwollspinnerei um. Die Fabrik beschäftigte damals 100 Arbeiter und stand bald an der Spitze der württembergischen Textilbetriebe. Wilhelm August Duncker hinterließ bei seinem Tod 1820 neun unmündige Kinder, die seinen Betrieb nicht weiterführen konnten. Er wurde daher im August 1822 an Johann Gottfried Kolb aus Aachen verkauft. Kolb machte die Baumwollspinnerei zur Wollspinnerei und ließ die dazu erforderlichen Maschinen nach Salach kommen. Geschäftliche Schwierigkeiten zwangen 1824 Kolb, sich mit dem aus Kempten stammenden Leonhard Schachenmayr, Sohn eines „Papierers", zu verbinden. Noch im selben Jahr heiratete Leonhard Schachenmayr, die Tochter von Kolb und wurde Teilhaber. Das nunmehr als Kolb & Co. firmierende Unternehmen betrieb jetzt eine „Tuch- und Appreturanstalt und Maschinenspinnerei". Nach dem Tode Kolb's, 1835, ging die Fabrik durch Kauf an Schachenmayr über. Das Unternehmen gewann in den folgenden Jahren immer mehr an Bedeutung, doch zeigte sich in Preußen und Sachsen gefährliche Konkurrenz. Kurz entschlossen ging Schachenmayr 1849 selbst nach Sachsen, studierte neue Fabrikationsmöglichkeiten, kaufte entsprechende Maschi-

nen und brachte diese nach Salach. Von nun an erfolgte ein noch rascherer Aufstieg. 1852: 52 Beschäftigte, 1862: schon 295, 1895: etwa 500 und 1907 dann fast 1000 Personen. Im Jahre 1848 heiratete Friedrich Bareiss aus Lorch, Julie, die älteste Tochter von Schachenmayr. Er übernahm nach dem Tode Schachenmayr's 1871 die Leitung der Firma. Für einige Jahre wurde der Kaufmann Mann aus Stuttgart Teilhaber der Firma, die nun unter Schachenmayr, Mann & Cie. firmierte. Der zweitälteste Sohn, der spätere Kommerzienrat Otto Bareiss, übernahm 1879 nach dem Tode seines Vaters zusammen mit seinem Bruder Eduard die Leitung der Firma und führte sie rasch zu weiteren Erfolgen. Kommerzienrat Otto Bareiss starb 1923 und an seine Stelle trat Conrad Bareiss. 1926 entwickelte man die noch heute bestens bewährten Nomotta Handstrickgarne. Ein im Jahre 1933 erstellter großer Neubau wurde zur Zeit der Inbetriebnahme ein Raub der Flammen. Unter schwersten Opfern erstellte man jedoch umgehend ein neues Gebäude. 1938 beschäftigte das Werk 2500 Personen. Zu dieser Zeit wurde die Kommanditgesellschaft durch die Übernahme des Dipl.-Ing. Albert Ostermann von Roth, als persönlich haftender Gesellschafter erweitert. Er führte das Unternehmen während des Zweiten Weltkrieges, da Conrad Bareiss infolge seiner amerikanischen Staatsbürgerschaft einen direkten Einfluß nicht geltend machen konnte. Die Betriebsanlagen blieben von Kriegsschäden verschont und bei Ende des Krieges 1945 schaltete sich Conrad Bareiss wieder aktiv in das Betriebsgeschehen ein. Im Jahre 1952 wurde dessen Sohn Walter, der in der amerikanischen Textilwirtschaft tätig war, Gesellschafter des Salacher Unternehmens. Er übernahm 1958 die Leitung und ist heute, als alleiniger Besitzer der Schachenmayr-Gruppe – die Kammgarnspinnerei Bietigheim GmbH gehört dazu –, Aufsichtsratsvorsitzender. Anfang der 60er Jahre wurde eine moderne Produktionsstätte in Tauberbischofsheim errichtet. Es ist das besondere Verdienst von Herrn Walter Bareiss, das Unternehmen in den vergangenen 10 Jahren tiefgreifend modernisiert und es an die Spitze der europäischen Kammgarnspinnereien geführt zu haben. Durch Rationalisierung konnte der Personalbestand reduziert, die Produktion aber um ein Mehrfaches gesteigert werden. Neben Markenhandstrickgarnen werden heute überwiegend Markenmaschinengarne produziert, die wegen ihrer hervorragenden Qualität zu den Spitzenerzeugnissen der deutschen Kammgarnindustrie zählen. Während die Firma Schachenmayr, Mann & Cie. als erste Kammgarnspinnerei in den 20er Jahren mottensichere Garne auf den Markt brachte, war die Schachenmayr, Mann & Cie. GmbH in den letzten Jahren die erste deutsche Kammgarnspinnerei, die waschmaschinenfeste Wollgarne produziert hat. Im Wandel der Zeiten kamen der Gemeinde Salach und der Belegschaft des Unternehmens diverse Stiftungen zugute, so daß eine echte Verbundenheit mit dem Werk erwuchs, wobei der Name Bareiss nie in Vergessenheit geraten wird.

Albert Scheible, Baustoff-Großhandlung, Kuchen (69)

1951 begann Albert Scheible in Kuchen, Marktplatz 5 einen Baustoffgroßhandel. Aus kleinsten Anfängen entwickelte sich die Firma rasch und bezog 1958 in der Industriestraße einen Neubau mit einem großen Lager an Baustoffen aller Art. Baustoff-Scheible ist Fachhändler für Eternit- und Ytong-Produkte. Das Unternehmen verfügt über einen modernen Fuhrpark mit Kranwagen und Gabelstaplern. Neu angeschlossen ist ein Fliesenleger-Betrieb.
Im neuen Gewerbegebiet an der B 10 entsteht 1973 ein moderner Baumarkt mit Fliesenstudio.

Jakob Scheible, Blechbearbeitung, Sanitäre Anlagen, Geislingen/Steige (40, 41)

Die Firma Jakob Scheible wurde im Jahre 1924 als Handwerksbetrieb („Gas- und Wasserleitungsgeschäft – Flaschnerei") gegründet. Innerhalb weniger Jahre hatte das Geschäft einen festen Platz im Geislinger Geschäftsleben erreicht und wurde bald als „Haus für Qualität" weithin zu einem Begriff. Durch geschäftlichen Weitblick und unternehmerische

Initiative verbunden mit hohem Fachkönnen und hervorragender Arbeitsausführung gelang es, in kurzer Zeit einen angesehenen Betrieb aufzubauen.
Neben dem Bau von Gas- und Wasserleitungsanlagen und der Ausführung von Sanitär-Installationen wandte sich die Firma Scheible auch der Einrichtung einer Abteilung zur Fertigung von Zubehör für die Fahrzeugindustrie zu. Diese Abteilung, die im wesentlichen Kraftstoffbehälter herstellt, entwickelte sich aus den handwerklichen Anfängen zu einer Fabrikation, die noch heute ein wesentlicher Pfeiler des Betriebes ist.
Nach Kriegsende erlebte die Firma Scheible einen großen Aufschwung durch den Aufbau weiterer Fachabteilungen. Der Schwerpunkt liegt heute auf dem Gebiet der Sanitärtechnik. Hier zählt die Firma zu den führenden Unternehmen dieser Branche und bearbeitet Aufträge jeglicher Größenordnung. Weitere Arbeitsgebiete sind Großküchentechnik, Blechverarbeitung, Feineisen- und leichter Stahlbau und Elektrotechnik, außerdem steht ein erstklassiges technisches Planungsbüro zur Verfügung. 1965 wurde in der Geislinger Richthofenstraße ein moderner Betriebsneubau bezogen, der Fertigungshallen, Lager, Büro- und Sozialräume beherbergt. Im großzügigen Ladengeschäft in der Moltkestraße befinden sich Verkauf und ständige Sanitärausstellung mit Küchenstudio.
Die Firma beschäftigt zur Zeit 200 Mitarbeiter.

Dr.-Ing. Max Schlötter, Fabrik für Galvanotechnik, Geislingen (39)

Die Firma Dr.-Ing. Max Schlötter, Fabrik für Galvanotechnik, wurde 1912 in Leipzig als „Elektrochemisches Forschungslaboratorium" gegründet und 1914 nach Berlin verlegt. 1944 wurde nach Bombenschaden das Laboratorium nach Geislingen verlagert, wo die WMF Asyl gewährte. 1950 erfolgte die Übersiedlung in Betriebsstätten auf eigenem Grund und Boden, der Wiederaufbau des Werkes begann.
Mit dem Namen des Firmengründers, Prof. Dr.-Ing. Max Schlötter, verbinden sich grundlegende Entwicklungen auf dem Gebiete der Galvanotechnik, legte er doch mit seinen Pa-

tenten u. a. den Grundstein für die Abscheidung von Glanzzinn und Glanznickel.

Der Tradition, bahnbrechende Verfahren für die Galvanotechnik zu entwickeln, ist die Firma Schlötter treu geblieben: Systematisch sind z. B. in letzter Zeit saure Elektrolyte entwickelt worden, die anstelle der cyanidischen Bäder treten, ein Beitrag der Forschung zur Verbesserung der Gewässer.

Neben den chemischen Produkten liefert die Firma Schlötter auch die Anlage, in denen die galvanischen Verfahren eingesetzt werden. Hier reicht das Lieferprogramm von der handbedienten Anlage bis zum mehrbahnigen Galvanisierautomat.

Die Firma Dr.-Ing. Max Schlötter, „ein junges Unternehmen mit langer Vergangenheit", darf sich zu den bedeutendsten Firmen ihrer Branche zählen.

Gebr. Schmid, Möbelfabrik und Einrichtungshaus, Donzdorf   (76)

Michael Schmid, der im Jahre 1673 in Donzdorf das Schreinerhandwerk erlernte, ist der Begründer einer über zehn Generationen fortgeführten Schreiner-Dynastie im Tal der Lauter. Nach mehr als 200 Jahren Handwerksbetrieb entwickelte sich an der Wende zum 20. Jahrhundert unter Schreinermeister Georg Schmid ein neuer Typ der mechanisch betriebenen, leistungsfähigen Schreinerei. 1909, mit der Einführung von Gas und Elektrizität und neuzeitlicher Wasserversorgung, gründete Georg Schmid die „Vereinigte Bau- und Möbelschreinerei", die einige Jahre später in „Georg Schmid & Co., Möbelfabrik, Donzdorf/Hagenbuch" umfirmierte und bei Beginn des Ersten Weltkriegs 20 Leute beschäftigte.

Nach dem Krieg spezialisierte sich die Firma, in der die Söhne Franz, Ferdinand und German die Nachfolge des Vaters angetreten hatten, auf die Herstellung von Qualitätswohnzimmern, deren Ruf sich in ganz Deutschland verbreitete. Nach Österreich, in die Schweiz und nach Luxemburg wurden Möbel exportiert. Das aufstrebende Unternehmen geriet jedoch in den Sog der Wirtschaftskatastrophe vor und nach 1930, so daß sich Ferdinand und German Schmid 1935 von ihm trennten und ein neues

Geschäft unter dem Namen „Gebr. Schmid, Donzdorf" gründeten.

Die gesunde Entwicklung dieses auf Fertigungswerkstätten und Möbelhandel gestützten Betriebs stagnierte während des Zweiten Weltkrieges, belebte sich aber seit 1948 kräftig. Neue Fabrikations- und Ausstellungsräume entstanden in einem dreigeschossigen Neubau. Verkaufsstellen und Ausstellungsräume wurden in Göppingen, Schwäbisch Gmünd und Lorch eröffnet und später erweitert.

Seit 1961 ist die Firma Mitglied des Verbands Europa Möbel Großeinkauf, Bonn. Im Industriegelände an der B 466 in Richtung Süßen eröffnete sie 1964 ein „Einkaufszentrum für Wohnbedarf" mit über 2000 qm Ausstellungsfläche, das von Geschäftsführer Adolf Schmid geleitet wird. In der Mutterfirma arbeiten neben den beiden Inhabern und ihren Frauen beider Söhne Rolf und Roland mit. Beide Betriebe erfreuen sich stetiger Aufwärtsentwicklung.

Einschließlich der Familienangehörigen sind rund 55 Mitarbeiter in den Betrieben beschäftigt. Lehrlinge für den Beruf des Möbelschreiners lassen sich nicht mehr finden. Die Eigenproduktion ist auf guten Innenausbau und auf kleine Serien hochwertiger Jugendzimmer reduziert. Ein leistungsfähiger Maschinenpark zeichnet den Herstellungsbetrieb aus, ein Fuhrpark mit fünf modernen Möbeltransportern, Transit- und Personenwagen den Bereich des Verkaufs. Die Umsatzsteigerung im Jahr 1972 betrug 15 Prozent.

Die Firma beging 1973 ihr 300jähriges Bestehen als mittelständisches Familienunternehmen, das sich durch die Jahrhunderte erhalten hat und heute zu den mittelgroßen Geschäften der Branche in Deutschland zählt.

SCHULER PRESSEN
L. SCHULER GmbH, Göppingen   (6, 7)

1839 gegründet, hat sich das Unternehmen bereits Mitte des 19. Jahrhunderts unter Leitung des Firmengründers Louis Schuler auf die Herstellung von Blechbearbeitungsmaschinen spezialisiert. Die 1875 von Schuler auf der Fachausstellung für die Blechindustrie in Nürnberg erstmals gezeigten Exzenter- und Ziehpressen mit Kraftantrieb waren ein wichtiger Schritt auf dem Weg zur industriellen Fertigung. Das starke Interesse an diesen neuen Maschinen im In- und Ausland und die Initiative Louis Schuler des Jüngeren – die zweite Generation – brachten dem Unternehmen einen raschen Aufschwung. 1896 wurden bereits über 400 Mitarbeiter beschäftigt.

SCHULER-Maschinen waren weit über die Landesgrenzen hinaus bekannt. Zahlreiche Patente aus dieser Zeit dokumentieren den hohen Entwicklungsstand des Unternehmens auf technischem Gebiet. Schon um 1900 wurden von SCHULER die ersten Transferpressen gebaut, Anlagen, in denen mehrere Arbeitsoperationen zusammengefaßt und mechanisch gekoppelt waren.

Nach dem Tode von Kommerzienrat Schuler 1913 übernahm die dritte Generation – Adolf, Paul und Albert Schuler – die Leitung des Werkes. Es gelang ihnen, den Betrieb über alle Schwierigkeiten der Kriegs- und Inflationszeit hinwegzuführen.

Als Louis Schuler – Repräsentant der vierten Generation – 1934 in den Vorstand der L. SCHULER GmbH berufen wurde, waren rund 1000 Mitarbeiter beschäftigt. Bereits ein Jahr später konnte durch den Erwerb der WMF-Fabrikationsstätten das Gelände der Firma verdoppelt und damit die Voraussetzung für den Großmaschinenbau geschaffen werden.

Die rasche Expansion wurde durch den Krieg erneut unterbrochen. Nach der ersten Phase des Wiederaufbaus wurden neue, leistungsfähigere Produktionsanlagen geschaffen und eine weltweite Vertriebsorganisation aufgebaut. Einen weiteren Schwerpunkt bildeten Forschung und Entwicklung. Mit neuen Konstruktionen und Verfahrenstechniken konnte SCHULER seine Position im Weltmarkt festigen und ausbauen. Labors, Forschungsstätten und Konstruktionen wurden in einem großzügigen Entwicklungszentrum zusammengefaßt, das 1970 endgültig fertiggestellt und bezogen werden konnte.

Das mit modernsten Lehrmitteln und Maschinen ausgestattete Ausbildungszentrum bietet Platz für 250 Lehrlinge, die auf zwölf verschiedene Berufe des Maschinenbaus, der Elektrotechnik, des technischen und kaufmännischen Bereichs vorbereitet werden. Das Unterrichtsprogramm wird ergänzt durch Seminare zur Erwachsenen-Fortbildung und Berufs-Umschulungen.

Lieferprogramm: Pressen, Anlagen und Werkzeuge für die spanlose Metallbearbeitung: Karosseriepressen bis zu kompletten, automatisierten Linien, Transferpressen-Anlagen, Stanz- und Schnittautomaten, Fließpreßanlagen für Tuben, Hülsen, Dosen; Münzprägepressen, Automatisierungs-Einrichtungen und Werkzeuge.

SCHULER zählt zu den führenden Pressenherstellern. Mit Tochtergesellschaften in Europa und Übersee nimmt das Unternehmen heute eine Spitzenposition auf dem Weltmarkt ein.

Schwahn-Olympiade-Sportbekleidung KG, Süßen (51)

Von Georg Schwahn, einem damals bekannten und erfolgreichen Sportler (Schwerathletik) wurde die Firma als mech. Wirkerei und Strickerei 1932 gegründet. Zunächst wurde nur in kleinem Raum produziert, die Kapazität nur langsam und vorsichtig gesteigert. Seit 1948 ist eine stete Aufwärtsentwicklung zu verzeichnen.

Wegen den vielfachen Bindungen zum deutschen Sport, wurde das Produktionsprogramm von Damenoberbekleidung auf Sportbekleidung – hauptsächlich qualitätsvolle Trainingsanzüge – umgestellt. Heute ist „Schwahn-Olympiade-Sportbekleidung" ein weltweit bekannter Begriff. Ungezählte nationale und internationale Sportmannschaften, dazu Weltmeister, Europameister, nationale Meister der verschiedenen Sportarten tragen inzwischen vorzugsweise Sportkleidung aus dem Hause Schwahn.

1964, 1968 und 1972 trugen zahlreiche Olympia-Teams Schwahn-Trainingsanzüge (1972 insgesamt 22, darunter die deutsche Olympiamannschaft). Auch die deutsche Fußball-Nationalmannschaft wird seit etwa zehn Jahren ständig mit Trainings- und Sportanzügen aus dem Hause Schwahn ausgerüstet. (Von 16, am letzten Fußball-Weltmeisterschafts-Turnier in Mexiko beteiligten Nationalmannschaften trugen 14 Schwahn-adidas-Trainingsanzüge).

Seit 1963/64 arbeitet die Firma mit dem Hause adidas, der Welt größter Sportschuhfabrik zusammen und ist seit 31. 12. 1972 in den adidas-Konzern eingegliedert. Das Ehepaar Schwahn hat nach arbeits- und erfolgreichem Schaffen sein Werk in die Hände des großen Partners adidas überführt. Die Weiterführung und Weiterentwicklung, unter dem bewährten Namen „Schwahn-Olympiade" ist damit gesichert.

Etwa 250–300 Beschäftigte arbeiten am straffen, aber trotzdem umfangreichen Schwahnadidas-Programm, das in der Folge noch stärker als seither forciert wird. Lehrlinge werden sowohl im kaufmännischen, wie auch im technischen Bereich (z. B. als Stricker) ausgebildet.

Spindelfabrik Süssen, Schurr, Stahlecker & Grill GmbH, Süßen   (37, 38)

Den Grundstein für die Spindelfabrik Süssen legten im Jahr 1920 die beiden Süßener Johannes Schurr und Hans Grill. Zum Fabrikationsprogramm gehörten damals die Herstellung von Textilspindeln und die Modernisierung von Spindelantrieben. An der Einführung der ersten Rollenlagerspindeln war die Firma maßgeblich beteiligt. Die Süssen-Spindel wurde zu einem ersten Erfolg für die Spindelfabrik. Bahnbrechende Entwicklungen auf dem Spinnereimaschinensektor führten zu einem weiteren Erfolg. Innerhalb kurzer Zeit erhöhte sich die Zahl der Mitarbeiter um das Dreifache. Süssen-Erzeugnisse waren mehr und mehr gefragt, vor allem im Ausland. Die Spindelfabrik begann daher auch im Ausland zu produzieren. Heute bestehen Tochtergesellschaften in Brasilien, Spanien und in den USA. Daneben werden Süssen-Erzeugnisse auch von Lizenznehmern in Indien, Japan und Polen gefertigt.

Bis 1966 war die Spindelfabrik Süssen nur auf dem Textilsektor tätig. Dann kam der Bereich Verpackungsmaschinen hinzu. Hierzu gehören die Firmen Michael Hörauf in Süßen, Boll und Donzdorf, Willy Schneiders in Berlin und Wilhelm Hasse, ebenfalls in Berlin.

Und das wird heute von der Firmengruppe Süssen produziert: Bauelemente und Maschinen für die Textilindustrie, Garnveredlungsanlagen, Maschinen für die Herstellung von Verpackungsmitteln, Verpackungsmaschinen, Anlagen für die Fabrikation von Trockenzellenbatterien, Werkzeugmaschinen und Spezialkugellager für die Möbelindustrie.

Kammgarnspinnerei Süssen Gebr. Stahl KG, Süßen   (49)

Die Kammgarnspinnerei Süssen Gebr. Stahl KG, von den Herren Carl und Ernst Stahl im Jahre 1925 gegründet, hat sich zu einem für die Gemeinde Süßen wichtigen Unternehmen entwickelt.

Der modern eingerichtete Betrieb wurde Mitte Juli 1971 durch einen Großbrand schwer geschädigt. Unmittelbar nach der Brandkatastrophe wurde mit dem Wiederaufbau begonnen. Es entstand unter tatkräftiger Mithilfe von Bauunternehmen, Maschinenlieferanten und eigener Belegschaft in der Nähe des Werks II eine säulenlose und vollklimatisierte Halle mit rund 4500 qm Arbeitsfläche. Die dort mit modernsten Maschinen installierte Spinnstraße konnte sechs Monate nach dem Brand in Betrieb genommen werden.

In den neuen funktionsgerechten Gebäuden sind modernste Maschinen nach einem klar gegliederten Fertigungsablauf installiert, so daß in Zukunft rationell und mit guter Produktivität gearbeitet werden kann. Als Rohstoff werden außer der klassischen Wolle in größerem Umfang synthetische Fasern verarbeitet.

Das Herstellungsprogramm umfaßt hochwertige Kammgarne für die Maschenindustrie, welche an modisch maßgebende Strickwarenfabriken im In- und Ausland geliefert werden. Verkaufsfertige Handarbeitsgarne unter der Marke Stahlsche Wolle werden unter Anwendung der Preisbindung der zweiten Hand auf den Markt gebracht. Die Garn- und Farbpalette ist vielgestaltig und weist zahlreiche von der Firma selbst entwickelte hochmodische Spezialitäten auf.

Stahlsche Wolle wird nach etwa 30 Ländern in Europa und Übersee exportiert. Dies zeugt von dem internationalen Standard der Erzeugnisse des Unternehmens.

Stahlbau Süssen GmbH, Süßen

Unter dem Namen „Dr.-Ing. Nies & Wendeler GmbH" wurde die Firma 1932 gegründet. Die beiden Gründer kamen aus führenden rheinischen Stahlbaufirmen über die Firma Kuntze nach Süddeutschland und beschlossen, eine eigene Stahlbaufirma zu eröffnen.

Trotz der Wirtschaftskrise jener Zeit entstand aus recht bescheidenen Anfängen bis zu Kriegsbeginn ein ansehnliches Unternehmen dieser Branche. Nach verschiedenen Änderungen in der Geschäftsleitung übernahmen im Jahre 1966 die Herren Manfred Wendeler und Dipl.-Ing. Hartwig Kühner den Betrieb, der inzwischen unter Firma Stahlbau Süssen einen angesehenen Ruf in diesem Industriezweig gewonnen hat.

Straffe Rationalisierungsmaßnahmen und systematischer Ausbau verbesserten die Wettbewerbsfähigkeit weiter und festigten das gute fachliche Ansehen des Unternehmens bei seinen Geschäftspartnern – dies sind insbesondere Großfirmen, die Bundesbahn, Kommunalbehörden und Architekten.

Gefertigt werden heute im wesentlichen Stahlkonstruktionen für Fabrikations- und Lagerhallen, Sport- und Festhallen, für Kirchen, Kraftwerke und andere Verwendungszwecke; außerdem Schweißkonstruktionen, Laufkrane und Behälter. Der Kundenkreis erstreckt sich über ganz Süddeutschland, zu einem Teil auch darüber hinaus.

Besondere Aufmerksamkeit wird der eigenen Ausbildung von Fachkräften gewidmet, insbesondere von Stahlbauschlossern, Schweißern und technischen Zeichnern.

Stark Maschinenfabrik, Schlierbach   (28–30)

Mit einer kleinen mechanischen Werkstatt, 1938 von Gotthilf Stark in Ebersbach gegründet, fing es an. Drei Köpfe groß war die Belegschaft und von einem „Produktionsprogramm" noch nicht viel zu sehen. Im wesentlichen wurden Lohnarbeiten für die vielfältige heimische Industrie übernommen.

Aber die Nachfrage nach der sorgfältigen Arbeit wuchs, und schon 1943 übersiedelte die Firma, inzwischen auf 60 Mitarbeiter angewachsen, in das neuerbaute Werk in Schlierbach. Sie war zu einem gesuchten Teile-Partner der benachbarten Großunternehmen geworden. Nach dem Zusammenbruch 1945 versuchte man es zunächst mit originellen Feuerzeugen. Zigarettenschneidern usw., die guten Absatz fanden. Dann wurde als erstes Nachkriegsprodukt eine Bandsäge entwickelt und produziert und bald darauf die Fertigung von Textilmaschi-

nenzubehör unter dem Markennamen „Gosta" aufgenommen. Kettbäume und Kettbaumbremsen waren der Schwerpunkt des damaligen Programms.

Anfangs der fünfziger Jahre kam dann der große Durchbruch. Der findige Gotthilf Stark hatte einen Revolverbohrkopf erfunden und sich patentieren lassen. „Arbo" wurde er genannt und bald zu einem Begriff im deutschen Maschinenbau. Mit Hilfe des leicht anflanschbaren „Arbo-Bohrkopfes" wurde es möglich, jede Bohrmaschine mit sechs bis sieben verschiedenen Werkzeugen auszurüsten, die sich einfach weiterschalten ließen und so aus einer speziellen Bohrmaschine einen Universal-Bohr-Halbautomaten machten. Da Rationalisierung und Automatisierung in dieser Zeit besonders groß geschrieben wurden, war dieser Erfindung ein außerordentlicher Erfolg beschieden.

1962 glückte dem Senior Gotthilf Stark erneut ein beachtlicher Wurf: die Erfindung des Revolver-Bohrautomaten RV 115 H. Auch er führte zu einem erfolgreichen Patent und löste den „Arbo-Bohrkopf" endgültig ab.

Heute beschäftigt das Unternehmen – als „STAMA" international bekannt geworden – auf einer Fertigungsfläche von über 2000 qm mehr als 150 Mitarbeiter. In Bälde wird STAMA nach Inbetriebnahme des geplanten neuen Werkes auf dem äußeren Feld über 4000 qm Produktionsfläche auf 12 000 qm Werksgrund verfügen.

Gotthilf Stark starb im Jahre 1970. Sein Werk wird von seinen Söhnen weitergeführt.

STAUFEN Fahrzeugwerke Eislingen
R. Rayer KG, Eislingen/Fils   (31, 32)

Im Jahre 1812 gründete Johann Georg Weiler den Betrieb als Wagen- und Brunnenbau. Um 1870 wurde die Fertigung von Möbelwagen aufgenommen. Sie ist eine der Spezialitäten des Unternehmens bis zum heutigen Tage. Ein großer Sprung nach vorn glückte 1930, als der Betrieb als erster und einziger in Europa mit der serienmäßigen Herstellung von Möbeltransportaufbauten in Ganz-Leichtmetall-Konstruktion auf Motorwagen- und Anhänger-Fahrgestelle begann. Bis nach der Währungsreform hatten die STAUFEN-Werke praktisch darin das Monopol.

1957 erwarb das Unternehmen alle Rechte und

Patente der ehemaligen Gottfried Lindner AG mit dem Recht der Auswertung und der Herstellung sowie des Vertriebs von Pritschenanhängern, Kippanhängern und Sattelschlepperanhängern unter dem Markennamen „Lindner".

1964 wurde das Produktionsprogramm auf die Herstellung von Kunststoffaufbauten für Frischdienst- und Tiefkühltransporte ausgedehnt und 1969 die Fahrzeugfabrik Hubertia in Küps, Kreis Kronach, übernommen. Die dortige Belegschaft, spezialisiert auf Omnibusbau, wurde umgeschult auf die Herstellung von Leichtmetall- und Kunststoffaufbauten.

Die STAUFEN-Werke sind Gründungsmitglied der Transfrigoroute Deutschland und Inhaber aller wichtigen Zertifikate.

Ernst Strassacker KG, Kunst- und Metallgießerei, Süßen   (67, 68)

Im Jahre 1919 gründete Ernst Strassacker in der Staufeneckstraße 19 eine kunstgewerbliche Werkstätte. Wenig später errichtete er die erste Gießerei, um die von ihm gefertigten Bronzesachen selbst gießen zu können. Sein Sohn, Max Strassacker war von Anfang an dabei. Ihm oblag es, das notwendige Vertriebsnetz aufzubauen und ständig für den Verkauf der hergestellten Artikel zu sorgen. Trotz Inflation und Wirtschaftskrisen konnte das Unternehmen immer weiter ausgebaut werden, so daß schon in den dreißiger Jahren große und größte Denkmalarbeiten hergestellt werden konnten. Nach dem Tode des Gründers im Jahre 1940 mußte Max Strassacker die Firma alleine durch die schweren Kriegs- und Nachkriegsjahre führen. Ab Mitte der fünfziger Jahre ging die Unternehmensleitung gleitend auf die dritte Generation Strassacker über. Gestützt auf eine gute Ausgangsbasis und einen Stamm gut ausgebildeter Facharbeiter wurde nun die Expansion in verstärktem Maße weitergeführt. Sie ist noch in vollem Gange.

Die über 350 Mitarbeiter der Firma stellen heute überwiegend Buchstaben, Reliefs und Figuren aus Bronze und Aluminium für den Friedhof her. Außerdem entstehen Werke der bildenden Kunst für Bildhauer aller Kunstrichtungen. Ferner besteht noch eine Abteilung für gegossene Maschinenteile.

Ein erfreulicher Teil der gesamten Produktion wird in alle Herren Länder exportiert. Der Geschäftsumfang mit Frankreich z. B. ist so groß geworden, daß die Gründung einer eigenen Niederlassung im Lande notwendig wurde. Besonders zu bemerken ist noch, daß das Unternehmen seine Aufgabe mit dem Verkauf der Artikel nicht für beendet ansieht. Die führende Stellung auf dem Gebiet der Friedhofskunst wurde dazu benutzt, niveausteigernd auf die ganze Branche einzuwirken. Sichtbarer Ausdruck dieser Bemühungen ist das Muster-Friedhofsfeld auf dem Süßener Friedhof, das die Firma Strassacker angeregt und mit Unterstützung des Gemeinderats und anderer Firmen gestaltet hat.

Südrad GmbH, Eberbach/Fils   (26, 27)

Die Südrad GmbH besteht seit 1946. Sie ist als Zulieferant der Automobilindustrie stetig gewachsen. Auf ihren Erzeugnissen – Räder – fährt heute ein großer Teil der in Deutschland erzeugten Personenkraftwagen, Lastkraftwagen, Anhänger, Traktoren, Land- und Baumaschinen.

Die Produkte der Südrad werden auch im Export an Fabriken der oben genannten Branchen geliefert.

Sie modernisiert ständig ihre Produktionsanlagen und erweitert – entsprechend dem wachsenden Bedarf der Fahrzeugindustrie in aller Welt – ihre Kapazitäten.

Südrad-Räder aus Ebersbach sind ein Begriff geworden.

 UHLAND-Bier   (93)
Brauerei Glocke in Geislingen/Steige

Seit dem Jahr 1560 wird nachweislich in der Brauerei Glocke in Geislingen an der Steige an ein und derselben Stelle Bier gebraut. Diese über 400jährige Tradition und die hohe Braukunst des Hauses Uhland, haben UHLAND-Bier zu einer herrlichen Geislinger Spezialität werden lassen.

Der Wappenstein mit dem Gründungsjahr 1560 ist im Geislinger Heimatmuseum aufgestellt.

Im Jahr 1953 konnte die nebenanliegende Adlerbrauerei aufgekauft und damit die ursprüngliche Brauerei wesentlich vergrößert werden.

1972 wurde eine hochmoderne Sudhaus-Anlage eingebaut, kurz darauf eine vollautomatisch arbeitende Flaschenfüllerei.

In dieser Brauerei verbindet sich Tradition mit jahrhundertelanger Erfahrung und modernster Technik.

Heute werden folgende Biersorten hergestellt: UHLAND-Urtyp Hell, UHLAND-Export, UHLAND-Pilsner, UHLAND-Edelweizen, UHLAND-Starkbier, außerdem ein reichhaltiges Sortiment an alkoholfreien Getränken. Biere und alkoholfreie Getränke werden über alle Verkaufszweige wie auch dem brauereieigenen Heimdienst vertrieben.

Ulo-Werk Moritz Ullmann, Spezialfabrik für Fahrzeugzubehör, Warn- und Signaleinrichtungen, Geislingen (25)

Rückstrahler aus Glas, gefertigt mit den Erfahrungen der sudetendeutschen Glasmacher, standen am Anfang der Firma Ulo-Werk. 1947 wurde in 50 qm großen Räumen mit der Produktion begonnen, 1949 mit den ersten Erweiterungsbauten angefangen bis zum heutigen Betriebsgelände von 10 000 qm auf dem ca. 61 000 cbm Raum umbaut sind.

Als glasverarbeitender Betrieb gegründet, entwickelte sich das Unternehmen innerhalb kurzer Zeit zu einer bekannten Spezialfabrik für Rückstrahler. Ab 1954 wurde Glas durch Kunststoff ersetzt und das Programm erweitert auf Fahrzeugleuchten, Blinkleuchten, Kleinleuchten für das Fahrzeuginnere u. a. mehr. Heute fertigt das Familienunternehmen – Inhaber sind Moritz Ullmann und sein Sohn Manfred –, ferner Rückstrahler für Sonderzwecke wie Leitzeichen und Leiteinrichtungen für den Straßen- sowie Signal-, Mast- und Hinweisschilder für den Schienenverkehr. Das Geschäftsvolumen dehnte sich in den letzten fünf Jahren um 65 Prozent aus. Ulo ist im gesamten Bundesgebiet und allen westeuropäischen Ländern vertreten. Das Unternehmen liefert in mehr als 60 Länder der Erde, der Exportanteil beträgt 25 Prozent. Im Betrieb sind über 400 Mitarbeiter beschäftigt.

Carl Veit, Filztuchfabrik, Göppingen (47, 48)

Im Jahre 1876 wurde die Filztuchfabrik Carl Veit von Herrn Carl Veit sen. unter Mithilfe seines Sohnes Siegmund Veit gegründet.

Das Unternehmen ist ein Zweig der Textilindustrie und befaßt sich bis heute mit der Herstellung von Filztuchen, die der Bespannung von Papier-, Pappen- und Kartonmaschinen dienen. Ausgangsprodukte sind neben einem geringen Anteil von Wolle in erster Linie synthetische Fasern aller Art, die im Produktionsverlauf versponnen, verwebt und vernadelt werden.

Der Gründer verstarb bereits 1882. Hierauf wurde die Firma von Siegmund Veit übernommen, der wiederum 1919 seinen Sohn Carl Veit jun. als Teilhaber aufnahm. Durch die Kriegswirren traten Wechsel in den Besitzverhältnissen und der Geschäftsleitung ein, jedoch hat sich das Unternehmen stetig weiterentwickelt. Nicht zuletzt dank der Abnehmer, der Papierindustrie, die auch heute noch in die Wachstumsindustrie einzuordnen ist.

So wurden An- und Erweiterungsbauten notwendig, um den Maschinenpark zu ergänzen und auf dem neuesten Stand der Technik zu halten.

Heute nimmt das Unternehmen einen führenden Platz in der Filztuchindustrie ein und verfügt über einen beträchtlichen Exportanteil in viele europäische und überseeische Länder.

Volksbank Geislingen eGmbH, Geislingen/Steige (83, 84)

„Nachdem sich 20 hiesige Bürger und Einwohner zur Errichtung einer Handwerkerbank vereinigten, den Verein konstituiert haben, und die Statuten im Drucke erschienen sind, hat die Bank – infolge Beschlusses des Ausschusses – ihre Thätigkeit begonnen.

Den. 5. Juni 1863

Für den Ausschuß: der Vorstand

Stadtschultheiß Fahr."

So stand es im Juni 1863 im damaligen Alb- und Filstalboten geschrieben. Der Geburtsakt der heutigen Volksbank Geislingen eGmbH war vollzogen. Gewerbeverein, Bürgergesellschaft und Kreise des Handwerkerstandes hatten sich zusammengeschlossen zur Gründung dieser ersten genossenschaftlichen Bank in Geislingen. Die Gedanken Schulze-Delitzsch's – dem eigentlichen Schöpfer des Deutschen Genossenschaftswesens – Selbsthilfe, Selbstverwaltung und Selbstvertrauen, trugen auch hier frühzeitig Früchte. Die mächtige Welle der Industrialisierung brachte der damaligen Bevölkerung, nach den Zeiten bitterster Not ausgangs des 18. und anfangs des 19. Jahrhunderts, nunmehr wieder Selbstbewußtsein und Optimismus. Jahre harter Aufbauarbeit und großer Anstrengungen brachten der Bank bald den gewünschten Erfolg. Der ständige Zuwachs an Mitgliedern sowie die ständige Ausdehnung des Geschäftsvolumens, waren Beweis genug für das hohe Ansehen, das sie bereits damals unter der Bevölkerung genoß.

Erster Weltkrieg, Inflation, Drittes Reich, Zweiter Weltkrieg, Währungsreform, all diese Zeiten hinterließen ihre Spuren. Mit Umsicht und Geschick gelang es jedoch der jeweiligen Bankleitung in diesen Krisenzeiten ihren Kunden zu helfen. Selbst der in die Geschichte eingegangene „Schwarze Freitag" im Jahre 1931 konnte die Bank nicht erschüttern. Das Vertrauen, das man ihr zollte, war unerschütterlich.

Das ständige Wachstum ließ bald die eigenen Räumlichkeiten in der Bismarckstraße zu eng werden. Die damalige Bankleitung entschloß sich im Jahre 1934, das Anwesen Karlstraße 11 – die heutige Hauptstelle – käuflich zu erwerben. Um auch der Kundschaft des Stadtteiles Altenstadt mit einer Zweigstelle zu dienen, wurde im Jahre 1938 die „alte Post" in der Tälesbahnstraße 1 gekauft. Nach Ende des Zweiten Weltkrieges, vor allem nach der Währungsreform im Jahre 1948, wußte die Volksbank Geislingen die Gunst der Jahre zu nutzen. In allen Geschäftszweigen erlebte sie eine Steigerung. Ihren Aktionsradius vergrößerte sie durch eine aktive Zweigstellenpolitik. Zweigniederlassungen wurden in den Folgejahren in Kuchen, Böhmenkirch, Gingen, Süßen, Amstetten, Hausen, Aufhausen, Unterböhringen, Eybach sowie im Stadtbezirk Geislingen die Hauptzweigstelle am Sternplatz, die Zweigstellen Steinerne Brücke und Eschenweg errichtet. Augenblicklich bieten 14 Bankgeschäftsstellen der Kundschaft ein Höchstmaß an modernem und individuellem Service.

Als eine der ersten Volksbanken in Württem-

berg stellte sie ihre Buchhaltung auf eine EDV-Anlage um. Den wachsenden Anfall von Belegmaterial konnte sie somit rationeller bewältigen. Die Bankleitung ist täglich in die Lage versetzt, aktuelle Informationen für ihre Dispositionen zu verwerten. Ein modernes Management an der Spitze sowie geschulte Mitarbeiter garantieren den Mitgliedern und Kunden einen vorbildlichen Service in allen Geldangelegenheiten. Heute zählt die Volksbank Geislingen mit nahezu 57 000 Konten, über 6000 Mitgliedern und einem Bilanzvolumen von ca. 152 Mio. DM mit zu den größten genossenschaftlichen Banken in unserem Land. Nicht umsonst heißt es „Volksbank Geislingen, die Bank für Alb und Filstal, vorbildlich in Service und Leistung mit dem dichten Zweigstellennetz einer großen Gebietsbank".

Dieser erreichte Erfolg wäre jedoch ohne das Vertrauen ihrer Mitglieder, Geschäftsfreunde und Sparer aus allen Schichten der Bevölkerung nicht möglich gewesen. Genossenschaftliches Denken: Selbsthilfe, Selbstverantwortung und Selbstvertrauen bilden nach wie vor das Fundament der Volksbank. Was dieser Geist vermag, hat die Geschichte gezeigt.

Wackler, Internationale Spedition, Göppingen-Holzheim   (96)

Die Firma Wackler kann heute auf eine über 125 Jahre lange Tradition zurückblicken. Selbstverständlich ist die Zeit der Pferdefuhrwerke vorbei. Auch haben sich einige Generationen in der Geschäftsführung abgelöst. Seit 1964 wird die Firma von dem geschäftsführenden Gesellschafter Günter Schwarz geleitet. Den eigentlichen Ursprung des Dienstleitungsbetriebes stellte der Botendienst dar. Aus diesem entwickelte sich dann ein wichtiger Zweig, der Zustell- und Abholdienst von Gütern in Verbindung mit der Eisenbahn. Bereits kurz nach 1870 wurde Ludwig Wackler von der Generaldirektion der damals „königlich Württembergischen Staatseisenbahn" als amtlicher Güterbeförderer bestellt. Etwa 15 Jahre später wurden die ersten Möbeltransporte mit speziellen Möbelwagen durchgeführt.

Der Geschäftszweig der heutigen bahnamtlichen Rollfuhr ist erhalten geblieben. Das Unternehmen wurde jedoch im Laufe der Jahre durch viele Dienstleistungsbereiche erweitert. Die gesamte Servicepalette umfaßt heute folgende Gebiete: Bahnamtliche Rollfuhr, Bahnsammelverkehre, Kraftwagensammelverkehre, Güternah- und -fernverkehr, Abfertigungsspedition, Lagerung, Internationale Spedition, Container-Service, Import, Möbeltransport im In- und Ausland, Vermietung von Lkw und Möbelwagen sowie die Abfuhr von Industrie-, Gewerbe- und Hausmüll mit eigenen Preßmüllwagen. Der umfangreiche Fuhrpark – das Rückgrat eines jeden Transportbetriebes – erhielt 1971 eine eigene Reparaturwerkstatt auf dem 1969 erworbenen neuen Betriebsgelände. Es ist ca. 45 000 qm groß und liegt im Stadtbezirk Holzheim. Hier läuft zur Zeit auch die Planung und zum Teil bereits die Erstellung einer neuen Speditionsanlage. Ergänzend zu den drei bereits vorhandenen Lagerhallen wurde vor kurzem die neue Lagerhalle mit ca. 2900 qm übernommen. Hochregalanlagen und moderne Flurfördergeräte gestatten einen reibungslosen Arbeitsablauf.

In der geplanten Umschlagshalle werden eine Reihe der Dienstleistungen in vergrößertem Umfang weiterbetrieben. Sämtliche Speditionsgüter werden hier umgeschlagen. Per Schiene und Lkw treten sie von hier aus ihren Weg in die verschiedenen Relationen an. Diese teilen sich auf in Linienverkehre nach den großen Industriegebieten im Rheinland sowie zu den Überseehäfen Hamburg und Bremen und nach Berlin. Im Nahverkehr wird täglich ein dichtes Netz im Radius von 50 km bedient. Darüber hinaus führt der Bezirksfernverkehr regelmäßig Fahrten in den Schwarzwald, das Bodenseegebiet und das Allgäu durch. Acht Eisenbahnwaggons können in der Halle be- und entladen werden. Überdachte Außenrampen ermöglichen die gleichzeitige Abfertigung von ca. 50 Fahrzeugeinheiten. Täglich werden etwa 600 Speditionsaufträge zwischen 20 und 25 000 kg abgefertigt. Möbelwagen und Mietmöbelwagen sorgen dafür, daß sämtliche Umzugssorgen gelöst werden können. Als Mitglied der Deutschen Möbelspedition, einem Zusammenschluß von 50 Betrieben, die in 70 Städten der Bundesrepublik vertreten sind, können Möbeltransporte zwischen München und Hamburg prompt vermittelt werden.

Das endgültige Projekt mit seinen drei Baukörpern wird nach Fertigstellung eines der modernsten in der Bundesrepublik darstellen. Die neuen Räumlichkeiten und das Bemühen der Geschäftsleitung und ihrer Mitarbeiter um eine marktgerechte Dienstleistung dem Kunden gegenüber, sichern einen Teil der gesamten Güterbewegung im industriereichen Filstal und darüber hinaus.

Weberei Süssen Weidmann & Co., Süßen (44, 45)

Im Jahre 1904 errichteten die Gebrüder Ottenheimer aus Göppingen in Süßen eine mechanische Weberei, die im Jahre 1938 von den Herren Weidmann und Abt käuflich erworben wurde.

Mit der Betriebsübernahme durch diese beiden Herren wurde das Unternehmen unter der tatkräftigen Leitung von Herrn Eugen Weidmann von Grund auf erneuert und rationalisiert, so daß heute mit einem Bruchteil der ursprünglichen Belegschaft ein Mehrfaches an Produktion erreicht wird.

Neben der Weberei wird eine leistungsfähige Stückfärberei und Ausrüstung betrieben. Vor einigen Jahren wurde eine Konfektionsabteilung angegliedert, so daß ein erheblicher Prozentsatz der hergestellten Gewebe vor allem der hervorragenden Inletts zu Bettwaren, u. a. den bekannten Süßener Flachbetten, verarbeitet wird. Außerdem werden in großem Ausmaß Spezialgewebe für die Polstermöbelindustrie, Filtergewebe und technische Gewebe angefertigt.

Die Leitung des Unternehmens liegt in den Händen der Herren Hermann und Peter Weidmann, die beide Fachleute auf ihrem Gebiet sind.

Stahlbau Wendeler KG, Donzdorf (35)

Das 1949 von den Gesellschaftern, Josef Hubert Wendeler, Friedrich Kaupp und Manfred Wendeler, gegründete Unternehmen hat sich aus kleinsten Anfängen emporgearbeitet.

Das Fertigungsprogramm umfaßt die Erstellung von Stahlhochbauten für den Industrie-, Geschäfts- und Wohnhausbau. Weiterhin werden Spezialkonstruktionen aller Art in geschweißter Ausführung hergestellt.

Große und größte Industrieanlagen, welche in

den letzten Jahren in den Werkstätten unter Mitarbeit der 140 Betriebsangehörigen gefertigt und hauptsächlich im süddeutschen Raum erstellt wurden, geben Zeugnis von der Leistungsfähigkeit der Firma. Die für die Zukunft ausgerichtete Werksanlage sichert die Konkurrenzfähigkeit des Unternehmens und wird laufend auf dem modernsten Ausrüstungsstand gehalten.

Württembergische Filztuchfabrik D. Geschmay GmbH (WFG), Göppingen (43)

Das Gewerbe der Papier- und Tuchmacher ist schon seit Jahrhunderten im Filstal zu Hause. Aus kleinsten Manufakturen entwickelten sich in langen Jahren bedeutende Fabriken. Mit fortschreitender Mechanisierung wuchs in den Papiermühlen der Bedarf an Filzen für die Papierherstellung. Tuchmacher spezialisierten sich auf die Filzproduktion, und so entstand im Jahre 1864 in Göppingen – zunächst als Handwerksbetrieb – eine Filztuchweberei. Seit 1910 ist dieser Betrieb in Besitz der Familie Geschmay. Von diesem Zeitpunkt an ist die Firma laufend gewachsen.

Im Jahre 1934 wurde die Schwesterfirma Feltrificio Veneto (S. p. A.) in Venedig-Marghera errichtet, die heute zu den führenden Filztuchfabriken Italiens gehört. Das Unternehmen erkannte frühzeitig die überlegenen Eigenschaften der synthetischen Fasern, bezog bald seine Erfahrungen in der Fertigung vollsynthetischer, genadelter Filze in seine weitsichtige Planung ein und richtete einen wesentlichen Teil der Produktion darauf aus. Im Zuge der raschen Entwicklung in den letzten Jahren wurden immer höhere Ansprüche an den Herstellungsprozeß gestellt. Die Qualität der Produkte mußte laufend verbessert und den technischen Anforderungen sowie den größten Abmessungen der modernsten Papiermaschinen angepaßt werden. Um diese Voraussetzungen zu erfüllen, wurde das neue Werk in Göppingen erstellt. Es ist eines der modernsten seiner Art in Europa. Die Einrichtungen dieser Produktionsstätten entsprechen dem neuesten Stand der Technik.

Grundlage der guten Qualität der Geschmay-Filze ist ein intensiver Erfahrungsaustausch mit der Papier-, Zellstoff- und Pappenindustrie. Die Württembergische Filztuchfabrik liefert ihre Produkte in alle Welt.

Tradition verpflichtet. Langjährige Erfahrung und ein Stab guter Techniker sind von unschätzbarem Wert, aber dies allein genügt nicht. Ein hochmoderner Produktionsapparat und intensive eigene Forschung sind die Mittel, die das internationale Niveau der Geschmay-Filze auch für die Zukunft sichern.

Württembergische Metallwarenfabrik Geislingen (Steige) – WMF (1, 2)

1853 gründete Daniel Straub in Geislingen/Steige die „Metallwarenfabrik Straub & Schweizer", später „Straub & Sohn", die 1880 mit der „Metallwarenfabrik A. Ritter & Co.", Esslingen, vereinigt und unter dem Namen Württembergische Metallwarenfabrik in eine Aktiengesellschaft verwandelt wurde.

Das Unternehmen entwickelte sich bis zur Jahrhundertwende zum Großbetrieb mit rund 3000 Beschäftigten. Mit ihren versilberten und vernickelten Tafel- und Ziergeräten, Bestecken, Kupfer- und Messingwaren, Galvanobronzen und nicht zuletzt den Erzeugnissen einer 1883 gegründeten eigenen Glashütte galt es bereits vor dem Ersten Weltkrieg als das „größte Establissement seiner Art", dessen Kataloge in 12 Sprachen herauskamen. Neben den Fabriken in Geislingen gehörten die Firma Schauffler & Safft in Göppingen sowie Betriebe in Wien, Berlin, Köln und Warschau zu dem Unternehmen, das auch schon eigene Verkaufsfilialen in den deutschen Großstädten besaß.

Der Erste Weltkrieg zerstörte einen großen Teil der Auslandsverbindungen der Firma, die den Schwerpunkt ihrer Fertigung in wachsendem Umfang auf Bestecherstellung (WMF-Patentbestecke), die Herstellung von Haushaltwaren (WMF-Cromargan) sowie von hochwertigen Glaserzeugnissen verlegte. In großem Ausmaß wurde nun auch die Hotelbranche als Absatzgebiet erschlossen. In der Weltwirtschaftskrise verlor das Unternehmen seine auswärtigen Werke, die gesamte Produktion wurde in Geislingen konzentriert.

Nach einer gefährlichen Krise bei Kriegsende 1945 gelang es, die WMF zu neuer Blüte zu führen. Rund 7000 Mitarbeiter im In- und Ausland sind heute wieder für die Firma tätig. Die Produktion umfaßt rund 7000 Einzelartikel aus den Fertigungsbereichen: Bestecke, Tafelgeräte und Geschenkartikel, Haus- und Küchengeräte, Trink- und Ziergläser, Kaffeemaschinen und Heißgetränke-Automaten, gedruckte Schaltungen, Wandplatten. Neben Metallen werden in wachsendem Umfang auch farbenfreudige Kunststoff- und andere Materialkombinationen verarbeitet.

Neben dem Hauptwerk in Geislingen betreibt das Unternehmen Zweigbetriebe in Hausham/Obb. sowie in Hayingen und Laichingen (Württ.). Es verfügt über 84 Verkaufsfilialen in allen größeren Städten des Bundesgebietes und in Westberlin. Der Warenvertrieb im Inland erfolgt ferner über den Facheinzelhandel, den Großhandel und über Warenhäuser, außerdem im Direktvertrieb auf dem Hotel-Sektor. Auslands-Vertriebstöchter bestehen in USA, Belgien, Kanada, Spanien, Frankreich, Griechenland, Italien, Niederlande, Österreich, England und in der Schweiz.

Der Konzernumsatz betrug im Jahr 1972 366 Millionen DM (+ 18,6 %). Das Aktienkapital beträgt 37,5 Millionen DM.

Württembergische Wollgarnfabrik D. Finckh KG, Süßen (46)

Die Württembergische Wollgarnfabrik GmbH wurde 1921 als Lohnfärberei gegründet und 1925 durch die Angliederung einer Kammgarnspinnerei erweitert. Im Jahr 1937 erfolgte die Umwandlung in eine Kommanditgesellschaft, nachdem Herr David Finckh zusammen mit seinen Söhnen Adolf und Hermann Finckh alle Anteile der GmbH erworben hatte. Ein Jahr später wurde als weiterer Gesellschafter Frau Martha Vogtmann geborene Finckh aufgenommen. Seit 1972 wird die Württembergische Wollgarnfabrik D. Finckh KG von den Erben weitergeführt.

Das Unternehmen hat seit 1937 einen steilen Aufschwung erfahren. Es wurden im Jahr 1937 mit 120 Mitarbeitern bei 800 Spindeln 180 000 kg gesponnene und gefärbte Kammgarne für den Handarbeitsgarn- und Maschinenstrickgarnbereich hergestellt. Zum Vergleich hierzu die entsprechenden Zahlen aus dem Jahre 1971: Mit 500 Mitarbeitern wurden bei einer Kapazität von 15 000 Spindeln 2 500 000 kg Kammgarne produziert. Ein solches Ergebnis zu erzielen ist nur möglich mit modernsten Maschinen, fortschrittlichen Produktionsmethoden und hohem Kapitaleinsatz, wobei letzterer schon rein äußerlich dem Besucher in Süßen durch die ständigen baulichen Vergrößerungen sichtbar wird.

Natürlich hat sich auch das Produktionsprogramm, bekannt unter der Qualitätsbezeichnung Staufen-Wolle, gegenüber dem von 1937 stark geändert. Wurden die Garne damals zu einem großen Teil aus reiner Schurwolle hergestellt, so besteht heute der größere Teil unserer produzierten Garne aus Chemiefasern und Chemiefaser-Wollgemischen. Einst wurden hauptsächlich Handarbeitsgarne gefertigt, heute liegt das Hauptgewicht bei der Produktion von Maschinenstrickgarnen, hergestellt als Einfach- und Zweifachgarne für jeden Anwendungsbereich im In- und Ausland.

Die Entwicklung der Kammgarnindustrie geht weiter. Auch die Württembergische Wollgarnfabrik D. Finckh KG hält Schritt mit den technischen Neuerungen und kann sich bei der Planung der weiteren großen Investitionsvorhaben auf einen eingearbeiteten und zuverlässigen Mitarbeiterstab stützen.

Hermann Ziegler KG, Vorrichtungs- und Werkzeugbau, Göppingen (75)

Seit der Gründung im Jahre 1934 betreibt die Firma Hermann Ziegler KG einen Vorrichtungs- und Werkzeugbau. Durch stetige Vergrößerung war es möglich, im März 1959 den erforderlich gewordenen Neubau in der Adolf-Safft-Straße zu beziehen. Das Produktionsprogramm umfaßt die Herstellung von Vorrichtungen zum Drehen, Fräsen, Schleifen, Räumen, Bohren usw., Schnitt- und Stanzwerkzeuge, Rund-Teiltische und Sondermaschinen. Die Erzeugnisse finden vorwiegend in Süddeutschland ihren Absatz.

Julius Zindel KG, (36)
Flanschenfabrik und Stanzwerk, Albershausen

Mit einem „Flanschenfabrikationsgeschäft", eröffnet im Jahre 1893 von Julius Zindel in
Reutlingen, beginnt die Geschichte des Unternehmens. Schon 1896 hatte Julius Zindel die
Gelegenheit in Ebersbach a. d. Fils eine in
Konkurs gegangene Zwirnerei zu erwerben und
begann die Firma erheblich auszubauen. 1907
wurde die Einzelfirma dann als Flanschenfabrik und Stanzwerk in das Handelsregister
eingetragen. Das Geschäft überstand, nicht zuletzt durch Sparsamkeit und Arbeitseifer des
Inhabers, den Ersten Weltkrieg und die Infla-
tionsjahre. 1924 und 1938 mußten die Fabrikationsräume wesentlich erweitert werden. 1941
wurde aus dem Einzelunternehmen eine Fami-
lienkommanditgesellschaft, die seit dem Tod
des Gründers, 1944, von dessen Sohn Hugo
Zindel geleitet wird.
Im April 1970 brach in der Schmiedehalle der
Fabrik ein Brand aus, der einen Gesamtscha-
den von DM 800 000,– verursachte. Ein Wiederaufbau der zerstörten Halle an Ort und
Stelle wäre wirtschaftlich nicht vertretbar gewesen. In dieser Situation kam der Julius Zindel KG die Gemeinde Albershausen mit einem
günstigen Bauplatzangebot in ihrem Industriegebiet entgegen. Ende Oktober 1970 fand die
Grundsteinlegung statt. Hugo Zindel äußerte
damals in seiner Festrede, die Entscheidung
nach 73 Jahren Ebersbach zu verlassen, sei ihm
sehr schwergefallen. Der Entschluß habe aber
bei der Gemeinde Ebersbach Verständnis gefunden. Nach knapp zweijähriger Bauzeit
konnte die Julius Zindel KG die Fabrikation
in den neuen Räumen aufnehmen. In der für
die Zukunft konzipierten Anlage bestimmt der
Betriebsablauf die Anordnung der Werksge-
bäude. Ein nach modernen Gesichtspunkten
eingerichtetes Sozialgebäude bietet 100 Mitarbeitern Platz.

Zinser Autogen- und Elektroschweißtechnik,
Eberbach/Fils (19, 20)

1898 gründete der Kaufmann Eugen Zinser (er
war der 3. Sohn des Brauereibesitzers und
Adlerwirtes in Ebersbach) die Firma „Acetylenwerk Ebersbach, Inh. Eugen Zinser". Hier
wurden mit einigen Arbeitern Acetylenentwick-
ler zur Beleuchtung von Hotels, Klöstern und
Schulen hergestellt.
Nach der Entdeckung, daß sich Acetylengas
auch zum Schweißen und Schneiden von Metall eignet, wurden im Acetylenwerk ab 1904
neben Niederdruckentwicklern auch Schweiß-
und Schneidbrenner gefertigt. Bald darauf zählten auch Mitteldruckentwickler und ab 1928
Hockdruckentwickler (Zeus-Jupiter) zum Produktionsprogramm; Zentralbatterien für Sauer-
stoff und Acetylen folgen.
Die zunehmende Nachfrage nach Schweiß- und
Schneidegeräten machte einen Neubau erforderlich, der 1938 in der Brückenstraße, dem heutigen Werksstandort, eingeweiht wurde.
Nach dem Tode des Firmengründers (1941)
wurde das Unternehmen von seinen Erben unter dem neuen Namen „Autogenwerk" weiter-
geführt. Die Geschäftsführung übernahm Frau
Hildegard Löffelhardt-Zinser. Trotz großer
Schwierigkeiten konnte die Firma auch in den
Kriegsjahren ihre Fertigung aufrechterhalten.
Es wurde sogar an der Entwicklung der ersten
Elektro-Schweißgeräte gearbeitet, so daß zum
50jährigen Geschäftsjubiläum im Jahre 1948
die ersten Transformatoren verkauft werden
konnten.
Durch die Heirat der Geschäftsführerin Frau
Hildegard Löffelhardt mit dem Schweißfach-
Ingenieur Kurt Schwebke (1949) erhielt die
Entwicklung und Fertigung von Elektro-
Schweißgeräten zusätzliche Impulse.
Ein Jahr später bereits (1950) wurde die Fa.
„Elektroschweißgerätebau Zinser" gegründet.
Hier wurden in den folgenden Jahren neben
Transformatoren auch Gleichrichter, Umformer,
Schweißaggregate sowie Punkt- und Wider-
standsschweißmaschinen hergestellt.
Im Autogenwerk wurde gleichzeitig das Pro-
duktionsprogramm auf Schneidmaschinen und
Kunststoffschweißbrenner ausgeweitet.
Die steigende Nachfrage nach Schweiß- und
Schneidgeräten verlieh den beiden Unterneh-
men starken Auftrieb. Nach dem Tode von
Kurt Schwebke im Jahre 1964 führte Frau
Schwebke beide Firmen als Geschäftsführerin
weiter; die Unternehmen erhielten 1965 neue
Namen. „Zinser Autogen-Schweißtechnik"
„Zinser Elektro-Schweißtechnik GmbH".

1972 wurde in der Fa. Zinser Elektro-Schweiß-technik mit der Produktion und dem Verkauf eigener Schutzgasschweißanlagen begonnen.
Beide Firmen beschäftigten 1972 zusammen rund 370 Mitarbeiter. Der Umsatz lag bei ca. 15 Mio. DM.
1973 feiert die Fa. Zinser Autogen-Schweiß-technik ihr 75jähriges Jubiläum.

Zinser Textilmaschinen GmbH, Ebersbach/Fils
(11–13)

Vor mehr als 50 Jahren wurde das Unterneh-men in der Branche aktiv. Unter dem Firmen-namen „Südd. Spindelwerke" fertigte es Bau-teile für Spinnereimaschinen, hauptsächlich Spindeln und Unterwalzen. Mit einem Kom-manditisten zusammen und acht Mann Beleg-schaft hatte Eugen Zinser 1919 die Firma ge-gründet. An weltweite Bedeutung dachte da-mals noch niemand.
Von Dipl.-Ing. Hans Zinser, dem Sohn von Eugen Zinser, aufgrund seiner ausgezeichneten technischen Vorbildung ein Fachmann von For-mat, gingen die entscheidenden Impulse zur Aufwärtsbewegung des Unternehmens aus. Er war im Jahre 1935 in das Werk eingetreten. Zu einem internationalen Begriff wurde der Name Zinser erstmals durch die Modernisie-rung von Spinnereimaschinen. Auf diesem Spe-zialgebiet nahm das Werk im Laufe der Jahre bald eine führende Position ein und baute die meisten Maschinen in der Welt um.
Nach dem Tod von Eugen Zinser, 1941, über-nahm Hans Zinser die Leitung der textiltechni-schen Betriebe und baute das Werk immer mehr aus. Als 1948 die Zeit des konjunkturel-len Hochs anbrach, begann die Entwicklung stürmisch zu verlaufen. Neue Fabrikanlagen mußten geplant werden.
Anfang 1949 wurde die unternehmerische Ba-sis geändert, die Zinser Textilmaschinen GmbH entstand. Zu den Baumwoll-Ringspinnmaschi-nen wurden Kammgarn- und Streichgarn-Ring-spinnmaschinen neu ins Produktionsprogramm aufgenommen. Bald darauf auch Streckzwirn-maschinen zur Verarbeitung von synthetischen

Endlosfäden (Nylon, Perlon usw.). Die Südd. Spindelwerke stellten nun ausschließlich Spin-deln her.
In dieser Zeit des Aufschwungs traf das Un-ternehmen ein harter Schlag. Dipl.-Ing. Hans Zinser verunglückte im Herbst 1949 tödlich. Der langjährige Mitarbeiter von Hans Zinser, Hermann Scherr, übernahm als kaufmännischer Direktor die Leitung des Gesamtwerkes.
Die Belegschaftsstärke war inzwischen auf 1000 Beschäftigte angewachsen.
Das Fertigungsprogramm wurde weiter aus-gebaut. Maschinen der Vorspinnerei kamen hinzu, und neue Produktionshallen wurden bezogen. Das Werk wuchs ständig, in der Be-legschaftsstärke, in der Produktionskapazität und in der räumlichen Ausdehnung.
Die Zinser Textilmaschinen GmbH zählt heute zu den bedeutendsten Unternehmen der Bran-che auf dem Kontinent. Die Südd. Spindel-werke gehören zu den größten Spindelprodu-zenten der Welt. Über Inflationen, Weltwirt-schaftskrisen, Kriege und Rezessionen hinweg konnten die Marktpositionen behauptet und ausgebaut werden. Ständiges mit der Zeit ge-hen, richtungsweisende Konstruktionen in den wesentlichen Phasen der technischen Entwick-lung und nicht zuletzt exakte Präzisionsarbeit in allen Produktionszweigen gewährleisteten die Prosperität des Unternehmens. Ein moder-nes Führungsmanagement und fortschrittliche Teamarbeit sichern die konsequente Fortset-zung des erfolgreichen Weges.
Der gesamte Firmenverband umfaßt derzeit die Zinser Textilmaschinen GmbH, Ebersbach; die Südd. Spindelwerke Zinser, Ebersbach; die Zinser Maschinenbau KG, Oberviechtach; die American Zinser Corporation, Charlotte, USA und Zinser (Far East) Ltd., Hongkong; mit über 2000 Beschäftigten. Einige tausend sind in Zulieferbetrieben für uns tätig.
Ein Vertreternetz mit über 40 Repräsentanten in allen fünf Erdteilen dient dem Absatz von Zinser Spinnereimaschinen in über 70 Ländern. Zinser Maschinen und zu Spinnmaschinen ge-hörige Aggregate werden heute in vielen Län-dern Europas und Asiens sowie in USA auf-grund von Lizenzvereinbarungen gebaut. Das Produktionsprogramm umfaßt Maschinen für Baumwoll- und Kammgarnspinnereien und Ma-schinen für die Chemiefaserindustrie.

Verzeichnis der Autoren des Bandes

Manfred Akermann, Stadtarchivar, Göppingen
Helmut von Au, Oberbürgermeister, Geislingen
Klaus Bandow, Oberforstrat, Göppingen
Gerhard Evers, Diplomkaufmann, Göppingen
Karl-Heinz Fischer, Fremdenverkehrsgeschäftsführer, Boll
Dr. Paul Goes, Landrat, Göppingen
Dr. Paul Groschopf, Geologe, Geislingen
Jürgen Kettenmann, Museumswart, Göppingen
Dr. Herbert König, Oberbürgermeister, Göppingen
Helmut Lehle, Diplomvolkswirt, Geschäftsführer der IHK Mittlerer Neckar,
Geschäftsstelle Göppingen
Dr. Hans-Martin Maurer, Staatsarchivdirektor, Stuttgart
Dr. Dieter Planck, Konservator, Landesdenkmalamt Baden-Württemberg,
Abt. Bodendenkmalpflege, Stuttgart
Heinrich Reinemer, Sportredakteur, Geislingen
Dr. Helmut Schmolz, Stadtarchivdirektor, Heilbronn
Gustav Seebich, Landrat a. D., Ebersbach
Anton Straub, Regierungslandwirtschaftsdirektor, Göppingen
Walter Ziegler, Kreisarchivar, Göppingen

Namen- und Sachregister

Gemeinderegister

Die Zahlen hinter der Ortsangabe bezeichnen die Textseiten, auf denen die Gemeinde erwähnt wird.
GK = Gemeindekurzbiographien in „Wissenswertes aus den Kreisgemeinden".
Abb. = Abbildung Nr. . . . (nicht Seitenzahl).
TdS = Topographie der historischen Sehenswürdigkeiten.

Fotonachweis

Die Zahlen verweisen auf die Abbildungsnummer. WiB = Firmenbilder in „Wirtschaft im Bild".

M. Akermann: 28, 77.
A. Arndt, Plochingen: WiB 26.
Luftbild Bertram, München: WiB 25, 33, 35, 46.
Luftbild A. Brugger, Echterdingen:
   2 (2/35277 C), 6 (2/22036), 43 (2/33585 C),
   117 (2/300610 C), WiB 11 (2/23565).
Dr. H. Busch, Frankfurt: WiB 54.
B. Citovics, Göppingen: WiB 23.
Stadtarchiv Geislingen: 18, 79.
A. Gmähle, Börtlingen: 129.
W. Gölz, Rechberghausen: 31.
Kreisarchiv Göppingen: Kreiswappen, 22.
Stadtarchiv Göppingen: 14, 25, 26, 88.
K. H. Grieger, Esslingen: WiB 90.
R. Heclau, Bad Überkingen: 16.
Holtmann, Stuttgart: WiB 12, 13.
F. Klotz, Göppingen: WiB 49.
ESBI Kuchen: 23.
Landesdenkmalamt, Stuttgart: 4, 5.
Foto-Notton, Geislingen: 19, 71, 110, WiB 17,
   18, 41, 44, 45, 51, 69, 72, 73, 77, 78, 80, 81,
   83, 95.
W. Pabst, Holzhausen: 54, 58, 63, 64, 68, 70,
   74, WiB 87.

Foto-Planck, Stuttgart: 94.
Schlenker, Göppingen: WiB 88.
Dr. W. Schmauz, Eislingen: 9, 10.
G. Seebich, Ebersbach: 27.
R. Schultheiß, Göppingen: WiB 8–10, 47, 48.
T. Uhland-Clauss, Esslingen: Umschlag, 1, 3,
   7, 8, 11, 12, 15, 17, 29, 30, 32–42, 44–53,
   55–57, 59–62, 65–67, 69, 72, 73, 75, 76,
   80–87, 89–93, 95–109, 111–116, 118–128,
   130–140, WiB 19–22, 24, 36, 42, 55–57, 59,
   62, 63, 74, 91, 92, 96, 97.
Stadtarchiv Ulm: 13 (Ansicht 852).
K. Zeller, Ebersbach: WiB 76.
W. Ziegler, Faurndau: 24.

Die Klischees für die Abbildungen Nr. 54, 58, 63, 64, 68, 70 und 74 wurden von der Kreissparkasse Göppingen, die Klischees für Nr. 18 und Nr. 79 vom Stadtarchiv Geislingen und für Nr. 53 von der Gemeinde Süßen freundlicherweise zur Verfügung gestellt.

Bei den nicht nachgewiesenen Bildern handelt es sich um Eigen- bzw. Werkfotos der in den Bildunterschriften genannten Gemeinden und Firmen.

Göppingen.

Geißlingen.

1. Vnser Frawen Pfarrkirch.   4. Des Vogts Hauße.   7. Das Mitel thürlein.   10. Zoll
2. Spital kirch.   5. Das Ober thor.   8. Spittl thor.   11. Müh
3. das Rathauße.   6. Das Bronnen thor.   9. das Pfleghauße.   12. Korn